개정판

STM32F 시리즈를 이용한

ARM Cortex-M3/M4 구조와 응용

- I/O 입출력부터 USB, TCP/IP 통신까지

차동혁 · 김재일 · 김상민 지음

홍릉과학출판사

예제 다운로드 및 실행 안내

* 이 책에서 소개하는 모든 예제 프로그램은 인터넷을 통해 다운받을 수 있습니다.
아래의 사이트를 방문하시면 모든 예제 프로그램에 대한 소스코드가 포함된 파일이 제공됩니다.
이 사이트에서는 실습보드 설정방법 및 예제 실행방법에 대한 참고 동영상도 함께 제공됩니다.

네이버 카페(카페명 : CortexWorld)
http://cafe.naver.com/CortexWorld

* 예제 프로그램의 설치 및 실행에 관한 내용은 이 책의 〈4장. 실습보드를 이용한 프로그램작성 방법〉의 [4.1절~4.3절]에 자세히 나와있으니 참고하시기 바랍니다.
* 이 책의 모든 예제는 PC의 OS가 Windows 7에서 작성되고 실행되었습니다.
그리고 Windows 10에서도 예제 실행이 정상적으로 되는 것을 확인하였습니다. 그러나 이 교재에 사용한 모든 소프트웨어는 Windows 7용입니다. 따라서 Windows 7의 사용을 권장합니다.

개정판 머리말

약 1년전에 출간된 본서의 초판에 독자 여러분들이 보여주신 많은 관심에 힘입어, Cortex-M과 관련하여 새로이 변경된 사항과, 초판에서의 일부 미흡한 부분을 보완하여 이번에 다시 개정판을 출간하게 되었습니다. 이번 개정판에서 변경된 주요 내용은 다음과 같습니다.

1. Cortex-M4용 실습보드 및 예제 프로그램 추가

최근 Cortex-M3 뿐만 아니라 Cortex-M4의 사용도 급속히 증가하고 있습니다. 이에 따라 개정판에는 Cortex-M4에 대한 설명(1~2장)을 추가하였습니다. 그리고 ST(STMicroElectronics)사의 Cortex-M4 보드인 NUCLEO-F429ZI 보드를 실습보드로 사용하여(3~4장), 이에 대한 예제 프로그램(6~14장)을 전면적으로 추가하였습니다. 따라서 이번 개정판에서는 Cortex-M3 MCU인 STM32F103과, Cortex-M4 MCU인 STM32F429에 대한 예제 프로그램이 모두 포함되어 있습니다.

2. ST사의 Nucleo Board를 이용한 실습보드

개정판에서는 시중에 널리 사용되고 있으며, 저가이며 구하기도 쉬운 ST사의 Nucleo Board를 실습보드로 이용하였습니다. Cortex-M3의 경우는 NUCLEO-F103RB 보드에 간단한 I/O 보드를 추가하여 실습 보드로 사용하며, Cortex-M4의 경우는 NUCLEO-F429ZI 보드에 간단한 I/O 보드를 추가하여 실습 보드로 사용합니다. 따라서 실습보드를 쉽게 준비할 수 있습니다.

3. 하드웨어에 대한 깊은 지식이 없어도 이해 가능한 소스코드

시중에 출간되고 있는 많은 MCU 관련 서적들의 단점 중의 하나는 소스코드 이해가 쉽지않다는 점입니다. 대개 소스코드들은 길이가 상당하며 이해하기에는 많은 시간이 필요하고 간혹 Low-Level로 되어있는 소스코드도 많습니다.

그러나 이 개정판에서는 이러한 불편함을 최소화하기 위해 많은 노력을 하였습니다. MCU의 주변장치 초기화를 위한 펌웨어는 저자들이 만든 함수내에 이미 구현되어 있으므로, 이 부분에 대한 많은 지식이 필요 없습니다. 따라서 C 언어의 반복문 정도까지만 아시는 독자들께서도 이 책의 소스코드를 이해하는데 별다른 어려움이 없습니다. 참고로 MCU의 주변장치 초기화를 위한 펌웨어는 15장에서 자세히 설명이 되어 있으므로 원하시는 독자들께서는 이를 참고하시면 됩니다.

본 책을 통하여 독자 여러분들이 Cortex-M 프로세서를 이해하는데 조금이라도 도움이 되기를 바라며, 1년여의 시간동안 개정작업을 하였지만 아직도 부족한 부분이나 미흡한 점은 앞으로 계속 보완을 할 예정입니다. 독자 여러분들의 많은 관심과 격려를 부탁드립니다. 그리고 본 책의 개발과정에 많은 도움을 주신 여러 분들께 감사를 드리며, 특히 한국산업기술대학교 공용장비센터의 장문석 연구원님께 감사를 드립니다. 그리고 출간을 맡아주신 홍릉과학출판사에도 깊이 감사를 드립니다.

저자 일동

머리말

최근 ARM사에서 개발한 32 비트 MCU인 Cortex-M은 성능이 우수하고 가격이 저렴하여 사용이 급속히 증가되고 있습니다. 최근 많은 주요 반도체 업체들이 ARM Cortex-M으로 자체 마이크로컨트롤러를 표준화하는 등, ARM Cortex-M0, Cortex-M1, Cortex-M3, Cortex-M4, 그리고 Cortex-M7 프로세서를 기반으로 하는 장치가 산업계에서 이미 널리 사용되고 있는 실정입니다.

본 교재는 그 중에서도 가장 기본적이며, 가장 많이 사용되고 있는 ST(STMicroElectronics)사의 Cortex-M3 MCU인 STM32F103과 Cortex-M4 MCU인 STM32F429ZI를 대상으로 하여 GPIO, 인터럽트, 타이머, ADC, DAC, UART 등의 주변장치는 물론, USB와 이더넷 포트를 이용한 통신에 대한 내용을 다룹니다. 특히, USB 및 이더넷 포트의 내장이 타 MCU에 비해 Cortex-M의 뛰어난 장점임을 감안할 때, 이를 이용한 통신에 대한 예제는 독자들에게 아주 유용할 것으로 생각됩니다.

본 교재를 이용한 학습에 조금이라도 도움이 되고자 네이버 카페(카페명 : CortexWorld, http://cafe.naver.com/CortexWorld)에 학습에 필요한 여러 가지 자료를 실어두었습니다. 여기에 가면 바로 실행이 가능한 예제 소스파일도 다운받을 수 있으며, 예제 실행과 관련된 동영상 등도 볼 수 있습니다.

본 교재를 통하여 독자 여러분들이 Cortex-M 프로세서를 이해하는데 조금이라도 도움이 되기를 바라며, 미흡한 점을 지속적으로 보완할 수 있도록 많은 관심과 격려를 부탁드립니다. 본 교재의 개발과정에 많은 도움을 주신 여러 분들께 감사를 드리며, 특히 한국산업기술대학교 공용장비센터의 장문석 연구원님께 감사를 드립니다. 그리고 출간을 맡아주신 홍릉과학출판사에도 깊이 감사를 드립니다.

저자 일동

차례

제1부 ARM Cortex-M 프로세서

제2부 STM32F 실습 보드

제3부 프로그래밍 실습 : 주변장치 응용 제어

제4부 프로그래밍 실습 : UART, USB, TCP/IP 통신

부록

제 1 부

ARM Cortex-M 프로세서

01 ARM Cortex-M 프로세서의 개요

1.1 ARM Cortex-M 기반의 마이크로컨트롤러

1.1.1 ARM 프로세서의 발전 단계

ARM 프로세서는 영국의 ARM사에서 개발한 RISC 구조를 가지는 일련의 32비트, 또는 64비트의 프로세서군을 가르키는 용어이다. ARM 프로세서는 1985년 처음으로 ARM1이 개발된 이후 현재의 Cortex에 이르기까지 계속해서 발전해 왔다. ARM 프로세서는 동작 속도가 빠르고 내장된 주변장치가 많아 고성능이면서도, 전력 소비가 작은 특성이 있어 여러 가지 임베디드 시스템의 프로세서로 많이 사용되고 있다. 특히 고성능이면서 낮은 전력 소비량이 중요한 개발 목표가 되는 스마트폰, 각종 임베디드 기기 등의 모바일 기기 부문의 프로세서로는 ARM 프로세서가 가장 많이 사용되고 있다.

참고

- ARM은 '암'이라고 읽으며 Cortex는 '코텍스'라고 읽는다.
- ARM1부터 Cortex-A17까지의 ARM 프로세서는 모두 32비트이다. 그러나 최근 개발된 ARMv8-A 코어를 사용하는 Cortex-A53, A57, A72 등의 프로세서는 64비트 구조를 가지고 있다.

1.1.1.1 ARM 프로세서의 탄생

1977년 미국의 애플(Apple)사에서 8비트 프로세서인 MOS Technology 6502를 장착한 Apple Ⅱ 컴퓨터를 출시한 후에 개인용 컴퓨터에 (PC : Personal Compputer) 대한 관심이 증대되기 시작하였으며, 1981년 미국의 IBM사에서 16비트 프로세서인 Intel 8088을 장착한 IBM-PC가 시장에 선을 보이면서 개인용 컴퓨터가 급속히 보급되기 시작하였다.

이 무렵 영국의 아콘(Acorn)사에서는 영국의 방송사인 BBC에서 추진한 개인용 컴퓨터의 교육과정 개발에 참여하여 MOS Technology 6502를 장착한 BBC Micro라는 개인용 컴퓨터를 개발하였다(〈그림 1-1-1〉).

△ **그림 1-1-1** 아콘(Acorn)사의 개인용 컴퓨터인 BBC Micro (출처 : wikipedia)

이후, 아콘사에서는 급속히 발전하는 마이크로프로세서 기술에 발 맞추어 개인용 컴퓨터에 내장할 수 있는 새로운 프로세서의 개발을 시작하였다. 'Acorn RISC Machine 프로젝트'라고 이름지어진 이 개발 과제는 1983년 시작되어 1985년 4월에 32비트의 새로운 RISC 프로세서가 개발되었다. 개발된 프로세서는 과제의 이름의 첫자를 따서 ARM1 프로세서라고 명명되었으며, 이것이 ARM 프로세서의 첫 모델이 되었다. ARM1은 원래의 개발 목적에 따라 BBC Micro 컴퓨터의 보조 프로세서(co-processor)로 사용되었다.

1.1.1.2 ARM2에서 ARM6 패밀리까지

ARM1이 개발된 다음해인 1986년에 ARMv2 아키텍쳐를 사용한 ARM2 프로세서가 개발되었다. ARM2는 32비트의 데이터 버스, 26비트의 어드레스 버스와 16개의 32비트 레지스터를 가졌으며 동작 속도는 8MHz 클럭에서 4MIPS였다. 이 프로세서는 아콘사의 PC인 아르키메데스(Archimedes)에 보조 프로세서로 사용되었다.

ARM2는 약 30,000개의 트랜지스터로 구성되었는데, 이것은 모토롤라(Motorola)사의 32비트 CPU인 68000이 약 70,000개, 인텔의 32비트 CPU인 80386이 약 275,000개의 트랜지스터로 구성되었음과 비교해보면 매우 작은 수의 트랜지스터가 사용되었음을 알 수 있다. 이것은 RISC 구조를 채택하고 캐시(cache)를 생략하는 등의 단순화된 설계에 의한 것이며, 이러한 구조 단순화의 결과로 소비 전력의 최소화를 실현할 수 있었다.

ARM3도 ARMv2 아키텍쳐를 사용하였으며 동일한 아키텍쳐를 가진 ARM4와 ARM5는 상품화되지 않았다.

1980년대 후반 아콘사는 애플사와 공동으로 새로운 버전의 ARM 아키텍쳐를 개발하기 시작하였으며, 1990년 이 개발팀이 아콘사로부터 분사하여 'Advanced RISC Machines'라는 이름의 새로운 회사로 출발하였다. 이 회사의 이름 때문에 ARM이라는 이름이 'Advanced RISC Machines'의 약자라고 이야기되기도 한다. 1998년에는 이 회사의 지주회사인 ARM 홀딩스(ARM Holdings)사가 미국의 나스닥(NASDAQ)과 영국의 런던주식시장에 상장되었으며, 이때 Advanced RISC Machines사는 'ARM사(ARM Ltd.)'로 이름을 변경하였다.

1992년에 발표된 새로운 버전의 ARMv3 아키텍쳐는 ARM6 패밀리에 사용되었으며 대표적인 프로세서로는 ARM610이 있다. 이 프로세서의 동작 속도는 20MHz 클럭에서 17MIPS였으며, 애플사의 Newton PDA에 사용되었다. ARM6는 약 35,000개의 트랜지스터로 구성되었다. 이후 동일한 버전의 아키텍쳐를 사용한 ARM7 패밀리의 ARM710, ARM7500 프로세서가 개발되었으며 이들은 아콘사의 RISC PC에 사용되었다.

당시의 컴퓨터 시장은 점차 IBM 호환기종의 PC에 윈도우즈로 대표되는 멀티미디어 및 그래픽 유저 인터페이스가 도입되던 시기였다. 따라서 RISC 방식을 사용하고 구조를 단순화한 ARM 프로세서들은 성능면에서 인텔의 CISC 방식의 CPU에 뒤져서 PC 시장에서는 점점 사용되지 않게 되었다. 그러나 ARM 프로세서는 구조가 작고 단순하여 전력 소모가 매우 적을 뿐 아니라 제조 단가도 싸다는 큰 장점이 있었으므로 원래의 개발 목적인 PC대신 모바일 기기에 많이 적용되게 되었다.

1.1.1.3 ARM7 패밀리

1993년 ARMv4T 아키텍쳐를 사용한 ARM7TDMI가 출시되있다. 이 프로세시는 이 시기에 불어닥친 게임기, 아이팟(iPot) 등의 열풍을 타고, 소니사의 게임보이 어드밴스(Game boy Advance), 닌텐도사의 DS, 애플의 아이팟 등 여러 가지 모바일 기기에 사용되면서 대성공을 거두었으며, 이를 통하여 ARM사는 모바일용 프로세서 시장의 최강자로 부상할 수 있게 되었다. 이 프로세서의 동작 속도는 16.8MHz 클럭에서 약 15MIPS였다. 이후 ARMv4 아키텍쳐를 사용한 ARM810이 나왔으나 이는 그다지 널리 사용되지는 못하였다.

한편, 이무렵에 미니급 컴퓨터에서 발군의 실력을 가졌던 DEC(Digital Equipment Corporation)는 ARM사의 라이센스를 받아 저전력이면서도 고성능의 ARM 아키텍쳐 기반의 CPU를 개발하기 시작하였으며, 이 결과 스트롱 암(Stromg ARM)이라고 이름 붙여진 프로세서가 탄생되었다. 이 프로세서는 ARMv4 아키텍쳐를 사용하였으며 동작 속도는 203MHz 클럭에서 약 200DMIPS였다. 이 모델은 애플의 Newton 2X00 시리즈 PDA에 사용되었다.

그런데, ARM사는 마이크로프로세서를 직접 만드는 회사가 아니라, 프로세서 코어를 설계해서 마이크로프로세서를 제조하는 다른 여러 회사(예 : 삼성전자, ST Microelectronics, NXP, Texas Instrument 등)에 프로세서 코어의 설계 내용을 IP(Intellectual Property : 지적재산권) 형태로 판매하는 회사이다. 따라서 ARM사의 코어를 구입한 회사는 여기에 각종 주변장치(예 : GPIO, 타이머등)를 추가하여 완성된 형태의 마이크로프로세서를 설계, 제작하여 판매하게 된다. 가장 성공적인 프로세서인 ARM7TDMI도 코어 형태로 판매되었으며, 따라서 여러 칩 제조 회사에서 이 코어를 기반으로 한 마이크로프로세서가 생산되었다.

참고

> ARM사는 마이크로프로세서 칩을 직접 제조하는 회사가 아니라, 프로세서 코어를 설계해서 이것을 IP(Intellectual Property : 지적재산권) 형태로 마이크로프로세서를 제조하는 다른 회사에 판매하는 회사이다.

1.1.1.4 ARM9 ~ ARM11 패밀리

ARMv4 아키텍쳐를 사용한 ARM9 패밀리의 프로세서는 ARM9TDMI 및 ARM920T가 있다. 이 중 ARM920T는 삼성, LG, 노키아 등의 휴대폰에 많이 사용되었다.

새로운 버전인 ARMv5 아키텍쳐를 사용한 ARM9 패밀리의 프로세서는 ARM926, ARM946 및 ARM966 등이 있으며, 이들은 ARMv4 아키텍쳐의 프로세서보다 우수한 성능을 보이며 각종 휴대폰과 PDA 등에 많이 사용되었다. 역시 ARMv5 아키텍쳐를 사용한 ARM10 패밀리의 프로세서도 발표되었으나 널리 사용되지는 못하였다.

한편 인텔은 1997년 DEC로부터 스트롱 암을 인수하였으며 이를 토대로 ARMv5 아키텍쳐를 사용한 CPU인 엑스스케일(XScale) 프로세서를 개발하였다. 이 프로세서는 주로 인텔의 공장에서 생산되었으며 윈도우 CE를 운영체제로 사용하였다. 이 프로세서는 PXA라는 모델명을 사용하였으며, 주요 제품으로는 PXA210, PXA250, PXA271 및 PXA272 등이 있다.

ARMv6 아키텍쳐를 사용한 ARM11 패밀리의 프로세서는 ARM1136, ARM1156T2 및 ARM1176 등이 있다. 이 중 ARM1136은 각종 휴대폰에 많이 사용되었으며, ARM1176은 애플의 아이폰(Original 및 3G)과 아이팟 터치(iPod Touch)에 사용되었다.

참고 MIPS와 DMIPS

1. MIPS(Million Instructions Per Second)는 프로세서의 성능을 나타내는 수치로 1초당 몇 백만개의 명령어를 처리할 수 있는지를 나타낸다. 예를 들어 15MIPS는 1초에 15백만(1500만)개의 명령어를 처리할 수 있음을 나타낸다. MIPS는 '밉스'라고 읽는다.
2. DMIPS(Dhrystone Million Instructions Per Second)는 프로세서(또는 컴퓨터)의 성능을 나타내는 수치이다. DMIPS는 동일한 프로그램을 각 프로세서에서 실행시켜 처리시간을 측정하여 비교하는 벤치마크 테스트의 결과를 정수화해서 하중화한 값이다. DMIPS는 '디밉스' 또는 '드라이스톤 밉스'라고 읽는다.
3. "DMIPS/MHz"는 프로세서에 공급되는 클럭의 주파주(MHz)당 DMIPS를 나타낸 수치이다. 예를 들어 1.25DMIPS/MHz의 프로세서가 60MHz의 클럭에서 동작한다면 속도는 75DMIPS이고, 100MHz의 클럭에서는 125DMIPS가 된다.

1.1.1.5 Cortex 프로세서

ARMv6 아키텍쳐의 후속으로 ARMv7 아키텍쳐가 개발되었는데, ARM사에서는 이전과는 달리 ARMv7 아키텍쳐를 사용한 프로세서에 Cortex라는 새로운 패밀리 네임을 사용하였다. Cortex 프로세서의 출시 초기에 ARM사에서는 ARMv7 아키텍처의 코어를 갖는 프로세서에는 Cortex 프로세서라는 이름을 사용하며, 차세대 아키텍쳐를 사용한 프로세서에는 또 다른 이름을 부여할 예정이라고 발표한바 있다. 그러나 ARMv8 아키텍쳐의 코어를 가지는 프로세서에도 Cortex라는 이름을 사용한 것으로 보아 앞으로 상당기간은 Cortex 프로세서라는 이름을 사용할 것으로 예상된다.

Cortex 프로세서는 A(Application) 시리즈, R(Real-time) 시리즈, M(Microcontroller) 시리즈의 3가지가 있다. Cortex-A 프로세서는 가장 고성능의 프로세서로 주로 스마트 폰과 같은 모바일 기기의 응용 프로세서(Application Processor)로 많이 이용되며, Cortex-R 프로세서는 고성능의 리얼 타임(Real-time) 임베디드 시스템용의 프로세서이다. 그리고 Cortex-M 프로세서는 마이크로컨트롤러(Micro-controller) 용도로 개발된 프로세서이다. Cortex 프로세서에 대한 더 자세한 설명은 뒤에 나오는 [1.1.2절 Cortex 프로세서]를 참고하기 바란다.

1.1.1.6 ARM 프로세서의 주요 발전 단계

〈그림 1-1-2〉는 앞 절에서 설명한 ARM 프로세서의 주요 발전 단계를 간략히 표시한 그림이다. 클래식 ARM 프로세서 중에는 ARM7, ARM9과 ARM11이 가장 널리 사용된 프로세서이며, ARM Cortex 프로세서로는 Cortex-A(Application processor), Cortex-R(Real-time processor), 그리고 Cortex-M 프로세서(Microcontroller processor)가 있다.

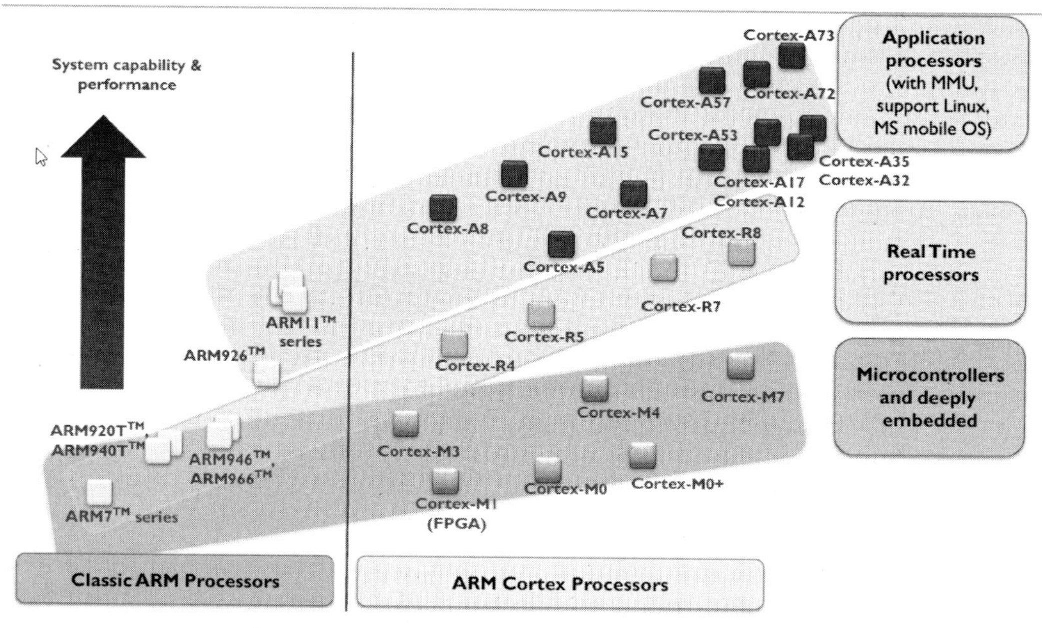

△ 그림 1-1-2 ARM 프로세서의 주요 발전 단계 (ARM white paper)

〈표 1-1-1〉은 앞 절에서 설명한 ARM 프로세서의 시간별 주요 발전 단계를 나타낸 것이다. 그리고 〈표1-1-2〉는 각 발전 단계별 ARM 프로세서의 특징을 보여준다.

▼ 표 1-1-1 ARM 프로세서의 시간별 주요 발전 단계 (출처 : wikipedia – List of ARM microarchitectures)

Year	Classic cores					Cortex cores			
	ARM7	ARM8	ARM9	ARM10	ARM11	Micro-controller	Real-time	Application (32-bit)	Application (64-bit)
1993	ARM700								
1994	ARM710 ARM7DI								
1995	ARM710a								

1996		ARM810							
1997	ARM720T ARM740T								
1998	ARM7TDMI ARM710T		ARM9TD MI ARM940T						
1999			ARM9E- S ARM966E -S						
2000			ARM920T ARM922T ARM946E -S	ARM1020T					
2001	ARM7TDMI -S ARM7EJ-S		ARM9EJ -S ARM926E J-S	ARM1020 E ARM1022E					
2002				ARM1026E J-S	ARM1136J (F)-S				
2003			ARM968E -S		ARM1156T 2(F)-S ARM1176J Z(F)-S				
2004						Cortex-M3			
2005					ARM11MP Core			Cortex-A8	
2006			ARM996 HS						
2007						Cortex-M1		Cortex-A9	
2008									
2009						Cortex-M0		Cortex-A5	
2010						Cortex-M4(F)		Cortex-A15	
2011							Cortex-R4 Cortex-R5 Cortex-R7	Cortex-A7	
2012						Cortex-M0+			Cortex-A53 Cortex-A57
2013								Cortex-A12	
2014						Cortex-M7(F)		Cortex-A17	
2015									Cortex-A35 Cortex-A72
2016						Cortex-M23 Cortex-M33(F)	Cortex-R8 Cortex-R52	Cortex-A32	Cortex-A73
2017									

1.1.2 Cortex 프로세서

1.1.2.1 Cortex 프로세서의 종류

Cortex 프로세서는 A(Application) 시리즈, R(Real-time) 시리즈, M(Microcontroller) 시리즈의 3가지가 있다. 프로세서의 모델명은 각 시리즈별로 1에서 10(또는 그 이상)의 숫자를 사용하여 표시하는데, 이 숫자는 클수록 해당 프로세서의 성능이 고성능임을 의미한다. 따라서 시리즈 및 모델명을 보면 해당 프로세서의 성능을 대략 짐작할 수 있다. 모델명의 예를 들면 Cortex-A9, Cortex-A15, Cortex-M0, Cortex-M3 등으로 주어진다.

(1) Cortex-A 시리즈 : Application용

Cortex-A 시리즈는 ARMv7-A(32비트), 또는 ARMv8-A(32/64비트) 아키텍쳐를 가지며 ARM 명령어와 Thumb/Thumb-2 명령어를 사용한다. 이 시리즈는 복잡한 운영환경과 고성능이 요구되는 유저 어플리케이션의 구현에 적합하며 스마트폰, 태블릿 PC와 같은 모바일 기기에 많이 사용되고 있다.

32비트의 ARMv7-A 아키텍쳐를 가지는 Cortex-A 시리즈에는 Cortex-A5, Cortex-A7, Cortex-A8, Cortex-A9, Cortex-A12, Cortex-A15, 그리고 Cortex-A17 프로세서 등이 있다.

그리고 2012년에 64비트의 ARMv8-A 아키텍쳐를 가지는 Cortex-A 시리즈도 출시되었는데 Cortex-A32, Cortex-A35, Cortex-A53, Cortex-A57, Cortex-A72 및 Cortex-A73 등이 이에 해당한다. 이들은 64비트 프로세서(버스는 32비트)로서 기존의 다른 ARM이나 Cortex 프로세서(32비트 프로세서 및 32비트 버스) 보다 더 업그레이드 된 고성능의 프로세서이며, 향후 인텔사의 64비트 CPU(현재 PC에 주로 사용되고 있음)와의 치열한 경쟁이 예상된다.

참고

> ARM 명령어, Thumb-2 명령어에 대한 내용은 [1.1.3절 Cortex 프로세서의 명령어 셋]를 참고하기 바란다.

(2) Cortex-R 시리즈 : Real-time용

Cortex-R 시리즈는 ARMv7-R, 또는 ARMv8-R 아키텍쳐를 가지며 Thumb/Thumb-2 명령어를 사용한다. 이 시리즈는 리얼타임 시스템에의 응용을 목표로 개발되었으며, 고성능의 임베디드 제품에서 실시간으로 복잡한 알고리즘 제어가 필요한 경우에 적합하다. Cortex-R 시리즈에는 Cortex-R4, Cortex-R5, Cortex-R7, Cortex-R8 및 Cortex-R52 프로세서 등이 있다.

(3) Cortex-M 시리즈 : Microcontroller용

Cortex-M 시리즈는 ARMv6-M, ARMv7-M, 또는 ARMv8-M 아키텍쳐를 가지며 Thumb/Thumb-2 명령어를 사용한다. 이 시리즈는 마이크로컨트롤러에의 적용을 목표로 개발된 프로세서이므로 다른 시리즈의 프로세서보다 구조가 간단하고 동작 속도가 느리며 가격이 저렴하다. 그러나 기존의 8비트, 16비트의 마이크로컨트롤러 보다는 훨씬 성능이 뛰어나며 동작 속도도 빠르므로, 각종 산업 분야에서 제어용으로 사용되는 마이크로컨트롤러용으로 적합하다. Cortex-M 시리즈에는 Cortex-M0, Cortex-M0+, Cortex-M1, Cortex-M3, Cortex-M4, Cortex-M7, Cortex-M23 및 Cortex-M33 프로세서 등이 있다.

〈표 1-1-2〉은 Cortex 프로세서의 특징을 나타내며, 〈표 1-1-3〉는 아키텍쳐 버전으로 구분한 Cortex 프로세서의 종류를 정리하여 보여준다.

▼ **표 1-1-2** Cortex 프로세서의 특징

구분	Cortex-A	Cortex-R	Cortex-M
설계 방향	높은 클럭 주파수 긴 파이프라인 고 성능 멀티미디어 지원용	높은 클럭 주파수 중간길이 파이프라인 빠른 인터럽트 처리	짧은 파이프라인 저전력 빠른 인터럽트 처리
시스템의 특징	MMU(Memory Management Unit) 캐시 메모리 ARM TrustZone 보안	MPU(Memory Protection Unit) 캐시 메모리 TCM(Tightly Coupled Memory)	MPU(Memory Protection Unit) NVIC(Nested Vectored Interrupt Controller)
사용 용도	스마트 폰 모바일 컴퓨팅	산업용 마이크로컨트롤러 자동차	마이크로컨트롤러, 임베디드 시스템

▼ **표 1-1-3** 아키텍쳐 버전으로 구분한 Cortex 프로세서의 종류

아키텍쳐	Cortex-M	Cortex-R	Cortex-A
ARMv6	ARMv6-M	없음	없음
	Cortex-M0 Cortex-M0+ Cortex-M1		
ARMv7	ARMv7-M	ARMv7-R	ARMv7-A
	Cortex-M3 Cortex-M4 Cortex-M7	Cortex-R4 Cortex-R5 Cortex-R7 Cortex-R8	Cortex-A5, Cortex-A7 Cortex-A8, Cortex-A9 Cortex-A12, Cortex-A15 Cortex-A17
ARMv8	ARMv8-M	ARMv8-R	ARMv8-A
	Cortex-M23 Cortex-M33	Cortex-R52	Cortex-A32, Cortex-A35 Cortex-A53, Cortex-A57 Cortex-A72, Cortex-A72

참고

ARMv8-A 아키텍쳐는 32비트와 64비트를 동시에 지원한다. 그 외의 나머지 아키텍쳐는 모두 32비트만 지원한다.

1.1.2.2 Cortex-M 시리즈 프로세서의 종류

Cortex-M 시리즈는 현재 Cortex-M0, Cortex-M0+, Cortex-M1, Cortex-M3, Cortex-M4, Cortex-M7, Cortex-M23 및 Cortex-M33 프로세서 등이 있는데 그 특징은 다음과 같다.

- Cortex-M0, Cortex M0+, Cortex-M1 and Cortex-M23 : 성능은 조금 떨어지나 저가, 저전력, 작은 칩 사이즈가 필요한 응용분야에 적합
- Cortex-M3, Cortex-M4, and Cortex-M33 : 범용적인 응용 분야에 적합(비교적 빠른 성능과 작은 전력소비)
- Cortex-M7 : 고성능이 필요한 임베디드 응용 분야에 적합

다음의 〈표 1-1-4〉는 Cortex-M 프로세서의 특징을 나타내며, 〈표 1-1-5〉는 아키텍쳐로 구분한 Cortex-M 프로세서를 나타낸다.

▼ **표 1-1-4** Cortex-M 프로세서의 특징 (출처 : ARM white paper)

Cortex-M 시리즈	설명
Cortex-M0	소형 임베디드 시스템용 프로세서이다. 게이트(gate) 수가 12K 부터 시작하는 아주 작은 프로세서이며 저렴하고 저전력이다.
Cortex-M0+	소형 임베디드 시스템용 프로세서이며 소비전력이 가장 작은 프로세서이다. Cortex-M0와 비슷하나 추가적인 기능(single cycle I/O와 vector table relocations)을 추가하였다.
Cortex-M1	FPGA 설계에 적합한 작은 프로세서이고 FPGA의 메모리 블록을 사용하여 Tightly Coupled Memory(TCM) 수행을 제공한다. Cortex-M0와 같은 명령어 셋을 가진다.
Cortex-M3	Cortex-M 프로세서의 기본적인 모델이다. Hardware divider와 Multiply-Accumulate (MAC)을 가지고 있으며 debug와 trace 기능으로 인해 소프트웨어 개발자가 어플리케이션 개발을 용이하게 할 수 있다.
Cortex-M4	Cortex-M3의 모든 기능을 제공하며, 추가적으로 Digital Signal Processing(DSP) 명령어를 지원한다. 또한 옵션요소인 Floating Point Unit(FPU)을 가지고 있다.
Cortex-M7	고급(high-end) 마이크로컨트롤러와 processing 어플리케이션에 적합한 고성능 프로세서이다. Cortex-M4에서 가능한 ISA 기능을 모두 가지고 있으며, 배정도(double-precision)의 FPU와 캐시 메모리, Tightly Coupled Memory(TCM)를 가지고 있다.

〈표 1-1-5〉은 Cortex-M 프로세서의 동작 속도를 나타낸 그림이다.

▼ **표 1-1-5** Cortex-M 프로세서의 동작 속도 (출처 : ARM white paper)

	Dhrystone DMIPS/ MHz(v2.1)-official	Dhrystone DMIPS/ MHz(v2.1)-full optimization	Coremaark/MHz(v1.0)
Cortex-M0	0.84	1.21	2.33
Cortex-M0+	0.94	1.31	2.42
Cortex-M3	1.25	1.89	3.32
Cortex-M4	1.25	1.95	3.40
Cortex-M7	2.14	2.55	5.01

참고

최근의 ARM사 자료에서는 Cortex-M1을 별도의 종류로 구분하지 않는 경우도 있다. 따라서 ARM사의 Cotex-M 시리즈에 대한 최근 자료를 보면 Cortex-M1에 대한 별도의 언급이 없는 것도 있다.

1.1.2.3 Cortex-M0

(1) 개요

Cortex-M0 프로세서는 작은 게이트(gate) 수를 가지며, 전력 소비도 작은 가장 저가의 프로세서이다. 따라서 Cortex-M 프로세스 중에는 동작속도도 가장 느리다. 이 프로세서는 ARMv7이 아니라 ARMv6-M 아키텍쳐를 가지며 그 구성은 다음 그림과 같다.

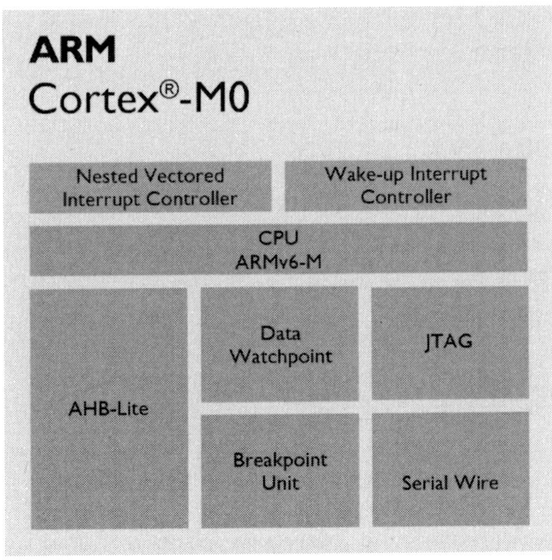

△ **그림 1-1-3** Cortex-M0의 구성

(2) 주요 특징

- Smallest footprint ARM processor with a total floorplan area of 0.007 mm2 in a 40nm technology process.
- 코어 : ARMv6-M 아키텍쳐
- 속도 : 0.84DMIPS/MHz
- 3-스테이지(stage) 파이프 라인을 가짐
- 명령어 셋
  - Simple and quick development. With just 56 instructions, it is possible to quickly master the entire Cortex-M0 instruction set and its C-friendly architecture.
- 인터럽트 : 1 ~ 32개의 인터럽트와 NMI
- 칩 제조시 옵션으로 추가가 가능한 항목
  - 하드웨어 곱셈 속도 : 1사이클 또는 32사이클

(3) 주요 제조사 및 모델

Cortex-M0 기반의 마이크로컨트롤러의 주요 제조사 및 모델은 다음과 같다.

- STMicroelectronics사의 STM32 F0 시리즈
- NXP사의 LPC1100, LPC1200 시리즈
- Cypress Semiconductor사의 PSoC 4
- Infineon Technologies사의 XMC 1000
- Nordic Semiconductor사의 nRF51 시리즈
- nuvoTon사의 NuMicro
- Sonix사의 SN32F700
- Toshiba사의 TX00

1.1.2.4 Cortex-M0+

(1) 개요

Cortex-M0+ 는 Cortex-M0와 기본적인 구성은 비슷하나 고속 I/O 포트 등을 추가하여 동작 속도를 빠르게하고, 파이프라인을 2-스테이지로 축소하여 전력소비를 더 줄인 프로세서이다. 명령어 셋은 Cortex-M0와 동일하며, 디버깅 기능이 향상되었고 메모리 보호를 위한 MPU(memory protection unit)의 추가도 가능하다. 이 프로세서의 구성은 다음 그림과 같다.

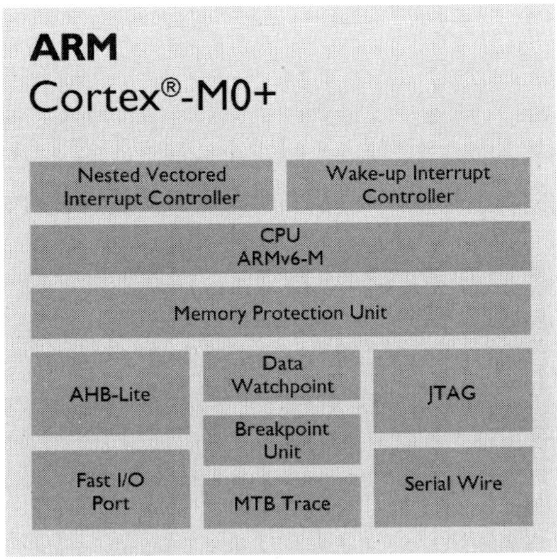

△ **그림 1-1-4** Cortex-M0+의 구성

(2) 주요 특징

- Highest energy efficiency. The Cortex-M0+ processor achieves a power consumption of just 9.4µW/MHz(90LP process, base configuration)

- 코어 : ARMv6-M 아키텍쳐
- 속도 : 0.93DMIPS/MHz
- 2-스테이지(stage) 파이프 라인을 가짐(Cortex-M0보다 1개 작음)
- 명령어 셋 : Cortex-M0와 동일
- 인터럽트 : 1 ~ 32개의 인터럽트와 NMI
- 칩 제조시 옵션으로 추가가 가능한 항목
  - 하드웨어 곱셈 속도 : 1사이클 또는 32사이클
  - MPU(memory protection unit) : 최대 8개 영역까지 가능(Cortex-M3, M4와 동일함)
  - 벡터 테이블 재배치 가능(Cortex-M3, M4와 동일함)
  - 싱글 사이클 I/O 포트(Cortex-M0+ 만의 특성)

(3) 주요 제조사 및 모델

Cortex-M0+ 기반의 마이크로컨트롤러의 주요 제조사 및 모델은 다음과 같다.

- STMicroelectronics사의 STM32 L0 시리즈
- NXP사의 LPC800, LPC11E6x, LPC11U6x
- Atmel사의 SAMD, SAMR, SAML, SAMC
- NXP/Freescale사의 Kinetis E, EA, L, M, V1, W0
- Silicon Labs/Energy Micro사의 EFM32 Zero

1.1.2.5 Cortex-M1

(1) 개요

Cortex-M1은 FPGA칩 내에 구현될 수 있도록 설계된 프로세서이다. 이 프로세서도 ARMv7이 아니라 ARMv6-M 아키텍쳐를 가지며, 이 프로세서의 구성은 다음 그림과 같다.

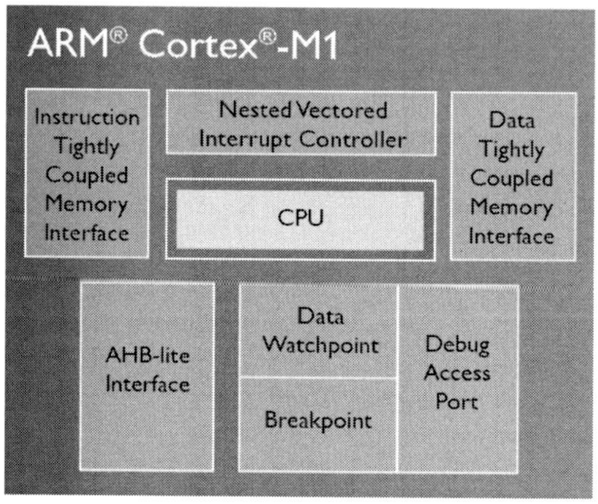

△ 그림 1-1-5 Cortex-M1의 구성

(2) 주요 특징

- 코어 : ARMv6-M 아키텍쳐
- 속도 : 0.8DMIPS/MHz
- 3-스테이지(stage) 파이프 라인을 가짐
- 인터럽트 : 1 ~ 32개의 인터럽트와 NMI
- 칩 제조시 옵션으로 추가가 가능한 항목
  - 하드웨어 곱셈 속도 : 3사이클 또는 33사이클

(3) 주요 제조사 및 모델

Cortex-M1 기반의 마이크로컨트롤러의 주요 제조사 및 모델은 다음과 같다.

- Actel사의 FPGA
- Altera사의 FPGA
- Xilinx사의 FPGA

1.1.2.6 Cortex-M3

(1) 개요

Cortex-M3는 Cortex-M 시리즈 중에서 가장 기본적이면서도 핵심적인 시리즈로서, 출시도 가장 먼저된 모델이다. 이 프로세서는 ARMv7-M 아키텍쳐를 가지며 구성은 다음 그림과 같다.

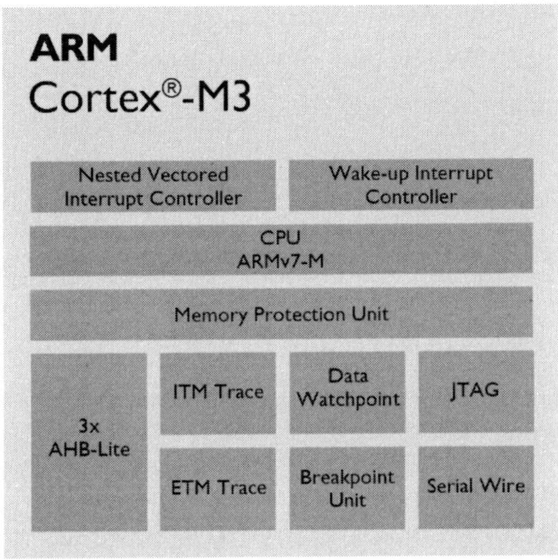

△ **그림 1-1-6** Cortex-M3의 구성

(2) 주요 특징

- Cortex-M 시리즈 중에서 가장 기본적이면서도 핵심적인 시리즈
- 코어 : ARMv7-M 아키텍쳐
- 속도 : 1.25DMIPS/MHz
- 3-스테이지(stage) 파이프 라인을 가짐
- 명령어 세트
  - 모든 Thumb, 및 Thumb-2 명령어 사용 가능
  - 32비트 하드웨어 곱셈(결과값은 32비트 또는 64비트를 가짐)
  - 32비트 하드웨어 나눗셈(2 ~ 12사이클)
  - Saturated math 지원
- 인터럽트 : 1 ~ 240개의 인터럽트와 NMI
  12사이클의 인터럽트 대기시간
- 여러 가지의 슬립 모드(sleep mode)
- 칩 제조시 옵션으로 추가가 가능한 항목
  - MPU(memory protection unit) : 0 또는 8개 영역

(3) 주요 제조사 및 모델

Cortex-M3 기반의 마이크로컨트롤러의 주요 제조사 및 모델은 다음과 같다.

- STMicroelectronics사의 STM32 F1, F2, L1, W 시리즈
- NXP사의 LPC1300, LPC1700, LPC1800 시리즈
- Texas Instrument사의 Luminary Micro LM3S1968
- Actel사의 SmartFusion, SmartFusion 2
- Analog Devices사의 ADuCM3xx
- Atmel사의 SAM3A, SAM3N, SAM3S, SAM3U, SAM3X
- Cypress Semiconductor사의 PSoC 5
- Spansion사의 FM3
- Silicon Labs사의 Precision32
- Silicon Labs/Energy Micro사의 EFM32 Tiny, Gecko, Leopard, Giant
- Toshiba사의 TX03

Cortex-M3를 메인 프로세서가 아니라 세컨드 코어(secondary core)로 사용하는 칩들도 있는데 다음은 그 예이다.

- CSR사의 Quatro 5300 series(Cortex-M3 as co-processor)
- Texas Instruments사의 F28, LM3, TMS470, OMAP 4470(one Cortex-A9 + two Cortex-M3)
- XMOS사의 XS1-XA family(seven xCORE + one Cortex-M3)

1.1.2.7 Cortex-M4

(1) 개요

Cortex-M4 프로세서는 기본적으로 Cortex-M3 프로세서에 DSP(digital signal processing : 디지털 신호처리) 명령어와 옵션 요소인 FPU(floating-point unit : 부동 소수점 연산장치)를 추가한 것이다. 따라서 디지털 신호처리가 필요한 응용분야에 적합하다.

이 프로세서의 구성은 다음 그림과 같다. 이 그림을 보면 Cortex-M4는 Cortex-M3에서 DSP와 FPU가 더 추가된 구조임을 할 수 있다. FPU는 옵션 요소이므로 Cortex-M4 기반의 MCU 설계시에 빠질 수도 있다. MCU가 FPU를 내장하고 있으면 Cortex-M4F, 그렇지 않으면 Cortex-M4라고 부른다.

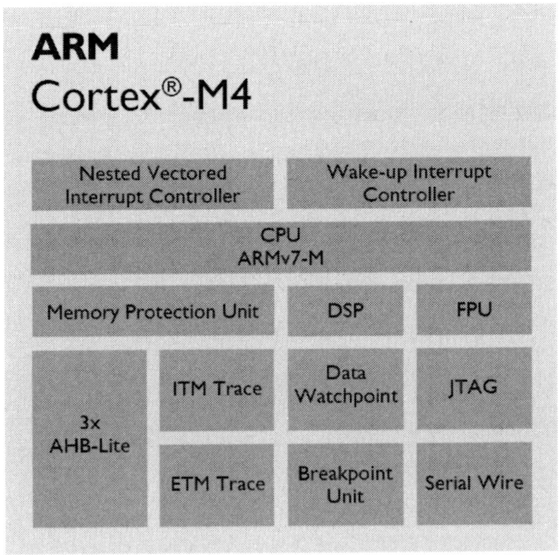

△ 그림 1-1-7 Cortex-M4의 구성

(2) 주요 특징

2-1) Cortex-M4의 특징

- "Cortex M4 = Cortex-M3 + DSP, FPU 의 구조를 가짐
- DSP extension : Single cycle 16/32-bit MAC, single cycle dual 16-bit MAC, 8/16-bit SIMD(Single Instruction Multiple Data) arithmetic.
- Accelerate single precision floating point math operations up to 10x over the equivalent integer software library with the optional floating point unit(FPU)
- 칩 제조시 옵션으로 추가가 가능한 항목
  - FPU(floating-point unit) : IEEE-754 호환의 단정도(single-precision)
  - MPU(memory protection unit) : 0 또는 8개 영역

2-2) Cortex-M4의 특징(Cortex-M3와 동일한 특징)

다음은 Cortex-M3와 동일한 특징이다.

- 코어 : ARMv7-M 아키텍쳐
- 속도 : 1.25 DMIPS/MHz
- 3-스테이지(stage) 파이프라인을 가짐
- 명령어 셋
  - 모든 Thumb, 및 Thumb-2 명령어 사용 가능
  - 32비트 하드웨어 곱셈(결과값은 32비트 또는 64비트를 가짐)
  - 32비트 하드웨어 나눗셈(2 ~ 12 사이클)
  - Saturated math 지원

- 인터럽트 : 1 ~240개의 인터럽트와 NMI
  12 사이클의 인터럽트 대기시간
- 여러 가지의 슬립 모드(sleep mode)

(3) 주요 제조사 및 모델

Cortex-M4 기반의 마이크로컨트롤러의 주요 제조사 및 모델은 다음과 같다.

- STMicroelectronics사의 STM32 F3, F4 시리즈
- NXP/Freescale사의 Kinetis KV3, KV4 시리즈
- NXP사의 LPC4000, LPC4300(one Cortex-M4F + one Cortex-M0) 시리즈
- Texas Instruments사의 LM4F, TM4C
- Atmel사의 SAM4C(dual core), SAM4E, SAMG
- Infineon사의 X0MC4000
- Silicon Labs/Energy Micro사의 EFM32 Wonder
- Spansion사의 FM4F
- Toshiba사의 TX04

다음은 Cortex-M4 또는 M4F를 세컨드 코어(secondary core)로 가지는 칩이다.

- NXP/Freescale사의 Vybrid VF6(one Cortex-A5 + one Cortex-M4F)
- Texas Instruments사의 OMAP 5(one dual-core Cortex-A15 + two Cortex-M4)

1.1.2.8 Cortex-M7

(1) 개요

Cortex-M7은 Cortex-M4보다 2배 정도의 빠른 성능을 가지는 프로세서이다. 따라서 고속의 디지털 신호처리가 필요한 응용분야에 적합하다. 이 프로세서는 6-스테이지의 슈퍼스칼라(superscalar) 파이프 라인을 가지며 단정도(single-precision) 또는 배정도(double-precision)를 가지는 FPU를 옵션요소로 가질 수 있다. 그리고 64 비트의 명령어 버스와 데이터 버스를 가진다. FPU를 내장하고 있으면 Cortex-M7F, 그렇지 않으면 Cortex-M7라고 부른다.

이 프로세서의 구성은 다음 그림과 같다. 이 그림을 보면 Cortex-M7은 대략적으로 Cortex-M4에 비해서 캐시 메모리(I-cache, D-cache), TCM(D-TCM, I-TCM), ECC와 AXI-M 이 더 추가된 구조임을 할 수 있다.

이 그림을 보면 대략적으로 "Cortex-M7 = Cortex-M4 + Cache + TCM + ECC + AXI-M" 임을 알 수 있다.

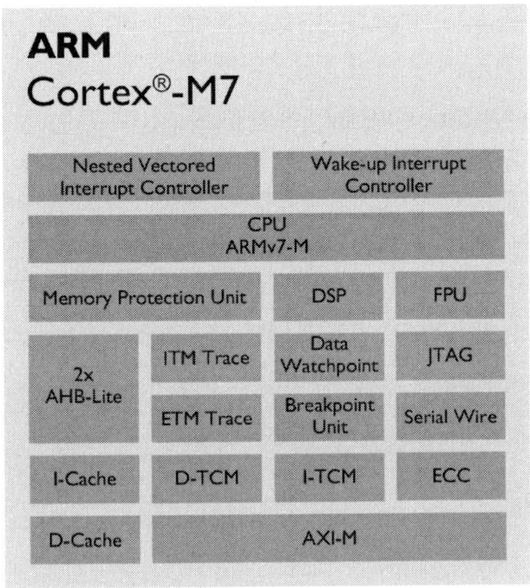

△ **그림 1-1-8** Cortex-M7의 구성

(2) 주요 특징

- Cortex-M 시리즈 중에서 가장 동작속도가 빠름
- 코어 : ARMv7E-M 아키텍쳐
- 속도 : 2.14DMIPS/MHz
- 6-스테이지(stage) 파이프 라인을 가짐
- 명령어 셋
  - 모든 Thumb 명령어 사용 가능
  - 모든 Thumb-2 명령어 사용 가능
  - 32비트 하드웨어 곱셈(결과값은 32비트, 또는 64비트를 가짐)
  - 32비트 하드웨어 나눗셈(2-12사이클)
  - Saturated math support.
  - DSP extension : Single cycle 16/32-bit MAC, single cycle dual 16-bit MAC, 8/16-bit SIMD arithmetic.
- 인터럽트 : 1 ~ 240개의 인터럽트와 NMI
  12사이클의 인터럽트 대기시간
- 여러 가지의 슬립 모드(sleep mode)
- 칩 제조시 옵션으로 추가 가능한 항목
  - FPU(floating-point unit) : IEEE-754-2008 호환의 단정도(single-precision) 또는 단/배정도(single and double-precision)
  - MPU(memory protection unit) : 0, 8 또는 16개 영역
  - CPU 캐시(옵션 요소) : 0 ~ 64KB의 명령어 캐시, 0 ~ 64KB의 데이터 캐시

- Tightly-Coupled Memory(TCM)(옵션요소) : 0 ~ 16 MB의 명령어 TCM, 0 ~ 16 MB의 데이터 TCM
- Embedded Trace Macrocell(ETM)(옵션요소):
- 슬립 모드에서의 리텐션(Retention) 모드

(3) 주요 제조사 및 모델

Cortex-M7 기반의 마이크로컨트롤러의 주요 제조사 및 모델은 다음과 같다.

- STMicroelectronics사의 STM32 F7 시리즈
- Freescale/NXP Kinetis KV5 시리즈
- Atmel사의 SAME70, SAMS70, SAMV70, SAMV71

1.1.2.9 Cortex-M23

(1) 개요

Cortex-M23은 ARMv8-M baseline 아키텍쳐를 가지며 ARM의 TrustZone 보안 기술을 채택하여 보안성이 좋으며, 에너지 효율이 높은 프로세서이다. 이 프로세서는 보안성과 저에너지 소비가 요구되는 응용(예 : 네트웍 접속 등)에 적합하다. 이 프로세서의 구성은 다음 그림과 같다.

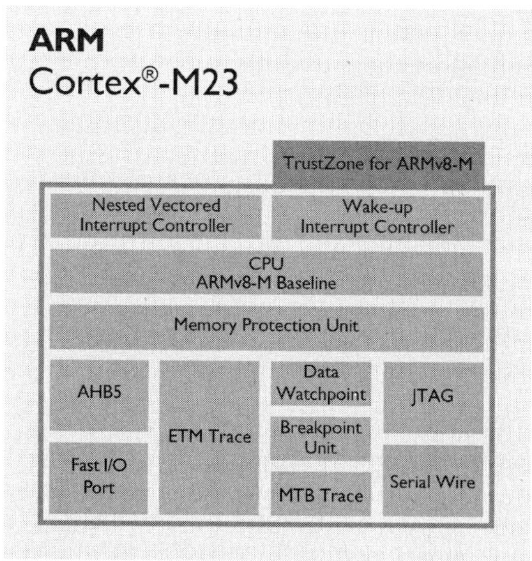

△ 그림 1-1-9 Cortex-M23의 구성

(2) 주요 특징

- 아키텍쳐 : ARMv8-M Base Line
- 동작 속도 : 0.98 DMIPS/MHz, 2.50 CoreMark/MHz

(3) 주요 제조사 및 모델

- 이 프로세서는 아직 주요 Cortex–M 제조업체에서 상용화되고 있지는 않으며(17년 3월 기준), 조만간 상용화된 모델이 많이 출시될 것으로 예상된다.

1.1.2.10 Cortex–M33

(1) 개요

Cortex–M33은 ARMv8–M Mainline 아키텍처를 가지며 ARM의 TrustZone 보안 기술을 채택한 프로세서이다. 이 프로세서는 Cortex–M3나 Cortex–M4 보다도 나은 성능을 가지며, 보안성도 뛰어나므로 향후 많은 사용이 예상된다. 이 프로세서의 구성은 다음 그림과 같다.

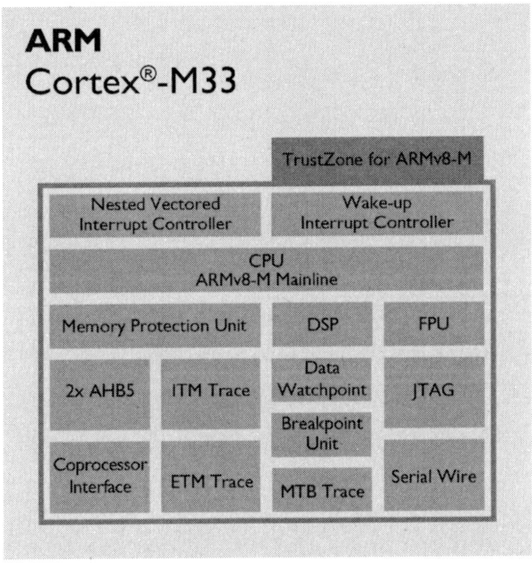

△ 그림 1–1–10 Cortex–M33의 구성

(2) 주요 특징

- 아키텍처 : ARMv8–M Main Line
- 동작 속도 : 1.50 DMIPS/MHz, 3.86 CoreMark/MHz
- Co–processor 인터페이스가 가능(옵션)
- DSP 기능이 가능함(옵션)
- FPU 장착이 가능함(옵션)

(3) 주요 제조사 및 모델

- 이 프로세서는 아직 주요 Cortex–M 제조업체에서 상용화되고 있지는 않으며(17년 3월 기준), 조만간 상용화된 모델이 많이 출시될 것으로 예상된다.

1.1.3 Cortex-M 프로세서의 비교

앞에서 살펴본 Cortex-M3, Cortex-M4와 Cortex-M7의 주요 차이점은 다음과 같다.

▼ 표 1-1-6 Cortex-M3, Cortex-M4와 Cortex-M7의 주요 차이점

항목	M3	M4	M7
동작 속도 (DMIPS/MHz)	1.25	1.25	2.14
CoreMark/MHz	3.32	3.40	5.04
명령어/데이터 버스	32	32	64
pipe line	3	3	6
DSP	없음	지원	지원
FPU	없음	옵션(Single precision)	옵션(Single/ Double precision)
MPU	0~8	0~8	0~16
Bit banding	지원	지원	없음
M7에만 있는 항목	-	-	Cache, TCM ECC, AXI-M
40nm Area(m*m)	0.03	0.04	n/a

참고 **Cortex-M3 프로세서와 ARM7-TDMI 프로세서와의 비교**

Cortex-M3 프로세서는 ARMv7-M 아키텍처를 기반으로 하는 ARM 프로세서이다. 이 프로세서의 핵심은 다수의 새로운 기능을 포함하고 있는 향상된 3단 파이프 라인 구조를 가지고 있는 코어에 있다. 이 프로세서는 분기 예측, 곱셈 연산의 1사이클 처리, 하드웨어로 처리되는 나눗셈 연산과 같은 강력한 기능 등을 통해 1.25DMIPS/MHz의 뛰어난 성능을 나타낸다.

또한, Cortex-M3 프로세서는 새로운 명령어 세트인 Thumb-2를 이용하므로 ARM7TDMI-S 프로세서의 Thumb 명령어 실행에 비해서는 70% 이상, ARM 명령어 실행에 비해서는 35% 이상 클럭당 연산효율이 높으며, ARM7TDMI-S 프로세서보다 높은 전력효율을 가지고 있다. 그 밖에도 Cortex-M3는 낮은 개발비용, 빠르고 효과적인 시스템 개발을 위한 편리한 사용방법과 통합된 디버그와 코드추적 기능 등을 가지고 있다. <표 1-1-3>와 <그림 1-1-3>은 ARM사에서 발표한 자료로서 ARM7TDMI-S와 Cortex-M3 프로세서의 성능 비교를 나타낸다. 이 자료를 보면 소니의 게임보이 어드밴스, 애플의 아이팟 등의 모바일 기기에 많이 사용되어 유명해진 ARM7TDMI보다도 Cortex-M3의 성능이 더 뛰어남을 알 수 있다.

한편, ARM사에서 Cortex-M3를 ARM9이나 ARM11과 비교하지 않고 ARM7과 비교한 것을 보면 Cortex-M3는 ARM7TDMI보다는 성능이 우수하지만 ARM9이나 ARM11보다는 뒤떨어지는 것으로 판단된다.

▼ **표 1-1-7** ARM7TDMI-S와 Cortex-M3 프로세서의 비교 (출처 : ARM사의 기술 자료)

Features	ARM7TDMI-S	Cortex-M3
Architecture	ARMv4T(von Neumann)	ARMv7-M(Harvard)
ISA Support	Thumb/ARM	Thumb/Thumb-2
Pipeline	3-Stage	3-Stage + branch speculation
Interrupts	FIQ/IRQ	NMI + 1 to 240 Physical Interrupts
Interrupt Latency	24-42 Cycles	12 Cycles
Sleep Modes	None	Integrated
Memory Protection	None	8 region Memory Protection Unit
Dhrystone	0.95DMIPS/MHz(ARM mode)	1.25DMIPS/MHz
Power Consumption	0.28mW/MHz	0.19mW/MHz
Area	0.62mm2(Core Only)	0.86mm2(Core & Peripherals)*

*Does not include optional system peripherals(MPU & ETM) or integration level components

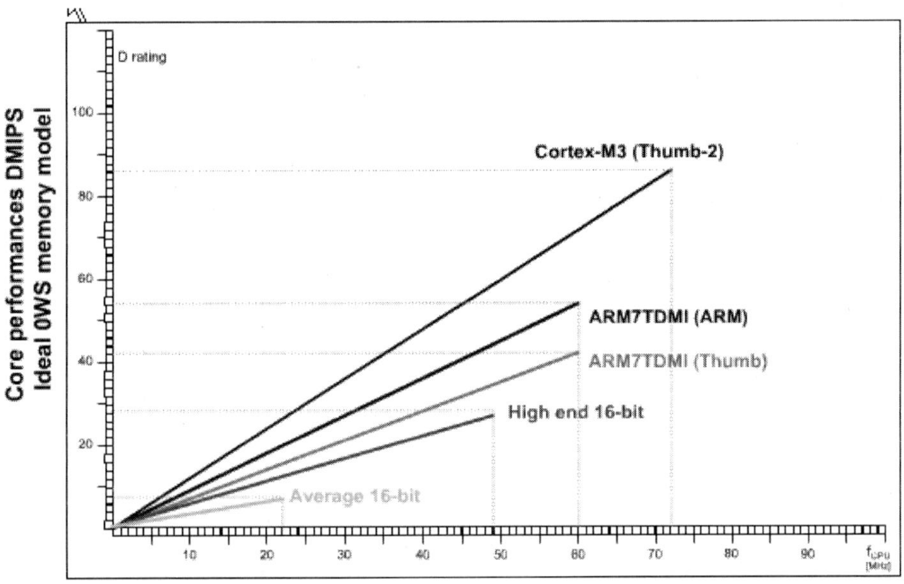

△ **그림 1-1-11** ARM7TDMI-S와 Cortex-M3 프로세서의 성능 비교 (출처 : ARM사의 기술 자료)

1.1.4 Cortex-M 프로세서의 명령어 셋(Instruction Set)

프로세서의 내부에는 각종 연산을 처리하기 위한 명령어를 가지고 있는데, ARM 프로세서의 명령어들을 ARM 명령어 셋(Instruction Set)라고 하며, 이는 〈표 1-1-5〉와 같이 발전하여 왔다.

ARMv4 아키텍쳐까지는 32비트의 ARM 명령어 셋만 사용되었으나 ARMv4T 부터는 16비트의 Thumb 명령어 셋이 추가되어 함께 사용되기 시작하였다. 그리고 ARMv7 부터는 Thumb 대신 더욱 진보된 Thumb-2 명령어 셋이 사용되고 있다. 따라서 ARMv7 아키텍쳐를 기반으로 하는 Cortex-M 프로세서는 Thumb-2 명령어 셋을 사용한다.

▼ 표 1-1-8 ARM 프로세서의 명령어 셋의 발전 단계

아키텍쳐 버전	명령어 셋	비고
ARMv4 까지	ARM	ARM은 32비트 명령어로 구성
ARMv4T ~ ARMv6	ARM + Thumb	Thumb는 16비트 명령어로 구성
ARMv7	ARM + Thumb-2	Thumb-2는 16비트, 32비트 명령어로 구성

Thumb-2 명령어 셋은 16비트와 32비트의 명령어를 모두 포함하고 있어서, 기존의 명령어 셋이 가지고 있던 문제점인 32비트 명령어의 코드 사이즈 증가와 16비트 명령어의 부족한 성능, 32비트와 16비트 간의 전환에 따른 성능 저하의 문제를 해결할 수 있는 장점이 있다.

한편 Cortex-A 시리즈와 Cortex-R 시리즈는 ARM 명령어 셋과 Thumb-2 명령어 셋을 모두 사용할 수 있지만, Cortex-M 시리즈는 ARM 명령어 셋은 사용할 수 없으며, Thumb-2 명령어 셋만 사용 가능하다. 〈표 1-1-9〉는 Cortex-M 시리즈의 사용가능한 명령어 셋을 나타낸다.

▼ 표 1-1-9 ARM Cortex-M instruction variations (출처 : Wiki)

ARM Cortex-M	Thumb	Thumb-2	Hardware multiply	hardware divide	Saturated math	DSP extensions	Floating-point unit(FPU)	ARM architecture
Cortex-M0[1]	Most	Some	32-bit result	No	No	No	No	ARMv6-M
Cortex-M0+[2]	Most	Some	32-bit result	No	No	No	No	ARMv6-M
Cortex-M1[3]	Most	Some	32-bit result	No	No	No	No	ARMv6-M
Cortex-M3[4]	Entire	Entire	32 or 64 bit result	Yes	Yes	No	No	ARMv7-M
Cortex-M4[5]	Entire	Entire	32 or 64 bit result	Yes	Yes	Yes	Optional: SP	ARMv7E-M
Cortex-M7	Entire	Entire	32 or 64 bit result	Yes	Yes	Yes	Optional: SP or SP & DP	ARMv7E-M

그리고 〈그림 1-1-12〉은 Cortex-M 시리즈의 사용가능한 명령어를 나타낸다.

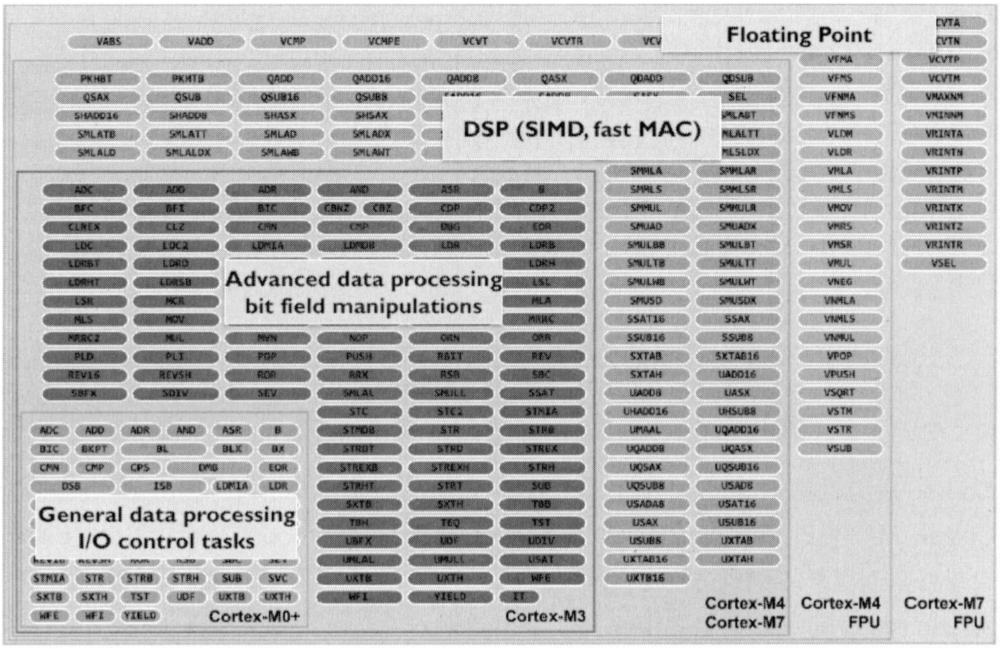

△ **그림 1-1-12** ARM Cortex-M 프로세서의 명령어 셋 (출처 : ARM white paper)

1.1.5 Cortex-M 프로세서 v.s. Cortex-M 기반의 마이크로컨트롤러

ARM사는 마이크로프로세서 칩을 직접 제조하는 회사가 아니라, 마이크로프로세서의 코어에 해당하는 부분(ARM에서는 이것을 “Cortex-M 프로세서”라고 지칭한다)을 설계해서 칩을 제조하는 여러 회사에 프로세서의 설계 파일을 지적 재산권 형태로 판매하는 회사이다.

따라서 동일한 Cortex-M 프로세서를 사용한 마이크로컨트롤러들이 여러 회사에서 생산될 수 있다. 그러나 이 경우에도 프로세서만 동일할 뿐 내장된 주변장치(입출력 포트, 인터럽트, 타이머, AD 변환기, UART, USB, 이더넷 등)는 일반적으로 제조 회사별로 달라짐을 유의하자. 그리고 동일한 제조회사에서도 모델별로 주변장치의 구성이 각각 다르게 될 수 있다.

참고

> 보다 정확하게 말하면 ARM에서 설계하여 제공하는 부분에는 프로세서 뿐만 아니라 디버깅을 위한 디버깅 시스템도 포함된다.

따라서 앞으로 이 교재에서 Cortex-M 프로세서(Cortex-M Processor)라는 용어는 ARM사에서 설계한 프로세서 코어에 해당하는 부분을 가르키는 용어로 사용하기로 한다. 그리고 Cortex-M 기반의 마이크로컨트롤러(Cortex-M based Microcontroller)라고 하면 이 프로세서 코어를 바탕으로 여러 가지 주변 장치를 추가하여 완성된 마이크로컨트롤러를 가르키는 용어로 사용하기로 한다. 〈그림 1-1-13〉는 Cortex-M 프로세서와 이 프로세서를 기반으로 한 마이크로컨트롤러와의 관계를 나타낸다.

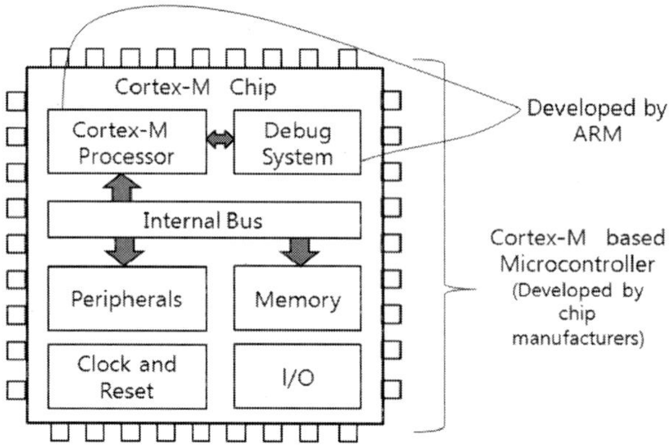

△ **그림 1-1-13** Cortex-M 기반의 마이크로컨트롤러 (출처 : 참고문헌 Yiu)

Cortex-M 프로세서 : ARM사에서 설계한 프로세서 코어에 해당하는 부분을 가르킨다.
Cortex-M 기반의 마이크로컨트롤러(Cortex-M based Microcontroller) : Cortex-Mx 프로세서를 바탕으로 여러 가지 주변 장치를 추가하여 완성된 마이크로컨트롤러
예) Cortex-M3 프로세서, Cortex-M4 프로세서
Cortex-M3 기반의 MCU, Cortex-M7 기반의 MCU 등

Cortex-M 기반의 마이크로컨트롤러도 현재 여러 회사에서 생산 중이며 대표적인 것으로는 STMicroelectronics사의 STM32 시리즈, NXP사의 LPC 시리즈 등이 있다.

참고 Cortex-M 프로세서(processor)와 Cortex-M 코어(core)

이 교재에서 설명하는 Cortex-M 프로세서에 해당하는 부분을 어떤 책에서는 Cortex-M 코어라고 부르기도 한다. 이 부분을 Cortex-M 코어라고 부르는 것이 더 이해하기가 쉬울 수도 있겠지만, ARM사의 각종 기술문서에서는 이 부분을 Cortex-M 프로세서라고 지칭하므로, 본 교재에서는 Cortex-M 프로세서를 개발한 ARM사의 의견을 존중하여 이 용어를 그대로 사용하기로 한다.
실제로 ARM사의 자료를 보면 Cortex-M 프로세서의 내부에 다시 Cortex-M 코어라는 명칭을 사용하고 있음을 알 수 있다. 이에 대한 자세한 내용은 [1.2.2절 Cortex-M3 프로세서의 구성]을 참조하기 바란다.

1.1.6 [참고] 마이크로프로세서와 마이크로컨트롤러

이 절은 마이크로프로세서와 마이크로컨트롤러의 차이와, CISC 구조 및 RISC 구조에 대한 참고 설명이 들어있다. 따라서 이 내용에 대하여 잘 알고 있는 독자는 이 부분을 읽지않고 건너 뛰어도 무방하다.

1.1.6.1 마이크로프로세서(micro-processor)와 마이크로컨트롤러(micro-controller, 또는 MCU)

마이크로프로세서(micro-processor)는 CPU(Centeral Processing Unit : 중앙처리장치)와 CPU의 동작에 필요한 기본적인 메모리, 입출력 기능 등을 집적시켜 하나의 칩으로 구현한 것을 말한다.

이에 비해 마이크로컨트롤러(micro-controller : MCU)는 주로 기기나 장치를 제어할 목적으로 사용하기 위해 마이크로프로세서에 프로그램 저장에 필요한 메모리, 외부 기기의 제어를 위한 입출력 기능 등을 강화하여 하나의 칩으로 구현한 것을 말한다. 마이크로컨트롤러를 줄여서 MCU라고 부르기도 한다.

참고

MCU는 Micro-Controller Unit의 약자이다

대표적인 마이크로컨트롤러로는 AVR사의 ATmega128, Microchip사의 PIC 마이크로컨트롤러, 이 책에서 사용하는 ST사의 STM32F 시리즈 그리고 NXP사의 NXP17xx 시리즈(Cortex-M3 기반의 MCU) 등이 있다. 이들 MCU의 칩 내부에는 CPU 이외에도 플래시 메모리, 입출력 포트, 타이머, A/D 변환기, 통신용 포트 등의 기능이 포함되어 있다.

1.1.6.2 CISC 구조와 RISC 구조

CISC 구조와 RISC 구조는 마이크로프로세서를 포함하는 일반적인 컴퓨터의 구조에 대한 용어이며 그 내용은 다음과 같다.

(1) RISC(Reduced Instruction Set Computer : 축약 명령어 컴퓨터) 구조

비교적 적은 수의 명령어를 사용하며, 이를 신속하고 효율적으로 처리하도록 설계된 마이크로프로세서 구조를 말한다. RISC 구조는 명령어의 수를 줄임으로써 제어 기능을 단순화하여 하드웨어의 설계를 쉽게 하고, 처리 속도의 고속화를 실현하는 것을 주안점으로 한 프로세서이다. 따라서 명령어를 사용 빈도가 높은 기본 명령으로, 한정하고 명령어의 길이를 통일하여, 각각의 명령이 단일 클록 사이클 내에 신속하게 처리되도록 하는 일이 많다. RISC 구조는 실수 연산을 많이 하는 슈퍼컴퓨터의 CPU용으로 처음 제안되고 개발되었다.

일반적으로 RISC형의 프로세서는 단순한 명령어는 신속하게 처리하지만, 복잡한 명령어를 실행할 때에는 범용의 CISC형보다 처리 속도가 느리다. 대표적인 RISC 프로세스로는 ARM사의 ARM 프로세서, AVR사의 ATmega 프로세서, 최초의 슈퍼컴퓨터인 Cray Research사의 Cray-1, 선 마이크로시스템스사의 SPARC, 모토롤라사의 88000, 인텔사의 i860 등이 있다.

(2) CISC(Complex Instruction Set Computer : 복합 명령어 컴퓨터) 구조

많은 수의 다양한 명령어를 사용하여 복잡한 명령의 수행성과 프로그램의 유연성이 향상되도록 설계된 마이크로프로세서 구조를 말한다. CISC 구조는 일반적으로 RISC 구조보다 처리 속도 등의 성능은 떨어지나, 복잡하고 세밀하며 유연한 작업 수행이 가능한 장점이 있다.

따라서 범용의 개인용 컴퓨터에서는 CISC 구조를 많이 사용하고, 고성능의 작업 처리가 필요한 워크스테이션 등에서는 RISC 구조를 많이 사용하여 왔다. 대표적인 CISC 프로세서로는 인텔(Intel)사의 X86 계열의 CPU(8086/8088, 80286, 80386, 80486, Pentium, Core i3/i5/i7 등)와 모토롤라(Motorola)사의 68030, 68040 등이 있다.

그러나 최근에는 명령어 파이프 라인(pipe line)과 같은 RISC의 특징을 도입한 CISC도 생겨났으며(예 : 인텔의 Pentium 이후 CPU들), 명령어의 수가 CISC와 별 차이가 없는 RISC 프로세서도 등장하는 등, CISC와 RISC의 구분이 모호해지고 있는 경향을 보여주고 있다.

1.2 ARM Cortex-M3 프로세서

이 책에서 다루고 있는 ST사의 Nucleo-64 보드인 Nucleo-F103RB는 Cortex-M3 프로세서를 사용한다. Cortex-M3 프로세서는 ARMv7-M 아키텍쳐를 적용한 32비트 MCU로 고성능이면서도 8비트나 16비트의 MCU와 가격이 비슷하여 최근 사용자가 폭발적으로 증가되고 있는 추세이다. 이 장에서는 ARM Cortex-M3 프로세서의 구성에 대해 자세히 알아보기로 한다.

참고

> 이 절에서 설명하고 있는 Cortex-M3 프로세서는 앞 절의 <그림 1-1-13>에서 Cortex-M Processor라고 표기된 부분을 가르킨다. 따라서 이 그림에 나타난 전체의 칩(Cortex-M based MCU)을 가르키는 것이 아님을 유의하기 바란다.

1.2.1 Cortex-M3 프로세서의 특징

ARM Cortex-M3 프로세서는 낮은 전력 소모, 뛰어난 연산 성능과 빠른 인터럽트 응답 등의 장점이 있으며 주요 특징은 다음과 같다.

- ARMv7-M 아키텍쳐의 Cortex-M3 프로세서 코어를 내장
- 1.25 DMIPS/MHz의 처리속도
- 3-스테이지(stage) 파이프라인을 가짐
- 16 비트 명령어와 32 비트 명령어가 혼합된 Thumb-2 명령어 셋을 사용
- 명령 버스와 데이터 버스가 분리되어 있는 하버드(Harvard) 구조를 가짐
- 빠른 인터럽트 처리 : 항상 12사이클에 처리되며, 테일-체이닝 방식을 사용할 경우는 6사이클에 처리도 가능함
- 메모리 보호 유닛(MPU)을 이용한 메모리 보호 기능이 가능
- 플래시 메모리 사용이 1사이클에 가능
- 곱셈 연산이 1사이클에 가능하며 나눗셈 연산은 하드웨어적으로 처리
- 전력 소모 절감을 위한 각종 슬립 모드 지원
- 효율적인 프로그램 개발을 위한 디버거 지원
- 리셋, 인터럽트 등을 포함한 모든 프로그램이 C 언어로 가능하도록 설계됨
- 칩 제조시 옵션으로 추가가 가능한 항목
  -MPU(memory protection unit) : 0 또는 8개 영역

1.2.2 Cortex-M3 프로세서의 구성

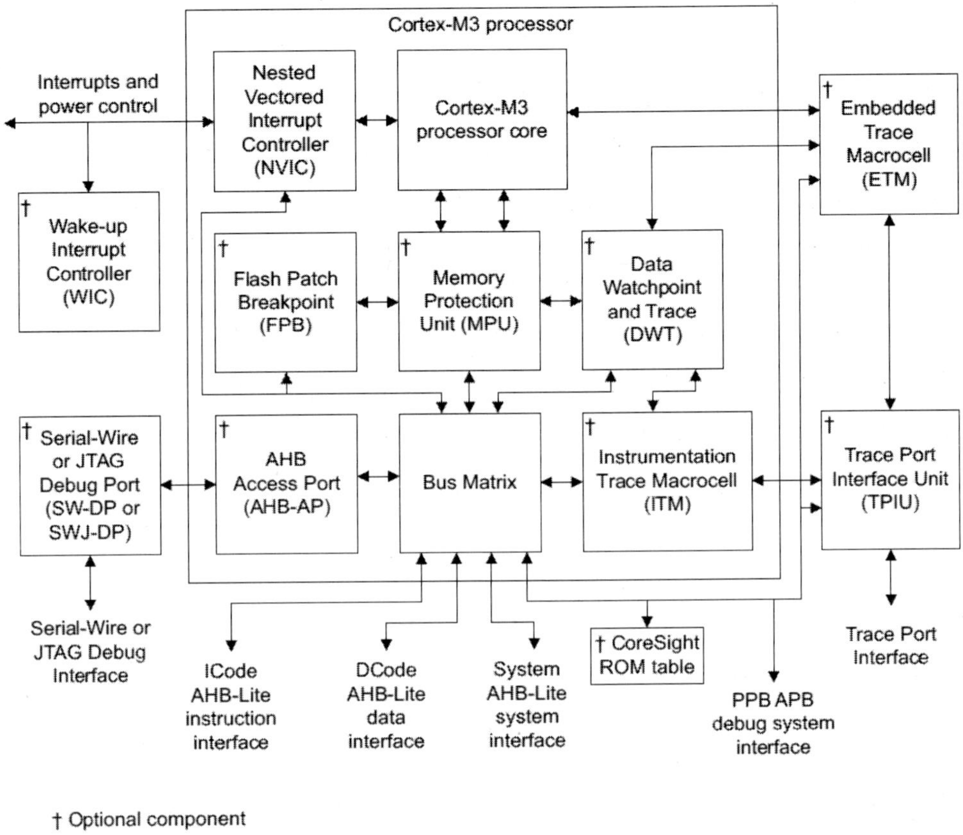

△ **그림 1-2-1** Cortex-M3 프로세서의 구성도

<그림 1-2-1>은 Cortex-M3 프로세서의 구성도를 나타낸다. 이 그림에서 사각형 박스로 되어있는 부분이 Cortex-M3 프로세서이며 그 구성요소는 다음과 같다.

1) Cortex-M3 프로세서의 내부 구성요소

① 제일 윗줄(왼쪽부터)

- NVIC(Nested Vector Interrupt Controller) : 인터럽트 제어를 담당한다.
- Cortex-M3 Core : Cortex-M3 프로세서의 코어. ALU(Arithmetic Logic Unit), 레지스터 등으로 구성되며, FPU(Floating Point Unit)도 여기에 있다.

② 두번째 줄(왼쪽부터)

- FPB(Flash Patch and Breakpoint) : 디버깅을 위한 장치
- MPU(Memory Protection Unit) : 메모리 보호 유닛
- DWT(Data Watchpoint and Trace) : 디버깅을 위한 장치

③ 세번째 줄(왼쪽부터)

- AHB Access Port(AHB-AP) : 디버깅을 위한 장치
- Bus Matrix : 프로세서 내부의 버스 연결을 위한 장치
- ITM(Instrumentation Trace Macrocell) : 디버깅을 위한 장치

2) Cortex-M3 프로세서의 외부 구성요소(제일 왼쪽 위부터 반시계 방향으로)

- WIC(Wake-up Interrupt Controller) : 웨이크 업 인터럽트의 처리를 위한 장치
- Serial-Wire or JTAG Debug Port(SW-DP or SWJ-DP) : 디버깅을 위한 장치
- CoreSight ROM table : Core 구동을 위한 데이터가 들어있는 ROM
- TPIU(Trace Port Interface Unit) : 디버깅을 위한 장치
- ETM(Embedded Trace Macrocell) : 디버깅을 위한 장치

3) 외부로 나가는 버스(제일 왼쪽 위부터 반시계 방향으로)

- Interrupts and power control : 인터럽트, 파워 제어용
- Serial-Wire or JTAG Debug Interface : 디버깅용
- ICode AHB-Lite instruction interface : I-code 버스(Instruction Code용 AHB-Lite 버스)
- DCode AHB-Lite data interface : D-code 버스(Data Code용 AHB-Lite 버스)
- System AHB-Lite system interface : 시스템 버스(System용 AHB-Lite 버스)
- PPB APB debug system interface : PPB 버스(디버깅용)
- Trace Port interface : 디버깅용

위에서 살펴본 구성 요소 중에서 중요한 요소들의 기능을 좀 더 자세히 살펴보면 다음과 같다.

4) 프로세서 코어(Cortex-M3 Core)

프로세서 코어는 ARMv7-M 아키텍쳐를 기반으로 하며 프로세서 코어의 내부에는 범용 레지스터, 스택 포인터, 링크 레지스터, 프로그램 카운터, 프로그램 상태 레지스터 및 특수 레지스터가 있는데 모든 레지스터는 32비트로 구성된 레지스터이다. 프로세서 코어는 [1.2.3절. 프로세서 코어]에 자세히 설명되어 있다.

5) NVIC(Nested Vectored Interrupt Controller : 중첩 벡터형 인터럽트 제어기)

NVIC는 프로세서에 내장된 인터럽트 제어기로써, 프로세서 코어와 밀접하게 연결되어 있으며 몇 개의 시스템 제어 레지스터를 가지고 있다. NVIC는 중첩된 인터럽트를 쉽게 처리할 수 있는 구조를 가지고 있으며, 인터럽트 벡터 테이블을 가지고 있어 인터럽트 발생시에 대응되는 인터럽트 핸들러 루틴으로 신속히 옮겨가서 처리할 수 있는 장점이 있다. NVIC의 동작에 대한 자세한 설명은 [1.2.6절. 인터럽트 및 예외]를 참고하기 바란다.

6) MPU(Memory Protectin Unit : 메모리 보호 유닛)

Cortex-M3 프로세서에는 옵션 요소로 메모리에 대한 접근 권한을 제어할 수 있는 기능을 가지는 MPU가 있다. 이 MPU를 이용하면 메모리 접근 레벨 별로 메모리 액세스에 대한 제한을 둘 수 있다. 이 제한에 어긋나는 메모리 액세스가 발생하면 폴트(Fault) 예외가 발생한다.

MPU를 사용하는 방법은 여러 가지가 있으나 일반적으로는 운영체제가 MPU를 설정하여 특권 접근 레벨에서 사용하는 데이터(예를 들면 운영체제의 커널 등)를 사용자 접근 레벨의 프로그램에서 접근하지 못하도록 막아주는 형태로 사용된다. 그리고 특정 메모리 영역을 읽기 전용으로 설정하여 예상하지 못한 데이터의 변경이나 삭제를 막고, 멀티태스킹 시스템에서 여러 가지 작업들 간의 메모리 영역을 분리하는 역할을 할 수도 있다. MPU를 이용하면 임베디드 시스템을 더욱 강건하고 신뢰성 있는 시스템으로 만들 수 있다. MPU의 구체적인 구성은 옵션으로 주어져 있으며 MCU 제조회사에서 설계시에 결정하게 된다.

참고

> Cortex-A 프로세서나 ARM9 프로세서의 일부(아키텍쳐 ARMv5를 가지는 ARM926EJ-S 등)와 ARM11 프로세서는 가상 어드레스 사용을 지원하는 등의 메모리 관리 기능을 가지는 MMU(Memory Management Unit)가 내장되어 있다. 그러나 Cortex-M 프로세서는 MMU 대신 기초적인 메모리 보호기능을 만을 가지는 MPU를 가지고 있다.

7) 버스 매트릭스 및 버스 인터페이스

Cortex-M3 프로세서는 버스 인터페이스를 위해 내부에 버스 매트릭스(Bus Matrix)를 가지고 있으며 외부로는 I-code 버스, D-code 버스, 시스템 버스 및 PPB 버스가 나오게 된다. I-code 버스 및 D-code 버스는 각각 코드 메모리 영역에서 명령어(Instruction) 인출 및 데이터(Data) 입출력을 위한 버스이며, 시스템 버스는 SRAM, 주변장치 등과의 명령어 인출 및 데이터 입출력을 위한 버스이다.

버스 매트릭스 및 버스 인터페이스에 대한 자세한 설명은 [1.2.5절. 버스 인터페이스]를 참고하기 바란다.

8) 디버깅 구성요소

Cortex-M3 프로세서는 프로그램의 디버깅을 위한 여러 가지 구성요소를 가지고 있으며, 이를 이용하면 시스템내의 모든 메모리와 레지스터에의 접근이 가능하다. 디버깅 구성요소와 이들의 역할은 다음과 같다.

① Cortex-M3 프로세서의 내부에 있는 요소들

- FPB(Flash Patch and Breakpoint : 플래시 패치 및 브레이크포인트) : 브레이크포인트나 코드 패치를 위한 장치
- DWT(Data Watchpoint and Trace : 데이터 워치포인트 및 트레이스) : 워치포인트, 데이터 트레이싱을 위한 장치

- ITM(Instrumentation Trace Macrocell : 인스트루멘테이션 트레이스 마크로셀) : printf 스타일의 디버깅을 지원하기 위한 장치

② Cortex-M3 프로세서의 외부에 있는 요소들(제일 왼쪽 위부터 반시계 방향으로)

- Serial-Wire or JTAG Debug Port(SW-DP or SWJ-DP) : 디버깅을 위해 외부로 나와있는 포트
- TPIU(Trace Port Interface Unit : 트레이스 포트 인터페이스 장치) : 트레이스 포트 분석기를 인터페이스하는 장치
- ETM(Embedded Trace Macrocell : 내장 트레이스 마크로셀) : 명령어의 트레이스를 위한 장치

참고

Cortex-M3 프로세서에서 디버깅 구성 요소의 모든 부분은 옵션으로 되어있으므로 제조사별로 칩 모델에 따라 없을 수도 있다.

1.2.3 프로세서 코어

Cortex-M3/M4 프로세서 코어는 ALU(Arithmetic Logic Unit), 레지스터 등으로 구성되며 프로그램된 명령어의 인출, 디코딩 및 명령 수행을 담당하는 프로세서의 핵심적인 부분이다.

참고

이 부분에 대한 설명은 Cortex-M3와 Cortex-M4에 공통으로 적용된다. 즉, Cortex-M3와 Cortex-M4의 프로세서 코어에 대한 설명은 동일하다.

1.2.3.1 레지스터(Register)

프로세서 코어의 내부에는 다음과 같은 레지스터가 있다. 모든 레지스터는 32비트 레지스터이며, 〈그림 1-2-2〉은 이들 레지스터를 나타낸다.

- 범용 레지스터 : R0 ~ R12(13개)
- 스택 포인터(SP) : R13
- 링크 레지스터(LR) : R14
- 프로그램 카운터(PC) : R15
- 프로그램 상태 레지스터(PSR) : xPSR
- 특수 레지스터 : PRIMASK, FAULTMASK, BASEPRI, CONTROL

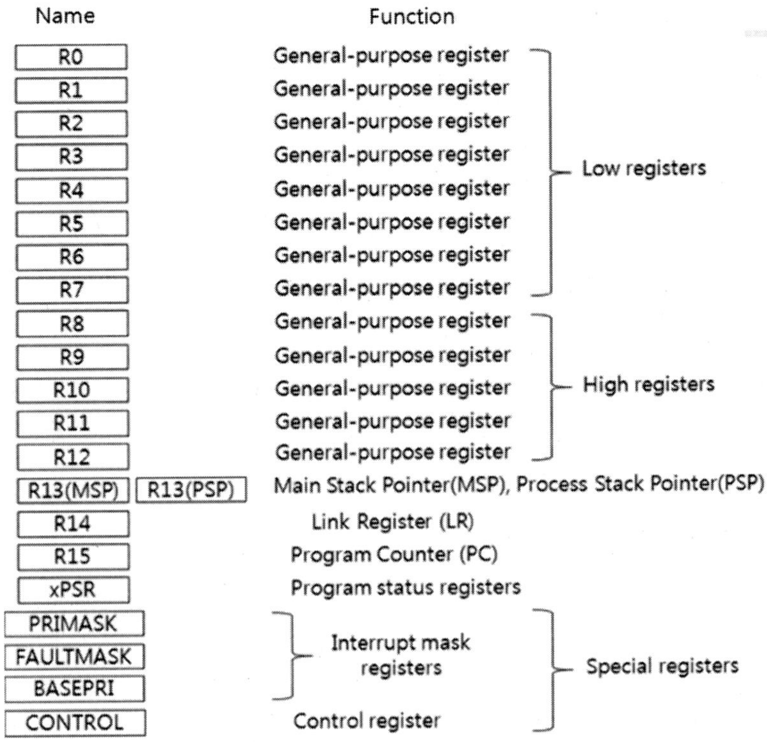

△ **그림 1-2-2** Cortex-M3/M4 프로세서 코어의 레지스터 구성

(1) 범용 레지스터(General-purpose register) : R0 ~ R12

범용 레지스터는 일반적인 용도로 사용되는 레지스터이다. 따라서 여기에는 프로그램 수행 중의 각종 데이터를 저장하게 된다. 범용 레지스터는 하위 레지스터와 상위 레지스터로 나눌 수 있다.

- 하위(Low) 레지스터 : R0 ~ R7의 8개 레지스터를 가르킨다. 범용 레지스터를 사용할 수 있는 모든 Thumb-2 명령어는 하위 레지스터에 접근이 가능하다.
- 상위(High) 레지스터 : R8 ~ R12의 5개 레지스터를 가르킨다. 범용 레지스터를 사용할 수 있는 32비트의 Thumb-2 명령어만 상위 레지스터에 접근이 가능하다. 따라서 16비트 명령어는 접근이 불가능하다.

(2) 스택 포인터(SP : Stack Pointer) : R13

Cortex-M3는 2개의 스택 포인터(MSP 및 PSP)를 가진다. 프로그램의 수행 상태에 따라 이 중 한 개의 스택 포인터만 사용할 수 있으며, 이 둘을 동시에 사용하는 것은 불가능하다.

- 메인 스택 포인터(MSP : Main Stack Pointer) : 디폴트로 지정되는 스택 포인터이며 운영체제의 커널과 예외(Exception) 핸들러가 사용한다.
- 프로세스 스택 포인터(PSP : Process Stack Pointer) : 사용자 프로그램(Application code)이 사용한다.

(3) 링크 레지스터(LR : Link Register) : R14

링크 레지스터는 서브루틴이 호출될 때 복귀 주소(return address)를 저장하는 레지스터이다.

(4) 프로그램 카운터(PC : Program Counter) : R15

프로그램 카운터는 현재 수행중인 프로그램의 주소를 저장하는 레지스터이다.

(5) 프로그램 상태 레지스터(xPSR : Program Status Register)

프로그램 상태 레지스터는 현재 수행중인 프로그램의 상태를 저장하는 레지스터이다. 프로그램의 상태에는 ALU의 상태(zero flag, carry flag, over flow 등), 프로그램의 실행 상태와 현재 수행중인 인터럽트의 번호 등이 있다. 이 레지스터는 내부적으로는 APSR(Application PSR), IPSR(Interrupt PSR) 및 EPSR(Excution PSR)의 3개의 레지스터로 나눌 수 있다.

(6) 특수 레지스터(Special register)

특수 레지스터는 총 4개이며, 3개의 인터럽트 마스크 레지스터(PRIMASK, FAULTMASK, BASEPRI)와 1개의 제어 레지스터(CONTROL)가 있으며, 다음과 같은 기능을 한다.

- PRIMASK : NMI(non-maskable interrupt)와 하드 폴트(Hard fault)를 제외한 모든 인터럽트를 비활성화시키는 레지스터
- FAULTMASK : NMI를 제외한 모든 인터럽트를 비활성화시키는 레지스터
- BASEPRI : 특정 우선 순위 또는 그 이하의 우선 순위를 가지는 인터럽트를 비활성화시키는 레지스터
- CONTROL : 스택 포인터 및 접근 모드의 선택을 위한 레지스터

1.2.3.2 프로그램 실행 모드

Cortex-M3 프로세서는 다음과 같은 2개의 프로그램 실행 모드를 가진다.

- 쓰레드 모드(Thread mode) : 일반적인 프로그램 실행시의 모드
- 핸들러 모드(Handler mode) : 예외(인터럽트) 핸들러 실행시의 모드

또한 프로그램 실행시의 시스템 안정성 확보를 위해 프로그램에서 메모리의 접근에 대한 허용 수준을 다음과 같이 2가지 레벨로 설정할 수 있다.

- 특권(Privileged) 레벨 : 모든 메모리에 접근이 가능함
- 사용자(User) 레벨 : 지정된 메모리에 접근이 가능함(시스템의 구성에 관련된 레지스터와 같은 특정 메모리에 대한 접근은 불가)

일반 프로그램이 실행되는 쓰레드 모드에서는 특권 접근 레벨과 사용자 접근 레벨의 설정이 모두 가능하지만 예외 핸들러(또는 인터럽트 서비스 루틴(ISR))가 실행되는 핸들러 모드에서는 모든 메모리에 대해 접근할 수 있는 특권 접근 레벨만 가능하다. 따라서 핸들러 모드에서는 메모리에 접근이 제한되는 사용자 접근 레벨의 사용은 불가능하다. 〈표 1-2-1〉은 프로그램 실행 모드에서 사용 가능한 메모리 접근 레벨을 나타낸다.

▼ **표 1-2-1** 프로그램 실행 모드와 메모리 접근 레벨

실행 모드	실행되는 프로그램	메모리 접근 레벨
쓰레드 모드	일반 프로그램 실행시	특권, 사용자
핸들러 모드	예외 핸들러 실행시	특권

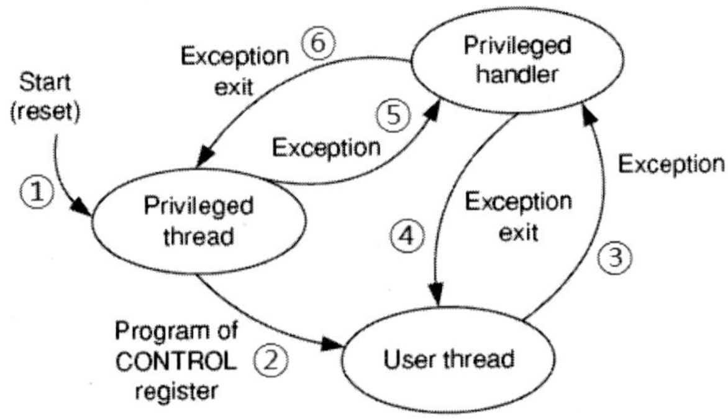

△ **그림 1-2-3** 실행 모드와 메모리 접근 레벨의 변화
(출처 : Yiu, Joseph, "The Definitive Guide to ARM Cortex-M3 and Cortex-M4 Processors")

위의 〈그림 1-2-3〉은 프로그램 실행시의 실행 모드와 메모리 접근 레벨의 변화를 나타내며 동작 설명은 다음과 같다.

- 시스템이 리셋되어 메인 프로그램이 실행될 때는 'Privileged thread(쓰레드 모드 + 특권 레벨)'이 되며 모든 메모리에 대한 접근이 가능하다(그림의 ①). 단, MPU에 의해 특정 메모리의 접근이 금지된 경우 이에 대한 접근은 허용되지 않는다.
- 메인 프로그램에서 시스템의 안정성을 높이기 위해 특정 메모리에 접근을 금지하는 'User thread(쓰레드 모드 + 사용자 레벨)'로의 변경도 가능하다(그림 ②). 일반적으로 특권 레벨과 사용자 레벨 사이의 전환은 제어 레지스터(Control register)의 해당 비트를 변경함으로써 이루어진다.
- 쓰레드 모드에서 프로그램의 실행 도중 예외(Exception)가 발생하면 프로세서는 항상 'Privileged handler(핸들러 모드 + 특권 레벨)'로 설정되며(그림 ③ 또는 ⑤), 예외 핸들러의 쓰레드 모드에서 프로그램의 실행이 종료되면 제어 레지스터에 설정된 원래의 접근 레벨로 다시 돌아가게 된다(그림 ④ 또는 ⑥).

- 'User thread(쓰레드 모드 + 사용자 레벨)'에서 바로 'Privileged thread(쓰레드 모드 + 특권 레벨)'로 돌아갈 수는 없으며, 이 경우는 제어 레지스터의 값을 변경시키는 예외 핸들러를 실행시키면 'Privileged handler'를 거쳐 'Privileged thread'로 돌아갈 수 있다 (그림의 ③ → ⑥).

메모리 접근 레벨을 지정하면 사용자의 프로그램에서 실수로 시스템 설정과 관련된 레지스터의 값을 변경하는 것을 방지할 수 있으므로 시스템의 안정성이 높아지게 된다. 그리고 MPU와 메모리 접근 레벨을 함께 사용하면 OS(운영체제)용 프로그램이나 데이터와 같은 중요한 메모리 영역에 실수로 접근하는 것을 막을 수 있다.

1.2.3.3 3단 파이프 라인(Pipe line)

프로세서의 동작 속도를 높이기 위해 가장 먼저 생각할 수 있는 것은 클럭 속도를 높이는 것이다. 그러나 프로세서 내부의 여러 가지 하드웨어적인 제약 때문에 클럭 속도를 일정 수준 이상으로 높이는 것은 아주 어렵고 비용도 많이드는 방법이다. 따라서 클럭 속도를 높이지 않고도 프로세서의 동작 속도를 높일 수 있는 여러 가지 방법들이 고안되었으며 파이프 라인도 그 중의 한 방법이다.

파이프 라인(Pipe line) 방식은 명령어의 처리를 한 단계가 아닌 여러 단계로 나누어 실행하는 방법을 말한다. Cortex-M3/M4는 ARM7과 마찬가지로 3단 파이프 라인 구조를 가지며, 〈그림 1-2-4〉는 이를 보여준다. 참고로 ARM9은 5단, 그리고 ARM11과 Cortex-A9은 8단의 파이프 라인 구조를 가진다.

이 그림을 보면 하나의 명령어는 인출(Fetch), 해독(Decode)과 실행(Excute)의 세 단계로 나누어 수행되며 전체의 명령어는 다음과 같이 수행된다.

① t시간에는 1번 명령어가 인출된다.

② (t + 1) 시간에는 1번 명령어가 해독되고, 2번 명령어는 인출된다.

③ (t + 2) 시간에는 1번 명령어는 실행되고, 2번 명령어는 해독되고, 3번 명령어는 인출된다.

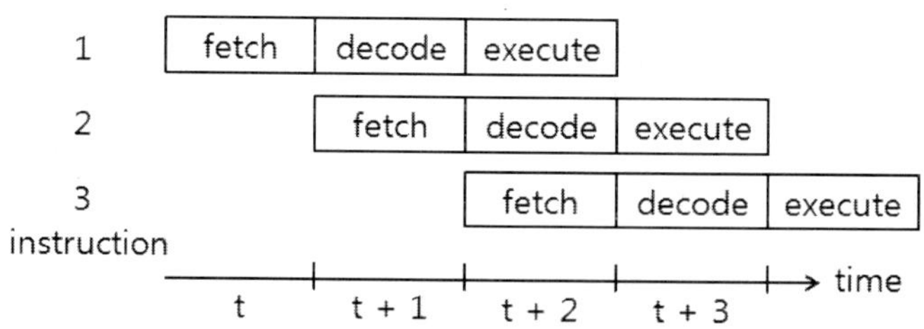

△ **그림 1-2-4** Cortex-M3/M4의 3단 파이프 라인 구조

파이프 라인은 여러 명령어를 동시에 병렬로 처리하는 것과 같은 효과를 보여준다. 그림을 보면 특정 시간에 3개의 명령어가 동시에 처리되는 것을 알 수 있다. 그러나 물리적으로는

CPU가 3개의 명령어를 동시에 처리하는 것은 아니다. 예를 들면, (t+2) 시간에 인출부는 1개의 명령어(3번 명령어)만 처리하며 해독부도 1개(2번 명령어), 실행부도 1개(1번 명령어)를 처리한다. 따라서 실제로 CPU의 각 부분은 1사이클 당 1개의 명령어만 처리한다.

1.2.3.4 비트 밴딩(Bit Banding)

비트 밴딩은 메모리의 비트밴드 앨리어스(Bit-band alias) 영역 내의 1개의 워드(32비트)를 비트밴드(Bit-band) 영역 내의 1개의 비트로 매핑시켜주는 연산을 말한다. 즉, 비트밴드 앨리어스 영역 내의 1개의 워드를 0 또는 1로 설정하면 비트밴드 영역 내의 대응하는 1개의 비트가 동일한 값으로 설정되는 기능이다.

비트 밴딩을 이용하면 워드 단위의 연산 명령어 1개를 이용하여 비트 단위의 연산이 가능하므로 비트밴드 영역 내의 메모리에 대한 비트 연산을 빠르고 쉽게 할 수 있는 장점이 있다. 비트 밴딩 연산을 실행하는 로직은 시스템 버스내부에 하드웨어로 구성되어 있다.

Cortex-M3/M4에는 비트 밴딩이 가능한 메모리가 SRAM과 주변장치 영역의 2군데가 있으며, 〈표 1-2-2〉와 같이 모두 각각 1MB의 비트밴드 영역과 32MB의 비트밴드 앨리어스 영역을 가진다.

▼ **표 1-2-2** 비트밴드 영역 및 비트밴드 앨리어스 영역

메모리	비트밴드 영역(1MB)	비트밴드 앨리어스 영역(32MB)
SRAM 영역	0x2000.0000 ~ 0x200F.FFFF	0x2200.0000 ~ 0x23FF.FFFF
주변장치 영역	0x4000.0000 ~ 0x400F.FFFF	0x4200.0000 ~ 0x23FF.FFFF

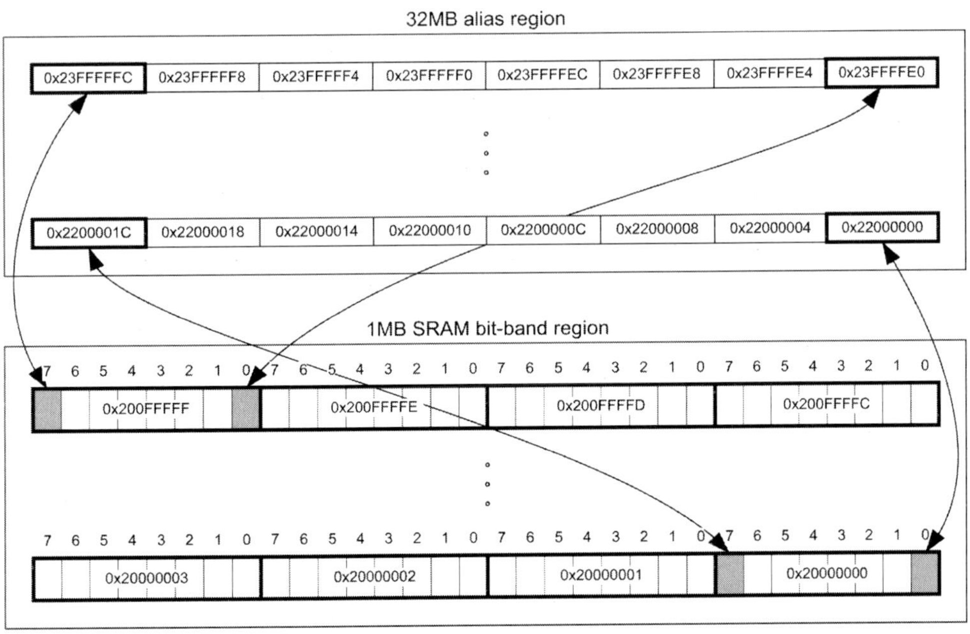

△ **그림 1-2-5** 비트 밴딩 연산의 예

〈그림 1-2-5〉는 SRAM 영역 내에서 비트 밴딩 연산의 예를 보여준다. 비트밴드 앨리어스의 최하위 워드(0x2200.0000)의 내용은 비트밴드의 최하위 비트(0x2000.0000의 비트0)에 매핑되며, 하위에서 7번째 워드(0x2200.001C)의 내용은 하위에서 7번째 비트((0x2200.0000의 비트7)에 매핑된다. 비트밴드 영역 내에서는 계속하여 이런 방식으로 매핑이 이루어진다.

따라서 비트밴드 앨리어스 최상위보다 7번째 다음의 워드(0x23FF.FFE0)는 비트밴드 최상위의 0번째 비트(0x200F.FFFF의 비트[0])에 매핑되며, 최상위 워드(0x23FF.FFFC)는 최상위의 7번째 비트(0x220F.FFFF의 비트[7])에 매핑된다.

비트밴드 영역과 비트밴드 앨리어스 영역의 매핑은 다음의 식을 이용하면 쉽게 구할 수 있다.

비트밴드 앨리어스 주소 = 비트밴드 시작주소 + (byte offset × 32) + (bit number × 4)

다음의 식은 〈그림 1-2-5〉에 나타난 경우에 대하여 주소를 계산한 예를 나타낸다.

- 비트밴드 앨리어스 0x2200.0000과 비트밴드의 최하위의 0비트(0x2000.0000:[0])
  0x2200.0000 = 0x2000.0000 + (0 × 32) + (0 × 4)
- 비트밴드 앨리어스 0x2200.001C과 비트밴드 최하위의 7비트(0x2200.0000:[7])
  0x2200.001C = 0x2000.0000 + (0 × 32) + (7 × 4)
- 비트밴드 앨리어스 0x23FF.FFE0과 비트밴드 최상위의 0비트(0x200F.FFFF:[0])
  0x23FF.FFE0 = 0x2000.0000 + (0xF.FFFF × 32) + (0 × 4)
- 비트밴드 앨리어스 0x23FF.FFFC과 비트밴드 최상위의 7비트(0x200F.FFFF:[7])
  0x22FF.FFFC = 0x2000.0000 + (0xF.FFFF × 32) + (7 × 4)

1.2.4 메모리 맵(Memory map)

참고

이 부분에 대한 설명은 Cortex-M3와 Cortex-M4에 공통으로 적용된다. 즉, Cortex-M3와 Cortex-M4의 메모리 맵에 대한 설명은 동일하다.

(1) 메모리 맵의 구성

Cortex-M3/M4 프로세서는 코드, SRAM, 주변장치, 외부 메모리 등을 위한 영역이 4GB의 메모리 영역에 미리 정의되어진 고정형 메모리 맵을 가진다. 〈그림 1-2-6〉은 Cortex-M3/M4 프로세서의 메모리 맵을 나타낸다.

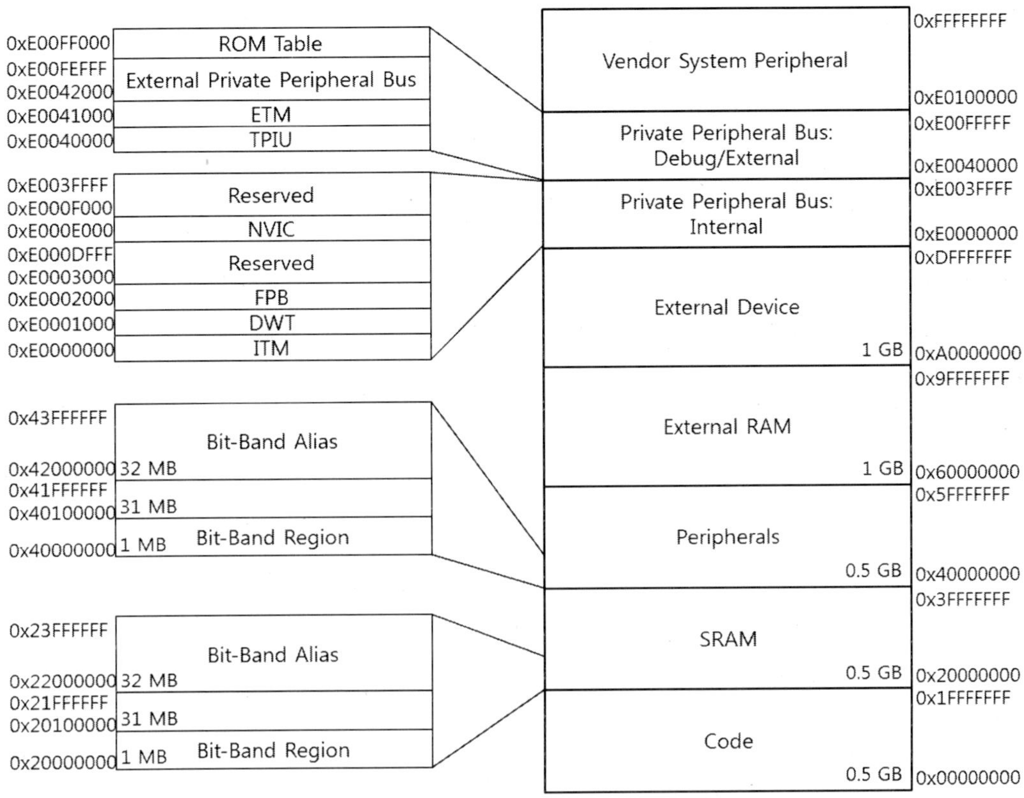

△ **그림 1-2-6** Cortex-M3/M4 프로세서의 메모리 맵

메모리 맵은 크게 다음과 같이 구성되며, 각 영역의 주소, 크기 등은 〈표 1-2-3〉에 보다 자세히 나와있다.

- 코드(Code) 영역
- SRAM 영역
- 주변장치(Peripherals) 영역
- 외부 RAM(External RAM) 영역
- 외부 디바이스(External Device) 영역
- PPB(Private Peripheral Bus) 영역 및 제조사 시스템 주변장치(Vendor system peripheral)

여기에서 설명한 메모리 맵은 ARM사에서 설정한 표준 메모리 맵이며 여러 제조사에서 개발한 여러 가지 Cortex-M3/M4 기반의 MCU들에 대한 구체적인 메모리 맵은 각 제조사의 자료를 참고하기 바란다.

▼ 표 1-2-3 Cortex-M3 프로세서의 메모리 맵의 구성

영 역	크 기	주 소	비 고
Code	0.5GB	0x0000.0000 ~ 0x1FFF.FFFF	프로그램 코드용
SRAM	0.5GB	0x2000.0000 ~ 0x3FFF.FFFF	내부 SRAM용
주변장치	0.5GB	0x4000.0000 ~ 0x5FFF.FFFF	주변장치용
외부 RAM	1GB	0x6000.0000 ~ 0x9FFF.FFFF	외부 RAM 연결용
외부 디바이스	1GB	0xA000.0000 ~ 0xDFFF.FFFF	외부 디바이스용
PPB(내부, 외부)	0.5GB	0xE000.0000 ~ 0xE00F.FFFF	내부/외부의 PPB
제조사 시스템 주변장치		0xE010.0000 ~ 0xFFFF.FFFF	제조사에서 구성
합 계	4GB	0x0000.0000 ~ 0xFFFF.FFFF	

[주] 벡터 테이블, 플래시 메모리 등은 Code 영역에 위치한다.

고정형 메모리 맵을 가지게 되면 어떤 제조사의 Cortex-M3/M4 기반의 MCU에서 다른 제조사의 Cortex-M3/M4 기반의 MCU로 소프트웨어를 이식시키기가 쉬워지는 장점이 있다. 예를 들면 모든 Cortex-M3/M4 기반 MCU에서는 NVIC, FPB, DWT 등의 장치가 동일한 메모리 주소를 가지므로 서로 다른 종류의 MCU간의 소프트웨어의 이식이 쉬워진다.

그리고 프로세서가 특정 메모리 영역을 액세스 할 때 어떤 버스 인터페이스를 사용해야 하는지가 미리 정의되어 있으므로 기능이나 동작 속도가 서로 다른 여러 가지 디바이스에 대한 액세스 동작을 최적화할 수 있는 장점이 있다.

(2) 코드(Code) 영역

이 영역은 주로 프로그램 코드가 저장되는 영역이다. 프로그램 코드는 코드 영역, SRAM 영역 및 외부 RAM 영역에 저장할 수 있으나 코드 영역에서는 2개의 버스(I-code 버스, D-code 버스)를 통해 명령어 인출과 데이터 액세스가 동시에 이루어지므로 가장 속도가 빠르게 된다. 구체적인 코드 영역의 구성은 각 제조사 별로 달라질 수 있으며 일반적으로 벡터 테이블, 플래시 메모리, 시스템 메모리 등이 이 영역에 위치한다.

코드 영역에 할당된 주소는 0x0000.0000~0x1FFF.FFFF로 0.5GB의 크기를 가지며 Cortex-M3/M4 프로세서와는 I-code 버스와 D-code 버스를 통하여 연결된다.

(3) SRAM 영역

이 영역은 Cortex-M3/M4 기반 MCU의 내부에 있는 SRAM을 위한 영역이다. 이 영역에서는 비트밴드 연산이 가능하며 하위 1MB(0x2000.0000~ 0x200F.FFFF)는 비트밴드 영역으로, 상위의 32MB(0x2200.0000~ 0x23FF.FFFF)는 비트밴드 앨리어스 영역으로 할당되어 있다.

SRAM 영역에 할당된 주소는 0x2000.0000 ~ 0x3FFF.FFFF로 0.5GB의 크기를 가지며 Cortex-M3 프로세서와는 시스템 버스를 통하여 연결된다.

(4) 주변장치(Peripheral) 영역

이 영역은 Cortex-M3/M4 기반 MCU의 내부에 있는 주변장치를 위한 영역으로서 GPIO, 타이머, UART 등의 주변장치가 여기에 위치하게 된다.

이 영역에서도 비트밴드 연산이 가능하며 하위 1MB(0x4000.0000 ~ 0x400F.FFFF)는 비트밴드 영역으로, 상위의 32MB(0x4200.0000 ~ 0x43FF.FFFF)는 비트밴드 앨리어스 영역으로 할당되어 있다. 비트밴드 기능을 이용하면 특정 주변장치의 제어 레지스터의 제어 비트나 상태 비트를 비트 단위로 쉽고 빠르게 변경할 수 있으므로 주변장치의 동작 제어를 효율적으로 할 수 있게 된다.

주변장치 영역에 할당된 주소는 0x4000.0000~0x5FFF.FFFF로 0.5GB의 크기를 가지며 Cortex-M3/M4 프로세서와는 시스템 버스를 통하여 연결된다. 이 영역에서의 명령어 실행은 허용되지 않는다.

(5) 외부 RAM 영역

이 영역은 외부 RAM을 위한 영역이며 할당된 주소는 0x6000.0000 ~ 0x9FFF.FFFF로 1GB의 크기를 가진다. 이 영역에서는 사용자가 작성한 프로그램의 실행이 가능하다.

(6) 외부 디바이스 영역

이 영역은 외부의 디바이스를 위한 영역이며 할당된 주소는 0xA000.0000 ~ 0xDFFF.FFFF로 1GB의 크기를 가진다. 이 영역에서는 사용자가 작성한 프로그램의 실행은 허용되지 않는다.

(7) 내부 PPB 영역 및 외부 PPB 영역

PBB 영역은 내부 PPB 영역과 외부 PPB 영역으로 나눌 수 있다. 내부 PPB 영역은 프로세서 내부에 있는 AHB PPB 버스에 연결된 주변장치를 위한 영역이며 시스템 제어 영역(System control space), FPB, DWT 및 ITM이 여기에 위치한다. 시스템 제어 영역(0xE000.E000 ~ 0xE000.EFFF)에는 NVIC가 있으며, 이외에도 SYSTICK, MPU, 코어 디버깅을 위한 제어 레지스터도 함께 위치한다.

외부 PPB 영역은 프로세서 내부의 APB PPB 버스에 연결된 주변장치나 프로세서 외부에 위치한 주변장치를 위한 영역이며 ROM 테이블, ETM, TPIU와 외부 PPB 버스가 여기에 위치한다. Cortex-M3/M4는 MCU 제조회사가 부가적인 APB 주변장치를 추가하는 것이 가능한데 이 경우에는 외부 PPB 영역을 이용하면 된다.

내부 PPB 영역에 할당된 주소는 0xE000.0000 ~ 0xE003.FFFF이며 외부 PPB 영역에 할당된 주소는 0xE004.0000 ~ 0xE00F.FFFF이다.

(8) 제조사 시스템 주변장치(Vendor system peripheral) 영역

이 영역은 각 제조사에서 구성하는 영역으로 주로 제조사의 시스템 주변장치를 위한 영역이다. 제조사 구성 영역에 할당된 주소는 0xE010.0000 ~ 0xFFFF.FFFF이며 Cortex-M3 프로세서와는 시스템 버스를 통하여 연결된다. 이 영역에서의 명령어 실행은 허용되지 않는다.

1.2.5 버스 인터페이스

〈그림 1-2-7〉은 Cortex-M3/M4 프로세서의 내부 구조 및 버스 시스템을 나타낸다. Cortex-M3/M4 프로세서는 버스 인터페이스를 위해 내부에 버스 매트릭스(Bus matrix)를 가지고 있으며, 외부로는 I-code 버스, D-code 버스, 시스템(System) 버스 및 외부 PPB(External Private Peripheral Bus)가 나오게 된다.

한편 프로세서의 내부에는 명령어(Instruction) 버스, 데이터(Data) 버스 및 내부(Internal) PPB가 있다. 명령어 버스 및 데이터 버스는 프로세서 내부의 명령어와 데이터를 위한 버스이며, 내부 PPB는 디버깅 구성요소 등과 같은 내부의 주변장치(Private peripheral)를 위한 버스이다. Cortex-M3/M4 프로세서의 버스는 AHB-Lite 또는 APB 프로토콜을 사용한다.

참고

> 이 부분에 대한 설명은 Cortex-M3와 Cortex-M4에 공통으로 적용된다. 즉, Cortex-M3와 Cortex-M4의 버스 인터페이스에 대한 설명은 동일하다.

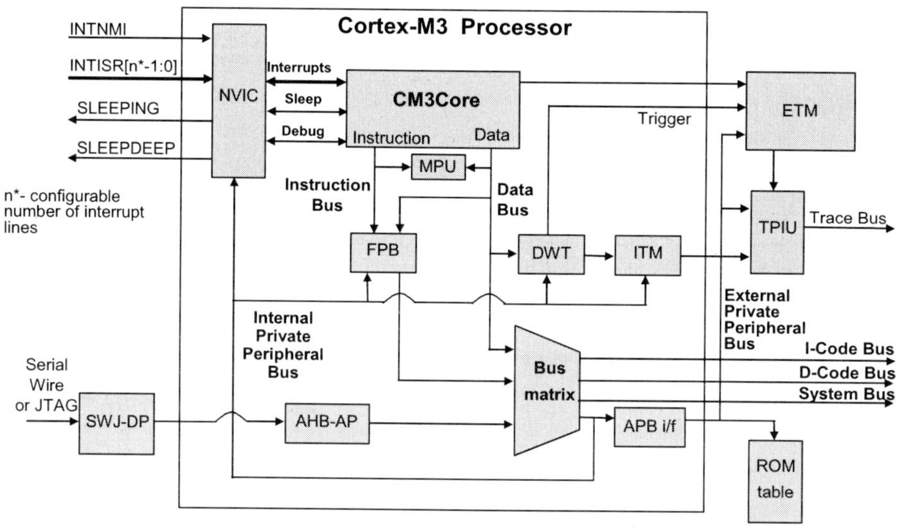

△ 그림 1-2-7 Cortex-M3/M4 프로세서의 내부 구조 및 버스 시스템

(1) 버스 매트릭스(Bus matrix)

버스 매트릭스는 AHB 버스를 상호 연결하는 네트워크로 Cortex-M3/M4의 내부 버스 시스템의 핵심적인 요소이다. 이것은 서로 다른 버스들 간의 데이터 전달이 이루어지도록 해준다. 버스 매트릭스는 비트 밴드 연산과 같은 부가적인 데이터 전달 기능도 수행한다.

(2) I-code 버스

I-code 버스는 코드 영역 메모리(0x0000.0000 ~ 0x1FFF.FFFF)에서 명령어(Instruction) 인출을 하는 버스로 AHB-Lite 프로토콜을 따르는 32비트 버스이다. 명령어는 워드(word)

단위로 인출되며, 16비트의 Thumb 명령어의 경우도 마찬가지이다. 따라서 Thumb 명령어의 경우 CM3 코어는 한번에 2개의 명령어를 읽어오게 된다.

(3) D-code 버스

D-code 버스는 코드 영역 메모리(0x0000.0000 ~ 0x1FFF.FFFF)에서 데이터(Data) 입출력을 하는 버스로서 AHB-Lite 프로토콜을 따르는 32비트 버스이다.

(4) 시스템 버스

시스템 버스는 코드 영역, 내부 PPB 및 외부 PPB 영역을 제외한 나머지 부분의 메모리에서 명령어 인출과 데이터를 입출력하는 버스이다. 따라서 시스템 버스가 입출력을 담당하는 메모리 영역은 다음과 같다.

- SRAM 영역 + 주변장치 영역 + 외부 RAM 영역 + 외부 디바이스 영역 : 0x2000.0000 ~ 0xDFFF.FFFF
- 제조사 시스템 주변장치 영역 : 0xE010.0000 ~ 0xFFFF.FFFF

시스템 버스도 AHB-Lite 프로토콜을 따르는 32비트 버스이다.

(5) 내부 PPB(Internal Private Peripheral Bus)

이 버스는 내부 PPB 영역(0xE000.0000 ~ 0xE003.FFFF) 메모리에 위치한 주변장치의 액세스를 위한 버스이다. 따라서 NVIC, FPB, DWT 및 ITM은 이 버스와 연결된다. 내부 PPB는 AHB-Lite 프로토콜을 따르는 32비트 버스이다.

(6) 외부 PPB(External Private Peripheral Bus)

이 버스는 외부 PPB 영역(0xE004.0000 ~ 0xE00F.FFFF) 메모리에 위치한 주변장치의 액세스를 위한 버스이다. 따라서 ROM 테이블, ETM 및 TPIU는 이 버스와 연결된다. 외부 PPB는 APB 프로토콜을 따르는 32비트 버스이다.

참고 AHB, AHB-Lite, APB

1. AHB(Advanced High-performance Bus)는 ARM사에서 개발하여 ARM 프로세서에 사용되는 버스 프로토콜이다. AHB-Lite는 AHB 버스를 간단화한 프로토콜이다.
2. APB(Advanced Peripheral Bus)는 ARM사에서 개발한 프로세서와 주변장치(GPIO, 타이머, 인터럽트, UART 등)와의 데이터 통신을 위한 버스 프로토콜이다. AHB보다는 간단한 구조를 가진다.

1.2.6 인터럽트 및 예외

인터럽트는 시스템의 동작 중에 예외적인 상황이 발생했을 때 예외 처리를 위해 사용된다. Cortex-M3/M4 프로세서는 내부에 NVIC(Nested Vectored Interrupt Controller : 중첩 벡터형 인터럽트 제어기)를 포함하고 있어서 각종 인터럽트의 효율적인 제어가 가능하다. 이 장에서는 Cortex-M3/M4 프로세서의 인터럽트와 예외에 대해 알아보도록 하자.

참고

> 이 부분에 대한 설명은 Cortex-M3와 Cortex-M4에 공통으로 적용된다. 즉, Cortex-M3와 Cortex-M4의 인터럽트 및 예외에 대한 설명은 동일하다.

1.2.6.1 Cortex-M3/M4 프로세서의 인터럽트 구조

프로세서가 동작하는 도중 예상하지 못한 상황이나, 예외적인 상황 또는 외부 인터럽트가 발생하는 경우를 예외(Exceptions)라고 한다. Cortex-M3/M4 프로세서의 예외는 프로세서의 내부에서 발생하는 시스템 예외(System exceptions)와 그 외의 주변장치에서 발생하는 외부 인터럽트(External interrupts)로 구성된다.

Cortex-M3/M4 프로세서는 1번에서 255번까지 최대 255개의 예외를 가질 수 있으며 시스템 예외는 1번에서 15번까지 15개, 외부 인터럽트는 16번부터 255번까지 240개를 가질 수 있다.

(1) 시스템 예외(System exceptions)

시스템 예외는 리셋, NMI(Non-Maskable Interrupt), 메모리 접근이나 코드의 오류 등의 경우에 발생되며, 이에 대한 상세한 설명은 〈표 1-2-4〉에 나타나있다.

참고 **인터럽트(Interrupt), 예외(Exception)**

> ARM사에서는 시스템 예외와 외부 인터럽트를 모두 합하여 예외라고 한다. 즉, “예외 = 시스템 예외 + 외부 인터럽트”이다. 그러나 인터럽트라는 용어도 사용하고 있다.(예를 들면 NVIC의 I는 ‘인터럽트’의 약자이다) 따라서 이 책에서는 예외라는 용어와 인터럽트라는 용어를 모두 사용하기로 하며, 두 용어의 의미는 동일한 것으로 사용한다. 즉, “인터럽트 = 예외 = 시스템 예외 + 외부 인터럽트”의 의미로 사용한다.

▼ 표 1-2-4 시스템 예외의 종류

번 호	이 름	우선 순위	설 명
1	Reset	-3(가장 높음)	리셋
2	NMI	-2	Non-maskable Interrupt(발생 차단 불가 인터럽트) 발생
3	Hard Fault	-1	Fault 핸들러가 별도로 지정되지 않은 하드웨어 오류의 발생
4	MemManage Fault	설정 가능	메모리 관리 오류 : MPU 설정 위반, 허가되지 않은 메모리에 접근
5	Bus Fault	설정 가능	버스 에러 발생
6	Usage Fault	설정 가능	프로그램 에러에 의한 예외 발생
7-10	Reserved	-	예비
11	SVCall	설정 가능	시스템 서비스 호출(System Service Call)
12	Debug Monitor	설정 가능	디버그 모니터(break point, watch point, 외부 디버그 요청) 발생
13	Reserved	-	예비
14	PendSV	설정 가능	시스템 장치의 보류 가능한 호출 발생
15	SYSTICK	설정 가능	시스템 타이머(System Tick timer)

(2) 외부 인터럽트(External interrupts)

외부 인터럽트는 GPIO, 타이머 등과 같은 주변장치에 의해서 발생되는 인터럽트이다. Cortex-M3/M4 프로세서의 외부 인터럽트는 〈표 1-2-5〉와 같이 16번부터 255번까지 240개를 가질 수 있다. 그런데 이 외부 인터럽트는 MCU 제조사별로 구성을 다르게 할 수 있기 때문에 Cortex-M3/M4 프로세서를 이용한 MCU마다 다르게 구성된다.

▼ 표 1-2-5 외부 인터럽트의 종류

번 호	이 름	우선 순위	설 명
16	외부 인터럽트 0	설정 가능	주변장치에 의해 발생
17	외부 인터럽트 1	설정 가능	주변장치에 의해 발생
...	...	...	...
255	외부 인터럽트 239	설정 가능	주변장치에 의해 발생

(3) 인터럽트의 우선 순위

인터럽트는 중첩되어 연속으로 발생할 수 있기 때문에 Cortex-M3/M4 프로세서에서는 각각의 인터럽트에 우선순위를 설정할 수 있다. 우선순위의 디폴트 값은 〈표 1-2-4〉에 나타난 것과 같다. 이 중에서 Reset, NMI, Hard Fault는 가장 높은 우선순위인 -3, -2, -1의 값을 가지는데 이 값은 변경할 수 없는 고정된 값이다. 그 외의 모든 시스템 예외와 외부 인터럽트는 최대 0에서 255의 값을 가지도록 우선 순위를 설정할 수 있다.

참고 Cortex-M3/M4 프로세서의 인터럽트 우선순위 설정

Cortex-M3/M4 프로세서는 인터럽트 우선순위 설정에 최소 3비트에서 최대 8비트를 할당할 수 있기 때문에 8단계(3비트)에서 256단계(8비트)로 우선순위를 설정할 수 있도록 설계되어 있다. 하지만 우선 순위 단계가 많아질수록 하드웨어의 게이트 수가 늘어나고 전력 소모가 커지는 단점이 있기 때문에 대부분의 Cortex-M3/M4 기반의 MCU는 이보다 작은 수의 비트를 사용한다.

1.2.6.2 NVIC의 인터럽트 처리

(1) NVIC의 인터럽트 처리 순서

Cortex-M3/M4 프로세서에 포함되어 있는 NVIC(Nested Vectored Interrupt Controller, 중첩 벡터형 인터럽트 제어기)는 모든 인터럽트(예외)에 대한 우선 순위를 결정하고 이를 처리한다. NVIC와 Cortex-M3/M4 프로세서 코어는 물리적으로 바로 옆에 배치되어 서로 긴밀하게 연결되어 있기 때문에 인터럽트의 신속한 처리가 가능하다.

Cortex-M3/M4 프로세서는 인터럽트가 발생했을 때 다음과 같은 순서로 동작한다.

① 스택킹(Stacking) : 인터럽트 처리에 사용될 레지스터의 현재 값을 스택에 저장한다.

② 벡터 인출(Vector Fetch) : 벡터 테이블에서 인터럽트 핸들러의 시작 주소를 읽어온다.

③ 레지스터 업데이트 : 인터럽트 핸들러로 진입할 때 관련된 레지스터가 업데이트 된다.

④ 인터럽트 서비스 루틴 실행 : 발생된 인터럽트에 해당되는 인터럽트 서비스 루틴을 실행한다.

⑤ 인터럽트 종료/빠져나오기 : 인터럽트 서비스 루틴의 실행이 완료되면 인터럽트를 종료하기 위해 ①단계에서 스택에 넣었던 내용을 다시 읽어와 레지스터를 원래의 값으로 복구시킨다(언스택킹).

참고 인터럽트 핸들러와 인터럽트 서비스 루틴

1. 인터럽트 핸들러(Interrupt Handler) : 어떤 인터럽트가 발생했을 때 이에 대응하는 인터럽트 서비스 루틴으로 연결해주는 역할을 하는 명령이다. 여기에는 발생된 특정 인터럽트에 대응하는 인터럽트 서비스 루틴(ISR)의 주소가 저장되어 있다.
2. 인터럽트 서비스 루틴(Interrupt Service Routine : ISR) : 인터럽트 발생시 이에 대응하는 프로세서의 동작(즉, 인터럽트의 처리 동작)을 정의한 함수

(2) 중첩 인터럽트(Nested Interrupt) 동작

중첩 인터럽트 동작은 현재 실행 중인 인터럽트보다 우선 순위가 높은 인터럽트가 발생할 경우, 현재의 동작을 멈추고 높은 순위의 인터럽트를 먼저 처리하는 기능이다. 즉, 어떤 인터럽트가 실행되고 있는 도중에 우선 순위가 더 높은 인터럽트가 발생하면 실행하던 인터럽트를 멈추고 우선 순위가 높은 인터럽트를 먼저 실행한다. 이 경우 먼저 실행 중이던 인터럽트는 우선 순위가 높은 인터럽트가 끝나면 다시 실행을 하게 된다.

NVIC는 미리 정해진 인터럽트의 우선 순위에 따라 자동적으로 중첩 인터럽트 동작을 수행하기 때문에 각각의 인터럽트 소스에 우선 순위 레벨을 직접 지정하지 않아도 된다. 이 경우

레지스터의 스택킹과 언스택킹은 자동으로 처리되어 이전의 데이터를 잃어버릴 위험없이 프로그램이 실행되도록 해준다.

참고 다수의 중첩 인터럽트 처리

동시에 여러 개의 중첩 인터럽트를 허용하려면 레지스터의 스택킹이 여러번 일어나야 하므로 메인 스택에 충분한 메모리 공간이 있어야 한다.

(3) 벡터형 인터럽트(Vectored Interrupt) 동작

Cortex-M3/M4 프로세서는 메모리 내에 인터럽트 서비스 루틴(ISR)의 시작 주소, 즉, 인터럽트 핸들러를 저장하고 있는데 이를 벡터 테이블(Vertor table)이라고 부른다. 이 벡터 테이블을 이용하면 인터럽트의 발생 시에 별도의 소프트웨어가 필요없이 바로 대응되는 ISR의 시작 주소를 알 수 있으며 이를 벡터형 인터럽트 동작이라고 부른다. 이 방법을 이용하면 인터럽트를 처리하는 시간이 빨라지게 된다.

(4) 테일-체이닝 인터럽트(Tail-Chaining Interrupt) 동작

실행 중인 인터럽트보다 우선 순위가 낮은 인터럽트가 발생하게 되면 테일-체이닝 인터럽트 동작이 처리되는데, 테일-체이닝 인터럽트에서는 새로 발생한 낮은 우선 순위의 인터럽트가 실행 중인 인터럽트의 동작이 끝날 때까지 대기하고 있다가 우선 순위가 높은 인터럽트의 실행이 끝나면 인터럽트를 실행하게 된다.

이 때, 실행 중인 인터럽트의 서비스 루틴이 끝나면 인터럽트 동작의 마지막 단계인 언스택킹을 생략하며, 대기 중인 인터럽트도 인터럽트 동작의 첫 단계인 스택킹을 생략하고 인터럽트를 실행하게 된다. 이 동작을 테일-체이닝이라고 하며, 이것은 실행 중인 인터럽트가 끝나고 대기 중이던 다음 인터럽트로 진입하는 시간을 줄이기 위한 것이다. 〈그림 1-2-8〉은 테일-체이닝 동작을 나타낸다.

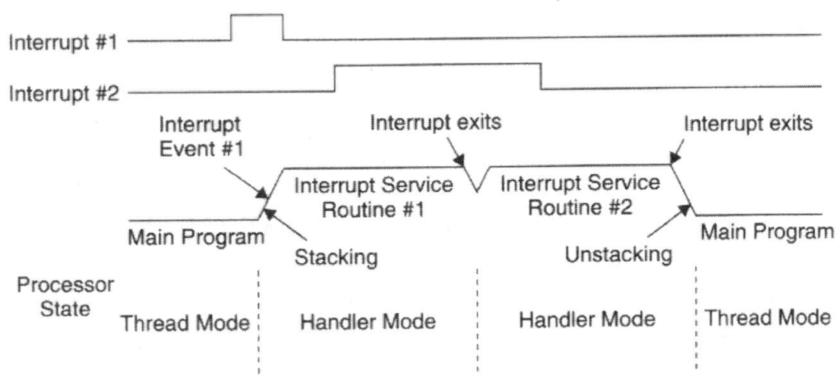

△ 그림 1-2-8 테일-체이닝 인터럽트 동작

1.3 ARM Cortex-M4 프로세서

이 책에서 다루고 있는 또 하나의 보드인 ST사의 Nucleo-144 보드인 Nucleo-F429ZI는 Cortex-M4 프로세서를 사용하는 보드이다. Cortex-M4 프로세서는 ARMv7-M 아키텍쳐를 적용한 32비트 MCU로 고성능이면서도 Cortex-M3 기반의 MCU보다 고성능이면서도 사용법과 가격이 크게 차이가 나지 않아 Cortex-M3와 병행하여 많이 쓰이고 있다. 이 장에서는 ARM Cortex-M4 프로세서의 구성에 대해 자세히 알아보기로 한다.

참고

이 절에서 설명하고 있는 Cortex-M4 프로세서는 앞 절의 <그림 1-1-15>에서 Cortex-M Processor라고 표기된 부분을 가르킨다. 따라서 이 그림에 나타난 전체의 칩(Cortex-M based MCU)을 가르키는 것이 아님을 유의하기 바란다.

1.3.1 Cortex-M4 프로세서의 특징

ARM Cortex-M4는 Cortex-M3에 DSP 명령어와 FPU가 추가된 구조를 가지므로, 작은 전력 소모, 뛰어난 연산 성능과 빠른 인터럽트 응답 등의 장점이 있으며 주요 특징은 다음과 같다.

- ARMv7E-M 아키텍쳐의 Cortex-M4 프로세서 코어를 내장
- 1.25 DMIPS/MHz의 처리속도
- 3-스테이지(stage) 파이프라인을 가짐
- 16 비트 명령어와 32 비트 명령어가 혼합된 Thumb-2 명령어 셋을 사용
  - DSP 명령어를 지원함 : Single cycle 16/32-bit MAC, single cycle dual 16-bit MAC, 8/16-bit SIMD(Single Instruction Multiple Data) arithmetic.
- 명령 버스와 데이터 버스가 분리되어 있는 하버드(Harvard) 구조를 가짐
- 빠른 인터럽트 처리 : 항상 12사이클에 처리되며, 테일-체이닝 방식을 사용할 경우는 6사이클에 처리도 가능함
- 메모리 보호 유닛(MPU)을 이용한 메모리 보호 기능이 가능
- 플래시 메모리 사용이 1사이클에 가능
- 곱셈 연산이 1사이클에 가능하며 나눗셈 연산은 하드웨어적으로 처리
- 전력 소모 절감을 위한 각종 슬립 모드 지원
- 효율적인 프로그램 개발을 위한 디버거 지원
- 리셋, 인터럽트 등을 포함한 모든 프로그램이 C 언어로 가능하도록 설계됨
- 칩 제조시 옵션으로 추가가 가능한 항목
  - FPU(floating-point unit) : IEEE-754 호환의 단정도(single-precision)
  - MPU(memory protection unit) : 0 또는 8개 영역

참고

Cortex-M4의 특징 중에서Cortex-M3와 다른 점은 다음의 3가지이며, 나머지는 Cortex-M3와 동일하다.
- ARMv7E-M 아키텍쳐의 Cortex-M4 프로세서 코어를 사용함
- DSP 명령어를 지원함
- FPU(floating-point unit)의 추가가 가능함

1.3.2 Cortex-M4 프로세서의 구성

〈그림 1-3-1〉은 Cortex-M4 프로세서의 구성도를 나타낸다. 이 그림과 〈그림 1-2-1, Cortex-M3 프로세서의 구성도〉를 비교해 보면 2개의 프로세서는 코어 부분을 제외하고는 동일한 구조를 가지는 것을 알 수 있다. 그리고 코어 부분은 차이는 다음과 같다.

Cortex-M4 Core = Cortex-M3 Core + DSP(Digital Signal Processing) 명령어
+ FPU(Floating Point Uint)

따라서 2개의 프로세서는 코어부분의 DSP 명령어의 지원과 FPU 유무를 제외하면 모두 동일한 구조를 가진다.

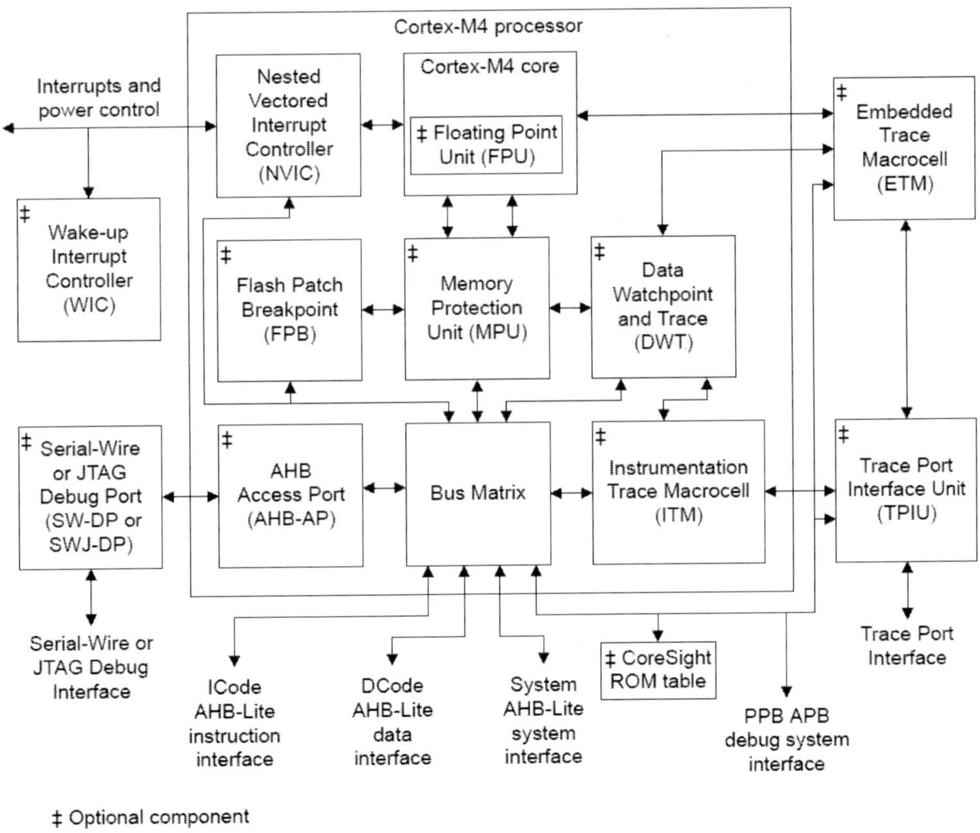

△ **그림 1-3-1** Cortex-M4 프로세서의 구성도

<그림 1-3-1>에서 사각형 박스로 되어있는 부분이 Cortex-M4 프로세서이며 그 구성요소는 다음과 같다.

1) Cortex-M4 프로세서의 내부 구성요소(제일 윗줄의 왼쪽부터)

- NVIC(Nested Vector Interrupt Controller) : 인터럽트 제어를 담당한다.
- Cortex-M4 Core : Cortex-M4 프로세서의 코어. ALU(Arithmetic Logic Unit), 레지스터 등으로 구성되며, DSP 명령어를 지원한다. 옵션 요소인 FPU(Floating Point Unit)도 여기에 있다.
- FPB(Flash Patch and Breakpoint) : 디버깅을 위한 장치
- MPU(Memory Protection Unit) : 메모리 보호 유닛
- DWT(Data Watchpoint and Trace) : 디버깅을 위한 장치
- AHB Access Port(AHB-AP) : 디버깅을 위한 장치
- Bus Matrix : 프로세서 내부의 버스 연결을 위한 장치
- ITM(Instrumentation Trace Macrocell) : 디버깅을 위한 장치

2) Cortex-M4 프로세서의 외부 구성요소(제일 왼쪽 위부터 반시계 방향으로)

- WIC(Wake-up Interrupt Controller) : 웨이크 업 인터럽트의 처리를 위한 장치
- Serial-Wire or JTAG Debug Port(SW-DP or SWJ-DP) : 디버깅을 위한 장치
- CoreSight ROM table : Core 구동을 위한 데이터가 들어있는 ROM
- TPIU(Trace Port Interface Unit) : 디버깅을 위한 장치
- ETM(Embedded Trace Macrocell) : 디버깅을 위한 장치

3) 외부로 나가는 버스(제일 왼쪽 위부터 반시계 방향으로)

- Interrupts and power control : 인터럽트, 파워 제어용
- Serial-Wire or JTAG Debug Interface : 디버깅용
- ICode AHB-Lite instruction interface : Instruction Code용 AHB-Lite 버스
- DCode AHB-Lite data interface : Data Code용 AHB-Lite 버스
- System AHB-Lite system interface : System용 AHB-Lite 버스
- PPB APB debug system interface : 디버깅용
- Trace Port interface : 디버깅용

1.3.3 Cortex-M4 프로세서의 구성 요소

위에서 살펴본 구성도를 중심으로 Cortex-M4 프로세서의 구성요소 및 기능에 대해 알아보기로 한다.

1) 프로세서 코어(Cortex-M4 Core)

프로세서 코어는 ARMv7-M 아키텍쳐를 기반으로 하며 프로세서 코어의 내부에는 범용 레지스터, 스택 포인터, 링크 레지스터, 프로그램 카운터, 프로그램 상태 레지스터 및 특수 레지스터가 있는데 모든 레지스터는 32비트로 구성된 레지스터이다. 실수 연산을 위한 FPU(Floating Point Unit)도 여기에 위치하는데, FPU는 옵션 요소이므로 제조사별로 칩 모델에 따라 없을 수도 있다. FPU를 제외한 프로세서 코어의 나머지 부분은 Cortex-M3와 동일하므로 [1.2.3절. 프로세서 코어]를 참조하기 바란다. 그리고 메모리 맵도 Cortex-M3와 동일하므로 [1.2.4절. 메모리 맵]을 참조하기 바란다.

2) NVIC(Nested Vectored Interrupt Controller : 중첩 벡터형 인터럽트 제어기)

NVIC는 프로세서에 내장된 인터럽트 제어기로써, 프로세서 코어와 밀접하게 연결되어 있으며 몇 개의 시스템 제어 레지스터를 가지고 있다. NVIC는 중첩된 인터럽트를 쉽게 처리할 수 있는 구조를 가지고 있으며, 인터럽트 벡터 테이블을 가지고 있어 인터럽트 발생시에 대응되는 인터럽트 핸들러 루틴으로 신속히 옮겨가서 처리할 수 있는 장점이 있다. NVIC의 동작에 대한 자세한 설명은 Cortex-M3와 동일하므로 [1.2.6절. 인터럽트 및 예외]를 참고하기 바란다.

3) MPU(Memory Protectin Unit : 메모리 보호 유닛)

Cortex-M4 프로세서에는 옵션 요소로 메모리에 대한 접근 권한을 제어할 수 있는 기능을 가지는 MPU가 있다. 이 MPU를 이용하면 메모리 접근 레벨 별로 메모리 액세스에 대한 제한을 둘 수 있다. 이 제한에 어긋나는 메모리 액세스가 발생하면 폴트(Fault) 예외가 발생한다.

MPU를 사용하는 방법은 여러 가지가 있으나 일반적으로는 운영체제가 MPU를 설정하여 특권 접근 레벨에서 사용하는 데이터(예를 들면 운영체제의 커널 등)를 사용자 접근 레벨의 프로그램에서 접근하지 못하도록 막아주는 형태로 사용된다. 그리고 특정 메모리 영역을 읽기 전용으로 설정하여 예상하지 못한 데이터의 변경이나 삭제를 막고, 멀티태스킹 시스템에서 여러 가지 작업들 간의 메모리 영역을 분리하는 역할을 할 수도 있다.

MPU를 이용하면 임베디드 시스템을 더욱 강건하고 신뢰성 있는 시스템으로 만들 수 있다. MPU의 구체적인 구성은 옵션으로 주어져 있으며 MCU 제조회사에서 설계시에 결정하게 된다.

참고

Cortex-A 프로세서나 ARM9 프로세서의 일부(아키텍쳐 v5를 가지는 ARM926EJ-S 등)와 ARM11 프로세서는 가상 어드레스 사용을 지원하는 등의 메모리 관리 기능을 가지는 MMU(Memory Management Unit)가 내장되어 있다. 그러나 Cortex-M 프로세서는 MMU 대신 기초적인 메모리 보호기능을 만을 가지는 MPU를 가지고 있다.

4) 버스 매트릭스 및 버스 인터페이스

Cortex-M4 프로세서는 버스 인터페이스를 위해 내부에 버스 매트릭스를 가지고 있으며 외부로는 I-code 버스, D-code 버스 및 시스템 버스가 나오게 된다. I-code 버스 및 D-code 버스는 각각 코드 메모리 영역에서 명령어(Instruction) 인출 및 데이터(Data) 입출력을 위한 버스이며, 시스템 버스는 SRAM, 주변장치 등과의 명령어 인출 및 데이터 입출력을 위한 버스이다.

한편 프로세서의 내부에는 명령어 버스, 데이터 버스 및 내부 PPB(Private Peripheral Bus)가 있다. 명령어 버스 및 데이터 버스는 프로세서 내부의 명령어와 데이터를 위한 버스이며, PPB는 디버깅 구성요소 등과 같은 내부의 주변장치(Private peripheral)를 위한 버스이다. 버스 인터페이스에 대한 자세한 설명은 Cortex-M3와 동일하므로 [1.2.5절. 버스 인터페이스]를 참고하기 바란다.

5) 디버깅 구성요소

Cortex-M4 프로세서는 프로그램의 디버깅을 위한 여러 가지 구성요소를 가지고 있으며, 이를 이용하면 시스템내의 모든 메모리와 레지스터에의 접근이 가능하다. 디버깅 구성요소와 이들의 역할은 다음과 같다.

- ETM(Embedded Trace Macrocell : 내장 트레이스 마크로셀) : 명령어의 트레이스를 위한 장치
- FPB(Flash Patch and Breakpoint : 플래시 패치 및 브레이크포인트) : 브레이크 포인트나 코드 패치를 위한 장치
- DWT(Data Watchpoint and Trace : 데이터 워치포인트 및 트레이스) : 워치포인트, 데이터 트레이싱을 위한 장치
- Serial-Wire or JTAG Debug Port(SW-DP or SWJ-DP) : 디버깅을 위해 외부로 나와있는 포트
- ITM(Instrumentation Trace Macrocell : 인스트루멘테이션 트레이스 마크로셀) : printf 스타일의 디버깅을 지원하기 위한 장치
- TPIU(Trace Port Interface Unit : 트레이스 포트 인터페이스 장치) : 트레이스 포트 분석기를 인터페이스하는 장치

참고

> Cortex-M4 프로세서에서 디버깅 구성 요소의 모든 부분은 옵션으로 되어있으므로 제조사별로 칩 모델에 따라 없을 수도 있다.

02 STM32F 마이크로컨트롤러의 구조

2.1 ST사의 Cortex-M 기반 마이크로컨트롤러

2.1.1 ST사의 Cortex-M 기반 마이크로컨트롤러의 종류

본 교재에서는 ST(STMicroelectronics)사의 STM32 시리즈의 MCU(마이크로컨트롤러)를 사용하여 ARM Cortex-M 프로세서에 대해 학습하게 된다. STM32 시리즈의 MCU는 그 종류가 많고, 다양한 주변장치들이 내장되어 있으며 성능이 뛰어나고 가격이 저렴하여 현재 Cortex-M 기반의 MCU 중에서는 가장 널리 쓰이고 있는 대표적인 MCU 중의 하나이다.

참고

> ST는 회사 이름이며 정식 명칭은 'ST마이크로일렉트로닉스(STMicroelectronics)'이다.

STM32 시리즈의 MCU는 여러 종류가 있으며, 2017년 1월 기준으로는 다음과 같은 종류가 있다(〈그림 2-1-1〉을 참조).

- STM32F0 시리즈 : Cortex-M0 기반, 저가/저성능
- STM32F1 시리즈 : Cortex-M3 기반, 일반적인 용도, 많이 사용됨
- STM32F2 시리즈 : Cortex-M3 기반, F1 시리즈보다 고속임
- STM32F3 시리즈 : Cortex-M4 기반,
- STM32F4 시리즈 : Cortex-M4 기반, F3 시리즈보다 고속임, 많이 사용됨
- STM32F7 시리즈 : Cortex-M7 기반, F4 시리즈보다 고속임
- STM32H7 시리즈 : Cortex-M7 기반, 가장 고속임
- STM32L0 시리즈 : Cortex-M0+ 기반, 저전력(Low power)
- STM32L1 시리즈 : Cortex-M3 기반, 저전력
- STM32L4 시리즈 : Cortex-M4 기반, 저전력

참고

> 현재 Cortex-M을 기반으로 한 STM32 시리즈의 MCU는 매우 빠른 속도로 신규 제품들이 출시되고 있다. 따라서 독자들이 이 책을 읽는 시점에 ST사의 STM32 시리즈의 구분은 위와 달라질 수도 있다. 그러나 전체적인 구조는 다음과 크게 다르지 않을 것으로 예상되므로 이 책의 설명을 참고로 하면 전체적인 이해에는 큰 어려움이 없을 것으로 생각된다.

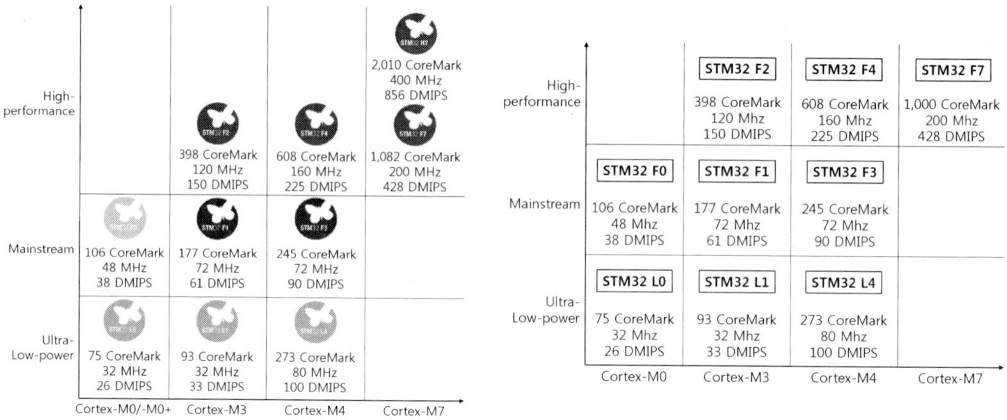

△ **그림 2-1-1** STM32 시리즈의 종류

(1) STM32F0 시리즈 : 엔트리 레벨(entry level)의 Cortex-M0 마이크로컨트롤러

이 시리즈는 Cortex-M0 기반의 MCU로써 다른 시리즈에 비해서는 동작 속도가 느리고 주변장치도 작은 저성능의 MCU이다. 이 시리즈는 8비트나 16비트의 MCU 보다는 성능이 뛰어나지만 Cortex-M3 기반의 MCU 보다는 떨어지므로 이들의 중간 정도의 성능을 요구하는 응용 분야의 적용에 적합하다.

STM32F0 시리즈에는 다음과 같은 종류의 MCU들이 있다.

- STM32F0x0 Value line
- STM32F0x1 Acess line
- STM32F0x2 USB line
- STM32F0x8 Low voltage line

각 라인별 MCU의 보다 자세한 구성은 다음의 〈그림 2-1-2. STM32F0 시리즈의 구성〉을 참고하기 바란다.

Cortex-M0 – 48MHz

- Reset POR/PDR
- 2x watchdogs
- Hardware CRC
- Internal RC
- Crystal oscillators
- PLL
- RTC calendar
- 16- and 32-bit timers
- 1x12-bit ADC
- Temperature sensor
- Multiple channel DMA
- Single wire debug
- Unique ID

STM32F0 Product line	Flash (KB)	RAM (KB)	Power supply	20-byte Back up data	12-bit DAC	Comp.	Touch sense	Up to 2xSPI /I^2S, 2xI^2C	USART	CEC	CAN	USB
STM32F0x0 Value line	16 to 256	4 to 32	2.4 to 3.6V					●	6			●
STM32F0x1 Access line	16 to 256	4 to 32	2.4 to 3.6V	●	●	●	●	●	8	●	●	
STM32F0x2 USB line	16 to 256	4 to 16	2.4 to 3.6V	●	●	●	●	●	4	●	●	● (crystal-less)
STM32F0x8 Low voltage line	32 to 256	4 to 32	1.8V ±8%	●	●	●	●	●	8	●		● (crystal-less)

△ **그림 2-1-2** STM32F0 시리즈의 구성

(2) STM32F1 시리즈 : 메인 스트림(main stream) MCU

ST사에서 판매되는 Cortex-M3 기반의 MCU 중에서 가장 기본적이면서도 범용적인 것이 STM32F1 시리즈이다. 동작속도는 모델별로 다르며 최대 72MHz에서 90DMIPS 까지 가능하다.

이 시리즈는 다음과 같은 5가지 종류의 MCU들이 있다.

- STM32F100 Value line : 24MHz CPU. 모터 제어와 CEC(Consumer Electronics Control) 기능이 있음
- STM32F101 : 36MHz CPU. 최대 1Mbyte의 플래시
- STM32F102 : 48MHz CPU. USB 2.0 FS 기능이 있음
- STM32F103 : 72MHz CPU. 최대 1Mbyte 플래시, 모터 제어, USB, CAN 가능
- STM32F105/107 : 72MHz CPU. Ethernet MAC, CAN, USB 2.0 OTG 가능

각 라인별 MCU의 보다 자세한 구성은 다음의 〈그림 2-1-3. STM32F1 시리즈의 구성〉을 참고하기 바란다.

Cortex-M3 Up to 72MHz

- -40 to +105°C range
- USART, SPI, PC
- 16- and 32-bit timers
- Temperature sensor
- Up to 3 x 12-bit ADC
- Dual 12-bit DAC
- Low voltage 2.0 to 3.6V (5V tolerant I/Os)

STM32F1 Product line	FCPU (MHz)	Flash (bytes)	RAM (KB)	USB 2.0 FS	USB 2.0 FS OTG	FSMC	CAN 2.0B	3-phase MC timer	PS	SDIO	Ethernet IEEE 1588	HDMI CEC
STM32F100 Value line	24	16K to 512K	4 to 32			●		●				●
STM32F101	36	16K to 1M	4 to 80			●						
STM32F102	48	16K to 128K	4 to 16	●								
STM32F103	72	16K to 1M	6 to 96	●		●	●	●	●	●		
STM32F105 STM32F107	72	64K to 256K	64		●	●	●	●	●		●	

△ **그림 2-1-3** STM32F1 시리즈의 구성

(3) STM32F2 시리즈 : 고성능 MCU

이 시리즈도 범용으로 사용할 수 있는 MCU이며, 앞에서 소개한 STM32F1 시리즈보다 동작 속도가 빠르고 플래시 메모리의 용량이 크다. 그리고 120MHz의 클럭을 사용하여 150DMIPS의 동작 속도를 낼 수 있다.

이 시리즈는 pin-to-pin, 주변장치, 소프트웨어 호환으로 구성되어 있는 다음의 두 가지 제품라인으로 구성되어 있다.

- STM32F205/215 : 120MHz CPU, 150DMIPS, 128K ~ 1Mbyte Flash
- STM32F207/217 : 120MHz CPU, 150DMIPS, 512K ~ 1Mbyte Flash

각 라인별 MCU의 보다 자세한 구성은 다음의 〈그림 2-1-4. STM32F2 시리즈의 구성〉을 참고하기 바란다.

Cortex-M3 – 120Hz

- ART Accelerator™
- 2 x USB 2.0 OTG FS/HS
- SDIO
- USART, SPI, PC
- 2 x CAN
- PS + audio PLL
- 16- and 32-bit timers
- 3 x 12-bit ADC (0.5μs)
- Low voltage 1.7 to 3.6V

STM32F2 Product line	Flash (bytes)	RAM (KB)	Harware Crypto/hash	2 x 12-bit DAC	Ethernet I/F IEEE 1588	Camera I/F	FSMC
STM32F215	128K to 1M	Up to 128	●	●			●
STM32F205							
STM32F217	512K to 1M	Up to 128	●	●	●	●	●
STM32F207							

△ 그림 2-1-4 STM32F2 시리즈의 구성

(4) STM32F3 시리즈 : Cortex-M4 기반의 MCU

이 시리즈는 DSP(Digital Signal Processing)가 FPU(Floating Point Unit)가 내장된 Cortex-M4 기반의 MCU이며 72MHz의 클럭을 사용하여 90DMIPS의 동작속도를 낼 수 있다. 이 시리즈는 다음과 같은 종류의 MCU들이 있다.

- STM32F301, STM32F302, STM32F303 : 범용의 MCU
- STM32F334 : 디지털 전력 변환용으로 적합. 고분해능 타이머가 포함됨
- STM32F373 : 생체계측 센서 또는 지능형 계측기기용으로 적합. 16bit 시그마-델타 ADC가 포함됨
- STM32F3x8 : 1.8volt 동작을 지원함

각 라인별 MCU의 보다 자세한 구성은 다음의 〈그림 2-1-5. STM32F3 시리즈의 구성〉을 참고하기 바란다.

Cortex-M4 (DSP + FPU) Up to 72MHz

- Routine booster(CCM)
- Interconnect Matrix
- DMA
- USART, SPI, I²C, I²S, USB and CAN
- 16- and 32-bit timers
- HW polynomial CRC
- SRAM with parity check
- Low and High speed oscillator
- Reset + BOR PVD
- RTC
- Temperature sensor
- Capacitive Touch sensing

STM32F3 Product line	Flash (KB)	RAM (KB)	CCM-SRAM	Power supply	ADC 12-bit	ADC 16-bit	12-bit DAC	Fast and Ultra Fast Comp.	Op-Amp (PGA)	Advanced 16-bit PWM Timer	High-Resolution Timer
STM32F301	32 to 64	16		2.0 to 3.6V	Up to 2		1	3	1	1	
STM32F302	32 to 512	16 to 64		2.0 to 3.6V	Up to 2		1	Up to 4	Up to 2	1	
STM32F303	32 to 512	16 to 80	●	2.0 to 3.6V	Up to 4		Up to 3	Up 세 7	Up to 4	Up to 3	
STM32F3x4 Digital Power	16 to 64	16	●	2.0 to 3.6V	2		3	2x Ultra Fast	1	1	● 10ch
STM32F373 Precision measurement	64 to 256	32		2.0 to 3.6V	1	3	3	2			
STM32F3x8 1.8V ±8%	64 to 512	16 to 80	●	1.8V ±8%	Up to 4		Up to 3	Up to 7	Up to 4	Up to 3	

△ **그림 2-1-5** STM32F3 시리즈의 구성

(5) STM32F4 시리즈 : Cortex-M4 기반의 고성능 MCU

이 시리즈는 DSP(Digital Signal Processing)와 FPU(Floating Point Unit)가 내장된 Cortex-M4 기반의 고성능 MCU이며 최대 180MHz의 클럭을 사용하여 225DMIPS까지 동작 속도를 낼 수 있다.

참고

> 모든 STM32F3(STM32F4) 시리즈에 DSP 기능은 내장되어 있다. 그러나 FPU는 옵션(option) 요소이므로 모델에 따라 포함이 되어있지 않는 MCU도 있다.

이 시리즈는 다음과 같은 종류의 MCU들이 있다.

- Advanced lines
  - STM32F469/479 : 180MHz CPU/225DMIPS, 2Mbytes까지의 dual-bank Flash, Chrom-ART Accelerator, LCD-TFT 컨트롤러와 MPI-DSI 인터페이스
  - STM32F429/439 : 180MHz CPU/225DMIPS, 2Mbytes까지의 dual-bank Flash, Chrom-ART Accelerator, LCD-TFT 컨트롤러
  - STM32F427/437 : 180MHz CPU/225DMIPS, 2Mbytes까지의 dual-bank Flash, Chrom-ART Accelerator, serial audio 인터페이스
- Foundation lines
  - STM32F446 : 180MHz/225DMIPS, 듀얼 쿼드 SPI 및 SDRAM 인터페이스를 갖춘 최대 512Kbytes 플래시
  - STM32F407/417 : 168MHz CPU/210DMIPS, 1Mbyte까지의 Flash, Ethernet MAC과 camera 인터페이스
  - STM32F405/415 : 168MHz CPU/210DMIPS, up to 1Mbyte까지의 Flash(with advanced connectivity and encryption)

- Access lines
  - STM32F401 : 84 MHz CPU, 105 DMIPS, 가장 작은 다이 사이즈(die size)
  - STM32F410 : 100 MHz CPU, 125 DMIPS
  - STM32F411 : 100 MHz CPU, 125 DMIPS, STM32F410보다 RAM과 주변장치가 많다.
  - STM32F412 : 100 MHz CPU, 125 DMIPS, RAM, Flash memory와 주변장치가 많다.
  - STM32F413/F423 : 100 MHz CPU, 125 DMIPS, STM32F412보다 RAM, Flash memory와 주변장치가 많다.

각 라인별 MCU의 보다 자세한 구성은 다음의 〈그림 2-1-6. STM32F4 시리즈의 구성〉을 참고하기 바란다.

Cortex-M4 (DSP + FPU) Up to 180MHz

- ART Accelerator™ enabling 0 wait state executing from internal Flash
- Up to 2x USB2.0 OTG FS/HS
- SDIO
- USART, SPI, I^2C
- I^2S + audio PLL
- 16- and 32-bit timers
- Up to 3x 12-bit ADC (0.41 μs)
- Up to 2x 12-bit DAC
- External memory controller (except for access lines)
- Low voltage 1.7 to 3.6V

Lines	STM32F4 Product	F_{CPU} (MHz)	Flash (bytes)	RAM (KB)	Ethernet I/F IEEE 1588	2x CAN	Camera I/F	SDRAM I/F	Dual Quad-SPI	SAI I/F	SPDIF RX	Chrom-ART Grphic Accelerator	TFT LCD controller	MPI DSI
Advanced	STM32F469	180	512K to 2M	384	●	●	●	●	●	●		●	●	●
	STM32F429	180	512K to 2M	256	●	●	●	●		●		●	●	
	STM32F427	180	1 to 2M	256	●	●	●	●		●		●		
Foundation	STM32F446	180	256K to 512K	128		●	●	●	●	●	●			
	STM32F407	168	512K to 1M	192	●	●	●							
	STM32F405	168	512K to 1M	192		●								

Line	STM32F4 Access line	F_{CPU} (MHz)	Flash (KB)	RAM (KB)	RUN current (μA/MHz)	STOP current (μA)	Small package (mm)	BAM (Batch Acquisition Mode)
Access	STM32F411	100	256 to 512	128	Down to 100	Down to 12	Down to 3.034x3.22	●
	STM32F410	100	64 to 128	32	Down to 89	Down to 6	Down to 2.553x2.579	●
	STM32F401	84	128 to 512	96	Down to 128	Down to 10	Down to 3x3	

△ 그림 2-1-6 STM32F4 시리즈의 구성

(6) STM32F7 시리즈 : ARM Cortex-M7을 이용한 고성능 MCU

이 시리즈는 고성능의 Cortex-M7 코어와 ART Accelerator 그리고 L1 cache가 내장된 가장 성능이 높은 Cortex-M 기반의 MCU이며 최대 216MHz의 클럭을 사용하여 462DMIPS까지 동작 속도를 낼 수 있다.

Cortex-M7는 Cortex-M4의 명령어 셋을 그대로 사용할 수 있으며 STM32F7 시리즈는 STM32F4 시리즈와 pin-to-pin 호환이 된다.

이 시리즈는 다음과 같은 종류의 MCU들이 있다.

- STM32F7x9
- STM32F7x7
- STM32F7x6
- STM32F7x5
- STM32F7x3
- STM32F7x2

이 시리즈의 MCU의 보다 자세한 구성은 다음의 〈그림 2-1-7. STM32F7 시리즈의 구성〉을 참고하기 바란다.

ARM Cortex-M7 – 216 MHz

ACCELERATION
- ART Accelerator
- L1 cache: data and instruction cache
- Chrom-ART Accelerator
- Floating Point Unit

CONNECYIVITY
- 2 x USB2.0 OTG FS/HS
- SDIO (x2 on F76x & F779)
- USART, UART, SPI, I²C
- CAN2.0
- HDMI-CEC
- Ethernet IEEE 1588
- FMC
- MDIO slave (on F76x and F77x)
- Camera I/F
- Dual mode Quad-SPI

AUDIO
- I²S + audio PLL
- 2 x SAI
- 2 x 12-bit DAC
- SPDIF-RX

OTHERS
- 16- and 32-bit timers
- 3 x 12-bit ADC (2.4Msps)
- Low voltage 1.7 to 3.6V
- 85℃ and 105℃ range

Product		F_{CPU} (MHz)	L1 cache (I/D)	FPU	Flash (bytes)	RAM (KB)	JPEG codec	CAN	DF SDM	TFT LCD controller	MPI - DSI
STM32F7x9		216	16K + 16K	Double Precision	1M to 2M (RWW)	512K (incl.128K DTCM) + 16K ITCM + 4K backup	●	3	●	●	●
STM32F7x7		216	16K + 16K	Double Precision	1M to 2M (RWW)	512K (incl.128K DTCM) + 16K ITCM + 4K backup	●	3	●	●	
STM32F7x6		216	4K + 4K	Single Precision	512 to 1M	320K (incl.64K DTCM) + 16K ITCM + 4K backup		2		●	
STM32F7x5	765	216	16K + 16K	Double Precision	1M to 2M (RWW)	512K (incl.128K DTCM) + 16K ITCM + 4K backup		3	●		
	745	216	4K + 4K	Single Precision	512 to 1M	320K (incl.64K DTCM) + 16K ITCM + 4K backup		2			

△ **그림 2-1-7** STM32F7 시리즈의 구성

(7) STM32H7 시리즈 : ARM Cortex-M7을 이용한 최고성능 MCU

이 시리즈는 Cortex-M7 코어를 사용하였으며 L1 cache가 내장된 가장 성능이 높은 Cortex-M 기반의 MCU 이며 최대 400MHz의 클럭을 사용하여 856DMIPS까지 동작 속도를 낼 수 있다.

Cortex-M7는 Cortex-M4와 명령어 세트의 호환성이 있으며 STM32H7 시리즈는 STM32F7 및 대부분의 STM32F4 시리즈와 pin-to-pin 호환이 된다.

이 시리즈는 다음과 같은 종류의 MCU들이 있다.

- STM32H7x3
- STM32H7x5(2017년 출시 예정)

• STM32H7x7(2017년 출시 예정)

이 시리즈의 MCU의 보다 자세한 구성은 아래의 그림을 참고하기 바란다.

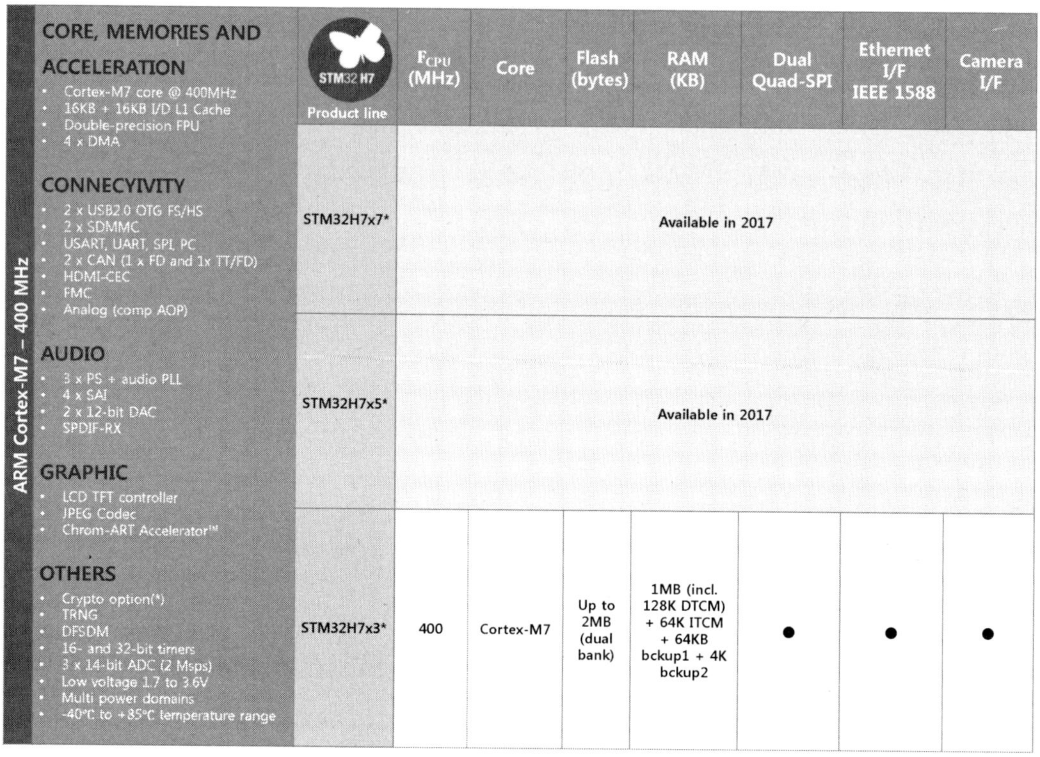

△ **그림 2-1-8** STM32H7 시리즈의 구성

(8) STM32L0 시리즈 : Cortex-M0+ 기반의 초저전력 MCU

이 시리즈는 ARM Cortex-M0+ 프로세서를 사용하였으며 낮은 소비 전력을 목표로 설계된 초저전력 MCU이다. 동작 속도는 32MHz에서 26DMIPS를 나타낸다. 이 시리즈는 전력소비가 작으므로 배터리로 동작하거나 자가발전에 의해 동작되는 경우의 사용에 적합하다.

이 시리즈는 다음과 같은 종류의 MCU들이 있다.

• STM32L0x1 Acess Line

• STM32L0x2 USB Line

• STM32L0x3 USB & LCD Line

이 시리즈의 MCU의 보다 자세한 구성은 아래의 그림을 참고하기 바란다.

Cortex-M0+ (32MHz with MPU)

- Low voltage 1.65 to 3.6V
- Dynamic Voltage Scaling
- 5 clock sources
- Advanced RTC w/ calibration
- Multiple USART, SPI, I^2C
- Multiple 16-bit timers
- -40 to 125℃ Operating
- 2 watchdogs
- Program Voltage Detector
- Reset circuitry POR/PDR
- Brown Out Reset
- DMA
- Comparators
- Temperature sensor
- AES 128-bit

STM32 L0 Product line	FLASH (KB)	RAM (KB)	EEPROM (KB)	12-bit ADC 1.14 MSPS	LP USART	LP 16-bit timer	12-bit DAC	Touch sense	True RNG	USB 2.0 FS Crystal-less	Segment LCD Driver
STM32L0x1 Access	Up to 64	8	2	●	●	●					
STM32L0x2 USB	Up to 64	8	2	●	●	●	●	●	●	●	
STM32L0x3 USB & LCD	Up to 64	8	2	●	●	●	●	●	●	●	Up to 8x28 or 4x32

△ **그림 2-1-9** STM32FL0 시리즈의 구성

(9) STM32L1 시리즈 : Cortex-M3 기반의 초저전력 MCU

이 시리즈는 ARM Cortex-M3 프로세서를 사용하였으며 낮은 소비 전력을 목표로 설계된 초저전력 MCU이다. 동작 속도는 32MHz에서 33DMIPS를 나타낸다. 이 시리즈는 전력소비가 작으므로 배터리로 동작하거나 자가발전에 의해 동작되는 경우의 사용에 적합하다. STM32L1 시리즈는 다른 STM32F 시리즈와 pin-to-pin 호환이 가능하다.

이 시리즈는 다음과 같은 종류의 MCU들이 있다.

- STM32L100 Value Line
- STM32L151/152
- STM32L162

이 시리즈의 MCU의 구성은 아래의 그림을 참고하기 바란다.

Cortex-M3 (32MHz with MPU)

- Low voltage 1.65 to 3.6V
- Dynamic Voltage Scaling
- 5 clock sources
- Advanced RTC w/ calibration
- Multiple USART, SPI, I^2C
- Multiple 16-bit timers
- -40 to 125℃ Operating Up to 105 in LP Modes
- 2 watchdogs
- Program Voltage Detector
- Reset circuitry POR/PDR
- Brown Out Reset
- DMA
- Reset circuitry POR/PDR
- 12-bit ADC 1 MSPS
- 12-bit DAC

STM32 L1 Product line	FLASH (KB)	RAM (KB)	EEPROM (KB)	Memory I/F	OP-AMP	Comp.	Temp. Sensor	Capacitive Touch	Segment LCD Driver	AES 128-bit
STM32L100 Value line	32 to 256	4 to 16	2	-	-	-	-	-	Up to 8 x 28	-
STM32L151	32 to 512	16 to 80	4 to 16	SDIO FSMC	●	●	●	●	-	-
STM32L152	32 to 512	16 to 80	4 to 16	SDIO FSMC	●	●	●	●	Up to 8 x 40	-
STM32L162	32 to 512	32 to 80	8 to 16	SDIO FSMC	●	●	●	●	Up to 8 x 40	●

△ **그림 2-1-10** STM32FL1 시리즈의 구성

(10) STM32L4 시리즈 : Cortex-M4 기반의 초저전력 MCU

STM32 L4 시리즈는 ARM Cortex-M4 프로세서를 사용하였으며 낮은 소비 전력을 목표로 설계된 초저전력 MCU이다. 동작속도는 80MHz에서 100DMIPS이다. STM32L4 시리즈는 다른 STM32F 시리즈와 pin-to-pin 호환이 가능하다.

이 시리즈는 다음과 같은 종류의 MCU들이 있다.

- STM32L4x1 : Access line
- STM32L4x2 : USB Device 지원
- STM32L4x3 : USB Device, LCD 지원
- STM32L4x5 : USB OTG 지원
- STM32L4x6 : USB OTG, LCD 지원

이 시리즈의 MCU의 구성은 아래의 그림을 참고하기 바란다.

ARM Cortex-M4 (DSP + FPU) – 80 MHz

- ART Accelerator™
- USART, SPI, I²C
- Quad-SPI
- 16- and 32-bit timers
- SAI + audio PLL
- SWP
- 1x CAN
- 2x 12-bit DACs
- Temperature sensor
- Low voltage 1.71 to 3.6V
- V_{BAT} mode
- Unique ID
- Capacitive touch sensing
- AES-256

STM32 L4 Product line	FLASH (KB)	RAM (KB)	OP-Amp	Comp.	12-bit ADC 5 Msps 16-bit HW oversampling	USB2.0 FS Crystal-less	USB2.0 OTG FS	Segment LCD driver
STM32L4x1 Access	Up to 1024	Up to 128	●	●	●			
STM32L4x2 USB FS	Up to 256	Up to 64	●	●	●	●		
STM32L4x3 USB FS and LCD	Up to 256	Up to 64	●	●	●	●		Up to 8x40
STM32L4x5 USB OTG	Up to 1024	Up to 128	●	●	●		●	
STM32L4x6 USB OTG and LCD	Up to 1024	Up to 128	●	●	●		●	Up to 8x40

△ 그림 2-1-11 STM32FL4 시리즈의 구성

2.1.2 STM32F1 시리즈의 제품 구성

STM32F1 시리즈는 Cortex-M3를 기반으로 한 MCU 중에서 범용으로 사용할 수 있는 가장 기본적인 MCU이다. 이 시리즈는 동작 속도가 비교적 빠르며 다양한 주변기기들을 내장하고 있으면서도 가격이 저렴하여 범용적으로 사용하기에 적합하다. 이 책에서 다루고 있는 ST사 Nucleo-64 보드인 Nucleo-F103RB도 STM32F1 시리즈인 STM32F103RB를 MCU로 사용하고 있다. 이 시리즈의 MCU는 다음과 같은 종류가 있다.

(1) STM32F100 Value line 시리즈

- 24MHz CPU, 모터 제어와 CEC(Consumer Electronics Control) 기능이 있음

- 모델명이 STM32F100으로 시작하며, CPU 클럭이 24MHz, 내장 플래시 메모리가 16 ~ 64KB이다. 따라서 저가(value)이면서 비교적 낮은 성능을 요구하는 응용 분야의 적용에 적합하다.
- 이 시리즈의 MCU의 종류는 다음 그림과 같다.

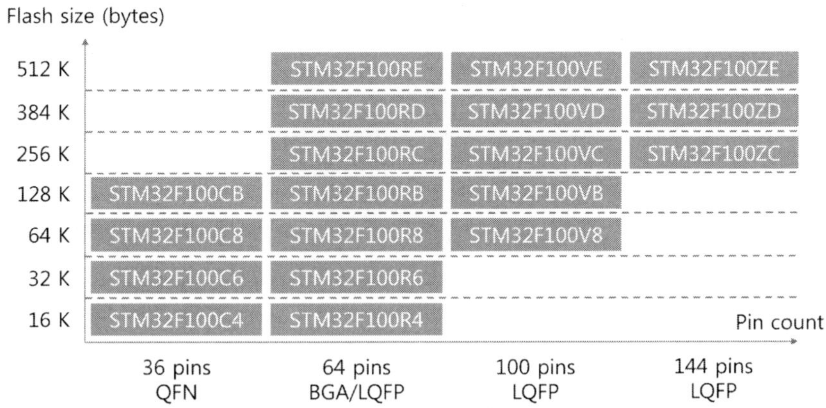

△ **그림 2-1-12** STM32F100 Value line 시리즈의 MCU 종류

(2) STM32F101 시리즈

- 36MHz CPU, 16K ~ 1Mbyte까지의 Flash 메모리
- 모델명이 STM32F101으로 시작하며 가장 기본적인 주변장치만 내장되어 있다.
- 이 시리즈의 MCU의 종류는 다음 그림과 같다.

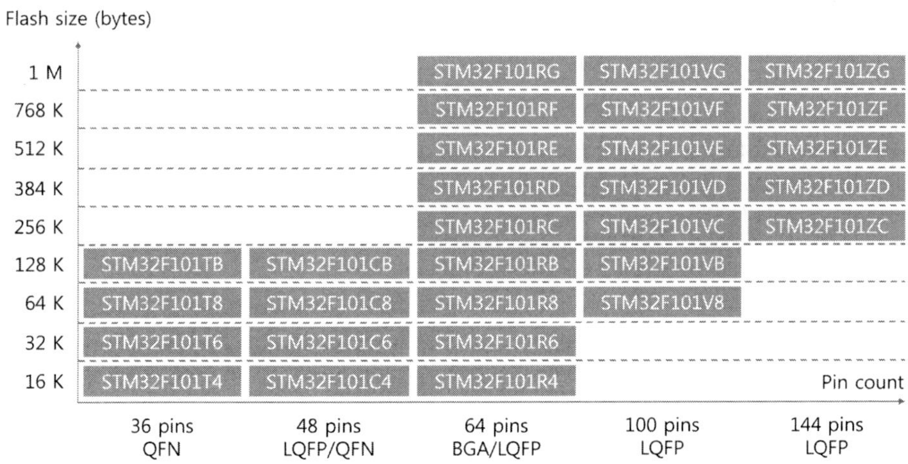

△ **그림 2-1-13** STM32F101 시리즈의 MCU 종류

(3) STM32F102 시리즈

- 48MHz CPU, USB FS(Full-Speed) 지원
- 모델명이 STM32F102로 시작하며, 내장 플래시 메모리가 16KB ~ 128KB이고 USB 기능

이 내장된 비교적 소형, 저성능의 MCU로 USB 접근(USB access)성이 뛰어나다.

• 이 시리즈의 MCU의 종류는 다음 그림과 같다.

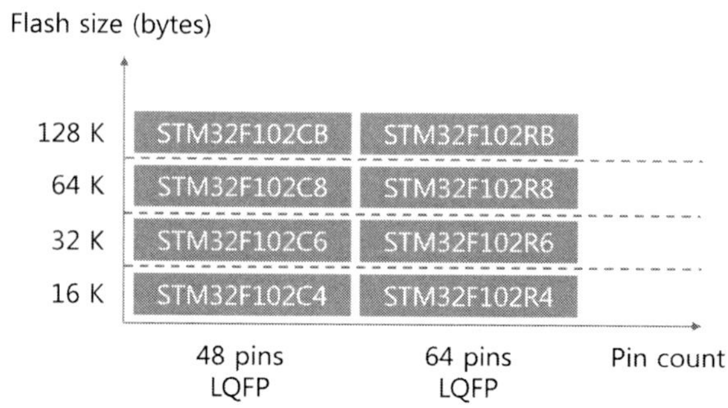

△ **그림 2-1-14** STM32F102 시리즈의 MCU 종류

(4) STM32F103 시리즈

• 72MHz CPU, 16K ~ 1Mbyte까지의 Flash 메모리, motor control 기능, USB와 CAN 지원

• 모델명이 STM32F103으로 시작하며, 이더넷을 제외한 일반적인 주변장치가 거의 모두 내장되어 있어 성능이 우수하며 가장 범용적으로 사용이 가능하다.

• 이 시리즈의 MCU의 종류는 다음 그림과 같다.

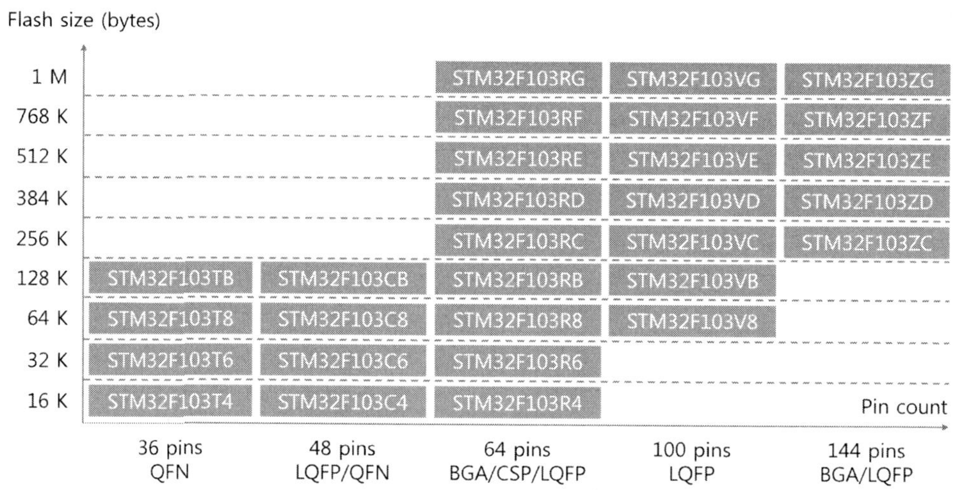

△ **그림 2-1-15** STM32F102 시리즈의 MCU 종류

(5) STM32F105/107 시리즈

• 72MHz CPU, Ethernet MAC, CAN과 USB 2.0 OTG 지원

• 모델명이 STM32F105 또는 STM32F107로 시작하며, 내장 플래시 메모리가 64KB ~ 256KB이고 USB 2.0 OTG(On-The-Go)기능, 이더넷 기능 및 각종 통신장치가 내장되어 있어 외부 기기와의 연결성이 가장 좋다.

• 이 시리즈의 MCU의 종류는 다음 그림과 같다.

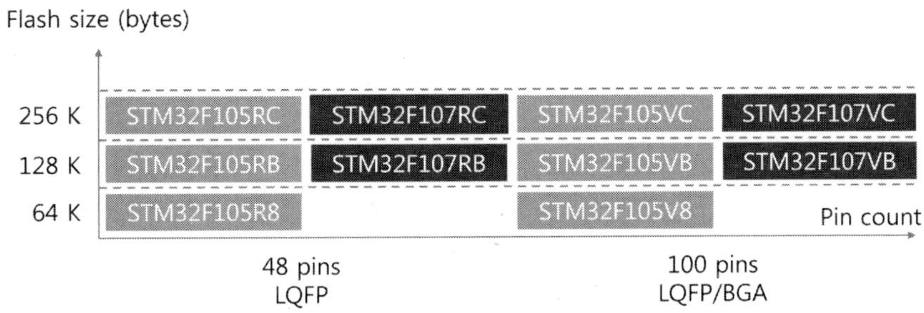

△ **그림 2-1-16** STM32F102 시리즈의 MCU 종류

2.1.3 STM32F4 시리즈의 제품 구성

Cortex-M4 기반의 MCU중에서 가장 널리 사용되는 것은 STM32F4 시리즈이다. 이 책에서 다루고 있는 ST사 Nucleo-144 보드인 Nucleo-F429ZI도 STM32F4 시리즈인 STM32F429ZI을 MCU로 사용하고 있다. 이 시리즈의 MCU는 다음과 같은 종류가 있다.

2.1.3.1 Access Line

(1) STM32F401 시리즈

• 동작 속도는 84MHz CPU, 105DMIPS이며, 가장 작은 다이 사이즈(die size)를 가진다.
• 이 시리즈의 MCU의 종류는 다음 그림과 같다.

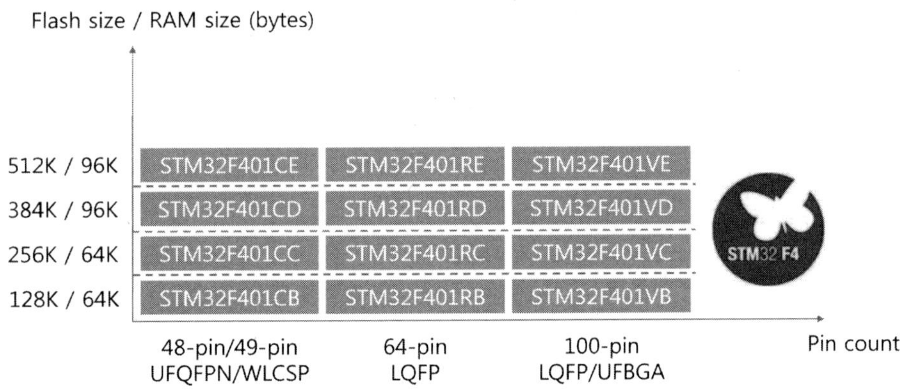

△ **그림 2-1-17** STM32F401 시리즈의 MCU 종류

(2) STM32F410 시리즈

• 동작 속도는 100MHz CPU, 125DMIPS이다.
• 이 시리즈의 MCU의 종류는 다음 그림과 같다.

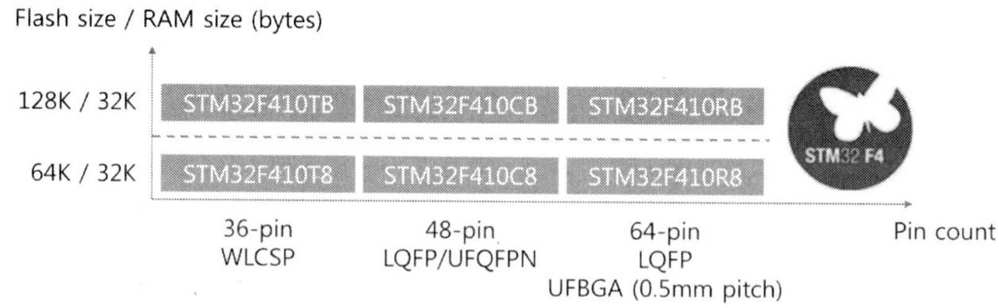

△ **그림 2-1-18** STM32F410 시리즈의 MCU 종류

(3) STM32F411 시리즈

- 동작 속도는 100MHz CPU, 125DMIPS이며, STM32F410보다 RAM의 용량이 크고 주변장치가 많다.
- 이 시리즈의 MCU의 종류는 다음 그림과 같다.

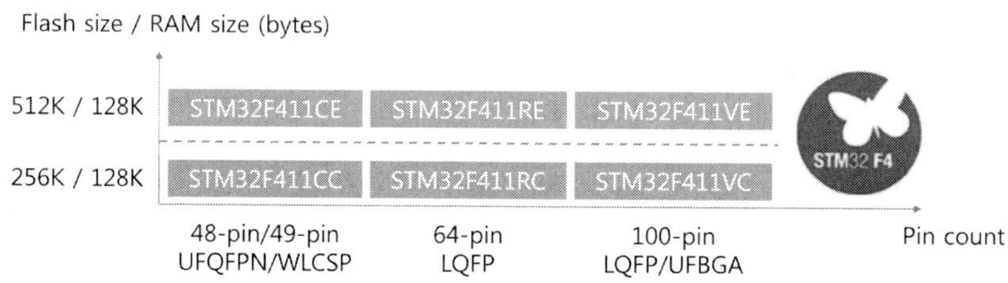

△ **그림 2-1-19** STM32F411 시리즈의 MCU 종류

(4) STM32F412 시리즈

- 동작 속도는 100MHz CPU, 125DMIPS이며, STM32F410보다 RAM의 용량이 크고 주변장치가 많다.
- 이 시리즈의 MCU의 종류는 다음 그림과 같다.

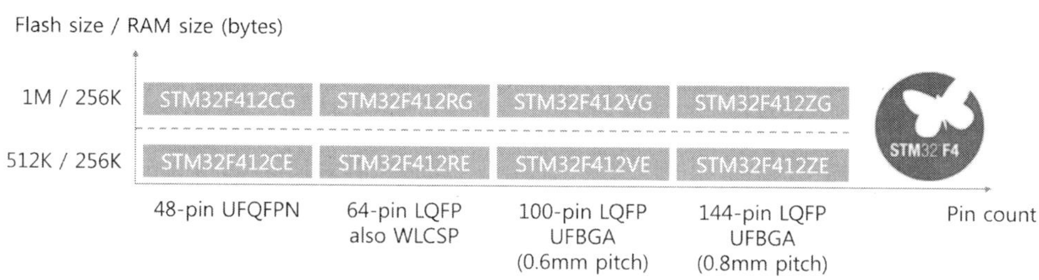

△ **그림 2-1-20** STM32F412 시리즈의 MCU 종류

(5) STM32F413/F423 시리즈

- 동작 속도는 100MHz CPU, 125DMIPS이며, STM32F412보다 RAM, Flash memory의 용량이 크고 주변장치가 많다.
- 이 시리즈의 MCU의 종류는 다음 그림과 같다.

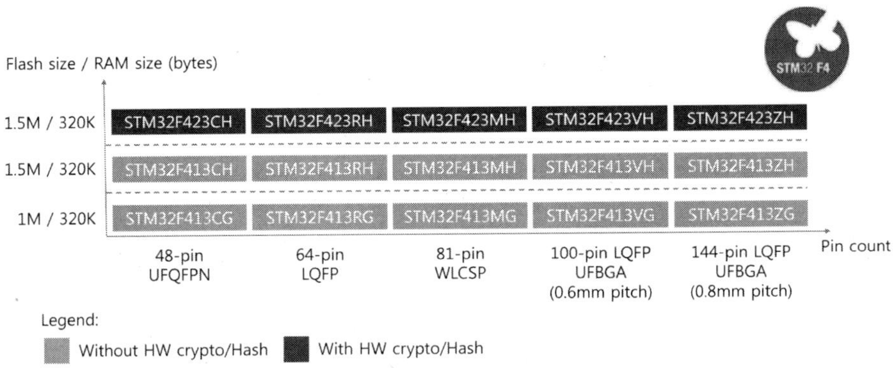

△ **그림 2-1-21** STM32F413/F423 시리즈의 MCU 종류

2.1.3.2 Foundation Lines

(1) STM32F405/415

- 동작 속도는 168MHz CPU, 210 DMIPS이며 1Mbyte 까지의 Flash(with advanced connectivity and encryption)를 가진다.
- 이 시리즈의 MCU의 종류는 다음 그림과 같다.

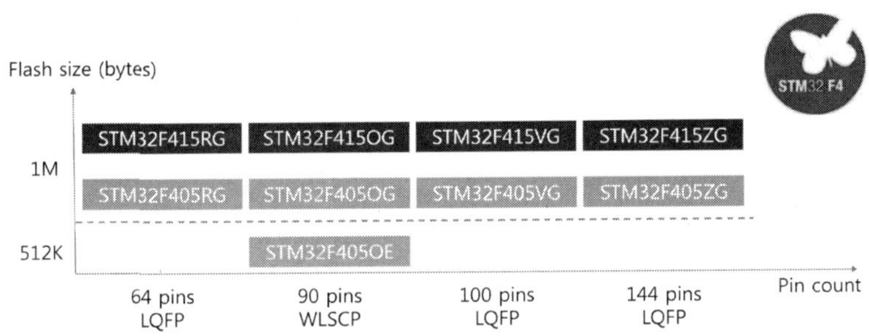

△ **그림 2-1-22** STM32F405/F415 시리즈의 MCU 종류

(2) STM32F407/417

- 동작 속도는 168MHz CPU, 210 DMIPS이며, 1 Mbyte 까지의 Flash, Ethernet MAC과 camera 인터페이스를 가진다.
- 이 시리즈의 MCU의 종류는 다음 그림과 같다.

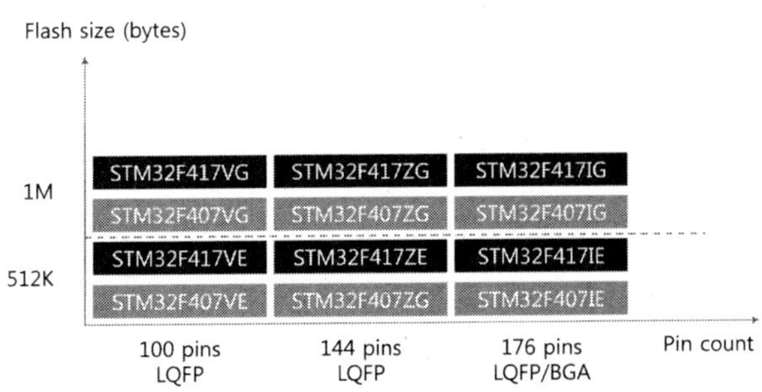

△ **그림 2-1-23** STM32F407/F417 시리즈의 MCU 종류

(3) STM32F446

- 동작 속도는 180MHz, 225DMIPS이며, 512 Kbytes 플래시, 듀얼 쿼드 SPI 및 SDRAM 인터페이스를 가진다.
- 이 시리즈의 MCU의 종류는 다음 그림과 같다.

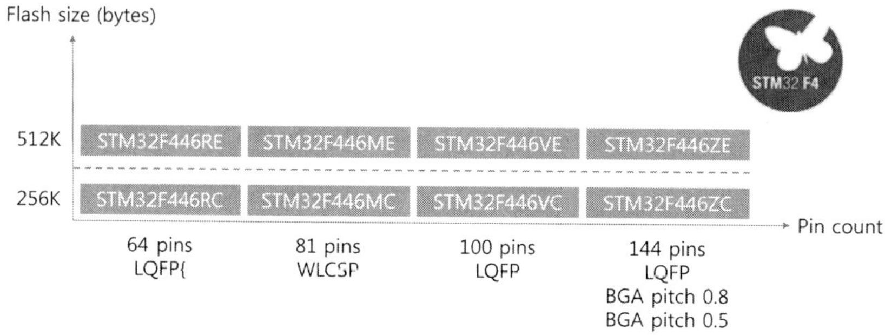

△ **그림 2-1-24** STM32F446 시리즈의 MCU 종류

2.1.3.3 Advanced Lines

STM32F4 시리즈 중에서는 가장 성능이 뛰어난 라인이며 다음과 같은 종류가 있다.

(1) STM32F427/437 시리즈

- 동작 속도는 180MHzCPU, 225DMIPS이며, 2 Mbytes 까지의 dual-bank Flash, Chrom-ART Accelerator와 serial audio 인터페이스를 가진다.
- 이 시리즈의 MCU의 종류는 다음 그림과 같다.

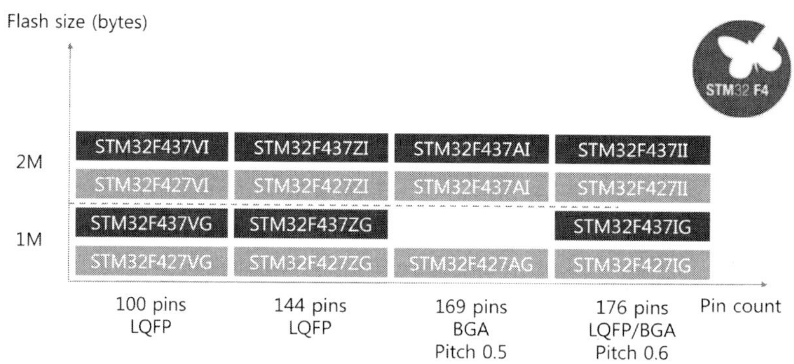

△ **그림 2-1-25** STM32F427/437 시리즈의 MCU 종류

(2) STM32F429/439 시리즈

- 동작 속도는 180MHzCPU, 225DMIPS이며, 2 Mbytes 까지의 dual-bank Flash, Chrom-ART Accelerator와 LCD-TFT 컨트롤러를 가진다.
- 이 시리즈의 MCU의 종류는 다음 그림과 같다.

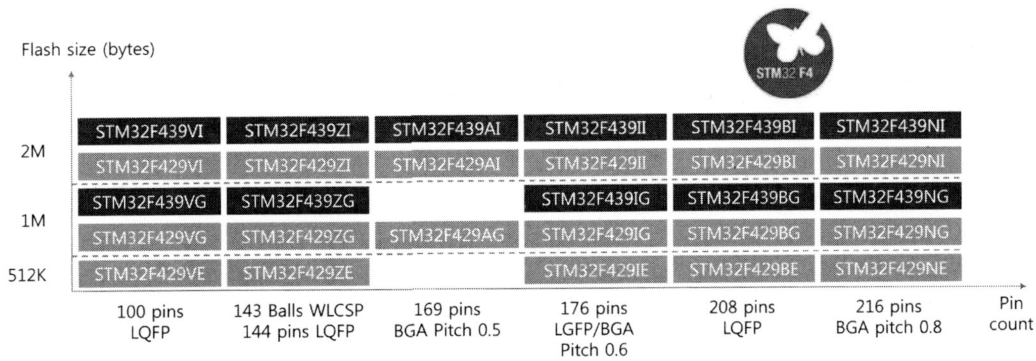

△ **그림 2-1-26** STM32F429/439 시리즈의 MCU 종류

(3) STM32F469/479 시리즈

- 동작 속도는 180MHzCPU, 225DMIPS이며, 2 Mbytes까지의 dual-bank Flash, Chrom-ART Accelerator, LCD-TFT 컨트롤러와 MPI-DSI 인터페이스를 가진다.
- 이 시리즈의 MCU의 종류는 다음 그림과 같다.

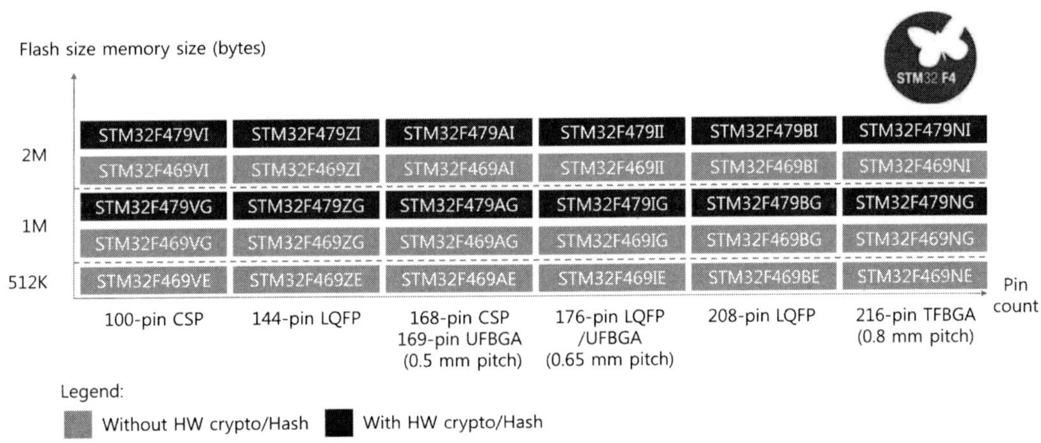

△ **그림 2-1-27** STM32F469/479 시리즈의 MCU 종류

2.2 STM32F103의 개요 및 구성

STM32F1 시리즈 중에서 많이 사용되는 대표적인 MCU 중의 하나로 STM32F103을 꼽을 수 있다. 이 책에서 다루고 있는 ST사 Nucleo-64 보드인 NUCLEO-F103RB도 STM32F103RB 칩을 MCU로 사용하고 있다. 이 장에서는 STM32F103에 대하여 좀 더 자세히 알아보기로 한다.

2.2.1 STM32F103의 개요

2.2.1.1 STM32F103xx MCU의 종류와 모델명

STM32F103은 패키지의 핀 수와 내장 플래시 메모리의 크기에 따라 여러 가지 모델이 있는데, 모델명은 STM32F103xx로 표시되며 다음과 같이 구성된다.

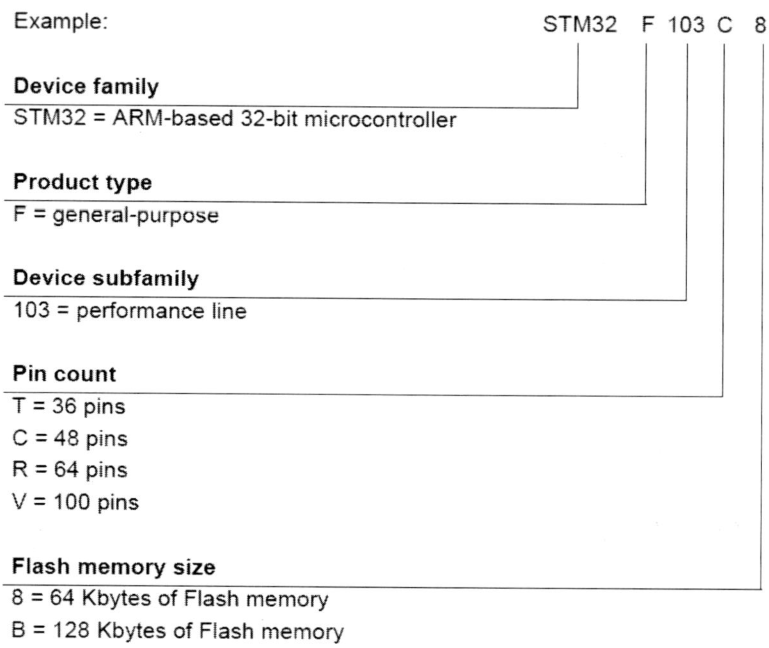

△ **그림 2-2-1** STM32F103xx 패밀리의 모델명

2.2.1.2 STM32F103RB의 구성

본 책에서 이용할 Nucleo-64 실습보드는 ST사에서 개발한 Nucleo-64 보드중의 하나인 NUCLEO-F103RB이며, 여기에 사용되는 MCU의 모델명은 STM32F103RBT6이다. 이 MCU는 패키지의 핀 수가 64핀(R)이며 128KB의 플래시 메모리(B)를 가진다.

참고

> MCU의 모델명 STM32F103RBT6에서 'T'는 LQFP형 패키지이고, '6'은 사용가능한 온도 범위가 -40 ~ 85°C 임을 나타낸다.

그리고 <표 2-2-1>은 이 MCU를 포함한 STM32F103x8과 STM32F103xB의 모델별 제품 구성을 나타낸다.

▼ **표 2-2-1** STM32F103x8과 STM32F103xB의 제품 구성

모델명	STM32F 103T8	STM32F 103TB	STM32F 103C8	STM32F 103CB	STM32F 103R8	STM32F 103RB	STM32F 103V8	STM32F 103VB
CPU 동작 주파수	72MHz							
동작전압	2.0 to 3.6V							
동작온도	외부 온도 : -40 to +85℃/-40 to +105℃							
Flash (Kbytes)	64	128	64	128	64	128	64	128
SRAM (Kbytes)	20		20		20		20	
GPIO 핀수	26		37		51		80	
타이머 범용	3		3		3		3	
타이머 고성능	1		1		1		1	
통신 SPI	1		2		2		2	
통신 I^2C	1		2		2		2	
통신 USART	2		3		3		3	
통신 USB	1		1		1		1	
통신 CAN	1		1		1		1	
12비트 AD 변환기	2 10 채널		2 10 채널		2 16 채널		2 16 채널	
패키지	FQFPN36		LQFP48, VFQFPN48		LQFP64, TFBGA64		LQFP100, LFBGA100	

이 표를 보면 STM32F103x8과 STM32F103xB는 모두 CPU의 동작 주파수가 72MHz이고 플래시 메모리는 64KB 또는 128KB이며, 내부 SRAM은 모두 20KB임을 알 수 있다. GPIO는 26핀 ~ 80핀이며 패키지의 핀 수가 많아질수록 GPIO 핀의 수도 증가한다. 타이머는 3개의 범용 타이머와 1개의 고성능 타이머를 가지고 있다.

그리고 직렬 통신에 필요한 SPI, I^2C, USART, USB 및 CAN을 내장하고 있으며, 12비트의 AD 변환기를 2개 가지고 있으며 각 변환기의 채널 수는 10 또는 16개이다. 또 모델별로 패키지 형태에 따라 36핀, 48핀, 64핀, 100핀의 칩이 있음을 알 수 있다.

이들 특징을 요약하면 다음과 같다.

- 코어 : ARM 32비트 Cortex-M3 프로세서
  최대 동작 주파수 : 72MHz
  동작속도 : 1.25DMIPS/MHZ(Dhrystone 2.1)
- 메모리 : 64/128KB 플래시 메모리
  20KB SRAM
- 클럭 : 4 ~ 16MHz 크리스탈 오실레이터
  8MHz 및 40KHz의 RC(Real time clock)내장

- 동작 전압 : 2.0 ~ 3.6V
- 입출력(GPIO)핀 : 26핀/37핀/51핀/80핀
  모든 핀은 16개의 외부 인터럽트와 연결 가능
  대부분의 핀은 5V 입력이 허용됨
- 타이머 : 범용 타이머 3개, 고성능 타이머 1개
- 통신용 주변장치 : USART 2 ~ 3개, USB 1개
  CAN, SPI, I^2C 각 1 ~ 2개
- AD 변환기 : 12bit ADC 2개(10 또는 16채널)
- 패키지 핀 수 : 36핀/48핀/64핀/100핀

참고 STM32F103의 종류

ST사에서는 STM32F103에 속하는 MCU를 내장 플래시의 크기에 따라 다음과 같이 4종류로 구분한다.
- 저밀도(Low density) 디바이스 : 플래시 메모리가 32KB 이하
- 중밀도(Medium density) 디바이스 : 플래시 메모리가 64KB ~ 128KB
- 고밀도(High density) 디바이스 : 플래시 메모리가 256KB ~ 512KB
- 초고밀도(XL density) 디바이스 : 플래시 메모리가 768KB ~ 1MB

<표 2-2-2>는 이 중에서 저밀도, 중밀도, 고밀도 디바이스의 주요 MCU의 구성을 나타낸 것이다. 이 표를 보면 저밀도 디바이스는 플래시 메모리와 내부 RAM의 용량이 작으며 타이머와 주변장치의 개수와 종류도 작다. 이에 반해 고밀도 디바이스는 플래시 메모리와 내부 RAM의 용량이 크며, SDIO, I^2C, DAC 등의 부가적인 주변장치도 내장되어 있다.

저밀도 디바이스는 모델명이 STM32F103x4, STM32F103x6로 표기되며, 중밀도 디바이스는 STM32F103x8, STM32F103xB로, 고밀도 디바이스는 STM32F103xC, STM32F103xD, STM32F103xE로 표기된다.

▼ **표 2-2-2** STM32F103 Performance line에 속하는 MCU의 모델

<table>
<tr><th rowspan="3">Pinout</th><th colspan="2">Low-density devices</th><th colspan="2">Medium-density devices</th><th colspan="3">High-density devices</th></tr>
<tr><td>16KB Flash</td><td>32KB Flash</td><td>64KB Flash</td><td>128KB Flash</td><td>256KB Flash</td><td>384KB Flash</td><td>512KB Flash</td></tr>
<tr><td>6KB RAM</td><td>10KB RAM</td><td>20KB RAM</td><td>20KB RAM</td><td>48KB RAM</td><td>64KB RAM</td><td>64KB RAM</td></tr>
<tr><td>144</td><td></td><td></td><td></td><td></td><td rowspan="3" colspan="3">5×USARTs
4×16-bit timers, 2×basic timers
3×SPIs, 2×I²Ss, 2×I²Cs
USB, CAN, 2×PWM timers
3×ADCs, 2×DACs, 1×SDIO
FSMC(100 and 144 pins)</td></tr>
<tr><td>100</td><td></td><td></td><td rowspan="4" colspan="2">3×USARTs
3×16-bit timers
2×SPIs, 2×I²Cs, USB,
CAN, 1×PWM timer
2×ADCs</td></tr>
<tr><td>64</td><td rowspan="3" colspan="2">2×USART s
2×16-bit timers
1×SPI, 1×I²C, USB,
CAN, 1×PWM timer
CAN, 1×ADCs</td></tr>
<tr><td>48</td><td></td><td></td><td></td></tr>
<tr><td>36</td><td></td><td></td><td></td></tr>
<tr><td>해당모델</td><td colspan="2">STM32F 103x4
STM32F 103x6</td><td colspan="2">STM32F 103x8
STM32F 103xB</td><td colspan="3">STM32F 103xC, STM32F 103xD
STM32F 103xE</td></tr>
</table>

2.2.2 STM32F103의 구성도

〈그림 2-2-2〉는 STM32F103xx 시리즈의 구성도를 나타낸다. 이 그림의 제일 위쪽부터 순서대로 내부 구조를 살펴보면 다음과 같다.

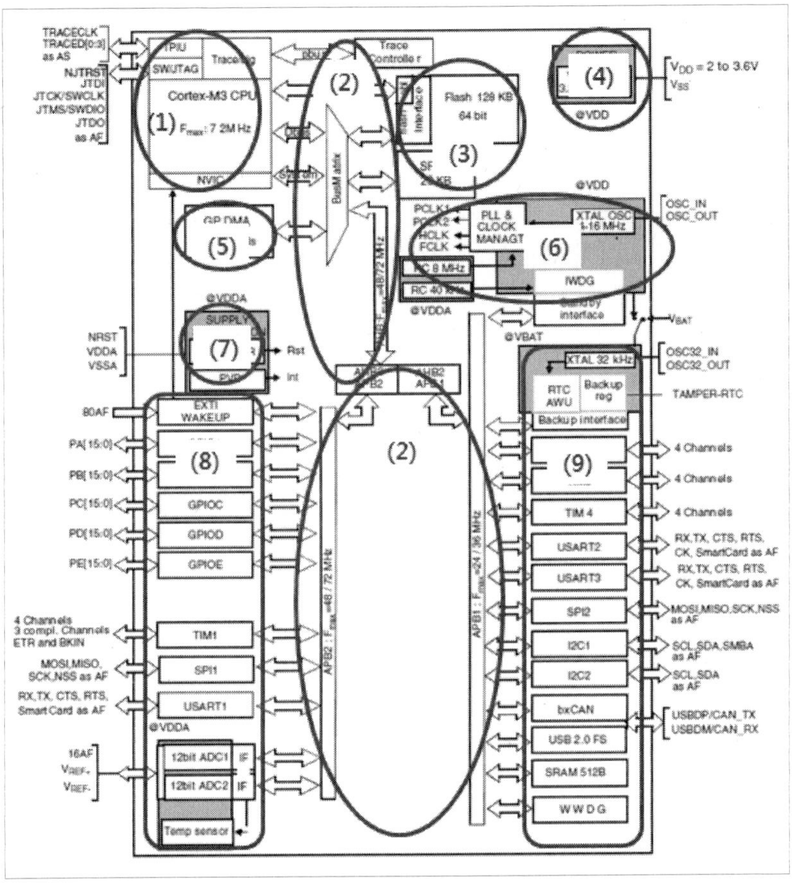

(a) STM32F103xx의 간략화된 구성도

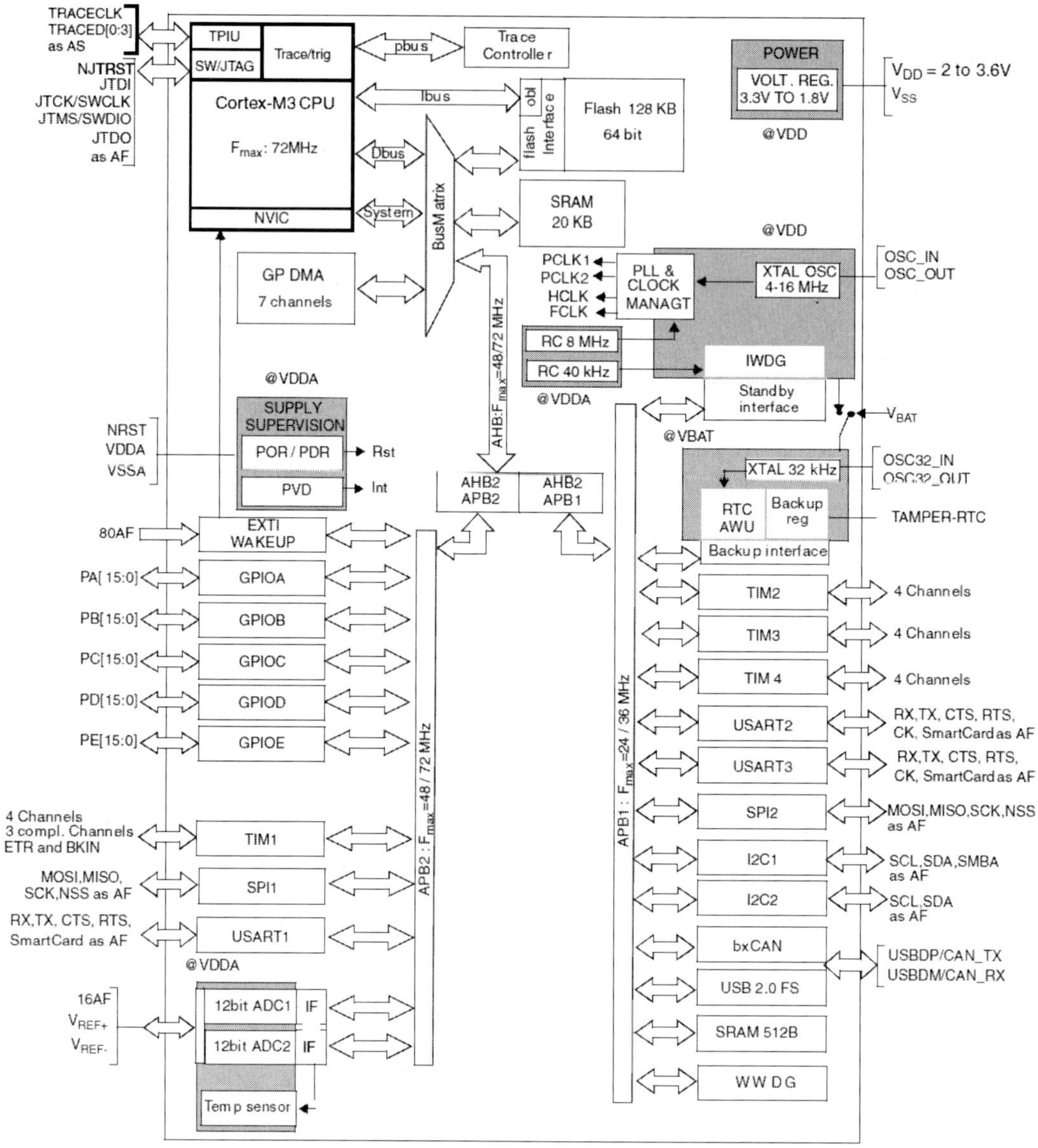

(b) STM32F103xx의 상세 구성도

△ **그림 2-2-2** STM32F103xx의 구성도

(1) Cortex-M3 프로세서

① Cortex-M3 CPU

이 그림에 표시된 'Cortex-M3 CPU'는 〈1.2.2절 ARM Cortex-M3 프로세서의 구성〉에서 설명한 'Cortex-M3 프로세서' 부분과 동일하다. ARM사에서는 이 부분을 Cortex-M3 프로세서라고 표기하지만 ST사에서는 이것을 Cortex-M3 CPU라고 부르고 있음을 알 수 있다.

② NVIC(Nested Vectored Interrupt Controller : 중첩 벡터 인터럽트 컨트롤러)
NVIC는 시스템 예외와 외부 인터럽트의 처리를 담당한다. STM32F103에 내장된 NVIC는 앞의 1장에서 설명했던 Cortex-M3의 NVIC(1.2.6절)의 모든 기능을 지원하며, 그 구성에 대한 자세한 사항은 뒤에(2.7절)에 설명되어 있다.

③ 디버깅 구성 요소(TPIU, SW/JTAG, Trace/trig)
STM32F103에는 디버깅을 위한 TPIU(Trace Port Interface unit), SWJ-DP(Serial Wire and JTAG-Debug Port)와 트레이싱을 위한 Trace/trig이 내장되어 있다.

(2) 버스(Bus) 인터페이스

MCU 내의 각종 데이터 전달을 위한 부분으로 I-Code 버스, D-Code 버스, 시스템 버스, 버스 매트릭스, AHB 버스, APB 버스 등이 있다. 버스 인터페이스에 대한 자세한 사항은 〈2.4절 메모리 및 버스의 구조〉를 참조하기 바란다.

(3) 내장 플래시 메모리 및 SRAM

STM32F103은 프로그램과 데이터의 저장을 위해 16KB ~ 1MB의 플래시 메모리가 내장되어 있고 내부 데이터 저장을 위해 6 ~ 64KB의 SRAM이 내장되어 있다.

(4) 전원(Power)

외부에서 전원을 받아 MCU와 동작에 필요한 전원을 공급해 주는 장치이다. 2V ~ 3.6V 범위의 외부전원 VDD를 입력 받아 내장된 전압 레귤레이터를 통해 1.8V의 전원을 MCU의 내부에 공급한다.

(5) GP DMA(General Purpose Direct memory Acess Controller : 범용 DMA 제어기)

DMA는 주변장치와 메모리 간 또는 메모리와 메모리 간의 고속 데이터 전송을 위한 장치이다. DMA를 이용하면 CPU를 사용하지 않고도 데이터의 고속 전송이 가능하며, 데이터 전송시 CPU를 사용하지 않으므로 CPU는 다른 작업을 수행할 수 있다. DMA 제어기는 7채널을 가지고 있으며 각 채널별로 주변장치의 DMA 요구에 대응한 작업 수행이 가능하다. SPI, I^2C, USART, 타이머(범용 타이머 및 고속 타이머), AD 변환기 등의 주변장치에서 DMA 사용이 가능하다.

(6) 클럭 발생부

클럭 발생부는 MCU의 동작에 필요한 클럭을 발생시켜주는 부분이다. 시스템 클럭은 외부의 4 ~ 16MHz 오실레이터의 입력 신호 또는 내부의 8MHz RC 오실레이터 신호를 이용하여 만들어진다. 내부의 40KHz RC오실레이터 신호는 IWDG(interrupt watchdog : 독립 워치독) 구동에 사용된다. 이 외에도 외부의 32KHz(정확히는 32.768KHz) 오실레이터의 입력신호가 있으며 이는 RTC(Real time clock : 리얼 타임 클럭)의 구동에 사용된다.

(7) 전원공급 감시부(Power Supply Supervision)

전원공급 감시부는 외부 전원이 정해진 전압 범위 내에서 제대로 공급되는지의 여부를 감시하는 역할을 하며, POR(Power on reset)과 PDR(Power down reset) 그리고 PVD (Programmable voltage detector)로 구성된다. POR/PDR은 공급전원 VDD/VDDA가 2V보다 커지거나 작아질 때 리셋 신호를 발생시켜준다. 그리고 PVD는 공급전원 VDD/VDDA가 미리 설정된 PVD 쓰레시홀드(threshold) 값보다 작아지는지 여부를 체크하는 기능을 한다.

(8), (9) 주변장치

STM32F103의 주변장치는 다음의 2개의 버스에 연결되어 있다.

- (8)번의 주변장치 : APB2 버스(72MHz)에 연결
- (9)번의 주변장치 : APB1 버스(36MHz)에 연결

따라서 전체적으로는 다음과 같은 주변장치를 가지고 있다.

- GPIO(범용 입출력) : GPIOA ~ GPIOE
- EXTI(External interrupt/event controller : 외부 인터럽트/이벤트 제어기)
- 타이머 : TIM1 ~ TIM4
- AD 변환기 : ADC1 ~ ADC2
- USART : USART1 ~ USART3
- SPI : SPI1 ~ SPI2
- I^2C : I^2C1 ~ I^2C2
- CAN : CAN
- USB : USB 2.0 FS

각 주변장치의 구조 및 동작에 대한 자세한 설명은 이 책의 [6장. GPIO를 이용한 입출력] 이후의 해당되는 부분을 참조하기 바란다.

참고 주변장치의 동작속도

> STM32F103의 경우, APB2 버스는 클럭이 72MHz이므로 여기에 연결된 주변장치의 동작속도도 72MHz이다. 그리고 APB1 버스는 클럭이 36MHz이므로 여기에 연결된 주변장치의 동작속도는 36MHz이다. 따라서 APB2 버스에 연결된 주변장치의 속도가 APB1보다 2배 빠르다.

2.2.3 STM32F103의 핀 구성

2.2.3.1 핀 배치도

STM32F103xx의 패키지 형태는 LQFP, VFQFPN, BGA등이 있으며, 핀 수는 36핀, 48핀, 64핀 및 100핀이 있다. 이 중 LQFP형 패키지의 핀 배치도는 〈그림 2-2-3〉와 같다. 참고로 이 책에서 사용하는 STM32F103RB는 64핀을 가지는 LQFP형 패키지이다. 그리고 〈그림 2-2-4〉은 STM32F103RB의 외형을 나타낸다.

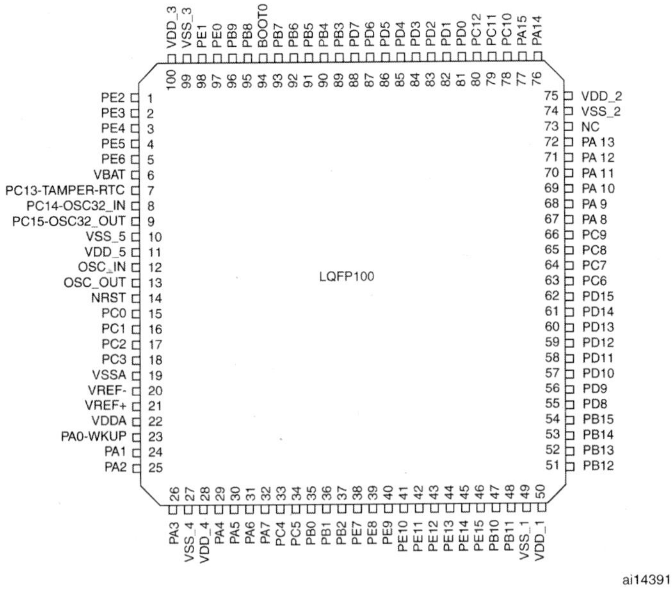

(a) LQFP형 100핀 패키지

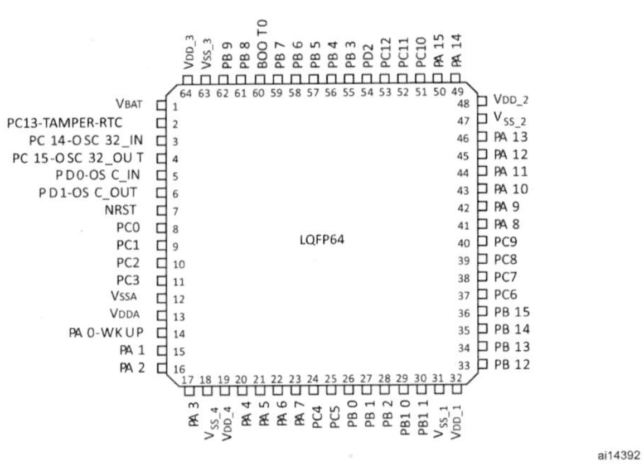

(b) LQFP형 64핀 패키지

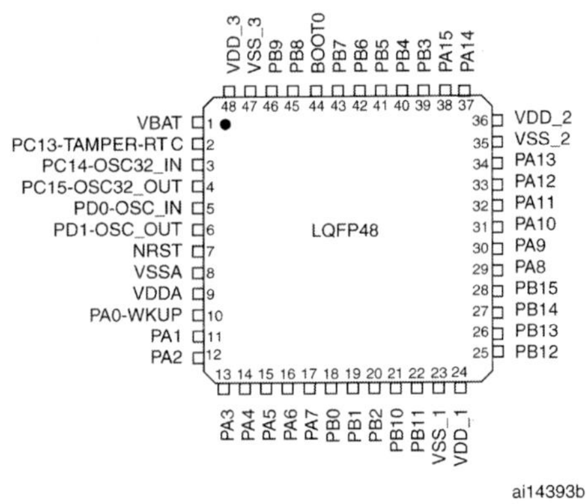

(c) LQFP형 48핀 패키지

△ **그림 2-2-3** STM32F103xx MCU의 핀 배치도

△ **그림 2-2-4** STM32F103RB의 외형

2.2.3.2 핀 별 기능

STM32F103xx의 핀 별 기능은 〈표 2-2-3〉와 같다. 이 표에는 각 패키지 형태에 따라 핀 번호 별로 각 핀의 이름과 그 핀의 기능이 나타나있다. 그리고 각 핀별로 리셋 된 후에 디폴트로 실행되는 주 기능(main function)과 부가적으로 수행할 수 있는 대체 기능(alternate function)도 표시되어 있음을 알 수 있다.

대체 기능의 선택은 각 주변장치의 핀 기능 설정용 레지스터나 구조체의 설정값을 변경하면 가능하며, 이것은 각 주변장치의 프로그램 부분(6장 이후)에서 자세히 다루기로 한다.

2.3 STM32F427 및 STM32F429의 개요 및 구성

STM32F4 시리즈 중에서 많이 사용되는 대표적인 MCU 중의 하나로 STM32F429를 꼽을 수 있다. 이 책에서 다루고 있는 ST사 Nucleo-144 보드인 Nucleo-F429ZI도 STM32F429ZI 칩을 MCU로 사용하고 있다. 이 장에서는 STM32F427 및 STM32F429에 대하여 좀 더 자세히 알아보기로 한다.

2.3.1 STM32F427 및 STM32F429의 개요

2.3.1.1 STM32F427xx 및 STM32F429xx MCU의 종류와 모델명

STM32F427 및 STM32F429은 패키지의 핀 수와 내장 플래시 메모리의 크기에 따라 여러 가지 모델이 있는데, 모델명은 STM32F427xx 또는 STM32F429xx로 표시되며 다음과 같이 구성된다.

Example: STM32 F 429 V I

Device family

STM32 = ARM-based 32-bit microcontroller

Product type

F = general-purpose

Device subfamily

427= STM32F427xx, USB OTG FS/HS, camera interface, Ethernet

429= STM32F429xx, USB OTG FS/HS, camera interface, Ethernet, LCD-TFT

Pin count

V = 100 pins

Z = 143 and 144 pins

A = 169 pins

I = 176 pins

B = 208 pins

N = 216 pins

Flash memory size

E = 512 Kbytes of Flash memory

G = 1024 Kbytes of Flash memory

I = 2048 Kbytes of Flash memory

△ **그림 2-3-1** STM32F429xx 패밀리의 모델명

2.3.1.2 STM32F429ZI의 구성

본 책에서 이용할 Nucleo-144 실습보드는 ST사에서 개발한 Nucleo-144 보드중의 하나인 NUCLEO-F429ZI이며, 여기에 사용되는 MCU의 모델명은 STM32F429ZIT6이다. 이 MCU는 패키지의 핀 수가 144핀(Z)이며 2048KB의 플래시 메모리(I)를 가진다.

참고

> MCU의 모델명 STM32F429ZIT6에서 'T'는 LQFP형 패키지이고, '6'은 사용가능한 온도 범위가 -40~85°C임을 나타낸다.

그리고 〈표 2-3-1〉은 이 MCU를 포함한 STM32F427xx과 STM32F429xx의 모델별 제품 구성을 나타낸다.

▼ **표 2-3-1** STM32F427xx과 STM32F429xx의 제품 구성

<table>
<tr><th colspan="2">Peripherals</th><th colspan="2">STM32F427 Vx</th><th colspan="3">STM32F429Vx</th><th colspan="2">STM32F427 Zx</th><th colspan="3">STM32F429Zx</th><th colspan="2">STM32F427 Ax</th><th colspan="2">STM32F429 Ax</th><th colspan="2">STM32F427 Ix</th><th colspan="3">STM32F429Ix</th><th colspan="3">STM32F429Bx</th><th colspan="3">STM32F429Nx</th></tr>
<tr><td colspan="2">Flash memory in Kbytes</td><td>1024</td><td>2048</td><td>512</td><td>1024</td><td>2048</td><td>1024</td><td>2048</td><td>512</td><td>1024</td><td>2048</td><td>1024</td><td>2048</td><td>1024</td><td>2048</td><td>1024</td><td>2048</td><td>512</td><td>1024</td><td>2048</td><td>512</td><td>1024</td><td>2048</td><td>512</td><td>1024</td><td>2048</td></tr>
<tr><td rowspan="2">SRAM in Kbytes</td><td>System</td><td colspan="25">256(112+16+64+64)</td></tr>
<tr><td>Backup</td><td colspan="25">4</td></tr>
<tr><td colspan="2">FMC memory controller</td><td colspan="25">Yes(1)</td></tr>
<tr><td colspan="2">Ethernet</td><td colspan="25">Yes</td></tr>
<tr><td rowspan="3">Timers</td><td>General-purpose</td><td colspan="25">10</td></tr>
<tr><td>Advanced -control</td><td colspan="25">2</td></tr>
<tr><td>Basic</td><td colspan="25">2</td></tr>
<tr><td colspan="2">Random number generator</td><td colspan="25">Yes</td></tr>
<tr><td rowspan="8">Communication interfaces</td><td>SPI / I²S</td><td colspan="5">4/2 (full duplex)(2)</td><td colspan="20">6/2 (full duplex)(2)</td></tr>
<tr><td>I²C</td><td colspan="25">3</td></tr>
<tr><td>USART/ UART</td><td colspan="25">4/4</td></tr>
<tr><td>USB OTG FS</td><td colspan="25">Yes</td></tr>
<tr><td>USB OTG HS</td><td colspan="25">Yes</td></tr>
<tr><td>CAN</td><td colspan="25">2</td></tr>
<tr><td>SAI</td><td colspan="25">1</td></tr>
<tr><td>SDIO</td><td colspan="25">Yes</td></tr>
<tr><td colspan="2">Camera interface</td><td colspan="25">Yes</td></tr>
<tr><td colspan="2">LCD-TFT (STM32F429xx only)</td><td colspan="2">No</td><td colspan="3">Yes</td><td colspan="2">No</td><td colspan="3">Yes</td><td colspan="2">No</td><td colspan="2">Yes</td><td colspan="2">No</td><td colspan="9">Yes</td></tr>
<tr><td colspan="2">Chrom-ART Accelerator™</td><td colspan="25">Yes</td></tr>
<tr><td colspan="2">GPIOs</td><td colspan="5">82</td><td colspan="5">114</td><td colspan="4">130</td><td colspan="5">140</td><td colspan="6">168</td></tr>
<tr><td colspan="2" rowspan="2">12-bit ADC
Number of channels</td><td colspan="25">3</td></tr>
<tr><td colspan="5">16</td><td colspan="20">24</td></tr>
<tr><td colspan="2">12-bit DAC
Number of channels</td><td colspan="25">Yes
2</td></tr>
<tr><td colspan="2">Maximum CPU frequency</td><td colspan="25">180 MHz</td></tr>
<tr><td colspan="2">Operating voltage</td><td colspan="25">1.8 to 3.6 V(3)</td></tr>
<tr><td colspan="2" rowspan="2">Operating temperatures</td><td colspan="25">Ambient temperatures: –40 to +85 °C /–40 to +105 °C</td></tr>
<tr><td colspan="25">Junction temperature: –40 to + 125 °C</td></tr>
<tr><td colspan="2">Packages</td><td colspan="5">LQFP100</td><td colspan="5">WLCSP143
LQFP144</td><td colspan="4">UFBGA169</td><td colspan="5">UFBGA176
LQFP176</td><td colspan="3">LQFP208</td><td colspan="3">TFBGA216</td></tr>
</table>

1. For the LQFP100 package, only FMC Bank1 or Bank2 are available. Bank1 can only support a multiplexed NOR/PSRAM memory using the NE1 Chip Select. Bank2 can only support a 16- or 8-bit NAND Flash memory using the NCE2 Chip Select. The interrupt line cannot be used since Port G is not available in this package. For UFBGA169 package, only SDRAM, NAND and multiplexed

이 표를 보면 STM32F427과 STM32F429는 모두 CPU의 최대 동작 주파수가 180MHz이고 플래시 메모리는 512~2048KB이며, 내부 SRAM은 모두 256KB, 백업 SRAM은 4KB임을 알 수 있다. GPIO는 82핀~168핀이며 패키지의 핀 수가 많아질수록 GPIO 핀의 수도 증가한다. 타이머는10개의 범용 타이머와 2개의 고성능 타이머, 2개의 기본 타이머를 가지고 있다.

이들 특징을 요약하면 다음과 같다.

- 코어 : ARM 32비트 Cortex-M4 프로세서

  최대 동작 주파수 : 180MHz

  동작속도 : 1.25 DMIPS/MHZ(Dhrystone 2.1)

- 메모리 : 512~2048 KB 플래시 메모리
  256KB SRAM
- 동작 전압 : 1.8 ~ 3.6 V
- 입출력(GPIO)핀 : 82핀~168핀
  모든 핀은 16개의 외부 인터럽트와 연결 가능
  대부분의 핀은 5V 입력이 허용됨
- 타이머 : 범용 타이머 10개 , 고성능 타이머 2개, 기본 타이머 2개
- 통신용 주변장치 : USART 4개, UART 4개,
  USB OTG FS 1개, USB OTG HS 1개
  CAN, SPI, I^2C 각각 여러개
- 이더넷 포트, 카메라 포트
- TFT LCD 디스플레이 제어기
- AD 변환기 : 12bit ADC 3개(16 또는 24채널)
- DA 변환기 : 12bit DAC 1개(2채널)
- 패키지 핀 수 : 100핀 ~ 216핀

2.3.2 STM32F427 및 STM32F429의 구성도

〈그림 2-3-2〉는 STM32F427 및 STM32F429 시리즈의 구성도를 나타낸다. 이 그림의 제일 위쪽부터 순서대로 내부 구조를 살펴보면 다음과 같다.

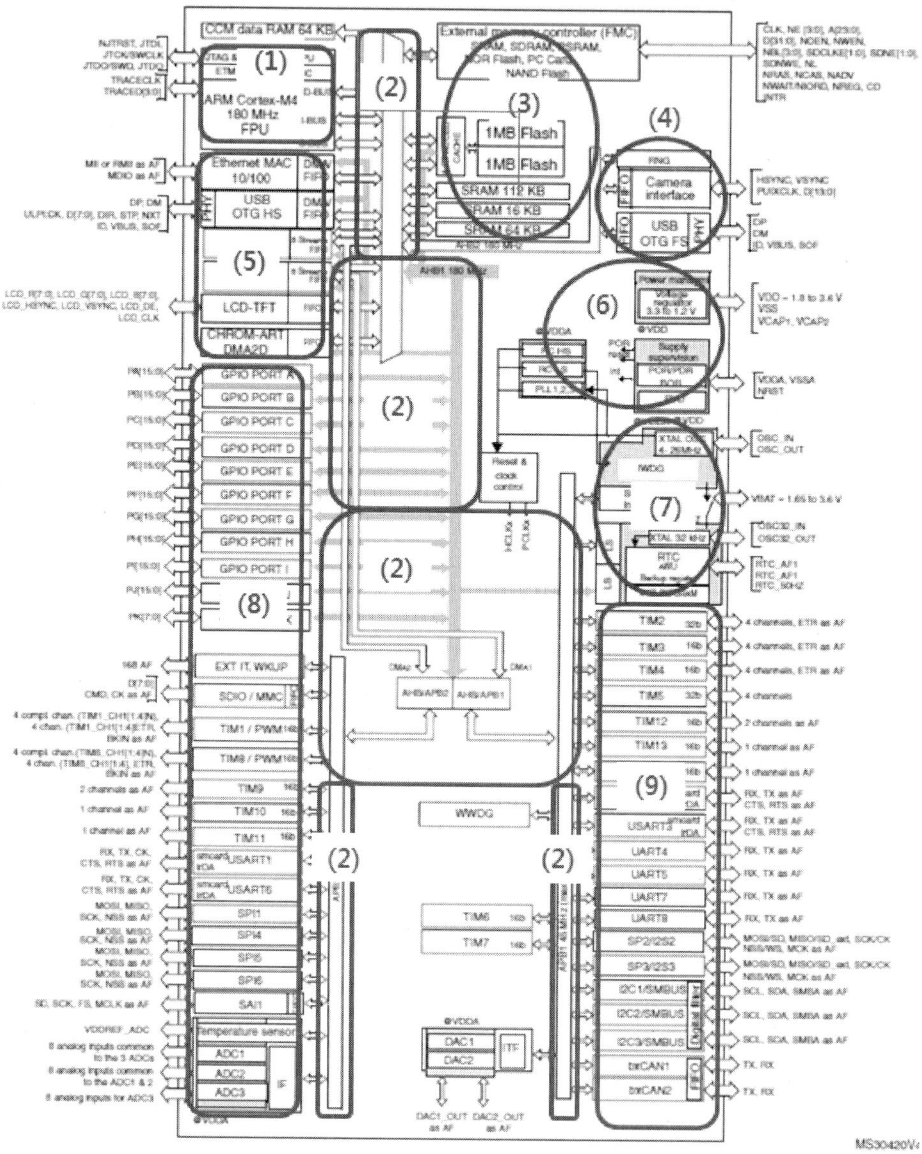

(a) STM32F427 및 STM32F429의 간략화된 구성도

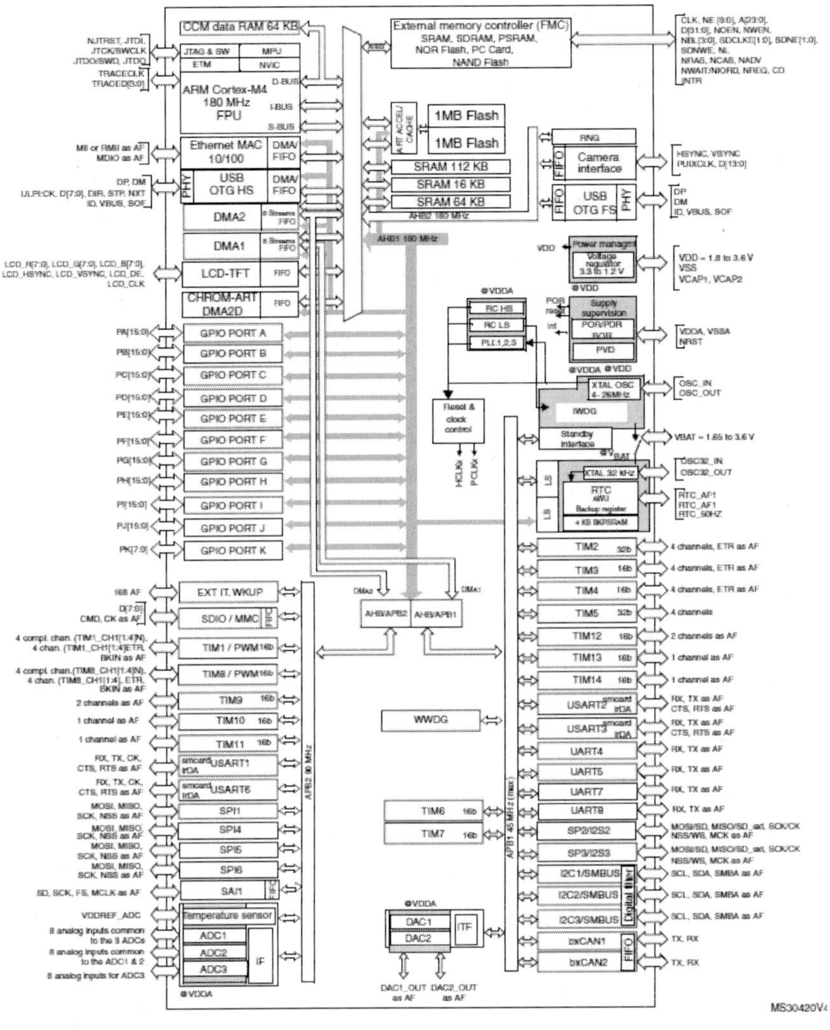

(b) STM32F427 및 STM32F429의 상세 구성도

△ **그림 2-3-2** STM32F427 및 STM32F429의 구성도

(1) Cortex-M4 프로세서

① Cortex-M4 180MHz FPU

이 그림에 표시된 'Cortex-M4 180MHz FPU'는 ⟨1.3.2절 ARM Cortex-M4 프로세서의 구성⟩에서 설명한 'Cortex-M4 프로세서' 부분과 동일하다. ARM사에서는 이 부분을 Cortex-M4 프로세서라고 표기하지만 ST사에서는 이것을 Cortex-M4 180MHz FPU라고 표기하였다.

② 디버깅 구성 요소(JTAG & SW, ETM)

디버깅을 위한 JTAG & SW(JTAG-Debug Port & Serial Wire)와 ETM(Embedded Trace Macrocell)이 내장되어 있다.

③ NVIC(Nested Vectored Interrupt Controller : 중첩 벡터 인터럽트 컨트롤러)
NVIC는 시스템 예외와 외부 인터럽트의 처리를 담당한다. STM32F4에 내장된 NVIC는 앞의 1장에서 설명했던 Cortex-M3/M4의 NVIC(1.2.6절)의 모든 기능을 지원하며, 그 구성에 대한 자세한 사항은 [2.7절. 인터럽트 및 예외]에 설명되어 있다.

④ MPU(Memory Protection Unit) : 메모리 보호를 위한 장치이다.

(2) 버스(Bus) 인터페이스 및 버스 매트릭스

MCU 내의 각종 데이터 전달을 위한 부분으로 I(Instruction)-Bus, D(Data)-Bus, S(System)-Bus, 버스 매트릭스, AHB 버스, APB 버스 등이 있다. 버스 인터페이스에 대한 자세한 사항은 〈2.4절 메모리 및 버스의 구조〉를 참조하기 바란다.

(3) ΓMC, 내장 플래시 메모리 및 SRAM

- Flexible memory controller(FMC)
  - 아래와 같은 모드를 지원하는 4개의 칩 선택 출력을 발생시킨다
  - 모드 : PCCard/Compact Flash, SDRAM/LPSDR SDRAM, SRAM, PSRAM, NOR Flash, 그리고 NAND Flash.
- 플래시 메모리 : 프로그램과 데이터의 저장을 위해 최대 2MB의 플래시 메모리가 있다.
- SRAM : 데이터 저장을 위해 256KB(112 + 16 + 64KB)의 SRAM이 내장되어 있다.

(4) 인터페이스, USB OTG FS

- 카메라 인터페이스
  - CMOS 카메라 모듈을 연결할 수 있는 카메라 인터페이스가 1개 있다. 데이터 전송 속도는
- USB OTG FS
  - USB OTG full-speed device/host/OTG가 1개 있다.

(5) Ethernet MAC, USB OTG HS, DMA, LCD-TFT, Chrom-ART DMA2D

- Ethernet MAC : IEEE-802.3-2002 규격을 준수하는 이더넷 MAC이 있다.
- USB OTG HS : USB OTG highl-speed device/host/OTG가 1개 있다.,
- DMA(Direct memory Acess Controller) : 주변장치와 메모리간, 또는 메모리와 메모리간의 고속 데이터 전송을 위한 DMA가 있다.
- LCD-TFT : 24-bit의 parallel digital RGB를 지원하는 LCD-TFT 컨트롤러를 가진다. 이 LCD-TFT는 STM32F429xx 에만 장착되어 있다
- Chrom-ART DMA2D : Chrom-Art Accelerator(DMA2D)는 그래픽 가속기이다.

(6) 전원(Power), 전원공급 감시부(Power Supply Supervision)

- 전원(Power) : 외부에서 전원을 받아 MCU와 동작에 필요한 전원을 공급해 주는 장치이다. 2V~3.6V 범위의 외부전원 VDD를 입력 받아 내장된 전압 레귤레이터를 통해 1.8V의 전원을 MCU의 내부에 공급한다.
- 전원공급 감시부 : 외부 전원이 정해진 전압 범위 내에서 제대로 공급되는지의 여부를 감시하는 역할을 하며, POR(Power on reset)과 PDR(Power down reset), 그리고 PVD(Programmable voltage detector)로 구성된다. POR/PDR은 공급전원 V_{DD}/V_{DDA}가 2V보다 커지거나 작아질 때 리셋 신호를 발생시켜준다. 그리고 PVD는 공급전원 V_{DD}/V_{DDA}가 미리 설정된 PVD 쓰레시홀드(threshold) 값보다 작아지는지 여부를 체크하는 기능을 한다.

(7) 클럭 발생부

클럭 발생부는 MCU의 동작에 필요한 클럭을 발생시켜주는 부분이다. 시스템 클럭은 외부의 오실레이터의 입력 신호, 또는 내부의 RC 오실레이터 신호를 이용하여 만들어진다.

(8), (9) 주변장치

STM32F427xx/429xx의 주변장치는 다음의 2개의 버스에 연결되어 있다.

- (8)번의 주변장치 : APB2 버스(90MHz)에 연결
- (9)번의 주변장치 : APB1 버스(45MHz)에 연결

전체적으로는 다음과 같은 주변장치를 가지고 있다.

- GPIO(범용 입출력) : GPIOA ~ GPIOK
- EXTI(External interrupt/event controller : 외부 인터럽트/이벤트 제어기)
- 타이머 : TIM1 ~ TIM14
- AD 변환기 : ADC1 ~ ADC3
- DA 변환기 : DAC1 ~ DAC2
- USART : USART1 ~ USART3, USART6
- UART : UART4 ~UART5, UART7 ~ UART8
- SPI, I^2C 등
- CAN : CAN1 ~ CAN2
- USB : USB 2.0 FS, USB 2.0 HS
- Ethernet MAC 10/100

각 주변 장치의 구조 및 동작에 대한 자세한 설명은 본 교재의 [6장. GPIO를 이용한 입출력] 이후의 해당되는 부분을 참조하기 바란다.

참고 주변장치의 동작속도

- GPIO : GPIO는 최대 180MHz로 동작하는 AHB1 버스에 연결되어 있다.
- 그 외의 주변장치는 APB2, APB1 버스에 연결되어 있다. STM32F427xx/429xx의 경우, APB2 버스는 클럭이 90MHz이므로 여기에 연결된 주변장치의 동작속도도 90MHz이다. 그리고 APB1 버스는 클럭이 45MHz이므로 여기에 연결된 주변장치의 동작속도는 45MHz이다. 따라서 APB2 버스에 연결된 주변장치의 속도가 APB1보다 2배 빠르다.

2.3.3 STM32F427 및 STM32F429의 핀 구성

2.3.3.1 핀 배치도

STM32F427 및 STM32F429의 패키지 형태는 LQFP, WLCSP, UFBGA등이 있으며, 핀 수는 100핀, 144핀, 216핀 등이 있다. 이중 LQFP형 패키지의 핀 배치도는 〈그림 2-3-3〉와 같다. 참고로 본 책에서 사용하는 STM32F429ZI는 144핀을 가지는 LQFP형 패키지이다. 그리고 〈그림 2-3-4〉은 STM32F429ZI가 장착된 Nucleo-144 보드의 외형을 나타낸다.

(a) LQFP형 100핀 패키지

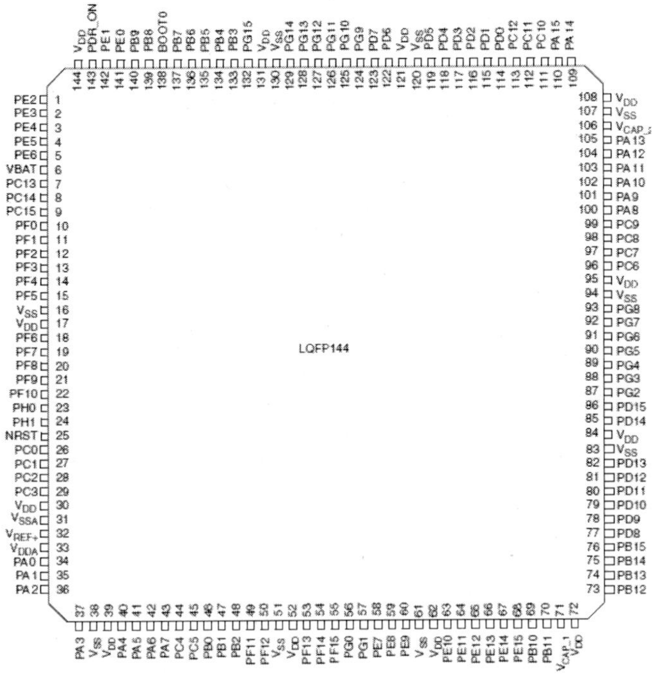

(b) LQFP형 144핀 패키지

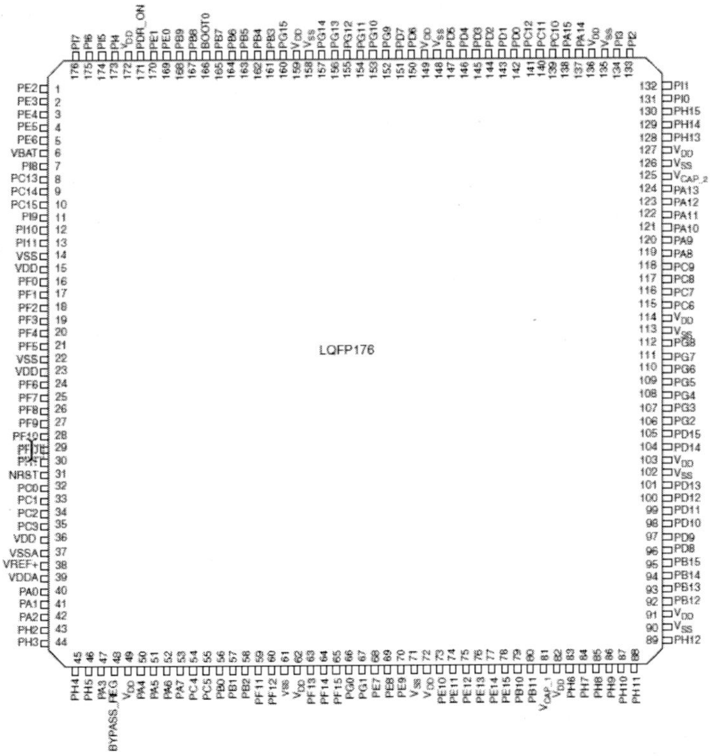

(c) LQFP형 176핀 패키지

△ **그림 2-3-3** STM32F427 및 STM32F429 MCU의 핀 배치도

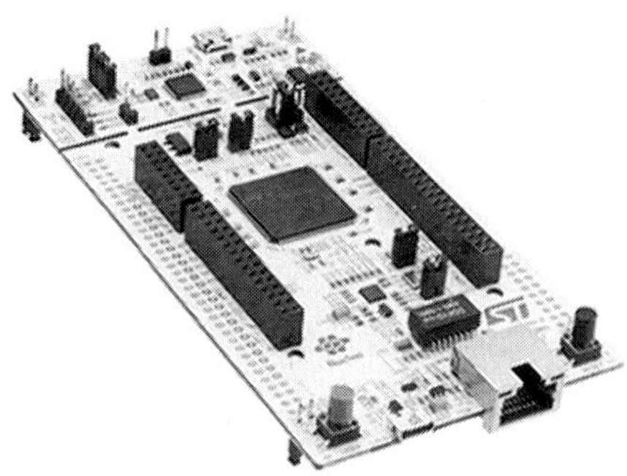

△ 그림 2-3-4 STM32F429가 장착된 Nucleo-144 보드의 모습

2.3.3.2 핀 별 기능

STM32F427 및 STM32F429의 핀 별 기능은 〈부록 2〉에 나와 있다. 여기에는 각 패키지 형태에 따라 핀 번호 별로 각 핀의 이름과 그 핀의 기능이 나타나있다. 그리고 각 핀별로 리셋 된 후에 디폴트로 실행되는 주 기능(main function)과 부가적으로 수행할 수 있는 대체 기능(alternate function)도 표시되어 있음을 알 수 있다.

대체 기능의 선택은 각 주변장치의 핀 기능 설정용 레지스터나 구조체의 설정값을 변경하면 가능하며, 이것은 각 주변장치의 프로그램 부분(6장 이후)에서 필요한 부분에 대하여 다루기로 한다.

2.4 메모리 및 버스의 구조

2.4.1 STM32F1 시리즈의 버스 구조

〈그림 2-4-1〉는 STM32F101, STM32F102, 그리고 STM32F103의 시스템 및 버스의 구조를 나타내며, 〈그림 2-4-2〉은 STM32F105와 STM32F107의 시스템 및 버스의 구조를 나타낸다. 두 개의 그림은 다소간의 차이는 있으나 기본적인 버스의 구성은 크게 차이가 없음을 알 수 있다.

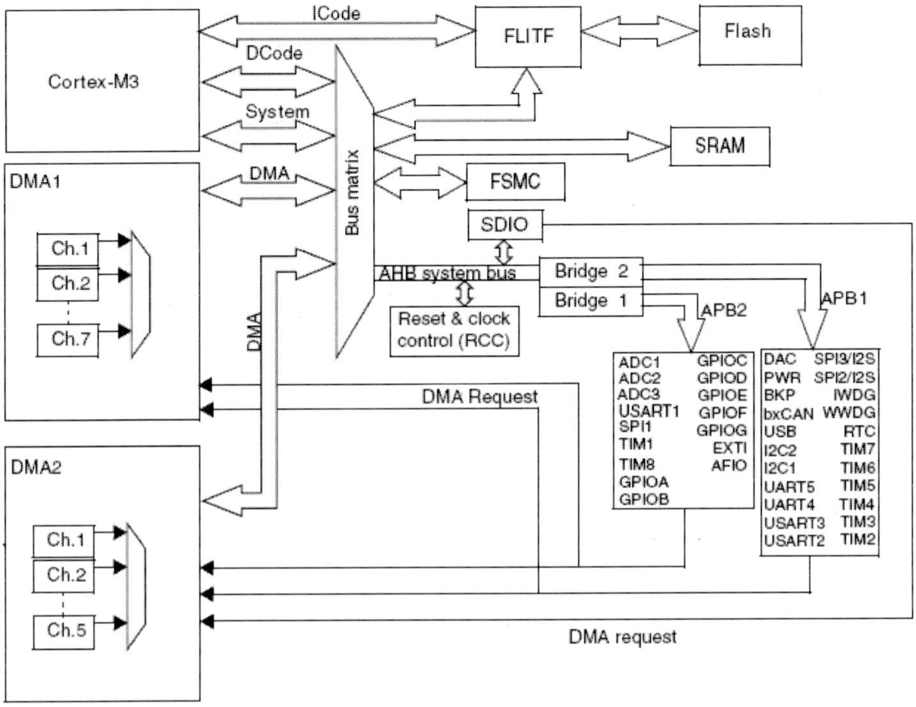

△ **그림 2-4-1** STM32F101/102/103의 시스템 및 버스의 구조

이 그림을 보면 Cortex-M3 프로세서는 I-Code 버스, D-Code 버스, 및 시스템 버스에 연결되어 있다. 그리고 7개의 채널을 가지는 DMA1과, 5개의 채널을 가지는 DMA2는 각각 별도의 DMA 버스에 연결되어 있다.

프로세서 코어의 I-Code 버스는 FLITF(FLash memory InTerFace)를 거쳐 플래시 메모리와 연결되며, 나머지의 D-code버스, 시스템 버스, DMA 버스는 모두 버스 매트릭스와 연결된다. 또한 FLITE, SRAM 및 FSMC(Flexible Static Memory Controller)도 버스 매트릭스와 연결 되어있다.

버스 매트릭스(Bus matrix)를 통해 나가는 시스템 버스는 AHB/APB 브리지(AHB/APB Bridge)1 및 브리지2를 거쳐 APB 버스로 변환되어 각각 타이머, GPIO 등의 주변장치와 연결이 된다.

참고

1. I-Code는 Instruction Code를, D-Code는 Data Code를 나타낸다.
2. I-Code, D-Code 시스템 버스, 그리고 DMA 버스는 모두 AHB 버스를 사용한다.

1) 버스 매트릭스(Bus Matrix)

버스 매트릭스는 프로세서의 시스템 버스와 DMA의 마스터 버스간의 접근 순서를 조정해 주는 역할을 한다. 접근 순서 조정은 특별한 충돌이 없는한 먼저 요청한 버스가 먼저 접근이 되는 라운드-로빈(Round-robin) 방법을 사용한다.

STM32F101/102/103의 버스 매트릭스는 4개의 마스터(D-code 버스, 시스템 버스, DMA1 버스 및 DMA2 버스)와 4개의 슬레이브(FLITF, SRAM, FSMC 및 AHP/APB 브리지)로 구성되며, STM32F105/107도 이와 비슷하다.

2) I-code 버스

이 버스는 Cortex-M3 프로세서의 명령어 버스(I-code 버스)와 플래시 메모리의 명령어 인출부를 연결하며 명령어 인출을 하는 버스이다.

3) D-code 버스

이 버스는 Cortex-M3 프로세서의 데이터 버스(D-code 버스)와 플래시 메모리의 데이터 입출력부를 연결하며 데이터 입출력을 하는 버스이다.

4) 시스템 버스

이 버스는 Cortex-M3 프로세서의 시스템 버스와 SRAM, 주변장치 등을 연결하며 명령어 인출 및 데이터 입출력을 하는 버스이다.

5) DMA(Direct Memory Access) 버스

이 버스는 DMA 제어기와 버스 매트릭스를 연결하는 버스이다. DMA 기능을 이용하면 프로세서의 코어를 거치지 않고도 메모리와 주변장치들 간의 데이터 이동이 가능하다.

6) AHB/APB 브리지 및 APB 버스

AHB/APB 브리지는 AHB 프로토콜을 APB 프로토콜로 변경해 주는 장치로서 STM32F10x는 2개의 AHB/APB 브리지(Bridge1, Bridge2)와 2개의 APB 버스(APB1, APB2)를 가지고 있다. APB2 버스는 최대 72MHz의 풀 스피드(Full speed)로 동작이 가능하나 APB1 버스는 최대 36MHz로 속도가 제한된다.

MCU가 리셋될 때 SRAM과 FLITF를 제외한 모든 주변 장치의 클럭은 비활성화된다. 따라서 사용하기 전에 프로그램에서 해당 주변장치의 클럭을 반드시 활성화시켜 주어야 한다.

2.4.2 STM32F4 시리즈의 버스 구조

〈그림 2-4-2〉는 STM32F427 및 STM32F429의 버스 및 버스 매트릭스의 구조를 나타낸다. 이 그림을 보면 Cortex-M4 프로세서는 I-bus, D-bus, 및 S-bus를 가지고 있다. 그리고 다른 주변장치들에는 여러개의 DMA 버스와 Ethernet 버스, USB 버스, 그리고 LCD-TFT 버스 등이 있다.

이 그림을 앞절에서 소개한 STM32F1의 시스템 및 버스 구조(그림 2-4-1과 그림 2-4-2)와 비교해 보면, 그림을 표현한 방식이 다르고 몇 개의 버스가 더 추가된 것만 제외하면 기본적인 버스의 구성은 크게 차이가 없음을 알 수 있다.

참고

앞 절의 STM32F1 시리즈에서 사용한 I-code bus, D-code bus, System bus와 이 절에서 사용한 I-bus, D-bus, S-bus는 모두 같은 용어이다. 그러나 ST사의 레퍼런스 매뉴얼에서 표기 방법이 서로 다르게 되어있므로, 이 책에서도 레퍼런스 매뉴얼을 따라 표기하였다.

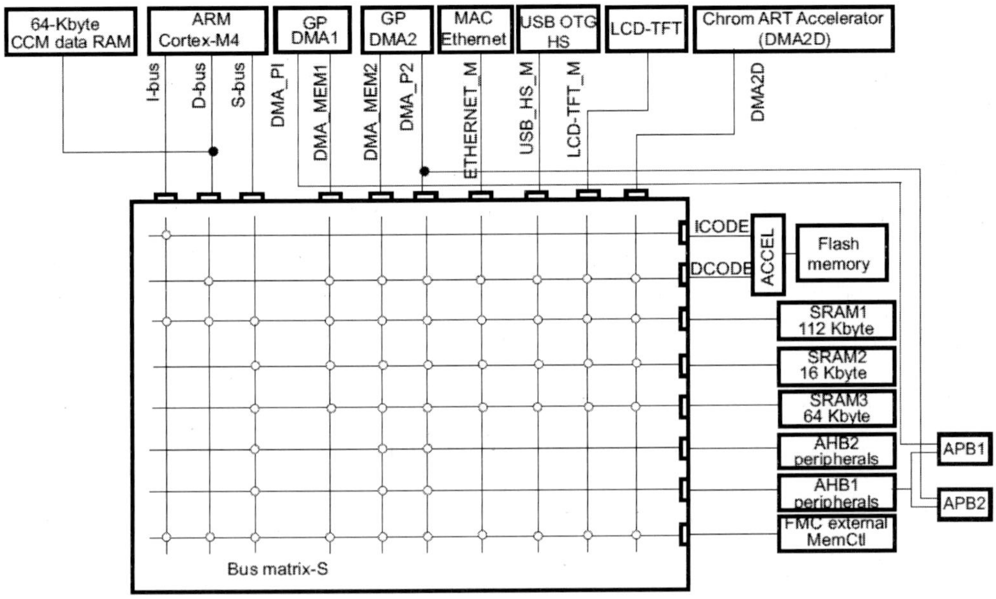

△ **그림 2-4-2** STM32F427 및 STM32F429의 버스 및 버스 매트릭스의 구조

1) 버스 매트릭스(Bus Matrix)

버스 매트릭스는 프로세서의 시스템 버스와 DMA의 마스터 버스간의 접근 순서를 조정해주는 역할을 한다. 접근 순서 조정은 특별한 충돌이 없는한 먼저 요청한 버스가 먼저 접근이 되는 라운드-로빈(Round-robin) 방법을 사용한다.

STM32F427 및 STM32F429의 버스 매트릭스는 다음과 같은 구성요소(10개의 마스터와 8개의 슬레이브)를 서로 연결하여 준다.

10개의 마스터

- Cortex-M4 with FPU core I-bus, D-bus and S-bus
- DMA1 memory bus
- DMA2 memory bus
- DMA2 peripheral bus
- Ethernet DMA bus
- USB OTG HS DMA bus
- LCD Controller DMA-bus
- DMA2D(Chrom-Art Accelerator) memory bus

8개의 슬레이브

- Internal Flash memory ICode bus
- Internal Flash memory DCode bus
- Main internal SRAM1(112 KB)
- Auxiliary internal SRAM2(16 KB)
- Auxiliary internal SRAM3(64 KB)
- AHB1peripherals including AHB to APB bridges and APB peripherals
- AHB2 peripherals
- FMC

2) I-bus

이 버스는 Cortex-M4 프로세서의 명령어(Instruction)용 버스이다.

3) D-bus

이 버스는 Cortex-M4 프로세서의 데이터(Data) 입출력용 버스이다.

4) S-bus

이 버스는 Cortex-M4 프로세서의 시스템 버스이다

5) DMA(Direct Memory Access) 버스

- DMA-P1, DMA-MEM1, DMA-P1, DMA-MEM1 등의 DMA 버스
- DMA 버스 및 DMA 기능을 이용하면 프로세서의 코어를 거치지 않고도 메모리와 주변장치들 간의 데이터 이동이 가능하다.

6) AHB/APB 브리지 및 APB 버스

AHB/APB 브리지는 AHB 프로토콜을 APB 프로토콜로 변경해 주는 장치로서 STM32F427 및 STM32F429는 2개의 AHB/APB 브리지(Bridge1, Bridge2)와 2개의 APB 버스(APB1, APB2)를 가지고 있다. APB2 버스는 최대 90MHz로 동작이 가능하나 APB1 버스는 최대 45MHz로 속도가 제한된다.

참고

AHB/APB 브리지 및 APB 버스는 [그림 2-3-2, STM32F427 및 STM32F429의 구성도]에 잘 나타나 있으므로 이 그림을 참고하기 바란다.

2.4.3 STM32F1 시리즈의 메모리 맵

〈그림 2-4-3〉는 STM32F103x8과 STM32F103xB의 메모리 맵을, 〈그림 2-4-4〉는 STM32F105xx와 STM32F107xx의 메모리 맵을 나타낸다. 이 메모리 맵은 1장에서 설명한바 있는 [1.2.4절, ARM Cortex-M3 프로세서의 메모리 맵]과 기본적으로 구성이 동일하며,

Code 메모리(0x0000.0000~0x1FFF.FFFF) 부분과 주변장치(0x4000.0000 ~0x5FFF.FFFF) 부분의 세부 내역만을 추가적으로 STM32F1 시리즈에 맞게 구현한 것이다.

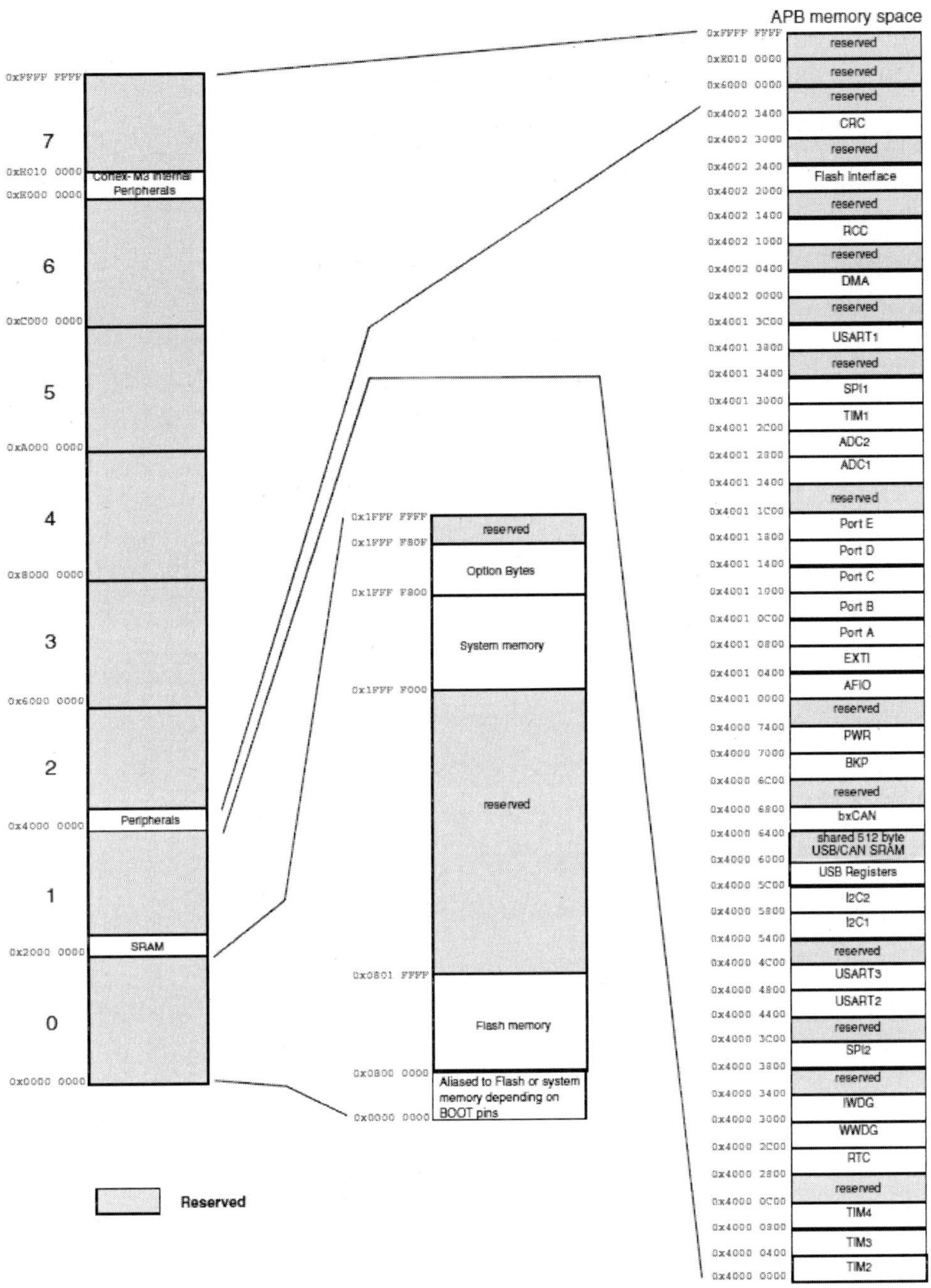

△ **그림 2-4-3** STM32F103x8 / STM32F103xB의 메모리 맵

이 그림을 보면 ST사에서 추가적으로 구현한 부분은 다음과 같이 구성되어 있음을 알 수 있다.

- Code 메모리(0x0000.0000 ~ 0x1FFF.FFFF)
  - 0x0000.0000 ~ 0x0800.0000 : 부트 영역, 벡터 테이블 등
  - 0x0800.0000 ~ 0x0801.FFFF : 플래시 메모리 영역
  - 0x0802.0000 ~ 0x1FFF.EFFF : 비어 있음(reserved)
  - 0x1FFF.F000 ~ 0x1FFF.F800 : 시스템 메모리
  - 0x1FFF.F800 ~ 0x1FFF F80F : 옵션 바이트
  - 0x1FFF.F810 ~ 0x1FFF.FFFF : 비어 있음(reserved)

참고

> 플래시 메모리의 시작 주소는 0x0800.0000이며 끝나는 주소는 모델별 메모리의 크기(16KB ~ 1MB)에 따라 달라진다.

- 내장 SRAM(0x2000.0000 ~ 0x3FFF.FFFF)
  - 0x2000.0000 ~ 0x3FFF.FFFF : 6KB ~ 64KB 내장 SRAM

참고

> 내장 SRAM의 시작 주소는 0x2000.0000이며 끝나는 주소는 모델별 RAM의 크기(6KB ~ 64MB)에 따라 달라진다.

- 주변장치(0x4000.0000 ~ 0x5FFF.FFFF)
  - 각종 주변장치(GPIO, 타이머, ADC, USART, USB 등)
- Cortex-M3 내부 주변장치(PPB)(0xE000.0000 ~ 0xE00F.FFFF)
  - NVIC, 디버거 구성요소, ROM 테이블 등
  - 구성은 [1.2.5절, ARM Cortex-M3/M4의 메모리 맵]과 일치한다.

참고

> STM사에서 'Cortex -M3 내부 주변장치'라고 지칭하는 부분을 ARM사에서는 'PPB(Private Peripherial Bus)' 라고 부른다.

〈표 2-4-1〉는 STM32F1 시리즈의 공통적인 메모리 맵을 나타낸다. 물론 모델에 따라서는 특정 주변장치(예 : GPIO의 PortG, TIM7 타이머 등)가 없을 수도 있으며, 이 경우는 해당 주소가 비어있다고 보면 된다.

▼ **표 2-4-1** STM32F1 시리즈의 주변장치 메모리 맵 (다음 페이지 계속)

Boundary address	Peripheral	Bus
0×A000 0000 – 0×A000 0FFF	FSMC	AHB
0×5000 0000 – 0×5003 FFFF	USB OTG FS	
0×4003 0000 – 0×4FFF FFFF	Reserved	
0×4002 8000 – 0×4002 9FFF	Ethemet	
0×4002 3400 – 0×4002 7FFF	Reserved	
0×4002 3000 – 0×4002 33FF	CRC	
0×4002 2000 – 0×4002 23FF	Flash memory interface	
0×4002 1400 – 0×4002 1FFF	Reserved	
0×4002 1000 – 0×4002 13FF	Reset and clock control RCC	
0×4002 0800 – 0×4002 0FFF	Reserved	
0×4003 0400 – 0×4002 07FF	DMA2	
0×4002 0000 – 0×4002 03FF	DMA1	
0×4001 8400 – 0×4001 FFFF	Reserved	
0×4001 8000 – 0×4001 83FF	SDIO	
0×4001 5800 – 0×4001 7FFF	Reserved	APB2
0×4001 5400 – 0×4001 57FF	TIM 11 timer	
0×4001 5000 – 0×4001 53FF	TIM 10 timer	
0×4001 4C00 – 0×4001 4FFF	TIM 9 timer	
0×4001 4000 – 0×4001 4BFF	Reserved	
0×4001 3C00 – 0×4001 3FFF	ADC3	
0×4001 3800 – 0×4001 3BFF	USART1	
0×4001 3400 – 0×4001 37FF	TIM8 timer	
0×4001 3000 – 0×4001 33FF	SPI1	
0×4001 2G00 – 0×4001 2FFF	TIM1 timer	
0×4001 2800 – 0×4001 2BFF	ADC2	
0×4001 2400 – 0×4001 27FF	ADC1	
0×4001 2000 – 0×4001 23FF	GPIO Port G	
0×4001 1C00 – 0×4001 1FFF	GPIO Port F	
0×4001 1800 – 0×4001 1BFF	GPIO Port E	
0×4001 1400 – 0×4001 17FF	GPIO Port D	
0×4001 1000 – 0×4001 13FF	GPIO Port C	
0×4001 0C00 – 0×4001 0FFF	GPIO Port B	
0×4001 0800 – 0×4001 0BFF	GPIO Port A	
0×4001 0400 – 0×4001 07FF	EXIT	
0×4001 0000 – 0×4001 03FF	AFIO	

▼ 표 2-4-1 STM32F1 시리즈의 주변장치 메모리 맵

Boundary address	Peripheral	Bus
0×4000 7800 - 0×4000 FFFF	Reserved	APB1
0×4000 7400 - 0×4000 77FF	DAC	
0×4000 7000 - 0×4000 73FF	Power control PWR	
0×4000 6C00 - 0×400 6FFF	Backup registers(BKP)	
0×4000 6400 - 0×4000 67FF	bxCAN1	
0×4000 6800 - 0×400 6BFF	bxCAN2	
0×4000 6000(1) - 0×4000 63FF	Shared USB/CAN SRAM 512 bytes	
0×4000 5C00 - 0×4000 5FFF	USB device FS registers	
0×4000 5800 - 0×4000 5BFF	I2C2	
0×4000 5400 - 0×4000 57FF	I2C1	
0×4000 5000 - 0×4000 53FF	UART5	
0×4000 4C00 - 0×4000 4FFF	UART4	
0×4000 4800 - 0×4000 4BFF	USART3	
0×4000 4400 - 0×4000 47FF	USART2	
0×4000 4000 - 0×4000 43FF	Reserved	
0×4000 3C00 - 0×4000 3FFF	SPI3/I2S	
0×4000 3800 - 0×4000 3BFF	SPI3/I2S	
0×4000 3400 - 0×4000 37FF	Reserved	
0×4000 3000 - 0×4000 33FF	Independent watchdog(IWDG)	
0×4000 2C00 - 0×4000 2FFF	Window watchdog(WWDG)	
0×4000 2800 - 0×4000 2BFF	RTC	
0×4000 2400 - 0×4000 27FF	Reserved	
0×4000 2000 - 0×4000 23FF	TIM14 timer	
0×4000 1C00 - 0×4000 1FFF	TIM13 timer	
0×4000 1800 - 0×4000 1BFF	TIM12 timer	
0×4000 1400 - 0×4000 17FF	TIM7 timer	
0×4000 1000 - 0×4000 13FF	TIM6 timer	
0×4000 0C00 - 0×4000 0FFF	TIM5 timer	
0×4000 0800 - 0×4000 0BFF	TIM4 timer	
0×4000 0400 - 0×4000 07FF	TIM3 timer	
0×4000 0000 - 0×4000 03FF	TIM2 timer	

2.4.4 STM32F4 시리즈의 메모리 맵

〈그림 2-4-4〉는 STM32F427 및 STM32F429의 메모리 맵을 나타낸다. 이 메모리 맵도 1장에서 설명한바 있는 [1.2.4절, ARM Cortex-M3 프로세서의 메모리 맵]과 기본적으로 구성이 동일하며, Code 메모리(0x0000.0000~0x1FFF.FFFF) 부분과 주변장치(0x4000.0000 ~ 0x5FFF.FFFF) 부분의 세부 내역만을 추가적으로 STM32F1 시리즈에 맞게 구현한 것이다.

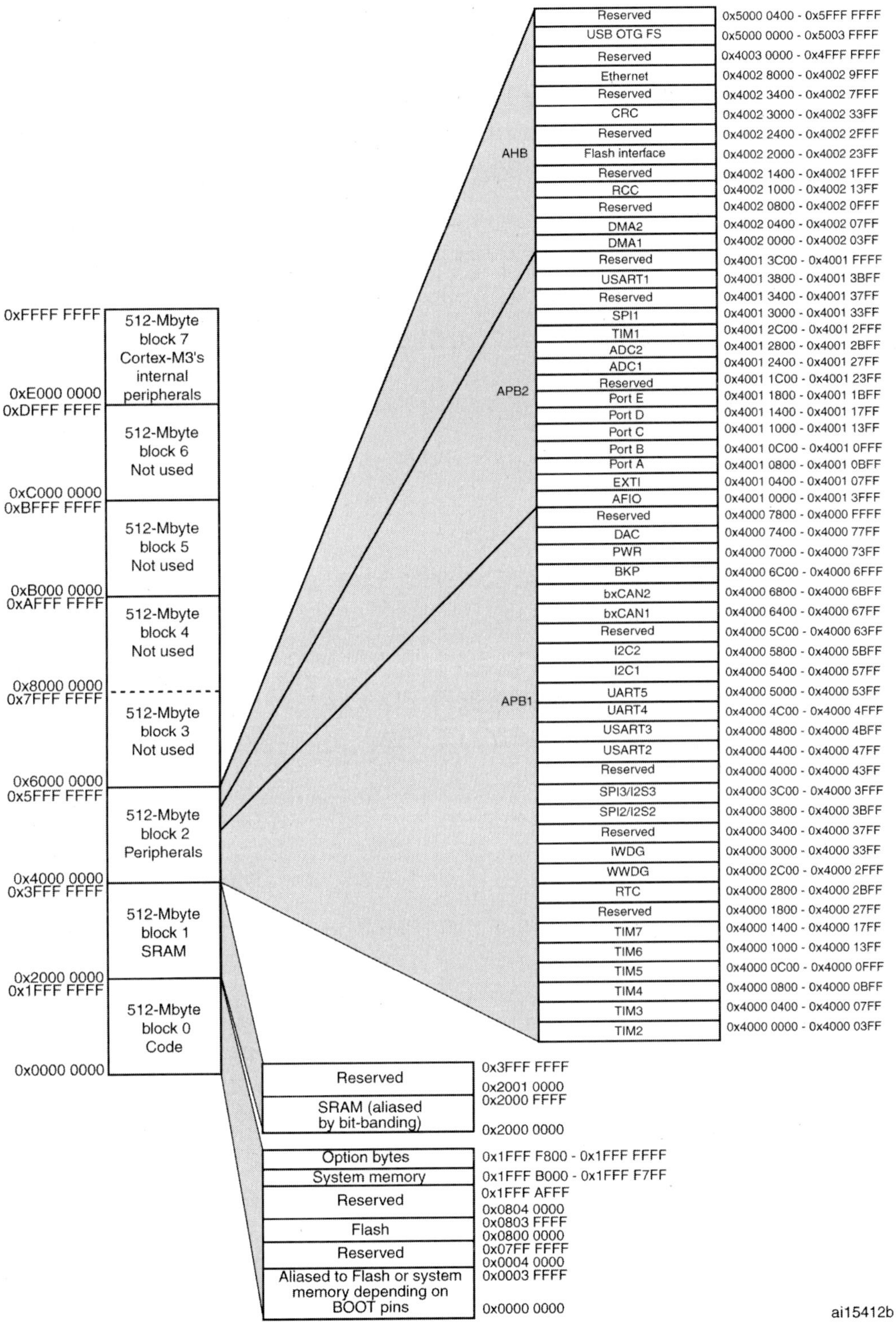

△ **그림 2-4-4** STM32F427 및 STM32F429의 메모리 맵

이 그림을 보면 ST사에서 추가적으로 구현한 부분은 다음과 같이 구성되어 있음을 알 수 있다.

- Code 메모리(0x0000.0000 ~ 0x1FFF.FFFF)
  - 0x0000.0000 ~ 0x0800.0000 : 부트 영역, 벡터 테이블 등
  - 0x0800.0000 ~ 0x0801.FFFF : 플래시 메모리 영역
  - 0x0802.0000 ~ 0x1FFF.EFFF : 비어 있음(reserved)
  - 0x1FFF.F000 ~ 0x1FFF.F800 : 시스템 메모리
  - 0x1FFF.F800 ~ 0x1FFF F80F : 옵션 바이트
  - 0x1FFF.F810 ~ 0x1FFF.FFFF : 비어 있음(reserved)

- 내장 SRAM(0x2000.0000 ~ 0x3FFF.FFFF)
  - 0x2000.0000 ~ 0x3FFF.FFFF : 내장 SRAM

- 주변장치(0x4000.0000 ~ 0x5FFF.FFFF)
  - 각종 주변장치(GPIO, 타이머, ADC, USART, USB 등)

- Cortex-M4 내부 주변장치(PPB) (0xE000.0000 ~ 0xE00F.FFFF)
  - NVIC, 디버거 구성요소, ROM 테이블 등
  - 구성은 [1.2.5절, ARM Cortex-M3/M4의 메모리 맵]과 일치한다.

> **참고**
> ST사에서 추가적으로 구현한 부분은 기본적으로 [2.4.3 STM32F1 시리즈의 메모리 맵]과 동일하다.

〈표 2-4-2〉는 STM32F427 및 STM32F429의 공통적인 메모리 맵을 나타낸다. 물론 모델에 따라서는 특정 주변장치(예 : GPIO의 PortG, TIM7 타이머 등)가 없을 수도 있으며, 이 경우는 해당 주소가 비어있다고 보면 된다.

▼ 표 2-4-2 STM32F427 및 STM32F429의 주변장치 메모리 맵

Bus	Boundary address	Peripheral
	0xE00F FFFF - 0xFFFF FFFF	Reserved
Cortex-M4	0xE000 0000 - 0xE00F FFFF	Cortex-M4 internal peripherals
AHB3	0xD000 0000 - 0xDFFF FFFF	FMC bank 6
	0xC000 0000 - 0xCFFF FFFF	FMC bank 5
	0xA000 1000 - 0xBFFF FFFF	Reserved
	0xA000 0000- 0xA000 0FFF	FMC control register
	0x9000 0000 - 0x9FFF FFFF	FMC bank 4
	0x8000 0000 - 0x8FFF FFFF	FMC bank 3
	0x7000 0000 - 0x7FFF FFFF	FMC bank 2
	0x6000 0000 - 0x6FFF FFFF	FMC bank 1
	0x5006 0C00- 0x5FFF FFFF	Reserved
AHB2	0x5006 0800 - 0X5006 0BFF	RNG
	0x5005 0400 - X5006 07FF	Reserved
	0x5005 0000 - 0X5005 03FF	DCMI
	0x5004 0000- 0x5004 FFFF	Reserved
	0x5000 0000 - 0X5003 FFFF	USB OTG FS
	0x4008 0000- 0x4FFF FFFF	Reserved
AHB1	0x4004 0000 - 0x4007 FFFF	USB OTG HS
	0x4002 BC00- 0x4003 FFFF	Reserved
	0x4002 B000 - 0x4002 BBFF	DMA2D
	0x4002 9400 - 0x4002 AFFF	Reserved
	0x4002 9000 - 0x4002 93FF	ETHERNET MAC
	0x4002 8C00 - 0x4002 8FFF	
	0x4002 8800 - 0x4002 8BFF	
	0x4002 8400 - 0x4002 87FF	
	0x4002 8000 - 0x4002 83FF	
	0x4002 6800 - 0x4002 7FFF	Reserved
	0x4002 6400 - 0x4002 67FF	DMA2
	0x4002 6000 - 0x4002 63FF	DMA1
	0X4002 5000 - 0X4002 5FFF	Reserved
	0x4002 4000 - 0x4002 4FFF	BKPSRAM
	0x4002 3C00 - 0x4002 3FFF	Flash interface register
	0x4002 3800 - 0x4002 3BFF	RCC
	0X4002 3400 - 0X4002 37FF	Reserved
	0x4002 3000 - 0x4002 33FF	CRC
	0x4002 2C00 - 0x4002 2FFF	Reserved
	0x4002 2800 - 0x4002 2BFF	GPIOK
	0x4002 2400 - 0x4002 27FF	GPIOJ
	0x4002 2000 - 0x4002 23FF	GPIOI
	0x4002 1C00 - 0x4002 1FFF	GPIOH
	0x4002 1800 - 0x4002 1BFF	GPIOG
	0x4002 1400 - 0x4002 17FF	GPIOF
	0x4002 1000 - 0x4002 13FF	GPIOE
	0X4002 0C00 - 0x4002 0FFF	GPIOD
	0x4002 0800 - 0x4002 0BFF	GPIOC
	0x4002 0400 - 0x4002 07FF	GPIOB
	0x4002 0000 - 0x4002 03FF	GPIOA

Bus	Boundary address	Peripheral
	0x4001 6C00- 0x4001 FFFF	Reserved
APB2	0x4001 6800 - 0x4001 6BFF	LCD-TFT
	0x4001 5C00 - 0x4001 67FF	Reserved
	0x4001 5800 - 0x4001 5BFF	SAI1
	0x4001 5400 - 0x4001 57FF	SPI6
	0x4001 5000 - 0x4001 53FF	SPI5
	0x4001 5400 - 0x4001 57FF	SPI6
	0x4001 5000 - 0x4001 53FF	SPI5
	0x4001 4C00 - 0x4001 4FFF	Reserved
	0x4001 4800 - 0x4001 4BFF	TIM11
	0x4001 4400 - 0x4001 47FF	TIM10
	0x4001 4000 - 0x4001 43FF	TIM9
	0x4001 3C00 - 0x4001 3FFF	EXTI
	0x4001 3800 - 0x4001 3BFF	SYSCFG
	0x4001 3400 - 0x4001 37FF	SPI4
	0x4001 3000 - 0x4001 33FF	SPI1
	0x4001 2C00 - 0x4001 2FFF	SDIO
	0x4001 2400 - 0x4001 2BFF	Reserved
	0x4001 2000 - 0x4001 23FF	ADC1 - ADC2 - ADC3
	0x4001 1800 - 0x4001 1FFF	Reserved
	0x4001 1400 - 0x4001 17FF	USART6
	0x4001 1000 - 0x4001 13FF	USART1
	0x4001 0800 - 0x4001 0FFF	Reserved
	0x4001 0400 - 0x4001 07FF	TIM8
	0x4001 0000 - 0x4001 03FF	TIM1

2.5 전원 제어

2.5.1 전원 공급 : STM32F1의 경우

STM32F1 시리즈의 칩이 정상적으로 동작하기 위해서는 2.0V~3.6V의 외부 전원 VDD가 공급되어야 한다. 내장된 레귤레이터(Voltage Regulator)는 이것을 1.8V로 변환하여 내부로 공급한다. 외부 전원 VDD가 공급되지 않을 때, 백업 레지스터(BKP register), 리얼타임 클럭(RTC) 등은 배터리 전원 VBAT에서 전원을 공급받는다. <그림 2-5-1>는 칩의 전원 공급과 관련된 블록도를 보여준다.

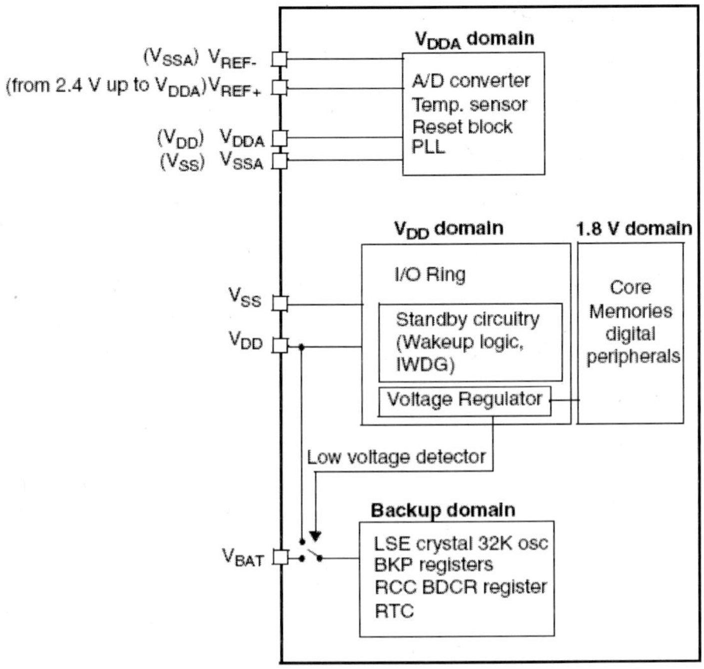

△ 그림 2-5-1 전원 공급

2.5.2 전원공급 감시부 : STM32F1의 경우

1) 파워 온 리셋(POR : Power-On Reset) 및 파워 다운 리셋(PDR : Power-Down Reset)

STM32F1 시리즈 칩은 외부 전원이 정해진 전압 범위를 벗어날 경우를 대비한 POR/PDR 회로를 내장하고 있다. 〈그림 2-5-2〉과 같이 공급전원 VDD/VDDA가 미리 정해진 허용값 POR/PDR 이하가 될 경우에는 외부의 리셋 회로의 동작과 상관없이 MCU는 리셋 모드를 유지한다. 더 자세한 사항은 STM32F10xxx의 데이터 시트를 참고하기 바란다.

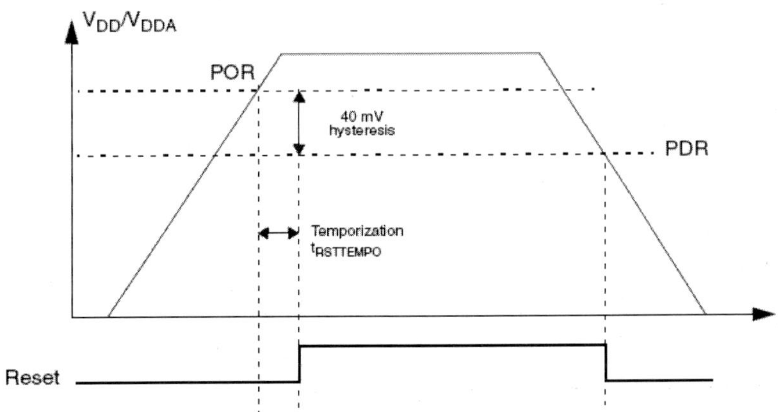

△ 그림 2-5-2 POR/PDR의 동작

2) PVD(Programmable voltage detector : 프로그램 가능한 전압 검출기)

이 장치는 공급전원 V_{DD}/V_{DDA}를 PVD의 쓰레시홀드(threshold) 값 V_{PVD}와 비교하여 공급전원이 쓰레시홀드 값보다 크거나 작아지는 경우 인터럽트를 발생시켜 준다. 이 경우 인터럽트 서비스 루틴에서는 경고 메시지를 발생시키거나 MCU가 필요한 안전 조치를 실행하도록 할 수 있다. PVD는 소프트웨어적으로 활성화 시킬 수 있다.

2.5.3 전원 공급 : STM32F427 및 STM32F429의 경우

STM32F427 및 STM32F429 시리즈의 칩이 정상적으로 동작하기 위해서는 1.7V~3.6V의 외부 전원 V_{DD}가 공급되어야 한다. 내장된 레귤레이터(Voltage Regulator)는 이것을 1.2V로 변환하여 내부로 공급한다. 외부 전원 V_{DD}가 공급되지 않을 때, 백업 레지스터(BKP register), 리얼타임 클럭(RTC) 등은 배터리 전원 V_{BAT}에서 전원을 공급받는다. 〈그림 2-5-1〉는 칩의 전원 공급과 관련된 블록도를 보여준다.

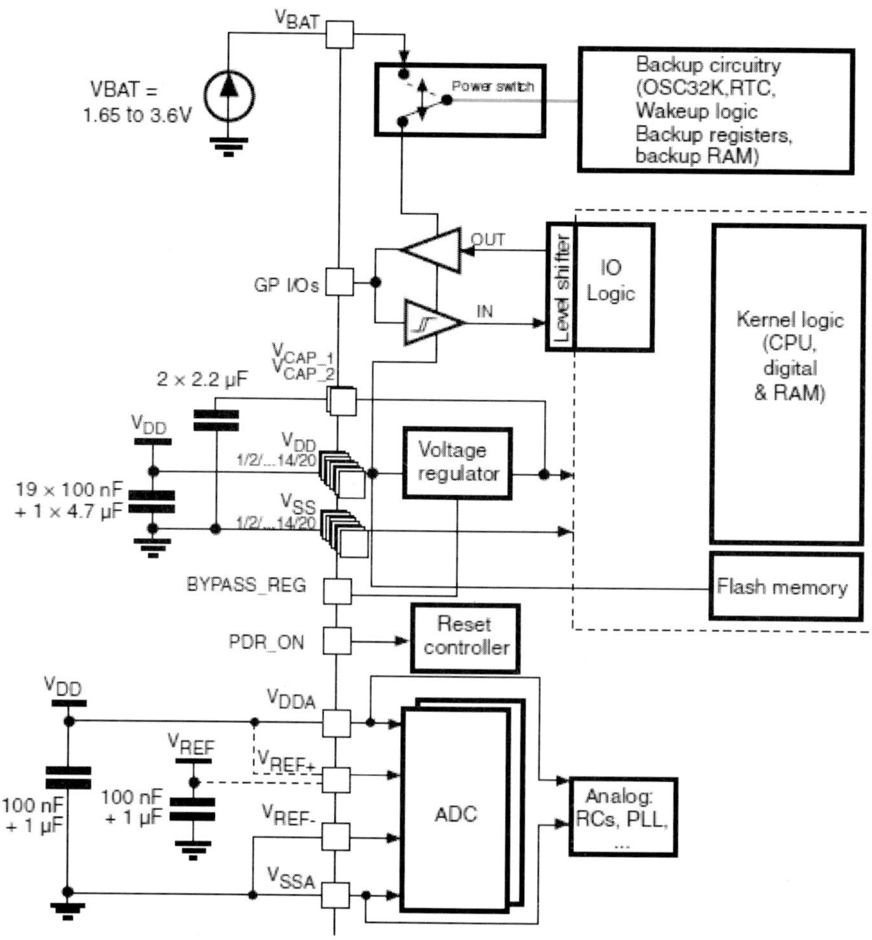

△ 그림 2-5-1 전원 공급

2.5.4 전원공급 감시부 : STM32F427 및 STM32F429의 경우

1) 파워 온 리셋(POR : Power-On Reset) 및 파워 다운 리셋(PDR : Power-Down Reset)

STM32F427 및 STM32F429 시리즈 칩도 외부 전원이 정해진 전압 범위를 벗어날 경우를 대비한 POR/PDR 회로를 내장하고 있으다. 그 동작 모드는 STM32F1보다 다소 복잡하나 기본적인 동작은 비슷하다.

2) PVD(Programmable voltage detector : 프로그램 가능한 전압 검출기)

이 장치는 공급전원 VDD/VDDA를 PVD의 쓰레시홀드(threshold) 값 VPVD와 비교하여 공급전원이 쓰레시홀드 값보다 크거나 작아지는 경우 인터럽트를 발생시켜 준다. 이 경우 인터럽트 서비스 루틴에서는 경고 메시지를 발생시키거나 MCU가 필요한 안전 조치를 실행하도록 할 수 있다. PVD의 동작 모드는 STM32F1보다 다소 복잡하나 기본적인 동작은 비슷하다.

2.5.5 저전력 모드

ST사의 Cortex-M3/M4는 전력 절감을 위해 다음과 같은 전력소비 모드를 가진다.

1) Run mode(동작 모드)

시스템 리셋이나 파워 리셋 후에 MCU는 디폴트로 런 모드(Run mode)로 동작하게 되며, 외부 인터럽트의 발생을 기다리는 때와 같이 CPU가 계속 동작할 필요가 없는 경우에는 전력 소모를 줄이기 위해 저전력 모드로 전환이 가능하다.

참고 **Run mode에서도 다음과 같이 하면 전력 소모를 줄일 수 있다.**

- 시스템 클럭의 속도를 낮춘다.
- APB와 AHB 주변장치를 사용하지 않을 때는 클럭 공급을 중단한다.

2) 저전력 모드(Low power mode)

STM32F1 및 STM32F427 및 STM32F429는 전력 소모를 줄이기 위해 다음과 같은 3가지의 저전력 모드의 사용이 가능하다.

① Sleep mode(슬립 모드)

- 이 모드에서는 CPU의 클럭만 정지된다.
- 모든 주변장치는 동작하고 있으며 인터럽트나 이벤트가 발생하면 CPU를 깨울(wake up) 수 있다. 모든 주변장치에는 NVIC 나 SYSTICK 같은 Cortex-M3/M4 프로세서의 내부 주변장치도 포함된다.

② Stop mode(정지 모드)

- 1.8V 영역(STM32F4는 1.2V 영역)의 모든 클럭이 정지된다. SRAM과 레지스터의 데이터는 보존된다.

- EXTI에서 인터럽트가 발생하면 CPU를 깨울(wake up) 수 있다. EXTI에는 다음이 포함된다 : GPIO를 통하여 발생하는 16개의 EXTI, PVD output, RTC alarm / wakeup / tamper / time stamp events, USB OTG FS/HS wakeup, 또는 Ethernet wakeup

③ Standby mode(대기 모드)
- 1.8V 영역(STM32F4는 1.2V 영역)의 모든 클럭이 정지된다.
- STM32F1의 경우 백업 영역(backup domain)과 대기 모드 회로(stanby circuitry)내의 레지스터를 제외한 모든 SRAM과 레지스터의 데이터는 지워진다. STM32F4의 경우 백업 영역내의 레지스터와 백업 SRAM을 제외한 모든 SRAM과 레지스터의 데이터는 지워진다.
- 다음의 경우에 Standby mode에서 빠져나올 수 있다.
  STM32F1 : external reset(NRST) pin, IWDG reset, rising edge on the WKUP pin, 또는 RTC alarm 발생
  - STM32F4 : external reset(NRST) pin, IWDG reset, rising edge on the WKUP pin, 또는 RTC alarm / wakeup / tamper /time stamp event 발생

2.6 리셋 및 클럭 제어

2.6.1 리셋(Reset)

STM32F1 시리즈 및 STM32F4(STM32F427 및 STM32F429)의 리셋은 시스템 리셋, 전원 리셋 및 백업 영역 리셋의 3가지 종류로 나눌 수 있다.

중요 이 책에서 STM32F4 시리즈라고 하면 정확히는 STM32F4 시리즈 중의 STM32F427 및 STM32F429 모델을 이야기한다. 이 모델 이외의 STM32F4 시리즈는 대부분의 구성이나 사양이 이 모델과 동일하지만, 일부가 다소 차이가 날 수도 있다. STM32F4 시리즈의 다른 모델에 대한 자세한 사양이나 구성은 각 모델별로 데이터시트나 레퍼런스 매뉴얼을 참고하기 바란다.

1) 시스템 리셋(System reset)

〈그림 2-6-1〉은 시스템 리셋 및 전원(power) 리셋 관련 회로를 나타낸다. STM32F1 및 STM32F4의 시스템 리셋은 모든 레지스터를 리셋 값으로 설정해준다. 단, 클럭 제어를 위한 CSR 레지스터의 리셋 플래그와 백업 영역의 레지스터는 리셋 값으로 설정되지 않는다.

시스템 리셋이 발생되는 경우는 다음과 같다.
- External reset 핀에 로우(low) 신호(NRST)가 입력
- 윈도우 워치독 리셋(WWDG reset)의 발생
- 독립 워치독 리셋(IWDG reset)의 발생

- 소프트웨어 리셋의 발생
- 저전압 리셋의 발생

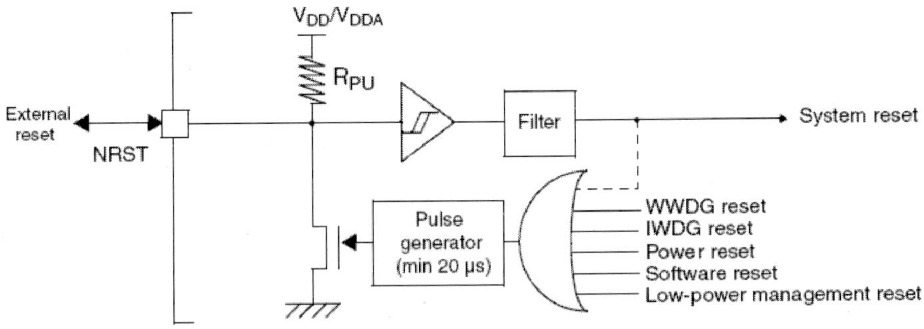

△ 그림 2-6-1 시스템 리셋 및 전원(power) 리셋 관련 회로

2) 전원 리셋(Power reset)

전원 리셋은 백업 영역을 제외한 모든 레지스터를 리셋 값으로 설정해준다. 전원 리셋이 발생되는 경우는 다음과 같다.

- 파워-온/파워-다운(POR/PDR) 리셋의 발생
- 대기 모드에서 빠져 나올때

3) 백업 영역 리셋(Backup domain reset)

백업 영역 리셋은 다음의 2가지 경우에 발생하며 이 때 백업 영역만 리셋된다.

- 백업 영역 제어 레지스터(RCC_BDCR)의 BDRST 비트의 설정시에 발생하는 소프트웨어 리셋
- V_{DD} 또는 V_{BAT}의 전원이 OFF된 후에 ON되는 경우

2.6.2 클럭 제어

2.6.2.1 STM32F1 시리즈의 클럭 구성도

〈그림 2-6-2〉는 STM32F1 시리즈의 클럭 구성도를 나타낸다. 이 그림을 보면 시스템 클럭(SYSCLK)을 만들어 내는 소스는 8MHz의 HSI RC(HSI), PLL(PLLCLK) 및 4-16MHz의 HSE OSC(HSE)의 3개가 있으며, 이 중의 하나가 시스템 클럭으로 사용된다.

시스템 클럭(SYSCLK : 최대 72MHz)은 AHB 프리스케일러를 거쳐 AHB 버스, APB 버스, 타이머, AD 변환기 등 MCU 내부의 여러 장치의 구동용 클럭으로 사용된다.

리얼타임 클럭(RTCCLK)은 4-16MHz의 HSE OSC, 32.768KHz의 LSE OSC, 또는 40KHz의 LSI RC를 소스로 사용한다. 그리고 독립 워치독 클럭(IWDGCLK)은 40KHz의 LSI RC를 소스로 사용한다.

이 그림의 왼쪽 아래에 보이는 MCO 핀을 이용하면 MCU의 메인 클럭을 외부로 출력하는 기능도 가능하다. 출력할 수 있는 클럭은 PLLCLK(1/2배), HSI, HSE 및 SYSCLK 중에서 선택 가능하다.

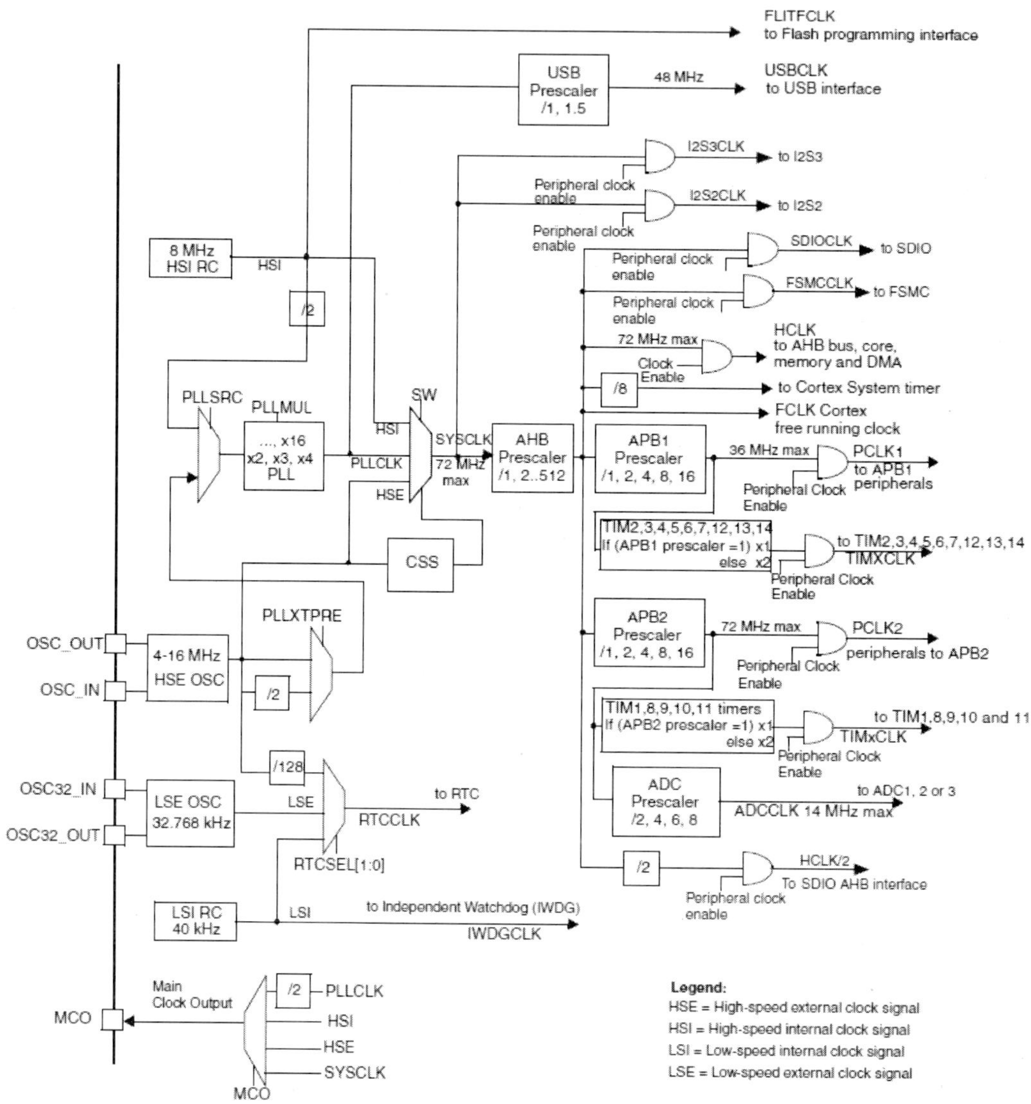

참고 용어 설명

- HSI RC : High Speed Internal Realtime Clock(고속 내부 리얼타임 클럭)
- PLL : Phase Locked Loop(위상 동기 회로)
- HSE OSC : High Speed External Oscillator(고속 외부 오실레이터)
- LSE OSC : Low Speed External Oscillator(저속 외부 오실레이터)
- LSI RC : Low Speed Internal Realtime Clock(저속 내부 리얼타임 클럭)

△ **그림 2-6-2** STM32F1 시리즈의 클럭 구성도

HSE 클럭을 만들기 위해서는 HSE OSC에 수정 발진자(resonator)나 세라믹 발진자를 연결하거나, 또는 외부 클럭을 입력하면 된다. 입력 주파수는 25MHz까지 가능하다. 〈그림 2-6-3〉은 각각의 경우 연결 방법을 나타낸다. 발진자를 사용하는 경우는 출력 왜곡 방지와 출력 안정시간을 최소화하기위해 발진자와 부하 커패시터(Load capacitor)를 OSC_IN, OSC_OUT 핀에 최대한 가까이 위치시켜야 한다. LSE 클럭을 만들기 위해서는 LSE OSC도 이와 동일한 방법으로 외부 입력을 연결하면 되며 입력 주파수는 1MHz까지 가능하다.

(a) 외부 발진자 입력시 (b) 외부 클럭 입력시

△ **그림 2-6-3** HSE/LSE OSC의 외부 입력 방법

2.6.2.2 STM32F4 시리즈의 클럭 구성도

〈그림 2-6-4〉는 STM32F4 시리즈의 클럭 구성도를 나타낸다. 이 그림을 보면 시스템 클럭(SYSCLK)을 만들어 내는 소스는 16MHz의 HSI RC(HSI), PLL(PLLCLK) 및 4-26MHz의 HSE OSC(HSE)의 3개가 있으며, 이 중의 하나가 시스템 클럭으로 사용된다.

시스템 클럭(SYSCLK : 최대 180MHz)은 AHB 프리스케일러를 거쳐 AHB 버스, APB 버스, 타이머, AD 변환기 등 MCU 내부의 여러 장치의 구동용 클럭으로 사용된다. 다음 주변장치를 제외한 모든 주변장치는 SYSCLK을 이용하여 구동된다.

- USB OTG FS clock(48 MHz), I2S clock, SAI1 clock, LTDC clock
- USB OTG HS clock(60 MHz) : 외부의 PHY 칩에서 클럭을 공급받음
- Ethernet MAC clocks(TX, RX and RMII) : 외부의 PHY 칩에서 클럭을 공급받음

리얼타임 클럭(RTCCLK)은 4-26MHz의 HSE OSC, 32.768KHz의 LSE OSC, 또는 32KHz의 LSI RC를 소스로 사용한다. 그리고 독립 워치독 클럭(IWDGCLK)은 32KHz의 LSI RC를 소스로 사용한다.

〈그림 2-6-4〉의 왼쪽 상단에 보이는 MCO1, MCO2 핀을 이용하면 클럭(SYSCLK, HSE, HSI 등)을 외부로 출력하는 기능도 가능하다.

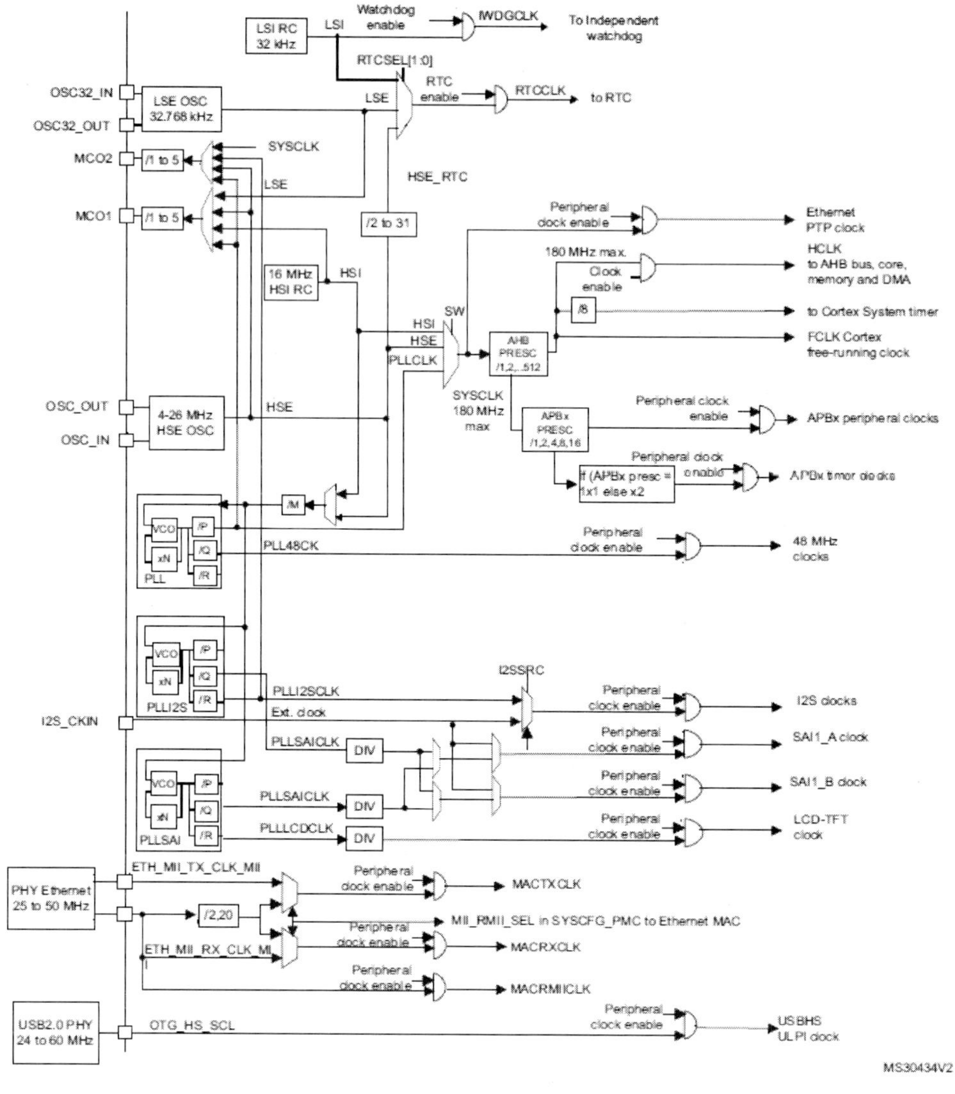

참고 용어 설명

- HSI RC : High Speed Internal Realtime Clock(고속 내부 리얼타임 클럭)
- PLL : Phase Locked Loop(위상 동기 회로)
- HSE OSC : High Speed External Oscillator(고속 외부 오실레이터)
- LSE OSC : Low Speed External Oscillator(저속 외부 오실레이터)
- LSI RC : Low Speed Internal Realtime Clock(저속 내부 리얼타임 클럭)

△ **그림 2-6-4** STM32F4 시리즈의 클럭 구성도 (STM32F427 및 STM32F429의 경우)

HSE 클럭을 만들기 위해서는 HSE OSC에 수정 발진자(resonator)나 세라믹 발진자를 연결하거나, 또는 외부클럭을 입력하면 된다. 〈그림 2-6-5〉은 각각의 경우 연결 방법을 나타낸다. 발진자를 사용하는 경우는 출력 왜곡 방지와 출력 안정시간을 최소화하기위해 발진자와 부하 커패시터(Load capacitor)를 OSC_IN, OSC_OUT 핀에 최대한 가까이 위치시켜야 한다. LSE 클럭을 만들기 위해서는 LSE OSC도 이와 동일한 방법으로 외부 입력을 연결하면 된다.

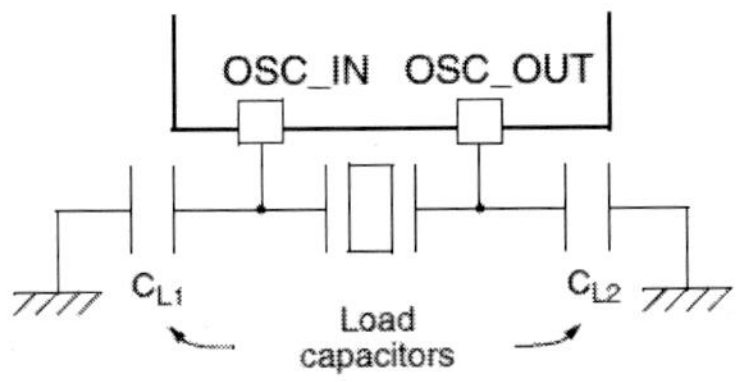

(a) 외부 발진자 입력시

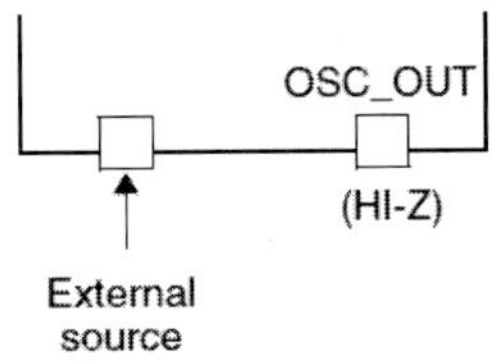

(b) 외부 클럭 입력시

△ **그림 2-6-5** HSE/LSE OSC의 외부 입력 방법

2.6.3 부트 모드(Boot mode)

Cortex-M3/M4는 고정형 메모리 맵을 가지므로 코드 영역은 주소 0x0000 0000(I-code/D-code 버스로 액세스 가능)부터 시작하며, 데이터 영역은 주소 0x2000 0000(System 버스로 액세스 가능)부터 시작하게 된다. 그런데 Cortex-M3/M4 프로세서는 리셋 벡터를 항상 I-code 버스에서 패치하므로, 부트(boot)는 I-code로 액세스 가능한 코드 영역(주로 Flash 메모리임)에서만 가능하게 된다. 그러나 STM32F1/F2/F3/F4는 특별한 메커니즘을 적용하여 다른 영역(예를 들면, SRAM)에서도 부팅이 가능한 구조로 구현되어 있다.

STM32F1 및 STM32F4 시리즈는 아래의 표와 같이 3 가지의 부트 모드를 가지며, BOOT0 및 BOOT1 핀의 설정에 따라 전원 공급(power On)이나 리셋시에 사용할 부트 모드를 선택할 수 있다. MCU는 리셋 동작 후의 4번째 시스템 클럭(SYSCLK)의 상승 에지에서 BOOT 핀의 값을 읽어서 이에 대응되는 모드를 부팅하게 된다. 따라서 전원 공급 전이나 리셋 스위치를 누르기 전에 BOOT 핀을 미리 원하는 모드에 맞게 설정해 주면 전원을 켤때나 리셋 시에 원하는 부트 모드로 동작이 가능하다.

BOOT0은 전용 핀으로 주어지며 BOOT1 핀은 GPIO 핀과 공유된다. 예를 들면, STM32F1의 경우는 PB2/BOOT1 핀으로 설정되어있다. 부팅시에 BOOT1 핀이 읽어진 다음에는 이 핀은 자유로운 상태가 되며 일반적인 GPIO 용으로 사용될 수 있다.

▼ **표 2-4-2** STM32F1의 부트 모드

부트 모드 선택핀		부트 모드	동작
BOOT1	BOOT0		
X	0	Main Flash memory	플래시 매모리가 부트영역으로 선택됨
0	1	System memory	시스템 메모리가 부트영역으로 선택됨
1	1	Embedded SRAM	내장 SRAM이 부트영역으로 선택됨

참고

MCU별로 BOOT1 및 BOOT0 의 핀번호는 [부록 1], 또는 [부록 2]를 참고하기 바란다.

각 부트 모드별로 리셋 시의 동작은 다음과 같다.

- 메인 플래시 메모리(Main Flash Memory) : 부트 메모리 영역(0x0000.0000)에 메인 플래시 메모리가 앨리어스(alias)된다. 즉, 메인 플래시 메모리의 시작 주소(0x0800.0000)가 부트 메모리 영역에 쓰여진다. 따라서 이 모드로 부팅을 하면 플래시 메모리 내에 저장된 프로그램이 실행된다.
- 시스템 메모리(System Memory) : 부트 메모리 영역(0x0000.0000)에 시스템 메모리가 앨리어스(alias)된다. 즉, 시스템 메모리의 시작 주소(0x1FFF.F000)가 부트 메모리 영역에 쓰여진다. 따라서 이 모드로 부팅을 하면 시스템 메모리 내에 저장된 프로그램인 내장 부트로더(Embedded boot loader)가 실행된다.
- 내장 SRAM(Embedded SRAM) : SRAM은 0x2000.0000 번지에서만 액세스가 가능하다 따라서 이 모드로 부팅할 때는 어플리케이션 초기화 코드(application initialization code)에서 NVIC의 예외 테이블(exception table)과 오프셋(offset) 레지스터를 이용하여 SRAM내에 있는 벡터 테이블을 재배치(relocate)해주는 것이 필요하다.

참고 내장 부트 로더(Embedded boot loader)

① 내장 부트 로더는 시스템 메모리 내에 있는 프로그램으로, 이를 이용하면 PC에서 사용자가 작성한 프로그램을 플래시 메모리에 다운로드할 수 있다.
② 내장 부트 로더를 이용한 프로그램 다운로드 과정은 다음과 같다 :
- 시스템 메모리 모드를 선택하고 부팅한 후에, PC에서 사용자가 작성한 프로그램을 Cortex-M의 USART1 포트(또는 미리 정해진 다른 시리얼 포트)를 통하여 다운로드 한다.
- 그러면 이 프로그램이 플래시 메모리에 다운로드 된다. 즉, 플래시 메모리가 재 프로그램 된다.

③ 사용할 수 있는 시리얼 포트는 다음과 같다.
Cortex-M3 : USART1
Cortex-M4 : USART1(PA9/PA10), USART3(PB10/11 and PC10/11), CAN2(PB5/13), USB OTG FS (PA11/12)
④ 내장 부트 로더는 칩의 제조시에 시스템 메모리 내에 미리 프로그램되어 공급된다.

2.7 인터럽트 및 예외

2.7.1 인터럽트 벡터 테이블 : STM32F1

〈표 2-7-1〉은 STM32F1 시리즈 중의 STM32F100/101/102/103의 인터럽트 및 예외 벡터 테이블을 나타낸다. 이 표는 1장의 [1.2.6절, 인터럽트 및 예외]에서 설명한 바 있는 Cortex-M3/M4의 인터럽트 및 예외 벡터 테이블과 기본적으로 구성이 동일하다.

이 표를 보면 시스템 예외는 ARM 사에서 정의한 시스템 예외와 동일하며 우선 순위는 -3 ~ 6 까지의 값을 가지는 것을 알 수 있다. 그리고 외부 인터럽트는 ST사에서 별도로 정의한 것으로 주변장치에서 발생하는 인터럽트들로 구성되어 있다.

참고

STM32F1 시리즈의 칩도 ARM사에서 설계한 ARM Cortex-M3의 기본적인 구조를 그대로 따르므로 인터럽트 및 예외 벡터 테이블의 구성이 기본적으로 [1.2.6절 인터럽트 및 예외]의 설명과 동일하다.

STM32F100/101/102/103의 경우 외부 인터럽트는 총 60개이고, 우선 순위는 7 ~ 66이며, STM32F1 시리즈 중의 또 다른 모델인 STM32F105/107의 경우 외부 인터럽트는 총 68개이며 우선 순위는 7 ~ 74 까지의 값을 가질 수 있다.

▼ **표 2-7-1** STM32F100/101/102/103의 인터럽트 벡터 테이블 (다음 페이지 계속)

Position	Priority	Type of priority	Acronym	Description	Address
	–	–	–	Reserved	0×0000_0000
	-3	fixed	Reset	Reset	0×0000_0004
	-2	fixed	NMI	Non maskable interrupt. The RCC Clock Security System(CSS) is linked to the NMI vector.	0×0000_0008
	-1	fixed	HardFault	All class of fault	0×0000_000C
	0	settable	MemManage	Memory management	0×0000_0010
	1	settable	BusFault	Prefetch fault, memory access fault	0×0000_0014
	2	settable	UsageFault	Undefined instruction or illegal state	0×0000_0018
	–	–	–	Reserved	0×0000_001C – 0×0000_002B
	3	settable	SVCall	System service call via SWI instruction	0×0000_002C
	4	settable	Debug Monitor	Debug Monitor	0×0000_0030
	–	–	–	Reserved	0×0000_0034
	5	settable	PendSV	Pendable requset for system service	0×0000_0038
	6	settable	SysTick	System tick timer	0×0000_003C
0	7	settable	WWDG	Window watchdog interrupt	0×0000_0040
1	8	settable	PVD	PVD through EXTI Linet detection interrupt	0×0000_0044
2	9	settable	TAMPER	Tamper interrupt	0×0000_0048
3	10	settable	RTC	RTC global interrupt	0×0000_004C
4	11	settable	FLASH	Flash global interrupt	0×0000_0050
5	12	settable	RCC	RCC global interrupt	0×0000_0054
6	13	settable	EXT10	EXTI line0 interrupt	0×0000_0058
7	14	settable	EXT11	EXTI line1 interrupt	0×0000_005C
8	15	settable	EXT12	EXTI line2 interrupt	0×0000_0060

▼ 표 2-7-1 STM32F100/101/102/103의 인터럽트 벡터 테이블 (다음 페이지 계속)

Position	Priority	Type of priority	Acronym	Description	Address
9	16	settable	EXT13	EXTI line3 interrupt	0×0000_0064
10	17	settable	EXT14	EXTI line4 interrupt	0×0000_0068
11	18	settable	DMA1_Channel1	DMA1 Channel1 global interrupt	0×0000_006C
12	19	settable	DMA1_Channel2	DMA1 Channel2 global interrupt	0×0000_0070
13	20	settable	DMA1_Channel3	DMA1 Channel3 global interrupt	0×0000_0074
14	21	settable	DMA1_Channel4	DMA1 Channel4 global interrupt	0×0000_0078
15	22	settable	DMA1_Channel5	DMA1 Channel5 global interrupt	0×0000_007C
16	23	settable	DMA1_Channel6	DMA1 Channel6 global interrupt	0×0000_0080
17	24	settable	DMA1_Channel7	DMA1 Channel7 global interrupt	0×0000_0084
18	25	settable	ADC1_2	ADC1 and ADC2 global interrupt	0×0000_0088
19	26	settable	USB_HP_CAN_TX	USB High Priority or CAN TX interrupts	0×0000_008C
20	27	settable	USB_LP_CAN_RX0	USB Low Priority or CAN RX0 interrupts	0×0000_0090
21	28	settable	CAN_RX1	CAN RX1 interrupt	0×0000_0094
22	29	settable	CAN_SCE	CAN SCE interrupt	0×0000_0098
23	30	settable	EXTI9_5	EXTI Linet [9:5] interrupts	0×0000_009C
24	31	settable	TIM1_BRK	TIM1 Break interrupt	0×0000_00A0
25	32	settable	TIM1_UP	TIM1 Update interrupt	0×0000_00AC
26	33	settable	TIM1_TRG_COM	TIM1 Trigger and commutation interrupt	0×0000_00A8
27	34	settable-	TIM1_CC	TIM1 Capture Compare interrupt	0×0000_00AC
28	35	settable	TIM2	TIM2 global interrupt	0×0000_00B0
29	36	settable	TIM3	TIM3 global interrupt	0×0000_00B4
30	37	settable	TIM4	TIM4 globalk interrupt	0×0000_00B8
31	38	settable	I2C1_EV	I^2C1 event interrupt	0×0000_00BC
32	39	settable	I2C1_ER	I^2C1 error interrupt	0×0000_00C0
33	40	settable	I2C1_EV	I^2C1 event interrupt	0×0000_00C4
34	41	settable	I2C1_ER	I^2C1 error interrupt	0×0000_00C8
35	42	settable	SPI1	SPI1 global interrupt	0×0000_00CC
36	43	settable	SPI2	SPI2 global interrupt	0×0000_00D0
37	44	settable	USART1	USART1 global interrupt	0×0000_00D4
38	45	settable	USART2	USART2 global interrupt	0×0000_00D8
39	46	settable	USART3	USART3 global interrupt	0×0000_00DC
40	47	settable	EXTI15_10	EXTI Line[15:10] interrupts	0×0000_00E0
41	48	settable	RTCAlarm	RTC alarm through EXTI line interrupt	0×0000_00E4
42	49	settable	USBWakeup	USB wakeup from suspend through EXTI line interrupt	0×0000_00E8

▼ 표 2-7-1 STM32F100/101/102/103의 인터럽트 벡터 테이블

Position	Priority	Type of priority	Acronym	Description	Address
43	50	settable	TIM8_BRK	TIM8 Break interrupt	0×0000_00EC
44	51	settable	TIM8_UP	TIM8 update interrupt	0×0000_00F0
45	52	settable	TIM8_TRG_COM	TIM8 Trigger and Commutation interrupts	0×0000_00F4
46	53	settable	TIM8_CC	TIM8 Capture Compare interrupt	0×0000_00F8
47	54	settable	ADC3	ADC3 global interrupt	0×0000_00FC
48	55	settable	FSMC	FSMC global interrupt	0×0000_0100
49	56	settable	SDIO	SDIO global interrupt	0×0000_0104
50	57	settable	TIM5	TIM5 global interrupt	0×0000_0108
51	58	settable	SPI3	SPI3 global interrupt	0×0000_010C
52	59	settable	UART4	UART4 global interrupt	0×0000_0110
53	60	settable	UART5	UART5 global interrupt	0×0000_0114
54	61	settable	TIM6	TIM6 global interrupt	0×0000_0118
55	62	settable	TIM7	TIM7 global interrupt	0×0000_011C
56	63	settable	DMA2_Channel1	DMA2 Channel1 global interrupt	0×0000_0120
57	64	settable-	DMA2_Channel2	DMA2 Channel2 global interrupt	0×0000_0124
58	65	settable	DMA2_Channel3	DMA2 Channel3 global interrupt	0×0000_0128
59	66	settable	DMA2_Channel4_5	DMA2 Channel4 global DMA2 Channel5 global interrupts	0×0000_012C

참고

내장 플래시 메모리가 768KB ~ 1MB인 XL Density Device의 인터럽트 구성은 이 표와는 조금 다르다. 이에 대한 자세한 사항은 ST사의 Reference Manual(RM008)을 참고하기 바란다.

2.7.2 인터럽트 벡터 테이블 : STM32F4

<표 2-7-2>는 STM32F4 시리즈 중의 STM32F42x와 STM32F43x의 인터럽트 및 예외 벡터 테이블을 나타낸다. 이 표는 1장의 [1.2.6절, 인터럽트 및 예외]에서 설명한 바 있는 Cortex-M3/M4의 인터럽트 및 예외 벡터 테이블과 기본적으로 구성이 동일하다.

이 표를 보면 시스템 예외는 ARM 사에서 정의한 시스템 예외와 동일하며 우선 순위는 -3 ~ 6 까지의 값을 가지는 것을 알 수 있다. 그리고 외부 인터럽트는 ST사에서 별도로 정의한 것으로 주변장치에서 발생하는 인터럽트들로 구성되어 있다.

참고

STM32F4 시리즈의 칩도 ARM사에서 설계한 ARM Cortex-M4의 기본적인 구조를 그대로 따르므로 인터럽트 및 예외 벡터 테이블의 구성이 기본적으로 [1.2.6절 인터럽트 및 예외]의 설명과 동일하다.

▼ 표 2-7-2 STM32F42x와 STM32F43x의 인터럽트 벡터 테이블 (다음 페이지 계속)

Position	Priority	Type of priority	Acronym	Description	Address
	-	-	-	Reserved	0×0000 0000
	-3	fixed	Reset	Reset	0×0000 0004
	-2	fixed	NMI	Non maskable interrupt, Clock Security System	0×0000 0008
	-1	fixed	HardFault	All class of fault	0×0000 000C
	0	settable	MemManage	Memory management	0×0000 0010
	1	settable	BusFault	Pre-fetch fault, memory access fault	0×0000 0014
	2	settable	UsageFault	Undefined instruction of illegal state	0×0000 0018
	-	-	-	Reserved	0×0000 001C_ 0×0000 002B
	3	settable	SVCall	System service call via SWI instruction	0×0000 002C
	4	settable	Debug Monitor	Debug Monitor	0×0000 0030
		-	-	Reserved	0×0000 0034
	5	settable	PendSV	Pendable request for system service	0×0000 0038
	6	settable-	SysTick	System tick timer	0×0000 003C
0	7	settable	WWDG	Window Watchdog interrupt	0×0000 0040
1	8	settable	PVD	PVD through EXTI line detection interrupt	0×0000 0044
2	9	settable	TAMP_STAMP	Tamper and Time Stamp interrupts through the EXIT line	0×0000 0048
3	10	settable	RTC_WKUP	RTC Wakeup interrupt through the EXIT line	0×0000 004C
4	11	settable	FLASH	Flash global interrupt	0×0000 0050
5	12	settable	RCC	RCC global interrupt	0×0000 0054
6	13	settable	EXTI0	EXTI Line0 interrupt	0×0000 0058
7	14	settable	EXTI1	EXTI Line1 interrupt	0×0000 005C
8	15	settable	EXTI2	EXTI Line2 interrupt	0×0000 0060
9	16	settable	EXTI3	EXTI Line3 interrupt	0×0000 0064
10	17	settable	EXTI4	EXTI Line4 interrupt	0×0000 0068
11	18	settable	DMA1_Channel0	DMA1 Channel0 global interrupt	0×0000 006C
12	19	settable	DMA1_Channel1	DMA1 Channel1 global interrupt	0×0000 0070
13	20	settable	DMA1_Channel2	DMA1 Channel2 global interrupt	0×0000 0074
14	21	settable	DMA1_Channel3	DMA1 Channel3 global interrupt	0×0000 0078
15	22	settable	DMA1_Channel4	DMA1 Channel4 global interrupt	0×0000 007C
16	23	settable	DMA1_Channel5	DMA1 Channel5 global interrupt	0×0000 0080
17	24	settable	DMA1_Channel6	DMA1 Channel6 global interrupt	0×0000 0084

▼ **표 2-7-2** STM32F42x와 STM32F43x의 인터럽트 벡터 테이블 (다음 페이지 계속)

Position	Priority	Type of priority	Acronym	Description	Address
18	25	settable	ADC	ADC1, ADC2 and ADC3 global interrupts	0×0000 0088
19	26	settable	CAN1_TX	CAN1 TX interrupts	0×0000 008C
20	27	settable	CAN1_RX0	CAN1 RX0 interrupts	0×0000 0090
21	28	settable	CAN1_RX1	CAN1 RX1 interrupt	0×0000 0094
22	29	settable	CAN1_SCE	CAN1 SCE interrupt	0×0000 0098
23	30	settable	EXTI9_5	EXTI Line[9:5] interrupts	0×0000 009C
24	31	settable	TIM1_BRK_TIM9	TIM1 Break interrupt and TIM9 global interrupt	0×0000 00A0
25	32	settable	TIM1_UP_TIM10	TIM1 Update interrupt and TIM10 global interrupt	0×0000 00A4
26	33	settable	TIM1_TRG_COM_TIM11	TIM1 Trigger and Commutation interrupts and TIM11 global interrupt	0×0000 00A8
27	34	settable	TIM1_CC	TIM1 Capture Compare interrupt	0×0000 00AC
28	35	settable	TIM2	TIM2 global interrupt	0×0000 00B0
29	36	settable	TIM3	TIM3 global interrupt	0×0000 00B4
30	37	settable	TIM4	TIM4 global interrupt	0×0000 00B8
31	38	settable	I2C1_EV	I^2C1 event interrupt	0×0000 00BC
32	39	settable	I2C1_ER	I^2C1 error interrupt	0×0000 00C0
33	40	settable	I2C1_EV	I^2C1 event interrupt	0×0000 00C4
34	41	settable	I2C1_ER	I^2C1 error interrupt	0×0000 00C8
35	42	settable	SPI1	SPI1 global interrupt	0×0000 00CC
36	43	settable	SPI2	SPI2 global interrupt	0×0000 00D0
37	44	settable	USART1	USART1 global interrupt	0×0000 00D4
38	45	settable	USART2	USART2 global interrupt	0×0000 00D8
39	46	settable	USART3	USART3 global interrupt	0×0000 00DC
40	47	settable	EXTI15_10	EXTI Line[15:10] interrupt	0×0000 00E0
41	48	settable	RTC_Alarm	RTC alarms (A and B) through EXTI line interrupt	0×0000 00E4
42	49	settable	OTG_FS_WKUP	USB On-The-Go FS Wakeup through EXTI line interrupt	0×0000 00E8
43	50	settable	TIM8_BRK_TIM12	TIM8 Break interrupt and TIM12 global interrupt	0×0000 00EC

▼ 표 2-7-2 STM32F42x와 STM32F43x의 인터럽트 벡터 테이블 (다음 페이지 계속)

Position	Priority	Type of priority	Acronym	Description	Address
44	51	settable	TIM8_UP_TIM13	TIM8 Update interrupt and TIM13 global interrupt	0×0000 00F0
45	52	settable	TIM8_TRG_COM_TIM14	TIM8 Trigger and Commutation interrupts and TIM14 global interrupt	0×0000 00F4
46	53	settable	TIM8_CC	TIM8 Capture Compare interrupt	0×0000 00F8
47	54	settable	DMA1_Stream7	DMA1 Stream7 global interrupt	0×0000 00FC
48	55	settable	FSMC	FSMC global interrupt	0×0000 0100
49	56	settable	SDIO	SDIO global interrupt	0×0000 0104
50	57	settable	TIM5	TIM5 global interrupt	0×0000 0108
51	58	settable	SPI3	SPI3 global interrupt	0×0000 010C
52	59	settable	UART4	UART4 global interrupt	0×0000 0110
53	60	settable	UART5	UART5 global interrupt	0×0000 0114
54	61	settable	TIM6_DAC	TIM6 global interrupt, DAC1 and DAC2 underrun error interrupts	0×0000 0118
55	62	settable	TIM7	TIM7 global interrupt	0×0000 011C
56	63	settable	DMA2_Stream0	DMA2 Stream0 global interrupt	0×0000 0120
57	64	settable	DMA2_Stream1	DMA2 Stream1 global interrupt	0×0000 0124
58	65	settable	DMA2_Stream2	DMA2 Stream2 global interrupt	0×0000 0128
59	66	settable	DMA2_Stream3	DMA2 Stream3 global interrupt	0×0000 012C
60	67	settable	DMA2_Stream4	DMA2 Stream4 global interrupt	0×0000 0130
61	68	settable	ETH	Ethernet global interrupt	0×0000 0134
62	69	settable	ETH_WKUP	Ethernet Wakeup through EXTI line interrupt	0×0000 0138
63	70	settable	CAN2_TX	CAN2 TX interrupts	0×0000 013C
64	71	settable	CAN2_RX0	CAN2 RX0 interrupts	0×0000 0140
65	72	settable	CAN2_RX1	CAN2 RX1 interrupt	0×0000 0144
66	73	settable	CAN2_SCE	CAN2 SCE interrupt	0×0000 0148
67	74	settable	OTG_FS	USB On The Go FS global interrupt	0×0000 014C
68	75	settable	DMA2_Stream5	DMA2 Stream5 global interrupt	0×0000 0150
69	76	settable	DMA2_Stream6	DMA2 Stream6 global interrupt	0×0000 0154
70	77	settable	DMA2_Stream7	DMA2 Stream7 global interrupt	0×0000 0158
71	78	settable	UART6	UART6 global interrupt	0×0000 015C
72	79	settable	I2C3_EV	I^2C3 event interrupt	0×0000 0160
73	80	settable	I2C3_EV	I^2C3 error interrupt	0×0000 00164
74	81	settable	OTG_HS_EP1_OUT	USB On The Go HS End Point 1 Out global interrupt	0×0000 00168

▼ 표 2-7-2 STM32F42x와 STM32F43x의 인터럽트 벡터 테이블

Position	Priority	Type of priority	Acronym	Description	Address
75	82	settable	OTG_HS_EP1_IN	USB On The Go HS End Point 1 In global interrupt	0×0000 0016C
76	83	settable	OTG_HS_WKUP	USB On The Go HS Wakeup through EXTI interrupt	0×0000 00170
77	84	settable	OTG_HS	USB On The Go HS global interrupt	0×0000 00174
78	85	settable	DCMI	DCMI global interrupt	0×0000 00178
79	86	settable	CRYP	CRYP crypto global interrupt	0×0000 0017C
80	87	settable	HASH_RNG	HASH and Rng global interrupt	0×0000 00180
81	88	settable	FPU	FPU global interrupt	0×0000 00184
82	89	settable	UART7	UART 7 global interrupt	0×0000 00188
83	90	settable	UART8	UART 8 global interrupt	0×0000 0018C
84	91	settable	SPI4	SPI 4 global interrupt	0×0000 00190
85	92	settable	SPI5	SPI 5 global interrupt	0×0000 00194
86	93	settable	SPI6	SPI 6 global interrupt	0×0000 00198
87	94	settable	SAI1	SAI1 global interrupt	0×0000 0019C
88	95	settable	LCD-TFT	LTDC global interrupt	0×0000 001A0
89	96	settable	LCD-TFT	LTDC global Error interrupt	0×0000 001A4
90	97	settable	DMA2D	DMA2D global interrupt	0×0000 001A8

2.7.3 NVIC(Nested Vectored Interrupt Controller : 중첩 벡터 인터럽트 컨트롤러)

STM32F1 시리즈 및 STM32F4 시리즈의 모든 시스템 예외와 외부 인터럽트는 NVIC에서 처리된다. NVIC는 구조적으로 Cortex-M3/M4 프로세서와 밀접하게 상호 연결되어 있으므로 빠르고 효율적인 인터럽트의 처리가 가능하다.

STM32F10x의 NVIC는 다음과 같은 특징을 가지고 있다.

- 68개의 마스크 가능한(maskable) 인터럽트 채널
- Cortex-M3 프로세서로부터 입력되는 16개의 인터럽트 채널
- 16 단계의 우선순위 설정이 가능(인터럽트의 우선순위 설정에는 4 비트를 이용함)
- 빠른 인터럽트 처리 시간

그리고 STM32F42x와 STM32F43x의 NVIC는 다음과 같은 특징을 가지고 있다.

- 91개의 마스크 가능한(maskable) 인터럽트 채널
- Cortex-M3 프로세서로부터 입력되는 16개의 인터럽트 채널

- 16 단계의 우선순위 설정이 가능(인터럽트의 우선순위 설정에는 4 비트를 이용함)
- 빠른 인터럽트 처리 시간

STM32F의 NVIC는 시리즈에 따라, 모델에 따라 지원하는 인터럽트 채널의 개수가 차이가 날뿐, 기본적인 특징이나 동작은 기본적으로 동일하다. NVIC의 동작에 대한 자세한 내용은 [1.2.6절 인터럽트 및 예외]를 참고하기 바란다.

참고

STM32F는 시리즈에 따라, 모델에 따라 내장된 주변장치의 종류나 개수가 서로 다르므로 주변장치에서 발생되는 인터럽트의 개수도 달라진다. 그러므로 NVIC가 지원하는 인터럽트의 개수도 당연히 달라진다.

제2부

STM32F 실습 보드

03 STM32 Nucleo 보드를 탑재한 실습보드의 소개

이 책에서는 ST사에서 개발한 STM32 Nucleo(뉴클레오) 보드를 탑재한 실습보드를 사용한다. STM32 Nucleo 보드는 ST사의 Cortex-M MCU인 STM32F 시리즈를 사용한 평가 보드(evaluation board)인데 가격이 저렴하고 아두이노(Arduino)용 쉴드(shield) 보드도 사용할 수 있는 등 외부 확장성이 좋아 Cortex-M 프로그래밍을 학습하는 용도로 사용하기에 적합하다.

3.1 실습 보드의 구성

여기에서는 다음과 같이 2가지의 실습 보드를 이용하여 실습을 진행한다. 〈그림 3-1-1〉은 이 책에서 사용하는 실습보드를 보여준다.

- **Nucleo-F103 확장보드** : STM32 Nucleo-64 시리즈 중의 하나인 NUCLEO-F103RB 보드를 MCU로 사용하고, 여기에 각종 입출력 기능을 강화한 I/O 보드를 추가한 보드이다. 이 보드를 이용하면 GPIO, 인터럽트, Timer, A/D 변환기, USART 등의 예제 프로그램의 실행이 가능하다.
- **Nucleo-F429 확장보드** : STM32 Nucleo-144 시리즈 중의 하나인 NUCLEO-F429ZI 보드를 MCU로 사용하고, 여기에 각종 입출력 기능을 강화한 I/O 보드를 추가한 보드이다. 이 보드는 USB와 TCP/IP 포트를 가지고 있으므로, GPIO, 인터럽트, Timer, A/D 변환기, USART뿐만 아니라 USB와 TCP/IP 예제 프로그램의 실행도 가능하다.

중요 이 책에 소개된 예제 프로그램을 실행하려면 2가지의 실습보드가 다 필요한 것은 아니다. 2개 보드 중의 어느 하나라도 있으면 예제 프로그램의 실행은 가능하다. 그러나 Nucleo-F103 확장보드는 외부로 통신가능한 USB 포트와 TCP/IP 포트가 없으므로 이에 대한 예제 실행은 할 수 없다. 한편 Nucleo-F429 확장보드는 모든 프로그램의 실행이 가능하다.

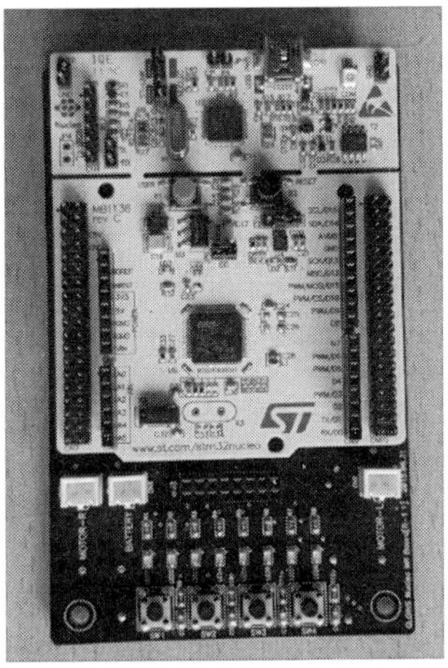

(a) Nucleo-F103 확장보드

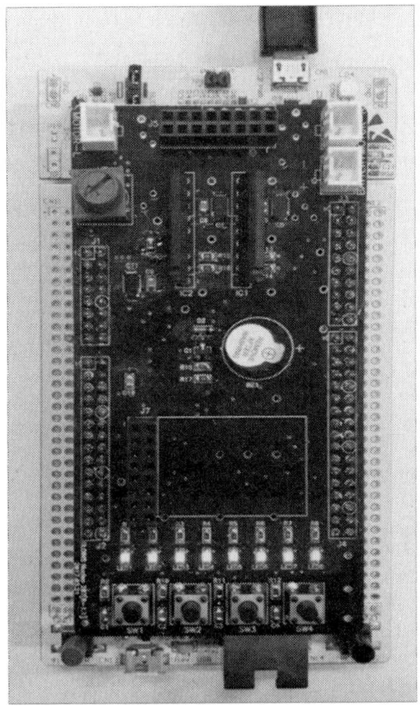

(b) Nucleo-F429 확장보드

△ **그림 3-1-1** 본 교재에서 사용하는 실습보드

각각의 실습보드를 좀 더 자세히 살펴보면 다음과 같다.

(1) Nucleo-F103 확장보드

Nucleo-F103 확장보드는 〈그림 3-1-2〉와 같이 NUCLEO-F103RB 보드와 Nucleo-64용 I/O 보드의 2개로 구성되어 있다.

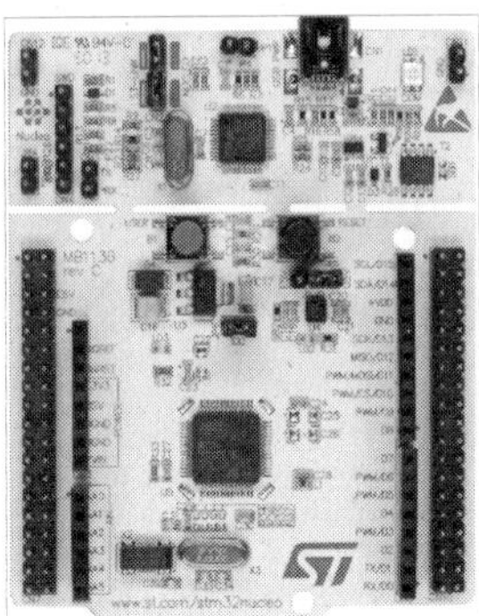

(a) NUCLEO-F103RB 보드

(b) I/O 보드(Nucleo-64용)

△ **그림 3-1-2** Nucleo-F103 확장보드의 구성

이 보드의 특징은 다음과 같다.

① NUCLEO-F103RB 보드

- 이 보드는 ST 사의 뉴클레오(Nucleo) 보드 시리즈 중의 하나인 NUCLEO-F103RB를 그대로 MCU 보드로 이용하므로 가격이 저렴하고 쉽게 구할 수 있으며, 사용이 편리하다.
- STM32F1 시리즈 중에서 비교적 저가이면서도 성능이 우수한 STM32F103RB(128KB Flash, 20KB SRAM, 64핀 패키지)를 MCU로 사용한다.
- PC에서 작성한 프로그램의 다운로드 및 디버깅이 가능한 ST-LINK를 내장하고 있으므로 별도의 디버거가 필요없다.
- 최근 널리 사용되는 아두이노(Arduino) 쉴드(sheild) 보드용 커넥터를 가지고 있으므로 아두이노 쉴드 보드도 부착하여 사용이 가능하다.

② I/O 보드(Nucleo-64용)

- 각종 입출력 기능(LED 출력, 스위치 입력, DC 모터 구동 드라이버 등)을 강화한 I/O 보드가 추가되어 여러 가지 다양한 동작의 실습이 가능하다.
- 다양한 예제 프로그램을 제공한다 : GPIO, 인터럽트, Timer, A/D 변환기, USART 예제 등

(2) Nucleo-F429 확장보드

Nucleo-F429 확장보드는 〈그림 3-1-3〉와 같이 NUCLEO-F429ZI 보드와 Nucleo-144용 I/O 보드의 2개로 구성된다.

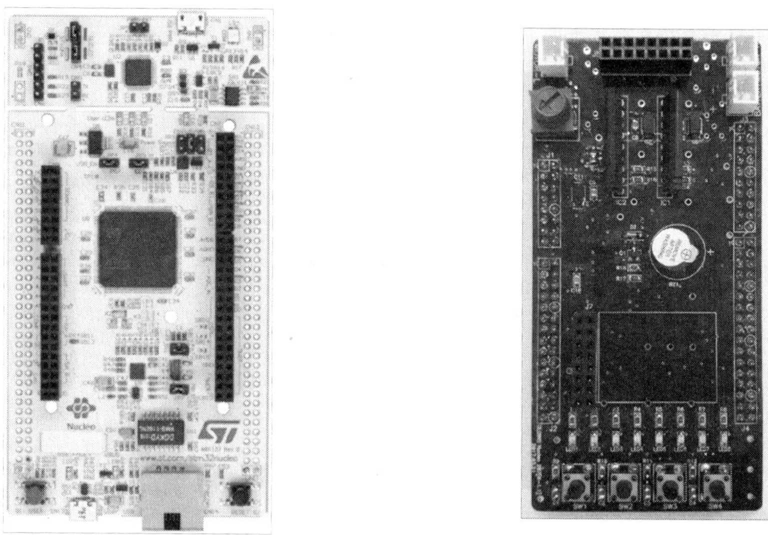

(a) NUCLEO-F429ZI 보드 (b) I/O 보드(Nucleo-144용)

△ **그림 3-1-3** Nucleo-F429 확장보드의 구성

이 보드의 특징은 다음과 같다.

① NUCLEO-F429ZI 보드

- 이 보드도 ST 사의 뉴클레오(Nucleo) 보드 시리즈 중의 하나인 NUCLEO-F429ZI를 그대로 이용하므로 가격이 저렴하고 쉽게 구할 수 있으며, 사용이 편리하다.
- 이 보드는 STM32F4 시리즈 중에서도 비교적 고성능인 STM32F429ZI(256KB Flash, 64KB SRAM, 144핀 패키지)를 MCU로 사용한다.
- USB, 이더넷, CAN 포트가 내장되어 있으므로 USB 통신, 이더넷 통신, CAN 통신, UART 통신 등의 다양한 통신 실습이 가능하다.
- PC에서 작성한 프로그램의 다운로드 및 디버깅이 가능한 ST-LINK를 내장하고 있으므로 별도의 디버거가 필요없다.
- 최근 널리 사용되는 아두이노(Arduino) 쉴드(sheild) 보드용 커넥터를 가지고 있으므로 아두이노 쉴드 보드도 부착하여 사용이 가능하다.

② I/O 보드(Nucleo-144용)

- 각종 입출력 기능(LED 출력, 스위치 입력, DC 모터 구동 드라이버 등)을 강화한 I/O 보드가 추가되어 여러 가지 다양한 동작의 실습이 가능하다.
- 다양한 예제 프로그램을 제공한다 : GPIO, 인터럽트, Timer, A/D 변환기, D/A 변환기, USART, USB, 이더넷 예제 등

3.2 STM32 Nucleo 보드의 종류

STM32 Nucleo(뉴클레오) 보드는 사용하는 MCU의 핀 수에 따라 다음과 같은 3종류가 있다.

1) Nucleo-32 : 32핀(LQFP32, QFN32)을 가지는 STM32F MCU를 사용한다. 아두이노 나노(Arduino Nano)와 호환되는 외부 확장용 소켓을 가지고 있다. Nucleo 보드 중에서 크기가 가장 작다
2) Nucleo-64 : 64핀(LQFP64)을 가지는 STM32F MCU를 사용한다. 아두이노 우노(Arduino UNO)와 호환되는 외부 확장용 소켓을 가지고 있다.
3) Nucleo-144 : 144핀(LQFP144)을 가지는 STM32F MCU를 사용한다. 아두이노 우노(Arduino UNO)와 호환되는 외부 확장용 소켓을 가지고 있다. Nucleo 보드 중에서 크기가 가장 크다.

참고

> 이 책에서 사용하는 NUCLEO-F103RB 보드는 Nucleo-64 시리즈에 속하며, NUCLEO-F429ZI 보드는 Nucleo-144 시리즈에 속하는 보드이다.

<그림 3-2-1>은 STM32 Nucleo 보드의 외형을 나타내며, <그림 3-2-2>는 STM32 Nucleo 보드의 종류를 나타낸다.

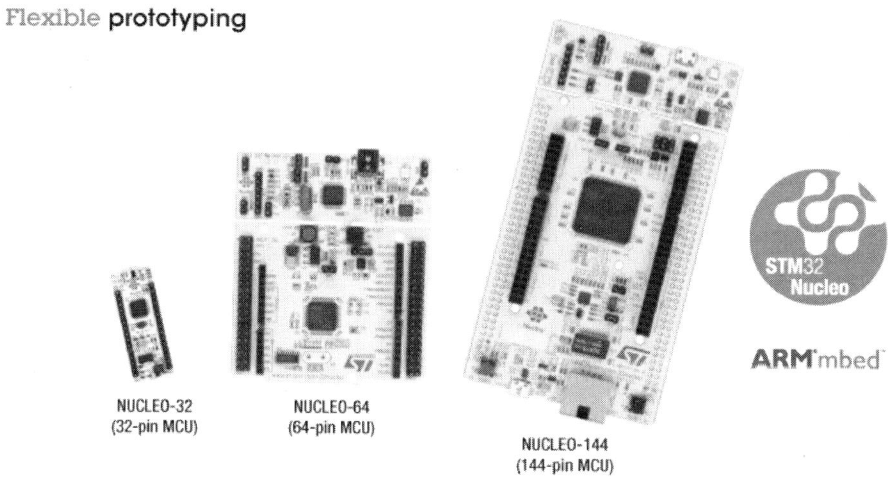

△ 그림 3-2-1 STM32 Nucleo 보드의 외형

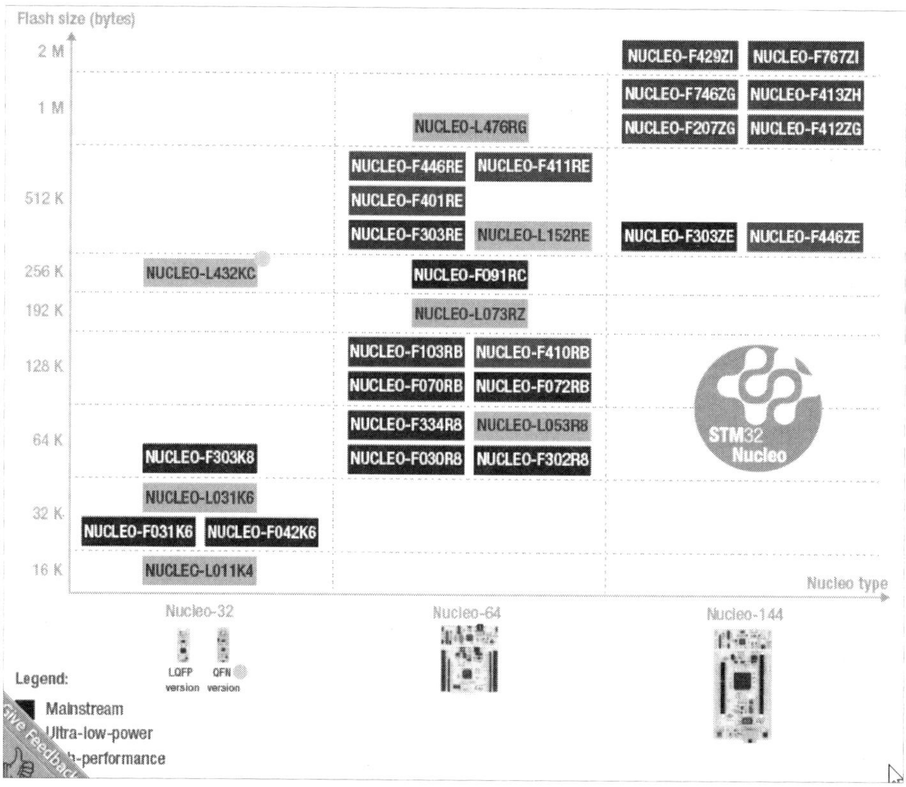

△ 그림 3-2-2 STM32 Nucleo 보드의 종류

3.3 Nucleo-F103 확장보드

Nucleo-F103 확장보드는 STM32 Nucleo-64 시리즈 중의 하나인 NUCLEO-F103RB 보드를 MCU로 사용하고, 여기에 각종 입출력 기능을 강화한 I/O 보드를 추가한 보드이다. 따라서 이 절에서는 STM32 Nucleo-64 보드와 I/O 보드에 대하여 좀 더 자세히 알아보도록 하자.

3.3.1 STM32 Nucleo-64 보드

이 책에서 사용하는 NUCLEO-F103RB를 포함하는 STM32 Nucleo-64 보드는 여러 종류가 있다. 그러나 각각의 보드는 사용하는 MCU의 모델이 다르다는 것을 제외하면 외형이나 외부 연결용 커넥터, 내부의 구성 등은 거의 대부분이 동일하다. 따라서 여기에서는 STM32 Nucleo-64 보드의 전반적인 구성에 대하여 알아본다.

3.3.1.1 STM32 Nucleo-64의 구성

(1) STM32 Nucleo-64 보드의 외형과 부품 배치

다음 그림은 STM32 Nucleo-64 보드의 외형과 부품 배치를 나타낸다. 이 책에서 사용하는 NUCLEO-F103RB도 이와 동일하다.

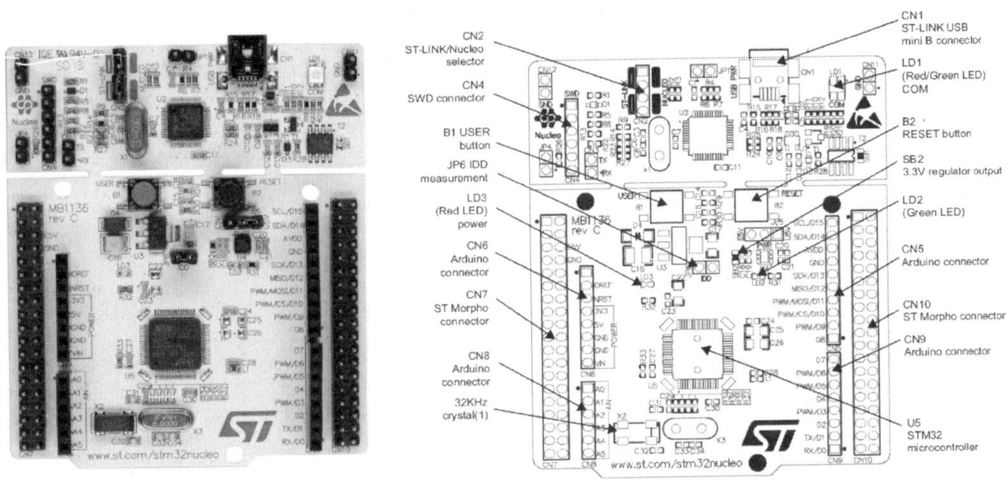

(a) STM32 Nucleo-64 보드의 외형 (b) STM32 Nucleo-64 보드의 부품 배치도

△ 그림 3-3-1 STM32 Nucleo-64 보드

(2) STM32 Nucleo-64 보드의 종류

STM32 Nucleo-64 보드는 사용하는 MCU에 따라 아래와 같이 여러 종류가 있다. 이 보드들은 모두 사용하는 MCU의 종류가 다르다. 그러나 모두 64핀을 가지는 MCU를 사용하므로 이들 보드의 외형과 부품 배치는 동일하다.

▼ 표 3-3-1 STM32 Nucleo-64 보드의 종류

Order code	Targeted MCU
NUCLEO-F030R8	STM32F030R8T6
NUCLEO-F072RB	STM32F072RBT6
NUCLEO-F091RC	STM32F091RCT6
NUCLEO-F103RB	STM32F103RBT6
NUCLEO-F302R8	STM32F302R8T6
NUCLEO-F303RE	STM32F303RET6
NUCLEO-F334R8	STM32F334R8T6
NUCLEO-F401RE	STM32F401RET6
NUCLEO-F411RE	STM32F411RET6
NUCLEO-L053R8	STM32L053R8T6
NUCLEO-L152RE	STM32L152RET6

참고

위의 표에서 모델명(Order code) "NUCLEO-TxxxRY" (예 : NUCLEO-F103RB)의 의미는 다음과 같다.
- Txxx : STM32 MCU의 제품 모델을 나타냄 (예 : F103)
- R : 핀 개수를 나타냄 (예 : R은 64핀을 의미함)
- Y : 내장 플래시 메모리의 크기 (8은 64K, B는 128K, C는 256K, E는 512K)

(3) STM32 Nucleo-64 보드의 특징

STM32 Nucleo-64 보드의 특징은 다음과 같다.

- MCU는 모두 LQFP 64핀 패키지 형태임
- 다음 2 가지의 외부 연결용 커넥터를 가짐
  - 아두이노 우노(Uno, Revision 3) 호환 커넥터
  - Morpho extension 핀 헤더. 이 것을 이용하면 STM32의 모든 I/O에 액세스가 가능하다.
- mbed를 지원함
- ST-LINK/V2-1 debugger/programmer가 내장됨
- 다양한 전원 공급이 가능함
  - USB의 VBUS 핀을 통한 전원 공급
  - 아두이노 커넥터나 ST Morpho 커넥터의 외부 VIN(7V < VIN < 12V) 핀을 통한 외부 전원 공급
  - ST Morpho 커넥터의 외부 5V(E5V) 전원 핀을 통한 전원 공급
  - 아두이노 커넥터나 ST Morpho 커넥터의 외부 +3.3V 전원 핀을 통한 전원 공급
- 3개의 LED가 장착됨 : USB 통신용(LD1), 사용자 LED(LD2), 전원 LED(LD3)
- 2개의 푸시 버튼이 장착됨 : USER 와, RESET
- LSE 크리스털 내장 : 32.768kHz 크리스털 오실레이터(보드의 버전에 따라 달라질 수

있음)

- USB re-enumeration capability : 3가지의 USB 인터페이스를 지원함
  - 가상(Virtual) COM 포트
  - 매스 스토리지(Mass storage)
  - 디버거 포트

(4) STM32 Nucleo-64 보드의 구성

STM32 Nucleo-64 보드의 구성도는 〈그림 3-3-2〉과 같다. 이 보드는 외형상으로는 1개의 보드이지만 실질적으로는 서로 기능이 다른 두 개의 보드로 구성이 되어있다. 그리고 실제로 Nucleo 보드를 두 부분으로 자를 수 있도록 보드의 중간에 홈이 나있으므로 필요할 경우는 잘라서 별도의 두 개의 보드로 사용하는 것도 가능하다.

① ST-LINK 파트

이 보드의 윗 부분은 ST-LINK 파트로써, 여기에는 ST사에서 개발한 ST-LINK/V2-1이 내장되어 있으므로 프로그램의 다운로드가 가능하다. 따라서 별도의 JTAG 디버거 없이 이 보드만으로도 프로그램의 다운로드 및 실행이 가능하다.

② MCU 파트

보드의 아랫 부분은 STM32 MCU를 포함하는 MCU 파트이다. 여기에는 I/O를 위한 버튼이 2개, LED가 1개, 그리고 외부 연결용 커넥터가 부착되어 있다. 두 개의 버튼 중에서 B1(USER) 버튼은 사용자 입력용, B2(RESET)는 리셋 버튼이며 LED LD2는 외부 출력용으로 사용된다.

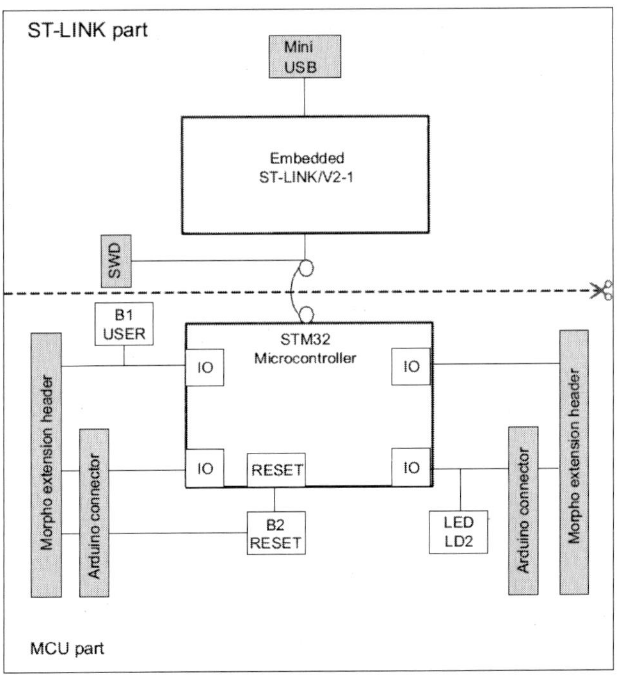

△ **그림 3-3-2** STM32 Nucleo-64 보드의 구성도

3.3.1.2 Nucleo-64 보드의 외부 연결용 커넥터

Nucleo-64 보드에는 외부 연결을 위한 커넥터가 아두이노 커넥터와 외부 I/O용 커넥터의 2 종류가 있다.

① 아두이노(Arduino) 커넥터 : CN5, CN6, CN8, CN9

이 커넥터는 아두이노 우노(Uno, Revision 3)와 동일한 핀 배치를 가지는 커넥터이다. 따라서 이 커넥터를 이용하면 아두이노용의 쉴드(shield) 보드를 탑재하여 사용하는 것도 가능하다.

참고

> 뉴클레오 보드의 아두이노 커넥터는 우노(Uno, Revision 3)와 핀 배치가 동일하다. 따라서 이 커넥터를 이용하면 아두이노 쉴드(shield) 보드의 사용이 가능하다. 그러나 ATmega에서 동작하는 아두이노 프로그램은 당연히 사용할 수는 없으며, 쉴드 보드의 구동을 위해서는 별노의 Cortex-M3 프로그램이 필요하다.

② 외부 I/O용 커넥터(Morpho extension header) : CN7, CN10

아두이노 커넥터는 핀의 개수가 한정되어 있으므로 사용가능한 MCU의 핀에 제한이 있다. 외부 I/O용 커넥터는 이런 단점을 보완하기 위하여 MCU의 대부분의 핀을 외부로 연결할 수 있도록 설계된 커넥터이다.

아래의 그림은 Nucleo-64 보드 중에서 NUCLEO-F103RB 보드의 외부 연결용 커넥터를 나타낸다.

참고

> Nucleo-64 보드의 아두이노(Arduino) 커넥터와 외부 I/O용 커넥터의 구성 및 핀의 개수는 모두 동일하다. 그러나 이 커넥터의 핀과 연결된 MCU 핀 번호(예 : 아래 그림의 경우, CN7의 1번핀은 PC10에 연결됨)는 모델별로 다소 다를 수가 있다.

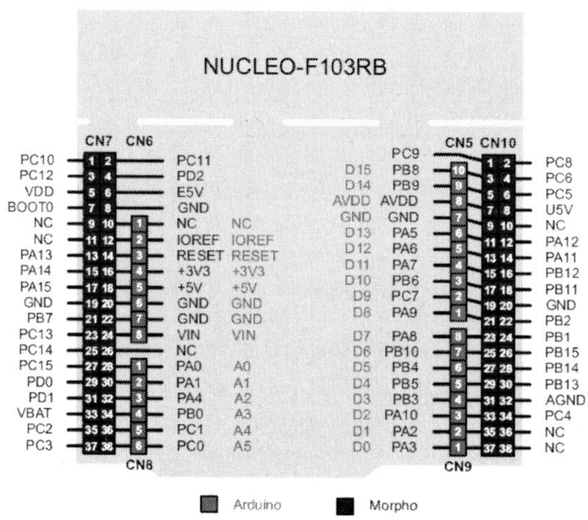

(a) NUCLEO-F103RB 보드의 외부 커넥터 배치도

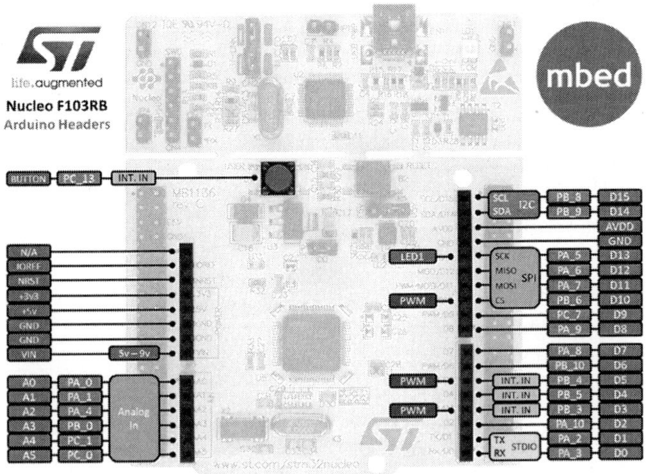

(b) NUCLEO-F103RB 보드의 아두이노 커넥터의 구성

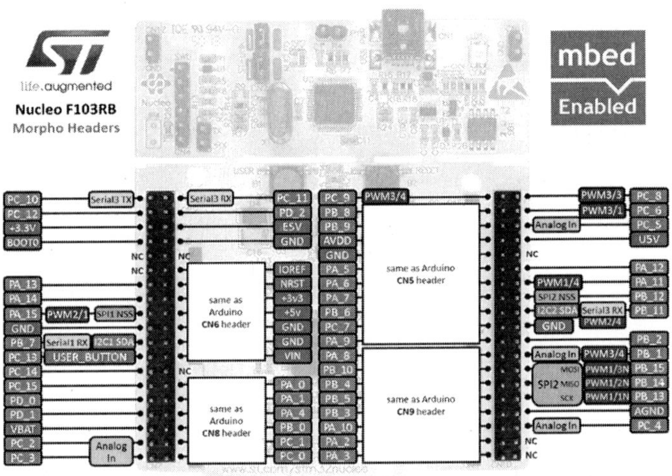

(c) NUCLEO-F103RB 보드의 Morpho 커넥터의 구성

△ **그림 3-3-3** NUCLEO-F103RB 보드의 커넥터 핀

3.3.1.3 ST-LINK/V2-1 디버거

STM32 Nucleo-64 보드에는 프로그램의 다운로드/디버깅을 위한 디버거인 ST-LINK/V2-1가 내장되어 있다. ST-LINK/V2-1은 STM32 시리즈의 MCU에서 SWD 기능만 지원한다.

ST-LINK/V2-1은 CN2 커넥터에 있는 점퍼(2개)의 설정에 따라 다음의 〈표 3-3-2〉와 같은 2가지 용도로 사용할 수 있다. 이중에서 외부의 STM32MCU를 지원하도록 점퍼를 설정하면 Nucleo 보드를 이용하여 다른 외부의 MCU 보드로 프로그램을 다운로드하는 용도로도 사용하는 것도 가능하다. 〈그림 3-3-4〉는 ST-LINK/V2-1 디버거의 CN2 커넥터의 점퍼 설정 방법을 보여준다.

중요 이 책에서는 Nucleo 보드내의 STM32 MCU를 사용하므로 CN2 커넥터의 점퍼(2개)는 모두 연결(ON)되도록 설정되어야 한다.

▼ **표 3-3-2** CN2 커넥터의 설정에 따른 ST-LINK/V2-1의 기능

CN2 커넥터의 점퍼 설정	ST-LINK/V2-1 디버거의 기능
점퍼(2개)를 모두 연결(ON)	Nucleo 보드 내의 STM32 MCU를 지원
점퍼(2개)를 모두 제거(OFF)	CN4 커넥터를 통해 연결된 외부 STM32 MCU를 지원 (SWD 기능만 지원)

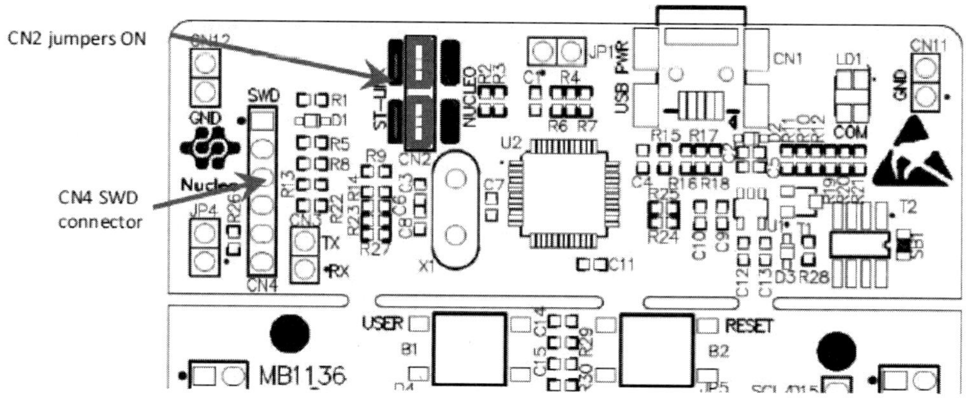

(a) 보드 내의 STM32 MCU를 사용할 경우 : CN2의 점퍼를 ON

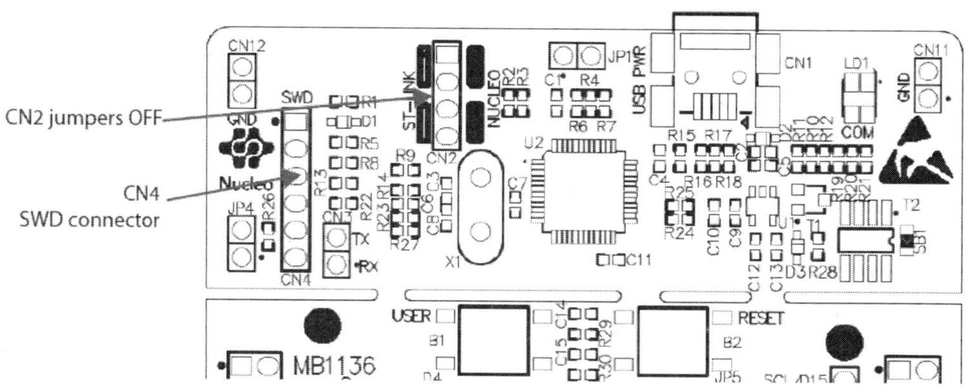

(b) 외부의 STM32 MCU를 지원할 경우 : CN2의 점퍼를 OFF

△ **그림 3-3-4** ST-LINK/V2-1 디버거의 CN2 커넥터의 설정

3.3.1.4 STM32 Nucleo-64 보드의 회로도

STM32 Nucleo-64 보드의 주요 부분의 회로도는 〈그림 3-2-5〉와 같다. 보다 자세한 회로도나 부품 리스트 등은 “STM32 Nucleo-64 board User Manual(UM1724)”을 참고하기 바란다.

참고

> STM32 Nucleo-64 보드는 사용하는 MCU에 따라 여러 종류가 있다. 그러나 모두 64핀을 가지는 MCU를 사용하였으므로 보드의 외형이나 부품 배치는 모두 동일하다.

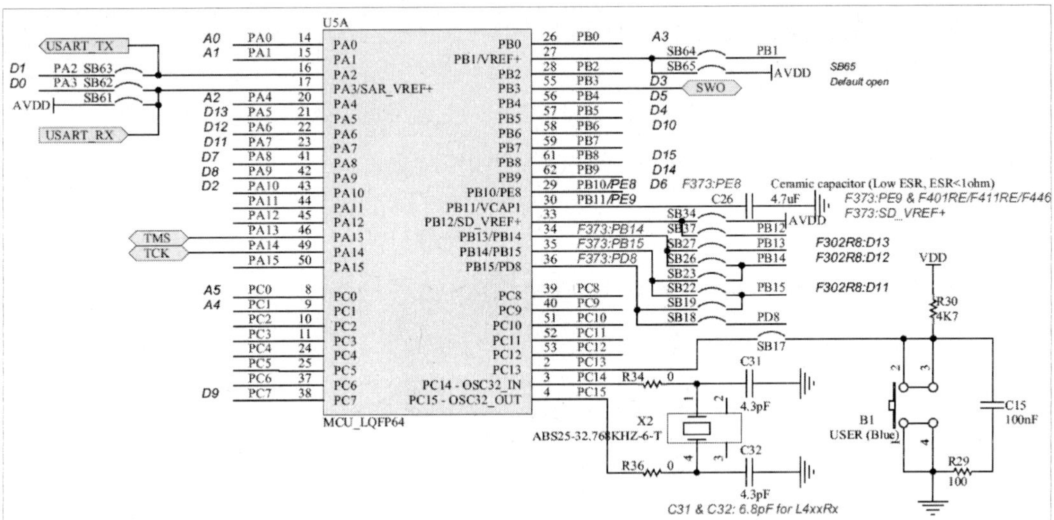

(a) MCU 부분

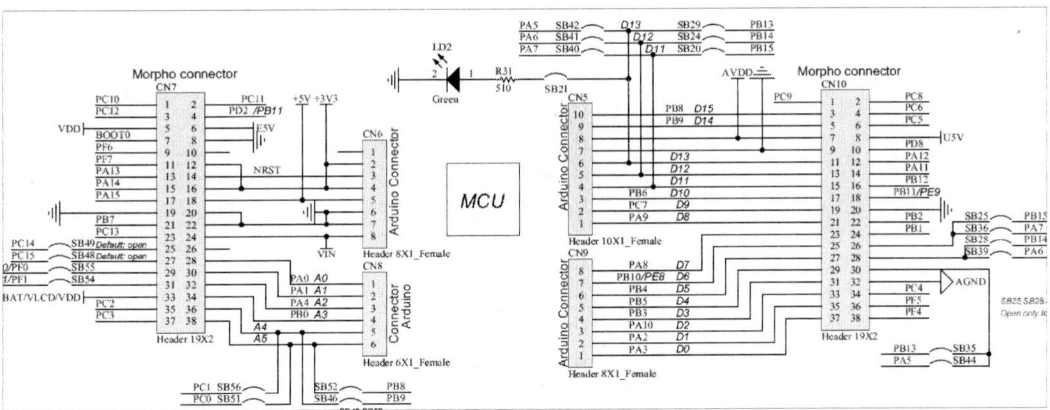

(b) 커넥터 부분

△ **그림 3-3-5** STM32 Nucleo-64 보드의 주요 부분 회로도

3.3.2 NUCLEO-64용 I/O 보드

STM32 Nucleo-64 보드는 ST사의 Cortex-M MCU인 STM32F 시리즈를 사용한 평가 보드로 가격이 저렴하고 쉽게 구할 수 있는 장점이 있는 반면 보드에 내장된 입출력용 스위치, LED 등의 개수가 작아, 이 보드만으로는 다양한 동작을 하는 프로그램의 작성, 동작이 불가능하다. 따라서 이 책에서는 Cortex-M MCU의 다양한 동작을 프로그래밍하기 위해 외부 I/O 기능을 추가한 I/O 보드를 사용한다.

〈그림 3-3-6〉은 STM32 Nucleo-64 보드 및 I/O 보드를 나타낸다. I/O 보드는 Nucleo-64 보드의 Morpho Extension 소켓에 장착되도록 되어있다.

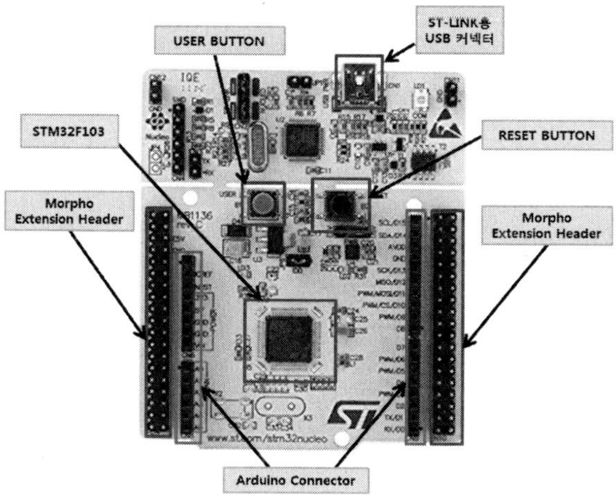

(a) STM32 Nucleo-64 보드

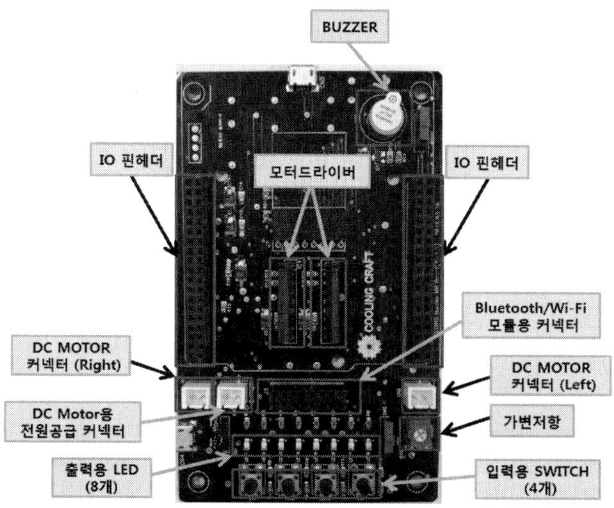

(b) NUCLEO-64용 I/O 보드

△ **그림 3-3-6** STM32 Nucleo-64 보드 및 I/O 보드

Nucleo-64용 I/O 보드의 구성은 다음과 같다.

- 출력용 LED(LED1 ~ LED8) : 8개
- 입력용 스위치(SW1 ~ SW4) : 4개
- DC 모터 드라이버(BA6208) : 2개
- DC 모터 구동용 커넥터 : 3개
- Bluetooth/Wi-Fi 모듈용 커넥터 : 1개
- STM32 Nucleo-64 보드용 Morpho Extension 소켓 : 2개

한편, STM32 Nucleo-64 보드에도 출력용 LED(LD2)가 1개, 입력용 스위치(B1)이 1개 있다. 다음의 〈표 3-3-3〉은 NUCLEO-F103RB와 I/O 보드의 입출력 관련 포트 번호를 나타낸다.

▼ **표 3-3-3** 실습 보드의 입출력용 LED, S/W의 포트 번호

보드	구분	회로도 상의 기호	포트 및 핀 번호
Nucleo-64 보드 (NUCLEO-F103RB 의 경우)	LED	LD2	PA5
	S/W	B1(User Button, 파랑색)	PC13
Nucleo-64용 I/O 보드	LED	LED1 ~ LED8	PC0 ~ PC7
	S/W	SW1 ~ SW4	PA8, PB4, PB5, PB10
	DC 모터 드라이버 (오른쪽)	MOTOR-R	PA6, PA7
	DC 모터 드라이버 (왼쪽)	MOTOR-L	PB0, PB1

참고

모든 STM32 Nucleo-64 보드의 경우 출력용 LED(LD2) 1개, 입력용 스위치(B1) 1개를 가진다. 그러나 구체적인 보드의 종류(예 : NUCLEO-F103RB, NUCLEO-F411RE 등) 따라 LED와 스위치가 연결된 포트/핀 번호는 서로 다를 수도 있다. 자세한 것은 [STM32 Nucleo-64 보드의 레퍼런스 매뉴얼]을 참고하기 바란다.

다음의 〈그림 3-3-7〉는 I/O 보드의 회로도를 나타낸다. 이 회로도를 보면 LED1 ~ LED8은 각각 PC0 ~ PC7에 연결되어 있으며, SW1 ~ SW4는 각각 PA8, PB4, PB5, PB10에 연결되어 있음을 알 수 있다.

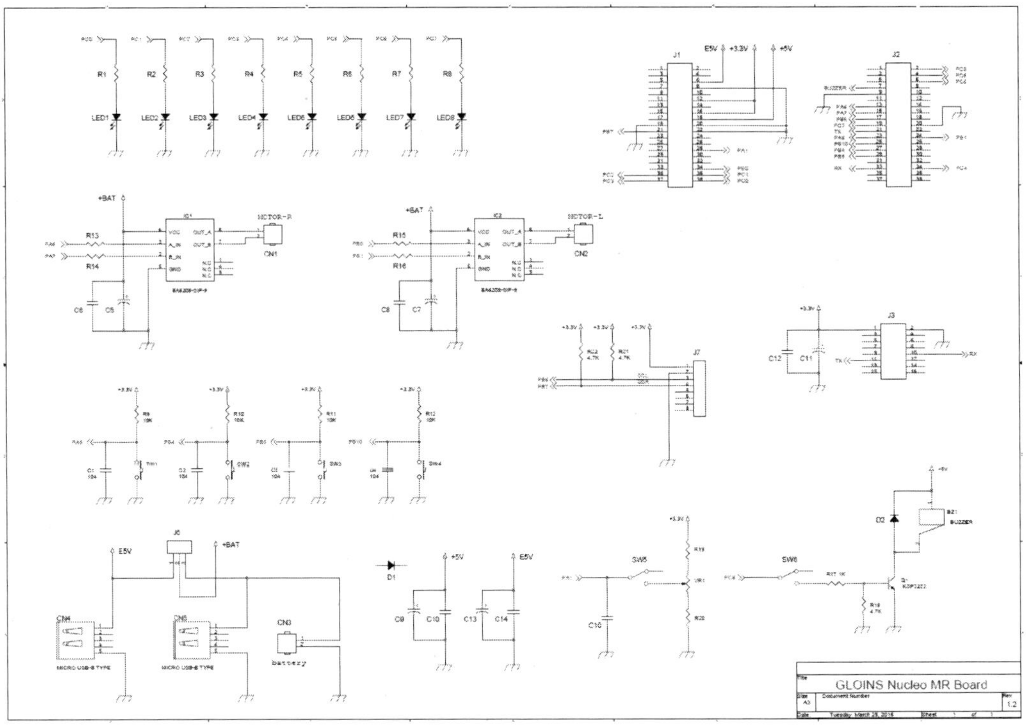

△ **그림 3-3-7** Nucleo-64용 I/O 보드의 회로도

3.4 Nucleo-F429 확장보드

Nucleo-F429 확장보드는 STM32 Nucleo-144 시리즈 중의 하나인 NUCLEO-F429ZI 보드를 MCU로 사용하고, 여기에 각종 입출력 기능을 강화한 I/O 보드를 추가한 보드이다. 따라서 이 절에서는 STM32 Nucleo-144 보드와 I/O 보드에 대하여 좀 더 자세히 알아보도록 하자.

3.4.1 STM32 Nucleo-144 보드

이 책에서 사용하는 NUCLEO-F429ZI를 포함하는 STM32 Nucleo-144 보드는 여러 종류가 있다. 그러나 각각의 보드는 사용하는 MCU의 사양이 다르다는 것을 제외하면 외형이나 외부 연결용 커넥터, 내부의 구성 등은 거의 대부분이 동일하다. 따라서 이 장에서는 STM32 Nucleo-144 보드의 전반적인 구성에 대하여 알아본다.

3.4.1.1 STM32 Nucleo-144의 구성

(1) STM32 Nucleo-144 보드의 외형과 부품 배치

다음 그림은 STM32 Nucleo-144 보드의 외형과 부품 배치를 나타낸다. 이 책에서 사용하는 NUCLEO-F429ZI 보드도 이와 동일하다.

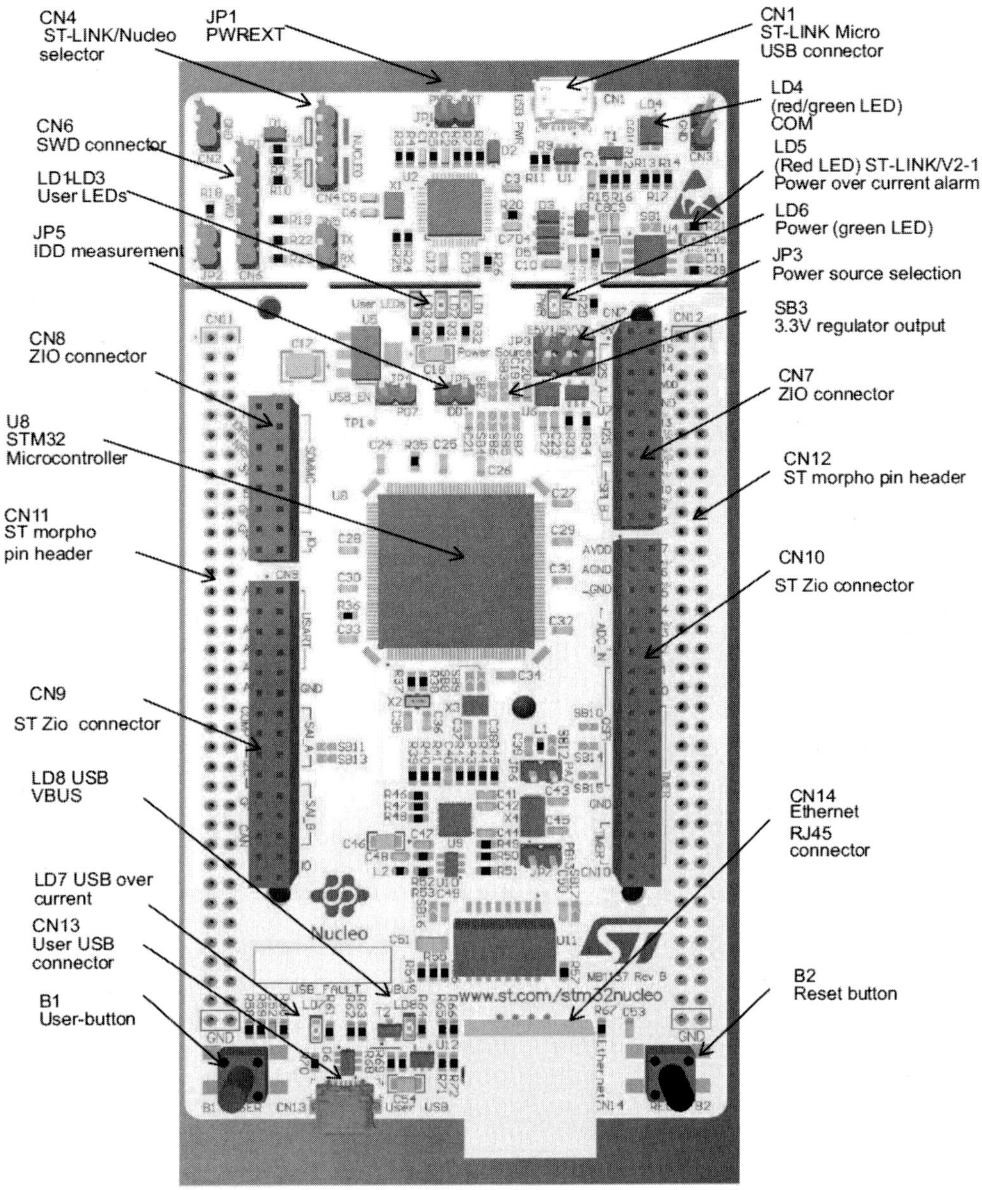

△ **그림 3-4-1** STM32 Nucleo-144 보드의 부품 배치도

(2) STM32 Nucleo-144 보드의 종류

STM32 Nucleo-144 보드는 사용하는 MCU에 따라 아래와 같이 여러 종류가 있다. 이 보드들은 모두 사용하는 MCU의 종류가 다르다. 그러나 모두 144핀을 가지는 MCU를 사용하므로 이들 보드의 외형과 부품 배치는 동일하다.

▼ **표 3-4-1** STM32 Nucleo-144 보드의 종류

Order code	Target STM32
NUCLEO-F207ZG	STM32F207ZGT6
NUCLEO-F303ZE	STM32F303ZET6
NUCLEO-F412ZG	STM32F412ZGT6
NUCLEO-F413ZH	STM32F413ZHT6
NUCLEO-F429ZI	STM32F429ZIT6
NUCLEO-F446ZE	STM32F446ZET6
NUCLEO-F722ZE	STM32F722ZET6
NUCLEO-F746ZG	STM32F746ZGT6
NUCLEO-F767ZI	STM32F767ZIT6

참고

위의 표에서 모델명(Order code) "NUCLEO-FxxxZY" (예 : NUCLEO-F429ZI)의 의미는 다음과 같다.
- Fxxx : STM32 MCU의 제품 모델을 나타냄 (예 : F429)
- Z : 핀 개수를 나타냄 (예 : Z은 144핀을 의미함)
- Y : 내장 플래시 메모리의 크기 (E는 512K, G는 1M, I는 2M)

(3) STM32 Nucleo-144 보드의 특징

STM32 Nucleo-144 보드의 특징은 다음과 같다.

- MCU는 모두 LQFP 144핀 패키지 형태임
- 다음 2 가지의 외부 연결용 커넥터를 가짐
  - ST Zio 커넥터 : 이것을 이용하면 아두이노 우노(Uno, Revision 3)도 접속가능하다. 호환 커넥터
  - Morpho extension 핀 헤더. 이 것을 이용하면 STM32의 모든 I/O에 액세스가 가능하다.
- mbed를 지원함
- ST-LINK/V2-1 debugger/programmer가 내장됨
- 다양한 전원 공급이 가능함
  - USB의 VBUS 핀을 통한 전원 공급
  - 아두이노 커넥터나 ST Morpho 커넥터의 외부 VIN(7V < VIN < 12V) 핀을 통한 외부 전원 공급
  - ST Morpho 커넥터의 외부 5V(E5V) 전원 핀을 통한 전원 공급
- 3개의 LED가 장착됨 : 사용자 LED(LD1 ~ LD2), 전원 LED(LD3)
- 2개의 푸시 버튼이 장착됨 : USER(B1, 파란색) 와, RESET(B2)
- LSE 크리스털 내장 : 32.768kHz 크리스털 오실레이터(보드의 버전에 따라 달라질 수 있음)

(4) STM32 Nucleo-144 보드의 구성

STM32 Nucleo-144 보드의 구성도는 〈그림 3-2-2〉과 같다. 이 보드는 외형상으로는 1개의 보드이지만 실질적으로는 서로 기능이 다른 두 개의 보드로 구성이 되어있다. 그리고 실제로 Neucleo 보드를 두 부분으로 자를 수 있도록 보드의 중간에 홈이 나있으므로 필요할 경우는 잘라서 별도의 두 개의 보드로 사용하는 것도 가능하다.

① ST-LINK 파트

이 보드의 윗 부분은 ST-LINK 파트로써, 여기에는 ST사에서 개발한 ST-LINK/V2-1이 내장되어 있으므로 프로그램의 다운로드가 가능하다. 따라서 별도의 JTAG 디버거 없이 이 보드만으로도 프로그램의 다운로드 및 실행이 가능하다.

② MCU 파트

보드의 아랫 부분은 STM32 MCU를 포함하는 MCU 파트이다. 여기에는 I/O를 위한 버튼과 LED, 그리고 외부 연결용 커넥터가 부착되어 있다. 버튼 중에서 B1(USER) 버튼은 사용자 입력용, B2(RESET)는 리셋 버튼이며, LED LD1 ~ LD2는 외부 출력용으로 사용된다.

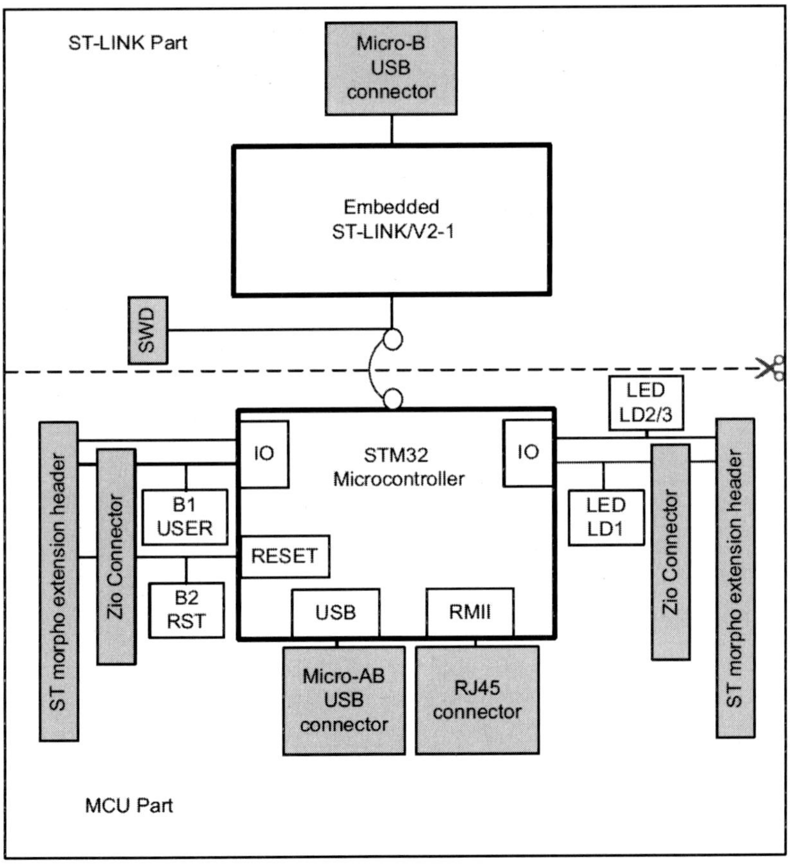

△ 그림 3-4-2 STM32 Nucleo-144 보드의 구성도

3.4.1.2 Nucleo-144 보드의 외부 연결용 커넥터

Nucleo-144 보드에는 외부 연결을 위한 커넥터가 아두이노 커넥터와 외부 I/O용 커넥터의 2 종류가 있다.

① Zio 커넥터 : CN7, CN8, CN9, CN10

이 커넥터는 아두이노 우노(Uno, Revision 3)와 동일한 핀 배치를 가지는 커넥터이다. 따라서 이 커넥터를 이용하면 아두이노용의 쉴드(shield) 보드를 탑재하여 사용하는 것도 가능하다.

참고

> 뉴클레오 보드의 아두이노 커넥터는 우노(Uno, Revision 3)와 핀 배치가 동일하다. 따라서 이 커넥터를 이용하면 아두이노 실드(shield) 보드의 사용이 가능하다. 그러나 ATmega에서 동작하는 아두이노 프로그램은 당연히 사용할 수 없으며, 쉴드 보드의 구동을 위해서는 별도의 Cortex-M3 프로그램이 필요하다.

② ST Morpho extension 헤더 : CN11, CN12

Zio 커넥터로는 모든 MCU의 핀에 접속할 수 없다. ST Morpho extension 헤더는 이런 단점을 보완하기 위하여 MCU의 대부분의 핀을 외부로 연결할 수 있도록 설계된 커넥터 헤더이다. 공장 출하시에는 여기에 커넥터는 장착되어 있지 않고 핀 헤더만 나와있으므로 필요한 경우는 사용자가 커넥터를 납땝하여 장착하여야 한다.

다음 그림은 Nucleo-144 보드 중에서 NUCLEO-F429ZI 보드의 외부 연결용 커넥터를 나타낸다.

참고

> Nucleo-144 보드의 아두이노(Arduino) 커넥터와 외부 I/O용 커넥터의 구성 및 핀의 개수는모두 동일하다. 그러나 이 커넥터의 핀과 연결된 MCU 핀 번호(예 : 아래 그림의 경우, CN7의 1번핀은 PC10에 연결됨)는 모델별로 다소 다를 수가 있다.

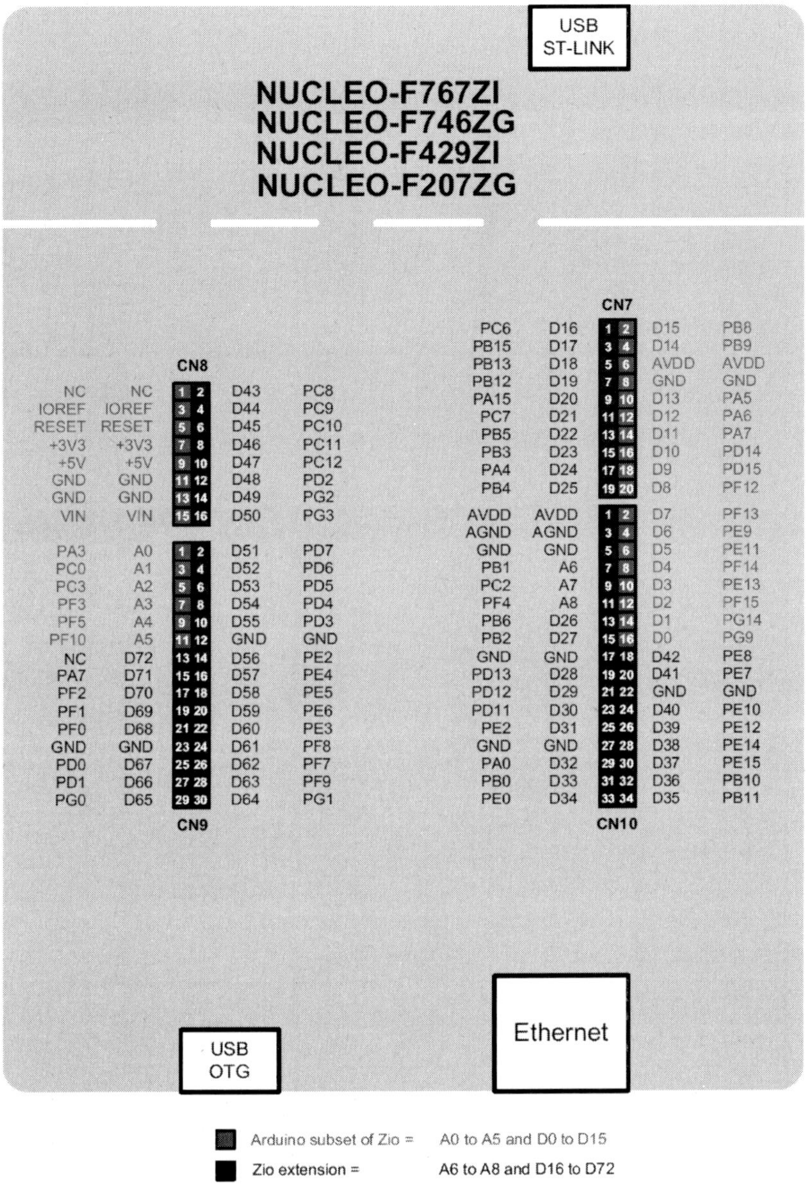

△ **그림 3-4-3** NUCLEO-F429ZI 보드의 외부 커넥터 배치도

3.4.1.3 ST-LINK/V2-1 디버거

STM32 Nucleo-144 보드에는 프로그램의 다운로드/디버깅을 위한 디버거인 ST-LINK/V2-1가 내장되어 있다. ST-LINK/V2-1은 간이 디버거이므로 STM32 시리즈의 MCU에서 SWD 기능만 지원한다.

ST-LINK/V2-1은 CN4 커넥터에 있는 점퍼(2개)의 설정에 따라 다음의 2가지 용도로 사용할 수 있다. 이중에서 외부의 STM32MCU를 지원하도록 점퍼를 설정하면 Nucleo 보드를 이용하여 다른 외부의 MCU 보드로 프로그램을 다운로드하는 용도로도 사용하는 것도 가능하다.

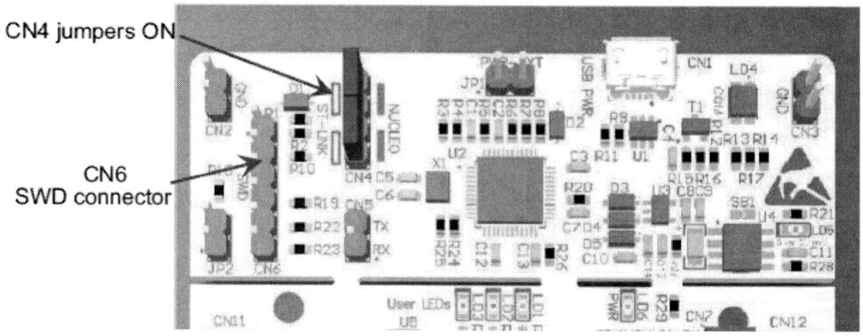

(a) 보드 내의 STM32 MCU를 사용할 경우 : CN4의 점퍼를 ON

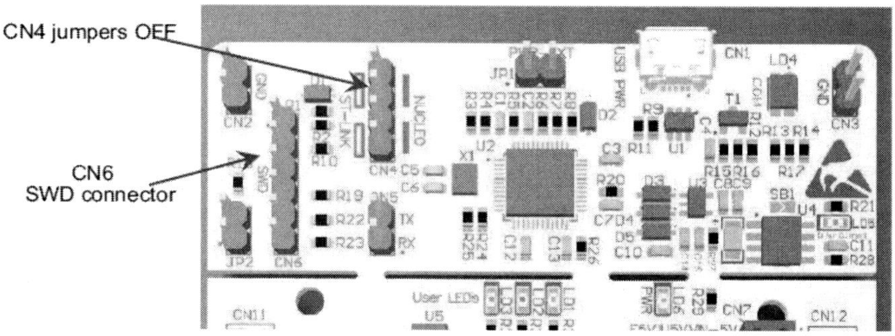

(b) 외부의 STM32 MCU를 지원할 경우 : CN4의 점퍼를 OFF

△ **그림 3-4-4** ST-LINK/V2-1 디버거의 CN4 커넥터의 설정

▼ **표 3-4-2** CN2 커넥터의 설정에 따른 ST-LINK/V2-1의 기능

CN4 커넥터의 점퍼 설정	ST-LINK/V2-1 디버거의 기능
점퍼(2개)를 모두 연결(ON)	Nucleo 보드내의 STM32 MCU를 지원
점퍼(2개)를 모두 제거(OFF)	CN6 커넥터를 통해 연결된 외부 STM32 MCU를 지원 (SWD 기능만 지원)

3.4.1.4 STM32 Nucleo-144 보드의 회로도

STM32 Nucleo-144 보드의 MCU 부분의 회로도는 〈그림 3-4-5〉와 같다. 보다 자세한 회로도나 부품 리스트 등은 [STM32 Nucleo-144 board User Manual(UM1974)]을 참고하기 바란다.

참고

STM32 Nucleo-144 보드는 사용하는 MCU에 따라 여러 종류가 있다. 그러나 모두 44핀을 가지는 MCU를 사용하였으므로 보드의 외형이나 부품 배치는 모두 동일하다.

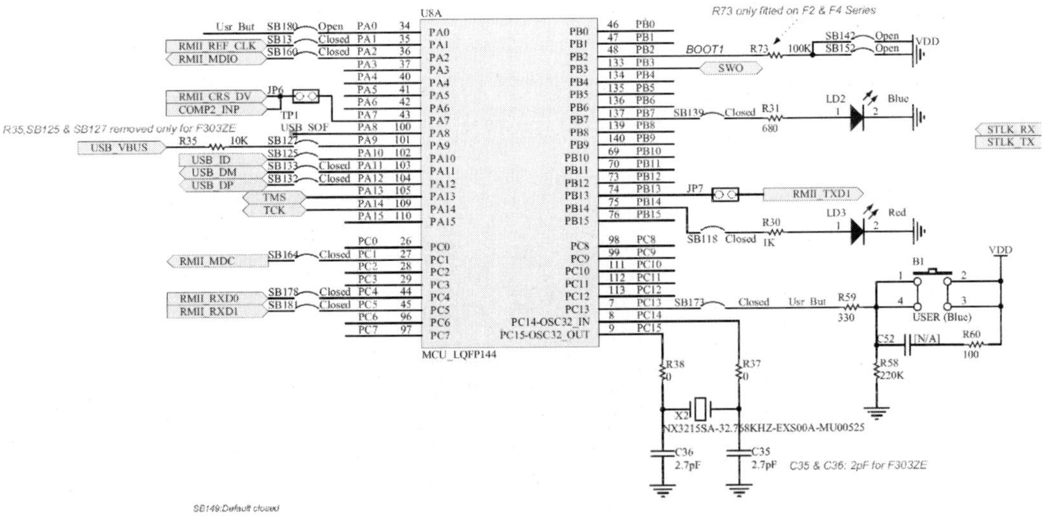

(a) MCU부 I/O 관련 회로도

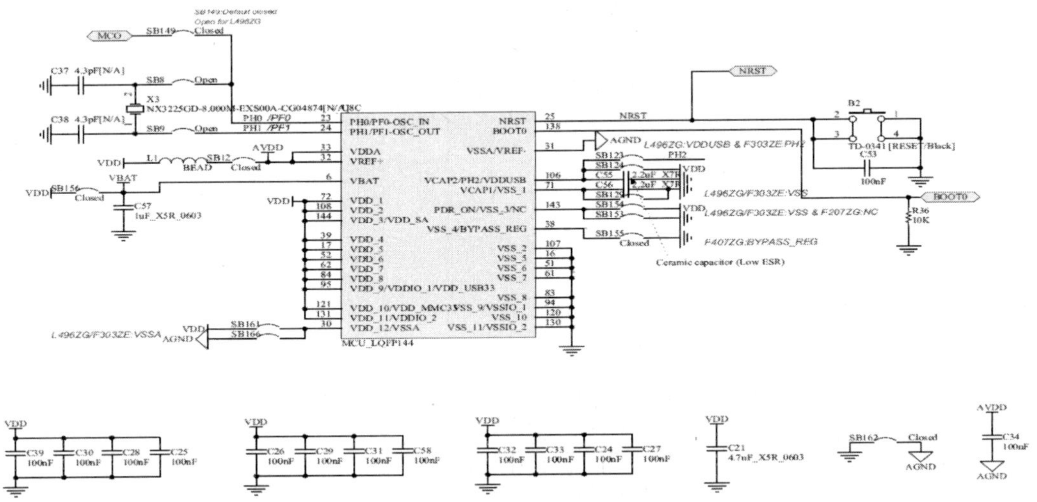

(b) MCU부 전원 관련 회로도

△ **그림 3-4-5** STM32 Nucleo-144 보드의 MCU 부분의 회로도

3.4.2 Nucleo-144용 I/O 보드

〈그림 3-4-6〉은 STM32 Nucleo-144 보드 및 I/O 보드를 나타낸다. I/O 보드는 Nucleo-144 보드의 Morpho Extension 소켓에 장착되도록 되어있다.

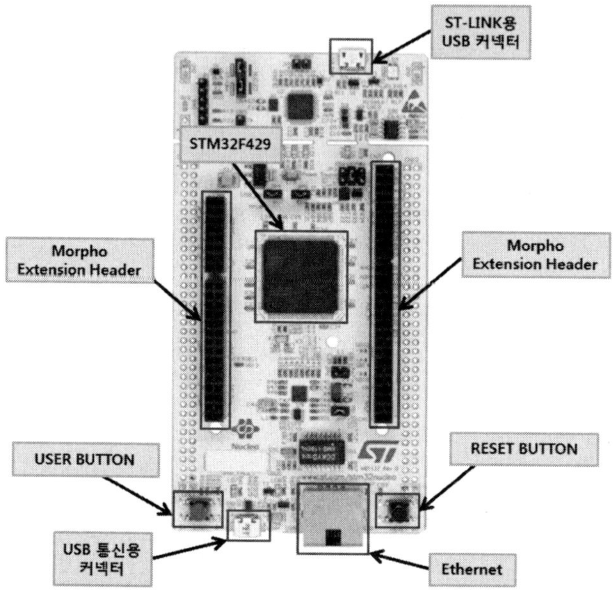

(a) STM32 Nucleo-144 보드

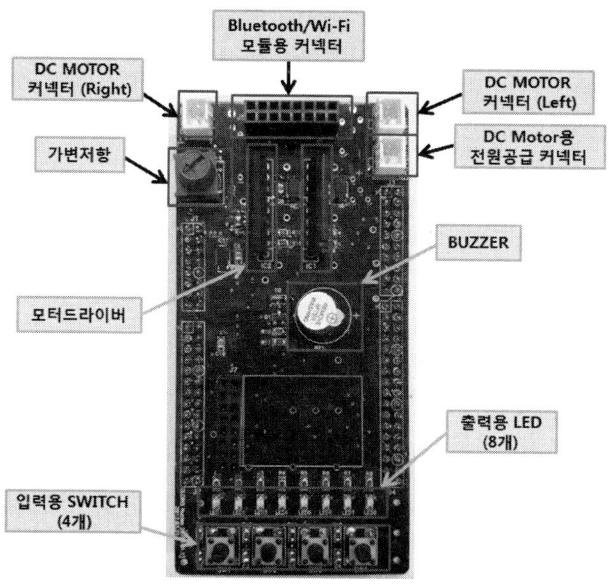

(b) Nucleo-144용 I/O 보드

△ 그림 3-4-6 STM32 Nucleo-144 보드 및 I/O 보드

I/O 보드의 구성은 다음과 같다.

- 출력용 LED(LED1 ~ LED8) : 8개
- 입력용 스위치(SW1 ~ SW4) : 4개
- DC 모터 드라이버(BA6208) : 2개
- DC 모터 구동용 커넥터 : 3개
- Bluetooth/Wi-Fi 모듈용 커넥터 : 1개
- STM32 Nucleo-144 보드 장착용 소켓 : 2개

한편, STM32 Nucleo-144 보드에는 출력용 LED(LD1 ~ LD2)가 2개, 입력용 스위치(B1)이 1개 있다. 다음의 〈표 3-4-3〉는 NUCLEO-F429ZI와 I/O 보드의 입출력 관련 포트 번호를 나타낸다.

보드	구분	회로도 상의 기호	포트 및 핀 번호
STM32 Nucleo-144 (NUCLEO-F429ZI의 경우)	LED	LD1, LD2	PB0, PB7
	S/W	B1(User Button)	PC13
Nucleo-144용 II/O 보드	LED	LED1 ~ LED8	PD0 ~ PD7
	S/W	SW1 ~ SW4	PG0 ~ PG3
	DC 모터 드라이버 (오른쪽)	MOTOR-R	PD12, PD13
	DC 모터 드라이버 (왼쪽)	MOTOR-L	PD14, PD15

△ **그림 3-4-3** 실습 보드의 입출력용 LED, S/W의 포트 번호

참고

모든 STM32 Nucleo-144 보드의 경우 출력용 LED(LD1~3) 3개, 입력용 스위치(B1) 1개를 가진다. 그러나 구체적인 보드의 종류(예 : NUCLEO-F429ZI, NUCLEO-F746ZGE 등) 따라 LED와 스위치가 연결된 포트/핀 번호는 서로 다를 수도 있다. 자세한 것은 [STM32 Nucleo-144 보드의 레퍼런스 매뉴얼]을 참고하기 바란다.

다음의 〈그림 3-4-7〉는 I/O 보드의 회로도를 나타낸다. 이 회로도를 보면 LED1 ~ LED8은 각각 PD0 ~ PD7에 연결되어 있으며, SW1 ~ SW4는 각각 PG0 ~ PG3에 연결되어 있음을 알 수 있다.

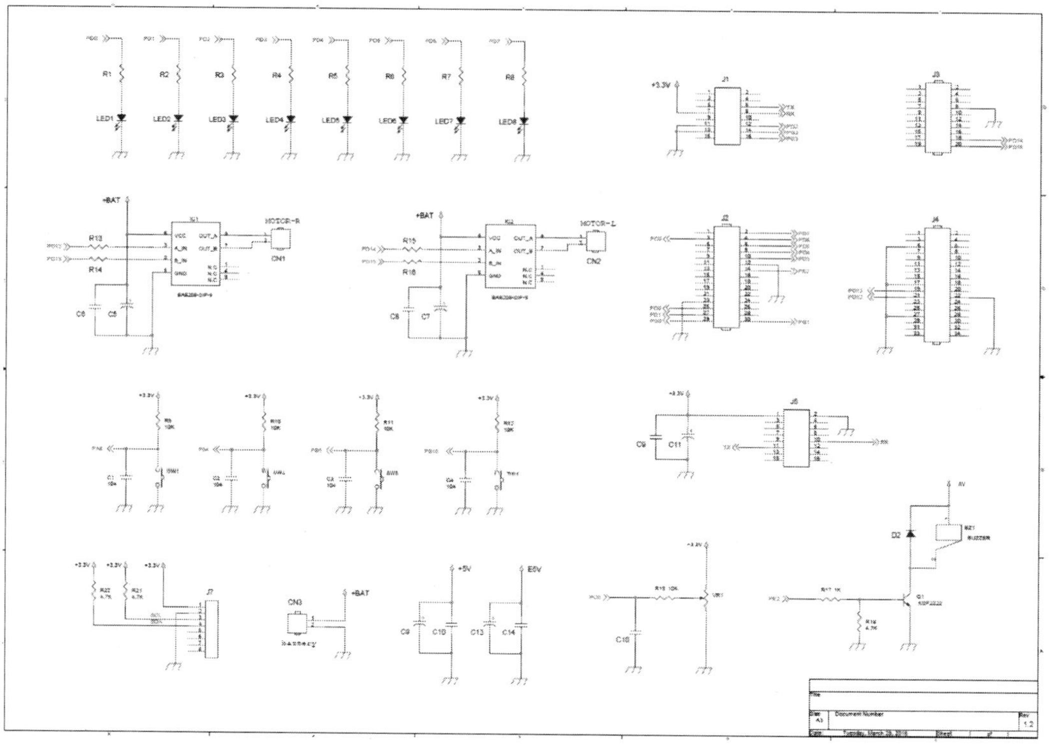

△ **그림 3-4-7** Nucleo-144 I/O 보드의 회로도

04 실습 보드를 이용한 프로그램 작성방법

4.1 개발 환경 구축

실습 보드에서 실행될 프로그램의 개발 과정(소스코드 작성, 컴파일, 다운로드, 디버깅 등)은 PC를 이용하여 수행되며, 이를 위해서는 PC에 다음과 같은 개발용 소프트웨어의 설치가 필요하다.

- Keil MDK : Cortex-M MCU의 프로그램 개발을 위한 통합 개발환경 프로그램. 이 프로그램은 ARM사에서 개발한 것으로 Cortex 프로세서의 프로그램 개발에는 이 프로그램을 사용한다.
- STM32CubeF1 펌웨어 : STM32F1 시리즈의 MCU 구동에 필요한 함수와 구조체 등이 포함된 펌웨어 파일. 이 책에서 사용하는 Nucleo-F103 확장보드(NUCLEO-F103RB 보드)를 구동하려면 이 펌웨어가 필요하다. 이 펌웨어는 STM32F1 시리즈의 제조사인 ST사에서 제공하는 소프트웨어이다.
- STM32CubeF4 펌웨어 : STM32F4 시리즈의 MCU 구동에 필요한 함수와 구조체 등이 포함된 펌웨어 파일. 이 책에서 사용하는 Nucleo-F429 확장보드(NUCLEO-F429ZI 보드)를 구동하려면 이 펌웨어가 필요하다. 이 펌웨어는 STM32F4 시리즈의 제조사인 ST사에서 제공하는 소프트웨어이다.
- ST-LINK/V2-1 드라이버 : STM32 뉴클레오 보드에는 프로그램의 다운로드 및 디버깅을 위한 디버거인 ST-LINK/V2-1가 내장되어 있는데, 이를 이용하면 PC에서 작성한 프로그램을 뉴클레오 보드로 다운로드하여 실행할 수 있다. ST-LINK/V2-1을 사용하기 위해서는 PC에 드라이버 프로그램을 설치해야 한다.

참고

1. Cortex-M MCU의 프로그램 개발을 위한 통합 개발환경 프로그램으로는 여러 가지가 있다. 이 중 대표적인 것으로는 ARM사의 Keil MDK 과 IAR Systems사의 Embedded Workbench가 있으며 이들은 모두 유료 소프트웨어이지만 한정된 용도로 사용이 가능한 평가판도 제공한다. 본 교재에서는 Keil MDK 평가판을 사용한다.
2. Cortex-M MCU는 여러 제조사에서 생산을 하며, 대부분의 제조사들은 각자의 MCU를 위한 라이브러리를 제공한다. 예를 들면 ST사는 STM32CubeFx(x = 1, 2, 3, 4, 7 등) 펌웨어를 제공하며, NXP사는 LPCware 라이브러리를 제공하는데 이들은 모두 무료로 제공하는 소프트웨어이다.

4.1.1 Keil MDK의 설치

4.1.1.1 Keil MDK의 구성

Keil MDK(Microcontroller Development Kit)는 ARM Cortex-M 프로세서의 프로그램 개발을 위한 통합 개발환경(IDE : Integrated Development Environment) 프로그램으로, 이것을 이용하면 소스 코드 작성, 컴파일, 디버깅 및 다운로드 등의 모든 작업이 가능하다. 이 프로그램은 원래 Keil사에서 개발되었으나 Keil사가 ARM사에 통합되면서 현재는 ARM사에서 'Keil'이라는 브랜드명으로 통용되고 있다. 2017년 2월 현재 Keil MDK의 최신판은 버전 5.23이며, 본 교재에서는 이를 기준으로 설치 방법과 사용 방법을 설명한다. 혹시 Keil MDK의 버전이 달라지더라도 본 교재의 설명을 참고하면 설치 및 사용에 큰 문제가 없을 것으로 생각된다.

참고

Keil MDK를 MDK-ARM, 또는 RealView MDK-ARM 이라고 부르기도 한다.

(1) Keil MDK의 구성

〈그림 4-1-1〉은 Keil MDK의 구성을 나타낸다. 이 그림을 보면 Keil MDK는 크게 MDK 툴(MDK Tools)와 소프트웨어 팩(Software pack)으로 구성된다.

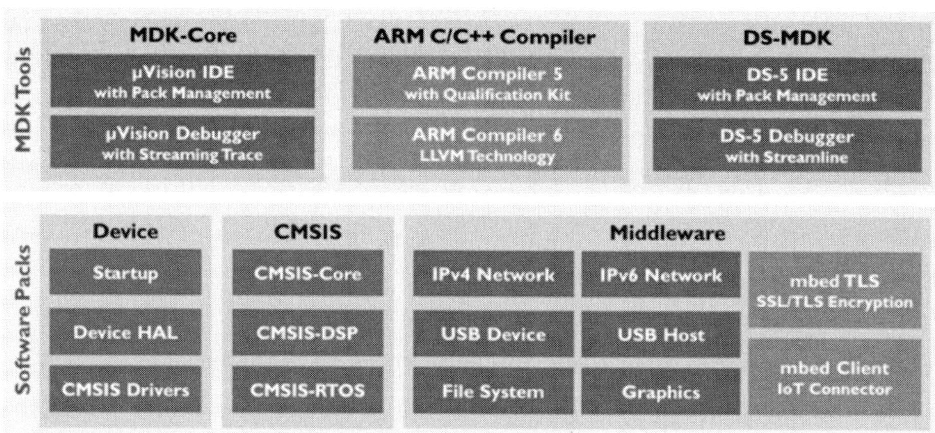

△ **그림 4-1-1** Keil MDK의 구성

① MDK 툴(MDK Tools)의 구성은 다음과 같다.

- MDK 코어 : 다음과 같은 기능을 가진다.
  - µVision IDE : 프로젝트 파일의 관리, 파일의 편집 기능을 가지는 통합개발환경(IDE)
  - µVision Debugger : 디버깅, 트레이서 기능을 지원하는 디버거
- ARM C/C++ Compiler : ARM C/C++를 지원하는 컴파일러
- Pack installer : 이클립스를 기반으로(Eclipse-based)한 DS-5 IDE와 Debugger

- CMSIS : CMSIS(Cortex Microcontroller Software Interface Standard)와 관련된 파일로 구성된다. 여기에는 CMSIS-Core, CMSIS-DSP와 CMSIS-RTOS가 있다.
- MDK-Professional Middleware : 네트워크(TCP/IP), 파일 시스템, USB Host/Device와 그래픽을 지원하는 미들웨어

참고

CMSIS(Cortex Microcontroller Software Interface Standard)에 대한 자세한 설명은 [5.1.2절, STM32CubeMX와 CMSIS]를 참고하기 바란다.

(2) Keil MDK의 종류

Keil MDK는 MDK-Professional, MDK-Plus, MDK-CortexM 그리고 MDK-Lite 의 4가지 종류가 있다(Ver5.23 기준).

- MDK-Lite : 무료의 평가판이다. 사용 기간은 제한이 없으나 실행가능한 소스코드 크기가 32 Kbyte 이내로 제한된다.
- MDK-Cortex-M : Cortex-M 기반의 MCU용 이다.
- MDK-Plus : Cortex-M, ARM7, ARM9용 이며 다음의 미들웨어의 사용이 가능하다 - IPv4 Networking, USB Device, File System, Graphics.
- MDK-Professional : Cortex-M, Cortex-A, ARM7, ARM9.용 이며 다음의 미들웨어의 사용이 가능하다 - IPv4/IPv6 Networking, USB Host &Device, File System, Graphics, mbed components.

각각의 자세한 구성은 <표 4-1-1>에 나타나 있다. 이 중에서 MDK-Lite는 평가판 버전으로 무료로 사용할 수 있으나 그 외의 다른 버전들은 모두 유료의 소프트웨어이다.

이 표를 보면 모든 종류의 Keil MDK는 μVision IDE, ARM C/C++ 컴파일러와 RTX Real-time operating system을 포함하고 있다. 그러나 무료로 사용할 수 있는 MDK-Lite는 파일의 크기가 32KB로 제한이 있다. 그리고 미들웨어 라이브러리(File System, Graphic, Network(TCP/IP), USB Device/USB Host 라이브러리)는 고가인 MDK-Plus 나 MDK-Professional에서만 사용 가능하다.

참고

Keil MDK에서의 'Middleware Library'를 이전 버전에서는 'RL-ARM 라이브러리'라고 불렀으며, 관련 자료 중에는 아직도 RL-ARM 라이브러리라는 용어를 사용하고 있는 것들도 있다.

▼ **표 4-1-1** Keil MDK의 종류

Feature	MDK Edition Professional	Plus	Cortex-M	Lite
	All-in-one solution including Middleware and Cortex-A	Supports all microcontroller cores and Middleware	Supports Cortex-M	Free with code size limit: 32 KBytes
	Request a Quote	Request a Quote	Request a Quote	Download
µVision®				
IDE with Editor, Pack Installer	✔	✔	✔	✔
Debugger	✔	✔	✔	32 KByte
Fixed Virtual Platforms Simulation Models	✔	✘	✘	✘
ARM® C/C++ Compiler				
Compiler, Linker, Libraries, and Utilities	✔	✔	✔	32 KByte
Functional Safety Support and Extended Maintenance	✔	✘	✘	✘
Device Support				
ARM Cortex®-M	✔	✔	✔	✔
ARM SecurCore®	✔	✔	✘	✔
ARM7™, ARM9™, ARM Cortex-R4	✔	✔	✘	✔
DS-MDK for Heterogeneous Devices	✔	✘	✘	✘
ARM v8-M Architecture Support	✔	✘	✘	✘
RTOS and Middleware				
CMSIS-RTOS RTX (with full source code)	✔	✔	✔	✔
Middleware IPv4 Network, USB Device, File System, Graphics	✔	✔	✘	✘
Middleware IPv6 Network, USB Host, mbed TLS	✔	✘	✘	✘
Debug and Trace Support				
ULINK Debug Adapters ULINK-ME, ULINK2, ULINK*pro*	✔	✔	✔	✔
Trace Streaming Instruction Trace, Embedded Trace Buffer, Micro Trace Buffer	✔	✔	✔	✔
Advanced Analysis Tools Code Coverage, Performance Analyzer, Execution Profiler, Logic Analyzer	✔	✔	✔	✔

4.1.1.2 Keil MDK의 다운로드

Keil MDK은 상용 프로그램이지만 평가판 프로그램인 MDK-Lite는 무료로 다운로드받아 사용할 수 있다. MDK-Lite는 빌드되는 코드 크기가 32KB 이하로 제한되는 등 약간의 제약이 따르지만 본 교재에서 사용되는 예제 프로그램을 실행하는 데에는 아무런 문제가 없다. Keil MDK 평가판의 다운로드는 Keil 홈페이지(www.keil.com)에서 가능하며 그 방법은 다음과 같다.

중요 2017년 2월 현재 Keil MDK의 최신판은 Ver 5.230이며, 본 교재에서는 이를 기준으로 설치 방법과 사용 방법을 설명한다. 혹시 Keil MDK의 버전이 달라지더라도 본 교재의 설명을 참고하면 설치 및 사용에 큰 문제가 없을 것으로 생각된다.

---

1) MDK-Lite를 다운로드받기 위해 Keil MDK의 홈페이지(www.keil.com)로 이동한다. 여기에서 [Software Downloads] - [Product Downloads] 탭을 클릭한다.

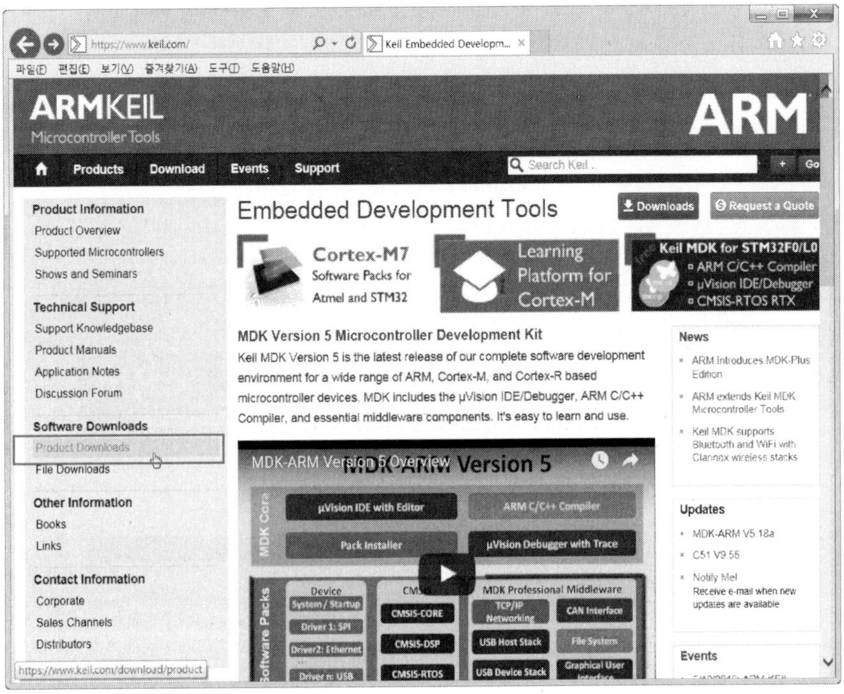

△ **그림 4-1-2** Keil의 홈페이지(www.keil.com)

2) 그러면 Keil MDK(MDK-ARM)를 다운받을 수 있는 화면이 나온다. 여기에서 Keil MDK (MDK-ARM)를 클릭한다.

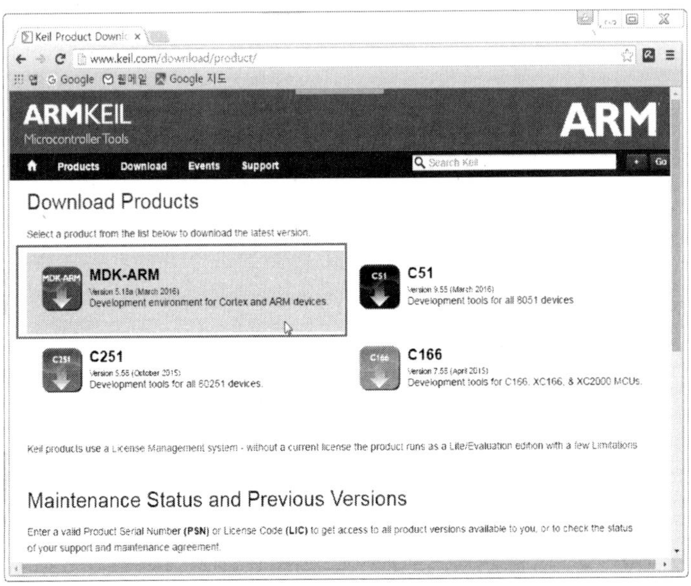

△ **그림 4-1-3** Keil MDK 평가판의 다운로드 페이지

참고 **Keil MDK 평가판의 다운로드 페이지가 변경되어 교재의 설명과 다른 경우**

만일 Keil 홈페이지가 개편되거나 자료들이 이동되었을 경우는 Keil MDK 평가판의 다운로드 페이지 주소가 변경될 수 있다. 이런 경우는 Keil의 메인 홈페이지(www.keil.com)에서 [Software Downloads] 메뉴나, 또는 유사한 메뉴에서 Keil MDK 평가판을 찾아보기 바란다.

3) 평가판 소프트웨어 다운로드 페이지가 나타나면 사용자 개인 정보를 등록하도록 되어 있는데, 평가판 소프트웨어를 다운로드 받기위해서는 꼭 필요한 과정이므로 해당 사항을 기입하고 페이지 아래쪽의 [Submit] 버튼을 클릭한다. 여기서 굵은 글씨체로 표기되어있는 부분은 반드시 입력해야 하는 항목이므로 이 항목은 모두 입력해야 한다.

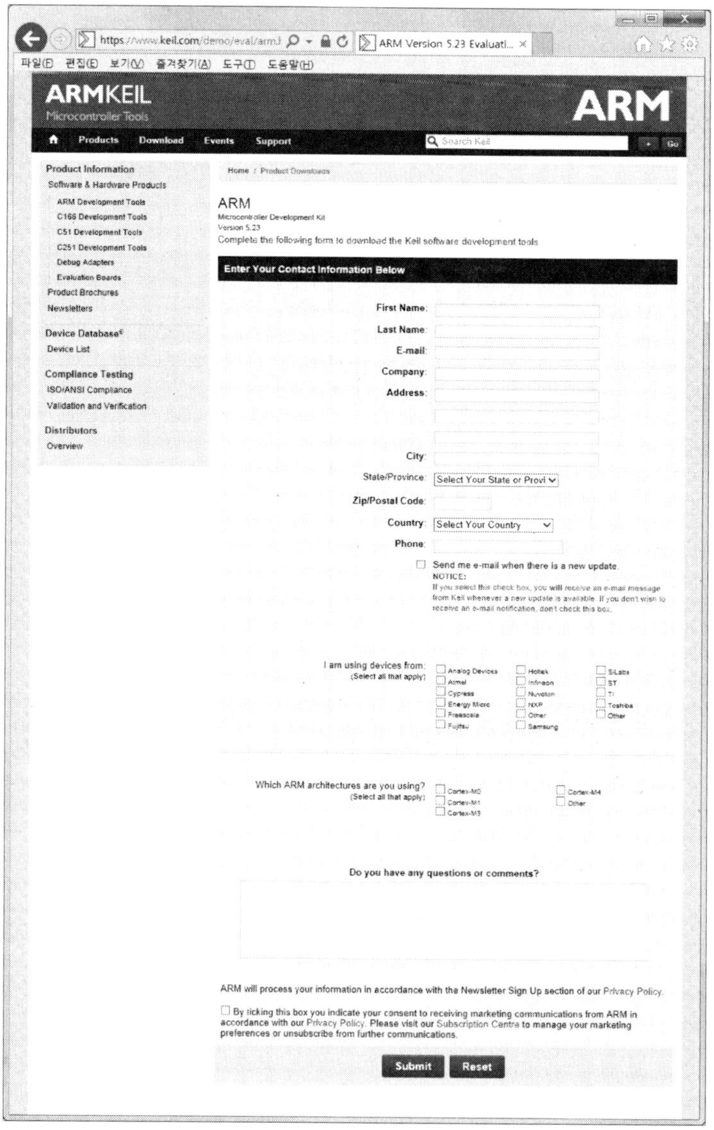

△ **그림 4-1-4** 개인정보 입력 페이지

4) 등록 과정을 마치면 소프트웨어 다운로드 페이지가 나오게 된다. 파일 다운로드를 위해 'MDK523.EXE' 링크에서 마우스 오른쪽 버튼을 클릭하여 [다른 이름으로 대상 저장]을 클릭한다.

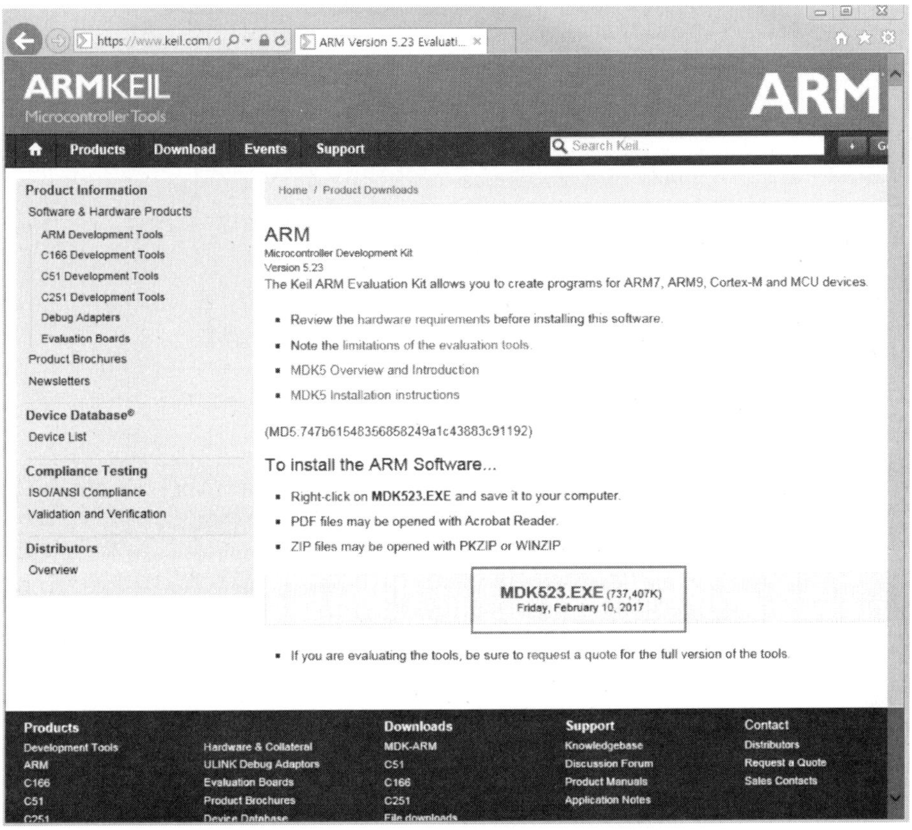

△ **그림 4-1-5** 소프트웨어 다운로드 페이지

5) 원하는 저장 경로를 설정한 후 저장 버튼을 클릭하여 파일을 다운로드 받는다. 여기서는 다운로드 경로를 [다운로드] 폴더로 설정하였다. 다음 그림은 'MDK523.EXE' 파일이 PC에 다운로드된 것을 보여준다.

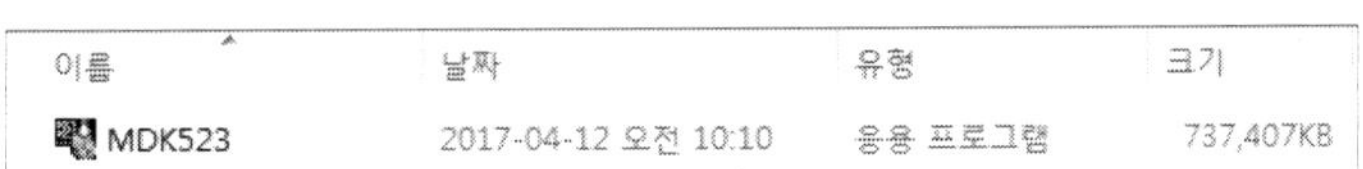

△ **그림 4-1-6** 다운로드된 파일의 예

4.1.1.3 Keil MDK의 설치

앞에서 다운로드 받은 Keil MDK의 설치 방법은 다음과 같다.

1) 앞에서 다운받은 "MDK523.EXE" 파일을 실행한다.
- 파일 열기의 보안 경고 화면이 나타나면 [실행]을 눌러 그대로 진행한다.
- 아래 오른쪽과 같은 설치화면이 나타나면, [실행] 및 [Next]를 누른다.

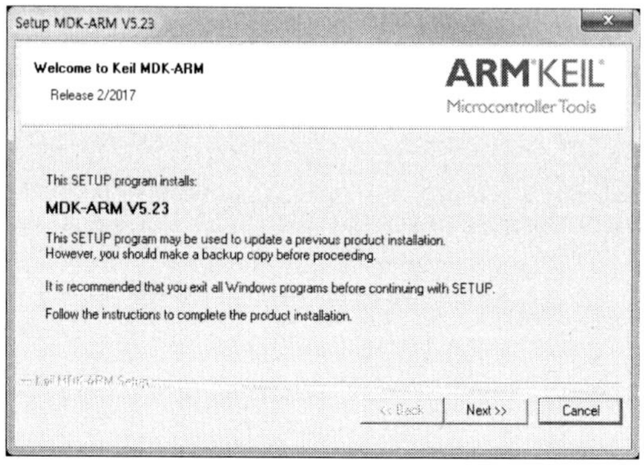

〈설치 화면〉

2) 라이센스 동의칸에 체크를 한 후에 [Next]를 누른다.

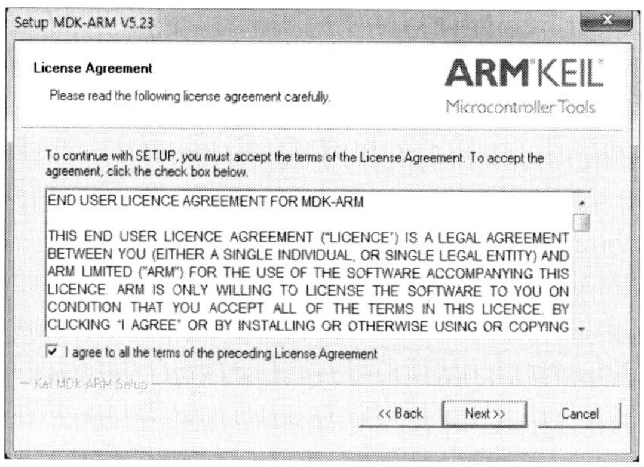

3) 설치할 경로를 지정한 후 [Next]를 누른다. 경로는 디폴트 경로를 추천한다.

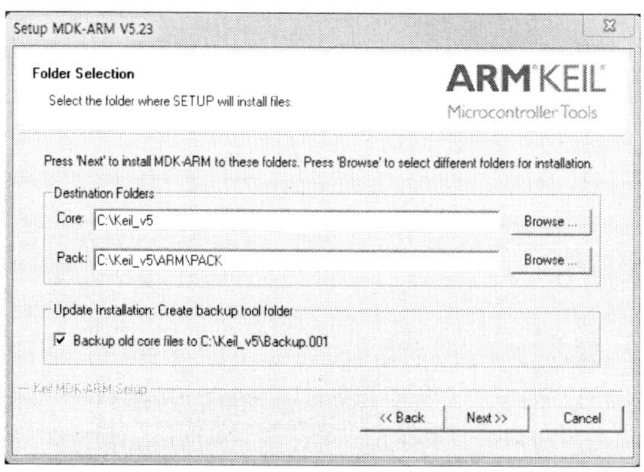

4) 사용자 정보를 입력한 후에 [Next] 버튼을 누른다. 이 화면에서는 모든 칸을 다 입력하여야 [Next]를 누를 수 있다.

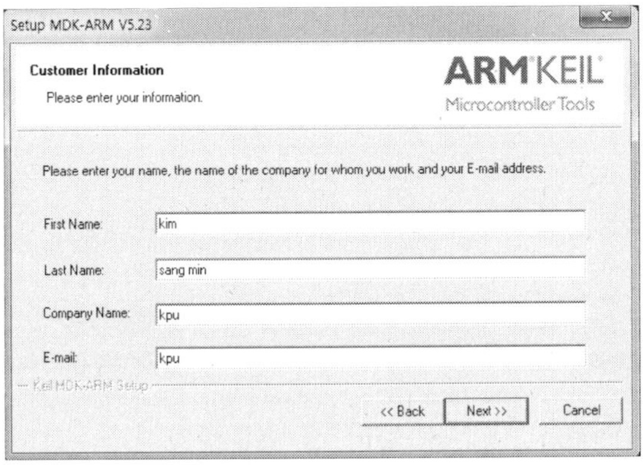

5) 그러면 설치가 진행된다.

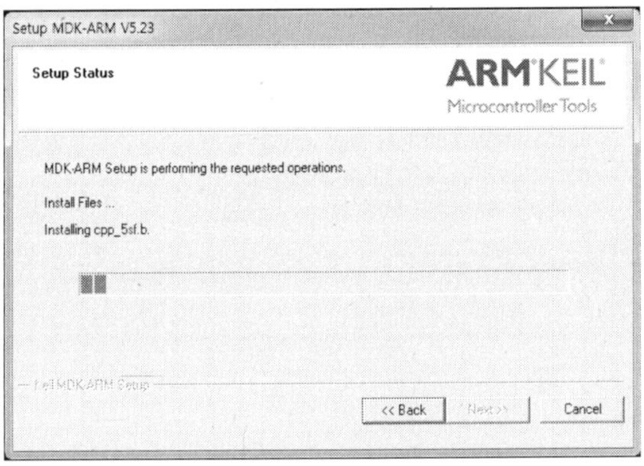

참고

혹시 진행 도중 아래와 같은 창이 나타나며 장치 소프트웨어를 설치할 것인지를 묻는 경우는 <설치> 버튼을 누른다.

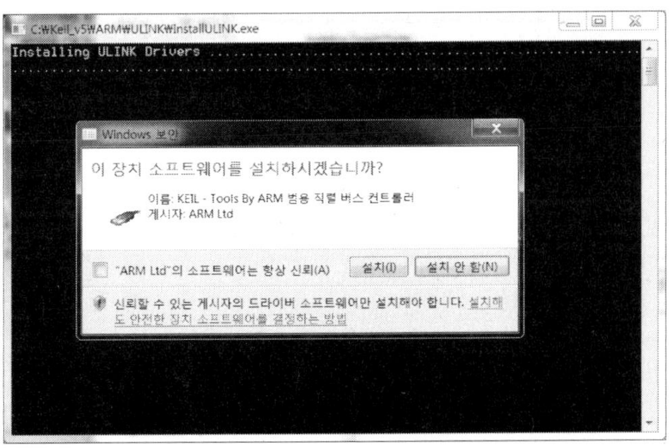

참고

혹시 기존에 Keil MDK가 설치되어 있는 경우는 진행 도중 아래와 같은 창이 나타날 수도 있다. 이때는 [Replace] 버튼을 누른다.

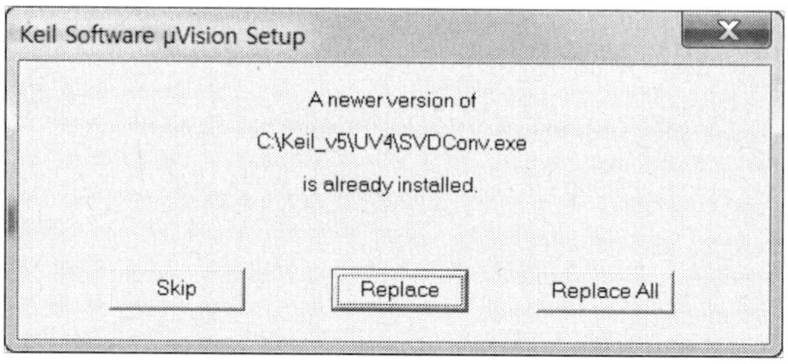

6) 설치가 완료되면 [Finish] 버튼을 눌러 설지를 종료한다.

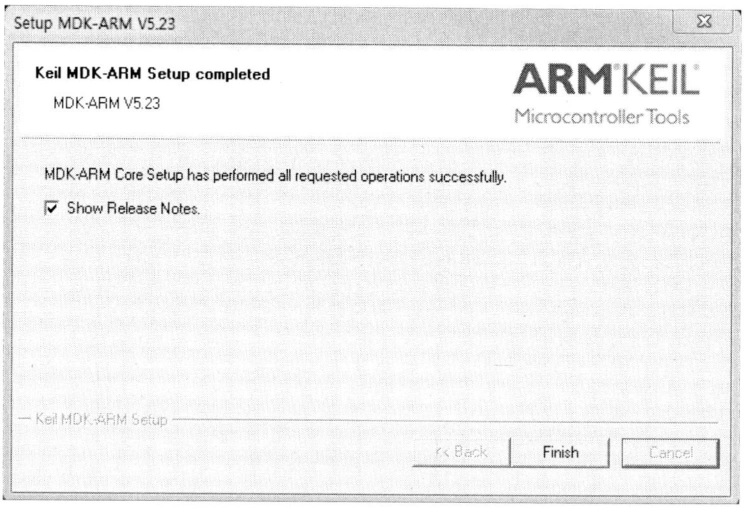

7) 프로그램의 설치가 완료되면 그림과 같은 Pack Installer 설치화면이 나타난다. 여기에서 [OK] 버튼을 누른다.

참고

Keil MDK의 Ver 5 부터는 사용할 MCU에 맞는 드라이버, 예제파일 등을 "Pack Installer"를 통하여 설치하게 된다. Pack Installer는 온라인으로 Keil의 홈페이지에 접속하여 실행된다. 따라서 컴퓨터가 인터넷에 접속되어 있지 않으면 실행이 되지 않는다.

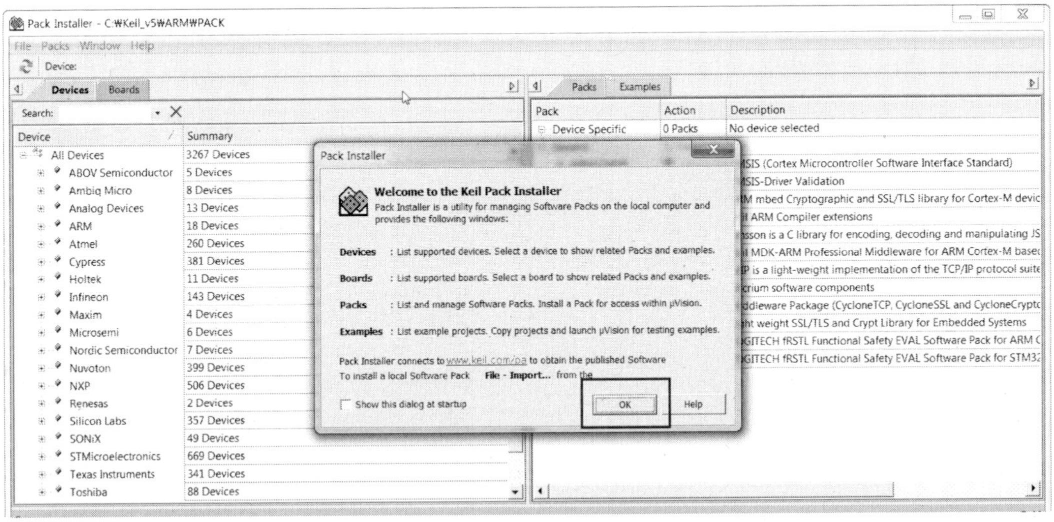

△ **그림 4-1-7** Pack Installer를 설치 중인 화면

참고

(7)번에서 다음의 (8)번으로 가는 과정은 필요한 Keil사의 홈페이지에 접속하여 소프트웨어를 다운받아 설치해야 하므로(아래 그림 참고), 다소 시간이 걸린다. 이 경우는 그냥 기다리면 된다.

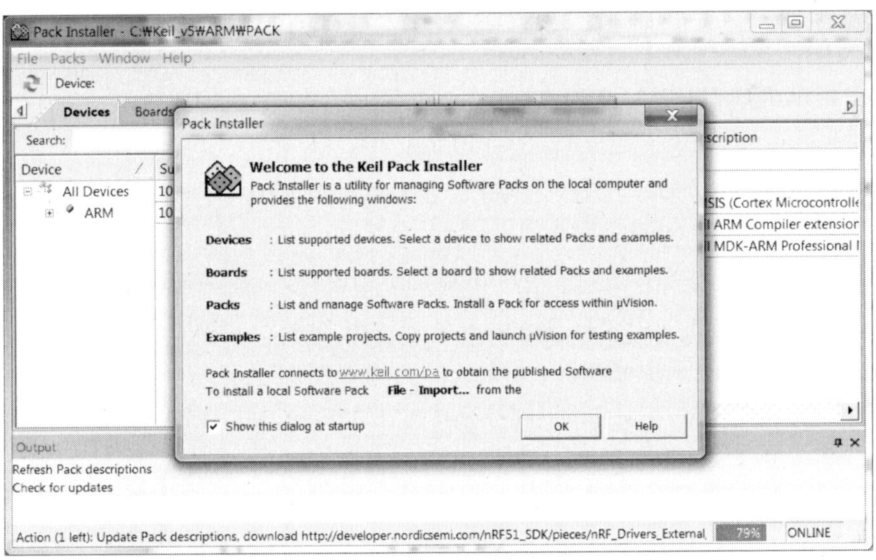

8) 그러면 다음과 같은 Pack Installer 화면이 나온다. 이제 Software pack을 선택하여 설치할 준비가 되었다.

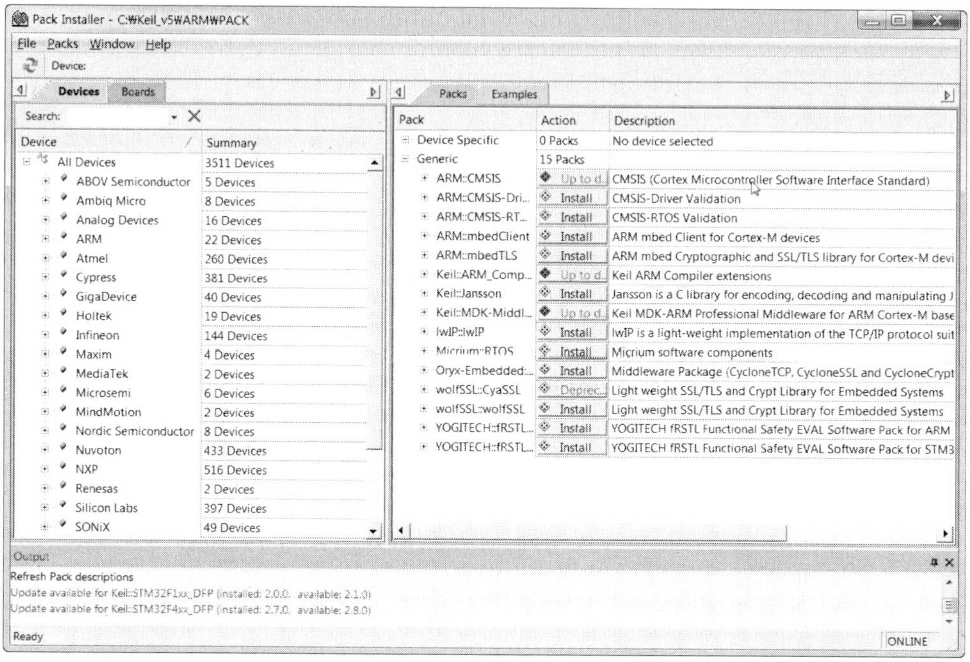

△ **그림 4-1-8** Pack Installer 화면

9) Pack Installer에서 설치할 Software pack을 다음과 같이 선택한다.

9-1) Nucleo-F103 확장보드(NUCLEO-F103RB 보드)의 경우

① 왼쪽 창의 [Devices] 탭을 선택하고 [STMicrolectornics] - [STM32F1 Series] - [STM32F103]을 선택한다.

② 그러면 오른쪽 창의 [Packs] 탭에서 필요한 S/W Pack의 목록과 Action(설치상태)이 보인다. 여기에서 노란색의 "Update"로 표시된 항목은 업데이트가 필요한 팩이므로 [Update]를 눌러 설치한다.

③ 아래의 그림에서는 [Packs] 탭에서 Keil::STM32F1xx DFP가 [Update]로 표시되어 있다. 따라서 이 항목의 [Update]를 눌러 설치한다.

참고 [Packs] 탭의 Action(설치 상태)의 의미

[Packs] 탭의 Action(설치 상태)의 의미는 다음과 같다.
Update(화면에 노랑색으로 표시됨) : 최신 버전으로 업데이트가 필요함(설치 필요함)
Up to date(초록색) : 이미 최신 버전이 설치되어 있음(업데이트 필요 없음)
Install(검정) : 필요에 따라 설치 가능(본 교재에서는 설치하지 않음)

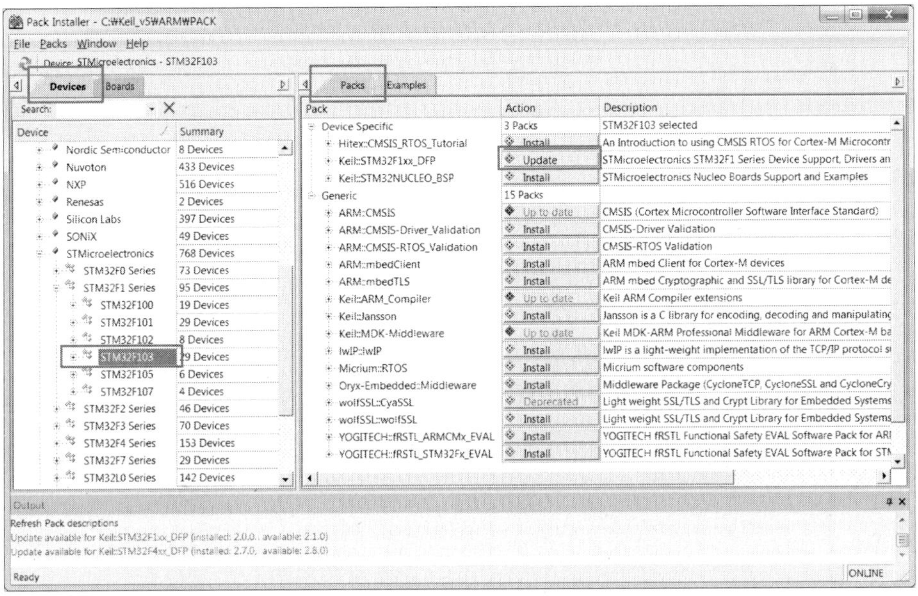

△ **그림 4-1-9** 오른쪽 화면에서 [Update]로 표시된 항목을 설치함

④ 다음의 그림은 Update 항목이 2개가 나온 경우를 보여준다. 이 경우는 이 2개의 항목을 모두 업데이트하면 된다.

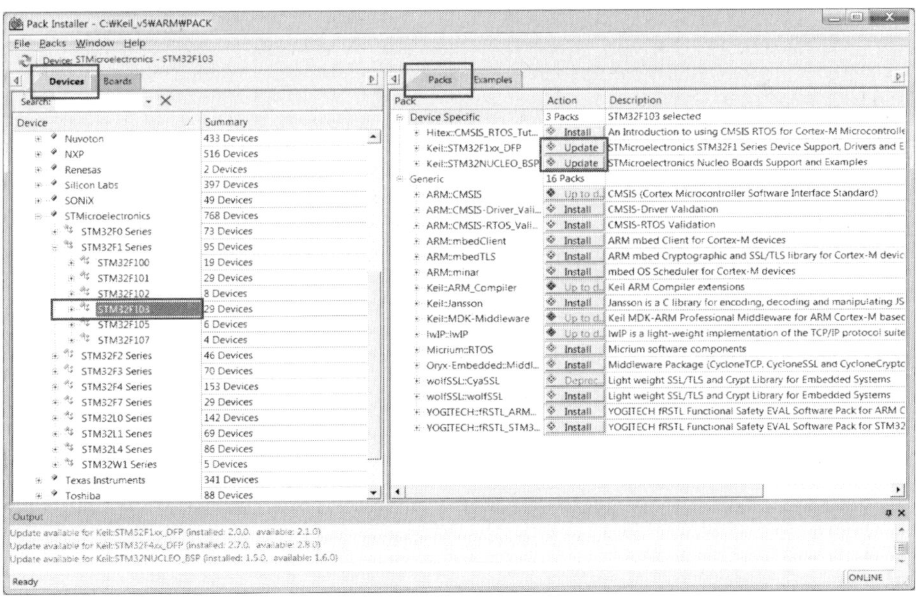

△ **그림 4-1-10** [Update] 항목이 2개 이상인 경우는 모두 설치한다.

중요 사용하는 Keil MDK의 버전에 따라, 그리고 Keil MDK의 신규 설치/추가 설치/업그레이드 등에 따라, Pack Installer에서 설치해야 하는 Software pack의 종류가 본 교재의 설명과 다소 다를 수도 있다. 이 경우는 [Packs] 탭의 Action에서 "Update"로 표시되는 부분을 모두 업데이트(설치)해 주면 된다.

---

⑤ 참고

이 책에서는 NUCLEO-F103RB 보드를 사용하므로, 왼쪽 창에서 [Devices] 탭 대신 [Boards] - [NUCLEO-F103RB]를 선택하여도 상관없다. 이 경우 오른쪽 창의 [Packs] 탭에 표시되는 결과는 ①과 동일하다.

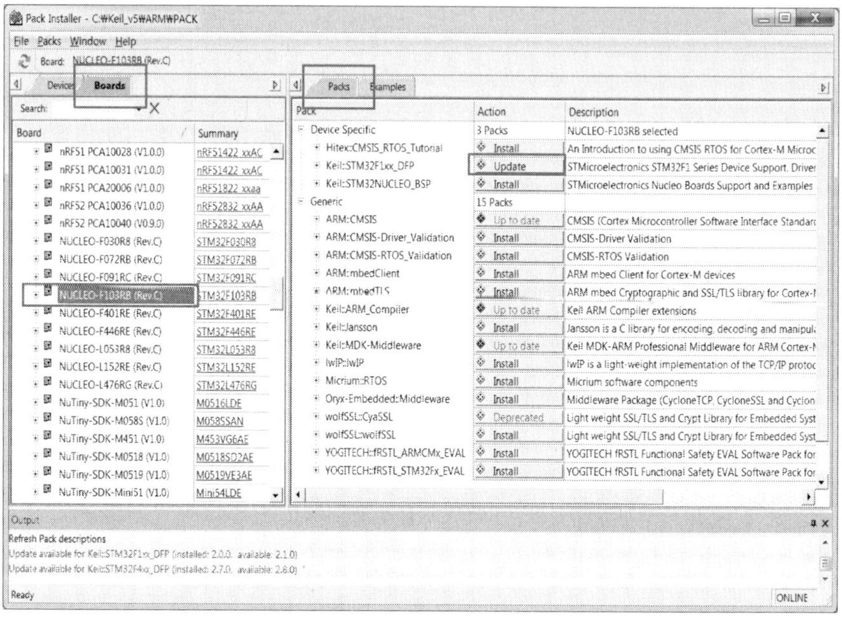

△ **그림 4-1-11** 왼쪽 창에서 [Boards] – [NUCLEO-F103RB]를 선택한 경우 (결과는 동일함)

9-2) Nucleo-F429 확장보드(NUCLEO-F429ZI 보드)의 경우

① 왼쪽 화면의 [Devices] 탭을 선택하고 [STMicrolectornics] – [STM32F4 Series] – [STM32F429]을 선택한다.

② 그러면 오른쪽 화면의 [Packs] 탭에서 필요한 S/W Pack의 목록과 Action(설치상태)이 보인다. 여기에서 "Update"로 표시된 항목은 업데이트가 필요한 팩이므로 [Update]를 눌러 설치한다.

③ 다음의 그림에서는 [Packs] 탭에서 Keil::STM32F4xx DFP가 [Update]로 표시되어 있다. 따라서 이 항목의 [Update]를 눌러 설치한다.

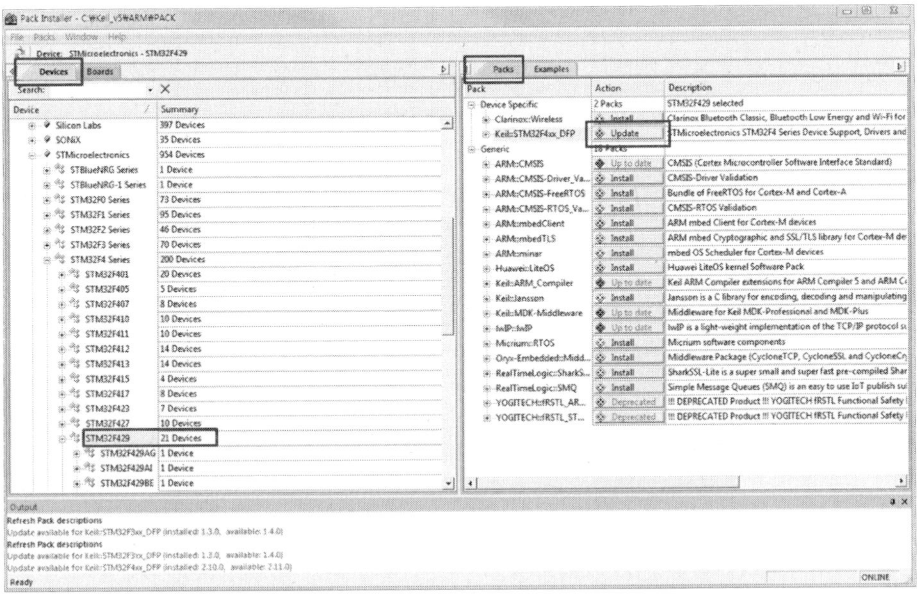

△ **그림 4-1-12** 오른쪽 화면에서 [Update]로 표시된 항목을 설치함

> **중요** 사용하는 Keil MDK의 버전에 따라, 그리고 Keil MDK의 신규 설치/추가 설치/업그레이드 등에 따라, Pack Installer에서 설치해야 하는 Software pack의 종류가 본 교재의 설명과 다소 다를 수도 있다. 이 경우는 [Packs] 탭의 Action에서 "Update"로 표시되는 부분을 모두 업데이트(설치)해 주면 된다.

④ Update 항목이 여러 개가 나오게 된다. 이 경우도 해당 항목을 모두 업데이트 한다.

⑤ **참고**

> 이 책에서는 NUCLEO-F429ZI 보드를 사용하므로, 왼쪽 창에서 [Devices] 탭 대신 [Boards] - [NUCLEO-F429ZI]를 선택하여도 상관없다. 이 경우 오른쪽 창의 [Packs] 탭에 표시되는 결과는 ①과 동일하다.

10) 아래의 그림은 Nucleo-F429 확장보드(NUCLEO-F429ZI 보드)의 경우 [Packs] 탭에서 Keil::STM32F4xx DFP의 [Update]를 누르고 업데이트가 진행되고 있는 화면이다. 화면의 아래쪽에서 진행되고 있는 프로그레스 바를 볼 수 있다.

참고

> 1. Nucleo-F429 확장보드(NUCLEO-F429ZI 보드)의 경우도 업데이트의 진행이 비슷하다.
> 2. Update는 Keil사의 홈페이지에 접속하여 온라인으로 이루어지므로 다소 시간이 걸리므로 좀 기다려야 한다.

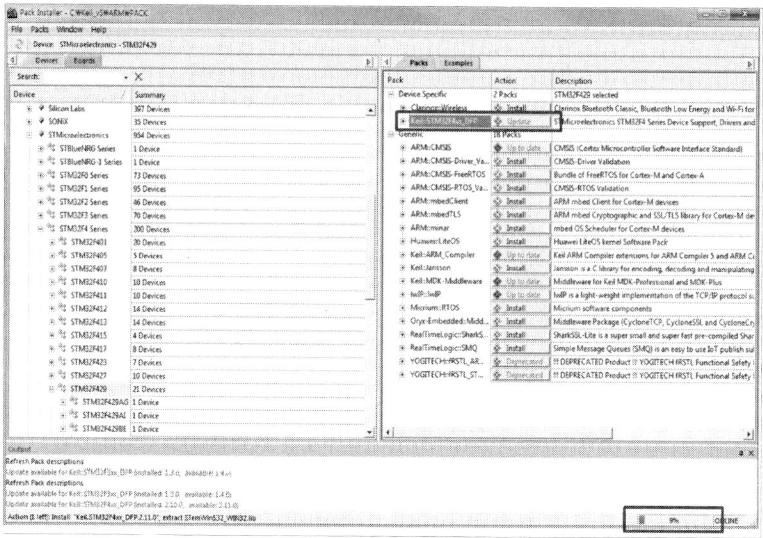

△ **그림 4-1-13** Pack의 업데이트가 온라인으로 진행되는 모습

11) 다음은 업데이트가 완료된 화면을 나타낸다. Nucleo-F429 확장보드(NUCLEO-F429ZI 보드)의 경우 [Packs] 탭에서 Keil::STM32F4xx DFP가 [Up to date]로 변경되었음을 알 수 있다. 이제 필요한 업데이트가 완료되었으므로 [Pack Installer] 창을 닫는다.

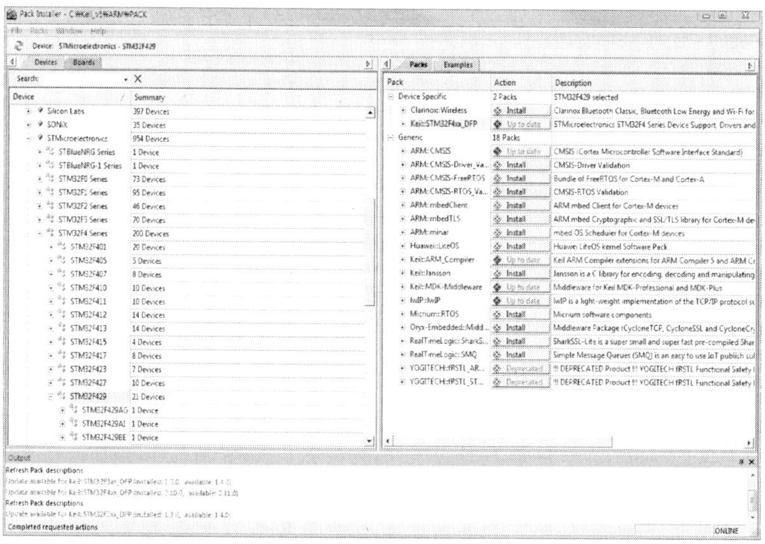

△ **그림 4-1-14** Pack의 업데이트가 완료된 화면

12) 이제 Keil MDK의 설치가 완료되었으며 바탕화면에 아래와 같은 단축 아이콘이 생성되었음을 알 수 있다.

13) Keil MDK를 실행한다. 바탕화면의 단축 아이콘 을 이용하거나 윈도우 시작메뉴에서 [Keil uVision5]을 찾아서 실행한다.

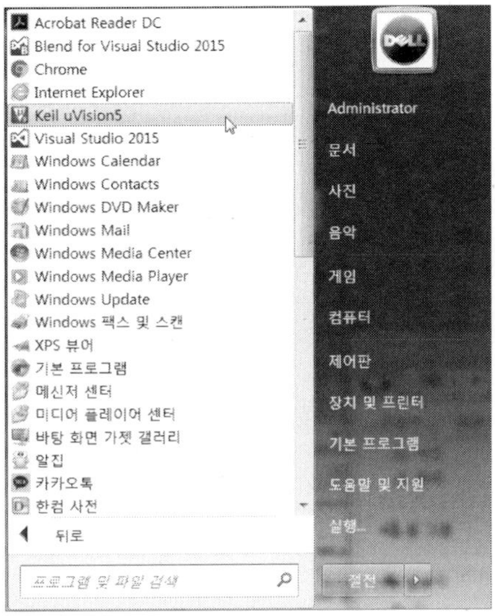

14) 처음 실행되는 경우는 아래와 같은 화면이 나타난다. 아직 실행한 프로그램이 없으므로 프로그램 창에 나타나는 것은 아무것도 없다. 이 화면이 나오면 일단 Keil MDK는 제대로 설치가 되었다. 이제 확인이 끝났으므로 다시 화면 오른쪽 상단의 [닫기] 버튼을 눌러 프로그램을 종료한다.

△ **그림 4-1-15** Keil MDK의 실행 화면

참고 Keil MDK를 설치하여 사용하고 있는 도중에 Pack의 업데이트가 필요한 경우

처음 설치하는 것이 아니라 이미 설치하여 사용하고 있는 도중에 업데이트가 필요한 경우는 다음과 같이 하면 된다.

1) Keil MDK의 실행창에서 상단의 [Pack Installer] 아이콘 을 클릭한다.

참고 메뉴에서 [Project] → [Manage] → [Pack Installer]로 실행할 수도 있다.

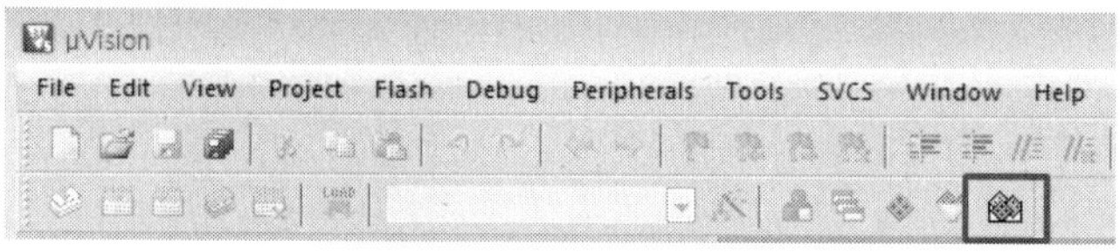

2) [Pack Installer]가 실행되면, 상단의 [Check for Update] 아이콘 을 클릭하여 업데이트할 팩을 체크한다.

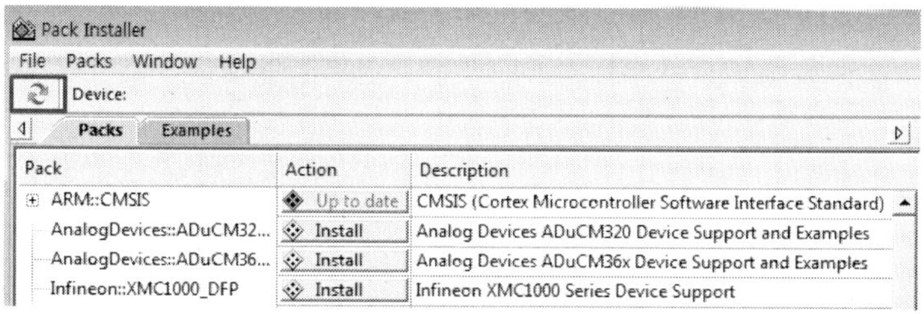

3) 이후는 앞의 (9)번 이후의 과정과 동일하게 진행하면 된다.

4.1.2 Nucleo-F103 확장보드 구동용 STM32CubeF1 펌웨어 설치

Nucleo-F103 확장보드(NUCLEO-F103RB 보드)를 이용하여 프로그램을 작성하려면 STM32CubeF1 펌웨어의 설치가 필요하다. 이 펌웨어는 STM32F1 시리즈의 제조사인 ST사에서 개발하여 제공하는 소프트웨어이다. STM32CubeF1 펌웨어에 대한 자세한 설명은 5장의 [5.1절. STM32Cube 펌웨어]를 참조하기 바란다.

참고

이 절에서 설치하는 STM32CubeF1 펌웨어 및 예제 파일은 Nucleo-F103 확장보드(NUCLEO-F103RB 보드)의 구동을 위한 펌웨어이다.

4.1.2.1 파일의 다운로드 및 설치

이 장에서는 STM32CubeF1 펌웨어와 Nucleo-F103 확장보드(NUCLEO-F103RB 보드)용 예제 프로그램을 함께 설치하는 방법에 대해 설명한다. 예제 프로그램은 필자가 직접 개발한 것으로 Nucleo-F103 확장보드에 대한 다양한 예제 프로그램이 있는 파일이다. 파일의 다운로드 및 설치 순서는 다음과 같다.

1) 설치에 필요한 파일은 본 교재의 참고 사이트인 네이버 카페(카페명:CortexWorld)에서 다운받을 수 있으므로 이 카페의 홈페이지 http://cafe.naver.com/CortexWorld를 방문한다. 아래 그림은 Cortex World의 메인 화면을 보여준다.

△ **그림 4-1-16** Cortex World의 메인 화면(http://cafe.naver.com/CortexWorld)

2) 메인화면의 왼쪽 메뉴중에 [4층자료실 >> ST >> STM32F1] 메뉴가 있다. 여기에 STM32F1 시리즈의 실습보드에 대한 자료가 있으므로 이 메뉴를 클릭한다.

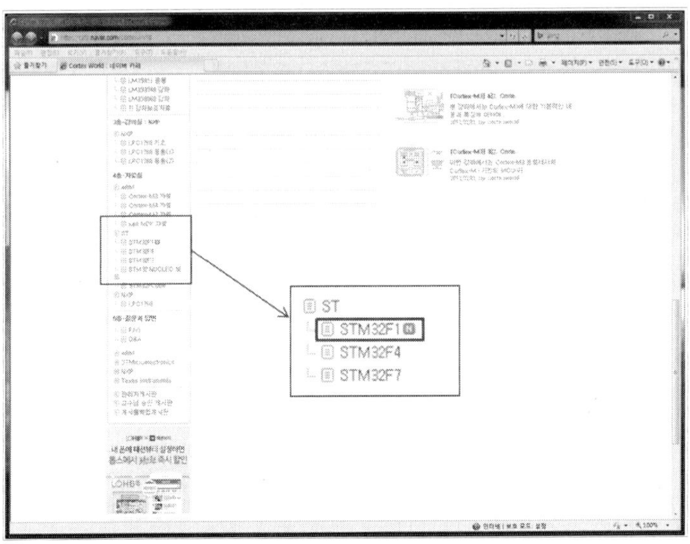

3) 해당 메뉴를 클릭하면 아래 그림과 같이 게시판이 열리며 자료들이 보인다. 이 자료들 중에서 [STM32CubeF1_v1.3.0_Examples(v2.0)] 라는 제목을 가진 게시글을 클릭한다.

4) 아래 그림과 같이 이 게시글 내의 링크를 클릭하면 STM32CubeF1 펌웨어 및 예제파일을 다운로드 받을 수 있다. 다운로드하는 경로는 임의로 지정하여도 상관없으나 여기에서는 바탕화면에 다운로드하기로 한다.

참고

바탕화면에 다운로드하기가 잘 안되면 파일을 다운로드 폴더에 저장한 후에 탐색기를 이용하여 바탕화면으로 옮겨도 된다.

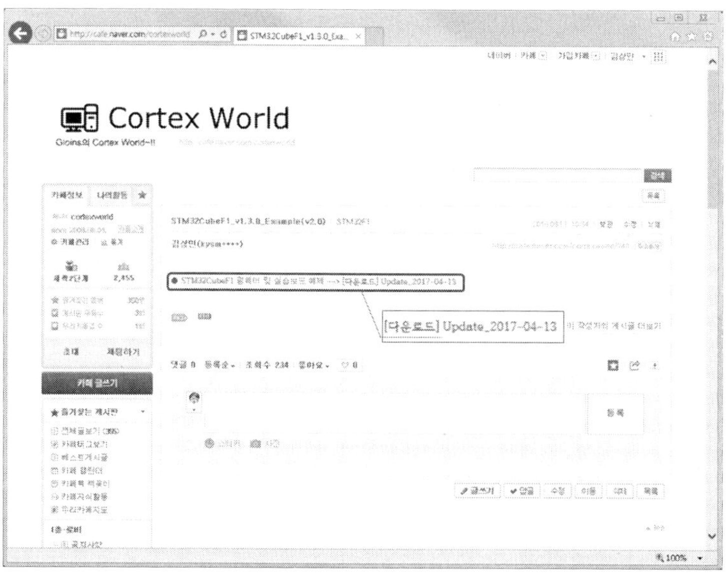

5) 링크를 클릭하여 열린 페이지에서 다운로드 버튼을 눌러 예제파일을 받는다.

참고

> 다운로드 페이지는 Explorer 버전 10 이상에서만 접속이 가능하다. 그 외 Chrome, Safari, Firefox도 접속이 가능하다.

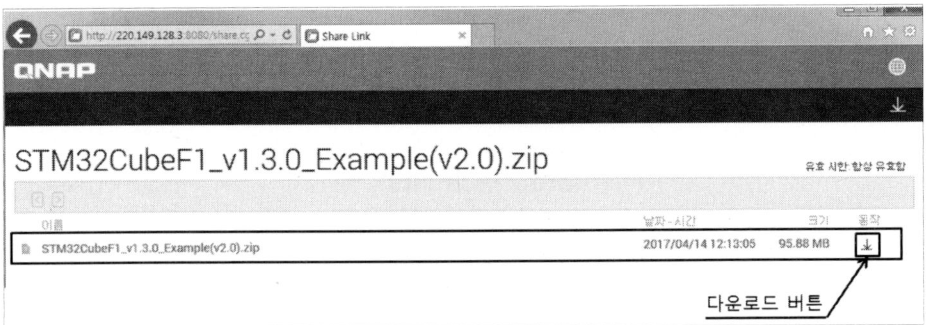

6) 다운로드된 파일의 이름은 STM32CubeF1_v1.3.0_Example(v2.0).zip이다.
아래 그림은 바탕화면에 저장된 다운로드 파일을 보여준다.

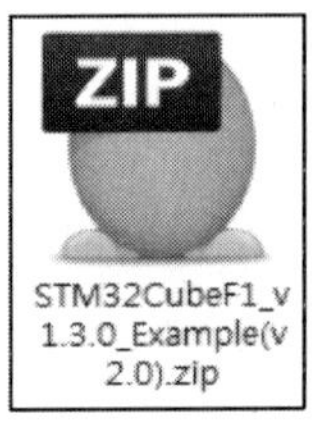

7) 다운로드된 zip 파일의 압축을 푼다. 디폴트 설정으로 압축을 해제하면 바탕화면에 [STM32CubeF1_v1.3.0_Example(v2.0)] – [STM32Cube_FW_F1_V1.3.0] 폴더가 생성된다. 아래 그림은 바탕화면에 생성된 폴더를 보여준다. 이제 STM32CubeF1 펌웨어 및 예제 파일의 설치는 완료되었다.

4.1.2.2 STM32CubeF1 펌웨어 및 예제 파일의 구성

앞 절에서 설치된 STM32CubeF1_v1.3.0_Example(v2.0)] – [STM32Cube_FW_F1_V1.3.0] 폴더를 열면 아래 그림과 같은 폴더들이 보인다. 만약 이와 다르면 설치가 제대로 되지 않은 것이므로 앞의 [4.1.2.1 파일의 다운로드 및 설치]를 다시 수행하기 바란다.

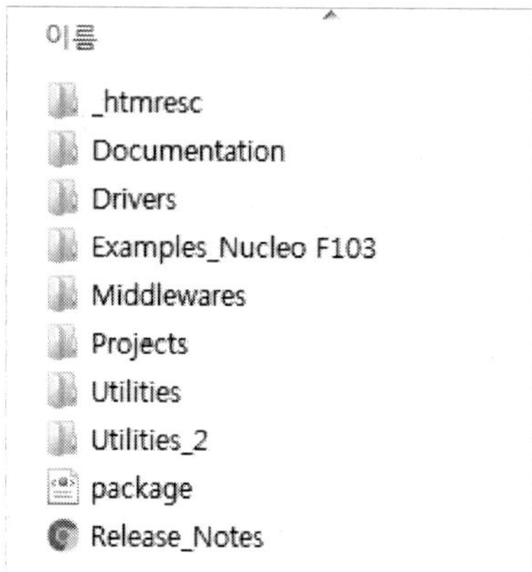

△ **그림 4-1-17** STM32CubeF1 펌웨어 및 예제 파일의 구성

각 폴더의 내용은 다음과 같다.

- htmrsec : html page의 리소스(그림)가 있는 폴더
- Documentation : STM32CubeF1의 사용자 매뉴얼이 있는 폴더
- Drivers : 주변장치 구동용 드라이버(BSP, HAL, CMSIS)가 있는 폴더
- Examples_Nucleo F103 : 이 책에서 제공하는 Nucleo-F103 확장보드용 예제가 있는 폴더
- Middlewares : 미들웨어(STemWin, USB, FatFS, RTOS, LwIP)가 있는 폴더
- Project : ST사에서 제공하는 예제가 있는 폴더
- Utilities : ST사에서 제공하는 유틸리티(CPU, Font, Log, Media)가 있는 폴더
- Utilities_2 : 본 교재에서 제공하는 유틸리티. 여기에는 ST-Link 드라이버(stsw-link009)와 하이퍼 터미널(hypertrm) 등이 있다.

참고 본 교재에서 추가된 폴더

STA사에서 제공하는 표준 STM32CubeF1 펌웨어의 폴더 구성은 아래 그림과 같다. 이것과 비교해보면 본 교재에서 설치한 펌웨어는 다음의 폴더가 추가되어 있음을 알 수 있다 : [Examples_Nucleo F103], 그리고 [Utilities_2]

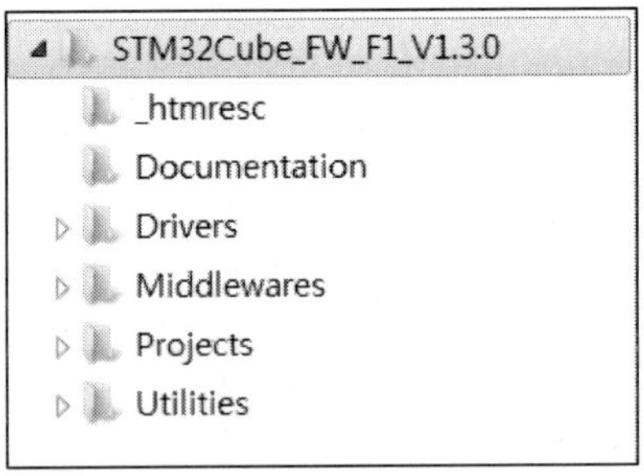

△ **그림 4-1-18** ST사의 표준 STM32Cube F1 펌웨어의 구성

4.1.2.3 [참고] ST사의 홈페이지에서 직접 STM32CubeF1 펌웨어를 다운받는 법

STM32CubeF1 펌웨어는 ST사의 홈페이지에서도 다운로드가 가능하며 그 방법은 다음과 같다.

참고

1. 앞의 4.1.2.1절에서 설명한 방법으로 STM32CubeF1 펌웨어 및 예제 파일을 설치한 경우는 이미 STM32CubeF1 펌웨어(V.1.3.0)가 설치되어 있으므로 이 절에서 설명하는 방법으로 다시 설치할 필요는 없다. 그러나 혹시 STM32CubeF1 펌웨어가 버전 업되어 최신의 STM32CubeF1 펌웨어를 사용하고 싶은 경우는 이 절에서 설명하는 방법으로 하면 된다.
2. 아래의 설명은 2016년 4월의 ST사 홈페이지를 기준으로 한 것이므로, 여러분이 사용하는 시점에서는 ST사의 홈페이지 및 다운로드 화면이 변경되었을 수도 있다. 그러나 전반적인 다운로드 방법은 유사할 것이므로 아래의 방법을 참조하여 다운로드 하기 바란다.

1) ST사의 홈페이지(http://www.st.com)를 방문한다. 아래 그림과 같은 화면이 나타나면 Search 창에서 [STM32Cube] 라고 입력하고 서치를 시작한다.

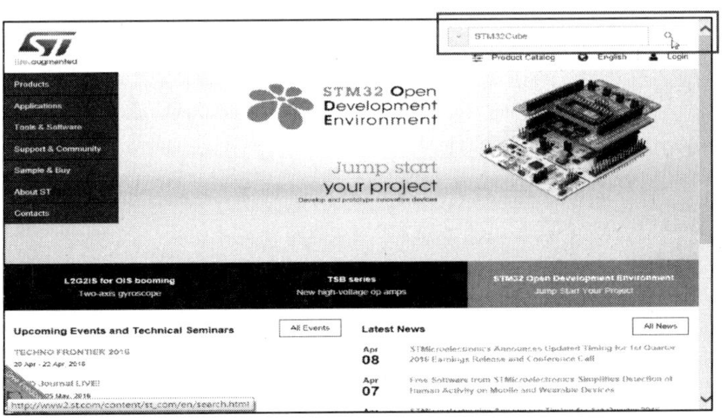

△ **그림 4-1-19** ST사의 홈페이지

2) 아래 그림과 같은 화면이 나타나면 왼쪽 메뉴중에서 [STM32CubeF1]을 클릭한다.

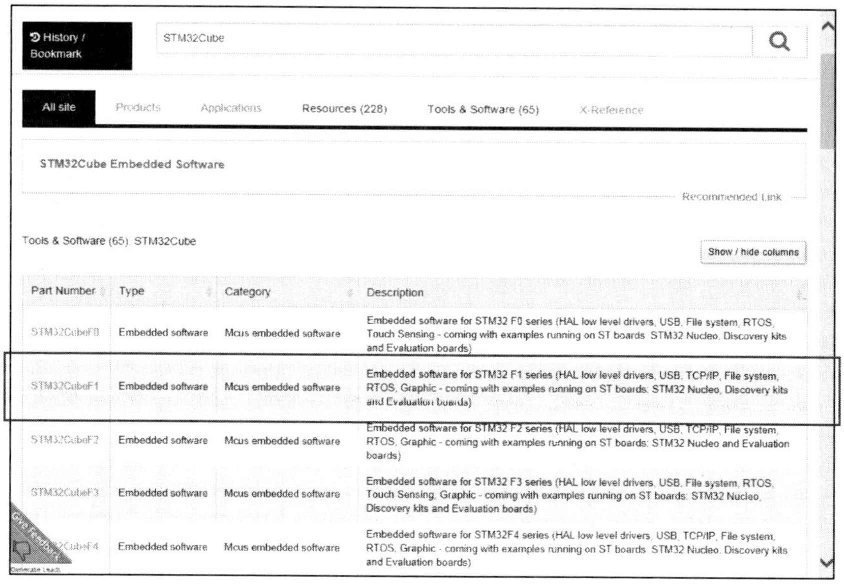

3) 그러면 아래 그림과 같은 창이 나타난다. 이 창은 제법 긴데, 제일 아래쪽으로 내려가면 아래 그림과 같이 STM32CubeF1 항목이 보인다. 여기에서 STM32CubeF1을 다운받을 수 있다.

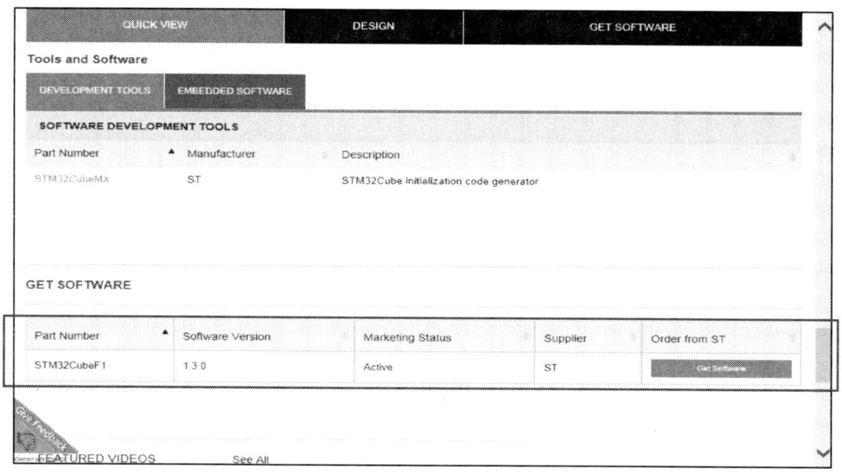

4) 다운로드 된 파일은 zip으로 압축된 파일이며 이것을 원하는 폴더로 이동하여 압축을 풀면 된다.

참고

이렇게 설치한 펌웨어는 ST사의 표준 펌웨이므로 본 교재에서 추가한 예제 폴더인 [Examples_Nucleo F103], 그리고 [Utilities_2] 는 포함되어 있지 않다.

4.1.3 Nucleo-F429 확장보드 구동용 STM32CubeF4 펌웨어 설치

Nucleo-F429 확장보드(NUCLEO-F429ZI 보드)를 이용하여 프로그램을 작성하려면 STM32CubeF4 펌웨어의 설치가 필요하다. 이 펌웨어는 STM32F4 시리즈의 제조사인 ST사에서 개발하여 제공하는 소프트웨어이다. STM32CubeF4 펌웨어에 대한 자세한 설명은 5장의 [5.1절. STM32Cube 펌웨어]를 참조하기 바란다.

참고

> 이 절에서 설치하는 STM32CubeF4 펌웨어 및 예제 파일은 Nucleo-F429 확장보드(NUCLEO-F429ZI 보드)의 구동을 위한 펌웨어이다.

4.1.3.1 파일의 다운로드 및 설치

이 장에서는 STM32CubeF4 펌웨어와 Nucleo-F429 확장보드(NUCLEO-F429ZI 보드)용 예제 프로그램을 함께 설치하는 방법에 대해 설명한다. 예제 프로그램은 필자가 직접 개발한 것으로 Nucleo-F429 확장보드에 대한 다양한 예제 프로그램이 있는 파일이다. 파일의 다운로드 및 설치 순서는 다음과 같다.

1) 설치에 필요한 파일은 본 교재의 참고 사이트인 네이버 카페(카페명 : CortexWorld)에서 다운받을 수 있으므로 이 카페의 홈페이지 http://cafe.naver.com/CortexWorld를 방문한다. 아래 그림은 Cortex World의 메인 화면을 보여준다.

△ **그림 4-1-20** Cortex World의 메인 화면 (http://cafe.naver.com/CortexWorld)

2) 메인화면의 왼쪽 메뉴중에 [4층자료실 >> ST >> STM32F4] 메뉴가 있다. 여기에 STM32F4 시리즈의 실습보드에 대한 자료가 있으므로 이 메뉴를 클릭한다.

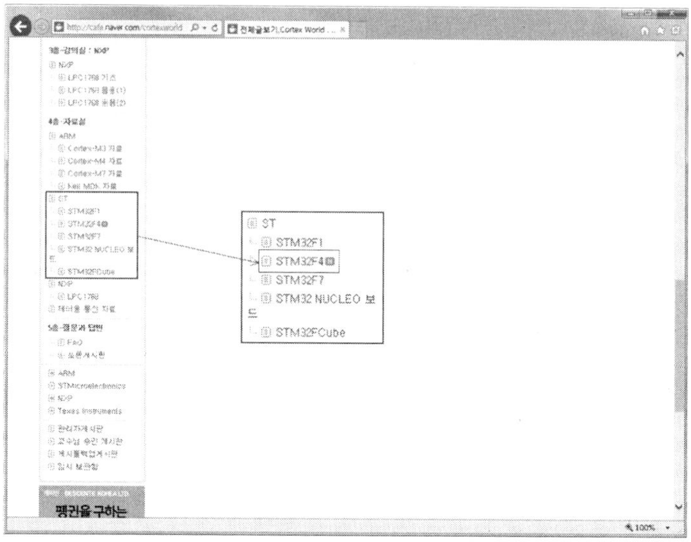

3) 해당 메뉴를 클릭하면 아래 그림과 같이 게시판이 열리며 자료들이 보인다. [STM32CubeF4_v1.12.0_Example]라는 제목을 가진 게시글을 클릭한다.

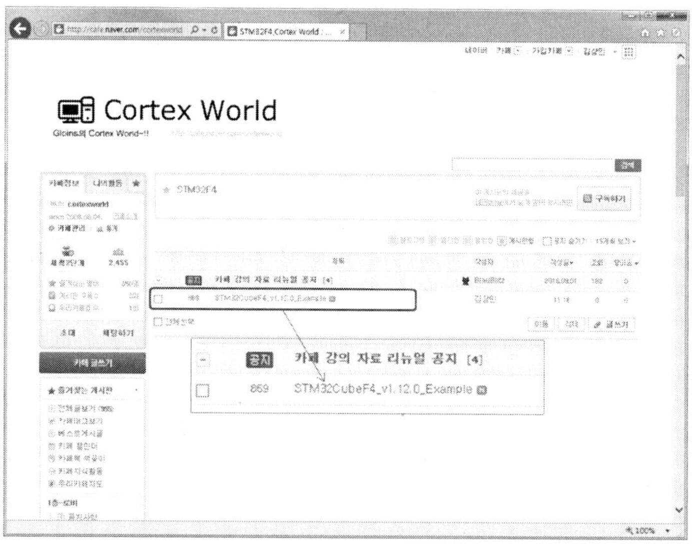

4) 아래 그림과 같이 이 게시글 내의 링크를 클릭하면 STM32CubeF4 펌웨어 및 예제파일을 다운로드 받을 수 있다. 다운로드하는 경로는 임의로 지정하여도 상관없으나 여기에서는 바탕화면에 다운로드하기로 한다.

참고

바탕화면에 다운로드하기가 잘 안되면 파일을 다운로드 폴더에 저장한 후에 탐색기를 이용하여 바탕화면으로 옮겨도 된다.

5) 링크를 클릭하여 열린 페이지에서 다운로드 버튼을 눌러 예제파일을 받는다.

참고

다운로드 페이지는 Explorer 버전 10 이상에서만 접속이 가능하다. 그 외 Chrome, Safari, Firefox도 접속이 가능하다.

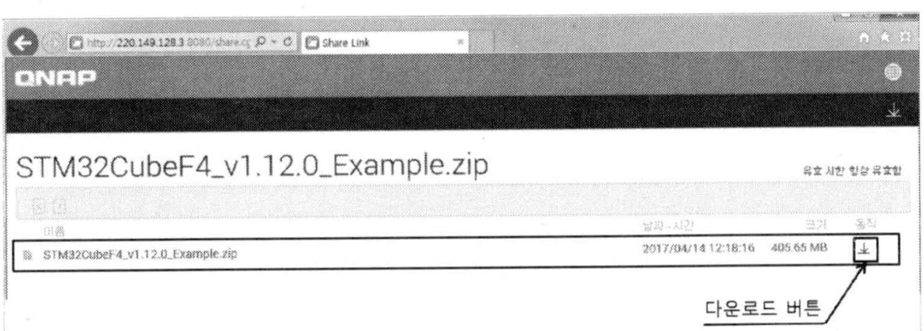

6) 다운로드된 파일의 이름은 STM32CubeF4_v1.12.0_Example.zip이다. 아래 그림은 바탕화면에 저장된 다운로드 파일을 보여준다.

7) 다운로드된 zip 파일의 압축을 푼다. 디폴트 설정으로 압축을 해제하면 바탕화면에 [STM32CubeF4_v1.12.0_Example] – [STM32Cube_FW_F4_V1.12.0] 폴더가 생성된다. 아래 그림은 바탕화면에 생성된 폴더를 보여준다. 이제 STM32CubeF4 펌웨어 및 예제 파일의 설치는 완료되었다.

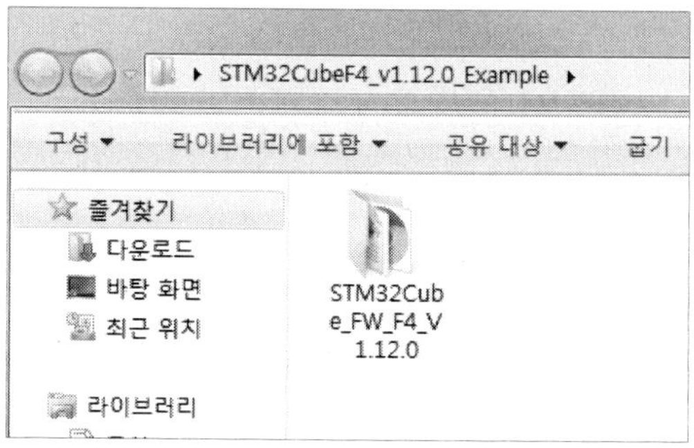

4.1.2.2 STM32CubeF4 펌웨어 및 예제 파일의 구성

앞 절에서 설치된 [STM32CubeF4_v1.12.0_Example] – [STM32Cube_FW_F4_V1.12.0] 폴더를 열면 아래 그림과 같은 폴더들이 보인다. 만약 이와 다르면 설치가 제대로 되지 않은 것이므로 앞의 [4.1.2.1 파일의 다운로드 및 설치]를 다시 수행하기 바란다.

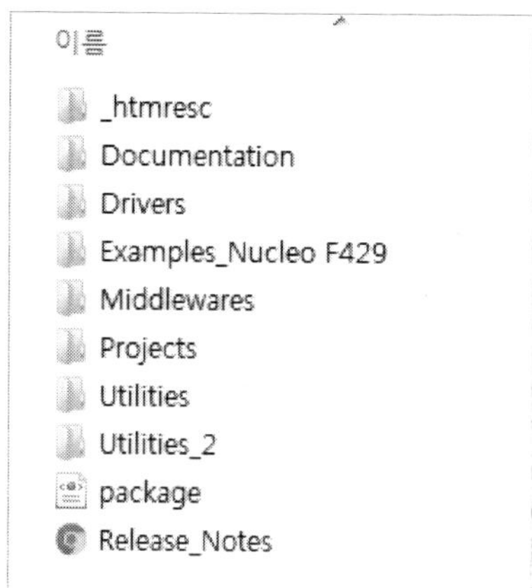

△ **그림 4-1-21** STM32CubeF4 펌웨어 및 예제 파일의 구성

각 폴더의 내용은 다음과 같다.

- htmrsec : html page의 리소스(그림)가 있는 폴더
- Documentation : STM32CubeF1의 사용자 매뉴얼이 있는 폴더
- Drivers : 주변장치 구동용 드라이버(BSP, HAL, CMSIS)가 있는 폴더
- Examples_Nucleo F429 : 이 책에서 제공하는 Nucleo-F429 확장보드용 예제가 있는 폴더
- Middlewares : 미들웨어(STemWin, USB, FatFS, RTOS, LwIP)가 있는 폴더

- Project : ST사에서 제공하는 예제가 있는 폴더
- Utilities : ST사에서 제공하는 유틸리티(CPU, Font, Log, Media)가 있는 폴더
- Utilities_2 : 본 교재에서 제공하는 유틸리티. 여기에는 ST-Link 드라이버(stsw-link009)와 하이퍼 터미널(hypertrm) 등이 있다.

참고 본 교재에서 추가된 폴더

ST사에서 제공하는 표준 STM32CubeF4 펌웨어의 폴더 구성은 아래 그림과 같다. 이것과 비교해보면 본 교재에서 설치한 펌웨어는 다음의 폴더가 추가되어 있음을 알 수 있다 : [Examples_Nucleo F429], 그리고 [Utilities_2]

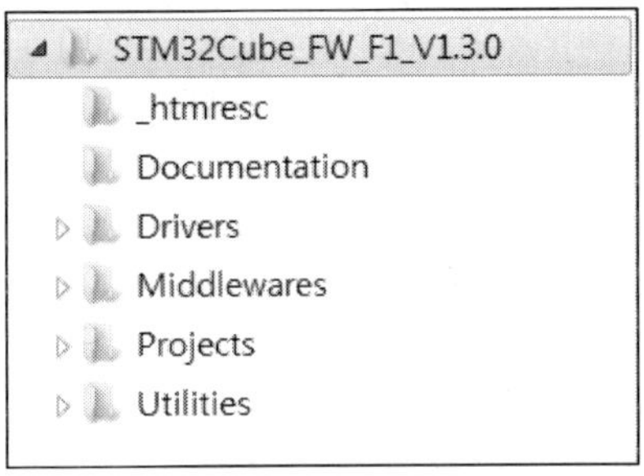

△ **그림 4-1-22** ST사의 표준 STM32Cube F4 펌웨어의 구성

4.1.4 ST-LINK/V2-1 드라이버의 설치

STM32 Nucleo 보드에는 프로그램의 다운로드/디버깅을 위한 디버거인 ST-LINK/V2-1가 내장되어 있는데, 이를 이용하면 PC에서 작성한 프로그램을 Nucleo-F103 확장보드나 Nucleo-F429 확장보드로 다운로드할 수 있다. ST-LINK/V2-1을 사용하기 위해서는 먼저 PC에 ST-LINK/V2-1 드라이버 프로그램을 설치해야 한다.

참고

PC에 ST-LINK/V2-1 드라이버를 설치하지 않으면 PC가 뉴클레오 보드를 인식하지 못한다. 아래 그림은 뉴클레오 보드를 PC에 꽂은 후 PC의 장치관리자를 보여준다. 이 그림을 보면 뉴클레오 보드(정확히는 ST-LINK/V2-1 디버거)가 인식되지 않음을 볼 수 있다.

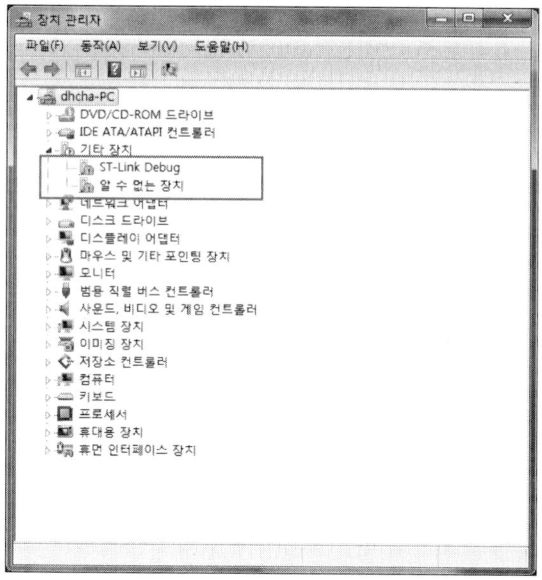

△ **그림 4-1-23** PC에서 뉴클레오 보드를 인식하지 못한 경우

ST-LINK/V2-1 드라이버 프로그램의 설치 순서는 다음과 같다.

1) 다운받은 [STM32F1 펌웨어 및 예제] 또는 [STM32F4 펌웨어 및 예제] 파일의 [Utilities_2] - [stsw-link009] 폴더에서 ST-LINK/V2-1 드라이버 설치파일을 찾아 설치한다.

- PC의 운영체제가 64비트인 경우 : dpinst_amd64.exe
- PC의 운영체제가 32비트인 경우 : dpinst_x86.exe

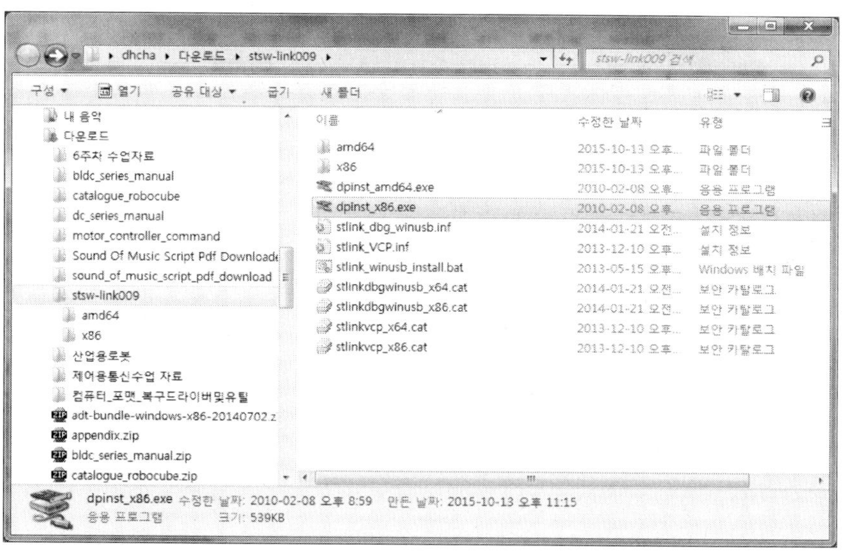

△ **그림 4-1-24** ST-LINK/V2-1 드라이버의 경로

2) 그러면 설치 초기화면이 나타난다. 여기서 [다음]을 누른다.

3) 아래와 같은 설치 화면이 나오면 [설치]를 누른다.

참고

2개의 소프트웨어를 설치하므로 설치화면이 아래와 같이 2번 나오게 된다. 따라서 설치 여부를 묻는 화면이 2번 나오더라도 당황하지 말고 그냥 설치하면 된다.

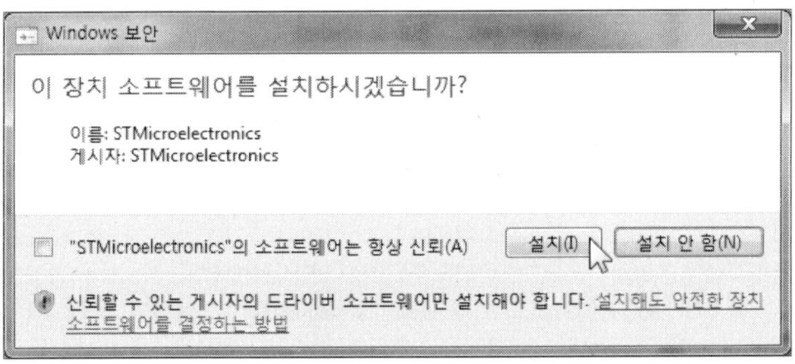

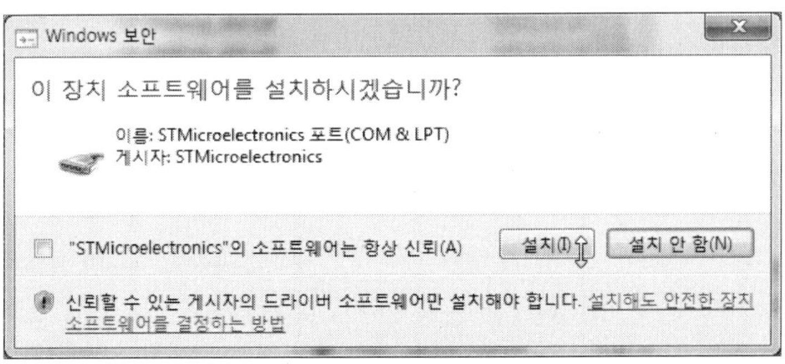

4) 그러면 설치가 진행된다. 설치가 완료되면 아래와 같은 화면이 나오는데 여기에서 [마침]을 누른다.

5) 이제 설치가 완료되었으며 ST-Link를 사용할 수 있다.

4.2 예제 프로그램의 실행 : Nucleo-F103 확장보드

이 절에서는 Nucleo-F103 확장보드를 이용하여 예제 프로그램을 실행하는 방법에 대하여 알아보기로 한다.

참고

이 책의 예제 프로그램은 Nucleo-F103 확장보드(NUCLEO-F103RB 보드+Nucleo-64용 I/O 보드로 구성)에서 동작한다. 만일 NUCLEO-F103RB 보드만 있고 Nucleo-64용 I/O 보드가 없을 경우 예제 실행방법은 [부록 1]을 참조하기 바란다.

4.2.1 PC와 실습 보드의 연결

4.2.1.1 PC와 실습 보드의 연결

PC와 Nucleo-F103 확장보드를 연결하는 방법은 아주 간단하다. 아래 그림과 같이 USB 케이블로 PC의 USB 포트와 NUCELO-F103RB 보드의 USB 포트를 연결하면 된다. 연결된 USB 케이블을 이용하여 예제 프로그램의 다운로드 및 실행이 가능하다. 정상적으로 연결이 되면 Nucleo-F103 보드의 USB 통신용 LED인 LD1(우측 상단)과 전원 LED인 LD3(가운데 왼쪽)가 ON 된다.

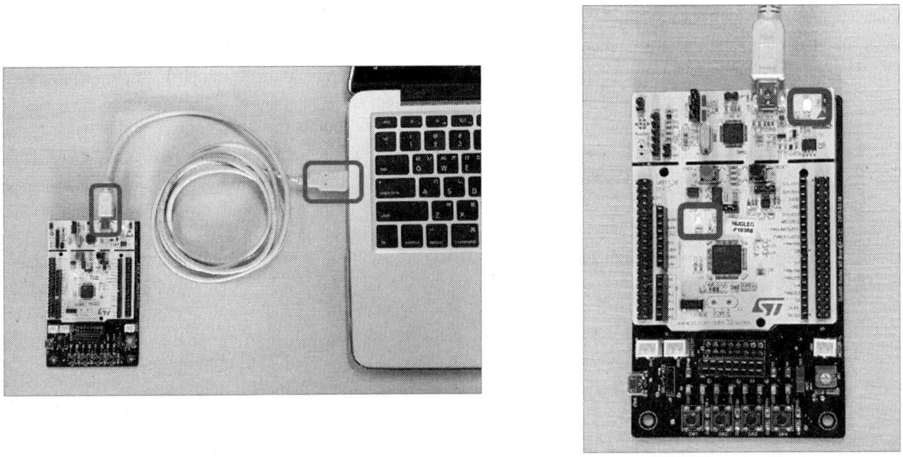

(a) PC와 Nucleo-F103 확장보드의 연결 (b) 연결 후의 Nucleo-F103 확장보드

△ **그림 4-2-1** PC와 실습 보드의 연결

실습보드 연결용 USB 케이블은 일반적으로 많이 사용하는 것(한쪽 끝이 Mini USB-B type으로 된 케이블)을 사용하면 된다.

△ **그림 4-2-2** 실습보드 연결용 USB 케이블 (한쪽 끝이 Mini USB-B type일 것)

4.2.1.2 PC와 실습 보드의 연결 확인

ST-LINK의 드라이버(4.1.4절)가 제대로 설치되었고 PC와 실습보드의 연결이 제대로 되었다면 PC는 Nucleo-F103 확장보드(정확히는 실습보드내의 ST-LINK)를 자동으로 COM 포트로 인식할 것이다. 아래 그림은 실습 보드 연결 후에 PC의 장치관리자에서 확인한 예이다. 이 그림에서는 실습 보드가 COM3으로 인식되었음을 알 수 있다.

참고

1. PC의 장치관리자에서 실습보드는 “STMicroelectronics STLink Virtual COM Port(COMx)” 로 인식된다.
2. 독자들이 실제로 확인되는 COM 포트의 숫자는 PC마다 다를 수 있다. 따라서 COM 포트의 번호와 상관없이 실습 보드가 인식되기만 한다면 PC와 성공적으로 연결된 것이다.

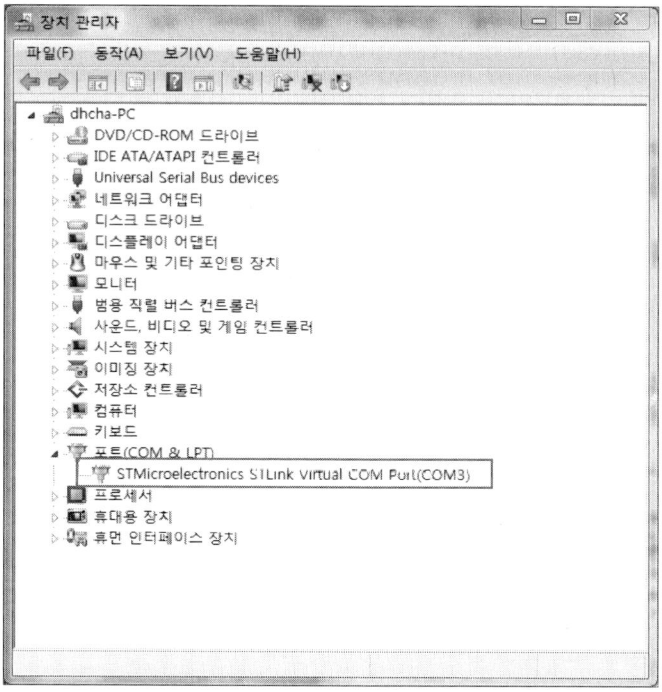

△ **그림 4-2-2** 장치 관리자에서 Nucleo-F103 확장보드(ST-LINK)를 인식

참고

> Nucleo-F103 보드가 장치관리자에서 정상적으로 인식되지 않는 경우는 다음 사항을 확인해본다.
> ① 앞 절에서 설치한 ST-LINK/V2-1 드라이버가 정상적으로 설치되었는지 확인한다.
> ② 보드와 PC의 USB 케이블이 제대로 연결되었는지 확인한다.
> ③ USB 케이블이 정상적으로 작동하는 케이블인지 확인한다.

참고 장치관리자를 실행하는 방법

장치관리자를 실행하는 방법은 다음과 같다(Windows 7 기준).

① [윈도우] 키를 누르고 [제어판]을 클릭

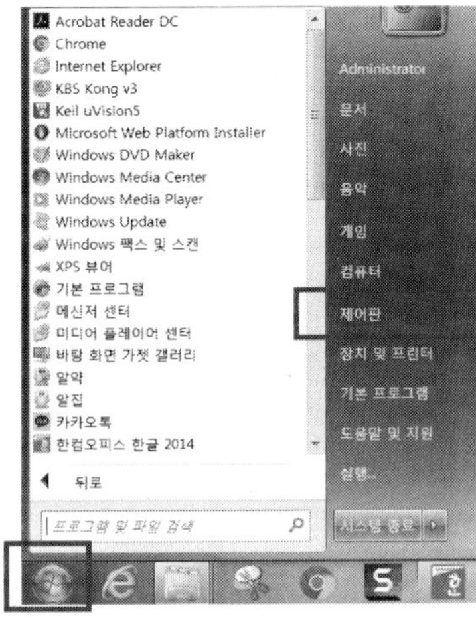

② 나타나는 화면에서 [하드웨어 및 소리]를 선택한다.

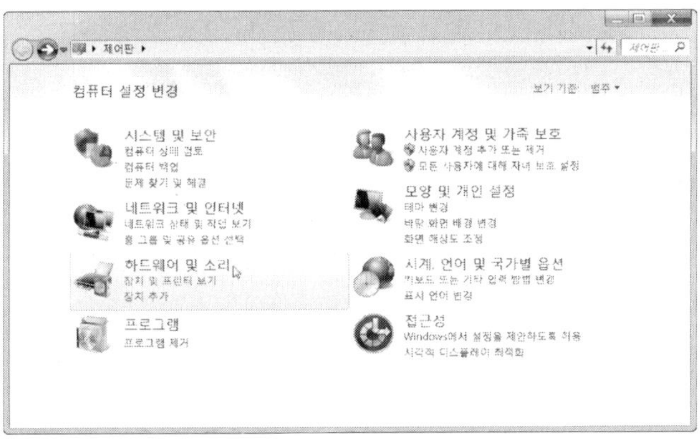

③ 나타나는 화면에서 [장치 관리자]를 선택한다.

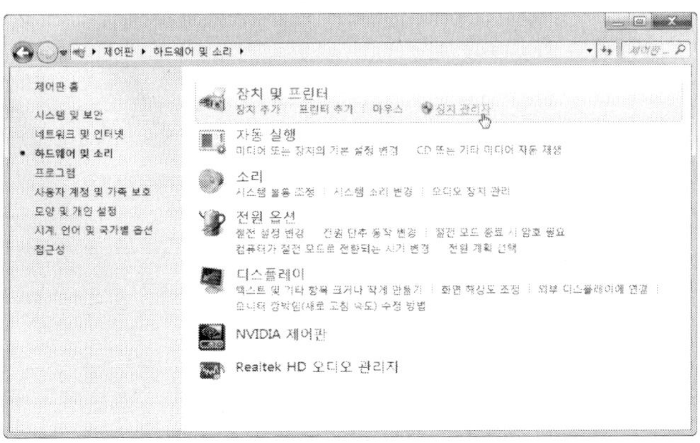

4.2.2 예제 프로그램의 실행 : Nucleo-F103 확장보드 이용

이제 실습에 필요한 소프트웨어 및 하드웨어는 모두 설치가 완료되었다. 따라서 이제부터는 제공되는 예제 파일을 이용한 실습 보드의 구동 방법을 알아보기로 한다. 예제 프로그램을 컴파일하여 실행 파일을 만든 후, 이를 실습보드에 다운로드 하여 프로그램을 실행하는 방법은 다음과 같다.

4.2.2.1 예제 프로그램의 컴파일

1) 폴더 명 : [STM32CubeF1_v1.3.0_Example(v2.0)] - [STM32Cube_FW_F1_V1.3.0]- [Examples_Nucleo F103] - [Test_Nucleo F103] - [GPIO 1_F103] - [MDK-ARM]
   - 위의 폴더에 있는 [Project.uvprojx] 파일을 더블클릭하여 실행한다.

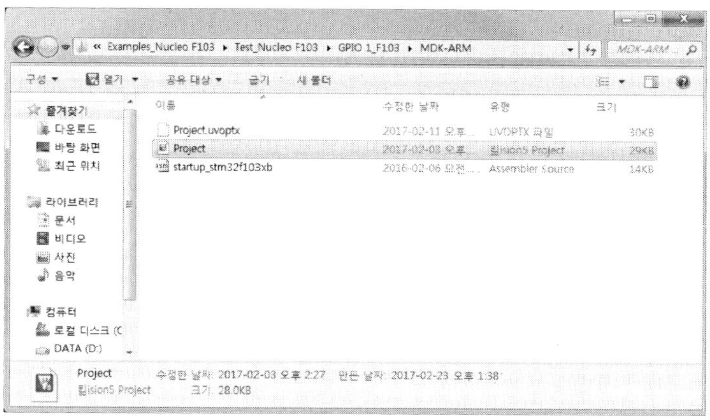

2) 프로젝트 파일이 열리면 [Example/User] 폴더 내의 [main.c] 파일을 더블클릭하여 연다. 그러면 소스 코드가 다음 그림과 같이 나타난다.

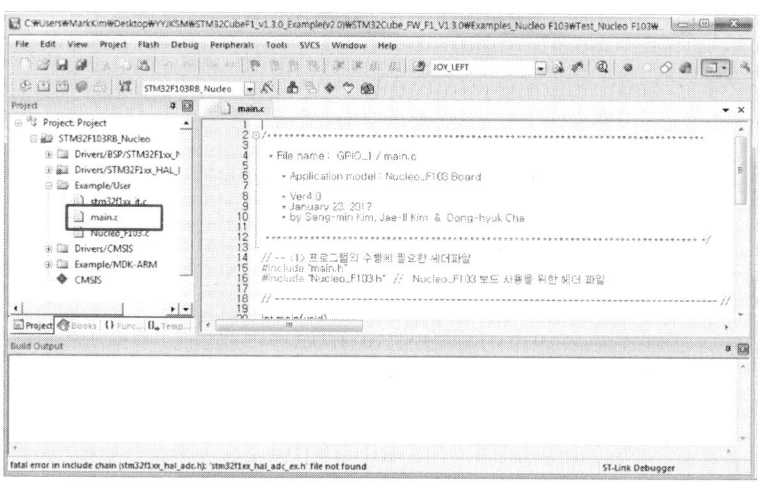

△ 그림 4-2-3 프로젝트 파일의 소스코드

3) Keil µVision의 좌측 상단에 있는 [Build] 아이콘을 클릭하면 프로그램이 컴파일되며 에러가 없는 경우는 다운로드 파일이 만들어 진다. 여기서는 제공된 예제 파일을 이용하므로 에러의 발생 없이 다운로드 파일이 성공적으로 만들어 진다.

참고

> [Build] 아이콘 대신 메뉴에서 [Project]→[Build Target] 명령을 사용해도 된다.

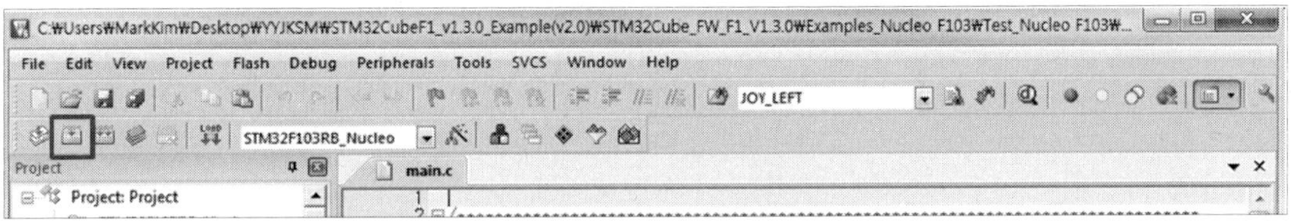

△ **그림 4-2-4** 프로그램 빌드

4) 아래의 그림과 같이 Keil µVision의 하단에 있는 [Build Output] 창에 컴파일(compiling), 링크(linking) 과정이 에러가 없이 수행되었다면 정상적으로 다운로드 파일이 만들어진 것이다.

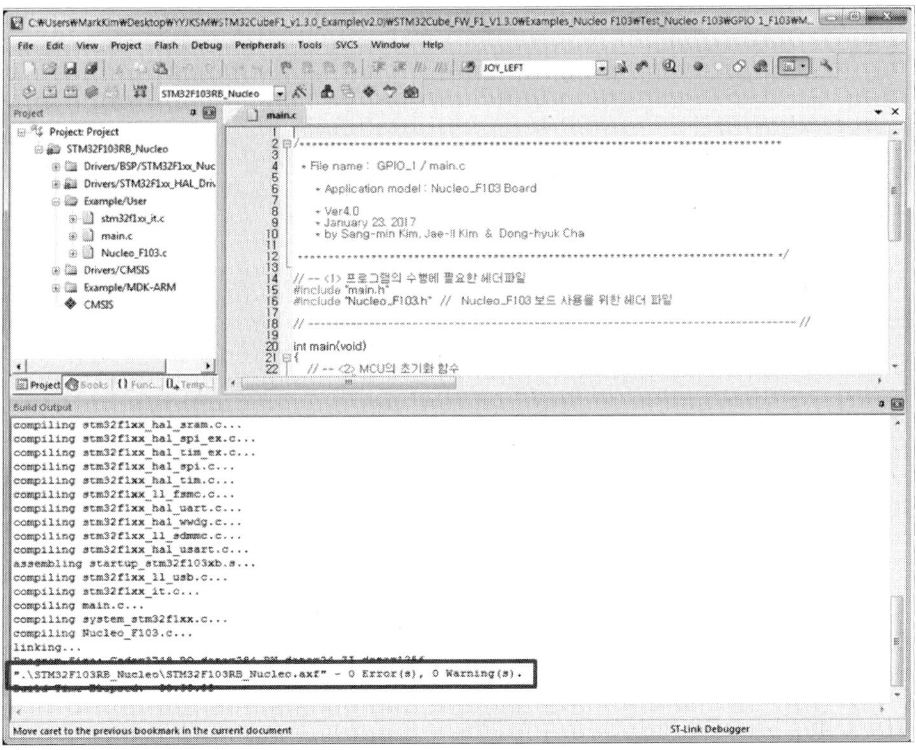

△ **그림 4-2-5** 빌드시 성공한 경우

참고

아래의 그림은 빌드(컴파일)시 에러가 발생한 경우를 보여준다. [Build Output] 창에 컴파일(compiling), 링크(linking) 과정에서 에러가 발생하였음을 알 수 있다(아래의 경우는 에러가 2개, 경고가 3개 발생). 에러(error)가 발생하면 도중에서 빌드가 중단되며 다운로드 파일이 만들어지지 않는다. 따라서 이 경우는 발생한 에러를 수정하고 다시 빌드하여야 한다.

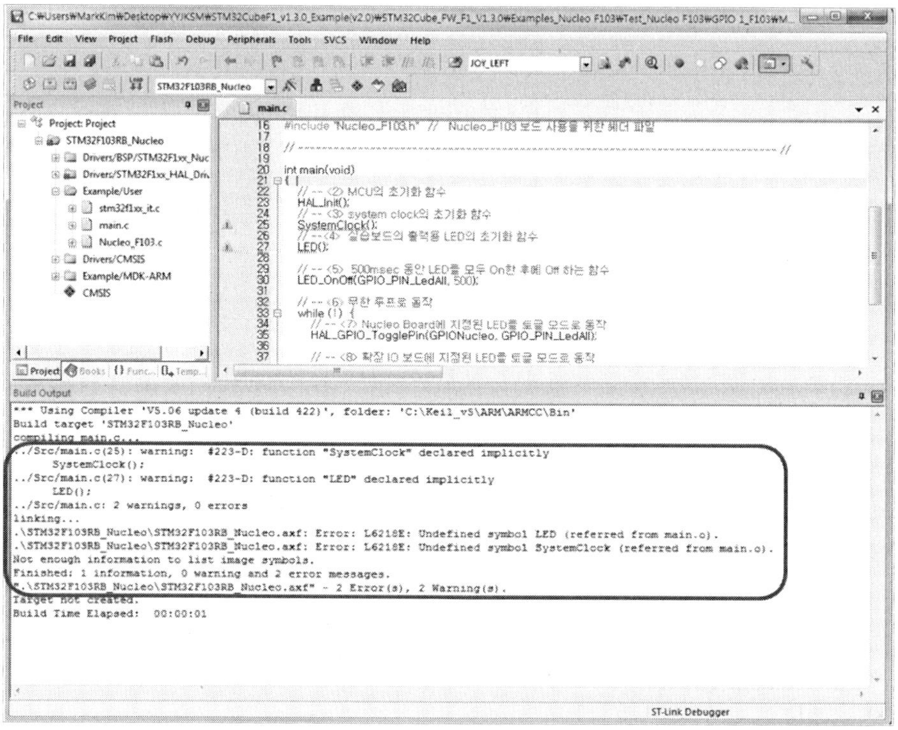

△ **그림 4-2-6** 빌드 과정에서 에러가 발생한 경우

4.2.2.2 다운로드 및 실행

1) Keil µVision5의 좌측 상단에 있는 [Download] 아이콘을 클릭하여 실습보드로 프로그램을 다운로드한다. [Download] 아이콘 대신 메뉴에서 [Flash] – [Download]명령을 사용해도 된다.

참고

> [Download]를 하기 위해서는 먼저 ST-LINK의 사용여부를 설정해야 한다. 이에 대한 자세한 설정방법은 본 교재의 [4.4절. Keil MDK의 사용방법]을 참고하기 바란다. 그러나 본 예제의 프로젝트에는 ST-LINK를 사용하는 것으로 이미 설정되어있으므로 별도의 설정이 필요없다.

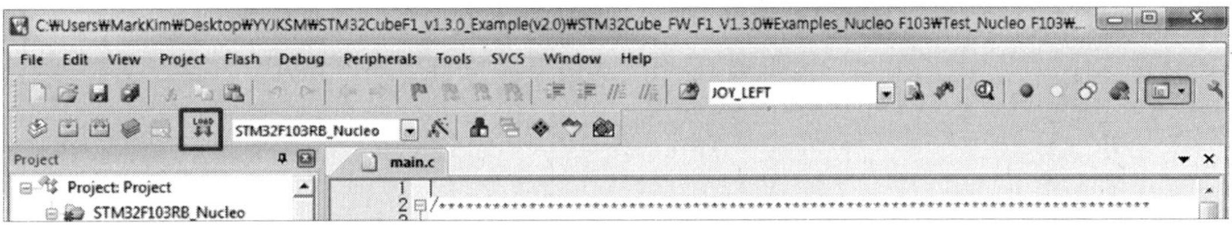

△ **그림 4-2-7** 프로그램 다운로드용 아이콘

2) 다음의 그림은 다운로드되는 중인 화면을 나타낸다. 화면의 왼쪽 아래에 다운로드가 진행되고 있음을 알려주는 프로그래스(progress) 바가 보인다.

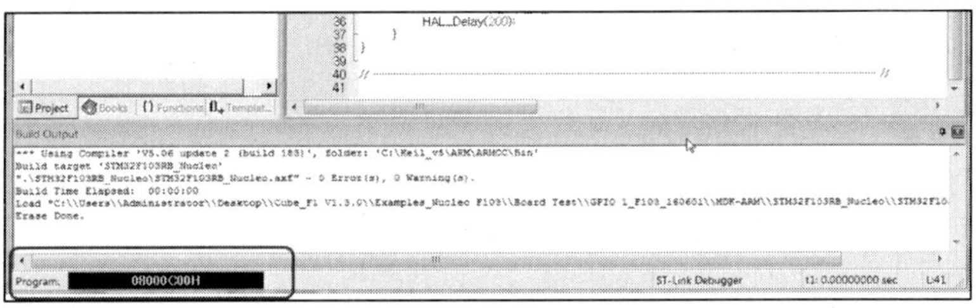

△ **그림 4-2-8** 프로그램 다운로드 중인 화면

3) 다음의 그림은 다운로드가 완료된 화면을 나타낸다. [Build Output] 창에 표시된 메시지를 보면 “Programming Done”, “Verify OK”, “Application running” 이라는 메시지가 나와있음을 볼 수 있다.

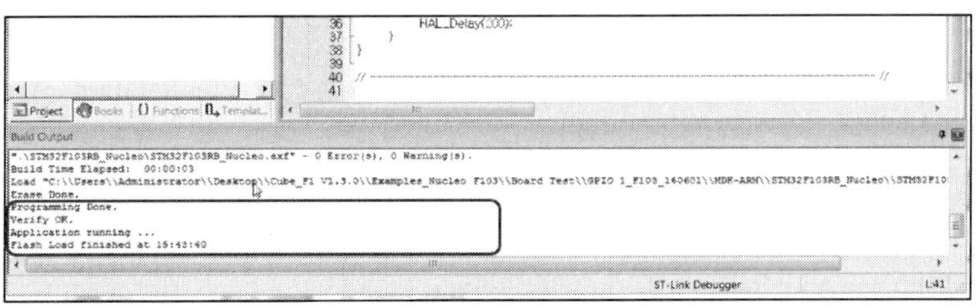

△ **그림 4-2-9** 프로그램 다운로드가 완료된 화면

4) [참고] 다운로드가 실패한 경우는 다음과 같은 메시지가 뜬다.

① ST-LINK를 찾을 수 없는 경우 : 이 경우는 다음과 같이 "No ST-LINK decteced"라는 화면이 나타난다.

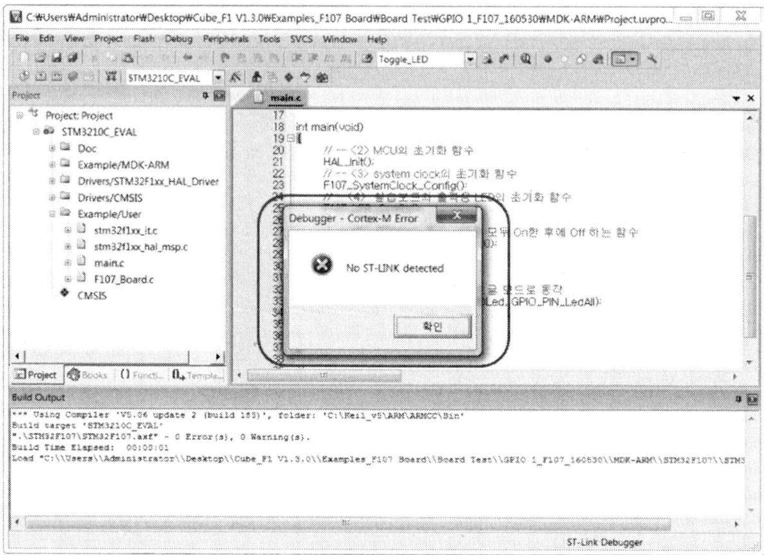

△ **그림 4-2-10** 다운로드가 실패한 경우(ST-LINK를 찾을 수 없음)

참고

"No ST-LINK detected"라는 에러가 발생하는 이유는 다음과 같다.

- PC와 실습보드의 연결이 잘못된 경우,
- Nucleo 보드와 실습보드의 연결이 잘못된 경우,
- Nucleo 보드내의 점퍼선의 셋팅이 잘못된 경우,

② 그 외의 다른 이유로 다운로드가 실패한 경우 : 이 경우는 다음과 같은 화면이 나타난다.

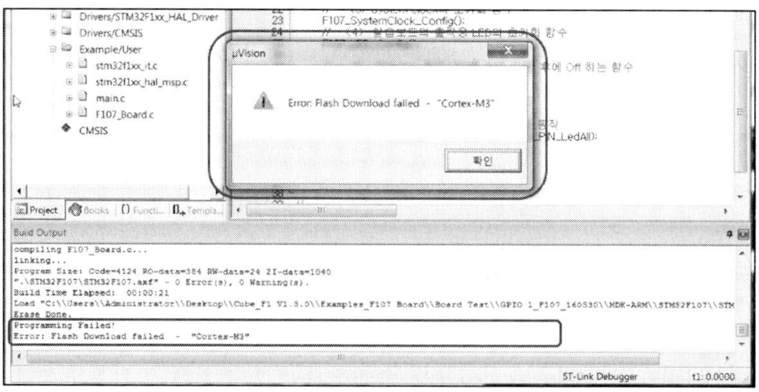

△ **그림 4-2-11** 다운로드가 실패한 경우(그 외의 경우)

이 경우는 [Build Output] 창의 박스로 표시된 부분에서 다음 메시지를 볼 수 있다.

```
Programming Failed!
Error : Flash Download failed - "Cortex-M3"
```

5) 성공적으로 다운로드되면 프로그램이 자동으로 실행된다. 혹시 프로그램이 자동으로 실행되지 않으면 NUCLEO-F103RB 보드의 리셋버튼(B2)을 눌러준다. 실습보드에 있는 LED1~LED8과 User LED인 LD2가 반복적으로 점멸한다면 프로그램이 정상적으로 다운로드 되어 실행되고 있는 것이다.

△ **그림 4-2-12** 예제 동작 화면

6) 프로그램이 제대로 실행이 되지 않는 경우는 다음과 같이 하여 본다.
   ① 컴파일이나 다운로드가 에러없이 성공했는데도 프로그램이 실행이 되지 않는 경우는 실습 보드 내의 [리셋] 스위치를 눌러본다.
   ② 실습보드와 PC를 연결하는 USB 케이블을 뺐다가 다시 연결해본다.

4.3 예제 프로그램의 실행 : Nucleo-F429 확장보드

이 절에서는 Nucleo-F429 확장보드를 이용하여 예제 프로그램을 실행하는 방법에 대하여 알아보기로 한다.

참고

이 책의 예제 프로그램은 Nucleo-F429 확장보드(NUCLEO-F429ZI 보드+Nucleo-144용 I/O 보드로 구성)에서 동작한다. 만일 NUCLEO-F429ZI 보드만 있고 Nucleo-144용 I/O 보드가 없을 경우 예제 실행방법은 [부록 1]을 참조하기 바란다.

4.3.1.1 PC와 실습 보드의 연결

PC와 Nucleo-F429 확장보드를 연결하는 방법도 매우 간단하다. 아래 그림과 같이 USB 케이블로 PC의 USB 포트와 NUCELO-F429ZI 보드의 USB 포트를 연결하면 된다. 연결된 USB 케이블을 이용하여 예제 프로그램의 다운로드 및 실행이 가능하다.

(a) PC와 Nucleo-F429 확장보드의 연결

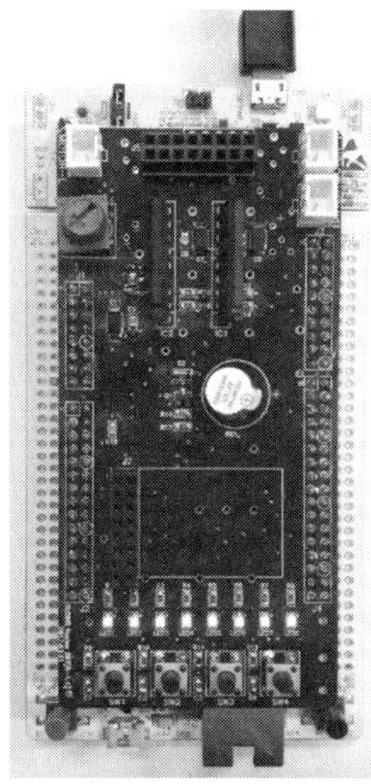

(b) 연결 후의 Nucleo-F429 확장보드

△ **그림 4-3-1** PC와 실습 보드의 연결

4.3.1.2 PC와 실습 보드의 연결 확인

ST-LINK의 드라이버(4.1.4절)가 제대로 설치되었고 PC와 실습보드의 연결이 제대로 되었다면 PC는 Nucleo-F429 확장보드(정확히는 실습보드내의 ST-LINK)를 자동으로 COM 포트로 인식할 것이다. 아래 그림은 실습 보드 연결 후에 PC의 장치관리자에서 확인한 예이다. 이 그림에서는 실습 보드가 COM3으로 인식되었음을 알 수 있다.

참고

1. PC의 장치관리자에서 실습보드는 "STMicroelectronics STLink Virtual COM Port(COMx)"로 인식된다.
2. 독자들이 실제로 확인되는 COM 포트의 숫자는 PC마다 다를 수 있다. 따라서 COM 포트의 번호와 상관없이 실습 보드가 인식되기만 한다면 PC와 성공적으로 연결된 것이다.

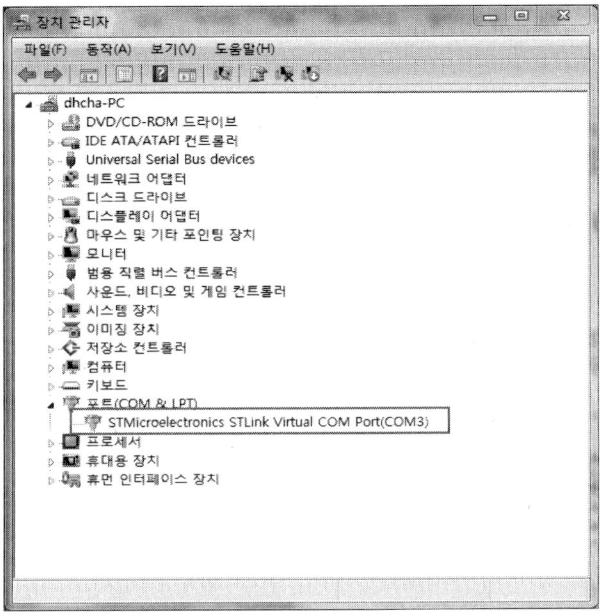

△ **그림 4-3-2** 장치 관리자에서 드라이버 설치 확인

참고 **실습 보드가 장치관리자에서 정상적으로 인식되지 않는 경우는 다음 사항을 확인해본다.**

① 앞 절에서 설치한 ST-LINK/V2-1 드라이버가 정상적으로 설치되었는지 확인한다.
② 보드와 PC의 USB 케이블이 제대로 연결되었는지 확인한다.
③ USB 케이블이 정상적으로 작동하는 케이블인지 확인한다.

4.3.2 예제 프로그램의 실행 : Nucleo-F429 확장보드 이용

이제 실습에 필요한 소프트웨어 및 하드웨어는 모두 설치가 완료되었다. 따라서 이제부터는 제공되는 예제 파일을 이용한 실습 보드의 구동 방법을 알아보기로 한다. 예제 프로그램을 컴파일하여 실행 파일을 만든 후, 이를 실습보드에 다운로드 하여 프로그램을 실행하는 방법은 다음과 같다.

4.3.2.1 예제 프로그램의 컴파일

1) 폴더 명 : [STM32CubeF4_v1.12.0_Example] - [STM32Cube_FW_F4_V1.12.0] - [Examples_Nucleo F429] - [Test_Nucleo F429] - [GPIO 1_F429] - [MDK-ARM]
   - 위의 폴더에 있는 [Project.uvprojx] 파일을 더블클릭하여 실행한다.

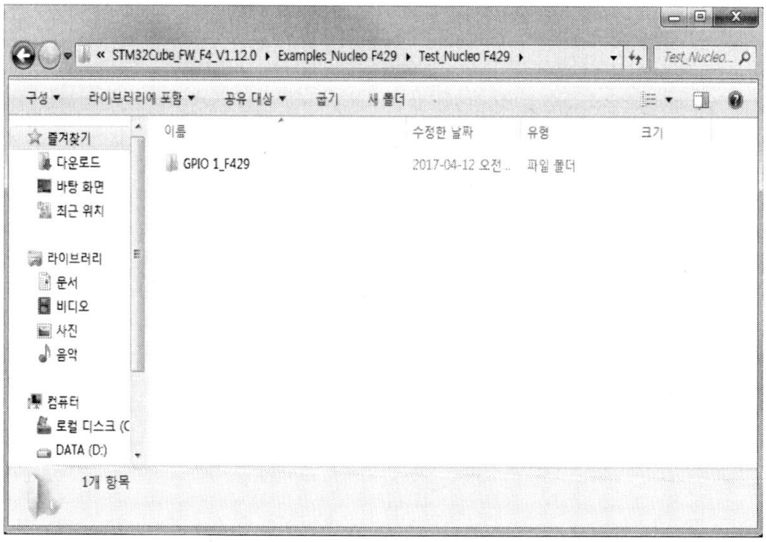

2) 프로젝트 파일이 열리면 [Example/User] 폴더 내의 [main.c] 파일을 더블클릭하여 연다. 그러면 소스 코드가 다음 그림과 같이 나타난다.

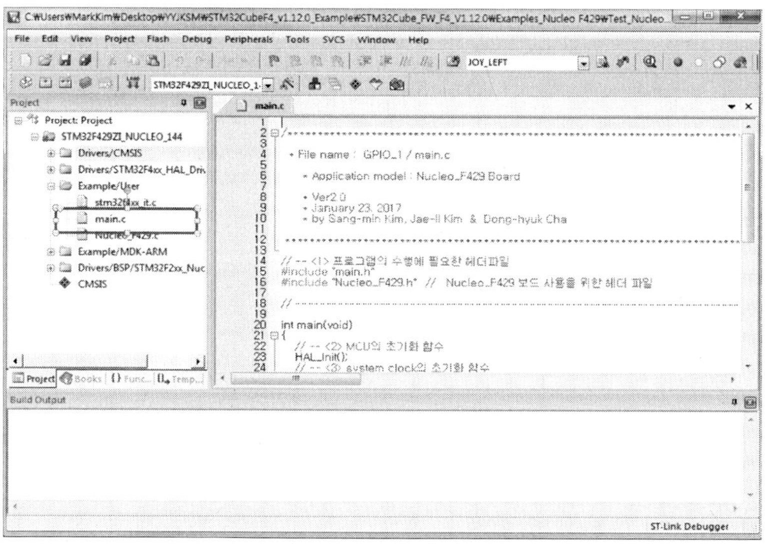

△ **그림 4-3-3** 프로젝트와 소스코드

3) Keil μVision의 좌측 상단에 있는 [Build] 아이콘을 클릭하면 프로그램이 컴파일되며 에러가 없는 경우는 다운로드 파일이 만들어 진다. 여기서는 제공된 예제 파일을 이용하므로 에러의 발생 없이 다운로드 파일이 성공적으로 만들어 진다.

참고

[Build] 아이콘 대신 메뉴에서 [Project]→[Build Target] 명령을 사용해도 된다.

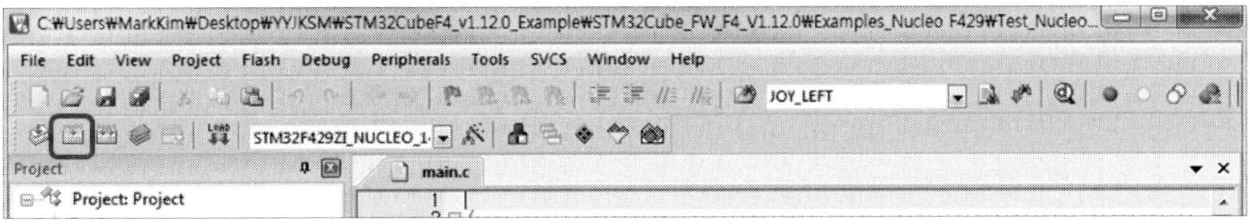

△ **그림 4-3-4** 프로그램 빌드

4) 아래의 그림과 같이 Keil µVision의 하단에 있는 [Build Output] 창에 컴파일(compiling), 링크(linking) 과정이 에러가 없이 수행되었다면 정상적으로 다운로드 파일이 만들어진 것이다.

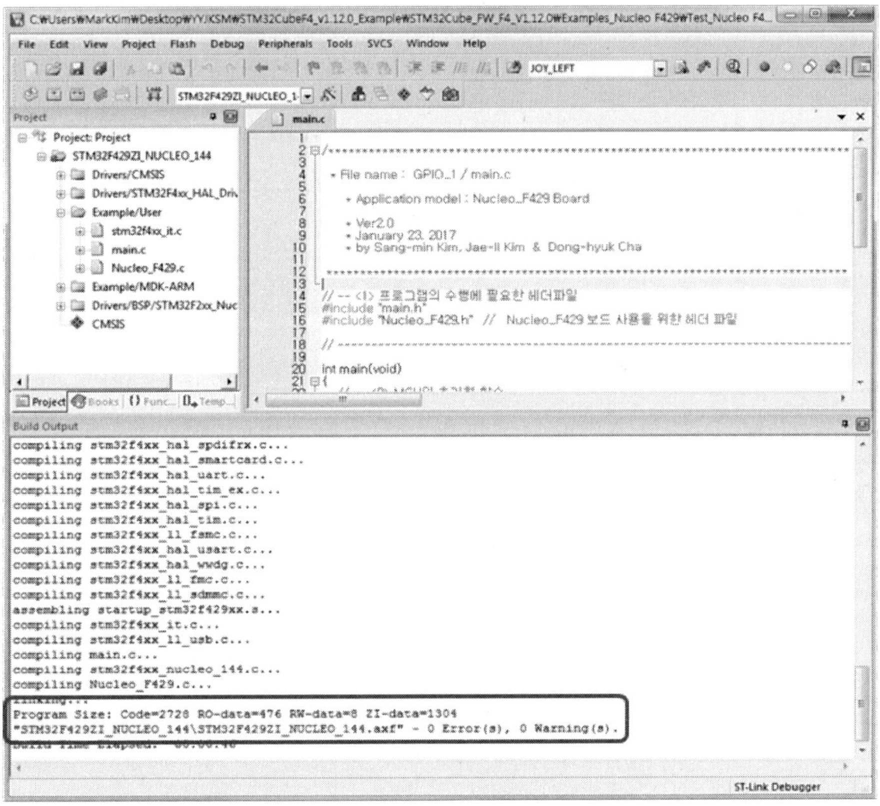

△ **그림 4-3-5** 빌드시 성공한 경우

참고

아래의 그림은 빌드(컴파일)시 에러가 발생한 경우를 보여준다. [Build Output] 창에 컴파일(compiling), 링크(linking) 과정에서 에러가 발생하였음을 알 수 있다(아래의 경우는 에러가 2개, 경고가 3개 발생). 에러(error)가 발생하면 도중에서 빌드가 중단되며 다운로드 파일이 만들어지지 않는다. 따라서 이 경우는 발생한 에러를 수정하고 다시 빌드하여야 한다.

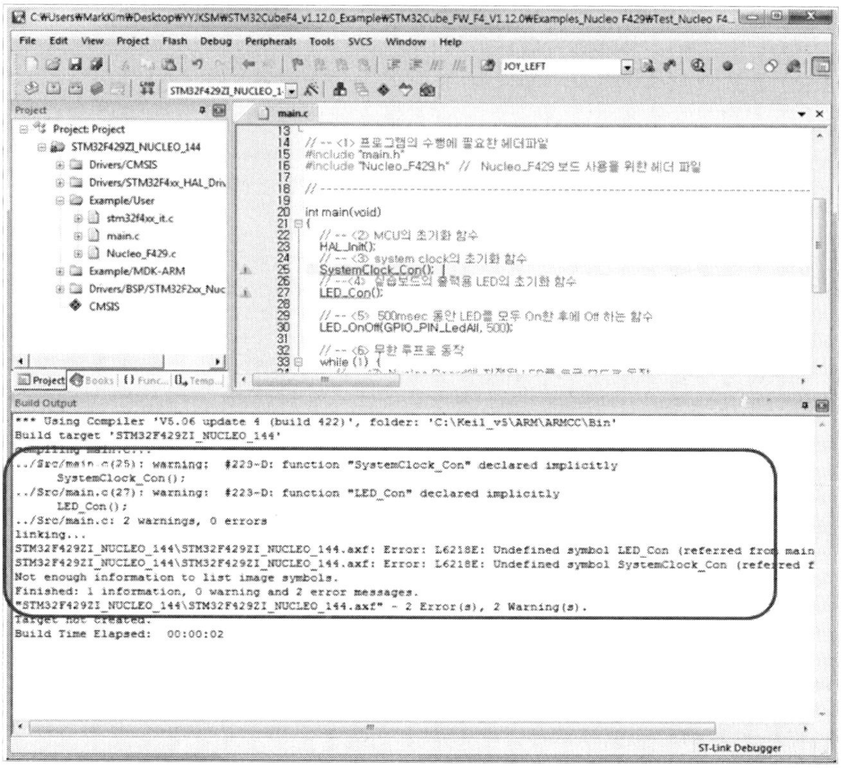

△ **그림 4-3-6** 빌드 과정에서 에러가 발생한 경우

4.3.2.2 다운로드 및 실행

1) Keil μVision5의 좌측 상단에 있는 [Download] 아이콘을 클릭하여 실습보드로 프로그램을 다운로드한다. [Download] 아이콘 대신 메뉴에서 [Flash] – [Download]명령을 사용해도 된다.

참고

[Download]를 하기 위해서는 먼저 ST-LINK의 사용여부를 설정해야 한다. 이에 대한 자세한 설정방법은 본 교재의 [4.4절. Keil MDK의 사용방법]을 참고하기 바란다. 그러나 본 예제의 프로젝트에는 ST-LINK를 사용하는 것으로 이미 설정되어있으므로 별도의 설정이 필요없다.

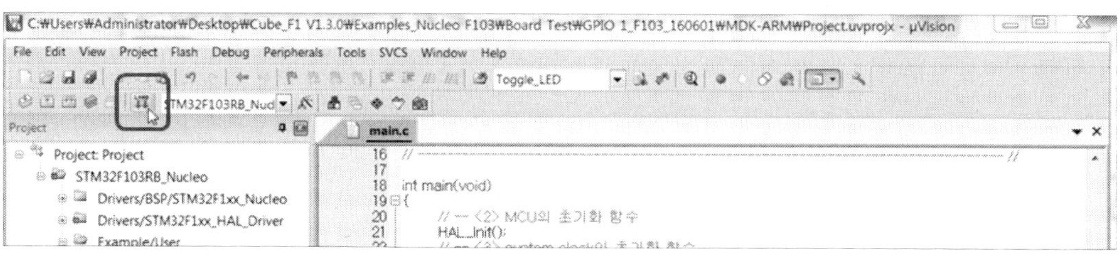

△ **그림 4-3-7** 프로그램 다운로드용 아이콘

2) 다음의 그림은 다운로드되는 중인 화면을 나타낸다. 화면의 왼쪽 아래에 다운로드가 진행되고 있음을 알려주는 프로그래스(progress) 바가 보인다.

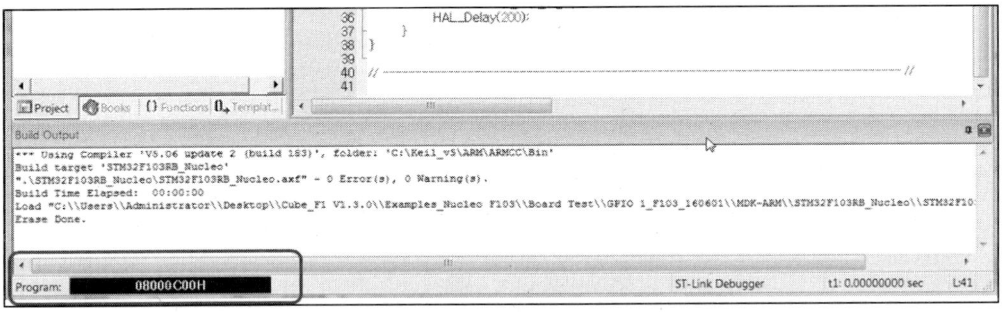

△ **그림 4-3-8** 프로그램 다운로드 중인 화면

3) 다음의 그림은 다운로드가 완료된 화면을 나타낸다. [Build Output] 창에 표시된 메시지를 보면 “Programming Done”, “Verify OK”, “Application running”이라는 메시지가 나와있음을 볼 수 있다.

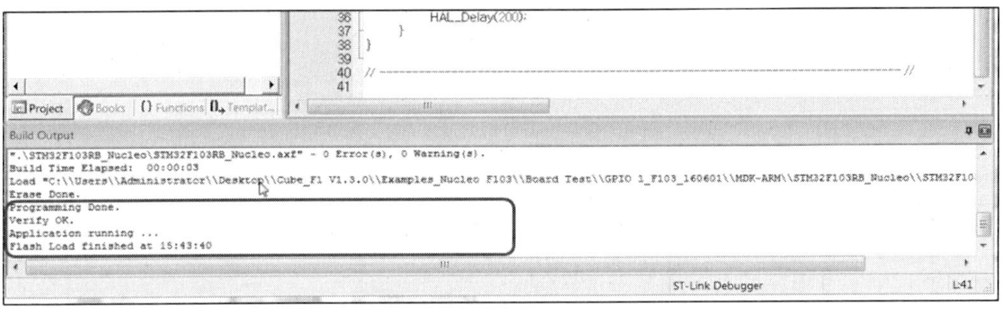

△ **그림 4-3-9** 다운로드가 완료된 화면

4) [참고] 다운로드가 실패한 경우는 다음과 같은 메시지가 발생한다.

① ST-LINK를 찾을 수 없는 경우 : 이 경우는 다음과 같이 “No ST-LINK decteced” 라는 화면이 나타난다.

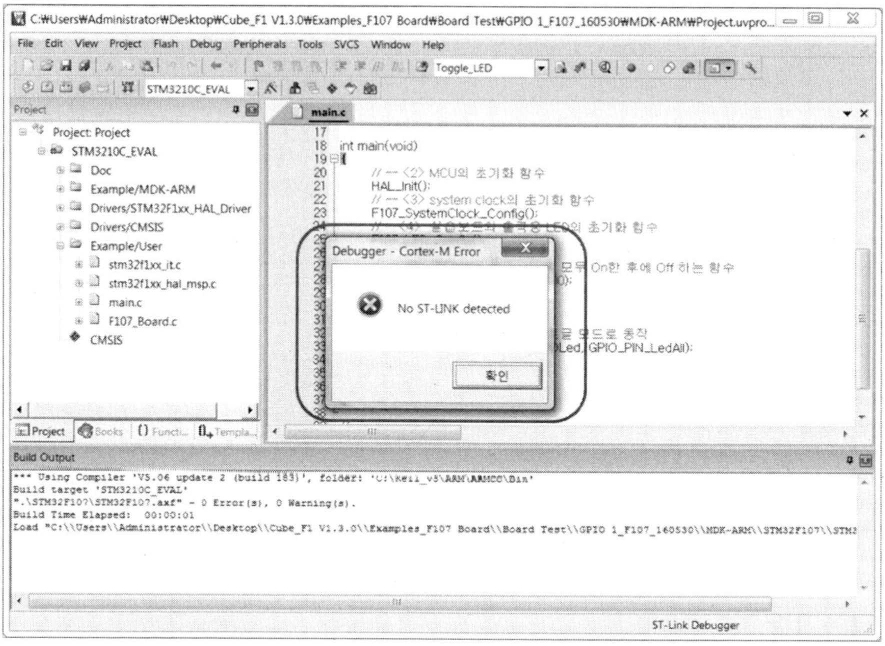

△ **그림 4-3-10** 다운로드가 실패됨 (ST-LINK를 찾을 수 없는 경우)

참고 **"No ST-LINK decteced" 라는 에러가 나오는 이유는 다음과 같다.**

- PC와 실습보드의 연결이 잘못된 경우,
- Nucleo 보드와 실습보드의 연결이 잘못된 경우,
- Nucleo 보드내의 점퍼선의 셋팅이 잘못된 경우,

② 그 외의 다른 이유로 다운로드가 실패한 경우 : 이 경우는 다음과 같은 화면이 나타난다.

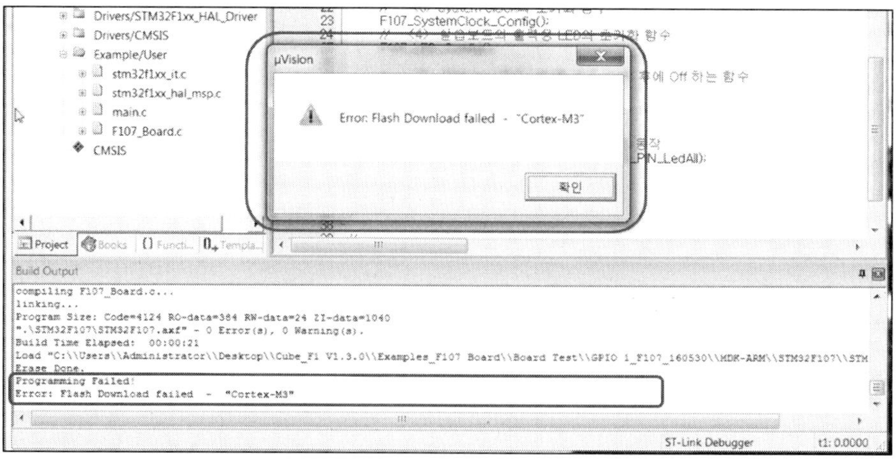

△ **그림 4-3-11** 다운로드가 실패됨 (그 외의 경우)

이 경우는 [Build Output] 창의 박스로 표시된 부분에서 다음 메시지를 볼 수 있다.

```
Programming Failed!
Error : Flash Download failed - "Cortex-M3"
```


5) 성공적으로 다운로드되면 프로그램이 자동으로 실행된다. 혹시 프로그램이 자동으로 실행되지 않으면 Nucleo-144 보드의 리셋버튼을 눌러준다. 실습보드에 있는 LED1~8이 반복적으로 점멸한다면 프로그램이 정상적으로 다운로드 되어 실행되고 있는 것이다.

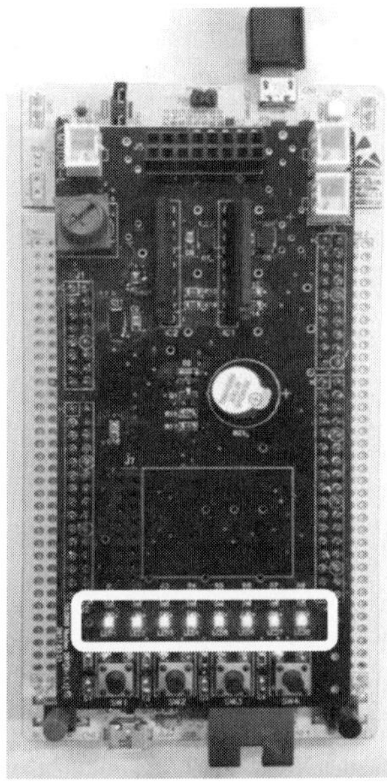

△ **그림 4-3-12** 예제 동작 화면

6) 프로그램이 제대로 실행이 되지 않는 경우는 다음과 같이 하여 본다.
   ① 컴파일이나 다운로드가 에러없이 성공했는데도 프로그램이 실행이 되지 않는 경우는 실습 보드 내의 [리셋] 스위치를 눌러본다.
   ② 실습보드와 PC를 연결하는 USB 케이블을 뺐다가 다시 연결해본다.

4.4 [심화학습] Keil MDK의 사용 방법 및 mbed 소개

이 장은 Keil MDK의 각종 옵션 설정 방법과 mbed에 대하여 설명한다. 그런데 본 교재에서 제공하는 예제 파일은 모두 Keil MDK의 각종 옵션 설정이 제대로 되어있으므로 예제의 실행시에는 별도의 옵션 설정이 필요없다. 그리고 mbed는 본 교재에서는 사용하지 않는다. 따라서 진도를 빨리 나가고 싶은 독자는 이 절의 내용은 생략하여도 향후 진행에는 아무런 상관이 없다.

4.4.1 타겟의 옵션(Options for Target) 설정방법

실습 보드와 PC를 연결하였을 때 PC에서 ST-LINK는 인식이 되지만 실습 보드로의 프로그램 다운로드가 되지 않는 경우는 타겟의 옵션(Options for Target) 설정이 잘못되어 있을 가능성이 높다. 따라서 이 경우는 타겟의 옵션 설정을 확인해 보아야 한다. 타겟의 옵션을 설정하는 방법은 다음과 같다.

1) Keil MDK에서 다음 그림과 같이 [Options for Target] 버튼을 누른다.

참고

메뉴의 [Project] - [Options for Target]을 눌러도 된다.

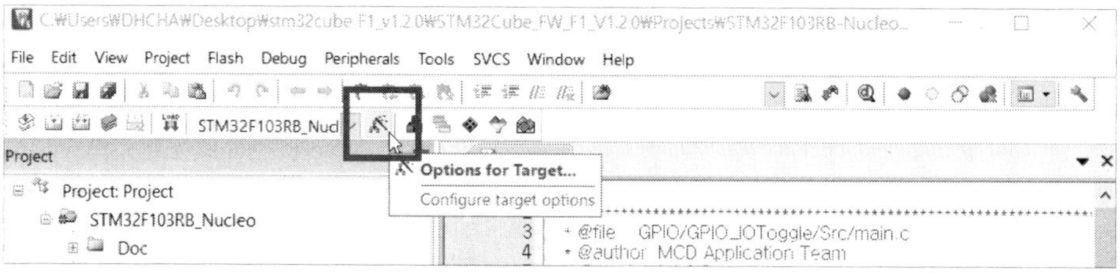

△ **그림 4-4-1** [Options for Target] 버튼

2) 그러면 [Options for Target...] 화면이 다음 그림과 같이 나타난다.

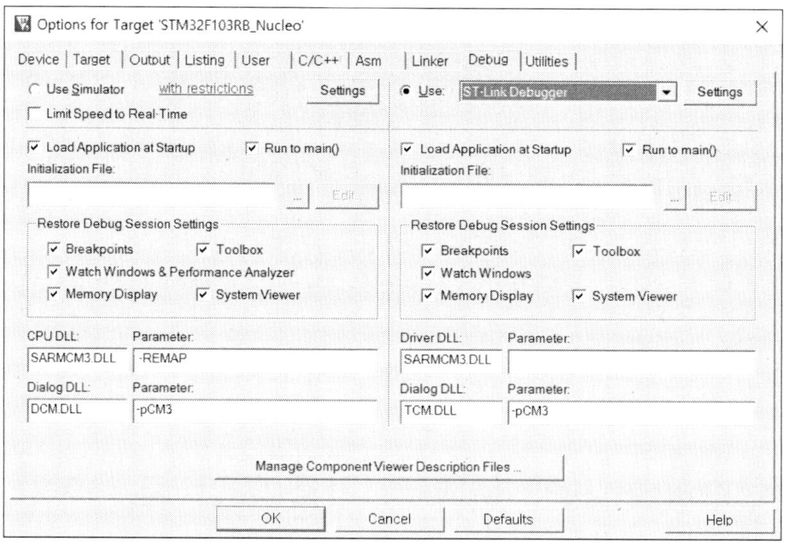

△ **그림 4-4-2** [Options for Target]의 설정 화면

3) [Device] 탭 설정

상단의 [Device] 탭을 누르고 설정된 디바이스(MCU의 모델)를 확인한다. 다음 그림은 STM32F107 실습 보드의 경우를 나타낸 것이다. 이 그림을 보면 Device가 STM32F107VC로 설정이 되어 있음을 알 수 있다. 혹시 본인이 사용하는 MCU의 모델과 다르게 설정되어 있는 경우는 설정을 다시 한다.

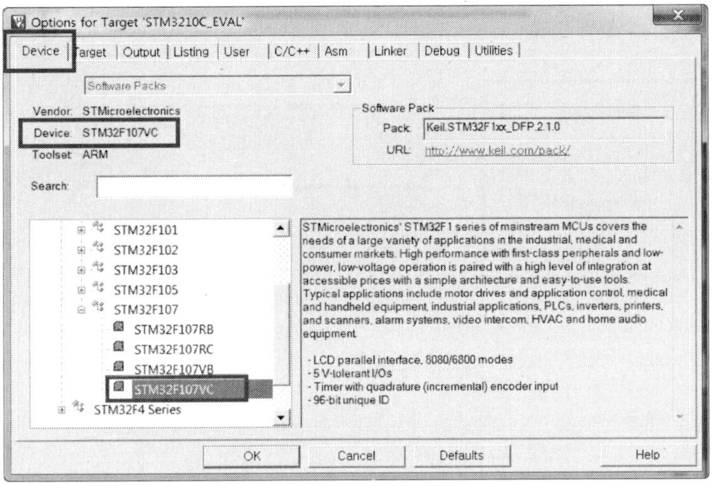

△ **그림 4-4-3** [Device] 탭의 설정 화면

4) [Debug] 탭 설정

① 상단의 [Debug] 탭을 누르고 설정된 Debugger의 종류를 확인한다. 여기에서는 ST-Link Debugger로 설정이 되어 있음을 알 수 있다. 혹시 설정이 틀리거나, 다른 종류의 디버거를 사용하는 경우는 이에 맞게 설정해주면 된다. 그리고 디버거의 설정 상태를 확인하기 위해 오른쪽 상단에 있는 [Settings] 버튼을 눌러준다.

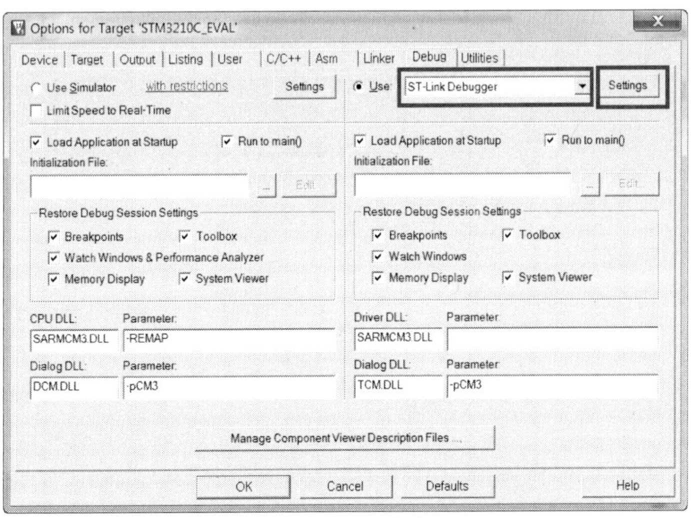

△ **그림 4-4-4** [Debug] 탭의 설정 화면

② 위의 화면에서 [Settings] 버튼을 누르면 다음의 화면이 나타난다.

- 화면의 왼쪽 창에는 현재 사용 중인 디버거에 대한 정보가 나타난다. 디버거의 Unit, Serial Number, HW version 등이 표시된다.
- 화면의 오른쪽 창에는 SW Device에 대한 정보가 나타난다. 여기에는 현재 연결되어 있는 디바이스에 대한 정보가 나타난다.

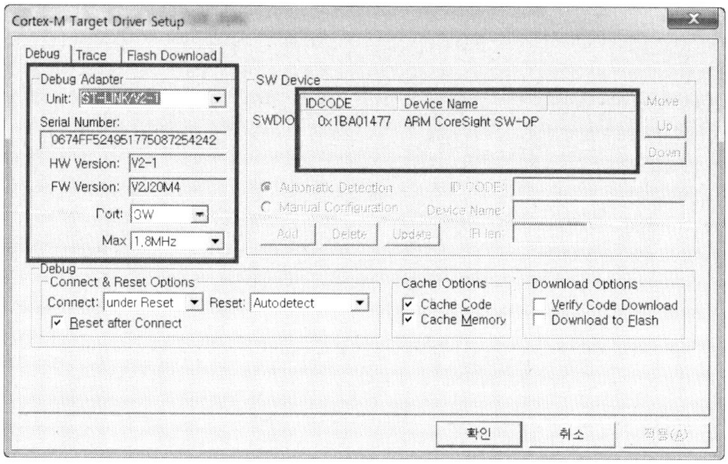

△ **그림 4-4-5** 연결된 ST-LINK에 대한 정보(실습 보드가 연결된 경우)

참고

다음의 그림은 STM32F107 실습 보드를 사용할 때 ST-Link만 연결이 되어있고 실습 보드가 연결되지 않은 경우의 화면을 나타낸다.

- 화면의 왼쪽 창에 디버거 정보의 일부가 비활성화 되어있고,
- 화면의 오른쪽 창에 "ST-Link connection error"라는 메시지가 있음을 알 수 있다.

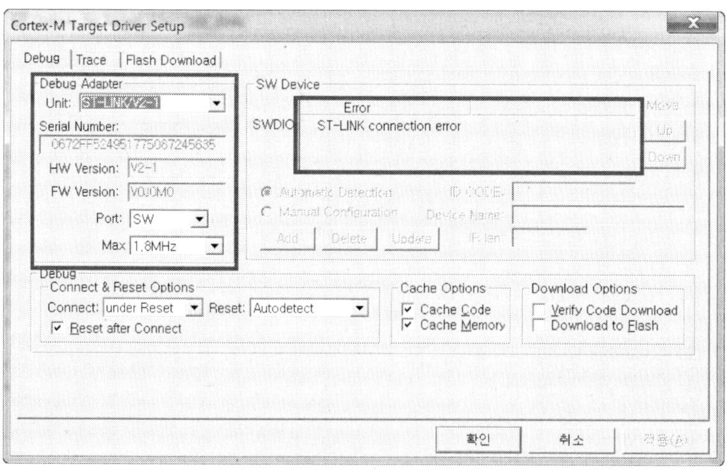

△ **그림 4-4-6** 연결된 ST-LINK에 대한 정보(실습 보드가 연결되지 않은 경우)

③ 앞의 ②번 화면에서 [Flash Download] 탭을 누르면 다음 그림의 화면이 나타난다. 여기서는 플래시 메모리로 다운로드 및 프로그램의 실행에 대한 각종 설정을 할 수 있다.

- 상단의 박스 : [Flash Download] 탭을 나타낸다.
- 가운데 박스 : 각종 Download Function을 나타낸다. 설정 조건은 다음과 같다.
  - Erase Full Chip : 다운로드시 플래시 메모리를 전부 다 지우고 다시 씀
  - Erase Sectors : 다운로드시 플래시 메모리의 필요한 섹터만 지우고 다시 씀
  - Do not Erase : 다운로드시 플래시 메모리를 지우지 않고 쓰기만 함
  - Program(체크되어 있어야 함) : 칩에 프로그램을 한다.
  - Verify(체크되어 있어야 함) : 다운로드 후 verify를 한다.
  - Reset and Run(필요에 따라 체크) : 체크된 경우는 다운로드가 완료되면 자동으로 MCU를 리셋하고 프로그램을 Run 시킨다.
- 하단의 박스 : 현재 선택되어 있는 플래시 칩을 나타낸다. Nucleo-F103 실습보드의 경우 사용하는 MCU는 STM32F103RB(플래시 128k)이므로 제대로 설정되어 있음을 알 수 있다.

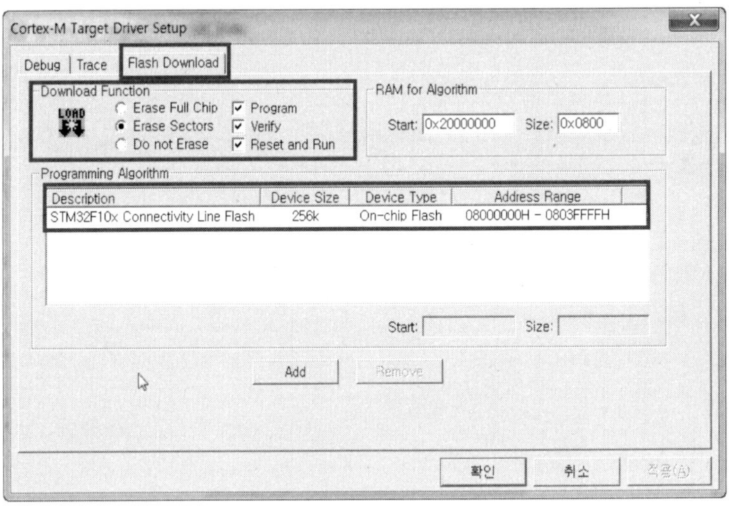

△ **그림 4-4-7** [Flash Download] 탭의 설정 화면

5) [Utilities] 탭 설정

이 항목은 다음과 같이 설정한다.

① [Utilities] 탭을 클릭한다.

② 체크박스의 항목을 그림과 같이 아래쪽의 [Update ..]만 체크한다.

③ [Settings] 탭을 클릭한다.

④ ST-LINK Debugger를 선택한다.

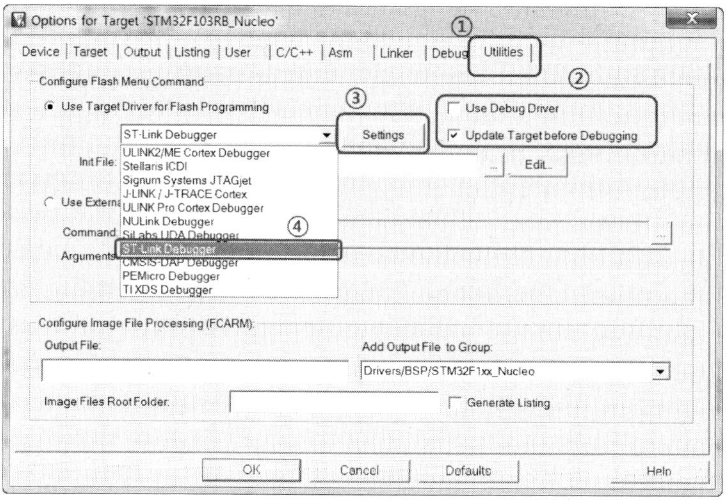

△ **그림 4-4-8** [Utilities] 탭의 설정 화면

6) 이 외에도 프로그램의 수행 조건을 설정하는 다른 항목들이 많이 있다. 한번씩 살펴보면 Keil MDK의 동작조건 설정을 이해하는데 도움이 될 것이다.

참고 J-LINK의 드라이버 설치 방법

Cortex-M의 디버거는 여러 가지가 있지만, 그 중에서 많이 사용되는 것은 ULINK(ARM사), ST-LINK(ST사)와 J-LINK(Segger사)이다.

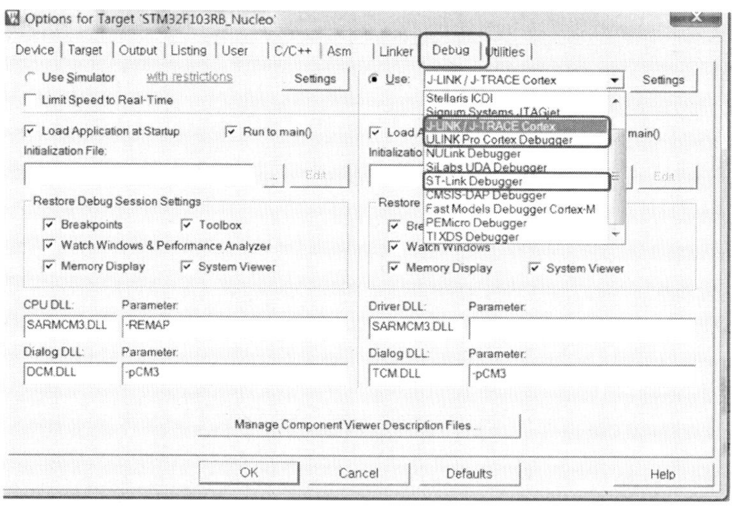

△ **그림 4-4-9** Keil MDK에서 지원하는 Cortex-M의 디버거 종류

이들 디버거의 드라이버 설치 방법은 다음과 같다.

- ULINK : ARM사에서 개발한 디버거이므로 Keil-MDK 내에 드라이버가 내장되어 있다. 따라서 별도의 드라이버 설치가 필요하지 않다.
- ST-LINK : 이 책에서 사용하는 디버거이며 별도의 드라이버 설치가 필요하다. 설치 방법은 [4.1.2절 STM32 CubeF1 펌웨어 설치]를 참고하기 바란다.

- J-LINK : 별도의 드라이버 설치가 필요하다. 드라이버는 Keil-MDK를 설치한 경우 다음의 폴더에서 찾을 수 있다. (다음 그림 참조)

  [C:₩Keil_v5₩ARM₩Segger₩JLink.exe]

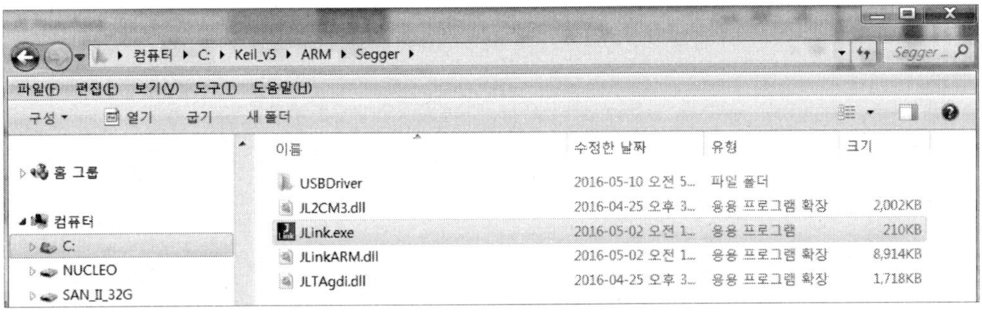

△ **그림 4-4-10** J-LINK용 드라이버 파일의 경로

4.4.2 mbed(엠베드)의 개요

mbed는 ARM사에서 개발한 Cortex-M 시리즈 MCU를 위한 온라인 프로그래밍 툴이다. mbed용 소프트웨어를 mbed 홈페이지(www.mbed.com)에서 다운받아 설치하고, mbed를 지원하는 보드를 PC에 USB로 연결하면 PC에서 손쉽게 보드의 제어 프로그래밍, 컴파일, 다운로드가 가능하다

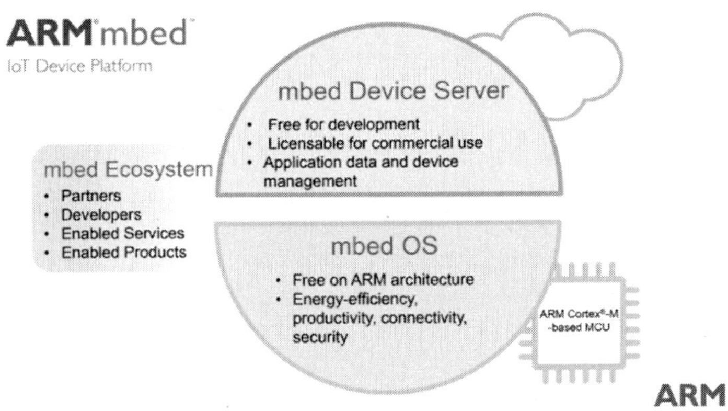

△ **그림 4-4-11** ARM mbed의 개념도

mbed는 "Cortex-M용 아두이노"와 유사한 개념의 소프트웨어라고 할 수 있다. 아두이노(Arduino)를 이용하면 AVR ATmega 프로세서의 제어 프로그래밍을 쉽게 할 수 있듯이 mbed를 이용하면 MCU 보드의 하드웨어에 대한 깊은 지식이 없이도 쉽게 제어 프로그래밍을 할 수 있다. 단, 컴파일이 온라인 상으로 되므로 반드시 PC가 인터넷에 연결되어 있어야 한다. 최근 ARM사에서는 사물 인터넷(Internet of Things) 시대에 대응하여 mbed OS도 지원하고 있다.

다음의 그림은 mbed를 이용하여 프로그램을 작성하고 컴파일하는 화면의 예를 보여준다.

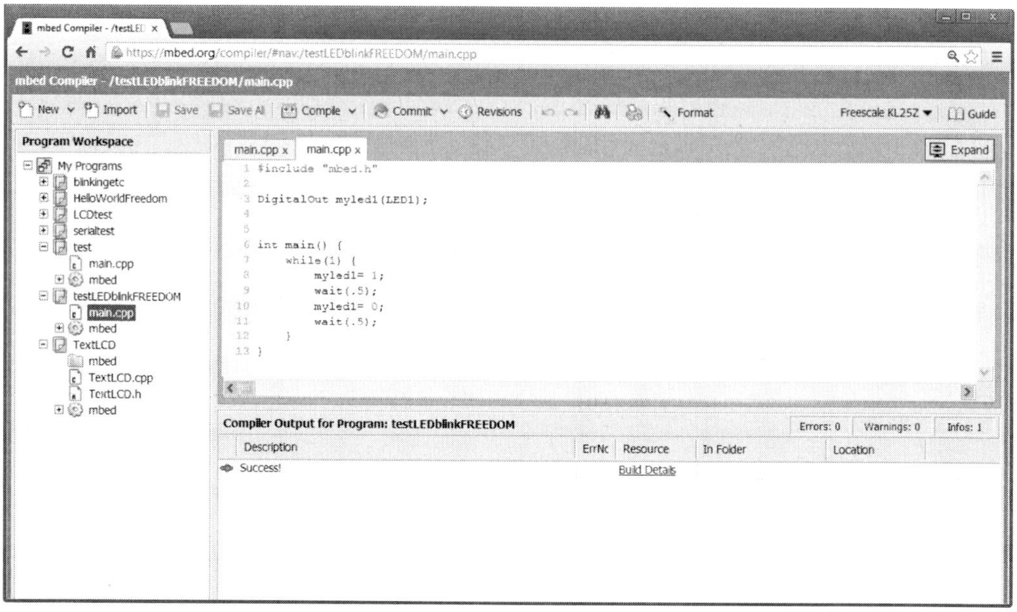

△ **그림 4-4-12** mbed를 이용한 프로그램의 작성, 컴파일 화면의 예

05 HAL 드라이버

5.1 STM32Cube 펌웨어

5.1.1 STM32Cube 펌웨어의 구성

STM32Cube 펌웨어는 STM32F 시리즈의 MCU 구동을 위하여 ST사에서 제공하는 펌웨어이다. STM32Cube 펌웨어에는 주변장치의 제어 및 구동을 위한 다양한 함수와 구조체가 제공되므로 이를 이용하면 MCU의 레지스터나 하드웨어의 구성에 대한 깊은 지식이 없어도 MCU의 모든 기능에 대한 응용 프로그램의 작성이 가능한 장점이 있다.

AVR ATmega을 비롯한 기존의 8비트/16비트 MCU의 프로그램 방법은 일반적으로 MCU의 레지스터에 직접 값을 써 넣는 방식으로 프로그램이 이루어져왔다. 그러나 32비트인 Cortex-M MCU는 대부분 레지스터에 직접 값을 써 넣는 방법보다는 제조사에서 제공하는 주변장치 구동용 함수를 이용하여 MCU를 구동하는 방식을 사용한다. 이 방식을 사용하면 프로그램의 작성, 디버깅이 아주 쉬워지므로 프로그램의 개발에 걸리는 시간이나 노력이 대폭 줄어들게 되는 장점이 있다.

참고

여기서 주변장치는 MCU에 내장된 주변장치(입출력 포트, 타이머 등)를 의미한다.

ST사에서는 STM32F 시리즈의 MCU를 위해 다음과 같은 종류의 STM32Cube 펌웨어를 제공한다. 이 중에서 초기화 코드의 자동생성을 위한 STM32CubeMX를 제외하면, 나머지 펌웨어(STM32FCubeFx)는 그 구성이 거의 동일하다.

- STM32CubeF0 : STM32 F0 시리즈용
- STM32CubeF1 : STM32 F1 시리즈용
- STM32CubeF2 : STM32 F2 시리즈용
- STM32CubeF3 : STM32 F3 시리즈용
- STM32CubeF4 : STM32 F4 시리즈용
- STM32CubeF7 : STM32 F7 시리즈용
- STM32CubeL0 : STM32 L0 시리즈용

• STM32CubeL1 : STM32 L1 시리즈용
• STM32CubeMX : STM32Cube의 초기화 코드 자동 생성 소프트웨어

참고 STM32CubeF1, STM32CubeF2, STM32CubeF3... 등의 차이점

이들 펌웨어들은 지원하는 MCU의 종류가 다르므로 해당 펌웨어 내부에서 MCU의 레지스터에 접근해서 프로그램을 하는 부분의 레지스터 주소 등은 당연히 다르게 된다. 그러나 사용자가 코드를 작성할 때 사용하는 주변장치의 동작용 함수명, 동작조건 설정용 구조체명 등은 동일하게 사용한다. 따라서 실제 사용자의 입장에서 보면 어떤 MCU를 사용하더라도 코드 작성시에 차이는 거의 없다.

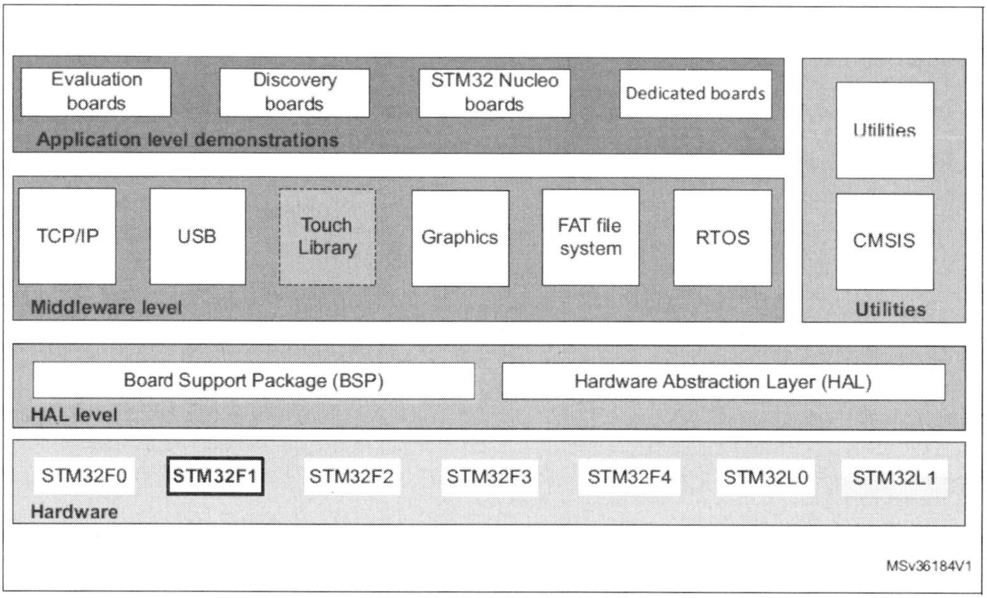

△ **그림 5-1-1** STM32Cube 펌웨어의 구성

위의 〈그림 5-1-1〉은 STM32Cube 펌웨어의 구성을 나타내며 이를 자세히 살펴보면 다음과 같다.

• 어플리케이션 레벨의 데모 프로그램(Application level demonstrations)
  ST사에서 제공하는 각종 Evaluation 보드, Discovery 보드, Nucleo 보드 등을 이용한 다양한 데모 프로그램(소스코드 포함)이 포함되어 있다.
• 미들웨어 레벨(Middleware level)
  미들웨어 레벨에서는 TCP/IP, USB, Touch Library, Graphics, FAT file system, RTOS를 지원한다. 따라서 OS의 사용, 파일 관리, 인터넷 접속, USB 사용 등이 미들웨어를 사용하면 쉽게 구현된다.
• 유틸리티(Utilities)
  ARM사의 CMSIS 지원을 위한 소스코드와 ST사에서 제공하는 CPU, Font, Log, Media 등의 유틸리티 등이 있다.

- HAL(Hardware Abstraction Layer) 레벨
  지원하는 MCU의 하드웨어 구동을 위한 소프트웨어로써 BSP(Board Support Package)와 HAL(Hardware Abstraction Layer)이 있다. 해당 MCU의 레지스터에 직접 값을 써넣거나 주변장치를 제어하는 등의 동작은 이 레벨에서 이루어진다.
- 하드웨어(Hardware)
  이 부분은 펌웨어가 아니며, 펌웨어가 구동되는 실제 하드웨어(MCU)를 나타낸다.

5.1.2 [심화학습] STM32CubeMX와 CMSIS

이 절은 참고 사항이므로 빨리 진도를 나가고 싶은 경우는 읽지 않아도 향후 진행에는 전혀 상관이 없다.

5.1.2.1 STM32CubeMX

STM32CubeMX는 STM32Cube 펌웨어에 포함된 소프트웨어로써, STM32 MCU의 동작조건 설정과 초기화를 위한 C 코드를 생성해주는 그래픽 기반의 소프트웨어이다. 이것을 이용하면 MCU의 동작설정, 초기화를 위한 C 코드를 비교적 간단히 만들 수 있다. 보다 자세한 사항은 ST사의 홈페이지에서 STM32CubeMX에 관한 내용을 참고하기 바란다.

〈그림 5-1-2〉은 STM32CubeMX의 동작 화면의 예를 나타낸다. 이 화면을 보면 소스코드를 직접 쓰는 방식이 아니라 그래픽 기반으로 동작하고 있음을 볼 수 있다.

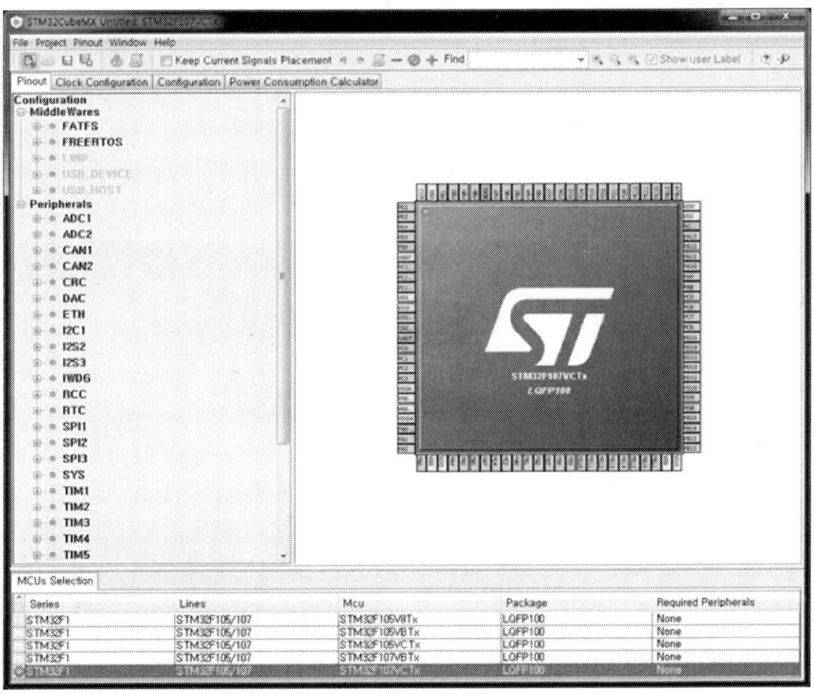

△ **그림 5-1-2** STM32CubeMX의 동작 화면의 예

5.1.2.2 CMSIS(Cortex Microcontroller Software Interface Standard)

(1) 개요

CMSIS(Cortex Microcontroller Software Interface Standard)란 ARM사에서 제안한 Cortex-M MCU의 소프트웨어 인터페이스에 대한 표준을 말한다. 주된 내용은 Cortex-M MCU의 하드웨어 추상화 계층(hardware abstraction layer)과 디버거 인터페이스에 대한 표준을 담고 있는 소프트웨어로써 모든 Cortex-M MCU는 모두 이 표준을 따른다. CMSIS의 목적은 여러 칩 제조사에 대해 독립적인 소프트웨어 인터페이스 표준을 만듦으로써 어떤 제조사의 MCU를 사용하더라도 소프트웨어의 이식성, 재사용성을 높이기 위한 것이다.

다음 그림은 CMSIS를 준수한다는 의미의 "CMSIS Compliant" 로고를 나타낸다. 이 로고가 있는 펌웨어는 ARM사에서 제안한 CMSIS를 따르고 있다는 것을 의미한다.

CMSIS
COMPLIANT
ARM® Cortex™ Microcontroller
Software Interface Standard

△ **그림 5-1-2** "CMSIS Compliant" 로고

참고

CMSIS는 Cortex-M의 개발사인 ARM사에서 제안한 표준이며, Cortex-M 기반의 MCU 제조사인 여러 칩 메이커들은 이 기준을 따라 펌웨어를 개발하고 있다.

(2) CMSIS의 구성

ARM사에서 지정한 CMSIS의 구성은 〈그림 5-1-13〉과 같다. 이 그림을 보면 중간 부분에 CMSIS Software Pack이라고 표시된 부분이 CMSIS이며 그 중에서 주요 부분의 내용은 다음과 같다. 그리고 보다 자세한 것은 ARM사의 홈페이지(www.arm.com)에서 CMSIS를 검색하여 찾아보기 바란다.

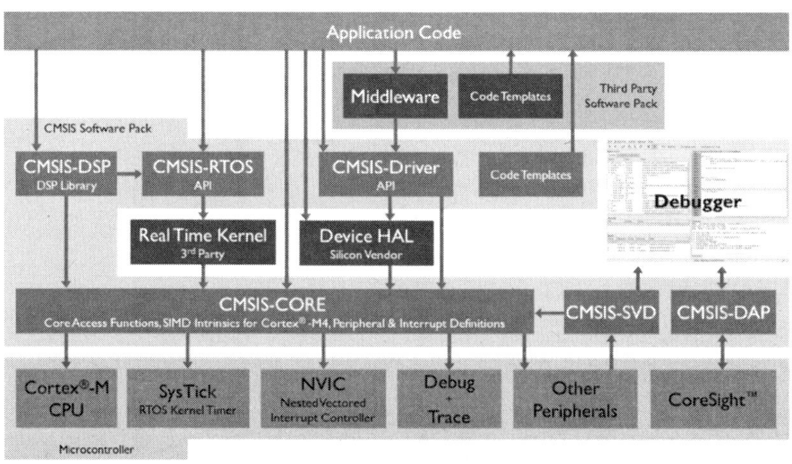

△ **그림 5-1-3** CMSIS의 구성

① CMSIS-DSP 라이브러리

- 고정 소수점(fix-point)와 단정밀도 부동 소수점(single precision floating-point) 데이터 연산을 위한 DSP 라이브러리. 60여개의 함수로 이루어진다. 이 라이브러리는 모든 Cortex-M 코어에서 사용 가능하다.

② CMSIS-RTOS API

- RTOS(Real-Time operating system)을 위한 공통 API이다. 여러 RTOS로 포팅가능한 표준 프로그래밍 인터페이스를 제공한다.

③ CMSIS-Driver API

- 일반적인 주변장치 드라이버 인터페이스를 정의한 API

④ CMSIS-CORE

- Cortex-M 프로세서 코어와 주변장치에 대한 API
- Cortex-M0, Cortex-M3, Cortex-M4, Cortex-M7, SC000, 그리고 SC300에 대한 표준 인터페이스를 제공하며, Cortex-M4와 Cortex-M7의 SIMD 명령에 대한 intrinsic functions도 포함한다.

⑤ CMSIS-SVD

- 주변장치에 대한 SVD(System View Description) 파일이다. Device의 주변 장치들이 XML file로 기술 되어 있으며, Debugger에서 주변 장치들을 인식하기 위해 사용한다.

⑥ CMSIS-DAP

- Debug Access Port. CoreSight Debug Access Port에 연결되는 디버거를 위한 표준화된 펌웨어

(3) HAL 라이브러리에서 CMSIS의 구현

〈그림 5-1-4〉은 STM32CubeF1 펌웨어내의 CMSIS 폴더의 구성을 나타낸다. CMSIS는 [Drivers] - [CMSIS] 폴더내에 여러 개의 하위 폴더로 구현되어 있음을 알 수 있다.

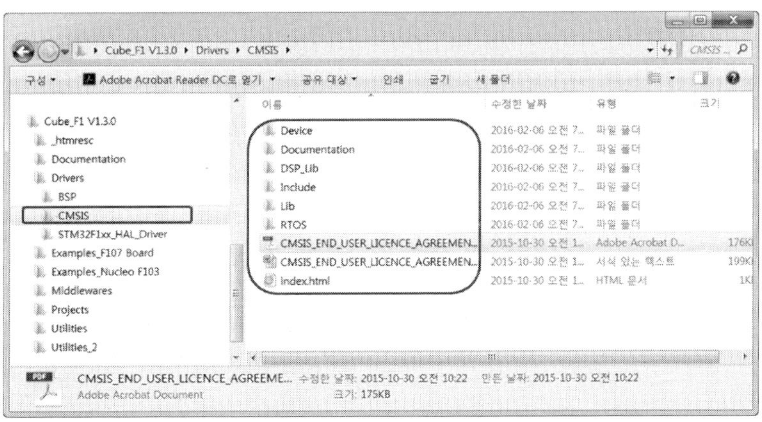

△ **그림 5-1-5** HAL 라이브러리 내의 CMSIS 폴더

그리고 〈그림 5-1-5〉는 실제 프로그램상에서 CMSIS가 구현된 예를 보여준다. 이 그림을 보면 실제 프로그램에서는 [Drivers] - [CMSIS] 폴더와 [CMSIS] 폴더로 구현이 되어 있음을 알 수 있다.

참고

> 여기에서 실제 CMSIS 라이브러리를 구현하는 부분은 [CMSIS] 폴더이다. 그리고 [Drivers] - [CMSIS] 폴더내의 [system_stm32f1xx.c] 파일은 Cortex-M3 디바이스의 주변장치 접근을 위한 함수, 변수 등을 선언하고 있는 파일이다.

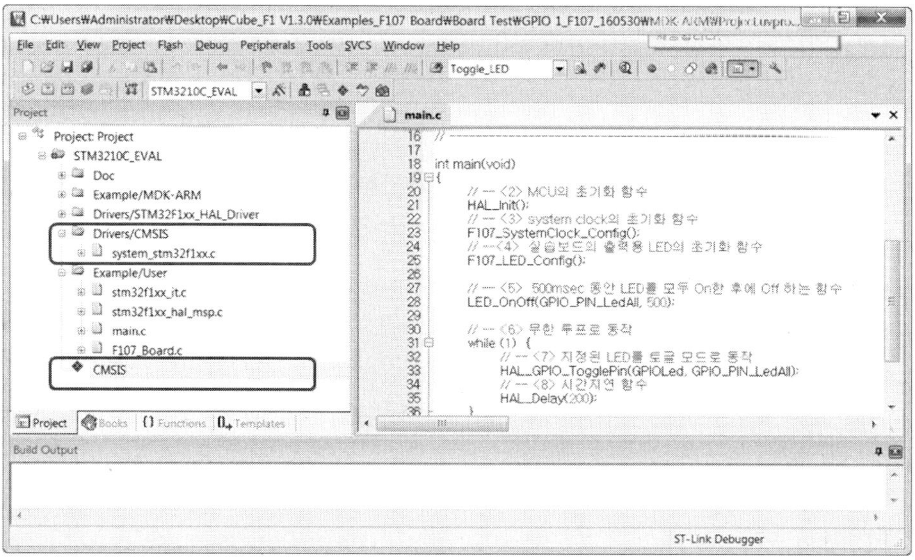

△ **그림 5-1-5** HAL 라이브러리에서 CMSIS의 구현 예

5.2 HAL(Hardware Abstraction Layer) 드라이버

MCU의 주변장치를 제어하는 등의 동작은 HAL 레벨에서 이루어진다. 이를 위하여 HAL 레벨에는 여러 개의 파일들이 있는데, 이 파일의 묶음을 HAL 드라이버라고 한다. HAL 드라이버는 여러 가지 주변장치의 설정을 위한 데이터 구조체와 주변장치의 구동을 위한 API 함수가 포함되어 있는 여러 개의 파일로 구성되어 있다.

5.2.1 HAL 드라이버의 개요

5.2.1.1 HAL 드라이버의 종류

2016년 6월 현재 ST에서 제공하는 HAL 드라이버의 종류는 다음과 같다.

- HAL System Driver
- HAL ADC Generic Driver, HAL ADC Extension Driver
- HAL CAN Generic Driver, HAL CAN Extension Driver
- HAL CEC Generic Driver
- HAL CORTEX Generic Driver
- HAL CRC Generic Driver
- HAL DAC Generic Driver, HAL DAC Extension Driver
- HAL DMA Generic Driver, HAL DMA Extension Driver
- HAL ETH Generic Driver
- HAL FLASH Generic Driver, HAL FLASH Extension Driver
- HAL GPIO Generic Driver, HAL GPIO Extension Driver
- HAL HDC Generic Driver
- HAL I2C Generic Driver
- HAL I2S Generic Driver
- HAL IRDA Generic Driver
- HAL IWDG Generic Driver
- HAL NAND Generic Driver
- HAL NOR Generic Driver
- HAL PCCARD Generic Driver
- HAL PCD Generic Driver, HAL PCD Extension Driver
- HAL PWR Generic Driver
- HAL RCC Generic Driver, HAL RCC Extension Driver
- HAL RTC Generic Driver, HAL RTC Extension Driver
- HAL SD Generic Driver
- HAL SMARTCARD Generic Driver

- HAL SPI Generic Driver
- HAL SRAM Generic Driver
- HAL TIM Generic Driver, HAL TIM Extension Driver
- HAL UART Generic Driver
- HAL USART Generic Driver, HAL USART Extension Driver
- HAL WWDG Generic Driver

참고 HAL 드라이버의 약자 표기법

STM32CubeF1의 소스 프로그램 내에서는 주변장치의 이름을 다음과 같이 약자를 사용하여 표기한다.

- ADC : Analog-to-digital converter
- ANSI : American National Standards Institute
- API : Application Programming Interface
- BSP : Board Support Package
- CAN : Controller area network
- CEC : Consumer electronic controller
- CMSIS : Cortex Microcontroller Software Interface Standard
- CPU : Central Processing Unit
- CRC : CRC calculation unit
- DAC : Digital to analog converter
- DMA : Direct Memory Access
- ETH : Ethernet controller
- EXTI : External interrupt/event controller
- FLASH : Flash memory
- GPIO : General purpose I/Os
- HAL : Hardware abstraction layer
- HCD : USB Host Controller Driver
- I2C : Inter-integrated circuit
- I2S : Inter-integrated sound
- IRDA : InfraRed Data Association
- IWDG : Independent watchdog
- LCD : Liquid Crystal Display Controler
- MSP : MCU Specific Package
- NAND : NAND Flash memory
- NOR : Nor Flash memory
- NVIC : Nested Vectored Interrupt Controller
- PCD : USB Peripheral Controller Driver
- PPP : STM32 peripheral or block
- PWR : Power controller
- RCC : Reset and clock controller
- RTC : Real-time clock
- SD : Secure Digital
- SRAM : SRAM external memory
- SMARTCARD : Smartcard IC
- SPI Serial : Peripheral interface
- SysTick : System tick timer
- TIM : Advanced-control, general-purpose or basic timer
- UART : Universal asynchronous receiver/transmitter
- USART : Universal synchronous receiver/transmitter
- WWDG : Window watchdog
- USB : Universal Serial Bus

5.2.1.2 HAL 드라이버용 데이터 구조체

HAL 드라이버는 주변장치의 구동을 위하여 다음과 같은 종류의 데이터 구조체를 가진다.

- 주변장치 핸들링용 구조체
- 초기화 및 동작조건 설정용 구조체
- 작업 수행용 구조체

(1) 주변장치 핸들 구조체(Peripheral handle structures)

주변장치 핸들 구조체는 주변장치/모듈의 설정, 레지스터 등과 관련된 사항을 다루기 위한 용도로 사용된다. 이 구조체는 다음과 같은 형태의 이름을 가진다.

```
PPP_HandleTypeDef  *handle
```

- 주변장치 핸들 구조체의 예 : 타이머 핸들 구조체인 TIM_HandleTypeDef의 정의는 다음과 같다. 이것은 stm32f1xx_hal_tim.h에 정의되어 있다.

```
/* @brief  TIM Time Base Handle Structure definition  */
typedef struct
{
  TIM_TypeDef              *Instance;    /*!< Register base address             */
  TIM_Base_InitTypeDef      Init;        /*!< TIM Time Base required parameters */
  HAL_TIM_ActiveChannel    Channel;      /*!< Active channel                    */
  DMA_HandleTypeDef       *hdma[7];      /*!< DMA Handlers array
                                         This array is accessed by a @ref TIM_DMA_Handle_index */
  HAL_LockTypeDef          Lock;         /*!< Locking object                    */
  __IO HAL_TIM_StateTypeDef   State;     /*!< TIM operation state               */
} TIM_HandleTypeDef;
```

단, 다음의 주변장치들은 핸들 구조체를 사용하지 않는다.

- GPIO
- SYSTICK, NVIC
- PWR, RCC, FLASH

(2) 초기화 및 동작조건 설정용 구조체

이 구조체는 주변장치의 초기화 및 동작조건 설정을 위한 것이다. 이 구조체는 다음과 같은 형태의 이름을 가진다.

```
PPP_InitTypeDef *handle
```

- 초기화 및 동작조건 설정용 구조체의 예 : GPIO의 초기화 및 동작조건 설정용 구조체인 GPIO_InitTypeDef의 정의는 다음과 같다. 이것은 stm32f1xx_hal_gpio.h에 정의되어 있다.

```
/* GPIO Init structure definition  */
typedef struct
{
  uint32_t Pin;       /*!< Specifies the GPIO pins to be configured.
                           This parameter can be any value of @ref GPIO_pins_define */
  uint32_t Mode;      /*!< Specifies the operating mode for the selected pins.
                           This parameter can be a value of @ref GPIO_mode_define */
  uint32_t Pull;      /*!< Specifies the Pull-up or Pull-Down activation for the selected pins.
                           This parameter can be a value of @ref GPIO_pull_define */
  uint32_t Speed;     /*!< Specifies the speed for the selected pins.
                           This parameter can be a value of @ref GPIO_speed_define */
} GPIO_InitTypeDef;
```

(3) 작업 수행용 구조체

특정한 작업을 수행하기 위해 API 함수 내에서 사용되는 구조체이다. 작업 수행용 구조체의 예는 다음과 같다.

```
HAL_PPP_Process (PPP_HandleTypeDef* hadc, PPP_ProcessConfig* sConfig)
```

5.2.1.3 HAL API의 이름 규칙(naming rule)

1) HAL API의 이름은 다음 표와 같은 규칙을 따라 정한다.

▼ **표 5-2-1** HAL API의 이름 규칙(naming rule)

	Generic	Family specific	Device specific
File names	stm32f1xx_hal_ppp (c/h)	stm32f1xx_hal_ppp_ex (c/h)	stm32f1xx_hal_ppp_ex (c/h)
Module name	HAL_PPP_MODULE		
Function name	HAL_PPP_Function HAL_PPP_FeatureFunction_MODE	HAL_PPP_Function HAL_PPPEx_FeatureFunction_MODE	HAL_PPPEx_Function HAL_PPPEx_FeatureFunction_MODE
Handle name	PPP_Handle Typedef	NA	NA
Init structure name	PPP_InitTypeDef	NA	PPP_InitTypeDef
Enum name	HAL_PPP_Structname Typedef	NA	NA

2) 아래의 주변장치는 핸들(handle)이나 인스턴스 객체(instance object)를 사용하지 않는다.
   - GPIO
   - SYSTICK, NVIC
   - RCC, FLASH

예) HAL_GPIO_Init()을 사용하기 위해서는 GPIO 주소와 설정 파라미터만 필요하다.

```
HAL_StatusTypeDef HAL_GPIO_Init (GPIO_TypeDef* GPIOx, GPIO_InitTypeDef *Init)
{
  /* GPIO Initialization body */
}
```

3) NVIC와 SYSTICK은 ARM Cortex 코어와 관련된 장치이다. 이 장치와 관련된 API는 "stm32f1xx_hal_cortex.c" 파일에 있다.

5.2.1.4 HAL 인터럽트 핸들러 및 콜백(callback) 함수

주변장치 드라이버는 API외에도 다음과 같은 인터럽트 핸들러(interrupt handler)와 콜백 함수(callback function)를 가진다.

(1) 주변장치 인터럽트 핸들러

- HAL_PPP_IRQHandler()
  - 주변장치 인터럽트 핸들러이며, 이 함수는 반드시 "stm32f1xx_it.c"에서 호출되어야 한다.
  - 함수의 예 : HAL_GPIO_EXTI_IRQHandler(), HAL_TIM_IRQHandler()

(2) 사용자 콜백 함수(User callback functions)

HAL 라이브러리에서 사용자 콜백 함수는 약한 속성("weak" attribute)을 가지는 빈 함수(empty function)로 정의되어 있다. 따라서 이 함수는 반드시 사용자가 직접 작성하는 소스 코드 내에서 재정의되어야 하며, 이 재정의되는 함수 내에 원래의 콜백 함수가 처리해야 하는 내용을 작성하면 된다. 사용자 콜백 함수는 다음과 같은 3가지의 종류가 있다.

- HAL_PPP_MspInit()와 HAL_PPP_MspDeInit()
  - 주변장치 초기화/초기화 해제용 콜백 함수이다.
  - 주변장치의 초기화를 하는 HAL_PPP_Init() 함수가 이 함수를 호출한다.
  - 함수의 예 : HAL_USART_MspInit()
- HAL_PPP_ProcessCpltCallback()
  - 프로세스 완료시 호출되는 콜백 함수(Process complete callback)이다.
  - 주변장치나 DMA 인터럽트 핸들러가 작업을 완료하였을 때 이 함수를 호출한다.
  - 함수의 예 : HAL_USART_TxCpltCallback()

- HAL_PPP_ErrorCallback()
  - 에러 발생시 호출되는 콜백 함수(Error callback)이다.
  - 주변장치나 DMA 인터럽트 핸들러에서 에러가 발생한 경우 이 함수를 호출한다.
  - 함수의 예 : HAL_USART_ErrorCallback()

5.2.2 HAL API의 종류

HAL API는 일반 API(Generic API)와 확장 API(Extension API)의 2가지로 나눌 수 있으며 각각의 특징은 다음과 같다.

5.2.2.1 HAL 일반(generic) API

HAL 일반(generic) API는 모든 STM32 디바이스에 공통적으로 적용되는 일반적인 함수를 가리키며 다음과 같은 종류가 있다.

(1) 초기화/초기화 해제 함수 : HAL_PPP_Init(), HAL_PPP_DeInit()

- HAL_PPP_Init() : 주변장치를 초기화하고 클럭, GPIO, 대체 기능(alternate function), DMA, 인터럽트 등의 로-레벨 자원(low-level resources)을 설정한다.
- HAL_PPP_DeInit() : 주변장치를 디폴트 상태로 복귀시키고, 로-레벨 자원(low-level resources)의 설정을 해제한다.
- 함수의 예
  - GPIO의 초기화/초기화 해제 : HAL_GPIO_Init(), HAL_GPIO_DeInit()
  - TIM(타이머)의 초기화/초기화 해제 : HAL_TIM_BASE_Init(), HAL_TIM_BASE_ DeInit()
  - ADC의 초기화/초기화 해제 : HAL_ADC_Init(), HAL_ADC_DeInit()
  - UART의 초기화/초기화 해제 : HAL_UART_Init(), HAL_UART_DeInit()

(2) 입출력 함수 : HAL_PPP_Read(), HAL_PPP_Write(), HAL_PPP_Transmit(), HAL_PPP_Receive()

이 함수는 주변장치의 입출력을 하는 함수이다.

- 함수의 예
  - GPIO의 입출력 : HAL_GPIO_ReadPin(), HAL_GPIO_WritePin()

(3) 제어 함수 : HAL_PPP_Set(), HAL_PPP_Get()

이 함수는 주변장치의 설정을 동적으로 변경하거나 다른 동작 모드로 전환할 때 사용한다.

(4) 상태 및 에러 함수 : HAL_PPP_GetState(), HAL_PPP_GetError().

이 함수는 실행 도중에 주변장치의 상태와 데이터의 상태를 알아보거나, 에러가 발생한 경우 에러의 종류를 알아보는데 사용하는 함수이다.

5.2.2.2 HAL 확장(extension) API

확장 API는 특정 모델의 MCU에만 동작하는 함수 또는 특정한 기능을 하는 함수을 모아둔 것이다. 확장 API가 들어 있는 파일명은 'stm32f1xx_hal_ppp_ex.c'의 형태를 가진다. 확장 API는 다음과 같은 종류가 있다.

(1) 특정 패밀리 관련 API

특정 패밀리에 적용되는 API이다. 다음은 ADC에 대한 특정 패밀리 API의 예를 보여준다.

```
HAL_StatusTypeDef    HAL_ADCEx_Calibration_Start(ADC_HandleTypeDef*    hadc,    uint32_t
SingleDiff);
uint32_t HAL_ADCEx_Calibration_GetValue(ADC_HandleTypeDef* hadc, uint32_t SingleDiff);
```

(2) 특정 디바이스 관련 API(Device part number specific API)

특정 디바이스에 적용되는 API이다. 다음은 ADC에 대한 특정 디바이스 API의 예를 보여준다.

```
#if defined (STM32F101xG) || defined (STM32F103x6)|| defined (STM32F103xB) || defined
 (STM32F105xC) || defined (STM32F107xC) || defined (STM32F103xE) || defined (STM32F103xG)

/* ADC multimode */
HAL_StatusTypeDef HAL_ADCEx_MultiModeStart_DMA(ADC_HandleTypeDef *hadc, uint32_t *pData,
uint32_tLength);
HAL_StatusTypeDef HAL_ADCEx_MultiModeStop_DMA(ADC_HandleTypeDef *hadc);

#endif
```

5.2.3 시스템 주변장치 구동용 HAL API 함수

이 절에서는 시스템 주변장치 구동을 위한 HAL API 함수에 대해 설명한다.

5.2.3.1 클럭(Clock)

시스템 클럭을 설정하기 위한 주요 함수는 다음과 같다.

- HAL_RCC_OscConfig (RCC_OscInitTypeDef *RCC_OscInitStruct)
  이 함수는 여러 개의 클럭 소스(HSE, HSI, LSE, LSI, PLL)의 동작조건을 설정하는 함수이다.
- HAL_RCC_ClockConfig (RCC_ClkInitTypeDef *RCC_ClkInitStruct, uint32_t FLatency).
  이 함수의 다음 사항을 설정한다.
  - 시스템의 클럭 소스를 선택

- AHB, APB1, APB2 클럭의 분주기(divider)를 설정
- 플래시 메모리의 대기 상태(wait states) 숫자를 설정
- HCLK 클럭이 변경될 때 SysTick 설정을 업데이트

참고

일부 주변장치(RTC, USB…)의 클럭은 시스템 클럭에서 나오지 않는다. 이 경우는 stm32f1xx_hal_rcc_ex.c 파일(또는 stm32f4xx_hal_rcc_ex.c)에 정의된 확장 API인 HAL_RCCEx_PeriphCLKConfig (RCC_PeriphCLKInitTypeDef *PeriphClkInit) 함수를 이용한다.

• HAL_RCC_DeInit()
  이 함수는 초기화를 해제하여 클럭 설정을 리셋 상태의 값으로 복귀시킨다.

RCC 블록의 레지스터 설정을 위해 다음과 같은 매크로(macro)가 있다. 이들은 stm32f1xx_hal_rcc.h과 stm32f1xx_hal_rcc_ex.h.에 정의되어 있다.

• __PPP_CLK_ENABLE/__PPP_CLK_DISABLE
  주변장치의 클럭을 인에이블/디스에이블 함
• __PPP_FORCE_RESET/__PPP_RELEASE_RESET
  주변장치의 리셋을 force/release 함
• __PPP_CLK_SLEEP_ENABLE/__PPP_CLK_SLEEP_DISABLE
  저전력(low power/sleep) 모드시에 주변장치 클럭을 인에이블/디스에이블 함

5.2.3.2 GPIO(General Purpose I/O : 범용 입출력)

GPIO를 통한 입출력용 HAL API는 다음과 같다.

• HAL_GPIO_Init(), HAL_GPIO_DeInit()
• HAL_GPIO_ReadPin(), HAL_GPIO_WritePin()
• HAL_GPIO_TogglePin ()

GPIO는 일반적인 입출력 이외에 외부 인터럽트(EXTI)의 입력용으로도 사용이 가능하다. EXTI 모드에서 인터럽트 생성을 위해서는 다음의 설정이 필요하다.

- 인터럽트 서비스 루틴인 stm32f1xx_it.c (또는 stm32f4xx_it.c)파일에서 HAL_GPIO_EXTI_IRQHandler() 함수를 호출
- 인터럽트 발생시 이에 대응하는 작업을 수행하는 소스코드를 가지고 있는 함수인 HAL_GPIO_EXTI_Callback() 함수를 main.c 파일에 구현

5.2.3.3 NVIC와 SysTick 타이머

NVIC와 SysTick 타이머 구동을 위한 API 함수는 다음과 같으며, 이 함수들은 stm32f1xx_hal_cortex.c (또는 stm32f4xx_hal_cortex.c)에 구현되어 있다.

- HAL_NVIC_SetPriority(), HAL_NVIC_SetPriorityGrouping()
- HAL_NVIC_GetPriority(), HAL_NVIC_GetPriorityGrouping()
- HAL_NVIC_EnableIRQ(), HAL_NVIC_DisableIRQ()
- HAL_NVIC_SystemReset()
- HAL_NVIC_GetPendingIRQ(), HAL_NVIC_SetPendingIRQ(), HAL_NVIC_ClearPendingIRQ()
- HAL_NVIC_GetActive(IRQn)
- HAL_SYSTICK_IRQHandler()
- HAL_SYSTICK_Config()
- HAL_SYSTICK_CLKSourceConfig()
- HAL_SYSTICK_Callback()

5.2.3.4 전원(PWR : Power)

PWR HAL 드라이버는 전원 관리를 위해서 사용된다. 모든 STM32 시리즈는 다음과 같은 PWR HAL 함수를 가진다.

- PVD 설정, 활성화/비활성화 및 인터럽트 핸들링
  - HAL_PWR_ConfigPVD()
  - HAL_PWR_EnablePVD()/HAL_PWR_DisablePVD()
  - HAL_PWR_PVD_IRQHandler()
  - HAL_PWR_PVDCallback()
- 웨이크업 핀(Wakeup pin) 설정
  - HAL_PWR_EnableWakeUpPin()/HAL_PWR_DisableWakeUpPin()
- 저전력(Low power) 모드 진입
  - HAL_PWR_EnterSLEEPMode()
  - HAL_PWR_EnterSTOPMode()
  - HAL_PWR_EnterSTANDBYMode()

5.2.3.5 EXTI(EXTernal Interrupt : 외부 인터럽트)

EXTI는 독립된 주변장치가 아니라 주변장치가 사용하는 서비스 동작의 하나이다. 따라서 각 주변장치마다 각각의 EXTI 동작 설정과 EXTI 함수가 매크로로 구현되어 있다. EXTI1 ~ EXTI16까지의 16개 EXTI는 GPIO에 연결되어 있으며 GPIO 드라이버에 의해 관리된다. GPIO_InitTypeDef 구조체를 이용하면 각각의 I/O를 외부 인터럽트 또는 외부 이벤트로 사용하도록 설정이 가능하다.

GPIO에서 EXTI를 사용하기 위해서는 인터럽트 서비스 루틴인 stm32f1xx_it.c (또는 stm32f4xx_it.c)에서 HAL_GPIO_EXTI_IRQHandler() 함수를 호출하고, 메인 함수인 main.c 에서 이에 대응하는 HAL_GPIO_EXTI_Callback() 함수를 작성하여야 한다.

5.2.3.6 DMA(Direct Memory Access)

DMA HAL 드라이버를 이용하면 주변장치를 DMA 채널에 연결할 수 있다. DMA HAL 드라이버에 대한 보다 자세한 사항은 ST사의 사용자 매뉴얼(UM1850, Description of STM32 F1xx HAL drivers)을 참조하기 바란다.

5.2.4 HAL 드라이버의 사용방법

5.2.4.1 HAL의 초기화

(1) HAL 초기화

HAL 코어(stm32f1xx_hal.c / stm32f4xx_hal.c 파일에 구현되어 있음)를 초기화하기 위하여 다음과 같은 함수들이 사용된다.

- HAL_Init()
  - 이 함수는 프로그램이 시작될 때 반드시 호출되어야 한다. 이 함수는 다음과 같은 작업을 수행한다.
  - 데이터 명령어 캐시(data/instruction cache)와 pre-fetch queue를 초기화
  - Systick timer가 매 1ms마다(based on HSI clock) 인터럽트를 발생하도록 설정한다. 이 인터럽트는 가장 낮은 우선 순위(lowest priority)를 가진다.
  - 시스템 레벨의 초기화(Clock, GPIOs, DMA, interrupts)를 하기위해서 HAL_ MspInit() user callback function을 호출한다. HAL_MspInit()는 HAL 드라이버 내에서 약한 빈(weak" empty) 함수로 정의되어 있다.

참고

> SysTick 인터럽트는 가장 낮은 우선 순위(lowest priority)를 가진다.

- HAL_DeInit()
  - 이 함수는 다음과 같은 작업을 수행하여 초기화를 해제한다.
  - 모든 주변장치를 리셋한다.
  - HAL_MspDeInit() 함수를 호출한다. HAL_MspDeInit() 함수는 시스템 레벨의 초기화 해제를 실행하는 사용자 콜백 함수이다.
- HAL_GetTick()
  - 이 함수는 현재의 SysTick 카운터의 값을 읽어온다.

참고

SysTick 카운터는 SysTick 인터럽트에 의해 증가된다.

- HAL_Delay()
  - 이 함수는 SysTick 타이머를 이용하여 시간지연(delay)를 구현하는 함수이다. 시간지연의 단위는 msec이다.

참고

이 함수는 SysTick ISR(Interrupt Service Routine : 인터럽트 처리 루틴) 내에서 증가되는 변수 값을 이용하여 정확한 값의 시간지연을 구현한다. 따라서 주변장치의 ISR에서 HAL_Delay()를 호출하려면 SysTick 인터럽트가 주변장치의 ISR과 관련된 인터럽트 중에서 가장 높은 우선 순위를 가지도록 설정되어 있어야 한다. 그렇지 않으면 주변장치의 ISR이 블로킹(blocked) 상태로 되어 제대로 동작하지 않을 수 있다.

(2) 시스템 클럭의 초기화(System clock initialization)

시스템 클럭 설정은 사용자 작성코드의 시작부분에서 하여야 한다. 사용자가 사용 조건에 맞도록 클럭 설정을 수정하는 것도 가능하다. 다음은 전형적인 클럭 설정 과정을 나타낸다.

```
void SystemClock_Config(void)
  {
  RCC_ClkInitTypeDef clkinitstruct = {0};
  RCC_OscInitTypeDef oscinitstruct = {0};

  /* Configure PLLs ------------------------------------------------*/
  /* PLL2 configuration : PLL2CLK = (HSE/HSEPrediv2Value)*PLL2MUL=(25/5)*8=40MHz */
  /* PREDIV1 configuration : PREDIV1CLK = PLL2CLK/HSEPredivValue = 40/5 = 8MHz */
  /* PLL configuration : PLLCLK = PREDIV1CLK * PLLMUL = 8 * 9 = 72MHz */
  /* Enable HSE Oscillator and activate PLL with HSE as source */

  oscinitstruct.OscillatorType = RCC_OSCILLATORTYPE_HSE;
  oscinitstruct.HSEState = RCC_HSE_ON;
  oscinitstruct.HSEPredivValue = RCC_HSE_PREDIV_DIV5;
  oscinitstruct.Prediv1Source = RCC_PREDIV1_SOURCE_PLL2;
  oscinitstruct.PLL.PLLState = RCC_PLL_ON;
  oscinitstruct.PLL.PLLSource = RCC_PLLSOURCE_HSE;
  oscinitstruct.PLL.PLLMUL = RCC_PLL_MUL9;
  oscinitstruct.PLL2.PLL2State = RCC_PLL2_ON;
  oscinitstruct.PLL2.PLL2MUL = RCC_PLL2_MUL8;
  oscinitstruct.PLL2.HSEPrediv2Value = RCC_HSE_PREDIV2_DIV5;

  if (HAL_RCC_OscConfig(&oscinitstruct)!= HAL_OK)
    { /* Initialization Error */
    while(1);
    }
  /* Select PLL as system clock source and configure the HCLK/PCLK1/PCLK2 clock
  dividers */
  clkinitstruct.ClockType = (RCC_CLOCKTYPE_SYSCLK | RCC_CLOCKTYPE_HCLK |
```

```
        RCC_CLOCKTYPE_PCLK1 | RCC_CLOCKTYPE_PCLK2);
  clkinitstruct.SYSCLKSource = RCC_SYSCLKSOURCE_PLLCLK;
  clkinitstruct.AHBCLKDivider = RCC_SYSCLK_DIV1;
  clkinitstruct.APB2CLKDivider = RCC_HCLK_DIV1;
  clkinitstruct.APB1CLKDivider = RCC_HCLK_DIV2;
  if (HAL_RCC_ClockConfig(&clkinitstruct, FLASH_LATENCY_2)!= HAL_OK)
    { /* Initialization Error */
    while(1);
    }
}
```

5.2.4.2 HAL의 입출력 프로세스

HAL 함수의 데이터 입출력 모드는 다음의 3가지가 있다.

- 폴링(Polling) 모드
- 인터럽트(Interrupt) 모드
- DMA(Direct Memory Access) 모드

(1) 폴링(Polling) 모드

폴링 모드에서 HAL 함수는 블로킹(blocking) 모드에서 작업을 하며, 작업이 완료되면 처리 결과(또는 프로세스 상태 값)를 리턴한다. 함수에서 작업이 성공적으로 완료되면 HAL_OK 값을 리턴하고, 에러가 발생하면 에러의 상태 값을 리턴한다. HAL 함수 내에서의 처리 지연, 무한 대기 등을 방지하기 위해 타임아웃(timeout) 값이 사용된다. 타임아웃은 보통 msec 단위로 표시된다.

다음은 폴링 모드에서 작업 과정의 예를 보여준다.

```
HAL_StatusTypeDef  HAL_PPP_Transmit ( PPP_HandleTypeDef * phandle,
                                     uint8_t pData,int16_tSize,uint32_tTimeout)
{
  if((pData == NULL) || (Size == 0)) {
    return HAL_ERROR;
  }
  (…)
  while (data processing is running) {
      if( timeout reached) {
      return HAL_TIMEOUT;
    }
  }
  (…)
  return HELIAC;
 }
```

(2) 인터럽트(Interrupt) 모드

인터럽트 모드에서 HAL 함수는 정해진 작업이 수행되면 인터럽트를 발생시켜 프로세스 상태 값을 리턴한다. 그리고 작업이 완료되면 미리 정해진 콜백 함수가 호출되어 실행된다. 인터럽트 모드를 위해서 다음의 4개의 함수가 HAL 드라이버에 선언되어 있다.

- HAL_PPP_Process_IT()
  - 인터럽트 모드에서 프로세스를 시작하는 함수
  - 사용자의 코드에서 이 함수를 호출하면 프로세스가 인터럽트 모드에서 시작된다.
- HAL_PPP_IRQHandler()
  - PPP 주변장치의 인터럽트 핸들러
  - 인터럽트 모드에서 프로세스를 시작하기 전에 stm32f1xx_it.c 파일에서 해당되는 인터럽트 핸들러가 코딩되어 있어야 한다.
- __weak HAL_PPP_ProcessCpltCallback()
  - 작업 완료시 호출되는 콜백 함수이다.
  - 콜백 함수는 드라이버 내에서 약한 함수(weak function)으로 선언되어 있으므로 사용자가 유저 작성 코드 내에서 콜백 함수를 다시 선언하는 것이 가능하다. 즉, 사용자가 콜백 함수 내에 원하는 작업을 코딩하여 작성하는 것이 가능하다.
- __weak HAL_PPP_ProcessErrorCallback()
  - 작업시 에러가 발생하면 호출되는 콜백 함수이다.

다음은 인터럽트 모드의 사용 예를 보여준다.

[main.c]

```
UART_HandleTypeDef UartHandle;

int main(void)
{
        /* Set User Parameters */
        UartHandle.Init.BaudRate = 9600;
        UartHandle.Init.WordLength = UART_DATABITS_8;
        UartHandle.Init.StopBits = UART_STOPBITS_1;
        UartHandle.Init.Parity = UART_PARITY_NONE;
        UartHandle.Init.HwFlowCtl = UART_HWCONTROL_NONE;
        UartHandle.Init.Mode = UART_MODE_TX_RX;
        UartHandle.Init.Instance = USART1;
        HAL_UART_Init(&UartHandle);
        HAL_UART_SendIT(&UartHandle, TxBuffer, sizeof(TxBuffer));
        while (1);
}
void HAL_UART_TxCpltCallback(UART_HandleTypeDef *huart)
{
        .. (여기에 원하는 작업을 하는 코드를 작성한다.) ..
```

```
}
void HAL_UART_ErrorCallback(UART_HandleTypeDef *huart)
{
        .. (여기에 원하는 작업을 하는 코드를 작성한다.) ..
}
```

[stm32f1xx_it.c]

```
extern UART_HandleTypeDef UartHandle;

void USART1_IRQHandler(void)
{
        HAL_UART_IRQHandler(&UartHandle);
}
```

(3) DMA(Direct Memory Access) 모드

이 모드에서 HAL 함수는 DMA을 통해 작업을 시작하고, 해당되는 DMA 인터럽터를 인에이블 시킨 후에 프로세스의 상태 값을 리턴한다. 그리고 작업이 완료되면 미리 정해진 콜백 함수가 호출되어 실행된다. 인터럽트 모드를 위해서 다음의 4개의 함수가 HAL 드라이버에 선언되어 있다.

- HAL_PPP_Process_DMA()
  - DMA 모드에서 프로세스를 시작하는 함수
  - 사용자의 코드에서 이 함수를 호출하면 프로세스가 DMA 모드에서 시작된다.
- HAL_PPP_DMA_IRQHandler()
  - PPP 주변장치의 DMA 인터럽트 핸들러
  - 인터럽트 모드에서 프로세스를 시작하기 전에 stm32f1xx_it.c 파일에서 해당되는 인터럽트 핸들러가 코딩되어 있어야 한다.
- __weak HAL_PPP_ProcessCpltCallback()
  - 작업 완료시 호출되는 콜백 함수이다.
- __weak HAL_PPP_ErrorCpltCallback()
  - 작업시 에러가 발생하면 호출되는 콜백 함수이다.

다음은 DMA 모드의 사용 예를 보여준다.

[main.c]

```
UART_HandleTypeDef UartHandle;

int main(void)
{
        /* Set User Paramaters */
        UartHandle.Init.BaudRate = 9600;
        UartHandle.Init.WordLength = UART_DATABITS_8;
        UartHandle.Init.StopBits = UART_STOPBITS_1;
        UartHandle.Init.Parity = UART_PARITY_NONE;
        UartHandle.Init.HwFlowCtl = UART_HWCONTROL_NONE;
        UartHandle.Init.Mode = UART_MODE_TX_RX; UartHandle.Init.Instance = USART1;
        HAL_UART_Init(&UartHandle);
        HAL_UART_Send_DMA(&UartHandle, TxBuffer, sizeof(TxBuffer));
        while (1);
}

void HAL_UART_TxCpltCallback(UART_HandleTypeDef *phuart)
{
        .. (여기에 원하는 작업을 하는 코드를 작성한다.) ..
}
void HAL_UART_TxErrorCallback(UART_HandleTypeDef *phuart)
{
        .. (여기에 원하는 작업을 하는 코드를 작성한다.) ..
}
```

[stm32f1xx_it.c]

```
extern UART_HandleTypeDef UartHandle;

void DMAx_IRQHandler(void)
{
        HAL_DMA_IRQHandler(&UartHandle.DMA_Handle_tx);
}
```

그리고 HAL_PPP_Process_DMA() 함수 내에서 HAL_USART_TxCpltCallback()와 HAL_USART_ErrorCallback() 함수가 반드시 다음 코드와 같이 링크되어 있어야 한다.

```
HAL_PPP_Process_DMA (PPP_HandleTypeDef *hppp, Params….)
{
        (…)
        hppp->DMA_Handle->XferCpltCallback = HAL_UART_TxCpltCallback ;
        hppp->DMA_Handle->XferErrorCallback = HAL_UART_ErrorCallback ;
        (…)
}
```

5.2.4.3 타임아웃(Timeout)과 에러

(1) 타임아웃

타임아웃(timeout)은 블로킹 프로세스에서 작업 결과가 리턴되기까지 기다리는 최대 대기 시간을 지정하는 것이다. 이것은 폴링 모드에서 동작하는 API의 경우에 종종 사용된다. 다음은 타임아웃을 사용하는 예를 나타낸다.

```
HAL_StatusTypeDef HAL_DMA_PollForTransfer (DMA_HandleTypeDef *hdma,
                                            uint32_t CompleteLevel, uint32_t Timeout)
```

참고

이떤 경우에는 시스템 주변장치나 내부 HAl 드라이버 프로세스에서 고정된 타임아웃(fixed timeout) 값이 사용되기도 한다. 이 경우는 사용자 프로그램에서 이 값을 변경할 수 없으며, 이 값을 함수의 인자로 사용할 수도 없다.

다음은 폴링 함수의 내부에서 타임아웃을 사용하는 예를 나타낸다.

```
HAL_PPP_StateTypeDef HAL_PPP_Poll (PPP_HandleTypeDef *hppp, uint32_t Timeout)
{
    (…)
    timeout = HAL_GetTick() + Timeout;
    (…)
    while(ProcessOngoing) {
        (…)
        if(Timeout != HAL_MAX_DELAY) {
            if(HAL_GetTick() >= timeout) {
                /* Process unlocked */
                __HAL_UNLOCK(hppp);
                hppp->State= HAL_PPP_STATE_TIMEOUT;
                return hppp->State;
            }
        }
        (…)
    }
}
```

(2) 에러 관리(Error management)

HAL 드라이버 내부에서는 다음과 같은 에러 발생 여부를 체크한다.

- 파라미터의 적절성
- 핸들(handle)의 적절성
- 타임아웃 에러

그리고 주변장치의 프로세스 중에서 에러가 발생하면 HAL_PPP_Process() 함수는 발생한 에러에 해당되는 HAL_ERROR 상태값을 리턴한다.

(3) 실행시 체크(Run-time checking)

모든 HAL 함수는 실행시에 입력된 값이나 인자로 전달받은 값의 유효성 여부를 확인한다. 이 과정은 assert_param 매크로를 이용하여 이루어진다. stm32f1xx_hal_conf.h 파일에 있는 "define USE_FULL_ASSERT" 코드를 주석(comment) 처리하지 않고 그대로 두면 실행시 체크(Run-time checking) 기능이 활성화 된다. 그러므로, 이 소스코드를 삭제하거나 주석 처리하면 이 기능은 비활성화 된다.

assert_param 매크로는 stm32f1xx_hal_conf.h 파일에 다음과 같이 정의되어 있다.

```
/* Exported macro ------------------------------------------------------------*/
#ifdef USE_FULL_ASSERT
/**
* @brief The assert_param macro is used for function's parameters check.
* @param expr : If expr is false, it calls assert_failed function
* which reports the name of the source file and the source
* line number of the call that failed.
* If expr is true, it returns no value.
* @retval None */
#define assert_param(expr) ((expr)?(void)0:assert_failed((uint8_t *)__FILE__,
__LINE__))
/* Exported functions ---------------------------------------*/
void assert_failed(uint8_t* file, uint32_t line);
#else
#define assert_param(expr)((void)0)
#endif /* USE_FULL_ASSERT */
```

assert_param 매크로에서 false의 결과가 나올 경우에는 assert_failed() 함수가 호출되며 false가 나온 소스 파일의 소스 라인 번호가 리턴 값으로 주어진다. assert_failed() 함수는 main.c 파일이나 다른 c 파일에 구현할 수 있다. 다음은 assert_failed() 함수의 구현 예를 나타낸다.

```
#ifdef USE_FULL_ASSERT /**
* @brief Reports the name of the source file and the source line number
* where the assert_param error has occurred.
* @param file : pointer to the source file name
* @param line : assert_param error line source number
* @retval None */
void assert_failed(uint8_t* file, uint32_t line)
{
        /* User can add his own implementation to report the file name and line number,
        ex : printf("Wrong parameters value : file %s on line %d\r\n", file, line) */
        /* Infinite loop */
        while (1)
```

```
        {
        }
}
```

참고

실행시 체크(Run-time checking) 기능은 프로그램 실행시에 오버헤드(overhead)로 작용하여 프로그램의 크기와 실행속도를 떨어뜨리게 된다. 따라서 이 기능은 프로그램 개발시에만 사용하고 최종의 실행판 소스코드에서는 사용하지 않는 것이 좋다.

5.3 HAL 시스템 드라이버 및 제어용 함수

5.3.1 초기화(Initialization) 및 초기화 해제(de-initialization)용 함수

이 함수들은 MCU의 각종 구성요소 및 주변장치의 초기화(Initialization) 및 초기화 해제(de-initialization)에 사용되는 함수이다. 초기화(Initialization) 및 초기화 해제(de-initialization)용 함수는 다음과 같다.

- HAL_Init (void)
  - 플래시 메모리의 인터페이스, NVIC 할당 및 클럭 동작 설정 등을 초기화하는 함수이다.
  - 리셋 후에 주변장치의 클럭을 설정하기 이전에 이 함수를 먼저 호출해야 한다. 즉, 사용자 프로그램에서 가장 먼저 이 함수를 호출하여야 한다.
- HAL_DeInit (void)
  - 초기화를 해제하는 함수이다.
- HAL_MspInit (void)
  - MSP(MCU Specific Package)를 초기화하는 함수이다.
- HAL_MspDeInit (void)
  - MSP의 초기화를 해제하는 함수이다.
- HAL_InitTick (uint32_t TickPriority)
  - SysTick 타이머를 초기화는 함수이다. 초기화하면 SysTick 인터럽트가 1msec마다 발생하게 된다. SysTick 인터럽트의 우선 순위는 파라미터 TickPriority의 값으로 설정된다.
  - SysTick 타이머는 타임 베이스(time base)의 디폴트 소스로 사용된다.
  - 이 함수는 리셋 후에 실행되는 HAL__Init() 함수나 주변장치 클럭 설정용 함수인 HAL_RCC_ClockConfig() 함수 내에서 자동으로 호출된다.
  - 파라미터
    TickPriority : SysTick 인터럽트의 우선 순위 설정 값

5.3.2 HAL 제어(Control)용 함수

HAL 제어용 함수는 다음과 같다.

- HAL_IncTick (void)
  - 타임 베이스에 사용되는 전역 변수 "uwTick"의 값을 증가시키는 함수이다.
- HAL_GetTick (void)
  - 현재의 Tick 값을 얻어온다. 단위는 msec이다.
- HAL_Delay (__IO uint32_t Delay)
  - 블로킹된 시간 지연(blocking delay)을 하는 함수이다. 단위는 msec이다.
  - 주변장치의 ISR(Interrupt Service Routine)에서 이 함수를 사용할 때는 Tick 인터럽트의 우선 순위가 해당 주변장치의 인터럽트보다 높게(즉, 인터럽트 우선 순위의 설정값이 낮게) 설정되어 있어야 한다. 그렇지 않으면 호출한 주변장치의 ISR 프로세스가 블록된다.
  - 파라미터

    Delay : 시간 지연 값(ms)
- HAL_SuspendTick (void)
  - 타임 베이스를 소스로 하는 인터럽트(time base source interrupt) 발생을 유보시키는 함수이다.
- HAL_ResumeTick (void)
  - 타임 베이스를 소스로 하는 인터럽트(time base source interrupt) 발생을 재개시키는 함수이다.
- HAL_GetHalVersion()
  - HAL API driver의 version을 읽어오는 함수이다.
- HAL_GetDEVID(), HAL_GetREVID()
  - 디바이스의 식별자(identifier)/리비전 식별자(revision identifier)를 읽어온다
- HAL_DBGMCU_EnableDBGSleepMode(), HAL_DBGMCU_DisableDBGSleepMode()
  - Sleep 모드에서 Debug 모듈을 Enable/Disable 시키는 함수이다.
- HAL_DBGMCU_EnableDBGStopMode(), HAL_DBGMCU_DisableDBGStopMode()
  - STOP 모드에서 Debug 모듈을 Enable/Disable 시키는 함수이다.
- HAL_DBGMCU_EnableDBGStandbyMode(), HAL_DBGMCU_DisableDBGStandbyMode()
  - STANDBY 모드에서 Debug 모듈을 Enable/Disable 시키는 함수이다.

5.4 HAL RCC 드라이버

HAL RCC 드라이버는 리셋, 클럭 등의 동작조건을 설정하는 함수이다.

참고

RCC는 Reset and Clock Control의 약자이다.

5.4.1 RCC 설정용 구조체

클럭의 동작조건을 설정하기 위해서는 RCC의 동작조건 설정용 레지스터를 원하는 값으로 설정을 하여야 하는데, 이를 위한 구조체는 다음과 같다.

RCC_ClkInitTypeDef

클럭의 초기설정용 구조체이며 stm32f1xx_hal_rcc.h(또는 stm32f4xx_hal_rcc.h)에 정의되어 있다.

[데이터 형]

- uint32_t ClockType
- uint32_t SYSCLKSource
- uint32_t AHBCLKDivider
- uint32_t APB1CLKDivider
- uint32_t APB2CLKDivider

[데이터 형의 설명]

- ClockType : 설정할 클럭. 이 파라미터는 RCC_System_Clock_Type 중의 값이어야 한다.
- SYSCLKSource : 시스템 클럭(SYSCLKS)으로 사용할 클럭 소스. 이 파라미터는 RCC_ System_Clock_Source 중의 값이어야 한다.
- AHBCLKDivider : AHB 클럭(HCLK)의 디바이더(divider). 이 파라미터는 RCC_AHB_ Clock_Source 중의 값이어야 한다. AHB 클럭(HCLK)은 시스템 클럭에 의해 동작된다.
- APB1CLKDivider : APB1 클럭(PCLK1)의 디바이더(divider). 이 파라미터는 RCC_ APB1_APB2_Clock_Source 중의 값이어야 한다. APB1 클럭은 AHB 클럭에 의해 동작된다.
- APB2CLKDivider : APB2 클럭(PCLK2)의 디바이더(divider). 이 파라미터는 RCC_ APB1_APB2_Clock_Source 중의 값이어야 한다. APB2 클럭은 AHB 클럭에 의해 동작된다.

RCC_PLLInitTypeDef

PLL의 초기설정용 구조체이며 stm32f1xx_hal_rcc.h (또는 stm32f4xx_hal_rcc.h)에 정의되어 있다.

[데이터 형]

- uint32_t PLLState
- uint32_t PLLSource
- uint32_t PLLMUL

[데이터 형의 설명]

- PLLState : The new state of the PLL의 새로운 state. 이 파라미터는 RCC_PLL_ Config 중의 값이어야 한다.
- PLLSource : PLL 진입 클럭 소스. 이 파라미터는 RCC_PLL_Clock_Source 중의 값이어야 한다.
- PLLMUL : PLL VCO input clock의 곱하기(Multiplication) 값.
  이 파라미터는 RCCEx_ PLL_Multiplication_ Factor 중의 값이어야 한다.

5.4.2 RCC 구동용 HAL 함수

RCC를 구동하기 HAL 함수의 종류 및 사용법은 다음과 같다.

5.4.2.1 RCC의 특징

리셋 후에 클럭과 관련된 동작은 다음과 같다.

- 리셋 후에 디바이스는 내부의 고속 오실레이터(HSI : Internal High Speed oscillator, 8MHz)로 동작한다. 그리고 플래시 프리패치(prefetch) 버퍼가 활성화되며, 내부 SRAM, 플래시와 JTAG를 제외한 모든 주변장치는 OFF 된다.
- AHB 버스(고속)와 APB 버스(저속)는 프리스케일러가 설정되지 않는다. 그리고 이 버스와 매핑된 모든 주변장치들은 HSI 속도로 동작한다.
- SRAM과 FLASH를 제외한 모든 주변장치의 클럭은 OFF된다.
- 모든 GPIO는 입력 플로팅(input floating) 상태로 설정된다. 단 JTAG 관련 핀들은 디버깅 용으로 설정된다.

그러므로 디바이스가 리셋 후에 동작을 시작할 때 사용자 프로그램에서 다음을 설정하여야 한다.

- 시스템 클럭을 구동할 클럭 소스를 설정(디폴트의 HSI 보다 더 빠른 동작을 원하는 경우)
- 시스템 클럭의 주파수와 플래시의 설정
- AHB, APB 버스의 프리스케일러(prescaler)의 설정
- 사용할 주변장치의 클럭을 활성화
- 시스템 클럭으로 구동되지 않는 주변장치(I2S, RTC, ADC, USB OTG FS)에 대한 클럭 소스를 설정

5.4.2.2 초기화(Initialization) 및 초기화 해제(de-initialization)용 함수

RCC의 초기화 및 초기화 해제용 함수는 다음과 같다.

HAL_RCC_ClockConfig (RCC_ClkInitTypeDef * RCC_ClkInitStruct, uint32_t FLatency)

CPU와 AHB, APB 버스의 클럭의 동작조건을 설정해주는 함수

[파라미터]

- RCC_ClkInitStruct : 동작조건 설정을 위한 RCC_ClkInitTypeDef 구조체형 변수
- FLatency : FLASH 동작시간(Latency). 이 파라미터는 다음 중의 1개 값을 가진다.
  - FLASH_LATENCY_0 : FLASH 0 Latency cycle
  - FLASH_LATENCY_1 : FLASH 1 Latency cycle
  - FLASH_LATENCY_2 : FLASH 2 Latency cycle

HAL_RCC_ClockConfig (RCC_ClkInitTypeDef * RCC_ClkInitStruct, uint32_t FLatency)

CPU와 AHB, APB 버스의 클럭의 동작조건을 설정해주는 함수

[파라미터]

- RCC_ClkInitStruct : 동작조건 설정을 위한 RCC_ClkInitTypeDef 구조체형 변수
- FLatency : FLASH 동작시간(Latency). 이 파라미터는 다음 중의 1개 값을 가진다.
  - FLASH_LATENCY_0 : FLASH 0 Latency cycle
  - FLASH_LATENCY_1 : FLASH 1 Latency cycle
  - FLASH_LATENCY_2 : FLASH 2 Latency cycle

HAL_RCC_OscConfig (RCC_OscInitTypeDef * RCC_OscInitStruct)

RCC 동작조건 설정을 위한 RCC_OscInitTypeDef 구조체형 변수

HAL_RCC_DeInit()

RCC 클럭의 설정을 리셋후의 디폴트 상태로 복귀시키는 함수

5.4.2.3 주변장치 제어용 함수

RCC의 주변장치 제어용함수는 RCC의 클럭 주파수를 제어하는 역할을 하며 다음과 같은 함수가 있다.

- HAL_RCC_MCOConfig()
- HAL_RCC_EnableCSS()
- HAL_RCC_DisableCSS()
- HAL_RCC_GetSysClockFreq()
- HAL_RCC_GetHCLKFreq()

- HAL_RCC_GetPCLK1Freq()
- HAL_RCC_GetPCLK2Freq()
- HAL_RCC_GetOscConfig()
- HAL_RCC_GetClockConfig()
- HAL_RCC_NMI_IRQHandler()
- HAL_RCC_CSSCallback()

5.5 HAL CORTEX 드라이버

5.5.1 CORTEX 구동용 HAL 함수

HAL CORTEX 드라이버는 NVIC, SysTick 등의 동작조건을 설정하는 함수이다.

5.5.1.1 초기화, 초기화 해제 함수(Initialization and de-initialization functions)

인터럽트(NVIC)와 Systick의 초기화 관련 함수는 다음과 같다.

- HAL_NVIC_SetPriority()
  - 인터럽트의 우선 순위(priority)를 설정한다.
- HAL_NVIC_SetPriorityGrouping()
  - 인터럽트의 우선 순위 그룹(priority grouping)을 설정한다.
- HAL_NVIC_EnableIRQ()
  - 특정한 주변장치의 인터럽트를 활성화(인에이블)시킨다.
- HAL_NVIC_DisableIRQ()
  - 특정한 주변장치의 인터럽트를 비활성화시킨다.
- HAL_NVIC_SystemReset()
  - MCU를 리셋하기 위해 시스템 리셋 요구(system reset request)를 발생시킨다.
- HAL_SYSTICK_Config()
  - 시스템 타이머 및 관련 인터럽트를 초기화하고 System Tick 타이머의 동작을 시작한다.

5.5.1.2 동작 제어 함수(Peripheral Control functions)

인터럽트(NVIC)와 Systick의 동작을 제어하는 함수는 다음과 같다.

- HAL_NVIC_GetPriority()
  - 인터럽트의 우선 순위를 읽어온다.
- HAL_NVIC_GetPriorityGrouping()
  - 인터럽트의 우선 순위 그룹(priority grouping)을 읽어온다.

- HAL_NVIC_SetPendingIRQ()
  - 외부 인터럽트의 펜딩 비트(Pending bit)를 1로 설정한다.
- HAL_NVIC_GetPendingIRQ()
  - 펜딩 인터럽트(Pending Interrupt)을 읽어온다.
- HAL_NVIC_ClearPendingIRQ()
  - 외부 인터럽트의 펜딩 비트(Pending bit)를 클리어한다.
- HAL_NVIC_GetActive()
  - 액티브 인터럽트(active interrupt)를 얻어온다.
- HAL_SYSTICK_CLKSourceConfig()
  - SysTick 클럭 소스의 동작조건을 설정한다.
- HAL_SYSTICK_IRQHandler()
  - SYSTICK 인터럽트를 처리하는 함수
- HAL_SYSTICK_Callback()
  - SYSTICK 콜백 함수

5.5.2 주요 함수의 상세 설명

5.5.2.1 Cortex 구동용 함수

다음은 Cortex 구동용 HAL 함수 중에서 중요한 함수에 대한 상세한 설명이다.

HAL_NVIC_SetPriority (IRQn_Type IRQn, uint32_t PreemptPriority, uint32_t SubPriority)

터럽트의 우선 순위(priority)를 설정한다.

[파라미터]

- IRQn : 외부 인터럽트(EXTI : External interrupt)의 번호
- PreemptPriority : IRQn의 pre-emption priority(선점 우선 순위)이며 0 ~ 15의 값을 가질 수 있다. 낮은 숫자가 더 높은 우선 순위를 나타낸다.
- SubPriority : IRQn의 sub-priority이며 0 ~ 15의 값을 가질 수 있다. 낮은 숫자가 더 높은 우선 순위를 나타낸다.

[리턴 값] 없음

참고

인터럽트의 우선 순위를 설정하기 위해서는 먼저 NVIC_PriorityGroupConfig() 함수가 실행하여 우선 순위 그룹(priority grouping)을 설정하여야 한다.

HAL_NVIC_SetPriorityGrouping (uint32_t PriorityGroup)

인터럽트의 우선 순위 그룹(pre-emption priority와 subpriority)을 설정한다.

[파라미터]

- PriorityGroup : The priority grouping 비트의 길이. 이 파라미터는 다음 값 중의 하나를 가진다.
- NVIC_PRIORITYGROUP_0 : pre-emption priority에 0비트, subpriority에 4비트를 사용
- NVIC_PRIORITYGROUP_1 : pre-emption priority에 1비트, subpriority에 3비트를 사용
- NVIC_PRIORITYGROUP_2 : pre-emption priority에 2비트, subpriority에 2비트를 사용
- NVIC_PRIORITYGROUP_3 : pre-emption priority에 3비트, subpriority에 1비트를 사용
- NVIC_PRIORITYGROUP_4 : pre-emption priority에 4비트, subpriority에 0비트를 사용

[리턴 값] 없음

참고 NVIC_PriorityGroup_0을 선택하면 IRQ pre-emption의 사용이 불가능하며, 펜딩된 IRQ의 수선순위는 subpriority로만 결정된다.

HAL_NVIC_EnableIRQ (IRQn_Type IRQn)

IRQn의 인터럽트를 활성화(인에이블)시킨다.

[파라미터]

- IRQn : 외부 인터럽트(EXTI : External interrupt)의 번호

[리턴 값] 없음

HAL_NVIC_DisableIRQ (IRQn_Type IRQn)

IRQn의 인터럽트를 비활성화시킨다.

[파라미터]

- IRQn : 외부 인터럽트(EXTI : External interrupt)의 번호

[리턴 값] 없음

HAL_SYSTICK_Config (uint32_t TicksNumb)

시스템 타이머와 관련 인터럽트를 초기화하고 System Tick 타이머의 동작을 시작한다.

[파라미터]

- TicksNumb : 두 개의 인터럽트 간의 tick의 ticks Number를 설정한다

[리턴 값]

- 0 : Function succeeded
- 1 : Function failed

HAL_NVIC_SetPendingIRQ (IRQn_Type IRQn)

외부 인터럽트의 펜딩 비트(Pending bit)를 1로 설정한다.

[파라미터]

- IRQn : 외부 인터럽트(EXTI : External interrupt)의 번호

[리턴 값] 없음

HAL_NVIC_GetPendingIRQ (IRQn_Type IRQn)

펜딩 인터럽트(Pending Interrupt)을 읽어온다.

[파라미터]

- IRQn : 외부 인터럽트(EXTI : External interrupt)의 번호

[리턴 값]

- 0 : 인터럽트가 펜딩되어 있지 않음
- 1 : 인터럽트가 펜딩됨

HAL_NVIC_ClearPendingIRQ (IRQn_Type IRQn)

외부 인터럽트의 펜딩 비트(Pending bit)를 클리어한다.

[파라미터]

- IRQn : 외부 인터럽트(EXTI : External interrupt)의 번호

[리턴 값] 없음

HAL_NVIC_GetActive (IRQn_Type IRQn)

액티브 인터럽트(active interrupt)를 읽어온다.

[파라미터]

- IRQn : 외부 인터럽트(EXTI : External interrupt)의 번호

[리턴 값]

- 0 : 인터럽트가 펜딩되어 있지 않음
- 1 : 인터럽트가 펜딩됨

HAL_SYSTICK_CLKSourceConfig (uint32_t CLKSource)

SysTick 클럭 소스를 설정(선택)한다.

[파라미터]

- CLKSource : SysTick 클럭 소스를 지정한다. 이 파라미터는 다음 값 중의 하나를 가진다.
- SYSTICK_CLKSOURCE_HCLK_DIV8 : AHB clock을 8로 나눈 값(AHB clock/8)을 클럭 소스로 사용
- SYSTICK_CLKSOURCE_HCLK : AHB clock을 클럭 소스로 사용

[리턴 값] 없음

HAL_SYSTICK_IRQHandler (void)

SYSTICK 인터럽트를 처리하는 IRQ 함수

[리턴 값] 없음

HAL_SYSTICK_Callback (void)

SYSTICK 콜백 함수

[리턴 값] 없음

제3부

프로그래밍 실습 : 주변장치 응용 제어

06 GPIO를 이용한 입출력

6.1 GPIO의 구조 및 기능

6.1.1 GPIO의 구조

6.1.1.1 개요

STM32F10x(STM32F101, STM32F102, STM32F103, STM32F105 및 STM32F107 포함, 단 STM32F100은 제외)은 최대 5개까지의 입출력 포트(GPIOA ~GPIOE)를 가지며, 각 포트는 최대 16개의 입출력 핀(0~15번 핀)을 가진다. 그리고 이 중에서 실제 사용할 수 있는 입출력 핀수는 각 모델별로 달라지게 되는데, 예를 들면 STM32F103RB은 총 51핀, STM32F107VC은 총 80핀이 입출력 핀으로 사용 가능하다.

또한 STM32F42x(STM32F427, STM32F429)은 최대 11개까지의 입출력 포트(GPIOA ~GPIOK)를 가지며, 각 포트는 최대 16개의 입출력 핀(0~15번 핀)을 가진다. 그리고 이 중에서 실제 사용할 수 있는 입출력 핀수는 각 모델별로 달라지게 되는데, 예를 들면 STM32F427Vx은 총 82핀, STM32F429ZI는 총 114핀이 입출력 핀으로 사용 가능하다.

각각의 입출력 핀은 다음과 같은 모드로 동작이 가능하며 이 동작 모드는 프로그램에서 소프트웨어적으로 변경이 가능하다.

- 입력 모드
  - 플로팅(Floating) 방식 입력
  - 풀업(Pull-up) 방식 입력
  - 풀다운(Pull-down) 방식 입력
  - 아날로그 입력
- 출력 모드
  - 오픈 드레인(Open drain) 방식 출력
  - 푸시-풀(Push-pull) 방식 출력
- 대체 기능(Alternate function)
  - 오픈 드레인(Open drain) 방식 대체 기능

– 푸시-풀(Push-pull) 방식 대체 기능

• 외부 인터럽트/이벤트 입력 (External interrupt/event lines)

6.1.1.2 GPIO 핀의 구조

〈그림 6-1-1〉은 입출력 포트 내의 1개 핀에 대한 구성도를 나타낸다. 1개의 입출력 핀으로는 1비트의 입출력이 가능하다.

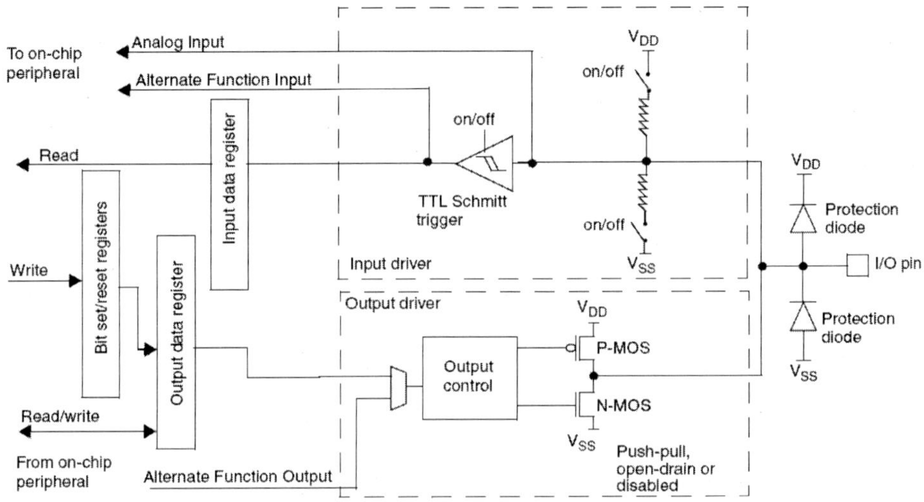

△ **그림 6-1-1** GPIO 핀의 기본 구조

6.1.2 주요 기능

6.1.2.1 GPIO(Genral Purpose I/O : 범용 입출력)

리셋 도중이거나 리셋 직후에 JTAG 핀을 제외한 입출력 포트의 모든 핀은 디폴트로 플로팅 입력 모드로 지정되며 대체 기능이나 인터럽트 입력은 동작하지 않는다. 따라서 리셋 직후에 GPIO 핀은 다음과 같이 설정된다.

• JTAG 핀을 제외한 모든 핀 : 플로팅 입력 모드

• JTAG 핀

– JTDI 핀 : 풀업 입력

– JTCK 핀 : 풀다운 입력

– JTMS 핀 : 풀업 입력

– JNTRST 핀 : 풀업 입력

참고

> JTDI 핀, JTCK 핀, JTMS 핀 그리고 JNTRST 핀은 103과 107의 경우 모두 각각 PA15, PA14, PA13 그리고 PB4이다.

모든 GPIO 핀들은 약한(weak) 내부 풀업, 풀다운 저항을 가지며 이들은 활성화/비활성화 선택이 가능하다. 출력 모드 또는 대체기능 모드에서 각 IO는 오픈 드레인이나 푸시-풀 타입으로 설정가능하며 IO 속도는 VDD 값에 따라 결정된다.

GPIO 핀이 입력으로 설정된 경우에 입력 데이터 레지스터(Input data register)는 매 APB2 클럭(72MHz)마다 I/O 핀에서 데이터를 입력 받는다. 핀이 출력으로 설정될 경우에는 출력 데이터 레지스터(Output data register)에 저장된 값이 I/O 핀에 출력된다. 출력 모드에서만 출력 드라이버(Output driver)의 사용이 가능하다.

6.1.2.2 대체 기능(Alternate function)

각각의 입출력 핀은 디폴트의 입출력 기능 이외에 대체 기능으로의 동작도 가능하며, 대체 기능을 사용하기 위해서는 먼저 포트 비트 설정 레지스터(Port Bit Configuration Register)의 설정이 필요하다. 대체 기능의 입력을 사용하려면 해당 포트가 입력 모드(floating, pull-up 또는 pull-down)로 설정되어 있어야 하고 입력 핀은 외부에서 구동되어야 한다. 대체 기능의 출력을 사용하려면 해당 포트의 비트가 대체기능 출력 모드(push-pull 또는 open-drain)로 설정되어 있어야 한다. 대체 기능 출력 모드인 경우 해당 핀은 출력 레지스터로는 연결되지 않으며 대응되는 주변장치의 출력 신호로 연결된다. 그리고 양방향(입출력)의 대체 기능을 사용하려면 해당 포트의 비트가 대체기능 출력 모드(push-pull 또는 open-drain)로 설정되어 있어야 한다. 이 경우 입력 드라이버는 플로팅 입력 모드(input floating mode)로 설정된다.

6.1.2.3 외부 인터럽트/이벤트 입력

모든 포트는 외부 인터럽트 또는 이벤트의 입력이 가능하다. 외부 인터럽트 입력을 사용하기 위해서는 포트가 입력 모드로 설정되어 있어야 한다. 그리고 사용가능한 모든 GPIO 핀은 EXTI 입력을 받을 수 있다. 이에 대한 자세한 사항은 [7장. 외부 인터럽트] 부분을 참고하기 바란다.

6.2 GPIO 구동용 HAL 드라이버

6.2.1 GPIO 설정용 구조체

GPIO의 동작조건을 설정하기 위한 구조체는 다음의 1개가 있다.

GRPIO_InitTypeDef

GPIO의 초기 설정을 위한 구조체이며 stm32f1xx_hal_gpio.h에 정의되어 있다.

[데이터 형]

- uint32_t Pin
- uint32_t Mode
- uint32_t Pull
- uint32_t Speed

[데이터 형의 설명]

- Pin : 설정할 핀을 지정한다. 이 파라미터가 가질 수 있는 값은 다음과 같다.

GPIO_PIN_0	GPIO_PIN_1	GPIO_PIN_2
GPIO_PIN_3	GPIO_PIN_4	GPIO_PIN_5
GPIO_PIN_6	GPIO_PIN_7	GPIO_PIN_8
GPIO_PIN_9	GPIO_PIN_10	GPIO_PIN_11
GPIO_PIN_12	GPIO_PIN_13	GPIO_PIN_14
GPIO_PIN_15		
GPIO_PIN_All	GPIO_PIN_MASK	

- Mode : 핀의 동작 모드를 설정한다. 이 파라미터가 가질 수 있는 값은 다음과 같다.

GPIO_MODE_INPUT	: 입력 플로팅(Input Floating) 모드
GPIO_MODE_OUTPUT_PP	: 출력 푸시 풀(Output Push Pull) 모드
GPIO_MODE_OUTPUT_OD	: 출력 오픈 드레인(Output Open Drain) 모드
GPIO_MODE_AF_PP	: 대체 기능 푸시 풀(Alternate Function Push Pull) 모드
GPIO_MODE_AF_OD	: 대체 기능 오픈 드레인(Alternate Function Open Drain) 모드
GPIO_MODE_AF_INPUT	: 대체 기능 입력(Alternate Function Input) 모드
GPIO_MODE_ANALOG	: 아나로그(Analog) 모드
GPIO_MODE_IT_RISING	: 외부 인터럽트(External Interrupt)모드, 상승 에지(Rising edge)에 트리거(trigger)됨
GPIO_MODE_IT_FALLING	: 외부 인터럽트(External Interrupt)모드, 하강 에지(Falling edge)에 트리거(trigger)됨
GPIO_MODE_IT_RISING_FALLING	: 외부 인터럽트(External Interrupt)모드, 상승/하강 에지(Rising/Falling edge)에 트리거(trigger)됨
GPIO_MODE_EVT_RISING External	: 이벤트(Event) 모드, 상승 에지(Rising edge)에 트리거(trigger)됨
GPIO_MODE_EVT_FALLING External	: 이벤트(Event) 모드, 하강 에지(Falling edge)에 트리거(trigger)됨
GPIO_MODE_EVT_RISING_FALLING	: 이벤트(Event) 모드, 상승/하강 에지(Rising/Falling edge)에 트리거(trigger)됨

- Pull : 핀의 Pull-up, Pull-Down 모드를 설정한다. 이 파라미터가 가질 수 있는 값은 다음과 같다.

GPIO_NOPULL	: No Pull-up or Pull-down activation

GPIO_PULLUP : Pull-up activation
GPIO_PULLDOWN : Pull-down activation

- Speed : 핀의 동작속도를 설정한다. 이 파라미터가 가질 수 있는 값은 다음과 같다.

GPIO_SPEED_FREQ_LOW : Low speed
GPIO_SPEED_FREQ_MEDIUM : Medium speed
GPIO_SPEED_FREQ_HIGH : High speed

참고 위의 값은 STM32CubeF1 V1.3.0에서 변경된 것이며, V1.2.0까지는 핀의 동작속도 설정 파라미터를 다음과 같이 사용하였다.

GPIO_SPEED_LOW : Low speed
GPIO_SPEED_MEDIUM : Medium speed
GPIO_SPEED_HIGH : High speed

6.2.2 GPIO 구동용 함수

6.2.2.1 MCU의 초기화를 위한 함수

전원이 ON되거나 리셋된 후에 MCU(STM32F103, STM32F429 등)를 초기화하기 위한 함수이다. 모든 프로그램의 처음에는 반드시 이 함수가 호출되어야 한다.

- HAL_Init()
  - MCU의 초기화를 위한 함수이다. 이 함수를 실행하면 MCU가 리셋 이후의 디폴트 값으로 초기화된다. 이 함수는 HAL 라이브러리에서 제공하는 함수이다.

6.2.2.2 GPIO 구동용 함수의 종류

GPIO를 구동하기 위한 HAL 함수의 종류는 다음과 같다.

(1) 초기화(Initialization) 및 초기화 해제(de-initialization)용 함수

GPIO의 초기화 및 초기화 해제를 위한 함수이다.

- HAL_GPIO_Init()
  - GPIO를 설정조건에 맞추어 초기화한다.
- HAL_GPIO_DeInit()
  - GPIO를 리셋시의 디폴트 값으로 설정(초기화 해제)한다.

(2) 입출력용 함수

GPIO의 입출력을 위한 함수이다.

- HAL_GPIO_ReadPin()
  - GPIO의 지정된 핀의 값을 읽어온다
- HAL_GPIO_WritePin()
  - GPIO의 지정된 핀을 0 또는 1로 설정한다.

- HAL_GPIO_TogglePin()
  - GPIO의 지정된 핀의 값을 토글(toggle)시킨다.
- HAL_GPIO_LockPin()
  - GPIO의 지정된 핀의 설정 값을 변경 금지(lock)시킨다.

(3) 인터럽트 처리용 함수

GPIO에서 발생하는 외부 인터럽트(EXTI)의 처리를 위한 함수이다.

- HAL_GPIO_EXTI_IRQHandler()
  - EXTI 인터럽트의 핸들러 함수
- HAL_GPIO_EXTI_Callback()
  - EXTI 인터럽트를 처리하기 위한 콜백 함수. 이 함수는 EXTI 핸들러 함수(EXTIx_IRQHandler()) 내에서 사용된다.

6.2.2.3 실습보드 구동용 함수의 종류

실습보드를 구동하기 위한 함수는 다음과 같다.

참고

> 이 함수는 HAL 함수는 아니고, 이 책에서 사용하는 실습보드의 용이한 구동을 위하여 필자나 ST사에서 별도로 만든 함수이다. 이 함수 내부에는 HAL 함수를 사용한다.

- SystemClock_Config(void)
  - MCU의 system clock을 설정하기 위한 함수이다. 이 함수는 Nucleo_F103.c (또는 Nucleo_F429.c)에 정의되어 있다.
- LED_Config(void)
  - 실습보드 내의 출력용 LED를 구동하기 위한 GPIO의 초기설정을 하는 함수이다. 이 함수는 Nucleo_F103.c (또는 Nucleo_F429.c)에 정의되어 있다.
- LED_OnOff(int GPIO_PIN, int interval)
  - GPIO_PIN으로 정의된 LED를 모두 On하고 일정시간 후에 Off 시키는 함수다. 이 함수는 Nucleo_F103.c (또는 Nucleo_F429.c)에 정의되어 있다.
- Sw_Config(void)
  - 실습보드 내의 입력용 SW를 구동하기 위한 GPIO의 초기설정을 하는 함수이다. 이 함수는 Nucleo_F103.c (또는 Nucleo_F429.c)에 정의되어 있다.

6.2.2.4 구동용 함수의 사용 방법

GPIO 구동용 함수의 기본적인 사용 방법은 다음과 같다.

1) __HAL_RCC_GPIOx_CLK_ENABLE() 함수를 이용하여 사용하려는 GPIO의 클럭을 활성화 한다.

2) HAL_GPIO_Init() 함수를 이용하여 GPIO 핀의 동작조건을 설정한다..
   - 동작조건을 설정하는 자세한 방법은 [6.3절 GPIO 응용 예제]를 참고하기 바란다.
3) 외부 인터럽트/이벤트 모드를 선택한 경우는 다음을 설정한다.
   - HAL_NVIC_SetPriority() 함수를 이용하여 사용할 인터럽트(EXTI)의 우선순위를 설정
   - HAL_NVIC_EnableIRQ() 함수를 이용하여 인터럽트를 활성화
   - 외부 인터럽트/이벤트 모드에 대한 자세한 것은 [7장. 외부 인터럽트]를 참고하기 바란다.
4) 입력모드에서 핀의 상태값을 읽으려면 HAL_GPIO_ReadPin() 함수를 사용한다.
5) 출력모드에서 핀의 레벨을 설정하거나 토글하려면 HAL_GPIO_WritePin(), HAL_GPIO_TogglePin() 함수를 사용한다.
6) 다음번 리셋까지 핀의 설정을 유지시키려면 HAL_GPIO_LockPin() 함수를 사용한다.

참고

> 리셋 중이나 리셋 직후에는 대체 기능(alternate function)은 활성화되지 않으며 GPIO 핀은 입력 플로팅 모드로 설정된다(단 JTAG 핀은 제외).

6.2.3 함수의 상세설명

6.2.3.1 MCU의 초기화를 위한 함수

전원이 ON되거나 리셋된 후에 MCU(STM32F103, STM32F429 등)를 초기화하기 위한 함수이다. 모든 프로그램의 처음에는 반드시 이 함수가 호출되어야 한다.

HAL_Init()

전원이 ON되거나 리셋된 후에 MCU(STM32F103, STM32F429 등)의 플래시 메모리, 인터럽트, SysTick 타이머 등의 동작조건을 디폴트 값으로 초기화한다.

[파라미터] 없음
[리턴 값] 없음

6.2.3.2 GPIO 구동용 함수

HAL_GPIO_Init (GPIO_TypeDef * GPIOx, GPIO_InitTypeDef * GPIO_Init)

GPIOx를 GPIO_Init 구조체 변수의 설정 값에 맞추어 초기화한다.

[파라미터]
- GPIOx : GPIO의 이름. (x는 A..K 까지의 값을 가질 수 있다)
- GPIO_Init : GPIO의 설정 값을 가지고 있는 GPIO_InitTypeDef 구조체형의 변수

[리턴 값] 없음

HAL_GPIO_DeInit (GPIO_TypeDef * GPIOx, uint32_t GPIO_Pin)

GPIOx를 리셋시의 디폴트 값으로 설정(초기화 해제)한다.

[파라미터]
- GPIOx : GPIO의 이름. (x는 A..K 까지의 값을 가질 수 있다)
- GPIO_Pin : GPIO pin을 지정하며, GPIO_PIN_0 ~ GPIO_PIN_15 사이의 값을 가질 수 있다.

[리턴 값] 없음

HAL_GPIO_ReadPin (GPIO_TypeDef * GPIOx, uint16_t GPIO_Pin)

GPIOx의 지정된 핀(GPIO_Pin)에 입력된 값을 읽어온다.

[파라미터]
- GPIOx : GPIO의 이름. (x는 A..K 까지의 값을 가질 수 있다)
- GPIO_Pin : GPIO pin을 지정하며, GPIO_PIN_0 ~ GPIO_PIN_15 사이의 값을 가질 수 있다.

[리턴 값]
- 지정된 핀의 입력 값

HAL_GPIO_WritePin (GPIO_TypeDef * GPIOx, uint16_t GPIO_Pin, GPIO_PinState PinState)

GPIOx의 지정된 핀(GPIO_Pin)을 0, 또는 1로 설정한다.

[파라미터]
- GPIOx : GPIO의 이름. (x는 A..K 까지의 값을 가질 수 있다)
- GPIO_Pin : GPIO pin을 지정하며, GPIO_PIN_0 ~ GPIO_PIN_15 사이의 값을 가질 수 있다.
- PinState : 핀의 상태를 설정한다. 이 파라미터가 가질 수 있는 값은 다음과 같다.
  GPIO_PIN_RESET : 핀을 리셋(0) 한다.
  GPIO_PIN_SET : 핀을 셋(1) 한다.

[리턴 값] 없음

HAL_GPIO_TogglePin (GPIO_TypeDef * GPIOx, uint16_t GPIO_Pin)

GPIOx의 지정된 핀(GPIO_Pin)의 값을 토글(toggle)시킨다.

[파라미터]
- GPIOx : GPIO의 이름. (x는 A..K 까지의 값을 가질 수 있다)
- GPIO_Pin : GPIO pin을 지정하며, GPIO_PIN_0 ~ GPIO_PIN_15 사이의 값을 가질 수 있다.

[리턴 값] 없음

HAL_GPIO_LockPin (GPIO_TypeDef * GPIOx, uint16_t GPIO_Pin)

GPIOx의 지정된 핀(GPIO_Pin)의 값을 록(Lock) 시킨다.

[파라미터]
- GPIOx : GPIO의 이름. (x는 A..K 까지의 값을 가질 수 있다)
- GPIO_Pin : GPIO pin을 지정하며, GPIO_PIN_0 ~ GPIO_PIN_15 사이의 값을 가질 수 있다.

[리턴 값] 없음

참고 핀이 록(Lock)되면 리셋되기 전까지는 그 핀의 값을 변경할 수 없다.

HAL_GPIO_EXTI_IRQHandler (uint16_t GPIO_Pin)

GPIO에서 발생하는 EXTI 인터럽트 처리를 위한 콜백함수이다. 본 교재의 예제에서 이 함수는 stm32f10x_it.c 파일내의 인터럽트 핸들러 함수(EXTIx_IRQHandler())에서 호출되어 사용된다.

[파라미터]

- GPIO_Pin : GPIO pin을 지정하며, GPIO_PIN_0 ~ GPIO_PIN_15 사이의 값을 가질 수 있다.

[리턴 값] 없음

HAL_GPIO_EXTI_Callback (uint16_t GPIO_Pin)

EXTI 인터럽트를 처리하기 위한 콜백 함수이다. 본 교재의 예제에서 이 함수는 main.c 파일내에서 구현되어 사용된다.

[파라미터]

- GPIO_Pin : GPIO pin을 지정하며, GPIO_PIN_0 ~ GPIO_PIN_15 사이의 값을 가질 수 있다.

[리턴 값] 없음

6.2.3.3 실습보드 구동용 함수

SystemClock_Config(void);

MCU의 system clock을 설정하기 위한 함수이다. 이 함수는 Nucleo_F103.c (또는 Nucleo_F429.c)에 정의되어 있다

[파라미터] 없음

[리턴 값] 없음

LED_Config(void);

실습보드 내의 출력용 LED를 구동하기 위한 GPIO의 초기설정을 하는 함수이다. 이 함수는 Nucleo_F103.c (또는 Nucleo_F429.c)에 정의되어 있다.

[파라미터] 없음

[리턴 값] 없음

LED_OnOff(int GPIO_PIN, int interval);

GPIO_PIN으로 정의된 LED를 모두 On하고 일정시간(interval) 후에 Off 시키는 함수이다. 이 함수는 Nucleo_F103.c (또는 Nucleo_F429.c)에 정의되어 있다.

[파라미터]

- GPIO_Pin : GPIO pin을 지정하며, GPIO_PIN_0 ~ GPIO_PIN_15 사이의 값을 가질 수 있다.
- interval : LED가 On되어 있는 시간값(msec). LED는 On되고 interval 시간 후에 Off 된다.

[리턴 값] 없음

Sw_Config(void);

실습보드 내의 입력용 SW를 구동하기 위한 GPIO의 초기설정을 하는 함수이다. 이 함수는 Nucleo_F103.c (또는 Nucleo_F429.c)에 정의되어 있다.

[파라미터] 없음
[리턴 값] 없음

6.3 GPIO 응용 예제

6.3.0 GPIO 예제 관련 회로도

6.3.0.1 Nucleo-F103 확장보드

Nucleo-F103 확장보드에는 출력용 LED와 입력용 스위치가 다음과 같이 있다.

- Nucleo-64 보드(NUCLEO-F103RB 보드) : 사용자 출력용 LED 1개, 입력용 스위치 1개
- Nucleo-64용 I/O 보드 : 사용자 출력용 LED 8개, 입력용 스위치 4개

보드	구분	회로도 상의 기호	포트 및 핀 번호
Nucleo-64 보드 (NUCLEO-F103RB)	LED	LD2	PA5
	S/W	B1(User Button, 파랑색)	PC13
Nucleo-64용 I/O 보드	LED	LED1 ~ LED8	PC0 ~ PC7
	S/W	SW1 ~ SW4	PA8, PB4, PB5, PB10

그리고 〈그림 6-3-1〉은 Nucleo-64 보드(NUCLEO-F103RB 보드)의 입출력 관련 회로를, 〈그림 6-3-2〉은 Nucleo-64용 I/O 보드의 입출력 관련 회로를 나타낸다. 이 그림을 보면 2개 보드모두 출력 핀이 High이면 대응되는 LED가 ON이 되며 반대로 Low이면 OFF 됨을 알 수 있다. 그리고 스위치는 풀업 방식이므로 스위치를 누르면 대응되는 입력 핀이 Low가 되며, 반대로 스위치를 떼면 High가 됨을 알 수 있다.

보다 자세한 회로도는 [3.3절, Nucleo_F103 확장보드]를 참고하기 바란다.

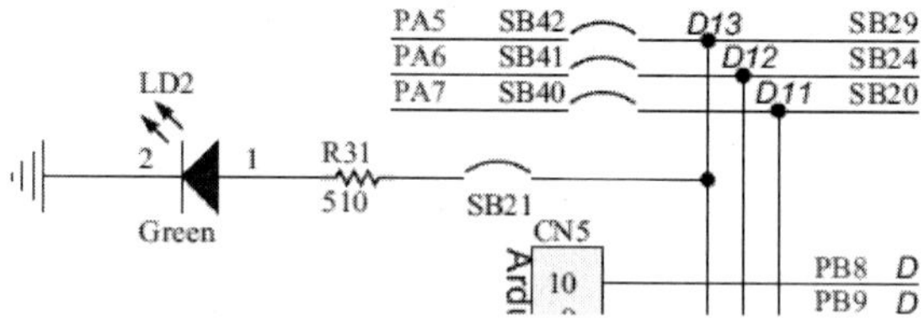

(a) LED1(LD2)의 회로도

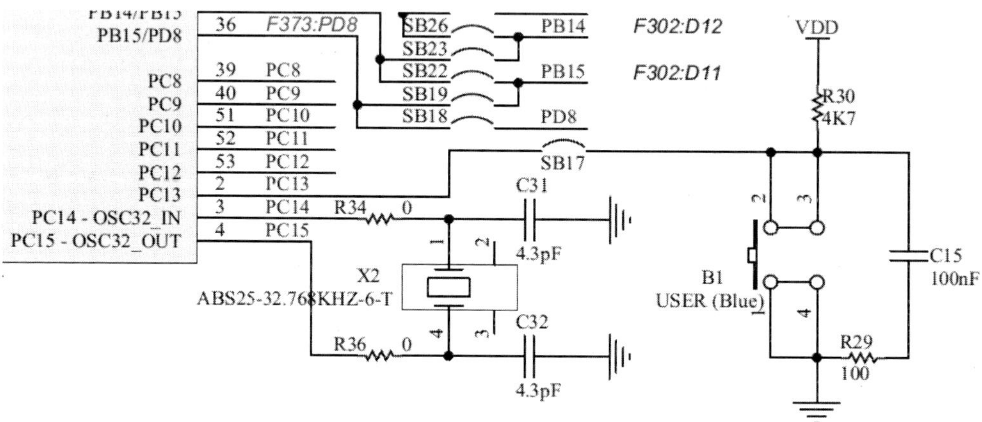

(b) SW1(B1)의 회로도

△ **그림 6-3-1** Nucleo-64 보드(NUCLEO-F103RB 보드)의 입출력 관련 회로도

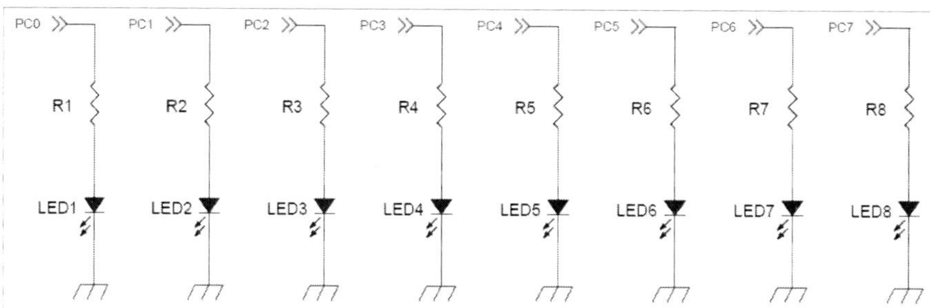

(a) LED(LED1 ~ LED8)의 회로도

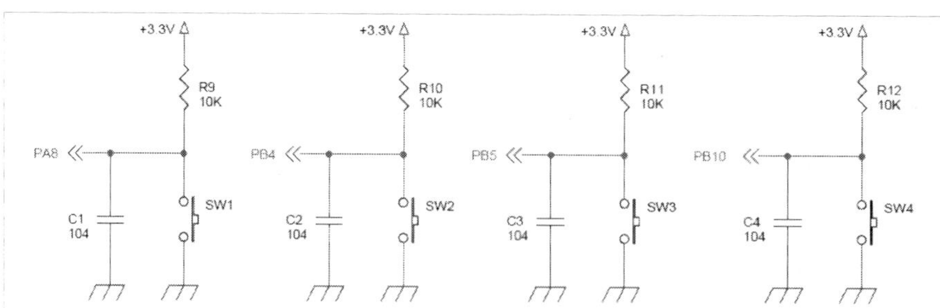

(b) SW(SW1 ~ SW4)의 회로도

△ **그림 6-3-2** Nucleo-64용 I/O 보드의 입출력 관련 회로도

6.3.0.2 Nucleo-F429 확장보드

Nucleo-F429 확장보드에는 출력용 LED와 입력용 스위치가 다음과 같이 있다.

- Nucleo-144 보드(NUCLEO-F429ZI 보드) : 사용자 출력용 LED 2개, 입력용 스위치 1개
- Nucleo-144용 I/O 보드 : 사용자 출력용 LED 8개, 입력용 스위치 4개

보드	구분	회로도 상의 기호	포트 및 핀 번호
STM32 Nucleo-144 (NUCLEO-F429ZI의 경우)	LED	LD1, LD2	PB0, PB7
	S/W	B1(User Button)	PC13
Nucleo-144용 II/O 보드	LED	LED1 ~ LED8	PD0 ~ PC7
	S/W	SW1 ~ SW4	PG0 ~ PG3

그리고 〈그림 6-3-3〉은 Nucleo-144 보드(NUCLEO-F429ZI 보드)의 입출력 관련 회로를, 〈그림 6-3-4〉은 Nucleo-144용 I/O 보드의 입출력 관련 회로를 나타낸다. 이 그림을 보면 2개 보드 모두 출력 핀이 High이면 대응되는 LED가 ON이 되며 반대로 Low이면 OFF 됨을 알 수 있다. 그리고 Nucleo-144 보드의 스위치는 풀다운 방식이므로 스위치를 누르면 대응되는 입력 핀이 High로, 스위치를 떼면 Low로 된다. 그러나 Nucleo-144용 I/O 보드는 풀업 방식이므로 스위치를 누르면 대응되는 입력 핀이 High로, 스위치를 떼면 Low로 된다.

보다 자세한 회로도는 [3.4절, Nucleo_F429 확장보드]를 참고하기 바란다.

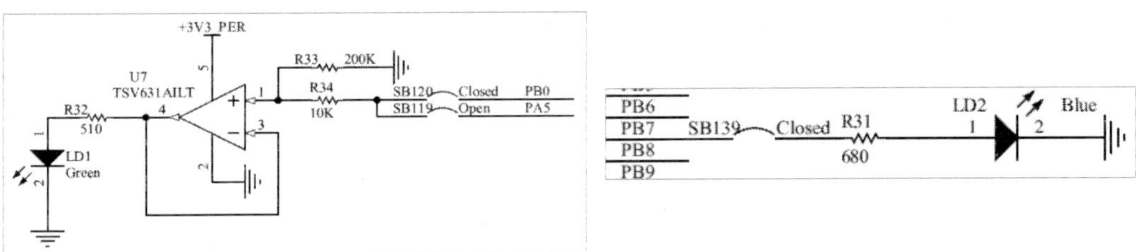

(a) LED(LD1, LD2)의 회로도

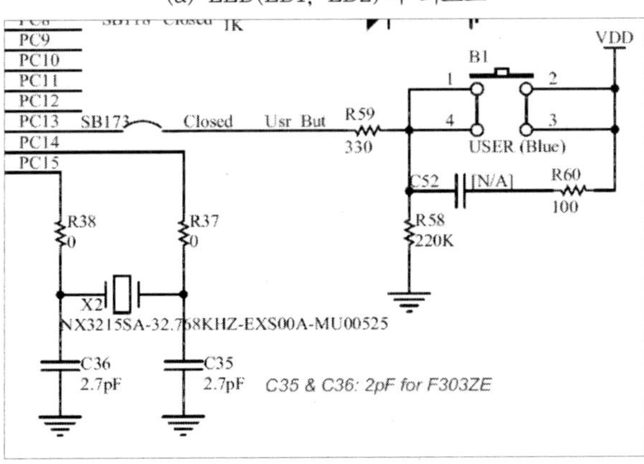

(b) SW(B1)의 회로도

△ **그림 6-3-3** Nucleo-144 (NUCLEO-F429ZI) 보드의 입출력 관련 회로도

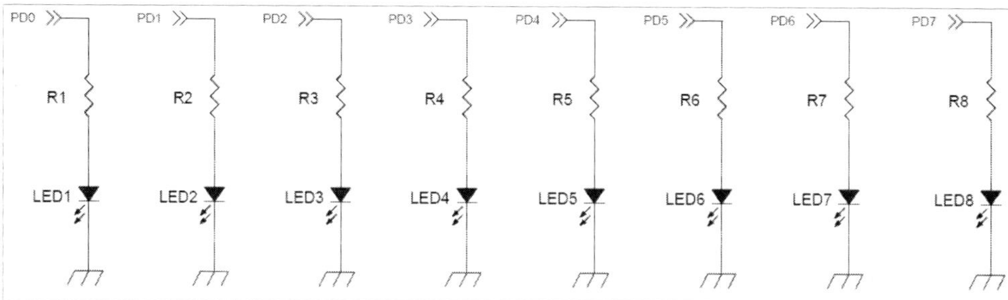

(a) LED(LED1 ~ LED8)의 회로도

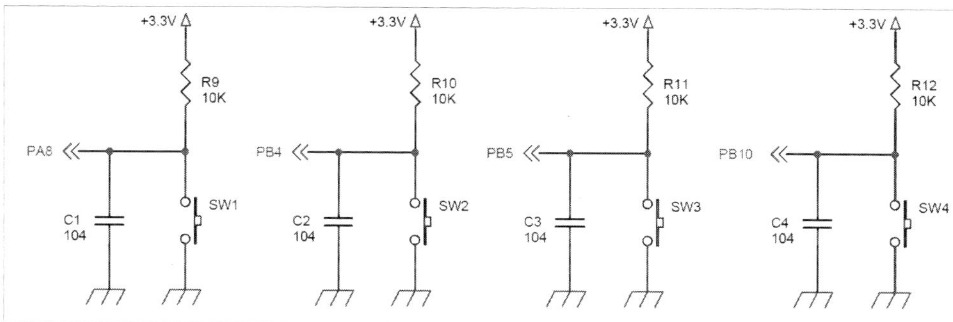

(b) SW(SW1 ~ SW4)의 회로도

△ **그림 6-3-4** Nucleo-144용 I/O 보드의 입출력 관련 회로도

6.3.1 GPIO 예제 1 : LED를 깜빡이기

6.3.1.1 예제 설명

[GPIO 예제 1 : Nucleo-F103 확장보드 및 Nucleo-F429 확장보드] 이 예제는 Nucleo-64용 I/O 보드(또는, Nucleo-144용 I/O 보드)의 8개의 LED(LED1~LED8)가 ON/OFF 동작을 반복적으로 수행하는 프로그램이다. LED를 On시킨 후 일정한 시간이 지나면 다시 Off 시키는 동작을 반복하여 수행한다.

6.3.1.2 소스 코드 작성

중요 앞의 [4.1.2절, Nucleo-F103 확장보드용 STM32CubeF1 펌웨어 설치], 또는 [4.1.3절, Nucleo-F429 확장보드용 STM32CubeF4 펌웨어 설치]에서 다운받은 예제 파일에는 모든 소스코드가 다 작성되어 있어 바로 실행이 가능한 상태이다. 따라서 이 파일을 이용할 경우는 추가적인 소스코드 작성이 필요 없다. 이 책에 소개된 다른 모든 예제들도 마찬가지이다. 즉, 다운받은 파일을 추가적인 소스코드 작성없이 그대로 실행하면 정상적으로 동작한다.

1) Nucleo-F103 확장보드의 경우

Nucleo-F103 확장보드를 이용하는 경우는 다음과 같이 소스 코드를 작성한다.

- 폴더 명 : [Examples_Nucleo F103] – [GPIO] – [GPIO 1_F103] – [MDK-ARM]
- 위의 폴더에 있는 [Project.uvprojx] 파일을 더블클릭하여 실행한다.

2) Nucleo-F429 확장보드의 경우

Nucleo-F429 확장보드를 이용하는 경우는 다음과 같이 소스 코드를 작성한다.

- 폴더 명 : [Examples_Nucleo F429] – [GPIO] – [GPIO 1_F429] – [MDK-ARM]
- 위의 폴더에 있는 [Project.uvprojx] 파일을 더블클릭하여 실행한다.

3) 파일이 열리면 [Example/User] 폴더 내의 [main.c] 파일을 더블클릭하여 연 후에 아래와 같이 소스 코드를 작성한다.

[main.c]

```
// -- <1> 프로그램의 수행에 필요한 헤더파일
#include "main.h"
#include "Nucleo_F103.h"              // Nucleo-F103 확장보드용 헤더파일
// #include "Nucleo_F429.h"           // Nucleo-F429 확장보드용 헤더 파일

// ------------------------------------------------------------------------------- //

int main(void)
{
    // -- <2> MCU의 초기화 함수
    HAL_Init();
    // -- <3> system clock의 초기화 함수
    SystemClock_Config();
    // --<4>  실습보드의 출력용 LED의 초기화 함수
    LED_Config();

    // -- <5>  500msec 동안 LED를 모두 On한 후에 Off 하는 함수
    LED_OnOff(GPIO_PIN_LedAll, 500);

    // -- <6> 무한 루프로 동작
    while (1)  {
        // -- <7> I/O 보드의 LED(LED1~LED8)를 토글 모드로 동작
        HAL_GPIO_TogglePin(GPIOLedExt, GPIO_PIN_LedAll);

        // -- <8> Nucleo 보드의 LD2(Nucleo-64의 경우), 또는 LD1, LD2(Nucleo-144의 경우)를 토글
        모드로 동작
        HAL_GPIO_TogglePin(GPIOLedNucleo, GPIO_PIN_LedAll);

        // -- <9> 시간지연 함수
        HAL_Delay(200);
    }
}
```

중요 Nucleo-F429 확장보드를 사용하는 경우
위의 소스 코드는 Nucleo-F103 확장보드를 기준으로 작성한 소스 코드이다. Nucleo-F429 확장보드를 사용할 경우는 아래와 같이 인클루드하는 헤더파일만 변경하여 주면 된다.

```
// -- <1> 프로그램의 수행에 필요한 헤더파일
#include "main.h"
// #include "Nucleo_F103.h"                    // Nucleo-F103 확장보드용 헤더파일
#include "Nucleo_F429.h"                       // Nucleo-F429 확장보드용 헤더 파일

// ------------------------------------------------------------------------------------ //

int main(void)
{

   -- 이하 소스코드는 위와 동일함 --

}
```

6.3.1.3 소스 코드 설명

* 소스 코드의 주석에 붙어있는 번호는 (예 : 〈1〉, 〈2〉 등)은 앞 절의 소스 코드내에 붙어있는 번호와 동일하다.

[main.c]

<1> 프로그램의 수행에 필요한 헤더파일을 인클루드한다. 필요한 헤더 파일은 다음과 같다.
- Nucleo-F103 확장보드의 경우 : "main.h"와 "Nucleo_F103.h"
- Nucleo-F429 확장보드의 경우 : "main.h"와 "Nucleo_F429.h"

<2> HAL_Init() 함수 : MCU의 초기화를 위한 함수이다. 이 함수를 실행하면 MCU가 리셋 이후의 디폴트 값으로 초기화된다. 이 함수는 HAL 라이브러리에서 제공하는 함수이다.

<3> SystemClock_Config() 함수 : MCU의 system clock을 설정하기 위한 함수이다. 이 함수는 Nucleo_F103.c (또는 Nucleo_F429.c)에 정의되어 있다. 이 함수에 대한 자세한 설명은 [부록1.4. 예제 소스코드 추가 설명 ; Nucleo_F103.c 및 Nucleo_F429.c]을 참고하기 바란다.

<4> LED_Config() 함수 : 실습보드 내의 출력용 LED를 구동하기 위한 GPIO의 초기설정을 하는 함수이다. 이 함수는 Nucleo_F103.c (또는 Nucleo_F429.c)에 정의되어 있다. 이 함수에 대한 자세한 설명은 [14.3절. 예제 소스코드 추가 설명 : Nucleo_F103.c 및 Nucleo_F429.c]을 참고하기 바란다.
** 이 함수에는 GPIO 출력핀을 설정하는 소스코드가 있으므로 반드시 찾아서 보기 바란다.

<5> LED_OnOff(GPIO_PIN_LedAll, 500) : LED를 모두 On하고 500mse 후에 Off 시키기 위해 이 함수를 호출한다. 이것은 프로그램의 실행 전에 LED의 정상동작 여부를 체크하기 위한 것이다. 이 함수는 Nucleo_F103.c (또는 Nucleo_F429.c)에 정의되어 있다. 이 함수에 대한 자세한 설명은 [14.3절. 예제 소스코드 추가 설명 : Nucleo_F103.c 및 Nucleo_F429.c]을 참고하기 바란다.

<6> while 문은 조건이 항상 참(1)이므로 무한 루프로 동작하게 된다.

<7> HAL_GPIO_TogglePin(GPIOLedExt, GPIO_PIN_LedAll) : Nucleo-64용 (또는, Nucleo-144용) I/O 보드의 모든 LED(LED1~LED8)를 토글 모드로 동작시키는 함수이다. "GPIOLedExt"는 Nucleo_F103.h (또는 Nucleo_F429.h)내에 정의되어 있으며, I/O 보드내의 LED의 GPIO 포트를 나타낸다.

이 함수가 실행되면 LED의 점등 상태가 바뀌게 된다. 즉 LED가 ON이면 OFF로 변하고, OFF이면 ON으로 변한다. 이 함수는 HAL 라이브러리에서 제공하는 함수이다.

<8> HAL_GPIO_TogglePin(GPIOLedNucleo, GPIO_PIN_LedAll) : Nucleo-64 보드 (또는, Nucleo-144 보드)의 모든 LED를 토글 모드로 동작시키는 함수이다. "GPIOLedNucleo"는 Nucleo_F103.h (또는 Nucleo_F429.h)내에 정의되어 있으며, Nucleo 보드의 출력용 LED의 GPIO 포트를 나타낸다. 이 함수는 HAL 라이브러리에서 제공하는 함수이다.

<9> HAL_Delay(200) : 이 함수는 시간지연 함수이다. 단위는 msec이므로 여기서는 200msec 만큼 시간지연을 한다. 이 함수는 HAL 라이브러리에서 제공하는 함수이다.

참고

1. Nucleo_F103.h (또는 Nucleo_F429.h)와 Nucleo_F103.c (또는 Nucleo_F429.c)에 대한 설명은 이 함수에 대한 자세한 설명은 [14.2절] 및 [14.3절]을 참고하기 바란다.
2. 소스코드 〈7〉은 Nucleo-64용(Nucleo-144용) I/O 보드의 LED(LED1~LED8)을 On/Off 시키며, 〈8〉은 Nucleo 보드의 LD2(Nucleo-64의 경우), 또는 LD1, LD2(Nucleo-144의 경우)를 On/Off 한다. 따라서 이 프로그램을 실행하면 Nucleo-64/144 보드와 I/O 보드(Nucleo-64/144용)에 있는 LED가 모두 동작한다.

6.3.1.4 프로그램 실행

소스 코드 작성이 완료되면 작성된 프로그램을 컴파일한 후에 실습 보드로 다운로드하여 프로그램을 실행한다. 실습 보드와 PC의 연결 방법, 예제 프로그램의 컴파일, 다운로드 방법 등은 [4.2절, 예제 프로그램의 실행 : 실습 보드]를 참조하기 바란다.

프로그램 실행시의 동작은 앞의 [6.3.1.1 예제 설명]에서 설명한 것과 동일하다.

참고

혹시 컴파일이나 다운로드가 에러 없이 성공했는데도 프로그램이 실행이 되지 않는 경우는 다음과 같이 하여본다.
① 실습 보드 내의 [리셋] 스위치를 눌러본다.
② 실습보드와 PC를 연결하는 USB 케이블을 뺐다가 다시 연결해본다.
③ 그래도 프로그램이 실행되지 않거나, 실행되어도 정상 동작을 하지 않으면 작성한 소스 코드가 틀리게 작성되었을 가능성이 크므로 소스 코드를 확인해 보기 바란다.

6.3.2 GPIO 예제 2 : LED를 순차적으로 점멸

6.3.2.1 예제 설명

[GPIO 예제 2 : Nucleo-F103 확장보드 및 Nucleo-F429 확장보드] 이 예제는 Nucleo-64용 I/O 보드(또는, Nucleo-144용 I/O 보드)의 8개의 LED(LED1~LED8)가 순차적으로 점멸하는 동작을 수행하는 프로그램이다. LED를 1번 → 2번 → 3번 → … → 8번까지 차례로 하나씩 점멸하고, 마지막 LED가 켜지면 반대로 8번 → 7번 → … → 1번까지 점멸하는 동작을 계속하여 반복한다.

6.3.2.2 소스 코드 작성

1) Nucleo-F103 확장보드의 경우

Nucleo-F103 확장보드를 이용하는 경우는 다음과 같이 소스 코드를 작성한다.

- 폴더 명 : [Examples_Nucleo F103] - [GPIO] - [GPIO 2_F103] - [MDK-ARM]
- 위의 폴더에 있는 [Project] 파일을 더블클릭하여 실행한다.

2) Nucleo-F429 확장보드의 경우

Nucleo-F429 확장보드를 이용하는 경우는 다음과 같이 소스 코드를 작성한다.

- 폴더 명 : [Examples_Nucleo F429] - [GPIO] - [GPIO 1_F429] - [MDK-ARM]
- 위의 폴더에 있는 [Project] 파일을 더블클릭하여 실행한다.

3) 파일이 열리면 [Example/User] 폴더 내의 [main.c] 파일을 더블클릭하여 연 후에 아래와 같이 소스 코드를 작성한다.

[main.c]

```
// -- <1> 프로그램의 수행에 필요한 헤더파일
#include "main.h"
#include "Nucleo_F103.h"                    // Nucleo-F103 확장보드용 헤더파일
// #include "Nucleo_F429.h"                 // Nucleo-F429 확장보드용 헤더 파일

// ------------------------------------------------------------------------------ //

int main(void)
{
    // -- <2> LED를 On/Off 하기 위한 변수 (0x01 = 0000 0001)
    unsigned char led = 0x01;

    // -- <3> MCU의 초기화 함수
    HAL_Init();
    // -- <4> system clock의 초기화 함수
    SystemClock_Config();
    // --<5>  실습보드의 출력용 LED의 초기화 함수
    LED_Config();

    // -- <6>  500msec 동안 LED를 모두 On한 후에 Off 하는 함수
    LED_OnOff(GPIO_PIN_LedAll, 500);

    // -- <7> 무한 루프로 동작
    while (1) {

        // -- <8> LED1 -> LED2  -> .. -> LED8 의 순서로 쉬프트하며 LED를  On/Off 함
        do {
```

```
            // -- <8-1> 변수 led에 해당하는 LED를 ON한 후에 다시 OFF 함
            LED_OnOff(led, 200);
            // -- <8-2> 변수 led를 왼쪽으로 쉬프트시키는 비트연산
            led = led << 1;
            led = led & 0xfe;
        } while (led != 0x80);       // -- <8-3> led = 0x80 (1000 0000) 될 때까지 동작

        // -- <9> LED8 -> LED7  -> .. -> LED1 의 순서로 쉬프트 시키며 On/Off 함
        do {
            // -- <9-1> 변수 led에 해당하는 LED를 ON한 후에 다시 OFF 함
            LED_OnOff(led, 200);
            // -- <9-2>  변수 led를 오른쪽으로 쉬프트시키는 비트연산
            led = led >> 1;
            led = led & 0x7f;
        } while (led != 0x01);       // --  <9-3> led = 0x01 (0000 0001) 될 때까지 동작
    }
}
```

참고 Nucleo-F429 확장보드를 사용하는 경우

위의 소스 코드는 Nucleo-F103 확장보드를 기준으로 작성한 소스 코드이다. Nucleo-F429 확장보드를 사용할 경우는 GPIO 예제 1의 [6.3.1.2절. 소스코드 작성]과 같이 인클루드하는 헤더파일만 변경하여 주면 된다.

6.3.2.3 소스 코드 설명

* 소스 코드의 주석에 붙어있는 번호는 (예 : 〈1〉, 〈2〉 등)은 앞 절의 소스 코드내에 붙어있는 번호와 동일하다.

[main.c]

<1> 프로그램의 수행에 필요한 헤더 파일은 앞의 [GPIO 예제 1]과 동일하다.
<2> LED를 On/Off 하기 위한 변수 unsigned char led를 선언하고 0x01로 초기화 한다.
<3>~<6> 이 부분은 [GPIO 예제 1]의 <2>~<5>과 동일한 과정이다.
<7> while 문은 조건이 항상 참(1)이므로 무한 루프로 동작하게 된다.
<8> 이 부분은 LED1 -> LED2 -> .. -> LED8 의 순서로 쉬프트하며 LED를 On/Off 하는 소스코드이다.
<8-1> 변수 led에 해당하는 LED를 ON하고 200msec 후에 OFF 시킨다. 이 do-while 문이 수행될 때는 led=0x01의 초기값을 가지므로 LED1이 On/Off 된다.
<8-2> 이 부분은 변수 led를 왼쪽으로 1비트만큼 쉬프트시키는 비트연산을 하는 부분이다.
<8-3> do-while 문은 led=0x80 (1000 0000)이 아닐때 까지 동작을 한다. 즉, led=0x40 (0100 0000)까지 동작을 하며 LED7까지 On/Off 되게 된다.
<9> 이 부분은 LED8 -> LED7 -> .. -> LED1 의 순서로 쉬프트하며 LED를 On/Off 하는 소스코드이다.
<0-1> 변수 led에 해당하는 LED를 ON하고 200msec 후에 OFF 시킨다. 이 do-while 문이 수행될 때는 led=0x80의 초기값을 가지므로 LED8이 On/Off 된다.
<8-2> 이 부분은 변수 led를 오른쪽으로 1비트만큼 쉬프트시키는 비트연산을 하는 부분이다.
<8-3> do-while 문은 led = 0x01이 아닐때 까지 동작을 한다. 즉, led=0x02 (0000 0010)까지 동작을 하며 LED2까지 On/Off 되게 된다.

6.3.2.4 프로그램 실행

소스 코드 작성이 완료되면 작성된 프로그램을 컴파일한 후에 실습 보드로 다운로드하여 프로그램을 실행한다. 실습 보드와 PC의 연결 방법, 예제 프로그램의 컴파일, 다운로드 방법 등은 [4.2절, 예제 프로그램의 실행 : 실습 보드]를 참조하기 바란다.

프로그램 실행시의 동작은 앞의 '예제 설명' 에서 설명한 것과 동일하다.

참고

> 혹시 컴파일이나 다운로드가 에러 없이 성공했는데도 프로그램이 실행이 되지 않는 경우는 다음과 같이 하여본다.
> ① 실습 보드 내의 [리셋] 스위치를 눌러본다.
> ② 실습보드와 PC를 연결하는 USB 케이블을 뺐다가 다시 연결해본다.
> ③ 그래도 프로그램이 실행되지 않거나, 실행되어도 정상 동작을 하지 않으면 작성한 소스 코드가 틀리게 작성되었을 가능성이 크므로 소스 코드를 확인해 보기 바란다.

6.3.3 GPIO 예제 3 : 스위치 입력을 받아 LED를 On/Off하기 (1)

6.3.3.1 예제 설명

[GPIO 예제 3 : Nucleo-F103 확장보드 및 Nucleo-F429 확장보드] 이 예제는 입력용 스위치 SW1을 누르면 확장보드의 LED1~8이 On되고, 일정 시간후에 Off 된다.

6.3.3.2 소스 코드 작성

1) Nucleo-F103 확장보드의 경우

Nucleo-F103 확장보드를 이용하는 경우는 다음과 같이 소스 코드를 작성한다.

- 폴더 명 : [Examples_Nucleo F103] - [GPIO] - [GPIO 3_F103] - [MDK-ARM]
- 위의 폴더에 있는 [Project.uvprojx] 파일을 더블클릭하여 실행한다.

2) Nucleo-F429 확장보드의 경우

Nucleo-F429 확장보드를 이용하는 경우는 다음과 같이 소스 코드를 작성한다.

- 폴더 명 : [Examples_Nucleo F429] - [GPIO] - [GPIO 3_F429] - [MDK-ARM]
- 위의 폴더에 있는 [Project.uvprojx] 파일을 더블클릭하여 실행한다.

3) 파일이 열리면 [Example/User] 폴더 내의 [main.c] 파일을 더블클릭하여 연 후에 아래와 같이 소스 코드를 작성한다.

[main.c]

```
// -- <1> 프로그램의 수행에 필요한 헤더파일
#include "main.h"
#include "Nucleo_F103.h"              // Nucleo-F103 확장보드용 헤더파일
// #include "Nucleo_F429.h"           // Nucleo-F429 확장보드용 헤더 파일
```

```
// ---------------------------------------------------------------------------- //

int main(void)
{
    // -- <2> LED를 On/Off 하기 위한 변수  (0x01 = 0000 0001)
    uint16_t led = 0x01;

    // -- <3> MCU의 초기화 함수
    HAL_Init();
    // -- <4> system clock의 초기화 함수
    SystemClock_Config();
    // -- <5>  실습보드의 출력용 LED의 초기화 함수
    LED_Config();
    // --<6>  실습보드의 입력용 Switch의 초기화 함수
    Sw_Config();
    LED_OnOff(GPIO_PIN_LedAll, 500);
    // -- <7> 무한 루프로 동작
    while (1) {
      // -- <8>  변수 led 를 0으로 초기화
      led = 0x00;

      // -- <9> I/O 보드의 SW1 이 눌러지면 -> led 전체 bit 을 1로 설정 (0xFF = 1111 1111)
      if( HAL_GPIO_ReadPin(GPIOSw1, GPIO_PIN_Sw1 ) ==  RESET )  led = led | 0xFF;

      // -- <10> Nucleo 보드의 SW (B1)가 눌러지면 -> led 전체 bit 을 1로 설정 (0xFF = 1111 1111)
      // -- <10-1> Nucleo-64 보드의 경우는 이 코드를 실행한다.
      if( HAL_GPIO_ReadPin(GPIOSwNucleo, GPIO_PIN_Nucleo_Sw ) ==  RESET )  led = led | 0xFF;
      // -- <10-2> Nucleo-144 보드의 경우는 이 코드를 실행한다.
      // if( HAL_GPIO_ReadPin(GPIOSwNucleo, GPIO_PIN_Nucleo_Sw ) == SET )  led = led | 0xFF;

      // -- <11> 변수 led에 해당하는 LED를 ON한 후에 다시 OFF 함
      LED_OnOff(led, 300);
    }
}
```

중요 Nucleo-F429 확장보드를 사용하는 경우

위의 소스 코드는 Nucleo-F103 확장보드를 기준으로 작성한 소스 코드이다. Nucleo-F429 확장보드를 사용할 경우는 아래의 부분만 변경하여 주면 된다. 변경하는 이유는 〈6.3.3.3 소스코드 설명〉을 참조하기 바란다.

- 〈1〉에서 인클루드하는 헤더파일을 변경한다.
- 〈10-1〉을 주석 처리하고, 〈10-2〉의 주석을 해제하고 실행한다.

```
// -- <1> 프로그램의 수행에 필요한 헤더파일
#include "main.h"
// #include "Nucleo_F103.h"             // Nucleo-F103 확장보드용 헤더파일
#include "Nucleo_F429.h"                // Nucleo-F429 확장보드용 헤더 파일
```

```
// ------------------------------------------------------------------------------ //
int main(void)
{

  -- 위의 부분은 동일함 --

    // -- <10> Nucleo 보드의 SW (B1)가 눌러지면 -> led 전체 bit 을 1로 설정 (0xFF = 1111 1111)
    // -- <10-1> Nucleo-64 보드의 경우는 이 코드를 실행한다.
    // if( HAL_GPIO_ReadPin(GPIOSwNucleo, GPIO_PIN_Nucleo_Sw ) == RESET ) led = led | 0xFF;
    // -- <10-2> Nucleo-144 보드의 경우는 이 코드를 실행한다.
    if( HAL_GPIO_ReadPin(GPIOSwNucleo, GPIO_PIN_Nucleo_Sw ) == SET ) led = led | 0xFF;

  -- 이하 부분은 동일함 --

}
```

6.3.3.3 소스 코드 설명

* 소스 코드의 설명에 붙어있는 번호는 (예 : 〈1〉, 〈2〉 등)은 앞 절의 소스 코드내에 붙어 있는 번호와 동일하다.

[main.c]

<1> 프로그램의 수행에 필요한 헤더파일은 앞의 [GPIO 예제 1]과 동일하다.

<2> LED를 On/Off 하기 위한 변수 uint16_t led를 선언하고 0x01로 초기화 한다.

참고 [GPIO 예제 2]에서는 8비트의 unsigned char형으로 변수 led를 선언하였으나, 이 예제에서는 16비트의 uint16_t형으로 선언하였다. 어느 형으로 선언하여도 예제의 수행에는 문제가 없다.

<3>~<5> 이 부분은 [GPIO 예제 1]의 <2>~<4>과 동일한 과정이다.

<6> Sw_Config() : 실습보드 내의 입력용 SW를 구동하기 위한 GPIO의 초기설정을 하는 함수이다. 이 함수는 Nucleo_F103.c (또는 Nucleo_F429.c)에 정의되어 있다. [14.3절. 예제 소스코드 추가 설명 ; Nucleo_F103.c 및 Nucleo_F429.c]을 참고하기 바란다.

** 이 함수에는 GPIO 입력핀을 설정하는 소스코드가 있으므로 반드시 찾아서 보기 바란다.

<7> while 문은 조건이 항상 참(1)이므로 무한 루프로 동작하게 된다.

<8> 변수 led 를 0으로 초기화해준다.

<9> I/O 보드의 SW1이 눌러지면 led 전체 bit를 1로 설정한다. (0xFF = 1111 1111)

<10> Nucleo-64 (또는 Nucleo-144) 보드의 SW (B1)가 눌러지면 led 전체 bit를 1로 설정한다. 그런데 SW (B1)가 눌러지면 Nucleo-64 보드의 경우 RESET이 되고, Nucleo-144 보드의 경우는 SET이 된다. 따라서

<11> LED_OnOff(led, 300) : 변수 led에 해당하는 LED를 일정시간 ON한 후에 OFF 한다.

참고

소스코드 〈10-1〉, 〈10-2〉는 Nucleo-64(Nucleo-144) 보드의 SW (B1)의 입력을 받기 위한 소스코드이다. 따라서 이 프로그램을 실행하면 Nucleo-64(Nucleo-144) 보드의 SW (B1)을 눌러도 LED가 On/Off 된다.

6.3.3.4 프로그램 실행

소스 코드 작성이 완료되면 작성된 프로그램을 컴파일한 후에 실습 보드로 다운로드하여 프로그램을 실행한다. 실습 보드와 PC의 연결 방법, 예제 프로그램의 컴파일, 다운로드 방법 등은 [4.2절, 예제 프로그램의 실행 : 실습 보드]를 참조하기 바란다.

프로그램 실행시의 동작은 앞의 '예제 설명' 에서 설명한 것과 동일하다.

참고

> 혹시 컴파일이나 다운로드가 에러 없이 성공했는데도 프로그램이 실행이 되지 않는 경우는 다음과 같이 하여본다.
> ① 실습 보드 내의 [리셋] 스위치를 눌러본다.
> ② 실습보드와 PC를 연결하는 USB 케이블을 뺐다가 다시 연결해본다.
> ③ 그래도 프로그램이 실행되지 않거나, 실행되어도 정상 동작을 하지 않으면 작성한 소스 코드가 틀리게 작성되었을 가능성이 크므로 소스 코드를 확인해 보기 바란다.

6.3.4 GPIO 예제 4 : 스위치 입력을 받아 LED를 On/Off하기 (2)

6.3.4.1 예제 설명

[GPIO 예제 4 : Nucleo-F103 확장보드 및 Nucleo-F429 확장보드] 이 예제는 입력용 스위치 SW1 ~ SW4를 누르면 이에 대응하는 LED가 On/Off 되는 예제이다. 스위치를 누르면 아래에 표시한 LED가 On되고, 일정 시간후에 Off 된다.

```
SW 1    : LED1, 2가 On/Off
SW 2    : LED3, 4가 On/Off
SW 3    : LED5, 6이 On/Off
SW 4    : LED7, 8이 On/Off
```

6.3.4.2 소스 코드 작성

1) Nucleo-F103 확장보드의 경우

Nucleo-F103 확장보드를 이용하는 경우는 다음과 같이 소스 코드를 작성한다.

- 폴더 명 : [Examples_Nucleo F103] - [GPIO] - [GPIO 4_F103] - [MDK-ARM]
- 위의 폴더에 있는 [Project.uvprojx] 파일을 더블클릭하여 실행한다.

2) Nucleo-F429 확장보드의 경우

Nucleo-F429 확장보드를 이용하는 경우는 다음과 같이 소스 코드를 작성한다.

- 폴더 명 : [Examples_Nucleo F429] - [GPIO] - [GPIO 4_F429] - [MDK-ARM]
- 위의 폴더에 있는 [Project.uvprojx] 파일을 더블클릭하여 실행한다.

3) 파일이 열리면 [Example/User] 폴더 내의 [main.c] 파일을 더블클릭하여 연 후에 아래와 같이 소스 코드를 작성한다.

[main.c]

```
// -- <1> 프로그램의 수행에 필요한 헤더파일
#include "main.h"
#include "Nucleo_F103.h"            // Nucleo-F103 확장보드용 헤더파일
//#include "Nucleo_F429.h"          // Nucleo-F429 확장보드용 헤더 파일

// ------------------------------------------------------------------------------ //

int main(void)
{
    // -- <2> LED를 On/Off 하기 위한 변수  (0x01 = 0000 0001)
    uint16_t led = 0x01;

    // -- <3> MCU의 초기화 함수
    HAL_Init();
    // -- <4> system clock의 초기화 함수
    SystemClock_Config();
    // --<5>  실습보드의 출력용 LED의 초기화 함수
    LED_Config();
    // --<6>  실습보드의 입력용 Switch의 초기화 함수
    Sw_Config();

    LED_OnOff(GPIO_PIN_LedAll, 500);

    // -- <7> 무한 루프로 동작
    while (1) {
        // -- <8>  변수 led 를 0으로 초기화
        led = 0x00;

        // -- <9-1> SW1 이 눌러지면 -> led 의 1, 2번째 bit 을 1로 설정 (0x03 = 0000 0011)
        if( HAL_GPIO_ReadPin(GPIOSw1, GPIO_PIN_Sw1 ) ==  RESET )  led = led | 0x03;

        // -- <9-2> SW2 이 눌러지면 -> led 의 3, 4번째 bit 을 1로 설정 (0x0c = 0000 1100)
        if( HAL_GPIO_ReadPin(GPIOSw2, GPIO_PIN_Sw2 ) ==  RESET )  led = led | 0x0c;

        // -- <9-3> SW3 이 눌러지면 -> led 의 5, 6번째 bit 을 1로 설정  (0x30 = 0011 0000)
        if( HAL_GPIO_ReadPin(GPIOSw3, GPIO_PIN_Sw3 ) ==  RESET )  led = led | 0x30;

        // -- <9-4> SW4 이 눌러지면 -> led 의 7, 8번째 bit 을 1로 설정  (0xc0 = 1100 0000)
        if( HAL_GPIO_ReadPin(GPIOSw4, GPIO_PIN_Sw4 ) ==  RESET )  led = led | 0xc0;

         // -- <10> 변수 led에 해당하는 LED를 ON한 후에 다시 OFF 함
        LED_OnOff(led, 100);
    }
}
```

6.3.4.3 소스 코드 설명

* 소스 코드의 설명에 붙어있는 번호는 (예 : 〈1〉, 〈2〉 등)은 앞 절의 소스 코드내에 붙어있는 번호와 동일하다.

[main.c]

<1> 프로그램의 수행에 필요한 헤더파일은 앞의 [GPIO 예제 1]과 동일하다.
<2> LED를 On/Off 하기 위한 변수 uint16_t led를 선언하고 0x01로 초기화 한다.
<3>~<5> 이 부분은 [GPIO 예제 1]의 <2>~<4>과 동일한 과정이다.
<6> Sw_Config() : 실습보드 내의 입력용 SW를 구동하기 위한 GPIO의 초기설정을 하는 함수이다. 이 함수는 Nucleo_F103.c (또는 Nucleo_F429.c)에 정의되어 있다.
<7> while 문은 조건이 항상 참(1)이므로 무한 루프로 동작하게 된다.
<8> 변수 led 를 0으로 초기화해준다.
<9-1> SW1이 눌러지면 -> led 의 1, 2번째 bit 을 1로 설정 (0x03 = 0000 0011)
<9-2> SW2가 눌러지면 -> led 의 3, 4번째 bit 을 1로 설정 (0x0c = 0000 1100)
<9-3> SW3이 눌러지면 -> led 의 5, 6번째 bit 을 1로 설정 (0x30 = 0011 0000)
<9-4> SW4 이 눌러지면 -> led 의 7, 8번째 bit 을 1로 설정 (0xc0 = 1100 0000)
<10> 변수 led에 해당하는 LED를 ON한 후에 다시 OFF 한다.

참고

본 예제는 main() 함수내의 무한 반복되는 while 루프 안에서 HAL_GPIO_ReadPin() 함수를 이용하여 스위치의 입력여부를 계속 폴링(polling)하며 체크한다. 따라서 스위치를 계속 누르고 있으면 해당되는 LED가 계속 ON 되어있으며 스위치를 떼면 LED가 OFF된다. 그리고 동시에 여러개의 키를 눌러도 해당되는 LED가 모두 ON 된다.

6.3.4.4 프로그램 실행

소스 코드 작성이 완료되면 작성된 프로그램을 컴파일한 후에 실습 보드로 다운로드하여 프로그램을 실행한다. 실습 보드와 PC의 연결 방법, 예제 프로그램의 컴파일, 다운로드 방법 등은 [4.2절, 예제 프로그램의 실행 : 실습 보드]를 참조하기 바란다.

프로그램 실행시의 동작은 앞의 '예제 설명' 에서 설명한 것과 동일하다.

참고

혹시 컴파일이나 다운로드가 에러 없이 성공했는데도 프로그램이 실행이 되지 않는 경우는 다음과 같이 하여본다.
① 실습 보드 내의 [리셋] 스위치를 눌러본다.
② 실습보드와 PC를 연결하는 USB 케이블을 뺐다가 다시 연결해본다.
③ 그래도 프로그램이 실행되지 않거나, 실행되어도 정상 동작을 하지 않으면 작성한 소스 코드가 틀리게 작성되었을 가능성이 크므로 소스 코드를 확인해 보기 바란다.

6.3.5 [심화학습] GPIO 입출력과 관련된 HAL 드라이버 자세히 알아보기

이 절은 GPIO 입출력과 관련된 HAL 드라이버에 대하여 좀더 자세히 알아보는 절이다. 이 부분을 몰라도 진도를 나가는 데는 큰 문제가 없다. 따라서 시간이 없거나, 좀 더 빨리 진도를 나가고 싶은 독자들은 이 절을 생략하여도 무방하다.

HAL_GPIO_ReadPin( ), HAL_GPIO_WritePin( ), HAL_GPIO_TogglePin( ) 등과 같이 GPIO 입출력과 관계된 HAL 함수들은 〈stm32f1xx_hal_gpio.c〉파일 내에 정의되어 있다. 아래의 소스코드는 이 파일에서 입출력 함수가 정의된 부분을 보여준다.

이 소스코드를 보면 GPIOx → IDR, GPIOx → BSRR, GPIOx → ODR 등이 보이는데 이것은 GPIOx 의 입출력과 관계된 레지스터 들이다. 따라서 이들 입출력 함수는 결국 GPIO의 레지스터를 이용하여 입출력을 하는 것을 알 수 있다.

[stm32f1xx_hal_gpio.c]

```
...
(윗 부분 생략)
...
/**
  * @brief  Reads the specified input port pin.
  * @param  GPIOx : where x can be (A..G depending on device used) to select the GPIO peripheral
  * @param  GPIO_Pin : specifies the port bit to read.
  *         This parameter can be GPIO_PIN_x where x can be (0..15).
  * @retval The input port pin value.
  */
GPIO_PinState HAL_GPIO_ReadPin(GPIO_TypeDef* GPIOx, uint16_t GPIO_Pin)
{
  GPIO_PinState bitstatus;

  /* Check the parameters */
  assert_param(IS_GPIO_PIN(GPIO_Pin));

  if ((GPIOx->IDR & GPIO_Pin) != (uint32_t)GPIO_PIN_RESET)
  {
    bitstatus = GPIO_PIN_SET;
  }
  else
  {
    bitstatus = GPIO_PIN_RESET;
  }
  return bitstatus;
}

/**
  * @brief  Sets or clears the selected data port bit.
```

```
  *
  * @note   This function uses GPIOx_BSRR register to allow atomic read/modify
  *         accesses. In this way, there is no risk of an IRQ occurring between
  *         the read and the modify access.
  *
  * @param  GPIOx : where x can be (A..G depending on device used) to select the GPIO peripheral
  * @param  GPIO_Pin : specifies the port bit to be written.
  *         This parameter can be one of GPIO_PIN_x where x can be (0..15).
  * @param  PinState : specifies the value to be written to the selected bit.
  *         This parameter can be one of the GPIO_PinState enum values:
  *           @arg GPIO_BIT_RESET : to clear the port pin
  *           @arg GPIO_BIT_SET : to set the port pin
  * @retval None
  */
void HAL_GPIO_WritePin(GPIO_TypeDef* GPIOx, uint16_t GPIO_Pin, GPIO_PinState PinState)
{
  /* Check the parameters */
  assert_param(IS_GPIO_PIN(GPIO_Pin));
  assert_param(IS_GPIO_PIN_ACTION(PinState));

  if(PinState != GPIO_PIN_RESET)
  {
    GPIOx->BSRR = GPIO_Pin;
  }
  else
  {
    GPIOx->BSRR = (uint32_t)GPIO_Pin << 16;
  }
}

/**
  * @brief  Toggles the specified GPIO pin
  * @param  GPIOx : where x can be (A..G depending on device used) to select the GPIO peripheral
  * @param  GPIO_Pin : Specifies the pins to be toggled.
  * @retval None
  */
void HAL_GPIO_TogglePin(GPIO_TypeDef* GPIOx, uint16_t GPIO_Pin)
{
  /* Check the parameters */
  assert_param(IS_GPIO_PIN(GPIO_Pin));

  GPIOx->ODR ^= GPIO_Pin;
}

...
(아래 생략)
...
```

07 외부 인터럽트(EXTI)를 이용한 입출력 제어

7.1 외부 인터럽트의 구조 및 기능

7.1.1 외부 인터럽트(EXTI)의 구조

7.1.1.1 STM32F10x 시리즈

STM32F10x(STM32F101, STM32F102, STM32F103, STM32F105 및 STM32F107 포함, 단 STM32F100은 제외)은 총 19개의 외부 인터럽트(EXTI0 ~ EXTI18)을 가지며 그 구성은 다음과 같다.

- EXTI0 ~ EXTI15 : 각각 GPIOA ~ GPIOG의 0번 핀 ~ 15번 핀에 연결
- EXTI16 : PVD 출력에 연결
- EXTI17 : RTC(Real Time Clock) 알람에 연결
- EXTI18 : USB 웨이크업(Wakeup)에 연결

참고

EXTI는 EXTernal Interrupt(외부 인터럽트)의 약자이다.

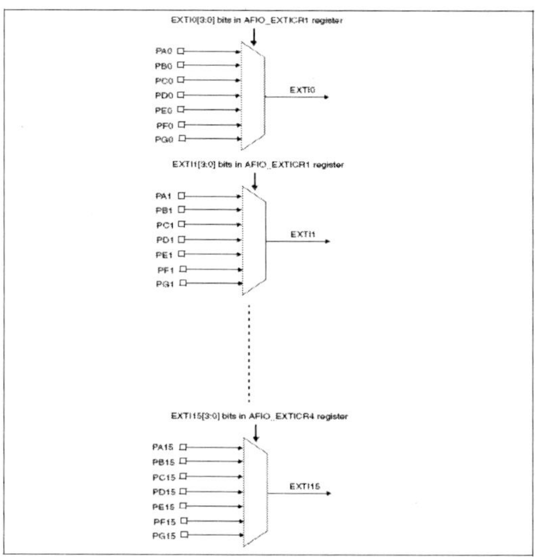

△ **그림 7-1-1** GPIO와 EXTI의 연결 (STM32F10x)

<그림 7-1-1>은 STM32F10x의 GPIO의 각 핀과 EXTI의 연결을 나타낸다. STM32F10x는 GPIOA ~ GPIOG 까지의 GPIO 포트를 가질 수 있는데 각 포트의 0번 핀은 EXTI0에, 1번 핀은 EXTI1의 순서로 연결되며, 마지막으로 15번 핀은 EXTI15에 연결된다.

7.1.1.1 STM32F42xxx 및 STM32F43xxx 시리즈

STM32F42xxx 및 STM32F43xx은 다음과 같은 EXTI를 가진다.

- EXTI0 ~ EXTI15 : 각각 GPIOA ~ GPIOK의 0번 핀 ~ 15번 핀에 연결
- EXTI 16 : PVD 출력에 연결
- EXTI 17 : RTC(Real Time Clock) 알람에 연결
- EXTI 18 : USB OTG FS 웨이크업(Wakeup) 이벤트에 연결
- EXTI 19 : Ethenet Wakeup 이벤트에 연결
- EXTI 20 : USB OTG HS (configured in FS) Wakeup 이벤트에 연결
- EXTI 21 : RTC Tamper와 TimeStamp 이벤트에 연결
- EXTI 22 : RTC Wakeup 이벤트에 연결

<그림 7-1-2>는 STM32F42xxx 및 STM32F43xxx 시리즈의 GPIO의 각 핀과 EXTI의 연결을 나타낸다. 각 포트의 0번 핀은 EXTI0에, 1번 핀은 EXTI1의 순서로 연결되며, 마지막으로 15번 핀은 EXTI15에 연결된다.

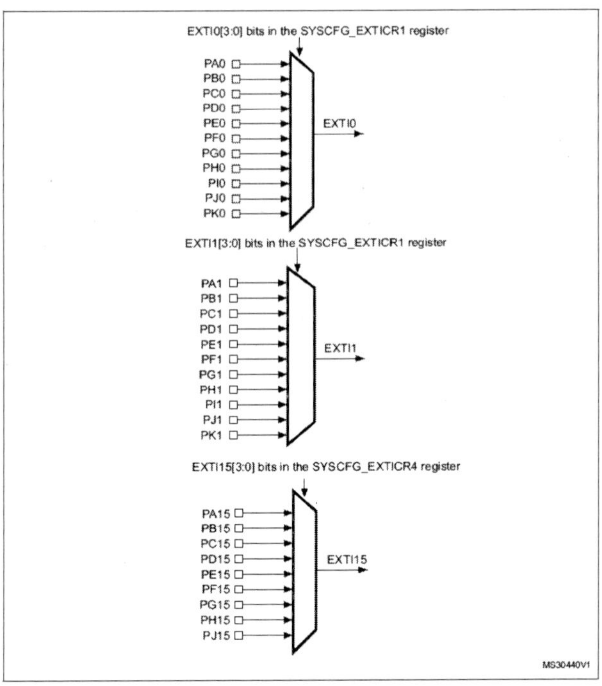

△ **그림 7-1-2** GPIO와 EXTI의 연결 (STM32F42xxx 및 STM32F43xxx)

7.1.2 EXTI와 인터럽트 벡터 테이블

STM32F10x 시리즈의 외부 인터럽트(EXTI0 ~ EXTI18)에 의해 발생되는 인터럽트는 〈표 7-1-1〉과 같다. 이 표는 [2.7절. 인터럽트 및 예외]에서 설명한 STM32F1의 인터럽트 벡터 테이블의 내용과도 일치한다.

▼ **표 7-1-1** EXTI와 대응되는 인터럽트명

외부인터럽트 번호	연결되는 단자	발생 인터럽트명
EXTI0	PA0 ~ PG0	EXTI0
EXTI1	PA1 ~ PG1	EXTI1
EXTI2	PA2 ~ PG2	EXTI2
EXTI3	PA3 ~ PG3	EXTI3
EXTI4	PA4 ~ PG4	EXTI4
EXTI5 ~ EXTI9	PA5/6/7/8/9 ~ PG5/6/7/8/9	EXTI9_5
EXTI10 ~ EXTI15	PA10/11/12/13/14/15 ~ PG10/11/12/13/14/15	EXTI15_10
EXTI16	PVD 출력	PVD
EXTI17	RTC 알람	RCT Alram
EXTI18	USB 웨이크업	USB Wakeup

참고

위의 표는 STM32F10x 시리즈의 경우를 나타낸 것이다. STM32F42xxx 및 STM32F43xxx 시리즈의 경우도 위와 동일하며, 여기에 EXTI 19 ~ EXTI 22가 추가되는 점만 다르다.

이 표를 보면 외부 인터럽트 EXTI0 ~ EXTI4 까지는 대응되는 인터럽트가 각각 1개씩(EXTI0 ~ EXTI4)이지만, EXTI5 ~ EXTI9는 모두가 1개의 인터럽트 EXTI9_5에, EXTI10 ~ EXTI15도 모두가 1개의 인터럽트 EXTI15_10에 대응됨을 알 수 있다.

7.2 외부 인터럽트 관련 HAL 드라이버

7.2.1 외부 인터럽트 구동용 함수

외부 인터럽트를 구동하기 위해서는 NVIC의 인터럽트 관련 함수(5.5절 HAL CORTEX 드라이버)와 GPIO의 API 함수(6.2.2절 GPIO 구동용 함수)를 사용하므로 5, 6장의 관련된 부분을 참조하기 바란다. 특히 다음의 함수가 외부 인터럽트의 처리를 위해 사용된다. 이 함수의 자세한 설명은 [6.2.3절. 함수의 상세설명]을 참조하기 바란다.

- HAL_GPIO_EXTI_IRQHandler()
  - EXTI 인터럽트의 핸들러 함수
- HAL_GPIO_EXTI_Callback()
  - EXTI 인터럽트를 처리하기 위한 콜백함수.
    이 함수는 EXTI 핸들러 함수 (EXTIx_IRQHandler())내에서 사용된다.

7.3 외부 인터럽트 응용 예제

7.3.0 인터럽트 예제 관련 회로도

[Nucleo-F103 확장보드] 인터럽트 관련 회로는 [6.3.0절. GPIO 예제 관련 회로도]와 동일하므로 이를 참조하기 바란다. 스위치가 Pull-up 방식으로 연결이 되어있으므로 스위치가 누르지 않은 경우 해당 포트는 High 상태이고, 스위치를 누를 때 Low상태가 됨을 유의하자.

[Nucleo-F429 확장보드] 인터럽트 관련 회로는 [6.3.0절. GPIO 예제 관련 회로도]와 동일하므로 이를 참조하기 바란다. 스위치가 Pull-up 방식으로 연결이 되어있으므로 스위치가 누르지 않은 경우 해당 포트는 High 상태이고, 스위치를 누를 때 Low상태가 됨을 유의하자.

7.3.1 EXTI 예제 1 : 외부 인터럽트를 이용한 LED의 On/Off

7.3.1.1 예제 설명

[EXTI 예제 1 : Nucleo-F103 확장보드 및 Nucleo-F429 확장보드] 스위치 SW1를 이용하여 외부 인터럽트를 발생시킨다. 인터럽트가 발생하면 LED1~8을 On시킨 후 일정한 시간이 지나면 Off 한다. SW1의 인터럽트는 Falling edge에서 발생하도록 설정되어 있으므로 SW1이 눌러지는 순간 인터럽트가 발생하며 LED가 ON 됨을 유의하자.

참고

> SW1 ~ SW4는 모두 Pull-up 방식으로 연결이 되어있으므로 SW가 눌러지는 순간 해당 포트는 High → Low(즉, Falling edge)로 된다.

참고 Rising edge와 Falling edge

Rising edge(상승 에지) : 신호(전압)가 Low에서 High로 바뀔 때를 말한다.
Falling edge(하강 에지) : 신호(전압)가 High에서 Low로 바뀔 때를 말한다.

7.3.1.2 소스코드 작성

1) Nucleo-F103 확장보드의 경우

Nucleo-F103 확장보드를 이용하는 경우는 다음과 같이 소스 코드를 작성한다.

- 폴더 명 : [Examples_Nucleo F103] - [EXTI] - [EXTI 1_F103] - [MDK-ARM]
- 위의 폴더에 있는 [Project.uvprojx] 파일을 더블클릭하여 실행한다.

2) Nucleo-F429 확장보드의 경우

Nucleo-F429 확장보드를 이용하는 경우는 다음과 같이 소스 코드를 작성한다.

- 폴더 명 : [Examples_Nucleo F429] - [EXTI] - [EXTI 1_F429] - [MDK-ARM]
- 위의 폴더에 있는 [Project.uvprojx] 파일을 더블클릭하여 실행한다.

3) 파일이 열리면 [Example/User] 폴더 내의 [main.c] 파일을 더블클릭하여 연 후에 아래와 같이 소스 코드를 작성한다.

[main. c]

```
// 프로그램의 수행에 필요한 헤더파일
#include "main.h"
#include "Nucleo_F103.h"              // Nucleo-F103 확장보드용 헤더파일
// #include "Nucleo_F429.h"           // Nucleo-F429 확장보드용 헤더파일

// -- <1> 프로그램 수행에 필요한 전역변수의 선언
int   flag_Sw1 =0 ;

// ---------------------------------------------------------------------------- //

int main(void)
{
     HAL_Init();
     SystemClock_Config();
     LED_Config();
     // -- <2> 스위치가 눌러지면 EXTI를 발생시키도록 설정
     SwEXTI_Config();

     LED_OnOff(GPIO_PIN_LedAll, 500);
     // 무한 루프로 동작
     while (1)  {
               if ( flag_Sw1 == 1 )  {
```

```
                    // -- <3> SW1 이 눌러지면 LED를 모두 On/Off 하고, flag_SW1 = 0 으로 설정
                    LED_OnOff(GPIO_PIN_LedAll, 500);
                    flag_Sw1 = 0;
            }
    }
}

// ------------------------------------------------------------------------------ //
// -- <4> EXTI 인터럽트 Callback 함수의 구현

void HAL_GPIO_EXTI_Callback(uint16_t GPIO_PIN)
{
    // -- <5> Nucleo-64 보드가 눌러지면 flag_Sw1 = 1 로 설정
    if ( GPIO_PIN == GPIO_PIN_Nucleo_Sw)  flag_Sw1 = 1;

   // -- <5-1> SW1이 눌러지면 flag_Sw1 = 1 로 설정
    if ( GPIO_PIN == GPIO_PIN_Sw1)  flag_Sw1 = 1;
}
```

4) EXTI 인터럽트의 사용을 위해서는 인터럽트 발생시에 처리되어야하는 동작이 정의되어 있는 인터럽트 핸들러(handler) 함수의 작성이 필요하다. 인터럽트 핸들러 함수 작성은 Nucleo-F103 확장보드와 Nucleo-F429 확장보드의 두 가지 경우로 나누어서 설명한다.

4-1) Nucleo-F103 확장보드의 경우

인터럽트 핸들러 함수 작성을 위해서 [Example/User] 폴더 내의 [stm32f1xx_it.c] 파일을 더블클릭하여 연 후에 아래와 같이 소스 코드를 작성한다.

[stm32f1xx_it.c]

```
// --  <1> 프로그램의 수행에 필요한 헤더 파일
#include "main.h"
#include "stm32f1xx_it.h"                // 인터럽트 사용에 필요한 헤더 파일

// ------------------------------------------------------------------------------ //
// --  <2> SysTick 인터럽트의 핸들러 함수

void SysTick_Handler(void)
{
    // -- <2-1> HAL_IncTick() 함수를 호출
    HAL_IncTick();
}
    // ------------------------------------------------------------------------------ //
    // -- <3>  EXTI15_10 인터럽트의 핸들러 함수
```

```
void EXTI15_10_IRQHandler(void)
{
    // -- <3-1> GPIO_PIN_10에서 EXTI가 발생한 경우는
    //              함수 HAL_GPIO_EXTI_Callback(GPIO_PIN_10) 를 호출
    HAL_GPIO_EXTI_IRQHandler(GPIO_PIN_10);
    // -- <3-2> GPIO_PIN_13에서 EXTI가 발생한 경우는
    //              함수 HAL_GPIO_EXTI_Callback(GPIO_PIN_13) 를 호출
    HAL_GPIO_EXTI_IRQHandler(GPIO_PIN_13);
}

// ------------------------------------------------------------------------------ //
// -- <4>  EXTI4 인터럽트의 핸들러 함수

void EXTI4_IRQHandler(void)
{
    // -- <4-1> GPIO_PIN_0에서 EXTI가 발생한 경우는
    //              함수 HAL_GPIO_EXTI_Callback(GPIO_PIN_4) 를 호출
    HAL_GPIO_EXTI_IRQHandler(GPIO_PIN_4);
}

// ------------------------------------------------------------------------------ //
// -- <5>  EXTI5 ~ 9 인터럽트의 핸들러 함수

void EXTI9_5_IRQHandler(void)
{
    // -- <5-1> GPIO_PIN_5에서 EXTI가 발생한 경우는
    //              함수 HAL_GPIO_EXTI_Callback(GPIO_PIN_5) 를 호출
    HAL_GPIO_EXTI_IRQHandler(GPIO_PIN_5);
    // -- <5-2> GPIO_PIN_8에서 EXTI가 발생한 경우는
    //              함수 HAL_GPIO_EXTI_Callback(GPIO_PIN_8) 를 호출
    HAL_GPIO_EXTI_IRQHandler(GPIO_PIN_8);
}
```

4-2) Nucleo-F429 확장보드의 경우

인터럽트 핸들러 함수 작성을 위해서 [Example/User] 폴더 내의 [stm32f4xx_it.c] 파일을 더블클릭하여 연 후에 아래와 같이 소스 코드를 작성한다.

[stm32f4xx_it.c]

```
// --  <1> 프로그램의 수행에 필요한 헤더 파일
#include "main.h"
#include "stm32f4xx_it.h"                                   // 인터럽트 사용에 필요한 헤더 파일

// ---------------------------------------------------------------------------- //
// --  <2> SysTick 인터럽트의 핸들러 함수

void SysTick_Handler(void)
{
    // -- <2-1> HAL_IncTick() 함수를 호출
    HAL_IncTick();
}

// ---------------------------------------------------------------------------- //
// -- <3>  EXTI0 인터럽트의 핸들러 함수

void EXTI0_IRQHandler(void)
{
    // -- <3-1> GPIO_PIN_0에서 EXTI가 발생한 경우는
    //                  함수 HAL_GPIO_EXTI_Callback(GPIO_PIN_0) 를 호출
    HAL_GPIO_EXTI_IRQHandler(GPIO_PIN_0);
}

// ---------------------------------------------------------------------------- //
// -- <4>  EXTI1 인터럽트의 핸들러 함수

void EXTI1_IRQHandler(void)
{
    // -- <4-1> GPIO_PIN_1에서 EXTI가 발생한 경우는
    //                  함수 HAL_GPIO_EXTI_Callback(GPIO_PIN_1) 를 호출
    HAL_GPIO_EXTI_IRQHandler(GPIO_PIN_1);
}

// ---------------------------------------------------------------------------- //
// -- <5>  EXTI2 인터럽트의 핸들러 함수

void EXTI2_IRQHandler(void)
{
    // -- <5-1> GPIO_PIN_2에서 EXTI가 발생한 경우는
    //                  함수 HAL_GPIO_EXTI_Callback(GPIO_PIN_2) 를 호출
```

```
    HAL_GPIO_EXTI_IRQHandler(GPIO_PIN_2);
}
// ------------------------------------------------------------------------------ //
// -- <6> EXTI3 인터럽트의 핸들러 함수

void EXTI3_IRQHandler(void)
{
    // -- <6-1> GPIO_PIN_3에서 EXTI가 발생한 경우는
    //              함수 HAL_GPIO_EXTI_Callback(GPIO_PIN_3) 를 호출
    HAL_GPIO_EXTI_IRQHandler(GPIO_PIN_3);
}

// ------------------------------------------------------------------------------ //
// -- <7> EXTI13 인터럽트의 핸들러 함수

void EXTI15_10_IRQHandler(void)
{
    // -- <7-1> GPIO_PIN_13에서 EXTI가 발생한 경우는
    //              함수 HAL_GPIO_EXTI_Callback(GPIO_PIN_13) 를 호출
    HAL_GPIO_EXTI_IRQHandler(GPIO_PIN_13);
}
```

7.3.1.3 소스코드 설명

* 소스 코드의 설명에 붙어있는 번호는 (예 : 〈1〉, 〈2〉 등)은 앞 절의 소스 코드내에 붙어있는 번호와 동일하다.

[main. c]

<1> 전역변수 flag_Sw1을 선언하고 값을 0으로 초기화한다. 이 변수는 스위치가 눌러진 것을 식별하기 위한 용도로 사용된다.

<2> SwEXTI_Config() 함수 : 스위치가 눌러지면 EXTI를 발생시키도록 설정하는 함수. 이 함수는 각각 <Nucleo_F103.c> / <Nucleo_F429.c>에 정의되어 있다. [14.3절. 예제 소스코드 추가 설명 : Nucleo_F103.c 및 Nucleo_F429.c]을 참고하기 바란다.

* 이 함수에는 GPIO 입력핀을 EXTI 발생으로 설정하는 소스코드가 있다. 이 소스코드는 EXTI의 이해를 위해서 매우 중요한 코드이므로 반드시 찾아서 살펴보기 바란다.

<3> flag_Sw1=1 이면 (즉, SW1 이 눌러지면) LED를 모두 On 시킨 후에 Off 한다. 그리고 flag_Sw1 = 0 으로 다시 변경한다.

<4> HAL_GPIO_EXTI_Callback() 함수 : EXTI 인터럽트 Callback 함수를 구현한 부분이다. EXTI 인터럽트가 발생하면 MCU는 자동적으로 이 함수를 호출한다. 따라서 EXTI 인터럽트가 발생된 경우 실행하고 싶은 내용을 이 함수내에 코딩하면 된다.

<5> Nucleo-64 보드 S/W(즉, B1이 눌러지면)가 눌러지면 flag_Sw1 = 1 로 설정한다.

<5-1> SW1이 눌러지면 flag_Sw1 = 1 로 설정한다.

[stm32f10x_it.c]

<1> 프로그램의 수행에 필요한 헤더 파일을 인클루드한다. 특히 인터럽트의 수행을 위해서는 "stm32f1xx_it.h" 헤더파일이 필요하다.

<2> SysTick_Handler() 함수 : SysTick 인터럽트의 핸들러 함수이다. SysTick 인터럽트는 Cortex-M3 프로세서가 10msec 마다 자동으로 발생시켜주는 인터럽트이다.

<2-1> HAL_IncTick() 함수 : SysTick timer를 증가시켜주는 함수이다. 이 함수는 HAL_Delay( ) 함수를 사용하기 위해서는 필요한 함수이며, stm32f1xx_hal.c에 다음과 같이 정의되어 있다.

```
/**
  * @brief This function is called to increment  a global variable "uwTick"
  *       used as application time base.
  * @note In the default implementation, this variable is incremented each 1ms
  *       in Systick ISR.
  * @note This function is declared as __weak to be overwritten in case of other
  *      implementations in user file.
  * @retval None
  */
__weak void HAL_IncTick(void)
{
  uwTick++;
}
```

<3> EXTI15_10_IRQHandler( ) : EXTI15_10 인터럽트가 발생한 경우 이를 처리하는 핸들러 함수이다.

<3-1> HAL_GPIO_EXTI_IRQHandler(GPIO_PIN_10) : GPIO_PIN_10에서 EXTI가 발생한 경우 HAL_GPIO_EXTI_Callback() 함수를 호출하는 함수이다. HAL_GPIO_EXTI_Callback() 함수는 <main.c>에 정의되어 있다.

<3-2> HAL_GPIO_EXTI_IRQHandler(GPIO_PIN_13) : GPIO_PIN_13에서 EXTI가 발생한 경우 HAL_GPIO_EXTI_Callback() 함수를 호출하는 함수이다. HAL_GPIO_EXTI_Callback() 함수는 <main.c>에 정의되어 있다.

<4> EXTI4_IRQHandler( ) : EXTI4 인터럽트가 발생한 경우 이를 처리하는 핸들러 함수이다.

<4-1> HAL_GPIO_EXTI_IRQHandler(GPIO_PIN_4) : GPIO_PIN_4에서 EXTI가 발생한 경우 HAL_GPIO_EXTI_Callback() 함수를 호출하는 함수이다. HAL_GPIO_EXTI_Callback() 함수는 <main.c>에 정의되어 있다.

<5> EXTI9_5_IRQHandler( ) : EXTI9_5 인터럽트가 발생한 경우 이를 처리하는 핸들러 함수이다.

<5-1> HAL_GPIO_EXTI_IRQHandler(GPIO_PIN_5) : GPIO_PIN_5에서 EXTI가 발생한 경우 HAL_GPIO_EXTI_Callback() 함수를 호출하는 함수이다. HAL_GPIO_EXTI_Callback() 함수는 <main.c>에 정의되어 있다.

<5-2> HAL_GPIO_EXTI_IRQHandler(GPIO_PIN_8) : GPIO_PIN_8에서 EXTI가 발생한 경우 HAL_GPIO_EXTI_Callback() 함수를 호출하는 함수이다. HAL_GPIO_EXTI_Callback() 함수는 <main.c>에 정의되어 있다.

참고

Nucleo-F103 확장보드의 경우 스위치가 눌러지면 이에 대응하여 발생하는 EXTI는 다음과 같다.

스위치	GPIO 포트, 핀	발생되는 EXTI
B1(User Button)	GPIOC 13	EXTI15_10
SW1	GPIOA 8	EXTI9_5
SW2	GPIOB 4	EXTI4
SW3	GPIOB 5	EXTI9_5
SW4	GPIOB 10	EXTI15_10

중요 EXTI를 사용하지 않더라도 일반적으로 SysTick_Handler() 함수는 사용된다. 6장 GPIO의 예제에서도 특별히 설명하지는 않았지만 [stm32f10x_it.c] 파일을 사용하였으며, 여기에는 SysTick_Handler() 함수가 포함되어 있다.

따라서 독자들이 별도의 프로그램을 하는 경우에도 항상 [stm32f10x_it.c] 파일을 작성하고 여기에 SysTick_Handler() 함수를 포함하여 두면 된다. 이 함수의 내용은 본 예제와 동일하게 작성하면 된다. 즉, SysTick_Handler() 함수내에서 HAL_IncTick() 함수를 호출하면 된다.

[stm32f4xx_it.c]

<1> 프로그램의 수행에 필요한 헤더 파일을 인클루드한다. 특히 인터럽트의 수행을 위해서는 "stm32f4xx_it.h" 헤더파일이 필요하다.

<2> SysTick_Handler() 함수 : SysTick 인터럽트의 핸들러 함수이다. SysTick 인터럽트는 Cortex-M3 프로세서가 10msec 마다 자동으로 발생시켜주는 인터럽트이다.

<2-1> HAL_IncTick() 함수 : SysTick timer를 증가시켜주는 함수이다. 이 함수는 HAL_Delay( ) 함수를 사용하기 위해서는 필요한 함수이며, stm32f4xx_hal.c에 다음과 같이 정의되어 있다.

```
/**
  * @brief This function is called to increment  a global variable "uwTick"
  *        used as application time base.
  * @note In the default implementation, this variable is incremented each 1ms
  *       in Systick ISR.
  * @note This function is declared as __weak to be overwritten in case of other
  *      implementations in user file.
  * @retval None
  */
__weak void HAL_IncTick(void)
{
  uwTick++;
}
```

<3> EXTI0_IRQHandler( ) : EXTI0 인터럽트가 발생한 경우 이를 처리하는 핸들러 함수이다.

<3-1> HAL_GPIO_EXTI_IRQHandler(GPIO_PIN_0) : GPIO_PIN_0에서 EXTI가 발생한 경우 HAL_GPIO_EXTI_Callback() 함수를 호출하는 함수이다. HAL_GPIO_EXTI_Callback() 함수는 <main.c>에 정의되어 있다.

<4> EXTI1_IRQHandler( ) : EXTI1 인터럽트가 발생한 경우 이를 처리하는 핸들러 함수이다.

<4-1> HAL_GPIO_EXTI_IRQHandler(GPIO_PIN_1) : GPIO_PIN_1에서 EXTI가 발생한 경우 HAL_GPIO_EXTI_Callback() 함수를 호출하는 함수이다. HAL_GPIO_EXTI_Callback() 함수는 <main.c>에 정의되어 있다.

<5> EXTI2_IRQHandler( ) : EXTI2 인터럽트가 발생한 경우 이를 처리하는 핸들러 함수이다.
<5-1> HAL_GPIO_EXTI_IRQHandler(GPIO_PIN_2) : GPIO_PIN_2에서 EXTI가 발생한 경우 HAL_GPIO_EXTI_Callback() 함수를 호출하는 함수이다. HAL_GPIO_EXTI_Callback() 함수는 <main.c>에 정의되어 있다.

<6> EXTI3_IRQHandler( ) : EXTI3 인터럽트가 발생한 경우 이를 처리하는 핸들러 함수이다.
<6-1> HAL_GPIO_EXTI_IRQHandler(GPIO_PIN_3) : GPIO_PIN_3에서 EXTI가 발생한 경우 HAL_GPIO_EXTI_Callback() 함수를 호출하는 함수이다. HAL_GPIO_EXTI_Callback() 함수는 <main.c>에 정의되어 있다.

<7> EXTI15_10_IRQHandler( ) : EXTI15_10 인터럽트가 발생한 경우 이를 처리하는 핸들러 함수이다.
<7-1> HAL_GPIO_EXTI_IRQHandler(GPIO_PIN_13) : GPIO_PIN_13에서 EXTI가 발생한 경우 HAL_GPIO_EXTI_Callback() 함수를 호출하는 함수이다. HAL_GPIO_EXTI_Callback() 함수는 <main.c>에 정의되어 있다.

참고

Nucleo-F429 확장보드의 경우 스위치가 눌러지면 이에 대응하여 발생하는 EXTI는 다음과 같다.

스위치	GPIO 포트, 핀	발생되는 EXTI
B1(User Button)	GPIOC 13	EXTI15_10
SW1	GPIOG 0	EXTI0
SW2	GPIOG 1	EXTI1
SW3	GPIOG 2	EXTI2
SW4	GPIOG 3	EXTI3

중요 EXTI를 사용하지 않더라도 일반적으로 SysTick_Handler() 함수는 사용된다. 6장 GPIO의 예제에서도 특별히 설명하지는 않았지만 [stm32f4xx_it.c] 파일을 사용하였으며, 여기에는 SysTick_Handler() 함수가 포함되어 있다. 따라서 독자들이 별도의 프로그램을 하는 경우에도 항상 [stm32f4xx_it.c] 파일을 작성하고 여기에 SysTick_Handler() 함수를 포함하여 두면 된다. 이 함수의 내용은 본 예제와 동일하게 작성하면 된다. 즉, SysTick_Handler() 함수내에서 HAL_IncTick() 함수를 호출하면 된다.

7.3.1.4 프로그램 실행

소스 코드 작성이 완료되면 작성된 프로그램을 컴파일한 후에 실습 보드로 다운로드하여 프로그램을 실행한다. 실습 보드와 PC의 연결 방법, 예제 프로그램의 컴파일, 다운로드 방법 등은 [4.2절, 예제 프로그램의 실행 : 실습 보드]를 참조하기 바란다.

프로그램 실행시의 동작은 앞의 '예제 설명'에서 설명한 것과 동일하다.

참고

혹시 컴파일이나 다운로드가 에러 없이 성공했는데도 프로그램이 실행이 되지 않는 경우는 다음과 같이 하여본다.
① 실습 보드 내의 [리셋] 스위치를 눌러본다.
② 실습보드와 PC를 연결하는 USB 케이블을 뺐다가 다시 연결해본다.
③ 그래도 프로그램이 실행되지 않거나, 실행되어도 정상 동작을 하지 않으면 작성한 소스 코드가 틀리게 작성되었을 가능성이 크므로 소스 코드를 확인해 보기 바란다.

7.3.2 EXTI 예제 2 : 외부 인터럽트를 이용한 LED 이동 점멸

7.3.2.1 과제 설명

[EXTI 예제 2 : Nucleo-F103 확장보드 및 Nucleo-F429 확장보드] 입력용 스위치 SW1, SW2를 이용하여 외부 인터럽트를 발생시킨다. SW1을 눌러 인터럽트가 발생하면 LED를 1번 → 2번 → 3번 → … → 8번까지 차례로 하나씩 점멸하고, SW2를 눌러 인터럽트가 발생하면 반대로 8번 → 7번 → … → 1번까지 점멸하는 동작을 계속하여 반복한다. SW1, 2의 인터럽트는 모두 Falling edge에서 발생하도록 설정되어 있다.

7.3.2.2 소스 코드 작성

1) Nucleo-F103 확장보드의 경우

Nucleo-F103 확장보드를 이용하는 경우는 다음과 같이 소스 코드를 작성한다.

- 폴더 명 : [Examples_Nucleo F103] - [EXTI] - [EXTI 2_F103] - [MDK-ARM]
- 위의 폴더에 있는 [Project.uvprojx] 파일을 더블클릭하여 실행한다.

2) Nucleo-F429 확장보드의 경우

Nucleo-F429 확장보드를 이용하는 경우는 다음과 같이 소스 코드를 작성한다.

- 폴더 명 : [Examples_Nucleo F429] - [EXTI] - [EXTI 2_F429] - [MDK-ARM]
- 위의 폴더에 있는 [Project.uvprojx] 파일을 더블클릭하여 실행한다.

3) 파일이 열리면 [Example/User] 폴더 내의 [main.c] 파일을 더블클릭하여 연 후에 아래와 같이 소스 코드를 작성한다.

[main.c]

```
// 프로그램의 수행에 필요한 헤더파일
#include "main.h"
#include "Nucleo_F103.h"                // Nucleo-F103 확장보드용 헤더 파일
// #include "Nucleo_F429.h"             // Nucleo-F429 확장보드용 헤더 파일

// -- <1> 프로그램 수행에 필요한 전역변수의 선언
int flag_Sw1 = 0, flag_Sw2 = 0;
```

```
// ----------------------------------------------------------------------------- //

int main(void)
{
    // -- <2> LED를 켜기위한 변수
    uint16_t  led = 0x01;
    HAL_Init();
    SystemClock_Config();
    LED_Config();
    // -- <3> 스위치가 눌러지면 EXTI를 발생시키도록 설정
    SwEXTI_Config();

    LED_OnOff(GPIO_PIN_LedAll, 500);

    // 무한 루프로 동작
    while (1)  {
        // -- <4> SW1 이 눌러지면 -> LED를 1번 → 2번 → 3번 → … → 8번 순서로 점멸하는 동작을 반복
        if ( flag_Sw1 == 1 )  {
                  led <<= 1;
                  if ( led > 0x80 ) led = 0x01;
                  LED_OnOff(led, 100);
        }

        // -- <5> SW2 이 눌러지면 -> LED를 8번 → 7번 → … → 1번 순서로 점멸하는 동작을 반복
        else if ( flag_Sw2 == 1 )  {
                  led >>= 1;
                  if ( led < 0x01 ) led = 0x80;
                  LED_OnOff(led, 100);
        }
    }
}

// ----------------------------------------------------------------------------- //
// -- <6> EXTI 인터럽트 Callback 함수의 구현

void HAL_GPIO_EXTI_Callback(uint16_t GPIO_PIN)
{
    // -- <7> SW1이 눌러지면 flag_Sw1 = 1 , flag_Sw2 =  0 으로 설정
    if ( GPIO_PIN == GPIO_PIN_Sw1)  {
        flag_Sw1 = 1;
        flag_Sw2 = 0;
    }
    // -- <8> SW2이 눌러지면 flag_Sw1 = 0 , flag_Sw2 =  1 로 설정
    else if ( GPIO_PIN == GPIO_PIN_Sw2)  {
        flag_Sw1 = 0;
```

```
        flag_Sw2 = 1;
    }
}
```

4) 인터럽트의 사용을 위해서는 인터럽트 발생시에 처리되어야하는 동작이 정의되어 있는 인터럽트 핸들러(handler) 함수의 작성이 필요하다. 인터럽트 핸들러 함수작성은 EXTI 예제 1과 동일하다.

[stm32f1xx_it.c], 또는 [stm32f4xx_it.c]

```
EXTI 예제 1과 동일함
```

7.3.2.3 소스 코드 설명

* 소스 코드의 설명에 붙어있는 번호는 (예 : 〈1〉, 〈2〉 등)은 앞 절의 소스 코드내에 붙어있는 번호와 동일하다.

[main.c]

<1> 전역변수 flag_Sw1, flag_Sw2를 선언하고 값을 0으로 초기화한다. 이 변수는 스위치가 눌러진 것을 식별하기 위한 용도로 사용된다.

<2> LED를 켜기 위한 변수 led를 선언하고 값을 0x01로 초기화 한다.

<3> SwEXTI_Config() 함수 : 스위치가 눌러지면 EXTI를 발생시키도록 설정하는 함수. 이 함수는 각각 <Nucleo_F103.c> / <Nucleo_F429.c>에 정의되어 있다. 이 함수에 대한 설명은 [부록1.4. 예제 소스코드 추가 설명 ; Nucleo_F103.c 및 Nucleo_F429.c]을 참고하기 바란다.

<4> flag_Sw1=1 이면 (즉, SW1 이 눌러지면) LED를 1번 → 2번 → 3번 → … → 8번 순서로 점멸하는 동작을 반복하는 소스코드이다.

<5> flag_Sw2=1 이면 (즉, SW2 가 눌러지면) LED를 8번 → 7번 → … → 1번 순서로 점멸하는 동작을 반복하는 소스코드이다.

<6> HAL_GPIO_EXTI_Callback() 함수 : EXTI 인터럽트 Callback 함수를 구현한 부분이다. 이 함수는 다음 동작을 실행한다.

<7> SW1이 눌러지면 flag_Sw1 = 1 , flag_Sw2 = 0 으로 설정한다.

<8> SW2이 눌러지면 flag_Sw1 = 0 , flag_Sw2 = 1 로 설정한다.

[stm32f1xx_it.c] , 또는 [stm32f4xx_it.c]

[EXTI 예제 1]과 소스 코드가 동일하므로 이를 참고하기 바란다.

7.3.2.4 프로그램 실행

소스 코드 작성이 완료되면 작성된 프로그램을 컴파일한 후에 실습 보드로 다운로드하여 프로그램을 실행한다. 실습 보드와 PC의 연결 방법, 예제 프로그램의 컴파일, 다운로드 방법 등은 [4.2절, 예제 프로그램의 실행 : 실습 보드]를 참조하기 바란다.

프로그램 실행시의 동작은 앞의 '예제 설명' 에서 설명한 것과 동일하다.

참고

> 혹시 컴파일이나 다운로드가 에러 없이 성공했는데도 프로그램이 실행이 되지 않는 경우는 다음과 같이 하여본다.
> ① 실습 보드 내의 [리셋] 스위치를 눌러본다.
> ② 실습보드와 PC를 연결하는 USB 케이블을 뺐다가 다시 연결해본다.
> ③ 그래도 프로그램이 실행되지 않거나, 실행되어도 정상 동작을 하지 않으면 작성한 소스 코드가 틀리게 작성되었을 가능성이 크므로 소스 코드를 확인해 보기 바란다.

7.3.3 EXTI 예제 3 : 4개의 외부 인터럽트를 이용한 LED의 On/Off(1)

7.3.3.1 예제 설명

[EXTI 예제 3 : Nucleo-F103 확장보드 및 Nucleo-F429 확장보드] 입력용 스위치 SW1을 누르면 LED1~2가 SW2는 LED3~4, SW3은 LED5~6, SW4는 LED7~8이 각각 On/Off 된다. 스위치가 눌러지면 이에 대응되는 EXTI가 발생하고, 이와 연결된 콜백함수에서 해당 인터럽트 플래그를 발생시켜준다.

SW1, SW2, SW3, SW4는 Falling edge 모두에서 EXTI가 발생하도록 설정되어 있다. 따라서 SW를 누르는 순간 해당 LED가 ON이 된다.

참고

> 본 예제는 EXTI가 발생한 경우만 LED가 On/Off 된다. 따라서 스위치를 계속 누르고 있어도 LED가 계속 On/Off 되지는 않으며, 스위치를 누르는 순간 또는 떼는 순간만 On/Off 하게 됨을 유의하자. 그리고 동시에 여러개의 스위치를 눌러도 해당되는 LED가 모두 On/Off 된다. (일반적으로 4개의 스위치를 동시에 누르더라도 사람의 동작이 정확하지 않으므로 모든 스위치가 정확히 동시에 접촉하지는 않는다. 따라서 4개의 EXTI가 동시에 발생되지는 않고 시차를 두고 순차적으로 발생하게 된다.)

7.3.3.2 소스코드 작성

1) Nucleo-F103 확장보드의 경우

Nucleo-F103 확장보드를 이용하는 경우는 다음과 같이 소스 코드를 작성한다.

- 폴더 명 : [Examples_Nucleo F103] - [EXTI] - [EXTI 3_F103] - [MDK-ARM]
- 위의 폴더에 있는 [Project.uvprojx] 파일을 더블클릭하여 실행한다.

2) Nucleo-F429 확장보드의 경우

Nucleo-F429 확장보드를 이용하는 경우는 다음과 같이 소스 코드를 작성한다.

- 폴더 명 : [Examples_Nucleo F429] – [EXTI] – [EXTI 3_F429] – [MDK-ARM]
- 위의 폴더에 있는 [Project.uvprojx] 파일을 더블클릭하여 실행한다.

3) 파일이 열리면 [Example/User] 폴더 내의 [main.c] 파일을 더블클릭하여 연 후에 아래와 같이 소스 코드를 작성한다.

[main.c]

```
// 프로그램의 수행에 필요한 헤더파일
#include "main.h"
#include "Nucleo_F103.h"                // Nucleo F103 확장보드용 헤더 파일
// #include "Nucleo_F429.h"             // Nucleo-F429 확장보드용 헤더 파일

// -- <1> 프로그램 수행에 필요한 전역변수의 선언
int  flag_Sw1, flag_Sw2, flag_Sw3, flag_Sw4;

// ------------------------------------------------------------------------------- //

int main(void)
{
    // -- <2> LED를 켜기 위한 변수
    uint16_t  led = 0x01;

    HAL_Init();
    SystemClock_Config();
    LED_Config();
    // -- <3> 스위치가 눌러지면 EXTI를 발생시키도록 설정
    SwEXTI_Config();

    LED_OnOff(GPIO_PIN_LedAll, 500);

    // 무한 루프로 동작
    while (1)  {
        led = 0x00;      // 변수 led를 초기화

        // -- <4> SW1이 눌러지면 -> led의 1, 2번째 bit을 1로 설정 (0x03 = 0000 0011)
        if ( flag_Sw1 == 1 )  {
                led = led | 0x03;
                LED_OnOff(led, 300);
                LED_OnOff(led, 300);
                flag_Sw1 = 0;
        }
        // -- <5> SW2이 눌러지면 -> led의 3, 4번째 bit 을 1로 설정 (0x0c = 0000 1100)
```

```
        if ( flag_Sw2 == 1 ) {
            led = led | 0x0c;
            LED_OnOff(led, 300);
            flag_Sw2 = 0;
        }
        // -- <6> SW3 이 눌러지면 -> led 의 5, 6번째 bit 을 1로 설정  (0x30 = 0011 0000)
        if ( flag_Sw3 == 1 ) {
            led = led | 0x30;
            LED_OnOff(led, 300);
            flag_Sw3 = 0;
        }
        // -- <7> SW4 이 눌러지면 -> led 의 7, 8번째 bit 을 1로 설정  (0xc0 = 1100 0000)
        if ( flag_Sw4 == 1 ) {
            led = led | 0xc0;
            LED_OnOff(led, 300);
            flag_Sw4 = 0;
        }
    }
}

// ------------------------------------------------------------------------------- //
// -- <8> EXTI 인터럽트 Callback 함수의 구현

void HAL_GPIO_EXTI_Callback(uint16_t GPIO_PIN)
{
    // -- <9> SW1이 눌러지면 flag_Sw1 = 1 으로 설정
    if ( GPIO_PIN == GPIO_PIN_Sw1)  flag_Sw1 = 1;
    // -- <10> SW2이 눌러지면 flag_Sw2 = 1 으로 설정
    if ( GPIO_PIN == GPIO_PIN_Sw2)  flag_Sw2 = 1;
    // -- <11> SW3이 눌러지면 flag_Sw3 = 1 으로 설정
    if ( GPIO_PIN == GPIO_PIN_Sw3)  flag_Sw3 = 1;
    // -- <12> SW4이 눌러지면 flag_Sw4 = 1 으로 설정
    if ( GPIO_PIN == GPIO_PIN_Sw4)  flag_Sw4 = 1;
}
```

4) 인터럽트의 사용을 위해서는 인터럽트 발생시에 처리되어야하는 동작이 정의되어 있는 인터럽트 핸들러(handler) 함수의 작성이 필요하다. 인터럽트 핸들러 함수작성은 EXTI 예제 1과 동일하다

[stm32f1xx_it.c]

```
EXTI 예제 1과 동일함
```

7.3.3.3 소스코드 설명

* 소스 코드의 설명에 붙어있는 번호는 (예 : 〈1〉, 〈2〉 등)은 앞 절의 소스 코드내에 붙어있는 번호와 동일하다.

[main.c]

<1> 전역변수 flag_Sw1, flag_Sw2, flag_Sw3, flag_Sw4를 선언하고 값을 0으로 초기화 한다. 이 변수는 스위치가 눌러진 것을 식별하기 위한 용도로 사용된다.
<2> LED를 켜기위한 변수 led를 선언하고 값을 0x01로 초기화 한다.
<3> F103_SwEXTI_Config()/F107_SwEXTI_Config() 함수 : 스위치가 눌러지면 EXTI를 발생시키도록 설정하는 함수. 이 함수는 각각 <Nucleo_F103.c>/<F107_Board.c>에 정의되어 있다. 이 함수에 대한 설명은 6장 GPIO의 [6.3.1.4 소스코드 설명]을 참고하기 바란다.
<4> SW1이 눌러지면 -> led의 1, 2번째 bit을 1로 설정 (0x03 = 0000 0011) 한다.
<5> SW2이 눌러지면 -> led의 3, 4번째 bit을 1로 설정 (0x0c = 0000 1100) 한다.
<6> SW3이 눌러지면 -> led의 5, 6번째 bit을 1로 설정 (0x30 = 0011 0000) 한다.
<7> SW4이 눌러지면 -> led의 7, 8번째 bit을 1로 설정 (0xc0 = 1100 0000) 한다.

<8> HAL_GPIO_EXTI_Callback() 함수 : EXTI 인터럽트 Callback 함수를 구현한 부분이다. 이 함수는 다음 동작을 실행한다.
<9> SW1이 눌러지면 flag_Sw1 = 1로 설정한다.
<10> SW2이 눌러지면 flag_Sw2 = 1로 설정한다.
<11> SW3이 눌러지면 flag_Sw3 = 1로 설정한다.
<12> SW4이 눌러지면 flag_Sw4 = 1로 설정한다.

[stm32f1xx_it.c] , 또는 [stm32f4xx_it.c]

[EXTI 예제 1]과 소스코드가 동일하므로 이를 참고하기 바란다.

7.3.3.4 프로그램 실행

소스 코드 작성이 완료되면 작성된 프로그램을 컴파일한 후에 실습 보드로 다운로드하여 프로그램을 실행한다. 실습 보드와 PC의 연결 방법, 예제 프로그램의 컴파일, 다운로드 방법 등은 [4.2절, 예제 프로그램의 실행 : 실습 보드]를 참조하기 바란다.

프로그램 실행시의 동작은 앞의 '예제 설명' 에서 설명한 것과 동일하다.

참고

혹시 컴파일이나 다운로드가 에러 없이 성공했는데도 프로그램이 실행이 되지 않는 경우는 다음과 같이 하여본다.

① 실습 보드 내의 [리셋] 스위치를 눌러본다.
② 실습보드와 PC를 연결하는 USB 케이블을 뺐다가 다시 연결해본다.
③ 그래도 프로그램이 실행되지 않거나, 실행되어도 정상 동작을 하지 않으면 작성한 소스 코드가 틀리게 작성되었을 가능성이 크므로 소스 코드를 확인해 보기 바란다.

7.3.4 EXTI 예제 4 : 4개의 외부 인터럽트를 이용한 LED의 On/Off(2)

7.3.4.1 예제 설명

[EXTI 예제 4 : Nucleo-F103 확장보드 및 Nucleo-F429 확장보드] 입력용 스위치 SW1을 누르면 LED1~2가 On/Off가 토글된다. SW2는 LED3~4, SW3은 LED5~6, 그리고 SW4는 LED7~8이 각각 토글되어 On/Off 한다. 이 예제는 앞의 [EXTI 예제 3]과 유사한 동작을 한다. 그러나 소스코드를 살펴보면 EXTI가 발생하면 이와 연결된 콜백함수에서 직접 해당 LED의 On/Off를 토글하여 주는 점이 다르다.

참고

본 예제의 경우 스위치를 누를 때 LED의 동작이 원활하게 On/Off되지 않는 것처럼 보일 수도 있다. 그러나 이것은 스위치를 누를 때 나타나는 채터링(chattering) 현상때문에 토글이 여러번 발생하여 LED의 On/Off가 여러번 생겨서 나타나는 현상이다.
LED의 동작이 원활하지 않은 것처럼 보일 때는 스위치를 누르는 속도를 더 느리게/빠르게 하거나 누르는 시간을 더 길게/짧게 변화시켜 보면 LED의 On/Off의 변화를 살펴볼 수 있다.

참고

콜백함수에서 HAL_Delay() 함수를 이용하여 동작시간을 좀 지연시킨다면 위의 채터링 문제를 해결할 수도 있을 것 같지만 콜백함수내에서는 다음과 같은 이유로 HAL_Delay() 함수를 사용할 수 없다.

- Callback 함수를 이용하려면 SysTick_Handler() 내에서 HAL_IncTick() 함수를 호출해서 SysTick을 사용해야 한다.
- 그러나 HAL_Delay() 함수도 SysTick을 사용하므로 두 개의 함수를 중복해서 사용하면 서로 간섭이 일어나서 제대로 동작을 하지 않게 된다.

7.3.4.2 소스코드 작성

1) Nucleo-F103 확장보드의 경우

Nucleo-F103 확장보드를 이용하는 경우는 다음과 같이 소스 코드를 작성한다.

- 폴더 명 : [Examples_Nucleo F103] – [EXTI] – [EXTI 4_F103] – [MDK-ARM]
- 위의 폴더에 있는 [Project.uvprojx] 파일을 더블클릭하여 실행한다.

2) Nucleo-F429 확장보드의 경우

Nucleo-F429 확장보드를 이용하는 경우는 다음과 같이 소스 코드를 작성한다.

- 폴더 명 : [Examples_Nucleo F429] – [EXTI] – [EXTI 4_F429] – [MDK-ARM]
- 위의 폴더에 있는 [Project.uvprojx] 파일을 더블클릭하여 실행한다.

3) 파일이 열리면 [Example/User] 폴더 내의 [main.c] 파일을 더블클릭하여 연 후에 아래와 같이 소스 코드를 작성한다.

[main.c]

```
// 프로그램의 수행에 필요한 헤더파일
#include "main.h"
#include "Nucleo_F103.h"              // Nucleo-F103 확장보드용 헤더 파일
// #include "Nucleo_F429.h"           // Nucleo-F429 확장보드용 헤더 파일

// ---------------------------------------------------------------------------- //

int main(void)
{
    HAL_Init();
    SystemClock_Config();
    LED_Config();
    SwEXTI_Config();

    LED_OnOff(GPIO_PIN_LedAll, 500);

    // -- <1> 무한 루프로 동작하지만 여기서는 아무런 일도 하지 않음
    while (1)  { }
}

// ---------------------------------------------------------------------------- //
// -- <2> EXTI 인터럽트 Callback 함수의 구현
/*        이 함수는 HAL_GPIO_TogglePin() 함수를 이용하여 LED를 On/Off 한다.
          따라서 동작시에  Switch의 Chattering 현상으로 LED On/Off가 여러번 발생할 수도 있다.*/
void HAL_GPIO_EXTI_Callback(uint16_t GPIO_PIN)
{
   // -- <3> SW1 이 눌러지면 -> LED 1, 2를 Toggle
   if ( GPIO_PIN == GPIO_PIN_Sw1) {
       HAL_GPIO_TogglePin(GPIOExt, GPIO_PIN_Led1 | GPIO_PIN_Led2 );
   }
   // -- <4> SW2 이 눌러지면 -> LED 3, 4를 Toggle
   if ( GPIO_PIN == GPIO_PIN_Sw2) {
       HAL_GPIO_TogglePin(GPIOExt, GPIO_PIN_Led3 | GPIO_PIN_Led4);
   }
   // -- <5> SW3 이 눌러지면 -> LED 5, 6를 Toggle
   if ( GPIO_PIN == GPIO_PIN_Sw3) {
       HAL_GPIO_TogglePin(GPIOExt, GPIO_PIN_Led5 | GPIO_PIN_Led6);
   }
   // -- <6> SW4이 눌러지면 -> LED 7, 8를 Toggle
```

```
    if ( GPIO_PIN == GPIO_PIN_Sw4) {
        HAL_GPIO_TogglePin(GPIOExt, GPIO_PIN_Led7 | GPIO_PIN_Led8);
    }
}
```

4) 인터럽트의 사용을 위해서는 인터럽트 발생시에 처리되어야하는 동작이 정의되어 있는 인터럽트 핸들러(handler) 함수의 작성이 필요하다. 인터럽트 핸들러 함수작성은 EXTI 예제 1과 동일하다.

[stm32f1xx_it.c] , 또는 [stm32f4xx_it.c]

```
EXTI 예제 1과 동일함
```

7.3.4.3 소스 코드 설명 확장보드용 헤더파일

* 소스 코드의 설명에 붙어있는 번호는 (예 : 〈1〉, 〈2〉 등)은 앞 절의 소스 코드내에 붙어 있는 번호와 동일하다.

[main.c]

```
<1> main() 함수의 무한 루프내에서는 아무런 작업도 하지 않는다.
<2> HAL_GPIO_EXTI_Callback() 함수 : EXTI 인터럽트 Callback 함수를 구현한 부분이다. 이 함수는 다음 동작을
    실행한다.
<3> SW1 이 눌러지면 -> LED1, 2를 Toggle
<4> SW2 이 눌러지면 -> LED3, 4를 Toggle
<5> SW4 이 눌러지면 -> LED5, 6을 Toggle
<6> SW4 이 눌러지면 -> LED7, 8을 Toggle
```

[stm32f1xx_it.c], 또는 [stm32f4xx_it.c]

```
[EXTI 예제 1]과 소스 코드가 동일하므로 이를 참고하기 바란다.
```

7.3.4.4 프로그램 실행

소스 코드 작성이 완료되면 작성된 프로그램을 컴파일한 후에 실습 보드로 다운로드하여 프로그램을 실행한다. 실습 보드와 PC의 연결 방법, 예제 프로그램의 컴파일, 다운로드 방법 등은 [4.2절, 예제 프로그램의 실행 : 실습 보드]를 참조하기 바란다.

프로그램 실행시의 동작은 앞의 '예제 설명' 에서 설명한 것과 동일하다.

참고

혹시 컴파일이나 다운로드가 에러 없이 성공했는데도 프로그램이 실행이 되지 않는 경우는 다음과 같이 하여본다.
① 실습 보드 내의 [리셋] 스위치를 눌러본다.
② 실습보드와 PC를 연결하는 USB 케이블을 뺐다가 다시 연결해본다.
③ 그래도 프로그램이 실행되지 않거나, 실행되어도 정상 동작을 하지 않으면 작성한 소스 코드가 틀리게 작성되었을 가능성이 크므로 소스 코드를 확인해 보기 바란다.

7.3.5 [심화학습] 인터럽트 관련 HAL 드라이버 자세히 알아보기

7.3.5.1 STM32F1xx의 인터럽트 핸들러의 이름은 어디에 정의되어 있나?

STM32F1xx의 모든 인터럽트 핸들러의 이름 정의는 스타트 업 파일(startup_stm32f1xx.s)내에 되어있다. 본 교재에서 사용하는 예제에서 startup 파일은 [Fxample/MDK-ARM] 폴더 내에 있다. Nucleo-F103 확장보드의 경우 startup 파일의 이름은 startup_stm32f103xb.s 이다.

아래 〈그림 7-3-1〉의 오른쪽 창은 스타트 업 파일에서 인터럽트 핸들러와 관련된 부분을 나타낸다. STM32F 시리즈의 다른 MCU들의 스타트 업 파일도 이와 유사하다.

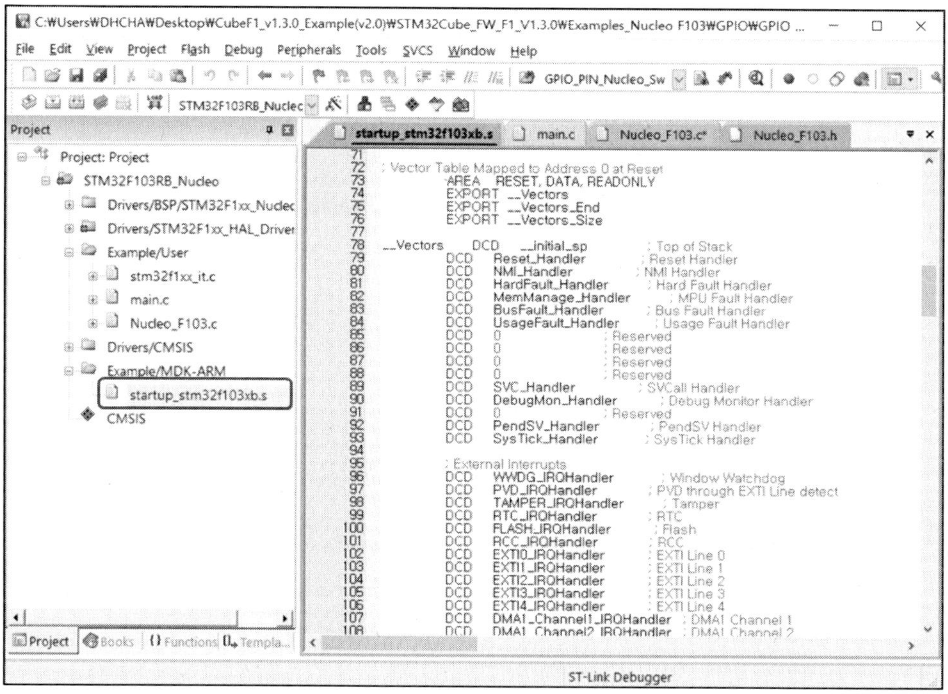

△ **그림 7-3-1** [startup_stm32f103xb.s] 파일의 화면

다음은 STM32F107VC의 스타트 업 파일에서 인터럽트 핸들러의 이름이 정의된 부분의 소스코드를 나타낸다.

< startup_stm32f103xb.s >의 상세 소스 코드

```
...
(윗 부분 생략)
...

__Vectors
    DCD     __initial_sp               ; Top of Stack
    DCD     Reset_Handler              ; Reset Handler
    DCD     NMI_Handler                ; NMI Handler
    DCD     HardFault_Handler          ; Hard Fault Handler
    DCD     MemManage_Handler          ; MPU Fault Handler
    DCD     BusFault_Handler           ; Bus Fault Handler
    DCD     UsageFault_Handler         ; Usage Fault Handler
    DCD     0                          ; Reserved
    DCD     0                          ; Reserved
    DCD     0                          ; Reserved
    DCD     0                          ; Reserved
    DCD     SVC_Handler                ; SVCall Handler
    DCD     DebugMon_Handler           ; Debug Monitor Handler
    DCD     0                          ; Reserved
    DCD     PendSV_Handler             ; PendSV Handler
    DCD     SysTick_Handler            ; SysTick Handler

    ; External Interrupts
    DCD     WWDG_IRQHandler            ; Window Watchdog
    DCD     PVD_IRQHandler             ; PVD through EXTI Line detect
    DCD     TAMPER_IRQHandler          ; Tamper
    DCD     RTC_IRQHandler             ; RTC
    DCD     FLASH_IRQHandler           ; Flash
    DCD     RCC_IRQHandler             ; RCC
    DCD     EXTI0_IRQHandler           ; EXTI Line 0
    DCD     EXTI1_IRQHandler           ; EXTI Line 1
    DCD     EXTI2_IRQHandler           ; EXTI Line 2
    DCD     EXTI3_IRQHandler           ; EXTI Line 3
    DCD     EXTI4_IRQHandler           ; EXTI Line 4
    DCD     DMA1_Channel1_IRQHandler   ; DMA1 Channel 1
    DCD     DMA1_Channel2_IRQHandler   ; DMA1 Channel 2
    DCD     DMA1_Channel3_IRQHandler   ; DMA1 Channel 3
    DCD     DMA1_Channel4_IRQHandler   ; DMA1 Channel 4
    DCD     DMA1_Channel5_IRQHandler   ; DMA1 Channel 5
    DCD     DMA1_Channel6_IRQHandler   ; DMA1 Channel 6
    DCD     DMA1_Channel7_IRQHandler   ; DMA1 Channel 7
    DCD     DMA1_Channel7_IRQHandler   ; DMA1 Channel 7
```

```
DCD     ADC1_2_IRQHandler           ; ADC1 and ADC2
DCD     CAN1_TX_IRQHandler          ; CAN1 TX
DCD     CAN1_RX0_IRQHandler         ; CAN1 RX0
DCD     CAN1_RX1_IRQHandler         ; CAN1 RX1
DCD     CAN1_SCE_IRQHandler         ; CAN1 SCE
DCD     EXTI9_5_IRQHandler          ; EXTI Line 9..5
DCD     TIM1_BRK_IRQHandler         ; TIM1 Break
DCD     TIM1_UP_IRQHandler          ; TIM1 Update
DCD     TIM1_TRG_COM_IRQHandler     ; TIM1 Trigger and Commutation
DCD     TIM1_CC_IRQHandler          ; TIM1 Capture Compare
DCD     TIM2_IRQHandler             ; TIM2
DCD     TIM3_IRQHandler             ; TIM3
DCD     TIM4_IRQHandler             ; TIM4
DCD     I2C1_EV_IRQHandler          ; I2C1 Event
DCD     I2C1_ER_IRQHandler          ; I2C1 Error
DCD     I2C2_EV_IRQHandler          ; I2C2 Event
DCD     I2C2_ER_IRQHandler          ; I2C1 Error
DCD     SPI1_IRQHandler             ; SPI1
DCD     SPI2_IRQHandler             ; SPI2
DCD     USART1_IRQHandler           ; USART1
DCD     USART2_IRQHandler           ; USART2
DCD     USART3_IRQHandler           ; USART3
DCD     EXTI15_10_IRQHandler        ; EXTI Line 15..10
DCD     RTC_Alarm_IRQHandler        ; RTC alarm through EXTI line
DCD     OTG_FS_WKUP_IRQHandler      ; USB OTG FS Wakeup through EXTI line
DCD     0                           ; Reserved
DCD     0                           ; Reserved
DCD     0                           ; Reserved
DCD     0                           ; Reserved
DCD     0                           ; Reserved
DCD     0                           ; Reserved
DCD     0                           ; Reserved
DCD     TIM5_IRQHandler             ; TIM5
DCD     SPI3_IRQHandler             ; SPI3
DCD     UART4_IRQHandler            ; UART4
DCD     UART5_IRQHandler            ; UART5
DCD     TIM6_IRQHandler             ; TIM6
DCD     TIM7_IRQHandler             ; TIM7
DCD     DMA2_Channel1_IRQHandler    ; DMA2 Channel1
DCD     DMA2_Channel2_IRQHandler    ; DMA2 Channel2
DCD     DMA2_Channel3_IRQHandler    ; DMA2 Channel3
DCD     DMA2_Channel4_IRQHandler    ; DMA2 Channel4
DCD     DMA2_Channel5_IRQHandler    ; DMA2 Channel5
DCD     ETH_IRQHandler              ; Ethernet
DCD     ETH_WKUP_IRQHandler         ; Ethernet Wakeup through EXTI line
DCD     CAN2_TX_IRQHandler          ; CAN2 TX
DCD     CAN2_RX0_IRQHandler         ; CAN2 RX0
```

```
    DCD     CAN2_RX1_IRQHandler         ; CAN2 RX1
    DCD     CAN2_SCE_IRQHandler         ; CAN2 SCE
    DCD     OTG_FS_IRQHandler           ; USB OTG FS
__Vectors_End

...
(아래 생략)
...
```


7.3.5.2 HAL_GPIO_EXTI_IRQHandler( )와 HAL_GPIO_EXTI_Callback( ) 함수는 어떻게 동작하나?

(1) [stm32f1xx_hal_gpio.c] 파일의 관련 소스코드

STM32F1xx의 GPIO 관련 HAL 함수들은 [stm32f1xx_hal_gpio.c] 파일 내에 정의되어 있으며, HAL_GPIO_EXTI_IRQHandler( )도 마찬가지로 여기에 정의되어 있다. 아래 〈그림 7-3-2〉는 이 파일에서 이와 관련된 부분을 나타낸다.

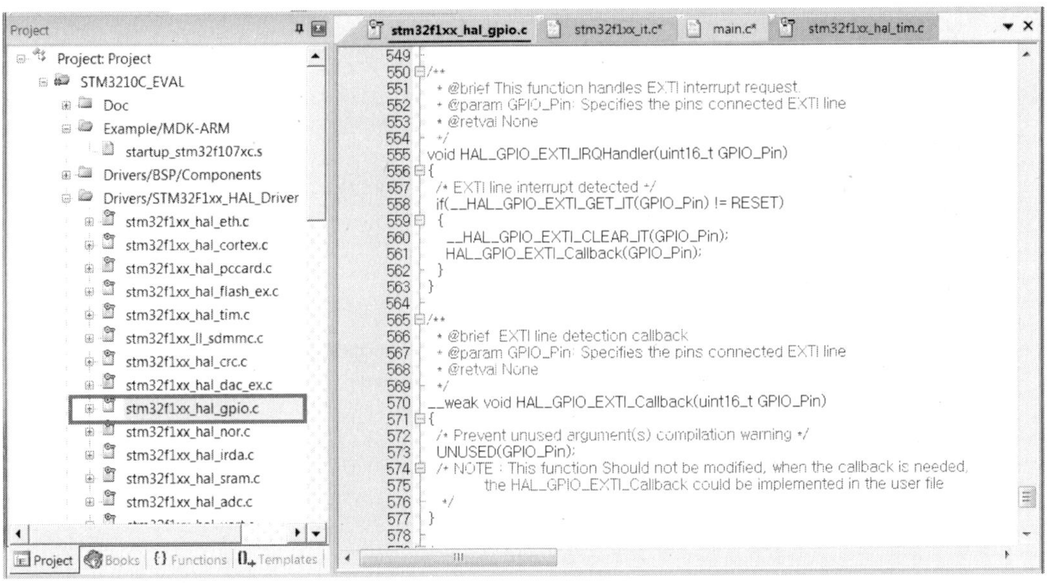

△ 그림 7-3-2 [stm32f1xx_hal_gpio.c] 파일의 EXTI 관련 소스코드의 화면

다음은 [stm32f1xx_hal_gpio.c] 파일에서 EXTI 관련 부분의 소스코드를 나타낸다.

[stm32f1xx_hal_gpio.c]의 EXTI 관련 소스코드

```
...
(윗 부분 생략)
...

/**
  * @brief This function handles EXTI interrupt request.
  * @param GPIO_Pin : Specifies the pins connected EXTI line
  * @retval None
  */
void HAL_GPIO_EXTI_IRQHandler(uint16_t GPIO_Pin)
{
  /* EXTI line interrupt detected */
  if(__HAL_GPIO_EXTI_GET_IT(GPIO_Pin) != RESET)
  {
    __HAL_GPIO_EXTI_CLEAR_IT(GPIO_Pin);
    HAL_GPIO_EXTI_Callback(GPIO_Pin);
  }
}

/**
  * @brief  EXTI line detection callback
  * @param GPIO_Pin : Specifies the pins connected EXTI line
  * @retval None
  */
__weak void HAL_GPIO_EXTI_Callback(uint16_t GPIO_Pin)
{
  /* NOTE : This function Should not be modified, when the callback is needed,
           the HAL_GPIO_EXTI_Callback could be implemented in the user file
   */
}

...
(아래 생략)
...
```

(2) EXTI의 동작 예

Nucleo-F103 확장보드의 경우를 예를 들면, EXTI의 동작은 다음과 같이 수행된다. [EXTI 예제3]의 인터럽트 처리 루틴인 〈stm32f1xx_it.c〉 파일의 소스코드는 다음과 같다.

```
...
(윗 부분 생략)
...
// ---------------------------------------------------------------------------- //
// -- <3>  EXTI15_10 인터럽트의 핸들러 함수

void EXTI15_10_IRQHandler(void)
{
    // -- <3-1> GPIO_PIN_10에서 EXTI가 발생한 경우는
    //                함수 HAL_GPIO_EXTI_Callback(GPIO_PIN_10) 를 호출
    HAL_GPIO_EXTI_IRQHandler(GPIO_PIN_10);
    // -- <3-2> GPIO_PIN_13에서 EXTI가 발생한 경우는
    //                함수 HAL_GPIO_EXTI_Callback(GPIO_PIN_13) 를 호출
    HAL_GPIO_EXTI_IRQHandler(GPIO_PIN_13);
}
// ---------------------------------------------------------------------------- //
...
(아래 부분 생략)
...
```

앞에서 EXTI15_10_IRQHandle( ) 핸들러 함수의 소스코드가 다음과 같으므로,

```
HAL_GPIO_EXTI_IRQHandler(GPIO_PIN_10);
HAL_GPIO_EXTI_IRQHandler(GPIO_PIN_13);
```

1) GPIO_PIN_13에서 EXTI가 발생한 경우 동작은 다음과 같다.

① EXTI15_10_IRQHandler() 함수에서 → HAL_GPIO_EXTI_IRQHandler(GPIO_PIN_13) 함수를 호출한다. 이 함수는 〈stm32f1xx_hal_gpio.c〉 파일 내에 있다.

② HAL_GPIO_EXTI_IRQHandler() 함수에서 → HAL_GPIO_EXTI_Callback(GPIO_PIN_13) 함수를 호출한다. 이 함수는 〈main.c〉 파일 내에 있다.

③ HAL_GPIO_EXTI_Callback() 함수에서 → 대응되는 LED를 ON 시켜준다.

2) GPIO_PIN_10이나 GPIO_PIN_13이 아닌 다른 핀에서 EXTI가 발생한 경우

– 예를 들어 GPIO_PIN_14에서 EXTI가 발생하였다면 다음과 같이 동작하게 된다.

① EXTI15_10_IRQHandler() 함수에서 → 해당되는 부분이 없으므로 HAL_GPIO_EXTI_IRQHandler() 함수가 호출되지 않는다.

② 따라서 이후의 동작은 없다.

참고

이 경우에 HAL_GPIO_EXTI_IRQHandler() 함수가 호출되지 않으므로 이 함수에서 이루어지는 EXTI 인터럽트의 클리어(__HAL_GPIO_EXTI_CLEAR_IT(GPIO_Pin) 함수가 담당)를 할 수 없다. 따라서 발생한 EXTI15_10가 클리어 되지 않으므로 이후 인터럽트 EXTI15_10의 동작이 제대로 수행되지 않는다.

08 타이머를 이용한 입출력 제어

8.1 범용 타이머의 구조 및 기능

8.1.1 STM32F 타이머의 개요

STM32F 패밀리는 다음과 같은 종류의 타이머를 가지고 있다.

- 범용(General–purpose) 타이머
  - 출력비교, 원펄스, 입력캡쳐, 센서 인터페이스(엔코더, 홀 센서 등) 등의 용도로 사용할 수 있는 범용 기능을 가지는 타이머
- 고급(Advanced) 타이머
  - 범용 타이머보다 더 많은 기능을 가지는 타이머. 주로 모터 제어와 디지털 파워 변환(power conversion) 용도로 사용가능한 데드타임을 가지는 3상 출력, 비상 셧다운 입력 등의 기능이 더 추가되었다.

참고

> 고급 타이머를 고급제어(Advanced-control) 타이머라고도 한다.

- 기본(Basic) 타이머
  - 입출력 기능은 없고 시간기반 타이머(timebase timer)나 DAC의 트리거 용도로만 사용되는 타이머
- 채널(Channel) 타이머
  - 범용 타이머와 기능은 동일하나 채널을 1 ~ 2개만 가지는 타이머

참고 이 절에서 설명하는 타이머의 대상 모델은 다음과 같다.

> • STM32F0, STM32F1, STM32F2, STM32F4, STM32L1 시리즈 : 모든 모델
> • STM32F3 시리즈 : STM32F301, STM32F302, STM32F303, STM32F3x8, STM32F373 라인

다음의 〈표 8-1-1〉는 각 타이머의 개요를 나타내며 이 표를 보면 다음을 알 수 있다.

- 대부분의 타이머는 16비트 타이머이다.(일부 모델은 범용 타이머가 32비트를 가지는 것도 있음).
- 고급(Advanced) 타이머와 범용(General-purpose) 타이머는 업(up), 다운(down), 센터 얼라인(center aligned) 카운팅이 가능하다.
- 기본(Basic) 타이머와 채널(Channel) 타이머는 업(up) 카운팅만 가능하다.

▼ **표 8-1-1** STM32F 패밀리의 타이머의 종류

Timer type	Counter resolution	Counter type	DMA	Channels	Comp. channels	Synchronization	
						Master config.	Slave config.
Advanced	16bit	up, down and center aligned	Yes	4	3	Yes	Yes
General-purpose	16bit 32 bit(1)	up, down and center aligned	Yes	4	0	Yes	Yes
Basic	16bit	up	Yes	0	0	Yes	No
1-channel	16bit	up	No	1	0	Yes (OC signal)	No
2-channel	16bit	up	No	2	0	Yes	Yes
1-channel with one complementary output	16bit	up	Yes	1	1	Yes (OC signal)	No
2-channel with one complementary output	16bit	up	Yes	2	1	Yes	Yes

[주 1] 다음 모델의 TIM2와 TIM5는 32-bit counter이다 : STM32F2 시리즈, STM32F4 시리즈, STM32F303xB/C/D/E, STM32F3x8 디바이스

〈표 8-1-2〉는 STM32F 패밀리의 모델별 타이머의 구성을 나타낸다. 이 표를 보면 모델과 관계없이 타이머의 구성은 다음과 같음을 알 수 있다.

- 고급(Advanced) 타이머 : TIM1, TIM8
- 범용(General-purpose) 타이머 : TIM2 ~ TIM5
- 기본(Basic) 타이머 : TIM6 ~ TIM7
- 채널(Channel) 타이머 : TIM10 이상

▼ **표 8-1-2** STM32F 패밀리의 모델별 타이머의 구성

Timer type		STM32F0 series	STM32F101 /102/103 /105/107 lines	STM32F100 value line	STM32L1 series	STM32F2 and STM32F4 series	STM32F30x and STM32Fx8	STM32F37x lines
Advanced		TIM1	TIM1	TIM1	–	TIM1	TIM1	–
		–	TIM8	–	–	TIM8	TIM8	–
							TIM20[(1)]	
General purpose	16-bit	–	TIM2	TIM2	TIM2	–	TIM2	TIM2
		TIM3	TIM3	TIM3	TIM3	TIM3	TIM3	TIM3
		–	TIM4	TIM4	TIM4	TIM4	TIM4	TIM4
		–	TIM5	TIM5	–	–	–	TIM5
		–	–	–	–	–	–	TIM19
	32-bit	TIM2	–	–	–	TIM2	TIM2	TIM2
		–	–	–	–	TIM5		TIM5
Basic		TIM6	TIM6	TIM6	TIM6	TIM6	TIM6	TIM6
		–	TIM7	TIM7	TIM7	TIM7	TIM7	TIM7
		–	–	–	–	–	–	TIM18
1-channel		–	TIM10	–	TIM10	TIM10	–	–
		–	TIM11	–	TIM11	TIM11	–	–
		–	TIM13	TIM13	–	TIM13	–	TIM13
		TIM14	TIM14	TIM14	–	TIM14	–	TIM14
2-channel		–	TIM9		TIM9	TIM9	–	–
		–	TIM12	TIM12	–	TIM12	–	TIM12
1-channel with one complementary output		TIM15	–	TIM15	–	–	TIM15	TIM15
		–	–	–	–	–	–	–
2-channel with one complementary output		TIM16	–	TIM16	–	–	TIM16	TIM16
		TIM17	–	TIM17	–	–	TIM17	TIM17

[주 1] TIM20은 다음 모델에서만 가능하다 : STM32F303xDxE, STM32F398VE 디바이스

8.1.2 범용 타이머의 구조

8.1.2.1 개요

본 교재에서 사용하는 STM32F103C8과 STM32F429ZI의 타이머의 구성은 〈표 8-1-3〉과 같다.

▼ 표 8-1-3 STM32F103C8과 STM32F429ZI의 타이머 구성

종 류	STM32F103C8	STM32F429ZI
범용 타이머 (General-purpose timer)	3개(TIM2 ~ TIM4)	10개 (TIM2~TIM5, TIM9~TIM14)
고급제어 타이머 (Advanced-control timer)	1개(TIM1)	2개(TIM1, TIM8)
기본 타이머 (Basic timer)	없음	2개(TIM6 ~ TIM7)

범용 타이머(TIM2~TIM5, TIM9~TIM14)는 여러개가 있는데, 각각의 타이머의 특징은 다음과 같다.

- 1개의 16 비트 카운터(Counter)를 가짐
  - 업, 다운, 업/다운 모드로 동작이 가능
  - 오토-리로드(Auto-reload) 기능이 있음
- 16 비트의 프리스케일러(Presclaer)를 이용하여 카운터의 동작 클럭을 1 ~ 1/65,536까지 다운시킬 수 있다.
- 4개의 16 비트 캡쳐/비교(Capture/Compare) 채널을 가지며 다음과 같은 동작이 가능하다.
  - 카운터(Counter) 모드
  - 입력 캡쳐(Input Capture) 모드
  - 출력 비교(Output Compare) 모드
  - PWM 출력 모드
  - PWM 입력 모드
  - 원 펄스(One-pulse) 모드
  - 강제 출력(Forced output) 모드
  - 엔코더 인터페이스 모드
  - 타이머 동기화(Timer synchronization)
- 엔코더 및 홀(Hall) 센서 인터페이스가 가능
- 다음의 경우 6개의 독립적인 IRQ/DMA 요청 신호를 발생
  - 업 데이트 이벤트 발생시
  - 캡쳐/비교 이벤트 발생시
  - 입력 트리거 발생시

8.1.2.2 범용 타이머의 구조

〈그림 8-1-1〉은 범용 타이머의 개략적인 구조도를, 〈그림 8-1-2〉는 상세 구조도를 나타낸다. 범용 타이머는 크게 트리거 제어기(Trigger controller), 프리스케일러(PSC : Prescaler), 16비트의 카운터(CNT : Counter), 오토-리로드 레지스터(ARR : Auto Reload Register)와 4개의 캡쳐/비교기(CCR : Capture/Compare Register)로 구성된다.

외부로부터의 입력은 4개의 채널 입력(TIMx_CH1 ~ TIMx_CH4)과 외부 트리거(ETR : External TRigger)가 있으며, 출력으로는 4개의 채널(TIMx_CH1 ~ TIMx_CH4)이 있다.

범용 타이머의 주요 구성요소의 역할은 다음과 같다.

- 프리스케일러(PSC : Prescaler) : 16비트의 프리스케일러는 공급되는 클럭(TIMx_CLK, 또는 CK_PSC)을 1~65,536의 값으로 나누어 카운터의 동작 클럭(CK_CNT)을 만들어내는 분주기이다.
- 카운터(CNT : Counter) : 16비트의 카운터는 타이머의 핵심적인 요소로써, 공급되는 클럭을 이용한 업, 다운, 업/다운 카운팅이 가능하다.
- 오토 리로드 레지스터(ARR : Auto Reload Register) :
  - 업 카운터의 경우 '카운터(CNT) 값 = ARR의 설정값'이 되면 CNT는 0부터 다시 카운팅을 한다.
  - 다운 카운터의 경우 '카운터(CNT) 값 = 0'이 되면 CNT는 ARR의 설정값부터 다시 다운 카운팅을 한다
- 캡쳐/비교기(CCR : Capture/Compare Register) :
  - 입력 신호가 주어질 때 카운터(CNT) 값을 캡쳐하거나,
  - 또는 '카운터(CNT) 값 = CCR의 설정값'이 되면 인터럽트를 발생하거나 출력 채널로 0 또는 1을 출력한다.

참고

프리스케일러에서 카운터의 동작 클럭(CK_CNT)은 다음과 같이 정해진다.

CK_CNT = 프리스케일러로 공급되는 클럭(CK_PSC)/(프리스케일러의 설정 값 + 1)

예를 들어, 프리스케일러로 들어오는 클럭이 72MHz이고, 프리스케일러의 설정 값을 5999로 하면, 카운터로 공급되는 클럭은 다음과 같이 12KHz가 된다.

72,000,000/(5,999 + 1) = 12,000

단, 프리스케일러도 16비트이기 때문에 설정 값이 0xFFFF(65535)를 넘어서는 안된다는 점을 유의해야 한다.

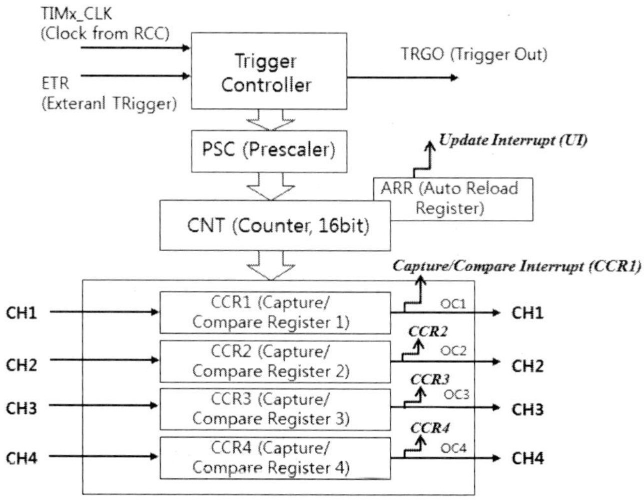

△ **그림 8-1-1** 범용 타이머 TIMx(x = 2 ~ 5)의 간략화된 구조도

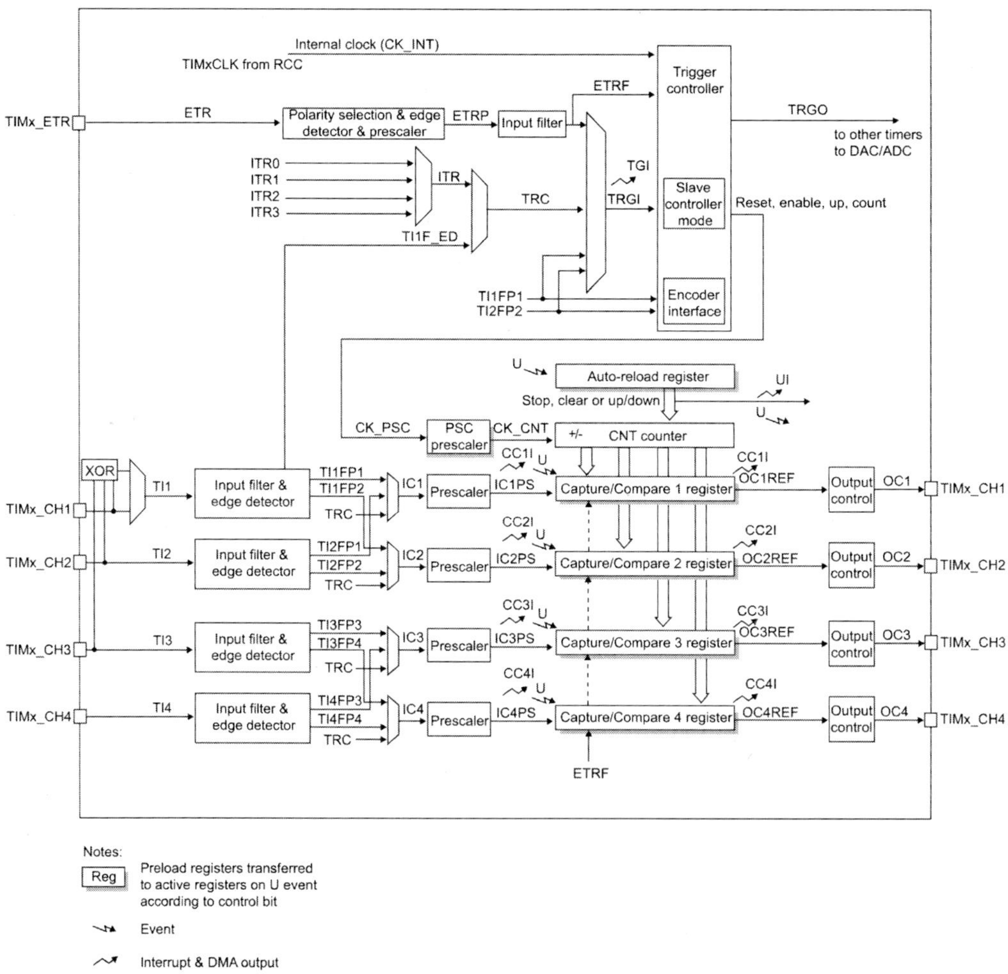

△ **그림 8-1-2** 범용 타이머 TIMx (x = 2~5, 9~14)의 상세 구조도

8.1.3 범용 타이머의 주요 기능

이 절에서는 범용 타이머의 주요 기능에 대하여 알아보기로 한다.

8.1.3.1 카운터 모드

(1) 업 카운팅(Up counting) 모드

업 카운팅 모드는 카운터(CNT)의 값이 증가하면서 카운팅을 하는 모드이다. 카운터는 CNT = 0부터 시작하여 CNT = ARR(오토-리로드)값까지 증가한 후에, 다시 0부터 카운팅을 시작하는 작업을 계속하여 반복한다. 그리고 CNT = 0이 될 때 오버플로우, 업데이트 이벤트(UEV)와 업데이트 인터럽트(UI)가 발생한다.

〈그림 8-1-3〉와 〈그림 8-1-4〉은 업 카운팅 모드에서 ARR = 36으로 설정한 경우의 동작을 나타낸다. CNT = 36이 된 후에 다시 0에서 업 카운팅을 시작하며, CNT = 0일 때 오버플로우, 업데이트 이벤트(UEV)와 업데이트 인터럽트 플래그(UIF)가 발생한다. 여기에서 〈그림 8-1-3〉는 프리스케일러의 분주비가 1인 경우를, 〈그림 8-1-4〉는 분주비가 2인 경우를 나타낸다.

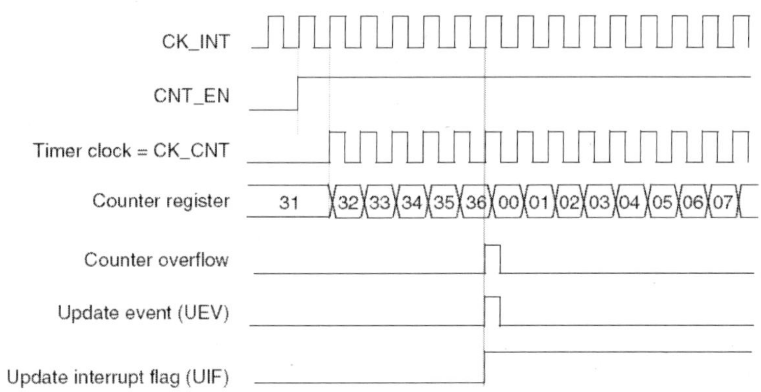

△ **그림 8-1-3** 업 카운팅 모드의 동작 시간도(오토 리로드 ARR=36, 분주비=1인 경우)

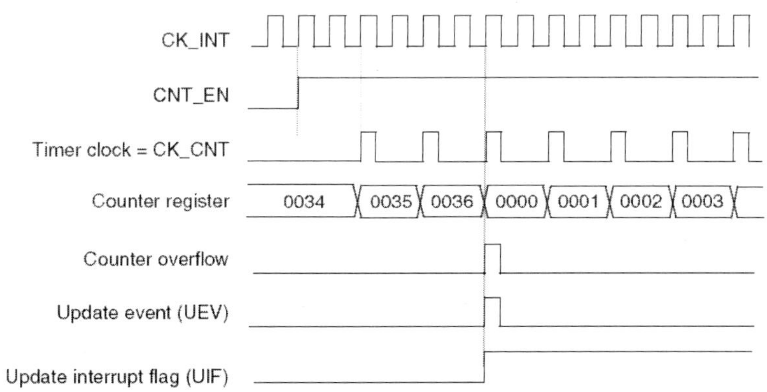

△ **그림 8-1-4** 업 카운팅 모드의 동작 시간도(오토 리로드 ARR=36, 분주비=2인 경우)

(2) 다운 카운팅(Down counting) 모드

다운 카운팅 모드는 카운터(CNT)의 값이 감소하면서 카운팅을 하는 모드이다. 카운터는 CNT = ARR부터 CNT = 0까지 감소한 후에, 다시 CNT = ARR부터 카운팅을 시작하는 작업을 계속하여 반복한다. 그리고 CNT = ARR이 될 때 언더플로우, 업데이트 이벤트(UEV)와 업데이트 인터럽트(UI)가 발생한다.

〈그림 8-1-5〉는 다운 카운팅 모드에서 ARR = 36으로 설정한 경우의 동작을 나타낸다. CNT = 0이 된 후에 다시 36에서 다운 카운팅을 시작하며, CNT = 36일때 언더플로우, 업데이트 이벤트(UEV)와 업데이트 인터럽트 플래그(UIF)가 발생한다.

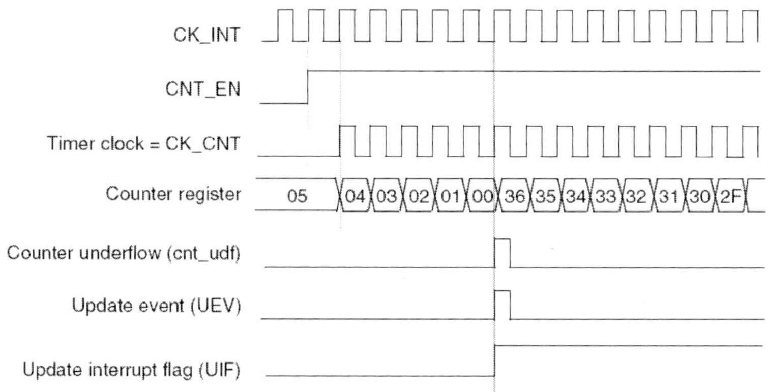

△ **그림 8-1-5** 다운 카운팅 모드의 동작 시간도(오토 리로드 ARR=36, 분주비=1인 경우)

(3) 업/다운 카운팅(Up/Down counting) 모드

업/다운 카운팅 모드는 카운터의 값(CNT)이 증가한 후 다시 감소하면서 카운팅을 하는 모드이다. 카운터는 0부터 오토-리로드 값(ARR)까지 증가한 후에 다시 0까지 감소를 한다. 이후에는 다시 증가 → 감소 → 증가 → 감소.. 를 하며 계속 카운팅을 한다.

이 모드에서 업 카운터는 0 ~ (ARR-1) 까지 카운팅을 하고, 다운 카운터는 ARR ~ 1 까지 카운팅을 하는 개념으로 동작한다. 따라서 업 카운팅을 할 때는 CNT = ARR이 될 때 오버플로우, 업데이트 이벤트(UEV)와 업데이트 인터럽트(UI)가 발생한다. 그리고 다운 카운팅을 할 때는 CNT = 0이 될 때 언더플로우, 업데이트 이벤트(UEV)와 업데이트 인터럽트(UI)가 발생한다.

〈그림 8-1-6〉는 업/다운 카운팅 모드에서 ARR = 6으로 설정한 경우의 동작을 나타낸다. 카운트 값이 감소하면서 CNT = 0 → CNT = 6 → CNT = 0 →... 의 순서로 동작함을 알 수 있다. 그리고 오버플로우는 6에서, 언더플로우는 0에서 발생함을 유의하자. 두 경우 모두 업데이트 이벤트(UEV)가 발생한다. 그리고 업데이트 이벤트가 한 번이라도 발생하게 되면 업데이트 인터럽트 플래그(UIF)가 발생한다.

참고

> 업/다운 카운팅 모드를 센터 얼라인(center-aligned) 모드라고도 한다.

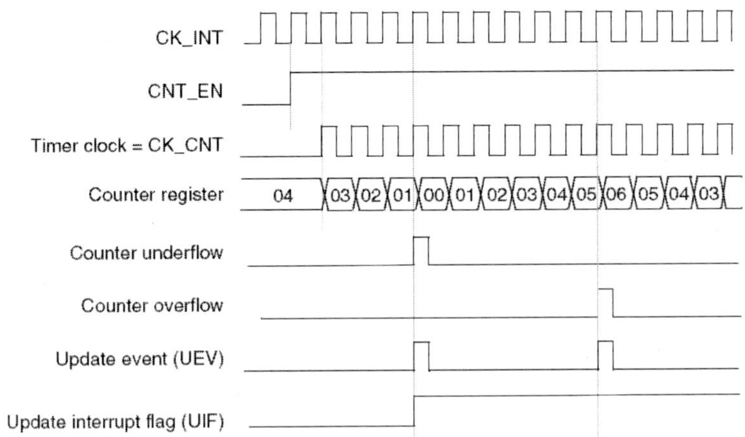

△ **그림 8-1-6** 업/다운 카운팅 모드의 동작 시간도(오토 리로드 ARR=6, 분주비=1인 경우)

(4) TIM_Base_InitTypeDef 구조체에서 타이머가 가질 수 있는 카운팅 모드

타이머의 초기설정을 위한 구조체인 TIM_Base_InitTypeDef 구조체에서 타이머가 가질 수 있는 카운팅 모드는 다음과 같다.

```
TIM_COUNTERMODE_UP                 : 업 카운팅 모드
TIM_COUNTERMODE_DOWN               : 다운 카운팅 모드
TIM_COUNTERMODE_CENTERALIGNED1 : 센터 얼라인 모드1. 이 모드에서는 다운 카운팅 때 OC(출력비교) 인터럽트가
                                 발생한다.
TIM_COUNTERMODE_CENTERALIGNED2 : 센터 얼라인 모드2. 이 모드에서는 업 카운팅 때 OC 인터럽트가 발생한다.
TIM_COUNTERMODE_CENTERALIGNED3 : 센터 얼라인 모드3. 이 모드에서는 업/다운 카운팅 때 모두 OC 인터럽트가
                                 발생한다.
```

각 모드별로 보다 자세한 동작 방식은 〈8.4.1절 타이머 설정용 구조체〉를 참고하기 바란다.

8.1.3.2 입력 캡쳐(Input capture) 모드

입력 캡쳐 모드는 외부의 입력 값이 들어오는 순간 그 때의 카운터 값을 캡쳐하는 동작을 하는 모드이다. 좀 더 구체적으로 설명하면, 입력 캡쳐신호인 ICx(x=1 ~ 4)가 입력되면 그 때의 카운터 값이 캡쳐/비교기에 저장되며 캡쳐 플래그(CCxIF)가 설정된다. 그리고 인터럽트가 인에이블되어 있는 경우는 인터럽트(CCxI)가 발생한다. 캡쳐 플래그(CCxIF)가 이미 설정되어 있는데 캡쳐가 또 발생하는 경우는 오버 캡쳐 플래그(CCxOF)가 설정되게 된다.

8.1.3.3 출력 비교(OC : Output Compare) 모드

출력 비교 모드는 카운터(CNT)의 출력값이 캡쳐/비교기에 설정된 비교값(CCRx)과 일치할 때 인터럽트(CCx)나 해당 핀에 출력(OCx)이 발생하는 모드이다. 핀의 출력값은 다음과 같은 모드로 설정할 수 있다.

- Output compare timing : 캡쳐/비교기에 설정된 비교값(CCRx)이 출력에 아무런 영향을 주지않는다. 이 모드에서의 동작은 일반적인 타이머의 동작과 유사하다.
- Output compare active : 카운터(CNT)의 값 = 캡쳐/비교기의 설정값(CCRx)일 때 OCx 값이 high로 된다.
- Output compare inactive : 카운터(CNT)의 값 = 캡쳐/비교기의 설정값(CCRx)일 때 OCx 값이 low로 된다.
- Output compare toggle : 카운터(CNT)의 값 = 캡쳐/비교기의 실정값(CCRx)일 때 OCx 값이 toggle 된다.
- Output compare forced active/inactive : 카운터(CNT)의 값과 상관없이 OCx 값이 high(active mode) 또는 low(inactive mode)로 된다.

참고

범용 타이머는 4개의 채널을 가지므로 캡쳐/비교기도 4개이다. 따라서 OCx(x = 1~4)는 OC1 ~ OC4가 된다.

〈그림 8-1-7〉은 Output compare toggle로 설정한 경우의 출력 비교 모드의 동작 시간도를 나타낸다. 비교값이 TIMx_CCR1 = 003A으로 설정된 경우 카운터 값이 TIMx_CNT = 003A가 되는 순간에 출력값 OC1은 반전됨을 알 수 있다. 이후에 비교값을 TIMx_CCR1 = B201로 바꾸면 카운터 값이 TIMx_CNT = B201이 되는 순간 출력값 OC1이 다시 반전되게 된다.

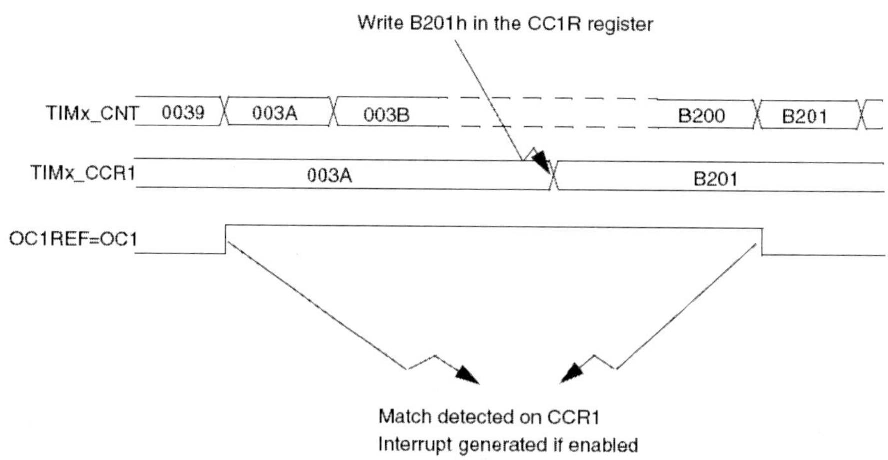

△ **그림 8-1-7** 출력 비교 모드의 동작 시간도(Output compare toggle로 설정한 경우)

8.1.3.4 PWM 출력 모드

PWM 출력 모드는 PWM 출력을 발생시키는 모드이다. 출력의 주파수는 오토 리로드 값(ARR)에 의해 결정되며 듀티비(duty ratio)는 캡처/비교기 값(CCR)에 의해 결정된다.

PWM 출력 모드는 다음과 같은 세부 동작 모드가 있다. 그리고 세부 동작 모드는 타이머의 각 채널별로 별도의 설정이 가능하다.

참고

PWM은 Pulse Width Modulation(주파수 폭 변조)의 약자이다.

(1) PWM 출력 발생 모드에 따른 구분 : PWM mode 1과 PWM mode 2의 두 가지가 있다.

① PWM mode 1

- up-counting일 때 : CNT < CCRx이면 : active 출력
  CNT ≧ CCRx이면 : inactive 출력
- down-counting일 때 : CNT ≦ CCRx이면 : active 출력
  CNT > CCRx이면 : inactive 출력

② PWM mode 2 : PWM mode 1과 출력이 반대이다.

- up-counting일 때 : CNT < CCRx, : inactive 출력
  CNT ≧ CCRx : active 출력
- down-counting일 때 : CNT ≦ CCRx : inactive 출력
  CNT > CCRx : active 출력

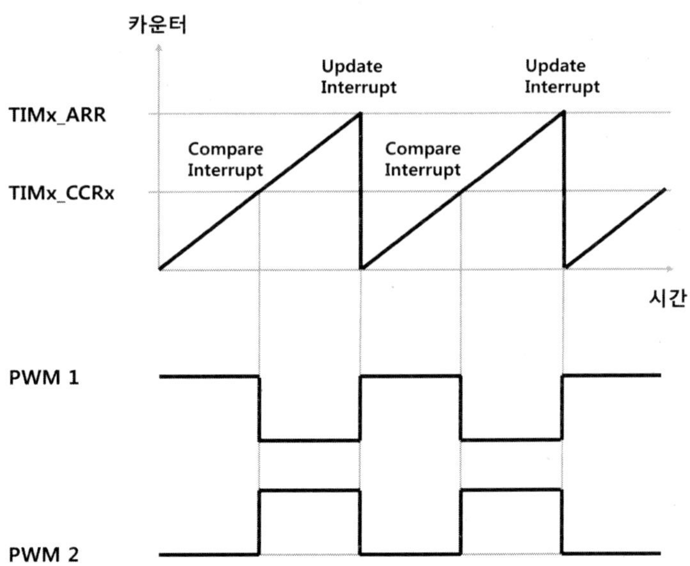

$$duty\ cycle = \frac{TIM\_CCRx}{TIM\_ARR}$$

△ **그림 8-1-8** PWM 모드의 동작

(2) 카운터의 동작 모드에 따른 구분 : Edge-aligned 모드와 Center-aligned 모드가 있다.

참고

> Edge-aligned 모드는 Up 또는 Down 카운터일 때 사용이 가능하며, Center-aligned 모드는 Up/Down 카운터일 때 사용가능하다.

① Edge-aligned PWM 모드 : 카운터가 업 카운팅으로 설정된 경우

〈그림 8-1-9〉는 ARR=8일 경우 PWM 신호 출력의 예를 보여준다. 이 그림을 보면 카운터 값 CNT < CCRx이면 OCxREF = 1이 되고, 그 반대의 경우는 OCxREF = 0이 됨을 알 수 있다.

참고

> 〈그림 8-1-2〉 범용 타이머의 상세 구조도를 보면 Capture/Compare register의 출력이 OCxREF(x = 1, 2, 3, 4)이고 이것이 최종적으로 타이머의 출력 TIMx_CHx가 됨을 알 수 있다. 따라서 OCxREF의 파형이 외부로 출력되는 PWM 파형이 된다.

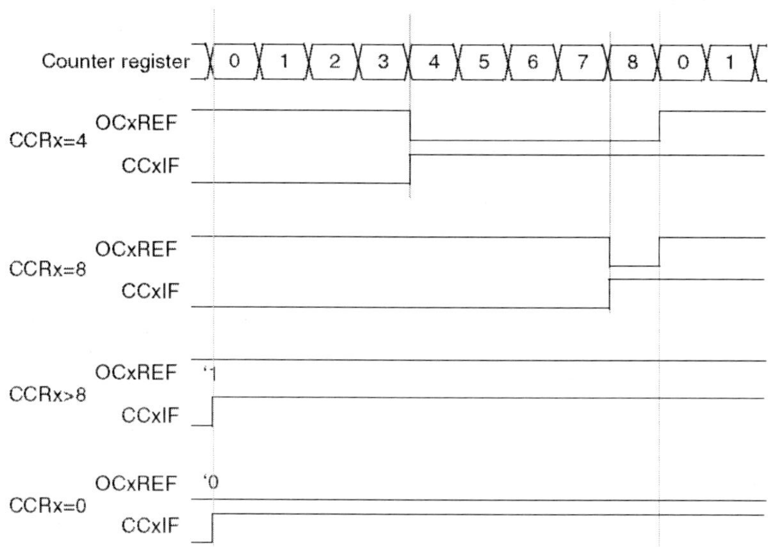

△ **그림 8-1-9** Edge-aligned PWM의 동작 시간도(업 카운팅, ARR=8, PWM Mode 1의 경우)

② Edge-aligned PWM 모드 : 카운터가 다운 카운팅으로 설정된 경우

이 경우는 카운터 레지스터(Count register) CNT > CCRx이면 OCxREF = 1이 되고, 그 반대의 경우는 OCxREF = 0이 된다.

③ Center-alinged PWM 모드 : 카운터가 업/다운 카운팅으로 설정된 경우

카운터는 업/다운 카운터로 동작한다. 업 카운터일때는 Edge-aligned 모드의 업 카운팅과 동일한 동작을 하며, 다운 카운터일 때는 Edge-aligned 모드의 다운 카운팅과 동일한 동작을 한다.

〈그림 8-1-10〉는 ARR = 8이고, PWM mode = PWM Mode1인 경우의 PWM 신호 출력의 예를 보여준다. 이 그림을 보면 CCRx = 4인 경우에는 다음과 같이 동작함을 알 수 있다.

- 업 카운터일 때 : Counter register = 4일 경우(즉, 카운터가 3에서 4로 될 때) OCxREF가 Low가 된다
- 다운 카운터일 때 : Counter register = 4일 경우(즉, 카운터가 5에서 4로 될 때) OCxREF가 High가 된다.

그리고 CCRx가 다른 값을 가지는 경우에도 이와 같은 방식으로 동작함을 알 수 있다.

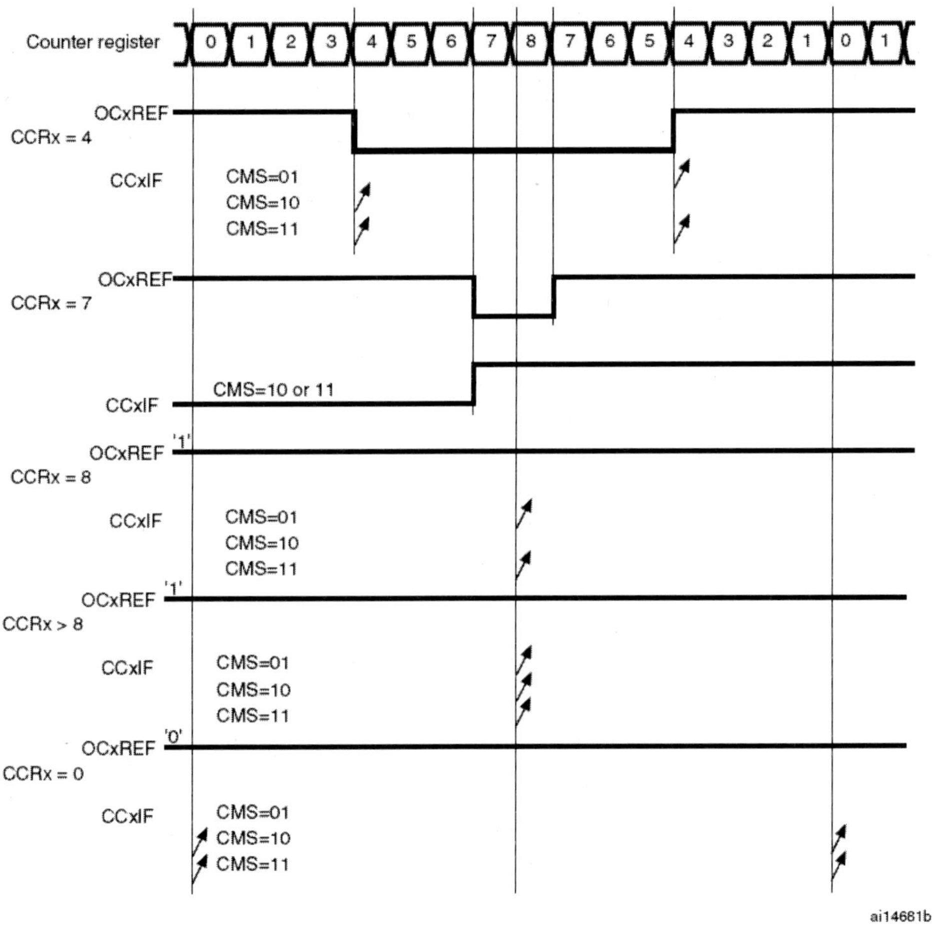

△ **그림 8-1-10** Center-aligned PWM의 동작 시간도(ARR=8, PWM Mode 1의 경우)

8.1.3.5 원 펄스(One pulse) 모드

이 모드는 외부 입력이 인가될 경우 이로부터 일정 시간이 지난 후에 펄스를 1번 발생시키는 모드이다. 펄스가 발생하는 시간과 지속하는 시간은 프로그래밍 가능하다. 〈그림 8-1-11〉은 원 펄스 모드의 동작 예를 보여준다. TI2 입력 핀에서 상승 에지가 검출되면 t_{DELAY} 시간 후에 t_{PULSE} 폭의 펄스가 OC1 출력 핀에 발생한다. t_{DELAY} 값과 t_{PULSE} 값은 ARR과 CCR 값의 설정에 따라 결정된다. 이 모드가 제대로 동작하기 위해서는 동작 전에 업 카운팅 모드의 경우 CNT < CCRx < ARR로, 다운 카운팅 모드는 CNT > CCRx로 설정되어 있어야 한다.

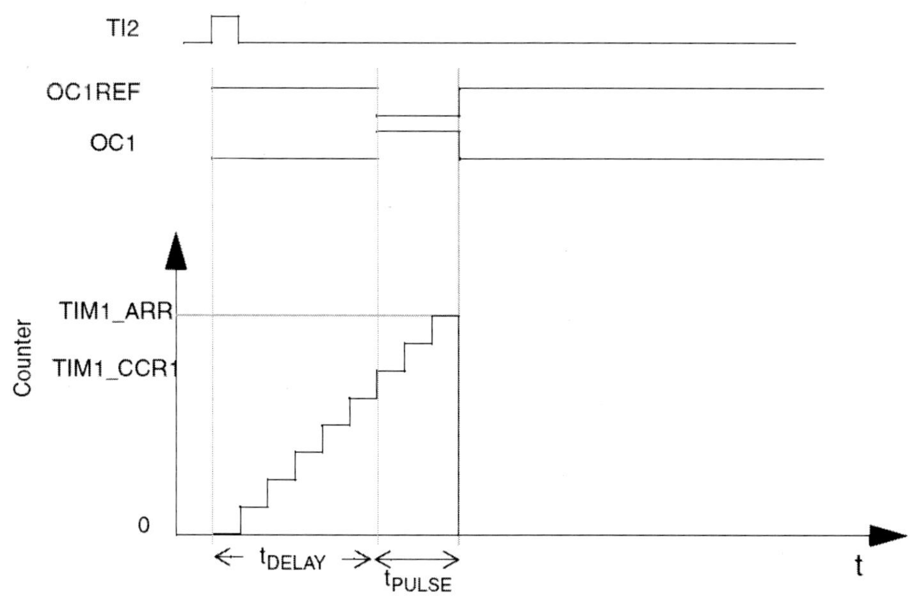

△ **그림 8-1-11** One-pulse 모드의 동작 시간도

8.1.3.6 그 외의 동작 모드

범용 타이머는 이 외에도 입력 캡쳐(Input Capture) 모드, PWM 입력 모드, 강제 출력(Forced output) 모드, 엔코더 인터페이스 모드와 타이머 동기화(Timer synchronization) 등 여러 가지 기능들을 가지고 있으며, 이에 대한 자세한 사항은 STM32F10x의 레퍼런스 매뉴얼을 참고하기 바란다.

8.2 고급제어 타이머(Advanced-control timer)의 구조 및 기능

8.2.1 고급제어 타이머의 구조

8.2.1.1 개요

고급제어 타이머(TIM1 & TIM8)은 APB2 버스에 연결되어 있으며 특징은 다음과 같다.

(1) 범용 타이머와 동일한 특징

다음의 특징은 범용 타이머도 가지고 있는 특징이다.

- 1개의 16비트 카운터(Counter)를 가짐
  - 업, 다운, 업/다운 모드로 동작이 가능
  - 오토-리로드(Auto-reload) 기능이 있음
- 16비트의 프리스케일러(Presclaer)를 이용하여 카운터 동작 클럭을 1 ~ 1/65536까지 다운이 가능
- 4개의 16비트 캡쳐/비교(Capture/Compare) 채널을 가지며 다음과 같은 동작이 가능
  - 카운터(Counter) 모드
  - 입력 캡쳐(Input Capture) 모드
  - 출력 비교(Output Compare) 모드
  - PWM 출력 모드
  - PWM 입력 모드
  - 원 펄스(One-pulse) 모드
  - 강제 출력(Forced output) 모드
  - 엔코더 인터페이스 모드
  - 타이머 동기화(Timer synchronization)
- 엔코더 및 홀(Hall) 센서 인터페이스가 가능
- 6개의 독립적인 IRQ/DMA 요청 신호를 발생
  - 업 데이트 이벤트 발생시
  - 캡쳐/비교 이벤트 발생시
  - 입력 트리거 발생시

(2) 고급제어 타이머만 가지는 특징

다음의 특징은 범용 타이머에는 없고 고급제어 타이머만 가지고 있는 특징이다.

- 3개의 반전된 출력 신호 발생 채널(TIMx_CH1N ~ TIMx_CH3N)을 가짐
- 브레이크 입력 신호 채널(BKIN)을 가짐
- 브레이크 입력시 IRQ/DMA 요청 신호를 발생
- 반복(Repeatition) 타이머 기능을 가짐

8.2.1.2 고급제어 타이머의 구조

〈그림 8-2-1〉은 고급제어 타이머의 간략화된 구조도를, 〈그림 8-2-2〉는 상세 구조도를 나타낸다. 고급제어 타이머는 크게 트리거 제어기(Trigger/Clock controller), 16비트의 프리스케일러(PSC : Prescaler), 16비트의 카운터(CNT : Counter), 오토-리로드 레지스터(ARR : Auto Reload Register)와 4개의 캡쳐/비교기(Capture/Compare)로 구성된다.

외부로부터의 입력은 외부 트리거(ETR : External TRigger)와 4개의 채널 입력(TIMx_CH1 ~ TIMx_CH4)이 있으며, 출력으로는 4개의 채널(TIMx_CH1 ~ TIMx_CH4)과 3개의 반전 신호 출력(TIMx_CH1N ~ TIMx_CH3N)이 있다. 여기서 CH1N 출력은 CH1 출력을 반전시킨 것이며 CH2N, CH3N도 각각 CH2, CH3 출력을 반전시킨 것이다.

이 외에도 브레이크 신호 입력용의 BKIN 단자가 있으며 이 단자에 신호가 인가되는 경우는 모든 출력 핀의 출력 차단이 가능하다.

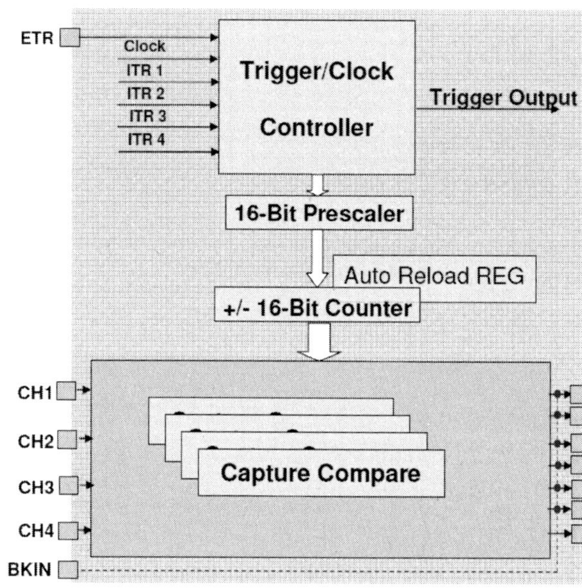

△ **그림 8-2-1** 고급제어 타이머의 간략화된 구조도

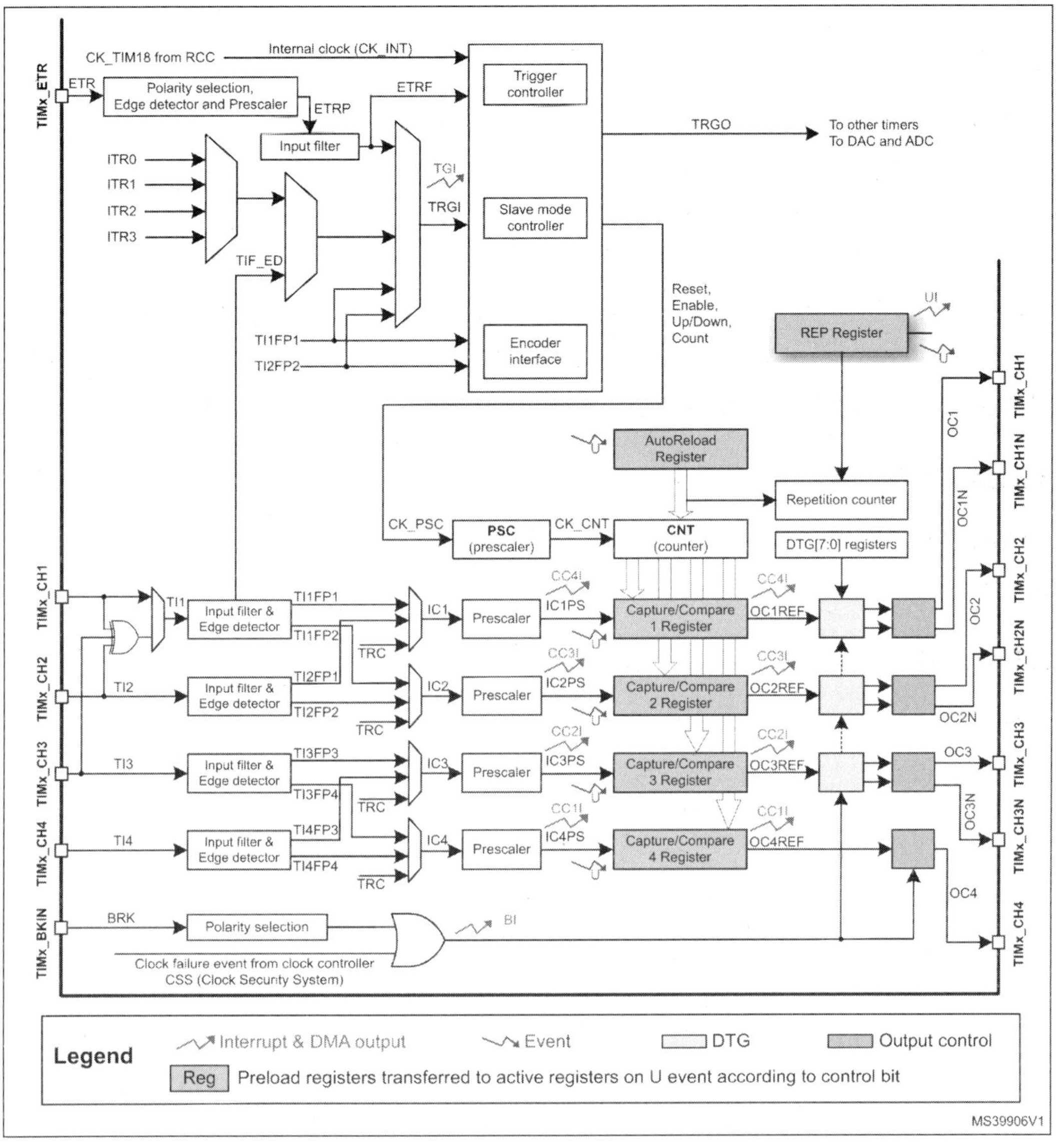

△ **그림 8-2-2** 고급제어 타이머의 상세 구조도

8.2.2 고급제어 타이머의 주요 기능

8.2.2.1 카운터 모드

업 카운팅, 다운 카운팅, 업/다운 카운팅이 가능하며 그 동작은 범용 타이머와 기본적으로 유사하므로 보다 자세한 사항은 [8.1.3절. 범용 타이머의 주요 기능]을 참조하기 바란다.

8.2.2.2 입력 캡쳐(Input capture) 모드

입력 캡쳐 모드는 외부의 입력값이 들어오는 순간의 카운터 값을 캡쳐하는 동작을 하는 모드이다. 그 동작은 범용 타이머와 기본적으로 동일하므로 자세한 사항은 [8.1.3절. 범용 타이머의 주요 기능]을 참조하기 바란다.

8.2.2.3 출력 비교(Output Compare) 모드

출력 비교 모드는 카운터의 출력값이 캡쳐/비교기에 설정된 비교값과 일치할 때 인터럽트나 해당 핀에 출력이 발생하는 모드이다. 그 동작은 범용 타이머와 기본적으로 동일하므로 자세한 사항은 [8.1.3절. 범용 타이머의 주요 기능]을 참조하기 바란다.

8.2.2.4 PWM 출력 모드

PWM 출력 모드는 PWM 출력을 발생시키는 모드이며 그 동작은 범용 타이머와 기본적으로 동일하므로 자세한 사항은 [8.1.3절. 범용 타이머의 주요 기능]을 참조하기 바란다.

8.2.2.5 원 펄스(One pulse) 출력 모드

이 모드는 외부 입력이 인가될 경우 일정 시간이 지난 후에 펄스를 1번 발생시키는 모드이다. 그 동작은 범용 타이머와 기본적으로 동일하므로 자세한 사항은 [8.1.3절. 범용 타이머의 주요 기능]을 참조하기 바란다.

8.2.2.6 반전 출력(Complementary outputs)

고급제어 타이머의 3개 채널의 출력은 OC1 ~ OC3와 이것을 반전시킨 출력 OC1N ~ OC3N을 가진다. 그리고 OCx(x=1 ~ 3)와 OCxN는 데드 타임(dead time 또는 delay)을 줄 수 있다. 3개의 채널 출력과 반전 출력은 3상 AC 모터를 구동할 때 아주 유용하게 사용할 수 있으며, 이 경우 모터 구동의 안정성을 위해 일반적으로 반전된 출력에 데드 타임을 설정해준다. 〈그림 8-2-3〉은 데드 타임이 설정된 반전 출력의 예를 나타낸다.

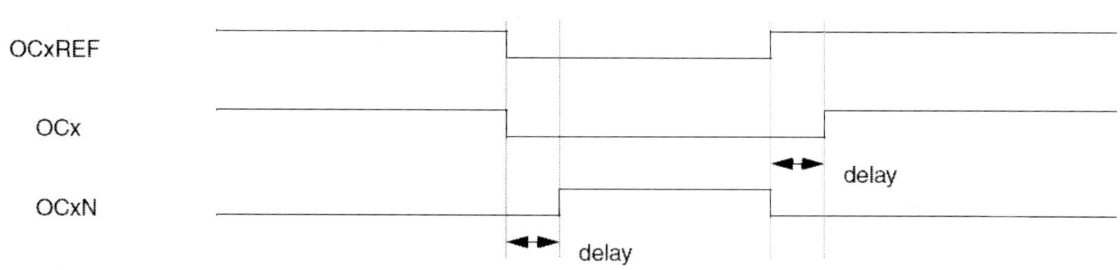

△ **그림 8-2-3** 데드 타임이 설정된 반전 출력의 예

8.2.2.7 그 외의 동작 모드

고급제어 타이머는 이 외에도 반복 카운터, 입력 캡쳐(Input Capture) 모드, PWM 입력 모드, 강제 출력(Forced output) 모드, 엔코더 인터페이스 모드와 타이머 동기화(Timer synchronization) 등 여러 가지 기능들을 가지고 있으며 이에 대한 자세한 사항은 STM32 F10xxx의 레퍼런스 매뉴얼을 참고하기 바란다.

8.3 기본 타이머(Basic timer)의 구조 및 기능

8.3.1 기본 타이머의 구조

8.3.1.1 개요

기본 타이머(TIM6 ~ TIM7)은 36MHz까지 동작이 가능한 APB1 버스에 연결되어 있으며 각 타이머의 특징은 다음과 같다.

- 1개의 16비트 카운터를 가짐
  - 업 카운터로 동작이 가능
  - 오토-리로드(Auto-reload) 기능이 있음
- 16비트의 프리스케일러(Presclaer)를 이용하여 카운터 동작 클럭을 1 ~ 1/65536까지 다운이 가능
- 인터럽트/DMA 요청 신호를 발생
  - 업 데이트 이벤트 발생시

8.3.1.2 기본 타이머의 구조

〈그림 8-3-1〉은 기본 타이머의 구조도를 나타낸다. 기본 타이머는 크게 트리거 제어기(Trigger/Clock controller), 16비트의 프리스케일러(PSC : Prescaler), 16비트의 카운터(CNT : Counter), 오토-리로드 레지스터(ARR : Auto Reload Register)로 구성된다.

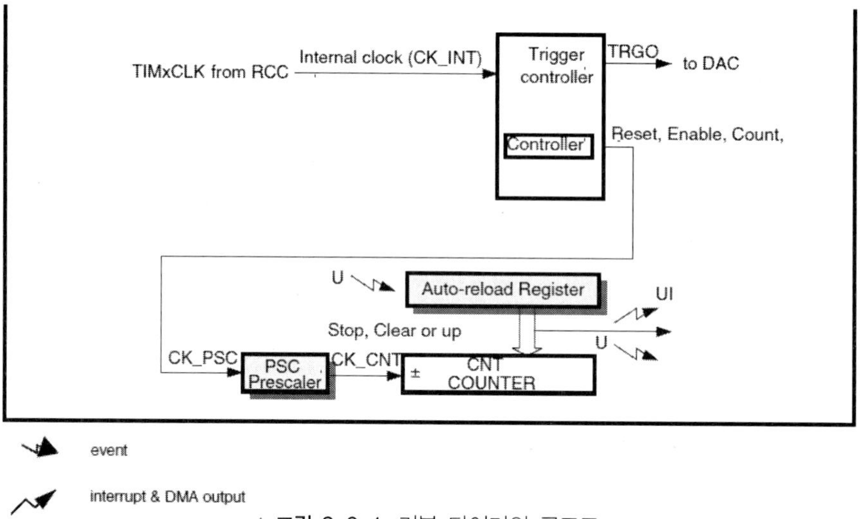

△ 그림 8-3-1 기본 타이머의 구조도

8.3.2 기본 타이머의 주요 기능

8.3.2.1 카운터 모드

업 카운팅만 가능하며 그 동작은 범용 타이머와 기본적으로 유사하므로 자세한 사항은 [8.1.3절. 범용 타이머의 주요 기능]의 업 카운팅을 참조하기 바란다.

참고

기본 타이머는 캡쳐/비교기(Capture/Compare)가 없고 카운터(Counter)만 있으므로 업 카운터로만 동작한다.

8.4 타이머 관련 HAL 드라이버

8.4.1 타이머 설정용 구조체

8.4.1.1 구조체의 종류

타이머의 동작조건을 설정하기 위한 구조체는 다음과 같다.

- TIM_HandleTypeDef
  - 타이머의 핸들 설정을 위한 구조체
- TIM_Base_InitTypeDef
  - 타이머의 초기 설정을 위한 구조체
- TIM_OC_InitTypeDef
  - 타이머의 출력 비교(OC : Output Compare) 초기설정을 위한 구조체

- TIM_OnePulse_InitTypeDef
  - 타이머의 원 펄스(one pulse) 초기설정을 위한 구조체
- TIM_IC_InitTypeDef
  - 타이머의 입력 캡쳐(IC : Input Capture) 초기설정을 위한 구조체
- TIM_Encoder_InitTypeDef
  - 타이머의 엔코더 초기설정을 위한 구조체
- TIM_ClockConfigTypeDef
  - 타이머의 클럭 동작설정을 위한 구조체
- TIM_ClearInputConfigTypeDef
  - 타이머의 클리어 입력(clear input) 설정을 위한 구조체
- TIM_SlaveConfigTypeDef
  - 타이머의 슬레이브 모드(slave mode) 설정을 위한 구조체

8.4.1.2 주요 구조체의 상세 설명

다음은 타이머 설정용 구조체 중에서 중요한 구조체에 대한 상세설명을 나타낸다. 나머지 구조체에 대한 자세한 설명은 ST사의 [HAL 드라이버 User Manual]을 참조하기 바란다.

TIM_HandleTypeDef

타이머의 핸들 설정을 위한 구조체이며 stm32f1xx_hal_tim.h에 정의되어 있다.

[데이터 형]

- TIM_TypeDef* Instance
- TIM_Base_InitTypeDef Init
- HAL_TIM_ActiveChannel Channel
- DMA_HandleTypeDef* hdma
- HAL_LockTypeDef Lock
- __IO HAL_TIM_StateTypeDef State

[데이터 형의 설명]

- Instance : 사용할 타이머를 지정(예 : TIM3)
- Init : TIM의 Time Base 설정에 필요한 TIM_Base_InitTypeDef 구조체 변수
- Channel : Active channel
- hdma : DMA 핸들러 배열. 이 배열은 TIM_DMA_Handle_index에 의해 접속가능
- Lock : Locking object
- State : TIM 구동 상태

TIM_Base_InitTypeDef

타이머의 Time Base 초기설정을 위한 구조체이며 stm32f1xx_hal_tim.h에 정의되어 있다.

[데이터 형]

- uint32_t Prescaler
- uint32_t CounterMode
- uint32_t Period
- uint32_t ClockDivision
- uint32_t RepetitionCounter

[데이터 형의 설명]

- Prescaler : 프리스케일러 값은 TIM 클럭에 의해 나눠진다. 이 값은 Min_Data = 0x0000에서 Max_Data = 0xFFFF까지 가질 수 있다.
- CounterMode : 카운터 모드를 설정하며 가질 수 있는 값은 다음과 같다.
  TIM_COUNTERMODE_UP(업 카운터로 동작)
  TIM_COUNTERMODE_DOWN(다운 카운터로 동작)
  TIM_COUNTERMODE_CENTERALIGNED1(업/다운 카운터로 동작, 다운 카운팅 때 OC 인터럽트가 발생)
  TIM_COUNTERMODE_CENTERALIGNED2(업/다운 카운터로 동작, 업 카운팅 때 OC 인터럽트가 발생)
  TIM_COUNTERMODE_CENTERALIGNED3(업/다운 카운터로 동작, 업/다운 카운팅 때 모두 OC 인터럽트가 발생)
- Period : 다음 업데이트 이벤트가 발생할 때 액티브한 ARR(Auto-Reload Register)에 로드되는 값이다. 그러면 카운터는 0 ~ Period 값 사이를 업(또는 다운) 카운팅하게 된다. 이 파라미터는 0x0000 ~ 0xFFFF 사이의 값을 가져야 한다.
- ClockDivision : clock division을 설정한다. 이 파라미터가 가질 수 있는 값은 다음과 같다.
  TIM_CLOCKDIVISION_DIV1
  TIM_CLOCKDIVISION_DIV2
  TIM_CLOCKDIVISION_DIV4
- RepetitionCounter : 반복 카운터(repetition counter) 값을 설정한다. RCR 다운 카운터가 0에 도달하면 업데이트 이벤트가 발생되고 카운트를 RCR 값(N)에서 다시 시작한다. 따라서 각 모드에서 다음과 같이 동작하게 된다.
- PWM 모드 : (N+1)이 PWM 주기가 된다.
- edge-aligned 모드 : (N+1)이 PWM 주기의 반값이 된다.
- center-aligned 모드 : 이 파라미터는 Min_Data = 0x00 ~ Max_Data = 0xFF 사이의 값을 가져야 한다.

참고 이 파라미터는 고급제어 타이머(TIM1, TIM8)에서만 사용 가능하다.

TIM_OC_InitTypeDef

타이머의 출력 비교(OC : Output Compare) 초기설정을 위한 구조체이며 stm32f1xx_hal_tim.h에 정의되어 있다.

[데이터 형]

- uint32_t OCMode
- uint32_t Pulse
- uint32_t OCPolarity
- uint32_t OCNPolarity
- uint32_t OCFastMode
- uint32_t OCIdleState
- uint32_t OCNIdleState

[데이터 형의 설명]

- OCMode : TIM 모드를 설정한다. 이 파라미터가 가질 수 있는 값은 다음과 같다.
  TIM_OCMODE_TIMING
  TIM_OCMODE_ACTIVE
  TIM_OCMODE_INACTIVE
  TIM_OCMODE_TOGGLE
  TIM_OCMODE_PWM1
  TIM_OCMODE_PWM2
  TIM_OCMODE_FORCED_ACTIVE
  TIM_OCMODE_FORCED_INACTIVE
- Pulse : Capture Compare Register에 펄스 값을 저장한다. 이 값은 Min_Data = 0x0000 ~ Max_Data = 0xFFFF의 값을 가진다.
- OCPolarity : output polarity를 설정한다. 이 파라미터가 가질 수 있는 값은 다음과 같다.
  TIM_OCPOLARITY_HIGH
  TIM_OCPOLARITY_LOW
- OCNPolarity : complementary output polarity를 설정한다. 이 파라미터가 가질 수 있는 값은 다음과 같다.
  TIM_OCNPOLARITY_HIGH
  TIM_OCNPOLARITY_LOW

참고 이 파라미터는 고급제어 타이머(TIM1, TIM8)에서만 유효하다.

- OCFastMode : Fast 모드 상태를 설정한다. 이 파라미터가 가질 수 있는 값은 다음과 같다.
  TIM_OCFAST_DISABLE
  TIM_OCFAST_ENABLE

참고 이 파라미터는 PWM1 and PWM2 모드에서만 유효하다.

- OCIdleState : Idle 상태에서 TIM Output Compare 핀 상태를 설정

참고 이 파라미터는 고급제어 타이머(TIM1, TIM8)에서만 유효하다.

- OCNIdleState : Idle 상태에서 TIM Output Compare 핀 상태를 설정한다.

참고 이 파라미터는 고급제어 타이머(TIM1, TIM8)에서만 유효하다.

TIM_ClockConfigTypeDef

타이머의 클럭 동작설정을 위한 구조체이며 stm32f1xx_hal_tim.h에 정의되어 있다.

[데이터 형]

- uint32_t ClockSource
- uint32_t ClockPolarity
- uint32_t ClockPrescaler
- uint32_t ClockFilter

[데이터 형의 설명]

- TIM_ClockConfigTypeDef::ClockSource : TIM의 클럭 소스
- TIM_ClockConfigTypeDef::ClockPolarity : TIM의 클럭 극성(polarity)
- TIM_ClockConfigTypeDef::ClockPrescaler : TIM의 클럭 프리스케일러
- TIM_ClockConfigTypeDef::ClockFilter : TIM의 클럭 필터

TIM_IC_InitTypeDef

타이머의 입력 비교(IC : Input Compare) 초기설정을 위한 구조체이며 stm32f1xx_hal_tim.h에 정의되어 있다.

[데이터 형]

- uint32_t   ICPolarity
- uint32_t   ICSelection
- uint32_t   ICPrescaler
- uint32_t   ICFilter

[데이터 형의 설명]

- ICPolarity : 입력 신호의 active edge를 설정한다. 이 파라미터가 가질 수 있는 값은 다음과 같다.
  TIM_ICPOLARITY_RISING
  TIM_ICPOLARITY_FALLING
  TIM_ICPOLARITY_BOTHEDGE
- ICSelection : 입력 설정을 한다. 이 파라미터가 가질 수 있는 값은 다음과 같다.
  TIM_ICSELECTION_DIRECTTI : TIM 입력 1, 2, 3, 4가 각각 IC1, IC2, IC3, IC4에 연결됨
  TIM_ICSELECTION_INDIRECTTI : TIM 입력 1, 2, 3, 4가 각각 IC1, IC2, IC3, IC4에 연결됨
  TIM_ICSELECTION_TRC : TIM 입력 1, 2, 3, 4가 TRC에 연결됨
- ICPrescaler : Input Capture Prescaler를 설정한다. 이 파라미터가 가질 수 있는 값은 다음과 같다.
  TIM_ICPSC_DIV1 : 캡쳐 입력(capture input)에 에지가 발생할 때마다 캡쳐됨
  TIM_ICPSC_DIV2 : 매 2회의 이벤트 발생시에 1번 캡쳐됨
  TIM_ICPSC_DIV4 : 매 4회의 이벤트 발생시에 1번 캡쳐됨
  TIM_ICPSC_DIV8 : 매 8회의 이벤트 발생시에 1번 캡쳐됨
- ICFilter : Input Capture Filter를 설정한다. 이 파라미터는 0x0 ~ 0xF 사이의 값을 가질 수 있다.

TIM_Encoder_InitTypeDef

타이머의 엔코더 동작설정을 위한 구조체이며 stm32f1xx_hal_tim.h에 정의되어 있다.

[데이터 형]

- uint32_t   EncoderMode
- uint32_t   IC1Polarity
- uint32_t   IC1Selection
- uint32_t   IC1Prescaler
- uint32_t   IC1Filter
- uint32_t   IC2Polarity
- uint32_t   IC2Selection
- uint32_t   IC2Prescaler
- uint32_t   IC2Filter

[데이터 형의 설명]

- EncoderMode : Specifies the active edge of the input signal. 이 파라미터가 가질 수 있는 값은 다음과 같다.
  TIM_ENCODERMODE_TI1
  TIM_ENCODERMODE_TI2
  TIM_ENCODERMODE_TI12

- IC1Polarity : 입력 신호의 active edge를 설정한다. 이 파라미터가 가질 수 있는 값은 TIM_IC_InitTypeDef 구조체의 ICPolarity와 동일하다.
- IC1Selection : 이 파라미터가 가질 수 있는 값은 TIM_IC_Init TypeDef 구조체의 ICSelection과 동일하다.
- IC1Prescaler : 이 파라미터가 가질 수 있는 값은 TIM_IC_InitTypeDef 구조체의 ICPrescaler와 동일하다.
- IC1Filter : 이 파라미터는 0x0 ~ 0xF 사이의 값을 가질 수 있다.
- IC2Polarity : 이 파라미터가 가질 수 있는 값은 TIM_IC_InitTypeDef 구조체의 ICPolarity와 동일하다.
- IC2Selection : 이 파라미터가 가질 수 있는 값은 TIM_IC_ InitTypeDef 구조체의 ICSelection과 동일하다.
- IC2Prescaler : 이 파라미터가 가질 수 있는 값은 TIM_IC_InitTypeDef 구조체의 ICPrescaler와 동일하다.
- IC2Filter : 이 파라미터는 0x0 ~ 0xF 사이의 값을 가질 수 있다.

8.4.2 타이머 구동용 HAL 함수

8.4.2.1 타이머 구동용 HAL 함수의 종류

타이머를 구동하기 위한 HAL 함수는 다음과 같은 것들이 있다.

참고

아래에 설명된 함수 중에서 굵은(고딕)체로 된 것은 이 책의 예제에서 사용하는 함수를 나타낸다.

(1) 타임 베이스 함수(Time Base function)

이 함수는 타이머의 기본적인 기능인 타이머/카운터 동작을 제어하는 함수이다.

- **HAL_TIM_Base_Init(), HAL_TIM_Base_DeInit()**
  - TIM base의 초기화, 초기화 해제
- HAL_TIM_Base_MspInit(), HAL_TIM_Base_MspDeInit()
  - TIM base Msp의 초기화, 초기화 해제
- **HAL_TIM_Base_Start()**
  - Time Base의 동작을 시작한다.
- **HAL_TIM_Base_Stop()**
  - Time Base의 동작을 정지한다.
- **HAL_TIM_Base_Start_IT()**
  - Time Base의 동작을 시작하고 인터럽트 발생을 활성화한다.
- **HAL_TIM_Base_Stop_IT()**
  - Time Base의 동작을 정지하고 인터럽트 발생을 비활성화한다.
- HAL_TIM_Base_Start_DMA()
  - Time Base의 동작을 시작하고 DMA 전송을 활성화한다.
- HAL_TIM_Base_Stop_DMA()
  - Time Base의 동작을 정지하고 DMA 전송을 비활성화한다.

(2) 타임 출력 비교 함수(Time Output Compare function)

이 함수는 타이머의 출력비교 동작을 제어하는 함수이다.

- **HAL_TIM_OC_Init(), HAL_TIM_OC_DeInit()**
  - TIM Output Compare의 초기화, 초기화 해제
- HAL_TIM_OC_MspInit(), HAL_TIM_OC_MspDeInit()
  - TIM Output Compare MSP의 초기화, 초기화 해제
- **HAL_TIM_OC_Start()**
  - TIM Output Compare의 동작을 시작한다.
- HAL_TIM_OC_Stop()
  - TIM Output Compare의 동작을 정지한다.
- **HAL_TIM_OC_Start_IT()**
  - Time Output Compare의 동작을 시작하고 인터럽트 발생을 활성화한다.
- HAL_TIM_OC_Stop_IT()
  - Time Output Compare의 동작을 정지하고 인터럽트 발생을 비활성화한다.
- HAL_TIM_OC_Start_DMA()
  - Time Output Compare의 동작을 시작하고 DMA 전송을 활성화한다.
- HAL_TIM_OC_Stop_DMA()
  - Time Output Compare의 동작을 정지하고 DMA 전송을 비활성화한다.

(3) 타임 PWM 함수(Time PWM function)

이 함수는 타이머의 PWM 동작을 제어하는 함수이다.

- **HAL_TIM_PWM_Init(), HAL_TIM_PWM_DeInit()**
  - TIM PWM의 초기화, 초기화 해제
- HAL_TIM_PWM_MspInit(), HAL_TIM_PWM_MspDeInit()
  - TIM PWM MSP의 초기화, 초기화 해제
- **HAL_TIM_PWM_Start()**
  - TIM PWM을 시작
- HAL_TIM_PWM_Stop()
  - TIM PWM을 중지
- **HAL_TIM_PWM_Start_IT()**
  - Time PWM을 시작하고 interrupt를 활성화 함
- HAL_TIM_PWM_Stop_IT()
  - Time PWM을 중지하고 interrupt를 비활성화 함
- HAL_TIM_PWM_Start_DMA()
  - Time PWM의 동작을 시작하고 DMA 전송을 활성화 함

- HAL_TIM_PWM_Stop_DMA()
  - Time PWM의 동작을 정지하고 DMA 전송을 비활성화 함

(4) 타임 입력 캡쳐 함수(Time Input Capture function)

이 함수는 타이머의 출력비교 동작을 제어하는 함수이다.

- HAL_TIM_IC_Init(), HAL_TIM_IC_DeInit()
  - TIM Input Capture의 초기화/초기화 해제
- HAL_TIM_IC_MspInit(), HAL_TIM_IC_MspDeInit()
  - TIM Input Capture MSP의 초기화, 초기화 해제
- HAL_TIM_IC_Start()
  - Time Input Capture를 시작
- HAL_TIM_IC_Stop()
  - Time Input Capture를 정지
- HAL_TIM_IC_Start_IT()
  - Time Input Capture를 시작하고 인터럽트를 활성화 함
- HAL_TIM_IC_Stop_IT()
  - Time Input Capture를 정지하고 인터럽트를 비활성화 함
- HAL_TIM_IC_Start_DMA()
  - Time Input Capture를 시작하고 DMA 전송을 활성화 함
- HAL_TIM_IC_Stop_DMA()
  - Time Input Capture를 정지하고 DMA 전송을 비활성화 함

(5) 타임 원펄스 함수(Time One Pulse function)

이 함수는 타이머의 원펄스 동작을 제어하는 함수이다.

- HAL_TIM_OnePulse_Init(), HAL_TIM_OnePulse_DeInit()
  - TIM One Pulse의 초기화/초기화 해제
- HAL_TIM_OnePulse_MspInit(), HAL_TIM_OnePulse_MspDeInit()
  - TIM One Pulse의 MSP를 초기화/초기화 해제
- HAL_TIM_OnePulse_Start()
  - Time One Pulse를 시작함.
- HAL_TIM_OnePulse_Stop()
  - Time One Pulse를 정지함.
- HAL_TIM_OnePulse_Start_IT()
  - Time One Pulse를 시작하고 인터럽트를 활성화 함
- HAL_TIM_OnePulse_Stop_IT()
  - Time One Pulse를 정지하고 인터럽트를 비활성화 함

- HAL_TIM_OnePulse_Start_DMA()
  - Time One Pulse를 시작하고 DMA 전송을 활성화 함
- HAL_TIM_OnePulse_Stop_DMA()
  - Time One Pulse를 정지하고 DMA 전송을 비활성화 함

(6) 타임 엔코더 함수(Time Encoder function)

이 함수는 타이머의 엔코더 동작을 제어하는 함수이다.

- HAL_TIM_Encoder_Init()/HAL_TIM_Encoder_DeInit()
  - TIM Encoder의 초기화/초기화 해제
- HAL_TIM_Encoder_MspInit()/HAL_TIM_Encoder_MspDeInit()
  - TIM Encoder MSP의 초기화, 초기화 해제
- HAL_TIM_Encoder_Start()
  - Time Encoder를 시작
- HAL_TIM_Encoder_Stop()
  - Time Encoder를 정지
- HAL_TIM_Encoder_Start_IT()
  - Time Encoder를 시작하고 interrupt를 활성화 함
- HAL_TIM_Encoder_Stop_IT()
  - Time Encoder를 정지하고 interrupt를 비활성화 함
- HAL_TIM_Encoder_Start_DMA()
  - Time Encoder를 시작하고 DMA 전송을 활성화 함
- HAL_TIM_Encoder_Stop_DMA()
  - Time Encoder를 정지하고 DMA 전송을 비활성화 함

(7) IRQ 핸들러 관리(IRQ handler management)

이 함수는 타이머의 IRQ 핸들러 동작을 관리(제어)하는 함수이다.

- HAL_TIM_IRQHandler()

(8) 주변장치 제어 함수(Peripheral Control functions)

이 함수는 타이머의 주변장치의 동작을 제어하는 함수이다.

① OC, PWM, IC, One Pulse 모드의 입출력 채널 설정

- HAL_TIM_OC_ConfigChannel()
  - Input Output 채널을 OC 모드로 설정
- HAL_TIM_IC_ConfigChannel()
  - Input Output 채널을 IC 모드로 설정
- HAL_TIM_PWM_ConfigChannel()
  - Input Output 채널을 PWM 모드로 설정

- HAL_TIM_OnePulse_ConfigChannel()
  - Input Output 채널을 One Pulse 모드로 설정

② 클럭, Complementary channel, 브레이크 등의 설정
- HAL_TIM_ConfigClockSource()
- HAL_TIM_GenerateEvent()
- HAL_TIM_ConfigOCrefClear()
- HAL_TIM_ConfigTI1Input()
- HAL_TIM_ReadCapturedValue()

③ Master와 Slave 동기화 설정
- HAL_TIM_SlaveConfigSynchronization()
- HAL_TIM_SlaveConfigSynchronization_IT()

④ DMA Burst Mode의 설정
- HAL_TIM_DMABurst_WriteStart()
- HAL_TIM_DMABurst_WriteStop()
- HAL_TIM_DMABurst_ReadStart()
- HAL_TIM_DMABurst_ReadStop()

(9) 타이머 콜백 함수(TIM Callbacks functions)

이 함수는 타이머 관련 인터럽트 발생시에 호출되는 콜백 함수이다.

- HAL_TIM_PeriodElapsedCallback()
  - Timer Period elapsed 콜백 함수
- HAL_TIM_OC_DelayElapsedCallback()
  - Timer Output Compare 콜백 함수
- HAL_TIM_IC_CaptureCallback()
  - Timer Input capture 콜백 함수
- HAL_TIM_PWM_PulseFinishedCallback()
  - Timer PWM pulse finished 콜백 함수
- HAL_TIM_TriggerCallback()
  - Timer Trigger 콜백 함수
- HAL_TIM_ErrorCallback()
  - Timer Error 콜백 함수

(10) 주변장치 상태 함수(Peripheral State functions)

이 함수는 실행 중에 해당 주변장치의 상태와 데이터의 흐름 상태를 받아오는 함수들이다.

- HAL_TIM_Base_GetState()
- HAL_TIM_OC_GetState()

- HAL_TIM_PWM_GetState()
- HAL_TIM_IC_GetState()
- HAL_TIM_OnePulse_GetState()
- HAL_TIM_Encoder_GetState()

8.4.2.2 구동용 함수의 사용 방법

TIM 구동용 함수의 기본적인 사용 방법은 다음과 같다.

1) 클럭을 활성화한다.

   a) __HAL_RCC_TIMx_CLK_ENABLE() 함수(__TIMx_CLK_ENABLE()도 동일한 함수임)을 이용하여 사용할 TIMx의 클럭을 활성화시킨다.

   b) __HAL_RCC_GPIOx_CLK_ENABLE() 함수를 이용하여 TIM 핀으로 사용할 GPIO의 클럭을 활성화한다.

2) TIM로 사용할 GPIO 핀을 대체 기능(Alternate function) 모드로 하고 TIM 핀으로 사용하도록 설정한 다음 HAL_GPIO_Init() 함수를 이용하여 초기화한다.

3) TIM의 사용 용도에 따라 다음의 함수를 이용하여 타이머의 동작조건을 설정한다
   - HAL_TIM_Base_Init() : 타이머를 시간 베이스(time base)의 작업에 사용하는 경우에 이 함수를 이용한다. 이때는 TIM_HandleTypeDef 구조체 변수를 사용한다.
   - HAL_TIM_OC_Init(), HAL_TIM_OC_ConfigChannel() : 타이머를 출력비교(Output Compare) 신호를 생성하는데 사용하는 경우에 이 함수를 이용한다. 이때는 TIM_OC_InitTypeDef 구조체 변수를 사용한다.
   - HAL_TIM_PWM_Init(), HAL_TIM_PWM_ConfigChannel() : 타이머를 PWM 신호를 생성하는데 사용하는 경우
   - HAL_TIM_IC_Init(), HAL_TIM_IC_ConfigChannel() : 타이머를 외부 신호를 측정하는데 사용하는 경우
   - HAL_TIM_OnePulse_Init(), HAL_TIM_OnePulse_ConfigChannel() : 타이머를 원펄스(One Pulse) 모드로 사용하는 경우
   - HAL_TIM_Encoder_Init() : 타이머 엔코더 인터페이스를 사용하는 경우

4) TIM의 사용 용도에 따라 다음의 함수를 이용하여 타이머를 동작시킨다.
   - Time Base : HAL_TIM_Base_Start(), HAL_TIM_Base_Start_DMA(), HAL_TIM_ Base_ Start_IT()
   - Input Capture : HAL_TIM_IC_Start(), HAL_TIM_IC_Start_DMA(), HAL_TIM_ IC_Start_ IT()
   - Output Compare : HAL_TIM_OC_Start(), HAL_TIM_OC_Start_DMA(), HAL_TIM_ OC_ Start_IT()

- PWM generation : HAL_TIM_PWM_Start(), HAL_TIM_PWM_Start_DMA(), HAL_ TIM_ PWM_Start_IT()
- One-pulse mode output : HAL_TIM_OnePulse_Start(), HAL_TIM_OnePulse_ Start_ IT()
- Encoder mode output : HAL_TIM_Encoder_Start(), HAL_TIM_Encoder_Start_ DMA(), HAL_TIM_Encoder_Start_IT().

5) TIM에서 인터럽트를 발생시키는 경우는 다음과 같이 처리한다.
   - HAL_NVIC_SetPriority() 함수를 이용하여 해당 인터럽트의 우선 순위를 설정하고 HAL_EnableIRQ() 함수를 이용하여 인터럽트를 활성화시킨다.
   - 해당 인터럽트의 ISR(Interrupt Service Routine)을 작성한다. (stm32f1xx_it.c에서 작성)
     - ISR의 예 : TIM2_IRQHandler() 등
   - 해당 인터럽트의 콜백 함수를 작성한다. 인터럽트의 발생시에 처리해야 할 내용을 여기에 작성하면 된다.
     - 콜백 함수의 예 : HAL_TIM_PeriodElapsedCallback(),
HAL_TIM_OC_Delay ElapsedCallback() 등

제3부 프로그래밍 실습 : 주변장치 응용 제어

8.4.3 주요 함수의 상세 설명

8.4.3.1 타이머 구동용 함수

타이머 관련 함수는 그 종류가 매우 많으므로 여기서는 중요한 함수 위주로 설명한다. 나머지 함수에 대한 자세한 설명은 ST사의 "STM32F1 (또는 STM32F4) 시리즈 Reference manual"의 타이머 부분을 참고하기 바란다.

(1) 타임 베이스 함수(Time Base function)

HAL_TIM_Base_Init (TIM_HandleTypeDef * htim)

TIM의 카운터 부분(Time base Unit)을 TIM_HandleTypeDef 구조체의 설정값에 맞추어 초기화하고 TIM Base handle을 생성한다.

[파라미터]
- htim : TIM Base handle

[반환값] HAL status

HAL_TIM_Base_DeInit (TIM_HandleTypeDef * htim)

TIM의 카운터 부분(Time base Unit)을 초기화 해제한다.

[파라미터]
- htim : TIM Base handle

[반환값] HAL status

HAL_TIM_Base_Start (TIM_HandleTypeDef * htim)

TIM Base의 동작을 시작한다.

[파라미터]
- htim : TIM handle

[반환값] HAL status

HAL_TIM_Base_Stop (TIM_HandleTypeDef * htim)

TIM Base의 동작을 정지한다.

[파라미터]
- htim : TIM handle

[반환값] HAL status

HAL_TIM_Base_Start_IT (TIM_HandleTypeDef * htim)

TIM Base의 동작을 인터럽트 모드로 시작한다.

[파라미터]
- htim : TIM handle

[반환값] HAL status

HAL_TIM_Base_Stop_IT (TIM_HandleTypeDef * htim)

TIM Base의 인터럽트 모드 동작을 끝낸다.

[파라미터]
- htim : TIM handle

[반환값] HAL status

(2) 타임 출력 비교 함수(Time Output Compare function)

HAL_TIM_OC_Init (TIM_HandleTypeDef * htim)

TIM의 Output Compare를 TIM_HandleTypeDef 구조체의 설정값에 맞추어 초기화하고 TIM Output Compare handle을 생성한다.

[파라미터]
- htim : TIM Output Compare handle

[반환값] HAL status

HAL_TIM_OC_DeInit (TIM_HandleTypeDef * htim)

TIM의 Output Compare의 초기화를 해제한다.

[파라미터]
- htim: : TIM Output Compare handle

[반환값] HAL status

HAL_TIM_OC_Start (TIM_HandleTypeDef * htim, uint32_t Channel)

TIM Output Compare의 signal generation을 시작한다.

[파라미터]
- htim : TIM Output Compare handle
- Channel : 활성화 할 TIM 채널을 지정한다. 이 파라미터가 가질 수 있는 값은 다음과 같다.
  TIM_CHANNEL_1
  TIM_CHANNEL_2
  TIM_CHANNEL_3
  TIM_CHANNEL_4

[반환값] HAL status

HAL_TIM_OC_Stop (TIM_HandleTypeDef * htim, uint32_t Channel)

TIM Output Compare의 동작을 정지한다.

[파라미터]
- htim : TIM Output Compare handle
- Channel : 비활성화 할 TIM 채널을 지정한다. 이 파라미터가 가질 수 있는 값은 다음과 같다.
  TIM_CHANNEL_1
  TIM_CHANNEL_2
  TIM_CHANNEL_3
  TIM_CHANNEL_4

[반환값] HAL status

HAL_TIM_OC_Start_IT (TIM_HandleTypeDef * htim, uint32_t Channel)

TIM Output Compare의 signal generation을 인터럽트 모드로 시작한다.

[파라미터]
- htim : TIM Output Compare handle
- Channel : 활성화 할 TIM 채널을 지정한다. 이 파라미터가 가질 수 있는 값은 다음과 같다.
  TIM_CHANNEL_1
  TIM_CHANNEL_2
  TIM_CHANNEL_3
  TIM_CHANNEL_4

[반환값] HAL status

HAL_TIM_OC_Stop_IT (TIM_HandleTypeDef * htim, uint32_t Channel)

TIM Output Compare의 인터럽트 모드 동작을 정지한다.

[파라미터]
- htim : TIM Output Compare handle
- Channel : 정지할 채널. 이 파라미터는 다음의 값을 가질 수 있다.
  TIM_CHANNEL_1
  TIM_CHANNEL_2
  TIM_CHANNEL_3
  TIM_CHANNEL_4

[반환값] HAL status

(3) 타임 PWM 함수(Time PWM function)

HAL_TIM_PWM_Init (TIM_HandleTypeDef * htim)

TIM의 PWM Time Base를 TIM_HandleTypeDef 구조체의 설정값에 맞추어 초기화하고 대응되는 handle을 생성한다.

[파라미터]
- htim : TIM handle

[반환값] HAL status

HAL_TIM_PWM_DeInit (TIM_HandleTypeDef * htim)

TIM의 PWM Time Base의 초기화를 해제한다.

[파라미터]
- htim : TIM handle

[반환값] HAL status

HAL_TIM_PWM_Start (TIM_HandleTypeDef * htim, uint32_t Channel)

PWM signal generation을 시작한다.

[파라미터]
- htim : TIM handle
- Channel : 인에블시킬 채널. 이 파라미터는 다음의 값을 가질 수 있다.
  - TIM_CHANNEL_1
  - TIM_CHANNEL_2
  - TIM_CHANNEL_3
  - TIM_CHANNEL_4

[반환값] HAL status

HAL_TIM_PWM_Stop (TIM_HandleTypeDef * htim, uint32_t Channel)

PWM signal generation을 정지한다.

[파라미터]
- htim : TIM handle
- Channel : 인에블시킬 채널. 이 파라미터는 다음의 값을 가질 수 있다.
  - TIM_CHANNEL_1
  - TIM_CHANNEL_2
  - TIM_CHANNEL_3
  - TIM_CHANNEL_4

[반환값] HAL status

HAL_TIM_PWM_Start_IT (TIM_HandleTypeDef * htim, uint32_t Channel)

PWM signal generation을 인터럽트 모드로 시작한다.

[파라미터]
- htim : TIM handle
- Channel : 인에블시킬 채널. 이 파라미터는 다음의 값을 가질 수 있다.
  TIM_CHANNEL_1
  TIM_CHANNEL_2
  TIM_CHANNEL_3
  TIM_CHANNEL_4

[반환값] HAL status

HAL_TIM_PWM_Stop_IT (TIM_HandleTypeDef * htim, uint32_t Channel)

PWM signal generation의 인터럽트 모드 동작을 정지한다.

[파라미터]
- htim : TIM handle
- Channel : 인에블시킬 채널. 이 파라미터는 다음의 값을 가질 수 있다.
  TIM_CHANNEL_1
  TIM_CHANNEL_2
  TIM_CHANNEL_3
  TIM_CHANNEL_4

[반환값] HAL status

(4) IRQ 핸들러 함수(IRQ handler management)

HAL_TIM_IRQHandler (TIM_HandleTypeDef * htim)

TIM interrupt의 핸들러 함수

[파라미터]
- htim : TIM handle

[반환값] 없음

(5) 주변장치 설정용 함수(Peripheral Control functions)

HAL_TIM_OC_ConfigChannel (TIM_HandleTypeDef * htim, TIM_OC_InitTypeDef * sConfig, uint32_t Channel)

TIM Output Compare Channel을 TIM_OC_InitTypeDef 구조체의 설정값에 맞추어 초기화한다.

[파라미터]
- htim : TIM handle
- sConfig : TIM Output Compare configuration 구조체

• Channel : 인에블시킬 채널. 이 파라미터는 다음의 값을 가질 수 있다.
  TIM_CHANNEL_1
  TIM_CHANNEL_2
  TIM_CHANNEL_3
  TIM_CHANNEL_4

[반환값] HAL status

HAL_TIM_PWM_ConfigChannel (TIM_HandleTypeDef * htim, TIM_OC_InitTypeDef * sConfig, uint32_t Channel)

TIM PWM Channel을 TIM_OC_InitTypeDef 구조체의 설정값에 맞추어 초기화 한다.

[파라미터]

• htim : TIM handle
• sConfig : TIM PWM configuration 구소체
• Channel : 인에블시킬 채널. 이 파라미터는 다음의 값을 가질 수 있다.
  TIM_CHANNEL_1
  TIM_CHANNEL_2
  TIM_CHANNEL_3
  TIM_CHANNEL_4

[반환값] HAL status

(6) 타이머 콜백 함수(TIM Callbacks functions)

HAL_TIM_PeriodElapsedCallback (TIM_HandleTypeDef * htim)

블로킹되지 않은 모드(non blocking mode)에서 Period elapsed callback 함수이다.

[파라미터]

• htim : TIM handle

[반환값] None

HAL_TIM_OC_DelayElapsedCallback (TIM_HandleTypeDef * htim)

블로킹되지 않은 모드(non blocking mode)에서 Output Compare callback 함수이다.

[파라미터]

• htim : TIM OC handle

[반환값] None

HAL_TIM_IC_CaptureCallback (TIM_HandleTypeDef * htim)

블로킹되지 않은 모드(non blocking mode)에서 Input Capture callback 함수이다.

[파라미터]

• htim : TIM IC handle

[반환값] None

HAL_TIM_PWM_PulseFinishedCallback (TIM_HandleTypeDef * htim)

블로킹되지 않은 모드(non blocking mode)에서 PWM Pulse finished callback 함수이다.

[파라미터]
- htim : TIM handle

[반환값] None

HAL_TIM_TriggerCallback (TIM_HandleTypeDef * htim)

블로킹되지 않은 모드(non blocking mode)에서 Hall Trigger detection callback 함수이다.

[파라미터]
- htim : TIM handle

[반환값] None

HAL_TIM_ErrorCallback (TIM_HandleTypeDef * htim)

TIM Base의 상태값을 반환하는 함수이다.

[파라미터]
- htim : TIM Base handle

[반환값] HAL state

(7) 주변장치 상태 함수(Peripheral State functions)

HAL_TIM_Base_GetState (TIM_HandleTypeDef * htim)

TIM Base의 상태값을 반환하는 함수이다.

[파라미터]
- htim : TIM Base handle

[반환값] HAL state

HAL_TIM_OC_GetState (TIM_HandleTypeDef * htim)

TIM OC의 상태값을 반환하는 함수

[파라미터]
- htim : TIM Ouput Compare handle

[반환값] HAL state

HAL_TIM_PWM_GetState (TIM_HandleTypeDef * htim)

TIM PWM의 상태값을 반환하는 함수

[파라미터]
- htim : TIM handle

[반환값] HAL state

HAL_TIM_IC_GetState (TIM_HandleTypeDef * htim)

TIM Input Capture의 상태값을 반환하는 함수

[파라미터]
- htim : TIM IC handle

[반환값] HAL state

HAL_TIM_OnePulse_GetState (TIM_HandleTypeDef * htim)

TIM One Pulse Mode의 상태값을 반환하는 함수

[파라미터]
- htim : TIM OPM handle

[반환값] HAL state

HAL_TIM_Encoder_GetState (TIM_HandleTypeDef * htim)

TIM Encoder Mode의 상태값을 반환하는 함수

[파라미터]
- htim : TIM Encoder handle

[반환값] HAL state

8.4.3.2 타이머 구동용 매크로(macro) 및 정의(define)

타이머와 관련된 매크로 및 정의는 그 종류가 매우 많으므로 여기서는 중요한 함수 위주로 설명한다. 나머지 사항 대한 자세한 설명은 ST사의 User's Manual의 Timer 부분을 참고하기 바란다.

(1) TIM Channel 관련

```
TIM_CHANNEL_1
TIM_CHANNEL_2
TIM_CHANNEL_3
TIM_CHANNEL_4
TIM_CHANNEL_ALL
```

(2) TIM Capture/Compare Channel State 관련

```
TIM_CCx_ENABLE
TIM_CCx_DISABLE
TIM_CCxN_ENABLE
TIM_CCxN_DISABLE
```

(3) TIM Clock Polarity 관련

```
TIM Clear Input Polarity
TIM_CLEARINPUTPOLARITY_INVERTED      : Polarity for ETRx pin
TIM_CLEARINPUTPOLARITY_NONINVERTED   : Polarity for ETRx pin
TIM_CLOCKPOLARITY_INVERTED           : Polarity for ETRx clock sources
TIM_CLOCKPOLARITY_NONINVERTED        : Polarity for ETRx clock sources
TIM_CLOCKPOLARITY_RISING  : Polarity for TIx clock sources
TIM_CLOCKPOLARITY_FALLING : Polarity for TIx clock sources
TIM_CLOCKPOLARITY_BOTHEDGE           : Polarity for TIx clock sources
```

(4) TIM Clock Prescaler 관련

```
TIM_CLOCKPRESCALER_DIV1 : prescaler를 사용하지 않음(1/1로 다운시킴)
TIM_CLOCKPRESCALER_DIV2 : External ETR Clock용 프리스케일러. 1/2로 다운시킴
TIM_CLOCKPRESCALER_DIV4 : External ETR Clock용 프리스케일러. 1/4로 다운시킴
TIM_CLOCKPRESCALER_DIV8 : External ETR Clock용 프리스케일러. 1/8로 다운시킴
```

(5) TIM Clock Source 관련

```
TIM_CLOCKSOURCE_ETRMODE2
TIM_CLOCKSOURCE_INTERNAL
TIM_CLOCKSOURCE_ITR0
TIM_CLOCKSOURCE_ITR1
TIM_CLOCKSOURCE_ITR2
TIM_CLOCKSOURCE_ITR3
TIM_CLOCKSOURCE_TI1ED
TIM_CLOCKSOURCE_TI1
TIM_CLOCKSOURCE_TI2
TIM_CLOCKSOURCE_ETRMODE1
```

8.5 타이머 응용 예제

8.5.0 타이머 예제 관련 회로도

[Nucleo-F103 확장보드] 인터럽트 관련 회로는 [6.3.0, GPIO 예제 관련 회로도]와 동일하므로 이를 참조하기 바란다. 스위치가 Pull-up 방식으로 연결이 되어있으므로 스위치가 누르지 않은 경우 해당 포트는 High 상태이고, 스위치를 누를 때 Low상태가 됨을 유의하자.

[Nucleo-F429 확장보드] 인터럽트 관련 회로는 [6.3.0, GPIO 예제 관련 회로도]와 동일하므로 이를 참조하기 바란다. 스위치가 Pull-up 방식으로 연결이 되어있으므로 스위치가 누르지 않은 경우 해당 포트는 High 상태이고, 스위치를 누를 때 Low상태가 됨을 유의하자.

8.5.1 TIM 예제 1 : 업 카운터(Up Counter)를 이용하여 LED를 1초 간격으로 ON/OFF

8.5.1.1 예제 설명

[TIM 예제 1 : Nucleo-F103 확장보드] TIM2를 업 카운팅 모드로 동작시켜 1초마다 업데이트 인터럽트(UI)를 발생시키도록 한다. 그리고 이를 이용하여 1초마다 LED 1을 토글(On 면 Off로, Off이면 On으로) 시킨다.

TIM2가 1초마다 업데이트 인터럽트를 발생시키려면 동작 주파수를 1Hz로 설정해야한다. 현재 실습 보드의 메인 클럭이 64MHz이므로 TIM2의 동작 주파수를 1Hz로 하기 위해서 TimHandler 구조체 변수의 TimHandler.Init.Prescaler = 6399, TimHandler.Init.Period = 9999로 설정한다.

[TIM 예제 1 : Nucleo-F429 확장보드] TIM2를 업 카운팅 모드로 동작시켜 1초마다 업데이트 인터럽트(UI)를 발생시키도록 한다. 그리고 이를 이용하여 1초마다 LED 1을 토글(On 면 Off로, Off이면 On으로) 시킨다.

TIM2가 1초마다 업데이트 인터럽트를 발생시키려면 동작 주파수를 1Hz로 설정해야한다. 현재 실습 보드의 메인 클럭이 90MHz이므로 TIM2의 동작 주파수를 1Hz로 하기 위해서 TimHandler 구조체 변수의 TimHandler.Init.Prescaler = 8999, TimHandler.Init.Period = 9999 로 설정한다.

참고 타이머의 동작 주파수는 다음 식과 같이 구할 수 있다.

> **타이머 동작 주파수 = (메인 클럭/(TIM_Prescaler + 1))/(TIM_Period + 1)**
>
> 이 실습 보드의 메인클럭은 64(또는 72MHz)이므로, TIM_Prescaler = 6399(또는 7199), TIM_Period = 9999로 하면 타이머의 동작 주파수를 1Hz로 설정할 수 있다.

- Nucleo-F103 보드 : 타이머 동작 주파수 = (64,000,000/(6399 + 1))/(9999 + 1) = 1Hz
- STM32F107 보드 : 타이머 동작 주파수 = (72,000,000/(7199 + 1))/(9999 + 1) = 1Hz

참고

TimHandler.Init.Period = 9999로 하면 Auto-reload 레지스터(ARR)의 값이 9999로 설정된다. 따라서 업 카운팅 모드인 경우 TIM2의 Counter는 0에서 9999까지 카운트하고 다시 0부터 카운팅을 시작한다. 그리고 Counter 값이 9999 -> 0이 되는 순간 업데이트 인터럽트가 발생한다.
이 예제에서 TIM를 업(up) 카운터로 설정하여도 실행 결과는 동일하다.

8.5.1.2 소스코드 작성

1) Nucleo-F103 확장보드의 경우

Nucleo-F103 확장보드를 이용하는 경우는 다음과 같이 소스 코드를 작성한다.

- 폴더 명 : [Examples_Nucleo F103] – [TIM] – [TIM 1_F103] – [MDK-ARM]
- 위의 폴더에 있는 [Project.uvprojx] 파일을 더블클릭하여 실행한다.

2) Nucleo-F429 확장보드의 경우

Nucleo-F429 확장보드를 이용하는 경우는 다음과 같이 소스 코드를 작성한다.

- 폴더 명 : [Examples_Nucleo F429] – [TIM] – [TIM 1_F429] – [MDK-ARM]
- 위의 폴더에 있는 [Project.uvprojx] 파일을 더블클릭하여 실행한다.

3) 파일이 열리면 [Example/User] 폴더 내의 [main.c] 파일을 더블클릭하여 연 후에 아래와 같이 소스 코드를 작성한다.

[main.c]

```
#include "main.h"
#include "Nucleo_F103.h"                // Nucleo-F103 확장보드용 헤더 파일
// #include "Nucleo_F429.h"             // Nucleo-F429 확장보드용 헤더 파일

// ------------------------------------------------------------------------------- //

int main(void)
{
    HAL_Init();
    SystemClock_Config();
    LED_Config();
    // -- <1> Timer의 초기설정용 함수를 호출
    TIM2_Config(6399,9999);    // Nucleo-F103 확장보드의 경우
    // TIM2_Config(8999,9999); // Nucleo-F429 확장보드의 경우
```

```
    LED_OnOff(GPIO_PIN_LedAll, 500);

    // -- <2> 무한 루프로 계속 동작
    while (1)  { }
}

// ------------------------------------------------------------------------------ //
// -- <3> TIM 인터럽트 Callback 함수 : Period Elapsed Callback in non blocking mode.
void HAL_TIM_PeriodElapsedCallback(TIM_HandleTypeDef *htim)
{
    // -- <3-1> TIM 인터럽트가 발생하면 LED를 모두 Toggle 시킨다.
    HAL_GPIO_TogglePin(GPIONucleo, GPIO_PIN_LedAll);
    HAL_GPIO_TogglePin(GPIOExt, GPIO_PIN_LedAll);
}
```

4) 타이머 인터럽트의 사용을 위해서는 인터럽트 발생시에 처리되어야하는 동작이 정의되어 있는 인터럽트 핸들러(handler) 함수의 작성이 필요하다. 인터럽트 핸들러 함수 작성은 Nucleo-F103 확장보드와 Nucleo-F429 확장보드의 두 가지 경우로 나누어서 설명한다.

4-1) Nucleo-F103 확장보드의 경우

인터럽트 핸들러 함수작성을 위해서 [Example/User] 폴더 내의 [stm32f1xx_it.c] 파일을 더블클릭하여 연 후에 아래와 같이 소스 코드를 작성한다.

[stm32f1xx_it.c]

```
#include "main.h"
#include "stm32f1xx_it.h"    // 인터럽트 사용에 필요한 헤더 파일

// ------------------------------------------------------------------------------ //

void SysTick_Handler(void)
{
    HAL_IncTick();
}

// ------------------------------------------------------------------------------ //

void EXTI15_10_IRQHandler(void)
{
    HAL_GPIO_EXTI_IRQHandler(GPIO_PIN_4);
}

// ------------------------------------------------------------------------------ //
```

```
void EXTI9_5_IRQHandler(void)
{
    HAL_GPIO_EXTI_IRQHandler(GPIO_PIN_5);
    HAL_GPIO_EXTI_IRQHandler(GPIO_PIN_8);
}

// ------------------------------------------------------------------------ //
// -- <1> TIM 인터럽트  IRQ handler 함수를 위한 TimHandler 변수를 외부정의 변수로 선언
extern TIM_HandleTypeDef    TimHandle;
// ------------------------------------------------------------------------ //
// -- <2> TIM 인터럽트 IRQ handler 함수
void TIM2_IRQHandler(void)
{
    // -- <2-1> TIM 인터럽트 Callback 함수
    HAL_TIM_IRQHandler(&TimHandle);
}

// ------------------------------------------------------------------------ //
// -- <3> TIM 인터럽트 IRQ handler 함수
void TIM3_IRQHandler(void)
{
    // -- <3-1> TIM 인터럽트 Callback 함수
    HAL_TIM_IRQHandler(&TimHandle);
}
```


4-2) Nucleo-F429 확장보드의 경우

인터럽트 핸들러 함수 작성을 위해서 [Example/User] 폴더 내의 [stm32f4xx_it.c] 파일을 더블클릭하여 연 후에 아래와 같이 소스 코드를 작성한다.

[stm32f4xx_it.c]

```
#include "main.h"
#include "stm32f4xx_it.h"    // 인터럽트 사용에 필요한 헤더 파일

// ------------------------------------------------------------------------ //
void SysTick_Handler(void)
{
    HAL_IncTick();
}

// ------------------------------------------------------------------------ //

void EXTI0_IRQHandler(void)
{
    HAL_GPIO_EXTI_IRQHandler(GPIO_PIN_0);
```

```
}

// ------------------------------------------------------------------------------- //

void EXTI1_IRQHandler(void)
{
    HAL_GPIO_EXTI_IRQHandler(GPIO_PIN_1);
}
// ------------------------------------------------------------------------------- //

void EXTI2_IRQHandler(void)
{
    HAL_GPIO_EXTI_IRQHandler(GPIO_PIN_2);
}

// ------------------------------------------------------------------------------- //

void EXTI3_IRQHandler(void)
{
    HAL_GPIO_EXTI_IRQHandler(GPIO_PIN_3);
}

// ------------------------------------------------------------------------------- //
void EXTI15_10_IRQHandler(void)

{
    HAL_GPIO_EXTI_IRQHandler(GPIO_PIN_13);
}
// ------------------------------------------------------------------------------- //
// -- <1> TIM 인터럽트  IRQ handler 함수를 위한 TimHandler 변수를 외부정의 변수로 선언
extern TIM_HandleTypeDef    TimHandle;

// ------------------------------------------------------------------------------- //
// -- <2> TIM 인터럽트 IRQ handler 함수
void TIM2_IRQHandler(void)
{
    // -- <2-1> TIM 인터럽트 Callback 함수
    HAL_TIM_IRQHandler(&TimHandle);
}

// ------------------------------------------------------------------------------- //
// -- <3> TIM 인터럽트 IRQ handler 함수
void TIM3_IRQHandler(void)
{
    // -- <3-1> TIM 인터럽트 Callback 함수
    HAL_TIM_IRQHandler(&TimHandle);
}
```

8.5.1.3 소스코드 설명

* 소스 코드의 설명에 붙어있는 번호는 (예 : 〈1〉, 〈2〉 등)은 앞 절의 소스 코드내에 붙어 있는 번호와 동일하다.

[main.c]

<1> TIM2_Config(int a, int b) 함수 : TIM2의 초기설정을 위한 함수이다. 이 함수는 각각 <Nucleo_F103.c> / <Nucleo_F429.c>에 정의되어 있다. [14.3절. 예제 소스코드 추가 설명 : Nucleo_F103.c 및 Nucleo_F429.c]을 참고하기 바란다.

* 이 함수에는 타이머의 초기 동작을 설정하는 소스코드가 있다. 이 소스코드는 TIM의 이해를 위해서 매우 중요한 코드이므로 반드시 찾아서 살펴보기 바란다.

인터럽트가 1초에 1번씩 발생하도록 주파수를 1 Hz로 설정하기 위해 다음과 같이 설정한다. 첫 번째 인자인 a에는 TIM_Prescaler 값을 넣고 두 번째 인자인 b에는 TIM_Period의 값을 넣는다.

```
[Nucleo-F103 확장보드의 경우] TIM2_Config(6399,9999);
                    TIM_Prescaler = 6399;
                    TIM_Period = 9999;
[Nucleo-F429 확장보드의 경우] TIM2_Config(8999,9999);
                    TIM_Prescaler = 8999;
                    TIM_Period = 9999;
```

<2> while(1) { } 부분은 항상 참(True)이다. 그러므로 이 부분은 아무런 동작이 없는 무한 루프로 동작한다. LED를 On/Off 하는 작업은 TIM 인터럽트 Callback 함수에서 하게 된다.

<3> HAL_TIM_PeriodElapsedCallback( ) 함수 : 타이머의 업데이트 인터럽트(TIM_Base 인터럽트)가 발생하면 호출되는 Callback 함수이다. 따라서 타이머의 업데이트 인터럽트 발생 시에 처리하고 싶은 내용을 이 함수 내에 코딩하면 된다. 그러면 타이머의 ISR 함수인 HAL_TIM_IRQHandler( ) 함수가 이 함수를 호출하게 된다.

<3-1> TIM 인터럽트가 발생하면 LED를 모두 Toggle 시킨다.

[stm32f1xx_it.c]

<1> main.c 에서 정의한 TimHandle 변수를 외부정의 변수로 선언하였다. 이 변수는 TIM2_IRQHandler( ) 함수에서 사용한다.

<2> TIM2_IRQHandler( ) 함수 : TIM2에서 인터럽트가 발생하면 이를 처리하는 Handler 함수이다.

<2-1> HAL_TIM_IRQHandler( ) 함수 : TIM에서 발생한 여러 가지 인터럽트를 처리하는 Handler 함수. 이 함수의 내부에서는 발생된 TIM 인터럽트의 종류에 맞는 콜백함수를 다시 호출해준다.

<3> TIM3_IRQHandler( ) 함수 : TIM3에서 인터럽트가 발생하면 이를 처리하는 Handler 함수이다. 이 함수는 이번 예제에서는 사용하지 않으며, TIM3를 이용하는 추후의 예제를 위한 것이다.

<3-1> HAL_TIM_IRQHandler( ) 함수 : TIM에서 발생한 여러 가지 인터럽트를 처리하는 Handler 함수. 이 함수의 내부에서는 발생된 TIM 인터럽트의 종류에 맞는 콜백함수를 다시 호출해준다.

참고

타이머의 동작 주파수 계산 방법 : Nucleo-F103 확장보드의 경우

Prescaler = 6399, Period = 9999로 설정한 경우를 예를 들자.

1) 메인 클럭의 공급 주파수 : 64MHz = 64,000,000Hz 이다.

2) Presclaer는 이것을 1 / (6399+1) = 1 / 6,400 으로 다운 시킨다. 따라서 TIM에 공급되는 주파수는 10,000Hz 이다.
3) 따라서 타이머 내의 카운터(Counter)는 1초에 10,000번을 카운트한다. 그러므로 카운터가 0~9,999까지 카운팅을 하는데 걸리는 시간은 1초이다.
4) 그러면 타이머의 동작 주파수는 1Hz가 되고, 1초마다 1번씩 업데이트 인터럽트가 발생하게 된다.

위의 과정을 식으로 나타내면 다음과 같다.

타이머 동작 주파수 = (메인 클럭 / (TIM_Prescaler+1)) / (TIM_Period+1)
= (64,000,000 / (6399+1)) / (9999+1)
= 1Hz

8.5.1.4 프로그램 실행

소스 코드 작성이 완료되면 작성된 프로그램을 컴파일한 후에 실습 보드로 다운로드하여 프로그램을 실행한다. 실습 보드와 PC의 연결 방법, 예제 프로그램의 컴파일, 다운로드 방법 등은 [4.2절, 예제 프로그램의 실행 : 실습 보드]를 참조하기 바란다.

프로그램 실행시의 동작은 앞의 '예제 설명'에서 설명한 것과 동일하다.

참고

혹시 컴파일이나 다운로드가 에러 없이 성공했는데도 프로그램이 실행이 되지 않는 경우는 다음과 같이 하여본다.
① 실습 보드 내의 [리셋] 스위치를 눌러본다.
② 실습보드와 PC를 연결하는 USB 케이블을 뺐다가 다시 연결해본다.
③ 그래도 프로그램이 실행되지 않거나, 실행되어도 정상 동작을 하지 않으면 작성한 소스 코드가 틀리게 작성되었을 가능성이 크므로 소스 코드를 확인해 보기 바란다.

8.5.2 [참고 예제] TIM 예제 2 : 시간 지연 함수 HAL_Delay( )를 이용하여 LED를 1초 간격으로 ON/OFF

8.5.2.1 예제 설명

[TIM 예제 2 : Nucleo-F103 확장보드 및 Nucleo-F429 확장보드] 앞의 예제에서는 타이머의 인터럽트를 이용하여 1초를 만들었다. 이번 예제에서는 타이머를 사용하지 않고 HAL에서 제공하는 시간 지연 함수인 HAL_Delay()를 이용하여 1초마다 LED를 토글(On이면 Off로, Off이면 On으로) 시킨다.

참고

이 예제에서는 타이머가 아니라 HAL_Delay() 함수를 이용하여 1초의 시간 간격을 구현하였다. 이 방법을 이용하면 프로그램은 간단해지지만 시간 지연이 일어나는 동안(즉, HAL_Delay() 함수가 동작하는 동안) MCU는 단지 시간 지연을 기다릴 뿐, 다른 어떤 작업도 하지 않는다. 따라서 MCU가 여러 개의 작업을 서로 정해진 시간 간격으로 수행하려면 타이머의 인터럽트를 이용하여야 한다.

8.5.2.2 소스코드 작성

1) Nucleo-F103 확장보드의 경우

Nucleo-F103 확장보드를 이용하는 경우는 다음과 같이 소스 코드를 작성한다.
- 폴더 명 : [Examples_Nucleo F103] - [TIM] - [TIM 2_F103] - [MDK-ARM]
- 위의 폴더에 있는 [Project.uvprojx] 파일을 더블클릭하여 실행한다.

2) Nucleo-F429 확장보드의 경우

Nucleo-F429 확장보드를 이용하는 경우는 다음과 같이 소스 코드를 작성한다.
- 폴더 명 : [Examples_Nucleo F429] - [TIM] - [TIM 2_F429] - [MDK-ARM]
- 위의 폴더에 있는 [Project.uvprojx] 파일을 더블클릭하여 실행한다.

3) 파일이 열리면 [Example/User] 폴더 내의 [main.c] 파일을 더블클릭하여 연 후에 아래와 같이 소스 코드를 작성한다.

[main.c]

```
#include "main.h"
#include "Nucleo_F103.h"               // Nucleo-F103 확장보드용 헤더 파일
// #include "Nucleo_F429.h"            // Nucleo-F429 확장보드용 헤더 파일

// ------------------------------------------------------------------------------ //

int main(void)
{
    HAL_Init();
    SystemClock_Config();
    LED_Config();

    LED_OnOff(GPIO_PIN_LedAll, 500);

    // 무한 루프로 계속 동작
    while (1)  {
        // -- <1> HAL_Delay() 함수를 이용하여 1000msec 시간 지연을 함
        HAL_Delay(1000);

        // -- <2>  LED를 모두 Toggle 시킨다.
        HAL_GPIO_TogglePin(GPIONucleo, GPIO_PIN_LedAll);
        HAL_GPIO_TogglePin(GPIOExt, GPIO_PIN_LedAll);
    }
}
```

8.5.2.3 프로그램 실행

소스 코드 작성이 완료되면 작성된 프로그램을 컴파일한 후에 실습 보드로 다운로드하여 프로그램을 실행한다. 실습 보드와 PC의 연결 방법, 예제 프로그램의 컴파일, 다운로드 방법 등은 [4.2절, 예제 프로그램의 실행 : 실습 보드]를 참조하기 바란다.

프로그램 실행시의 동작은 앞의 '예제 설명'에서 설명한 것과 동일하다.

참고

> 혹시 컴파일이나 다운로드가 에러 없이 성공했는데도 프로그램이 실행이 되지 않는 경우는 다음과 같이 하여본다.
> ① 실습 보드 내의 [리셋] 스위치를 눌러본다.
> ② 실습보드와 PC를 연결하는 USB 케이블을 뺐다가 다시 연결해본다.
> ③ 그래도 프로그램이 실행되지 않거나, 실행되어도 정상 동작을 하지 않으면 작성한 소스 코드가 틀리게 작성되었을 가능성이 크므로 소스 코드를 확인해 보기 바란다.

8.5.3 TIM 예제 3 : 업 카운터와 OC(출력 비교) 모드를 이용한 LED의 On/Off

8.5.3.1 예제 설명

[TIM 예제 3 : Nucleo-F103 확장보드 및 Nucleo-F429 확장보드] TIM2를 업 카운터와 OC(출력 비교) 모드로 동작시켜 LED를 On/Off 시키는 예제이다. 업 카운터의 인터럽트를 이용하여 LED를 On 시키고, OC의 인터럽트를 이용하여 LED를 Off 하게 된다.

a) LED의 ON
- TimHandler 구조체 변수의 TimHandler.Init.Prescaler = 6399 (Nucleo-F429 확장보드는 8999), TimHandler.Init.Period = 9999 로 설정하고 업 카운터 모드로 동작을 한다.
- 그러면 카운터는 0~9999 사이를 업 카운팅을 하게되고, 1초 마다 UI(업데이트 인터럽트)가 발생한다.
- UI가 발생하면 UI 콜백함수인 HAL_TIM_PeriodElapsedCallback()가 호출되며, 이 함수에서 LED를 On 시켜준다.

b) LED 의 OFF
- OC(출력비교) 모드에서 TIM_OCInit 구조체 변수의 "TIM_OCInit.Pulse의 설정값 = 업 카운터의 카운팅 값"이 될때 출력 비교 인터럽트(CC2I)가 발생한다.
- 그러면 OC 인터럽트 콜백함수인 HAL_TIM_OC_DelayElapsedCallback()가 호출되며, 이 함수에서 LED를 Off 시켜준다.

8.5.3.2 소스코드 작성

1) Nucleo-F103 확장보드의 경우

Nucleo-F103 확장보드를 이용하는 경우는 다음과 같이 소스 코드를 작성한다.
- 폴더 명 : [Examples_Nucleo F103] - [TIM] - [TIM 3_F103] - [MDK-ARM]
- 위의 폴더에 있는 [Project.uvprojx] 파일을 더블클릭하여 실행한다.

2) Nucleo-F429 확장보드의 경우

Nucleo-F429 확장보드를 이용하는 경우는 다음과 같이 소스 코드를 작성한다.

- 폴더 명 : [Examples_Nucleo F429] - [TIM] - [TIM 3_F429] - [MDK-ARM]
- 위의 폴더에 있는 [Project.uvprojx] 파일을 더블클릭하여 실행한다.

3) 파일이 열리면 [Example/User] 폴더 내의 [main.c] 파일을 더블클릭하여 연 후에 아래와 같이 소스 코드를 작성한다.

[main.c]

```
#include "main.h"
#include "Nucleo_F103.h"              // Nucleo-F103 확장보드용 헤더 파일
//#include "Nucleo_F429.h"            // Nucleo-F429 확장보드용 헤더 파일

// --------------------------------------------------------------------------- //

int main(void)
{
    HAL_Init();
    SystemClock_Config();
    LED_Config();
    SwEXTI_Config();          // 이 함수는 이 예제에서 사용되지 않는다.

    // -- <1> Timer의 초기설정용 함수를 호출
    TIM2_Config(6399,9999);   // Nucleo-F103 확장보드의 경우
    // TIM2_Config(8999,9999); // Nucleo-F429 확장보드의 경우

    // -- <2> Timer의 Output Compare 초기설정용 함수를 호출
    TIM_OC_Config(999);

    // -- <3> 무한 루프로 계속 동작
    while (1)  { }
}

// --------------------------------------------------------------------------- //
// -- <4> Timer의 TIM_Base 인터럽트 Callback 함수
void HAL_TIM_PeriodElapsedCallback(TIM_HandleTypeDef *htim)
{
    // -- <4-1> 인터럽트가 발생하면 LED를 모두 ON 시킨다.
    HAL_GPIO_WritePin(GPIONucleo, GPIO_PIN_All, GPIO_PIN_SET );
    HAL_GPIO_WritePin(GPIOExt, GPIO_PIN_All, GPIO_PIN_SET );
}

// --------------------------------------------------------------------------- //
// -- <5>  Timer의 OC 인터럽트 Callback 함수
void HAL_TIM_OC_DelayElapsedCallback(TIM_HandleTypeDef *htim)
```

```
{
    // -- <5-1> 인터럽트가 발생하면 LED를 모두 OFF 시킨다.
    HAL_GPIO_WritePin(GPIONucleo, GPIO_PIN_All, GPIO_PIN_RESET );
    HAL_GPIO_WritePin(GPIOExt, GPIO_PIN_All, GPIO_PIN_RESET );
}
```

4) 인터럽트의 사용을 위해서는 인터럽트 발생시에 처리되어야하는 동작이 정의되어 있는 인터럽트 핸들러(handler) 함수의 작성이 필요하다. 인터럽트 핸들러 함수작성은 TIM 예제 1과 동일하다.

[stm32f1xx_it.c] , 또는 [stm32f4xx_it.c]

```
TIM 예제 1과 동일함
```

8.5.3.3 소스 코드 설명

* 소스 코드의 설명에 붙어있는 번호는 (예 : 〈1〉, 〈2〉 등)은 앞 절의 소스 코드내에 붙어있는 번호와 동일하다.

[main.c]

```
<1> TIM2_Config( int a, int b) 함수 : TIM 예제 1과 동일하다.
<2> TIM_OC_Config( ) 함수 :  TIM의 Output Compare 동작조건을 설정한다. 여기서는 TIM의 카운터 값 = 999
    일 때 OC 인터럽트를 발생시켜 LED을 OFF하기 위해 다음과 같이 설정한다. 여기서 TIM_OCInit.Pulse의 설정
    값(현재는 999)을 변경하면 LED가 OFF되는 시간이 달라진다.
<3> while(1) { } 부분은 항상 참(True)이다. 그러므로 이 부분은 아무런 동작이 없는 무한 루프로 동작한다.
    LED를 On/Off 하는 작업은 TIM 인터럽트 Callback 함수에서 하게 된다.
<4> HAL_TIM_PeriodElapsedCallback() : Timer의 업데이트 인터럽트(TIM_Base 인터럽트)가 발생하면 호출
    되는 Callback 함수이다.
<4-1> 이 함수 내에서는 인터럽트가 발생하면 LED를 모두 ON 시킨다.
<5> HAL_TIM_OC_DelayElapsedCallback() :  Timer의 OC 인터럽트가 발생하면 호출되는 Callback 함수이다.
<5-1> 이 함수 내에서는 인터럽트가 발생하면 LED를 모두 OFF 시킨다.
```

8.5.3.4 프로그램 실행

소스 코드 작성이 완료되면 작성된 프로그램을 컴파일한 후에 실습 보드로 다운로드하여 프로그램을 실행한다. 실습 보드와 PC의 연결 방법, 예제 프로그램의 컴파일, 다운로드 방법 등은 [4.2절, 예제 프로그램의 실행 : 실습 보드]를 참조하기 바란다.

프로그램 실행시의 동작은 앞의 '예제 설명'에서 설명한 것과 동일하다.

참고

> 혹시 컴파일이나 다운로드가 에러 없이 성공했는데도 프로그램이 실행이 되지 않는 경우는 다음과 같이 하여본다.
> ① 실습 보드 내의 [리셋] 스위치를 눌러본다.
> ② 실습보드와 PC를 연결하는 USB 케이블을 뺐다가 다시 연결해본다.
> ③ 그래도 프로그램이 실행되지 않거나, 실행되어도 정상 동작을 하지 않으면 작성한 소스 코드가 틀리게 작성되었을 가능성이 크므로 소스 코드를 확인해 보기 바란다.

8.5.4 TIM 예제 4 : 업 카운터와 OC 모드(출력 펄스 폭 변경)

8.5.4.1 예제 설명

[TIM 예제 4 : Nucleo-F103 확장보드 및 Nucleo-F429 확장보드] TIM2를 업 카운터와 OC(출력 비교) 모드로 동작시켜 LED 1 ~ LED 8을 On/Off 시킨다. 이 동작은 [TIM 예제 3]과 동일하다.

- [TIM 예제 3]과 다른 점은 다음과 같다 : 프로그램 실행 중에 SW를 누르면 이에 대응하여 OC 값이 변화된다. 이렇게 되면 LED가 Off되는 시간이 변화되며(즉, 출력 펄스 폭이 변경됨), 이에 따라 LED의 밝기가 다음과 같이 변화한다.
  - 프로그램 실행시 : TIM_OCInit.Pulse = 9999로 설정됨 (LED가 가장 밝다)
  - SW1이 눌러지면 : TIM_OCInit.Pulse = 999로 변경 (LED가 가장 어두워진다)
  - SW2이 눌러지면 : TIM_OCInit.Pulse = 2999로 변경 (LED가 조금 어두워진다)
  - SW3이 눌러지면 : TIM_OCInit.Pulse = 4999로 변경 (LED가 조금 밝아진다)
  - SW4이 눌러지면 : TIM_OCInit.Pulse = 9999로 변경 (LED가 가장 밝아진다)

8.5.4.2 소스코드 작성

1) Nucleo-F103 확장보드의 경우

Nucleo-F103 확장보드를 이용하는 경우는 다음과 같이 소스 코드를 작성한다.

- 폴더 명 : [Examples_Nucleo F103] - [TIM] - [TIM 4_F103] - [MDK-ARM]
- 위의 폴더에 있는 [Project.uvprojx] 파일을 더블클릭하여 실행한다.

2) Nucleo-F429 확장보드의 경우

Nucleo-F429 확장보드를 이용하는 경우는 다음과 같이 소스 코드를 작성한다.

- 폴더 명 : [Examples_Nucleo F429] - [TIM] - [TIM 4_F429] - [MDK-ARM]
- 위의 폴더에 있는 [Project.uvprojx] 파일을 더블클릭하여 실행한다.

3) 파일이 열리면 [Example/User] 폴더 내의 [main.c] 파일을 더블클릭하여 연 후에 아래와 같이 소스 코드를 작성한다.

[main . c]

```
#include "main.h"
#include "Nucleo_F103.h"     // Nucleo-F103 확장보드용 헤더 파일
//#include "Nucleo_F429.h"   // Nucleo-F429 확장보드용 헤더 파일

// TimHandler, TIM_OCInit 변수를 외부정의 변수로 선언
extern TIM_HandleTypeDef     TimHandle;
extern TIM_OC_InitTypeDef    TIM_OCInit;

// ------------------------------------------------------------------------------- //
int main(void)
{
    HAL_Init();
    SystemClock_Config();
    LED_Config();
    // -- <1> SW의 EXTI 입력 발생을 위한 초기설정 함수
    SwEXTI_Config();
   // -- <2> Timer의 초기설정용 함수를 호출
    TIM2_Config(0,9999);
    // -- <3> Timer Output Compare의 초기설정용 함수를 호출
    TIM_OC_Config(9999);

    LED_OnOff(GPIO_PIN_LedAll, 500);

    // 무한 루프로 계속 동작
    while (1)  { }
}

// ------------------------------------------------------------------------------- //
// -- <4> Timer의 TIM_Base 인터럽트 Callback 함수

void HAL_TIM_PeriodElapsedCallback(TIM_HandleTypeDef *htim)
{
    // 인터럽트가 발생하면 LED를 모두 ON 시킨다.
    HAL_GPIO_WritePin(GPIONucleo, GPIO_PIN_All, GPIO_PIN_SET );
    HAL_GPIO_WritePin(GPIOExt, GPIO_PIN_All, GPIO_PIN_SET );
}

// ------------------------------------------------------------------------------- //

// -- <5>  Timer의 OC 인터럽트 Callback 함수
void HAL_TIM_OC_DelayElapsedCallback(TIM_HandleTypeDef *htim)
{

    // 인터럽트가 발생하면 LED를 모두 OFF 시킨다.
    HAL_GPIO_WritePin(GPIONucleo, GPIO_PIN_All, GPIO_PIN_RESET );
```

```
    HAL_GPIO_WritePin(GPIOExt, GPIO_PIN_All, GPIO_PIN_RESET );
}

// --------------------------------------------------------------------------- //
// -- <6> EXTI 인터럽트 Callback 함수의 구현
void HAL_GPIO_EXTI_Callback(uint16_t GPIO_PIN)
{
    // -- <6-1> SW1 ~ SW4가 눌러지면 TIM_OCInit.Pulse 값을 변경
    if ( GPIO_PIN == GPIO_PIN_Nucleo_Sw)       TIM_OCInit.Pulse =  999;
    if ( GPIO_PIN == GPIO_PIN_Sw1)             TIM_OCInit.Pulse =  999;
    if ( GPIO_PIN == GPIO_PIN_Sw2)             TIM_OCInit.Pulse = 2999;
    if ( GPIO_PIN == GPIO_PIN_Sw3)             TIM_OCInit.Pulse = 4999;
    if ( GPIO_PIN == GPIO_PIN_Sw4)             TIM_OCInit.Pulse = 9999;

    // -- <6-2> TIM OC의 Channel을 TIM_OCInit에 설정된 값으로 초기화함
    HAL_TIM_OC_ConfigChannel(&TimHandle, &TIM_OCInit, TIM_CHANNEL_1);
    // -- <6-3> TIM OC를 동작함
    HAL_TIM_OC_Start_IT(&TimHandle,TIM_CHANNEL_1);
}
```

4) 인터럽트의 사용을 위해서는 인터럽트 발생시에 처리되어야하는 동작이 정의되어 있는 인터럽트 핸들러(handler) 함수의 작성이 필요하다. 인터럽트 핸들러 함수작성은 TIM 예제 1과 동일하다.

[stm32f1xx_it.c] , 또는 [stm32f4xx_it.c]

```
TIM 예제 1과 동일함
```

8.5.4.3 소스 코드 설명

* 소스 코드의 설명에 붙어있는 번호는 (예 : 〈1〉, 〈2〉 등)은 앞 절의 소스 코드내에 붙어있는 번호와 동일하다.

[main . c]

- <1> SwEXTI_Config() 함수 : SW의 EXTI를 사용하여야 하므로 이 함수를 호출한다.
- <2> TIM2_Config(0 , 9999) 함수 : 최고의 타이머 주파수를 얻기 위해 첫 번째 인자인 a에는 TIM_Prescaler 값을 0으로 넣는다.
- <3> TIM_OC_Config() 함수 : TIM의 Output Compare 동작조건을 설정한다. 여기서는 TIM의 카운터 값 = 9999 일 때 OC 인터럽트를 발생시켜 LED을 OFF하도록 설정한다.
- <4> HAL_TIM_PeriodElapsedCallback() 함수 : Timer의 TIM_Base 인터럽트가 발생하면 호출되는 Callback 함수이다.
- <5> HAL_TIM_OC_DelayElapsedCallback() 함수 : Timer의 OC 인터럽트가 발생하면 호출되는 Callback 함수이다.

```
<6> HAL_GPIO_EXTI_Callback() 함수 : SW가 눌러져서 EXTI가 발생하면 호출되는 Callback 함수이다.
<6-1> 프로그램 실행 중에 SW를 누르면 이에 대응하여 TIM_OCInit.Pulse 값을 다음과 같이 변경하여 준다.
      SW1이 눌러지면 : TIM_OCInit.Pulse =  999로 변경  (LED가 가장 어두워진다)
      SW2이 눌러지면 : TIM_OCInit.Pulse = 2999로 변경  (LED가 조금 어두워진다)
      SW3이 눌러지면 : TIM_OCInit.Pulse = 4999로 변경  (LED가 조금 밝아진다)
      SW4이 눌러지면 : TIM_OCInit.Pulse = 9999로 변경  (LED가 가장 밝아진다)
<6-2> HAL_TIM_OC_ConfigChanne() 함수 : 호출을 하여 변경된 pulse 값을 적용시킨다.
<6-3> HAL_TIM_OC_Start_IT() 함수 : TIM OC를 동작시킨다. 그러면 눌러진 SW에 대응하여 LED의 밝기가 변화한다.
```

8.5.4.4 프로그램 실행

소스 코드 작성이 완료되면 작성된 프로그램을 컴파일한 후에 실습 보드로 다운로드하여 프로그램을 실행한다. 실습 보드와 PC의 연결 방법, 예제 프로그램의 컴파일, 다운로드 방법 등은 [4.2절, 예제 프로그램의 실행 : 실습 보드]를 참조하기 바란다.

프로그램 실행시의 동작은 앞의 '예제 설명'에서 설명한 것과 동일하다.

참고

혹시 컴파일이나 다운로드가 에러 없이 성공했는데도 프로그램이 실행이 되지 않는 경우는 다음과 같이 하여본다.
① 실습 보드 내의 [리셋] 스위치를 눌러본다.
② 실습보드와 PC를 연결하는 USB 케이블을 뺐다가 다시 연결해본다.
③ 그래도 프로그램이 실행되지 않거나, 실행되어도 정상 동작을 하지 않으면 작성한 소스 코드가 틀리게 작성되었을 가능성이 크므로 소스 코드를 확인해 보기 바란다.

8.5.5 TIM 예제 5 : 업 카운터와 OC 모드(2 채널 사용, 출력 펄스 폭 변경)

8.5.5.1 예제 설명

[TIM 예제 5 : Nucleo-F103 확장보드 및 Nucleo-F429 확장보드] 이 예제는 [TIM 예제 4]와 비슷하게 TIM2를 업 카운터와 OC 모드로 동작시켜 SW의 입력에 따라 출력 펄스 폭을 변화시켜서 LED의 밝기를 변화시키는 예제이다. 그러나 다음의 점이 다르다.

a) 업 카운터를 이용하여 LED1~2 와 LED7~8를 ON 시켜준다.
b) OC 모드에서는 타이머의 채널을 2개(TIM2의 Channel_1과 Channel_2)를 사용한다.
  - Channel_1의 출력을 이용하여 LED1~2를 OFF하고,
  - Channel_2의 출력을 이용하여 LED7~8를 OFF한다.
c) 그리고 입력용 SW를 누르면 이에 대응하여 LED의 밝기(점멸 주기)를 다음과 같이 변경한다.
  - SW1을 누르면 : LED 1,2 와 LED 7,8 이 최대 밝기로 됨 (TIM_OCInit.Pulse = 9999로 설정)
  - SW2를 누르면 : LED 1,2 가 어두워짐 (TIM_OCInit.Pulse = 2500로 변경)

- SW3를 누르면 : LED 7,8 이 어두워짐 (TIM_OCInit.Pulse = 5000으로 변경)
- SW4를 누르면 : LED 7,8 이 더 어두워짐 (TIM_OCInit.Pulse = 1200으로 변경)

8.5.5.2 소스코드 작성

1) Nucleo-F103 확장보드의 경우

Nucleo-F103 확장보드를 이용하는 경우는 다음과 같이 소스 코드를 작성한다.

- 폴더 명 : [Examples_Nucleo F103] - [TIM] - [TIM 5_F103] - [MDK-ARM]
- 위의 폴더에 있는 [Project.uvprojx] 파일을 더블클릭하여 실행한다.

2) Nucleo-F429 확장보드의 경우

Nucleo-F429 확장보드를 이용하는 경우는 다음과 같이 소스 코드를 작성한다.

- 폴더 명 : [Examples_Nucleo F429] - [TIM] - [TIM 5_F429] - [MDK-ARM]
- 위의 폴더에 있는 [Project.uvprojx] 파일을 더블클릭하여 실행한다.

3) 파일이 열리면 [Example/User] 폴더 내의 [main.c] 파일을 더블클릭하여 연 후에 아래와 같이 소스 코드를 작성한다.

[main . c]

```
#include "main.h"
#include "Nucleo_F103.h"     // Nucleo-F103 확장보드용 헤더 파일
//#include "Nucleo_F429.h"   // Nucleo-F429 확장보드용 헤더 파일

// TimHandler, TIM_OCInit 변수를 외부정의 변수로 선언
extern TIM_HandleTypeDef     TimHandle;
extern TIM_OC_InitTypeDef    TIM_OCInit;

// ------------------------------------------------------------------------------ //
int main(void)
{
    HAL_Init();
    SystemClock_Config();
    LED_Config();
    SwEXTI_Config();
    // -- <1> Timer의 초기설정용 함수를 호출
    TIM2_Config(0,9999);
    // -- <2> Timer Output Compare의 초기설정용 함수를 호출
    TIM_OC_Config(9999);
    LED_OnOff(GPIO_PIN_LedAll, 500);

    // 무한 루프로 계속 동작
    while (1)  { }
}
```

```
// ------------------------------------------------------------------------------ //
// -- <3> Timer의 TIM_Base 인터럽트 Callback 함수
void HAL_TIM_PeriodElapsedCallback(TIM_HandleTypeDef *htim)
{
    HAL_GPIO_WritePin(GPIOExt, GPIO_PIN_Led1 | GPIO_PIN_Led2
                           | GPIO_PIN_Led7 | GPIO_PIN_Led8, GPIO_PIN_SET );
}

// ------------------------------------------------------------------------------ //
// -- <4>  Timer의 OC 인터럽트 Callback 함수
void HAL_TIM_OC_DelayElapsedCallback(TIM_HandleTypeDef *htim)
{
    // -- <4-1>  CHANNEL_1에서 인터럽트가 발생한 경우
    if(htim->Channel == HAL_TIM_ACTIVE_CHANNEL_1) {
        HAL_GPIO_WritePin(GPIOExt, GPIO_PIN_Led1 | GPIO_PIN_Led2, GPIO_PIN_RESET);
    }

    // <4-2>  CHANNEL_2에서 인터럽트가 발생한 경우
    if(htim->Channel == HAL_TIM_ACTIVE_CHANNEL_2) {
        HAL_GPIO_WritePin(GPIOExt, GPIO_PIN_Led7 | GPIO_PIN_Led8, GPIO_PIN_RESET);
    }
}

// ------------------------------------------------------------------------------ //
// -- <5>  EXTI 인터럽트 Callback 함수의 구현
void HAL_GPIO_EXTI_Callback(uint16_t GPIO_PIN)
{

    // -- <5-1> SW1이 눌러지면 channel 1, 2의 TIM_OCInit.Pulse = 9999로 변경
    if ( GPIO_PIN == GPIO_PIN_Sw1 ) {
         TIM_OCInit.Pulse = 9999;
         HAL_TIM_OC_ConfigChannel(&TimHandle, &TIM_OCInit, TIM_CHANNEL_1);
         HAL_TIM_OC_ConfigChannel(&TimHandle, &TIM_OCInit, TIM_CHANNEL_2);
    }

    // -- <5-2> SW2가 눌러지면 channel 1의 TIM_OCInit.Pulse = 2500으로 변경
    else if ( GPIO_PIN == GPIO_PIN_Sw2 ) {
         TIM_OCInit.Pulse = 2500;
         HAL_TIM_OC_ConfigChannel(&TimHandle, &TIM_OCInit, TIM_CHANNEL_1);
    }
    // -- <5-3> SW3이 눌러지면 channel 2의 TIM_OCInit.Pulse = 5000으로 변경
    else if ( GPIO_PIN == GPIO_PIN_Sw3 ) {
         TIM_OCInit.Pulse = 5000;
         HAL_TIM_OC_ConfigChannel(&TimHandle, &TIM_OCInit, TIM_CHANNEL_2);
    }
    // -- <5-4> SW4가 눌러지면 channel 2의 TIM_OCInit.Pulse = 1200으로 변경
```

```
    else if ( GPIO_PIN == GPIO_PIN_Sw4 ) {
        TIM_OCInit.Pulse = 1200;
        HAL_TIM_OC_ConfigChannel(&TimHandle, &TIM_OCInit, TIM_CHANNEL_2);
    }
}
```

4) 인터럽트의 사용을 위해서는 인터럽트 발생시에 처리되어야하는 동작이 정의되어 있는 인터럽트 핸들러(handler) 함수의 작성이 필요하다. 인터럽트 핸들러 함수작성은 TIM 예제 1과 동일하다.

[stm32f1xx_it.c] , 또는 [stm32f4xx_it.c]

```
TIM 예제 1과 동일함
```

8.5.5.3 소스코드 설명

* 소스 코드의 설명에 붙어있는 번호는 (예 : 〈1〉, 〈2〉 등)은 앞 절의 소스 코드내에 붙어 있는 번호와 동일하다.

[main . c]

<1> TIM2_Config(0 , 9999) 함수 : 최고의 타이머 주파수를 얻기 위해 첫 번째 인자인 a에는 TIM_Prescaler 값을 0으로 넣는다.

<2> TIM_OC_Config() 함수 : TIM의 Output Compare 동작조건을 설정한다. 여기서는 TIM의 카운터 값 = 999 일 때 OC 인터럽트를 발생시켜 LED을 OFF하도록 같이 설정한다.

<3> HAL_TIM_PeriodElapsedCallback() : Timer의 TIM_Base 인터럽트가 발생하면 호출되는 Callback 함수이다.

<4> HAL_TIM_OC_DelayElapsedCallback() : Timer의 OC 인터럽트가 발생하면 호출되는 Callback 함수이다.

<5> HAL_GPIO_EXTI_Callbck() : SW가 눌러져서 EXTI가 발생하면 호출되는 Callback 함수이다.

<5-1> ~ <5-4> 프로그램 실행 중에 SW를 누르면 이에 대응하여 TIM_OCInit.Pulse 값을 다음과 같이 변경하여 준다.

① SW1이 눌러지면 : 채널1 과 채널2의 TIM_OCInit.Pulse = 9999로 변경하고
SW2이 눌러지면 : 채널1의 TIM_OCInit.Pulse = 2500로 변경
SW3이 눌러지면 : 채널2의 TIM_OCInit.Pulse = 5000로 변경
SW4이 눌러지면 : 채널2의 TIM_OCInit.Pulse = 1200로 변경

② 그 다음은 HAL_TIM_OC_ConfigChanne() 함수를 호출하여 변경사항을 적용시킨다. 그러면 LED가 Off되는 시간이 변화되며, 이에 따라, LED의 밝기가 변화한다.

8.5.5.4 프로그램 실행

소스 코드 작성이 완료되면 작성된 프로그램을 컴파일한 후에 실습 보드로 다운로드하여 프로그램을 실행한다. 실습 보드와 PC의 연결 방법, 예제 프로그램의 컴파일, 다운로드 방법 등은 [4.2절, 예제 프로그램의 실행 : 실습 보드]를 참조하기 바란다.

프로그램 실행시의 동작은 앞의 '예제 설명'에서 설명한 것과 동일하다.

참고

> 혹시 컴파일이나 다운로드가 에러 없이 성공했는데도 프로그램이 실행이 되지 않는 경우는 다음과 같이 하여본다.
> ① 실습 보드 내의 [리셋] 스위치를 눌러본다.
> ② 실습보드와 PC를 연결하는 USB 케이블을 뺐다가 다시 연결해본다.
> ③ 그래도 프로그램이 실행되지 않거나, 실행되어도 정상 동작을 하지 않으면 작성한 소스 코드가 틀리게 작성되었을 가능성이 크므로 소스 코드를 확인해 보기 바란다.

8.5.6 TIM 예제 6 : PWM 출력 모드를 이용한 LED의 밝기 제어(PWM 출력핀을 직접 이용)

8.5.6.1 예제 설명

[TIM 예제 6 : Nucleo-F103 확장보드 및 Nucleo-F429 확장보드] TIM을 이용하며 PWM 신호를 발생시킬 수도 있다. 그리고 STM32F 시리즈의 MCU는 이렇게 발생되는 PWM 신호를 외부로 출력할 수 있는 GPIO 핀을 가지고 있다. GPIO 핀 중에서 PA6의 대체기능(alternate function)을 이용하면 TIM3의 Channel 1의 출력을 외부로 내보내는 것이 가능하다.

이 예제는 TIM3의 Channel 1에서 듀티 비(duty ratio)가 변화하는 PWM 출력을 발생시키고, 이것을 GPIO 핀 PA6를 이용하여 외부로 내보내어 LED의 밝기를 제어하는 예제이다. TIM3을 업 카운터와 PWM 모드로 동작시켜 LED를 On/Off 한다. 이 동작은 TIM 예제 4와 유사하다.

TIM 예제 4와 다른 점은 다음과 같다 : LED On/Off의 신호가 PWM핀(PA6)으로 직접 출력된다. 이에 따라 LED 밝기가 다음과 같이 변화한다.

> <u>프로그램 실행시</u> : `TIM_OCInit.Pulse = 9999`로 설정됨 (LED가 가장 어둡다)
> - SW1이 눌러지면 : `TIM_OCInit.Pulse =  999`로 변경 (LED가 가장 밝아진다)
> - SW2이 눌러지면 : `TIM_OCInit.Pulse = 2999`로 변경 (LED가 조금 밝아진다)
> - SW3이 눌러지면 : `TIM_OCInit.Pulse = 4999`로 변경 (LED가 조금 어두워진다)
> - SW4이 눌러지면 : `TIM_OCInit.Pulse = 9999`로 변경 (LED가 가장 어두워진다)

[Nucleo-F103 확장보드 및 Nucleo-F429 확장보드 : 예제 수행을 위한 회로도]

〈그림 8-5-1〉은 실습보드의 TIM3의 channel 1 핀(PA6)을 나타낸다. 이 그림을 보면 PA6는 Nucleo-F103 확장보드는 CN5번 커넥터, Nucleo-F429 확장보드는 CN7번 커넥터에 연

결되어 있음을 알 수 있다. 따라서 TIM3의 channel 1 핀(PA6)을 이용하여 LED를 On/Off 하려면 LED를 CN5, CN7번 커넥터의 해당 핀에 〈그림 8-5-2〉와 같이 연결해 주어야 한다.

참고

실습보드 I/O 핀의 출력 전압은 3.3V이므로 LED 구동시에 전압 강하용 저항을 추가로 설치하지 않아도 된다.

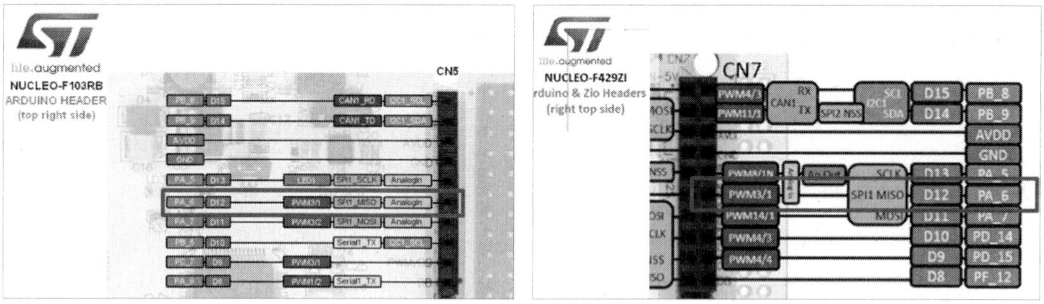

(a) Nucleo-F103 확장보드　　　(b) Nucleo-F429 확장보드

△ **그림 8-5-1** 실습보드의 TIM3의 channel 1 핀(PA6)의 회로도

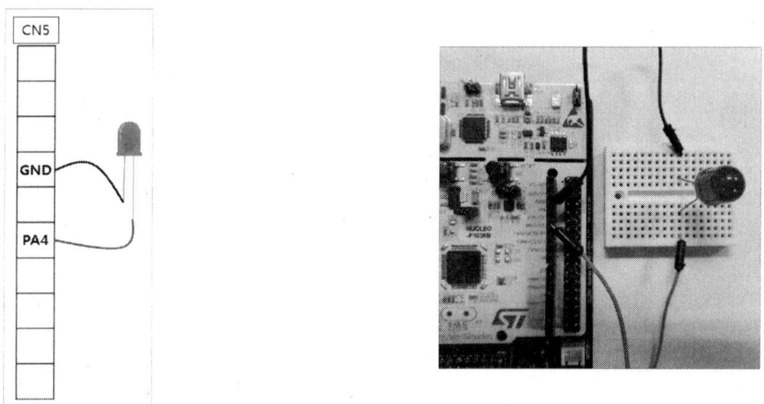

(a) LED 연결용 회로도　　　(b) 핀(PA6)에 LED를 연결한 모습

△ **그림 8-5-2** 예제 수행을 위한 LED 회로의 구성 (Nucleo-F103 확장보드)

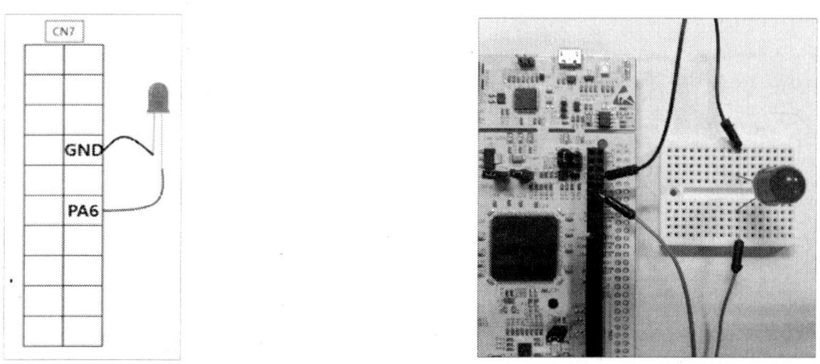

(a) LED 연결용 회로도　　　(b) CN7의 핀(PA6)에 LED를 연결한 모습

△ **그림 8-5-3** 예제 수행을 위한 LED 회로의 구성 (NUCLEO-F429ZI 보드)

참고

<그림 8-5-3>의 (b)의 경우 Nucleo-F429 확장보드에서 I/O 보드를 빼고 LED 연결을 한다.

8.5.6.2 소스코드 작성

1) Nucleo-F103 확장보드의 경우

Nucleo-F103 확장보드를 이용하는 경우는 다음과 같이 소스 코드를 작성한다.

- 폴더 명 : [Examples_Nucleo F103] - [TIM] - [TIM 6_F103] - [MDK-ARM]
- 위의 폴더에 있는 [Project.uvprojx] 파일을 더블클릭하여 실행한다.

2) Nucleo-F429 확장보드의 경우

Nucleo-F429 확장보드를 이용하는 경우는 다음과 같이 소스 코드를 작성한다.

- 폴더 명 : [Examples_Nucleo F429] - [TIM] - [TIM 6_F429] - [MDK-ARM]
- 위의 폴더에 있는 [Project.uvprojx] 파일을 더블클릭하여 실행한다.

3) 파일이 열리면 [Example/User] 폴더 내의 [main.c] 파일을 더블클릭하여 연 후에 아래와 같이 소스 코드를 작성한다.

[main. c]

```
#include "main.h"
#include "Nucleo_F103.h"              // Nucleo-F103 확장보드용 헤더 파일
//#include "Nucleo_F429.h"            // Nucleo-F429 확장보드용 헤더 파일

// -- <1> 주변장치 초기화용 구조체
GPIO_InitTypeDef             GPIO_Init;
extern TIM_HandleTypeDef     TimHandle;
extern TIM_OC_InitTypeDef    TIM_OCInit;

// ---------------------------------------------------------------------------- //

int main(void)
{
    HAL_Init();
    SystemClock_Config();

    // -- <2> GPIOA의 클럭을 enable
    __HAL_RCC_GPIOA_CLK_ENABLE();
      // -- <3>  TIM3의 channel 1 핀(PA6)의 동작 조건을 설정
    GPIO_Init.Pin   = GPIO_PIN_6;                    // GPIO에서 사용할 PIN 설정
    GPIO_Init.Mode  = GPIO_MODE_AF_PP;               // Output Push-Pull 모드
    GPIO_Init.Pull  = GPIO_PULLUP;                   // Pull Up 모드
    GPIO_Init.Speed = GPIO_SPEED_FREQ_HIGH;          // 동작속도를 HIGH로
```

```
    // GPIO_Init.Alternate = GPIO_AF2_TIM3;      // Nucleo-F429 확장보드 구동 시 주석을 풀고 사용

    // -- <4> GPIOA를 GPIO_Init에 설정된 조건으로 초기화함
    HAL_GPIO_Init(GPIOA, &GPIO_Init);

    LED_Config();
    SwEXTI_Config();
    // -- <5> Timer의 초기설정용 함수를 호출
    TIM3_Config(0,9999);
    // -- <6> Timer PWM의 초기설정용 함수를 호출
    TIM_PWM_Poll_Config(9999);

    LED_OnOff(GPIO_PIN_LedAll, 500);

    while (1)  { }
}

// ------------------------------------------------------------------------------- //
// -- <7> EXTI 인터럽트로 TIM PWM 설정 조건을 변경
void HAL_GPIO_EXTI_Callback(uint16_t GPIO_PIN)
{
    // -- <7-1> SW1 ~ SW4가 눌러지면 TIM_OCInit.Pulse 값을 변경
    if ( GPIO_PIN == GPIO_PIN_Sw1)    TIM_OCInit.Pulse= 999;

    if ( GPIO_PIN == GPIO_PIN_Sw2)    TIM_OCInit.Pulse= 2999;

    if ( GPIO_PIN == GPIO_PIN_Sw3)    TIM_OCInit.Pulse= 4999;

    if ( GPIO_PIN == GPIO_PIN_Sw4)    TIM_OCInit.Pulse= 9999;

    // -- <7-2> TIM PWM의 Channel을 TIM_OCInit에 설정된 값으로 초기화 함
    HAL_TIM_PWM_ConfigChannel(&TimHandle, &TIM_OCInit, TIM_CHANNEL_1);

    // -- <7-3> TIM PWM를 동작함
    HAL_TIM_PWM_Start(&TimHandle,TIM_CHANNEL_1);
}
```

4) 인터럽트의 사용을 위해서는 인터럽트 발생시에 처리되어야하는 동작이 정의되어 있는 인터럽트 핸들러(handler) 함수의 작성이 필요하다. 인터럽트 핸들러 함수작성은 TIM 예제 1과 동일하다.

[stm32f1xx_it.c], 또는 [stm32f4xx_it.c]

```
TIM 예제 1과 동일함
```

8.5.6.3 소스코드 설명

* 소스 코드의 설명에 붙어있는 번호는 (예 : 〈1〉, 〈2〉 등)은 앞 절의 소스 코드내에 붙어있는 번호와 동일하다.

[main. c]

<1> GPIO의 초기화를 위하여 구조체 GPIO_InitTypeDef 형의 변수 GPIO_Init를 선언한다.

<2> 추가 LED용 GPIO의 클럭을 enable한다.

<3> 추가 LED(TIM3의 channel 1 핀 : PA6)의 동작 조건을 설정하기 위해 구조체 변수 GPIO_Init의 멤버인 GPIO_Init.Pin, GPIO_Init.Mode, GPIO_Init.Pull, GPIO_Init.Speed 의 값을 설정한다. LED는 동작 조건이 Output Push-Pull 모드, Pull Up 사용, 동작속도를 HIGH로 설정한다.

```
GPIO_Init_Struct.Pin   = GPIO_PIN_6;                // GPIO에서 사용할 PIN 설정
GPIO_Init_Struct.Mode  = GPIO_MODE_OUTPUT_PP;       // Output Push-Pull 모드
GPIO_Init_Struct.Pull  = GPIO_PULLUP;               // Pull Up 사용
GPIO_Init_Struct.Speed = GPIO_SPEED_FREQ_HIGH;      // 동작속도를 HIGH로
```

<4> HAL_GPIO_Init() : GPIO를 위에서 설정된 동작조건으로 초기화하기 위해 이 함수를 호출한다.

<5> TIM3_Config(0 , 9999) 함수 : Timer3의 초기설정용 함수이다. 최고의 타이머 주파수를 얻기 위해 첫 번째 인자에는 TIM_Prescaler 값을 0으로 넣는다.

<6> TIM_PWM_Poll_Config() : TIM PWM을 폴링(polling)으로 설정한다. TIM PWM의 Channel을 TIM_OCInit에 설정된 값으로 초기화하고 TIM PWM을 동작시키며 설정조건이 되면 PWM을 발생시킨다.

<7> HAL_GPIO_EXTI_Callback() : SW가 눌러져서 EXTI가 발생하면 호출되는 Callback 함수이다.

<7-1> 프로그램 실행 중에 SW를 누르면 이에 대응하여 TIM_OCInit.Pulse 값을 다음과 같이 변경하여 준다.

SW1이 눌러지면 : TIM_OCInit.Pulse = 9999로 변경 (LED가 가장 밝아진다)
SW2이 눌러지면 : TIM_OCInit.Pulse = 4999로 변경 (LED가 조금 밝아진다)
SW3이 눌러지면 : TIM_OCInit.Pulse = 2999로 변경 (LED가 조금 어두워진다)
SW4이 눌러지면 : TIM_OCInit.Pulse = 999로 변경 (LED가 가장 어두워진다)

<7-2> HAL_TIM_PWM_ConfigChannel() 함수 : 함수를 호출하여 변경사항을 적용시킨다.

<7-3> HAL_TIM_PWM_Start() 함수 : TIM PWM을 발생시킨다.

8.5.6.4 프로그램 실행

소스 코드 작성이 완료되면 작성된 프로그램을 컴파일한 후에 실습 보드로 다운로드하여 프로그램을 실행한다. 실습 보드와 PC의 연결 방법, 예제 프로그램의 컴파일, 다운로드 방법 등은 [4.2절, 예제 프로그램의 실행 : 실습 보드]를 참조하기 바란다.

프로그램 실행시의 동작은 앞의 '예제 설명'에서 설명한 것과 동일하다.

참고

혹시 컴파일이나 다운로드가 에러 없이 성공했는데도 프로그램이 실행이 되지 않는 경우는 다음과 같이 하여본다.

① 실습 보드 내의 [리셋] 스위치를 눌러본다.

② 실습보드와 PC를 연결하는 USB 케이블을 뺐다가 다시 연결해본다.

③ 그래도 프로그램이 실행되지 않거나, 실행되어도 정상 동작을 하지 않으면 작성한 소스 코드가 틀리게 작성되었을 가능성이 크므로 소스 코드를 확인해 보기 바란다.

8.5.7 TIM 예제 7 : PWM 출력 모드를 이용한 LED의 밝기 제어(PWM 출력핀이 없는 경우 – PWM 인터럽트를 이용하여 GPIO 핀을 On/Off)

이 예제는 외부에서 PWM 출력핀을 사용할 수 없는 경우(즉, MCU 보드의 출력핀에 PWM 출력이 나와있지 않는 경우) 에 PWM 인터럽트를 이용하여 GPIO를 On/Off하는 방법이다. 이 방법은 [TIM 예제 3 : 업 카운터와 OC 모드]와 소스코드의 구성이 비슷하다.

8.5.7.1 예제 설명

[TIM 예제 7 : Nucleo-F103 확장보드 및 Nucleo-F429 확장보드] 이 예제는 TIM2를 업 카운터와 PWM 모드로 동작시켜 LED를 On/Off 시키는 예제이다. 이 예제는 TIM의 OC 기능을 사용하는 [TIM 예제 3]과 전체적인 구성이 비슷하다.

a) LED 1~8 의 ON : 업 카운터를 이용하여 LED1 ~ LED8를 On 시켜준다.

b) LED 1~8 의 OFF : PWM 모드에서 TIM_OCInit 구조체 변수의 TIM_OCInit.Pulse의 설정값이 업 카운터의 카운팅값과 일치할 때 PWM 인터럽트가 발생한다. 그러면 이때마다 PWM 인터럽트 콜백함수인 HAL_TIM_PWM_PulseFinishedCallback가 호출되며, 이 함수에서 LED1 ~ LED8를 Off 시켜준다.

참고

> PWM 출력은 타이머의 채널 핀(TIMx_CHx)으로 나오게 된다. 그러나 실습보드의 LED 핀 8개는 타이머의 채널이 연결되어 있지 않아 LED로는 PWM 출력을 직접 볼 수가 없다. 따라서, PWM 인터럽트 콜백함수인 TIM_PWM_PulseFinishedCallback() 함수를 이용하여 LED을 On/Off 시킨다.

8.5.7.2 소스코드 작성

1) Nucleo-F103 확장보드의 경우

Nucleo-F103 확장보드를 이용하는 경우는 다음과 같이 소스 코드를 작성한다.

- 폴더 명 : [Examples_Nucleo F103] – [TIM] – [TIM 7_F103] – [MDK-ARM]
- 위의 폴더에 있는 [Project.uvprojx] 파일을 더블클릭하여 실행한다.

2) Nucleo-F429 확장보드의 경우

Nucleo-F429 확장보드를 이용하는 경우는 다음과 같이 소스 코드를 작성한다.

- 폴더 명 : [Examples_Nucleo F429] – [TIM] – [TIM 7_F429] – [MDK-ARM]
- 위의 폴더에 있는 [Project.uvprojx] 파일을 더블클릭하여 실행한다.

3) 파일이 열리면 [Example/User] 폴더 내의 [main.c] 파일을 더블클릭하여 연 후에 다음과 같이 소스 코드를 작성한다.

[main.c]

```
#include "main.h"
#include "Nucleo_F103.h"     // Nucleo-F103 확장보드용 헤더 파일
//#include "Nucleo_F429.h"   // Nucleo-F429 확장보드용 헤더 파일

// TimHandler, TIM_OCInit 변수를 외부정의 변수로 선언
extern TIM_HandleTypeDef     TimHandle;
extern TIM_OC_InitTypeDef    TIM_OCInit;

// ------------------------------------------------------------------------------ //

int main(void)
{

    HAL_Init();
    SystemClock_Config();

    LED_Config();
    SwEXTI_Config();
    TIM2_Config(6399,9999);          // Nucleo-F103 확장보드일 경우
    // TIM2_Config(6399,9999);       // Nucleo-F429 확장보드일 경우
    // -- <1> Timer PWM의 초기설정용 함수를 호출
    TIM_PWM_IT_Config(999);

    LED_OnOff(GPIO_PIN_LedAll, 500);

    while (1)  { }
}

// ------------------------------------------------------------------------------ //
// -- <2> TIM 인터럽트 TIM_BASE 인터럽트 Callback 함수
void HAL_TIM_PeriodElapsedCallback(TIM_HandleTypeDef *htim)
{
    HAL_GPIO_WritePin(GPIONucleo, GPIO_PIN_All, GPIO_PIN_SET );
    HAL_GPIO_WritePin(GPIOExt, GPIO_PIN_All, GPIO_PIN_SET );

}
// -- <3> TIM 인터럽트 TIM PWM 인터럽트 callback 함수
void HAL_TIM_PWM_PulseFinishedCallback(TIM_HandleTypeDef *htim)
{
    HAL_GPIO_WritePin(GPIONucleo, GPIO_PIN_All, GPIO_PIN_RESET );
    HAL_GPIO_WritePin(GPIOExt, GPIO_PIN_All, GPIO_PIN_RESET );
}
```

4) 인터럽트의 사용을 위해서는 인터럽트 발생시에 처리되어야하는 동작이 정의되어 있는 인터럽트 핸들러(handler) 함수의 작성이 필요하다. 인터럽트 핸들러 함수작성은 TIM 예제 1과 동일하다.

[stm32f1xx_it.c] , 또는 [stm32f4xx_it.c]

```
TIM 예제 1과 동일함
```

8.5.7.3 소스 코드 설명

* 소스 코드의 설명에 붙어있는 번호는 (예 : 〈1〉, 〈2〉 등)은 앞 절의 소스 코드내에 붙어 있는 번호와 동일하다.

[main.c]

<1> TIM_PWM_IT_Config() : TIM PWM을 인터럽트(Interrupt)로 설정한다. TIM PWM의 Channel을 TIM_OCInit에 설정된 값으로 초기화하고 TIM PWM을 동작시키며 설정조건이 되면 PWM을 발생시킨다.
<2> TIM_BASE 인터럽트 Callback 함수이며 업 카운터를 이용하여 LED1 ~LED8을 ON 시켜준다.
<3> TIM PWM 인터럽트 Callback 함수이며 TIM_OCInit.Pulse의 설정값이 업 카운터의 카운팅값과 일치할 때 PWM 인터럽트가 발생한다. 그러면 이때마다 PWM 인터럽트 콜백함수인 HAL_TIM_PWM_PulseFinishedCallback가 호출되며, 이 함수에서 LED1 ~ LED8를 Off 시켜준다.

8.5.7.4 프로그램 실행

소스 코드 작성이 완료되면 작성된 프로그램을 컴파일한 후에 실습 보드로 다운로드하여 프로그램을 실행한다. 실습 보드와 PC의 연결 방법, 예제 프로그램의 컴파일, 다운로드 방법 등은 [4.2절, 예제 프로그램의 실행 : 실습 보드]를 참조하기 바란다.

프로그램 실행시의 동작은 앞의 '예제 설명'에서 설명한 것과 동일하다.

참고

혹시 컴파일이나 다운로드가 에러 없이 성공했는데도 프로그램이 실행이 되지 않는 경우는 다음과 같이 하여본다.
① 실습 보드 내의 [리셋] 스위치를 눌러본다.
② 실습보드와 PC를 연결하는 USB 케이블을 뺐다가 다시 연결해본다.
③ 그래도 프로그램이 실행되지 않거나, 실행되어도 정상 동작을 하지 않으면 작성한 소스 코드가 틀리게 작성되었을 가능성이 크므로 소스 코드를 확인해 보기 바란다.

09 AD 변환기를 이용한 가변 저항값 읽어오기

9.1 AD 변환기의 구조 및 기능

9.1.1 AD 변환기의 구조

9.1.1.1 개요

AD 변환기(ADC : Analog to Digital Converter)는 입력되는 아날로그 전압 신호를 디지털 신호로 변환하여 출력하는 장치이다. Nucleo-F103 확장보드에 사용되는 STM32F103RB는 2개, Nucleo-F429 확장보드에 사용되는 STM32F429ZI는 3개의 12비트 AD 변환기를 내장하고 있다. 12비트 변환기이므로 표현할 수 있는 값의 범위는 0x000~0xFFF까지이다. 그리고 각각의 STM32F103C8의 ADC는 16개의 채널을, STM32F429ZI의 ADC는 24개의 채널을 가지므로 각각 16개 또는 24개의 서로 다른 외부 입력과의 연결이 가능하다. 그리고 각 채널은 단일(single) 모드, 연속(continous) 모드, 스캔(scan) 모드 및 비연속(discontinous) 모드로 동작이 가능하다. 2개의 AD 변환기는 각각 독립적으로 동작하거나, 서로 연동하여 동작이 가능하다.

> **참고**
> AD 변환기(Analog to Digital Converter)를 ADC라고 표기하기도 한다.

9.1.1.2 주요 특징

AD 변환기의 주요 특징은 다음과 같다.

- 12비트의 분해능(resolution)
- 변환 종료 시 또는 아날로그 워치독 이벤트 발생 시에 인터럽트가 발생함
- 단일 또는 연속 변환 모드
- 스캔 모드에서는 채널 0부터 n까지 자동 변환이 가능
- AD 변환 시간
  - STM32F103xx performance line : 1μs(56MHz 동작시), 1.17μs(72MHz 동작시)
  - STM32F101xx access line : 1μs(28MHz 동작시), 1.55μs(36MHz 동작시)

- STM32F102xx USB access line : 1.2μs(48MHz 동작시)
- STM32F105xx and STM32F107xx : 1μs(56MHz 동작시), 1.17μs(72MHz 동작시)

• ADC 공급 전압 요구사항 : Full speed 상황에서 2.4V ~ 3.6V, Slow speed 상황에서 1.8V 이하

• ADC input 범위 : Vref−(Vssa에 연결됨)에서 Vref+(Vdda에 연결됨 또는 외부 전압 사항)

9.1.1.3 AD 변환기의 구성

〈그림 9-1-1〉은 AD 변환기의 구성도를 나타낸다. 이 구성도의 중앙에 위치한 'Analog to Digital Converter'가 외부의 아날로그 입력을 디지털로 변환해 주는 장치이다. AD 변환기의 내부에는 2개 채널(Regular channel, Injected channel)의 변환 모듈이 있다. 변환된 데이터는 2개의 데이터 레지스터(Regular data register, Injected data register)에 저장되어 어드레스/데이터 버스를 통해 MCU의 내부로 전달된다.

외부의 아날로그 입력은 ADCx_IN0 ~ ADCx_IN15의 16개 핀을 통해 입력된다. 외부 인터럽트 입력 EXTI_11과 EXTI_15는 AD 변환을 시작하는 트리거 신호의 입력 핀으로 사용된다.

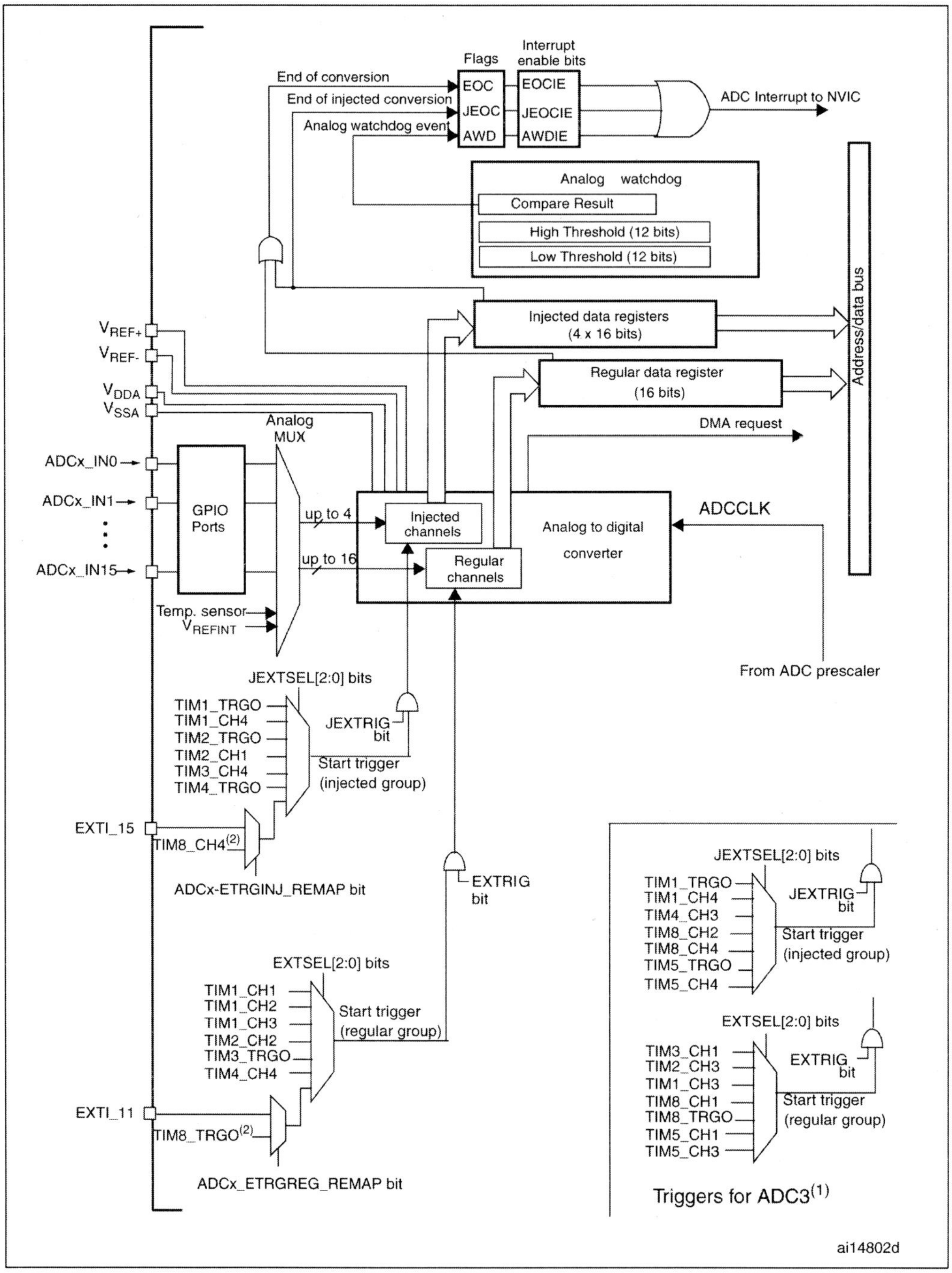

△ **그림 9-1-1** AD 변환기의 구성도

그리고 다음의 〈표 9-1-1〉은 외부입력 핀에 대한 설명을 나타낸다.

▼ **표 9-1-1** AD 변환기의 외부 입력 핀

Name	Signal type	Remarks
V_{REF+}	Input, analog reference positive	The higher/positive reference voltage for the ADC, $2.4V \leq V_{REF+} \leq V_{DDA}$
V_{DDA}[1]	Input, analog supply	Analog power supply equal to V_{DD} and $2.4V \leq V_{DDA} \leq 3.6V$
V_{REF-}	Input, analog reference negative	The lower/negative reference voltage for the ADC, $V_{REF-} = V_{SSA}$
V_{SSA}[1]	Input, analog supply ground	Ground for analog power supply equal to V_{SS}
ADCx_IN[15:0]	Analog signals	16 analog channels

9.1.2 주요 기능

9.1.2.1 채널의 변환 순서

외부입력을 받는 16개 채널의 변환순서를 지정하기 위한 방법으로는 다음과 같은 2가지가 있다.

- 레귤러 그룹(Regular group)을 이용 : ADC내에는 1개의 16비트 레귤러 데이터 레지스터가 있는데 이를 이용하면 채널의 변환순서를 16개까지 지정할 수 있다. 주로 ADC를 이 방법으로 많이 사용한다.
- 인젝티드 그룹(Injected group)을 이용 : ADC내에는 4개의 16비트 인젝티드 데이터 레지스터가 있는데 이를 이용하면 채널의 변환순서를 4개까지 지정할 수 있다. 인젝티드 그룹은 레귤러 그룹보다는 우선순위가 높다.

9.1.2.2 단일(Single) 변환 모드

단일 변환 모드에서 AD 변환기는 변환을 1번만 수행한다. ADC_CR2 레지스터의 CONT 비트를 0으로 두면 단일 변환 모드로 설정된다. 그리고 ADC_CR2 레지스터의 ADON 비트가 설정되거나(레귤러 그룹의 경우) 또는 외부 트리거 입력이 인가되면(인젝티드 및 레귤러 그룹의 경우) 변환이 시작된다.

9.1.2.3 연속(Continous) 변환 모드

연속 변환 모드에서 AD 변환기는 하나의 변환이 완료되면 바로 다음의 변환을 시작한다. ADC_CR2 레지스터의 CONT 비트를 1로 두면 연속 변환 모드로 설정된다. 그리고 ADC_CR2 레지스터의 ADON 비트가 설정되거나 또는 외부 트리거 입력이 인가되면 변환이 시작된다.

9.1.2.4 동작 타이밍 선도

<그림 9-1-2>는 AD 변환기의 동작 타이밍 선도를 나타낸다. AD 변환기는 전원 공급 후 제대로 동작하기 위해서는 t_{STAB}만큼의 안정화(stabilization) 시간이 필요하다. 변환 시작 신호가 주어진 후 14클럭 사이클이 지나면 변환이 완료되어 변환 값이 16비트의 ADC 데이터 레지스터에 저장되고 EOC(End Of Completion) 플래그가 설정된다.

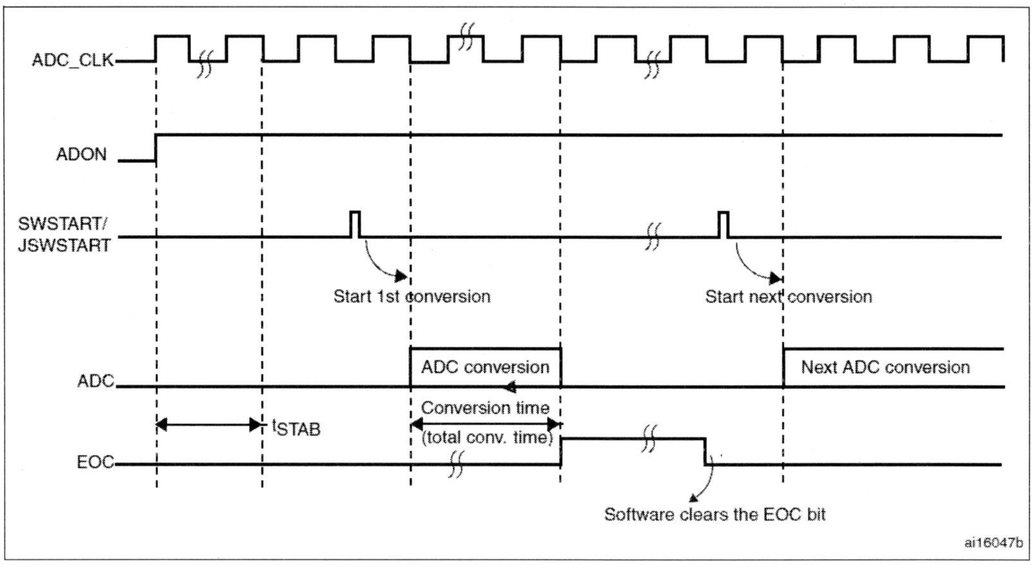

△ **그림 9-1-2** AD 변환기의 동작 타이밍 선도

9.1.2.5 스캔(Scan) 모드

스캔 모드는 채널 그룹 내의 모든 채널들을 순서대로 스캔하여 변환하는 모드이다. ADC_CR1 레지스터의 SCAN 비트를 1로 두면 스캔 모드로 설정된다. 이 모드에서는 채널 그룹(인젝티드 그룹 또는 레귤러 그룹)에 포함된 모든 채널들이 미리 정해진 순서를 따라 변환된다. 연속 변환 모드인 경우는 스캔 모드의 동작이 연속적으로 일어나게 된다.

9.1.2.6 비연속 모드

비연속 모드는 채널 그룹 내의 일부 채널을 미리 정해진 순서대로 변환하는 모드이다. 외부 트리거 신호가 입력되면 n개(n <=8) 채널의 변환만 이루어진다. 다시 외부 트리거 신호가 입력되면 다음의 n개의 변환이 이루어지며, n개가 되지 않더라도 정해진 변환 순서의 끝이 되면 그대로 종료된다.

(변환의 예) n = 3이고, 채널의 변환 순서 = 0, 1, 2, 3, 6, 7, 9, 10일 경우

– 1번째 트리거 입력 : 채널 0, 1, 2가 변환됨

– 2번째 트리거 입력 : 채널 3, 6, 7이 변환됨

- 3번째 트리거 입력 : 채널 9, 10이 변환되고 변환 종료(EOC) 이벤트 발생
- 4번째 트리거 입력 : 다시 채널 0, 1, 2가 변환됨
- 이 후는 동일한 방식의 동작이 반복됨

9.1.2.7 데이터 정렬

AD 변환기의 데이터 레지스터에 데이터를 저장하기 위한 정렬 방식에는 오른쪽 정렬(Right aligned)과 왼쪽 정렬(Left aligned) 방식의 두 가지 방법이 있다. 〈그림 9-1-3〉은 데이터 정렬 방식을 보여주고 있다.

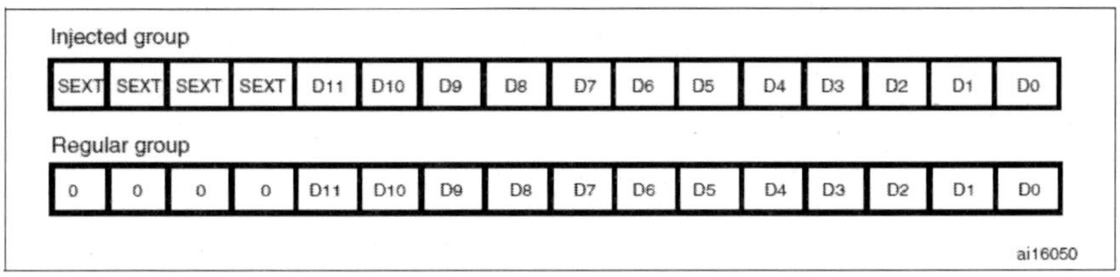

(a) 오른쪽 정렬

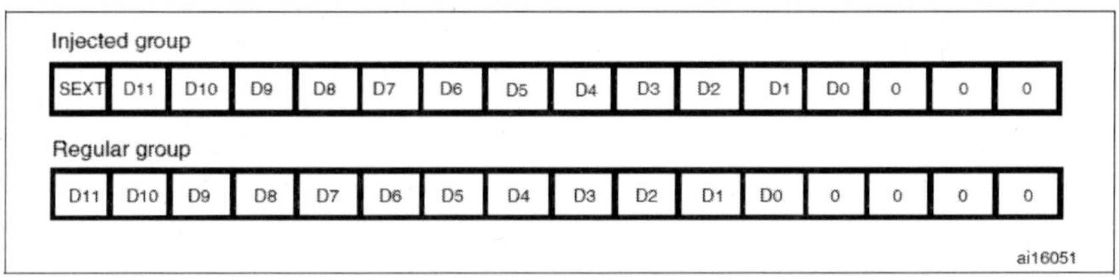

(b) 왼쪽 정렬

△ **그림 9-1-3** 데이터 레지스터의 정렬 방식

AD 변환기는 12비트이므로 오른쪽 정렬의 경우, 인젝티드 그룹은 최상위 비트 4개가 SEXT라는 값으로 설정된다. SEXT는 변환 결과가 음수인가 양수인가에 대한 부호를 나타내는 값이다. 레귤러 그룹의 경우는 최상위 비트 4개가 모두 0으로 설정된다. 왼쪽 정렬의 경우, 인젝티드 그룹은 최상위 비트 1개가 SEXT로 설정되며 최하위 비트 3개는 0으로 설정된다. 레귤러 그룹의 경우는 최하위 비트 4개가 모두 0으로 설정된다.

9.1.2.8 외부 트리거에 의한 변환 시작

ADC 컨트롤 레지스터2(ADC_CR2)의 EXTSEL[2:0] 비트를 설정을 하면 레귤러 채널에 대하여 외부 트리거 신호에 의한 변환 시작이 가능하다.

9.1.2.9 ADC 인터럽트

tAD 변환이 완료된 경우는 인터럽트가 발생한다. ADC1과 ADC2의 인터럽트는 동일한 인터럽트 벡터를 가지며 ADC3은 이와는 다른 인터럽트 벡터를 가진다.

9.2 AD 변환기 관련 HAL 드라이버

9.2.1 ADC 설정용 구조체

9.2.1.1 구조체의 종류

ADC의 동작조건을 설정하기 위한 구조체는 다음과 같다.

- ADC_InitTypeDef
  - ADC의 초기 설정을 위한 구조체
- ADC_ChannelConfTypeDef
  - ADC의 채널 설정을 위한 구조체
- ADC_AnalogWDGConfTypeDef
  - ADC의 아날로그 워치독(analog watchdog) 설정을 위한 구조체
- ADC_HandleTypeDef
  - ADC의 핸들 설정을 위한 구조체

9.2.1.2 주요 구조체의 상세 설명

다음은 ADC 설정용 구조체중에서 중요한 구조체에 대한 상세설명을 나타낸다. 나머지 구조체에 대한 자세한 설명은 ST사의 [HAL 드라이버 User Manual]을 참조하기 바란다.

ADC_InitTypeDef

ADC의 초기 설정을 위한 구조체이며 stm32f1xx_hal_adc.h에 정의되어 있다.

[데이터 형]

- uint32_t DataAlign
- uint32_t ScanConvMode
- uint32_t ContinuousConvMode
- uint32_t NbrOfConversion
- uint32_t DiscontinuousConvMode
- uint32_t NbrOfDiscConversion
- uint32_t ExternalTrigConv

[데이터 형의 설명]

- DataAlign : ADC의 데이터 정렬 방법(right 또는 left)을 설정한다. 이 파라미터는 다음 값을 가질 수 있다.
  - ADC_DATAALIGN_RIGHT
  - ADC_DATAALIGN_LEFT
- ScanConvMode : 레귤러와 인젝티드 그룹의 시퀀서(Sequencer)들을 설정한다. 이 파라미터는 다음 값을 가질 수 있다.
  - ADC_SCAN_DISABLE
  - ADC_SCAN_ENABLE

참고

1. ADC_SCAN_DISABLE 로 설정된 경우 : Single 모드에서 변환이 수행된다. (즉, 1개의 채널이 변환됨, rank 1로 정의). 이 경우 파라미터 'NbrOfConversion' '와 'InjectedNbrOfConversion'는 무시된다.
2. ADC_SCAN_ENABLE 로 설정된 경우 : sequence 모드에서 변환이 수행된다. 변환 순서는 미리 설정된 순서에 따른다. (즉, NbrOfConversion과 InjectedNbrOfConversion에 의해 정의된 다수 rank 정의와 각 채널 rank). Scan 방향은 rank 1부터 rank 'n' 순이다.

참고

1. 레귤러 그룹인 경우 : 이 파라미터는 폴링(HAL_ADC_Start with Discontinuous mode, and NbrOfDiscConversion=1) 또는 DMA((HAL_ADC_Start_DMA) 방식으로 인에이블 되어야한다. 인터럽트(HAL_ADC_Start_IT) 방식으로 인에이블하면 안된다.
2. Scan 모드인 경우 : 인터럽트는 시퀀스의 마지막 변환으로만 트리거된다. (interruption is triggered only on the the last conversion of the sequence)

- **ContinuousConvMode** : 레귤러 그룹의 경우 변환이 single 모드(변환을 1번만 함)인지, 또는 continuous 모드인지를 설정한다.이 파라미터는 다음 값을 가질 수 있다.

  ENABLE
  DISABLE
- **NbrOfConversion** : 레귤러 그룹 시퀀서(Sequencer)가 몇 개의 채널을 변환할 것인지 rank의 값을 정한다. 이 파라미터는 Min_Data = 1부터 Max_Data = 16 사이의 값을 가질 수 있다.
- **DiscontinuousConvMode** : 레귤러 그룹의 변환 순서가 Complete-sequence인지 Discontinuous-sequence인지 설정한다. 이 파라미터는 다음 값을 가질 수 있다.

  ENABLE
  DISABLE

참고 Discontinuous 모드는 ScanConvMode가 인에이블로 설정된 경우만 사용가능하다.
그리고 Discontinuous 모드는 Continuous 모드가 디스에이블(비활성화)로 설정된 경우만 사용가능하다.

- **NbrOfDiscConversion** : Discontinuous 변환의 순번을 정한다. 이 파라미터는 Min_ Data = 1부터 Max_Data = 8 사이의 값을 가질 수 있다.

참고 DiscontinuousConvMode를 비활성화 하면 'NbrOfDiscConversion'의 설정값은 무시된다.

- **ExternalTrigConv** : 레귤러 그룹의 변환을 트리거 하는데 사용되는 외부 이벤트를 선택한다. 이 파라미터는 다음 값을 가질수 있다. ADC_SOFTWARE_START로 설정하면 외부 트리거가 무시된다. 외부 트리거를 설정한 경우, 트리거는 상승 에지가 된다.

  ADC_SOFTWARE_START
  ADC_EXTERNALTRIGCONV_T1_CC1
  ADC_EXTERNALTRIGCONV_T1_CC2
  ADC_EXTERNALTRIGCONV_T2_CC2
  ADC_EXTERNALTRIGCONV_T3_TRGO
  ADC_EXTERNALTRIGCONV_T4_CC4
  ADC_EXTERNALTRIGCONV_EXT_IT11
  ADC_EXTERNALTRIGCONV_T2_CC3
  ADC_EXTERNALTRIGCONV_T2_CC3
  ADC_EXTERNALTRIGCONV_T3_CC1
  ADC_EXTERNALTRIGCONV_T5_CC1
  ADC_EXTERNALTRIGCONV_T5_CC3
  ADC_EXTERNALTRIGCONV_T8_CC1
  ADC_EXTERNALTRIGCONV_T1_CC3
  ADC_EXTERNALTRIGCONV_T8_TRGO

ADC_ChannelConfTypeDef

ADC의 채널 설정을 위한 구조체이며 stm32f1xx_hal_adc.h에서 정의되어 있다.

[데이터 형]

- uint32_t Channel
- uint32_t Rank
- uint32_t SamplingTime

[데이터 형의 설명]

- Channel : 레귤러 그룹의 경우 설정을 할 채널을 정한다. 이 파라미터는 다음 값을 가질수 있다.

ADC_CHANNEL_0 ADC_CHANNEL_1 ADC_CHANNEL_2
ADC_CHANNEL_3 ADC_CHANNEL_4 ADC_CHANNEL_5
ADC_CHANNEL_6 ADC_CHANNEL_7 ADC_CHANNEL_8
ADC_CHANNEL_9 ADC_CHANNEL_10 ADC_CHANNEL_11
ADC_CHANNEL_12 ADC_CHANNEL_13 ADC_CHANNEL_14
ADC_CHANNEL_15 ADC_CHANNEL_16 ADC_CHANNEL_17
ADC_CHANNEL_TEMPSENSOR ADC_CHANNEL_VREFINT

- Rank : 레귤러 그룹의 시퀀서의 랭크 순서(채널의 변환 순서)를 설정한다. 이 파라미터는 다음 값을 가질 수 있다.

ADC_REGULAR_RANK_1 ADC_REGULAR_RANK_2 ADC_REGULAR_RANK_3
ADC_REGULAR_RANK_4 ADC_REGULAR_RANK_5 ADC_REGULAR_RANK_6
ADC_REGULAR_RANK_7 ADC_REGULAR_RANK_8 ADC_REGULAR_RANK_9
ADC_REGULAR_RANK_10 ADC_REGULAR_RANK_11 ADC_REGULAR_RANK_12
ADC_REGULAR_RANK_13 ADC_REGULAR_RANK_14 ADC_REGULAR_RANK_15
ADC_REGULAR_RANK_16

참고 어떤 채널의 변환순서를 변경하고 싶은 경우는 그 채널의 변환순서를 새로운 값으로 설정하면 된다. (이 경우 이전의 설정값에 overwrite됨)

- SamplingTime : 샘플링 시간을 설정된다. 이 파라미터는 다음 값을 가질 수 있다.

ADC_SAMPLETIME_1CYCLE_5 : Sampling time 1.5 ADC clock cycle
ADC_SAMPLETIME_7CYCLES_5 : Sampling time 7.5 ADC clock cycles
ADC_SAMPLETIME_13CYCLES_5 : Sampling time 13.5 ADC clock cycles
ADC_SAMPLETIME_28CYCLES_5 : Sampling time 28.5 ADC clock cycles
ADC_SAMPLETIME_41CYCLES_5 : Sampling time 41.5 ADC clock cycles
ADC_SAMPLETIME_55CYCLES_5 : Sampling time 55.5 ADC clock cycles
ADC_SAMPLETIME_71CYCLES_5 : Sampling time 71.5 ADC clock cycles
ADC_SAMPLETIME_239CYCLES_5 : Sampling time 239.5 ADC clock cycles

ADC_HandleTypeDef

ADC의 핸들 설정을 위한 구조체이며 stm32f1xx_hal_adc.h에 정의되어 있다.

[데이터 형]

- ADC_TypeDef * Instance
- ADC_InitTypeDef Init
- __IO uint32_t NbrOfConversionRank
- DMA_HandleTypeDef * DMA_Handle

- HAL_LockTypeDef Lock
- __IO HAL_ADC_StateTypeDef State
- __IO uint32_t ErrorCode

[데이터 형의 설명]

- Instance : ADC 이름 (예 : ADC 1)
- Init : ADC의 초기 설정을 위한 ADC_Init Type Def 구조체
- NbrOfConversionRank : ADC conversion rank counter
- DMA_Handle : DMA Handler 포인터
- Lock : ADC locking object
- State : ADC의 통신상태
- ErrorCode : ADC 에러 코드

9.2.2 ADC 구동용 HAL 함수

9.2.2.1 ADC 구동용 HAL 함수의 종류

ADC를 구동하기 위한 HAL 함수는 다음과 같다.

참고

1. 아래에 설명된 함수 중에서 굵은(고딕)체로 된 것은 이 책의 예제에서 사용하는 함수를 나타낸다.
2. 이 장에서 설명하는 ADC 구동용 함수는 대부분이 ADC를 레귤러(regular) 그룹으로 구동하는 함수이다. 인젝티드(injected) 그룹으로 구동하는 함수는 HAL ADC Extension Driver에 별도로 정의되어 있으며, 이에 대한 자세한 사항은 ST사의 'HAL 라이브러리 매뉴얼'을 참고하기 바란다.

(1) 초기화(Initialization) 및 초기화 해제(de-initialization)용 함수

ADC의 초기화 및 초기화 해제용 함수는 다음과 같다.

- **HAL_ADC_Init()**, HAL_ADC_DeInit()
  - ADC의 초기화, 초기화 해제
- HAL_ADC_MspInit(), HAL_ADC_MspDeInit()
  - ADC Msp의 초기화, 초기화 해제

(2) 입출력용 함수

입출력용 함수는 다음과 같다.

- **HAL_ADC_Start()**
  - ADC의 레귤러 그룹의 동작을 시작한다
- **HAL_ADC_Stop()**
  - ADC의 레귤러 그룹의 동작을 정지한다.
- **HAL_ADC_PollForConversion()**
  - ADC의 레귤러 그룹의 변환이 완료될 때까지 기다린다.

- **HAL_ADC_Start_IT()**
  - ADC의 레귤러 그룹의 동작을 시작하고 관련 인터럽트를 인에이블시킨다.
- HAL_ADC_Stop_IT()
  - ADC의 레귤러 그룹의 동작을 정지하고 관련 인터럽트를 정지시킨다.
- HAL_ADC_Start_DMA()
  - ADC의 레귤러 그룹의 동작을 시작하고 관련 DMA를 사용한다.
- HAL_ADC_Stop_DMA()
  - ADC의 레귤러 그룹의 동작을 정지하고 관련 DMA를 중지한다.
- **HAL_ADC_GetValue()**
  - 레귤러 그룹의 ADC 변환 결과 값을 반환
- **HAL_ADC_IRQHandler()**
  - ADC 관련 인터럽트의 핸들러

(3) 주변장치 제어 함수

- HAL_ADC_ConfigChannel()
  - ADC의 레귤러 그룹의 채널의 동작조건을 설정
- HAL_ADC_AnalogWDGConfig()
  - Analog watchdog의 동작조건을 설정

(4) 주변장치 상태 함수

동작중인 ADC의 상태를 확인할 수 있는 함수는 다음과 같다.

- HAL_ADC_GetState()
  - ADC가 변환중인지, 변환이 완료되었는지 등의 상태값을 읽어온다.
- HAL_ADC_GetError()
  - ADC의 에러 코드를 읽어온다.

(5) ADCEx 관련 함수

- HAL_ADCEx_Calibration_Start()
  - ADC의 자동 Calibration을 실행한다. 이 함수는 ADC가 비활성화된 상태에서 사용하여야 한다. 즉, HAL_ADC_Start() 함수의 실행 이전이나, HAL_ADC_Stop() 함수의 실행 이후에 사용하여야 한다.

(6) 콜백 함수(Callback function)

콜백 함수는 다음과 같으며 이들은 반드시 사용자 프로그램에서 작성되어져야 한다.

- HAL_ADC_ErrorCallback()
- HAL_ADC_LevelOutOfWindowCallback() (analog watchdog 콜백)
- HAL_ADC_ConvCpltCallback()

- HAL_ADC_ConvHalfCpltCallback
- HAL_ADCEx_InjectedConvCpltCallback()

9.2.2.2 구동용 함수의 사용 방법

(1) ADC 관련 파라미터의 설정

- ADC 인터페이스를 설정한다.
- ADC 핀을 설정한다.
  - __HAL_RCC_GPIOx_CLK_ENABLE()를 사용하여 ADC GPIOs 클럭을 활성화
  - HAL_GPIO_Init()를 사용하여 ADC 핀들을 analog 모드로 설정
- ADC 인터럽트를 사용하는 경우는 다음을 설정한다.
  - HAL_NVIC_EnableIRQ(ADCx_IRQn)를 사용하여 ADC의 NVIC를 설정
  - ADC 인터럽트 핸들러 함수인 HAL_ADC_IRQHandler()를 ADCx_IRQHandler()에 상응하는 ADC 인터럽트에 사용
- DMA를 사용하는 경우는 다음을 설정한다.
  - HAL_DMA_Init()를 사용하여 DMA(DMA 채널, 일반 또는 순환)를 설정
  - HAL_NVIC_EnableIRQ(DMAx_Channelx_IRQn)를 사용하여 DMA의 NVIC 설정
  - ADC 인터럽트 핸들러 함수인 HAL_ADC_IRQHandler()를 DMAx_Channelx_IRQHandler()에 상응하는 DMA 인터럽트에 사용

(2) ADC, regular/injected, channel 파라미터의 설정

- HAL_ADC_Init()을 사용하여 ADC 파라미터와 레귤러 그룹의 파라미터를 설정한다.
- HAL_ADC_ConfigChannel()을 사용하여 채널을 설정한다.
- HAL_ADCEx_InjectedConfigChannel()을 사용하여 인젝티드 그룹의 파라미터 및 채널들을 설정한다.
- HAL_ADC_AnalogWDGConfig()을 사용하여 아날로그 워치독 파라미터를 설정한다.
- HAL_ADCEx_MultiModeConfigChannel()을 사용하여 ADC의 멀티모드를 사용한다.

(3) ADC 변환 수행

- HAL_ADCEx_Calibration_Start()을 사용하여 자동적으로 ADC calibration을 수행한다.
- Polling, Interruption, DMA의 모드를 사용하기 위해 ADC 드라이버를 사용한다.

3-1) Polling 방식의 경우

- ADC 주변장치를 활성화하고 HAL_ADC_Start()를 사용하여 변환을 시작한다.
- HAL_ADC_PollForConversion() (인젝티드 그룹 : HAL_ADCEx_InjectedPollFor Conversion())을 사용하여 ADC 변환이 완료될 때까지 기다린다.
- HAL_ADC_GetValue() (인젝티드 그룹 : HAL_ADCEx_InjectedGetValue())을 사용하여 변환 결과 값을 가져온다.

• HAL_ADC_Stop()을 사용하여 변환을 멈추고 ADC 주변장치를 비활성화 한다.

3-2) Interruption 방식의 경우

• HAL_ADC_Start_IT()을 사용하여 ADC 주변장치를 활성화하고 변환을 시작한다.
• HAL_ADC_ConvCpltCallback() (인젝티드 그룹 : HAL_ADCEx_InjectedConvCpltCall back())을 사용하여 ADC 변환 완료를 기다린다.
• HAL_ADC_GetValue() (인젝티드 그룹 : HAL_ADCEx_InjectedGetValue())을 사용하여 변환 결과 값을 가져온다.
• HAL_ADC_Stop_IT()을 사용하여 변환을 정지하고 ADC 주변장치를 비활성화 한다.

3-3) DMA 방식의 경우

• HAL_ADC_Start_DMA()을 사용하여 ADC 주변창지를 활성화하고 변환을 시작한다.
• HAL_ADC_ConvCpltCallback() (인젝티드 그룹 : HAL_ADCEx_InjectedConvCpltCall back())을 사용하여 ADC 변환 완료를 기다린다.
• 변환 결과는 DMA의 도착지점의 주소 값으로 전달된다.
• HAL_ADC_Stop_DMA()을 사용하여 변환을 정지하고 ADC 주변장치를 비활성화 한다.

3-4) DMA : ADC 멀티모드의 경우

• HAL_ADC_Start()을 사용하여 ADC 주변장치(slave)를 활성화하고 변환을 시작한다.
• HAL_ADCEx_MultiModeStart_DMA()을 사용하여 ADC 주변장치(master)를 활성화하고 변환을 시작한다.
• HAL_ADC_ConvCpltCallback() 또는 HAL_ADC_ConvHalfCpltCallback()을 사용하여 ADC 변환을 기다린다.
• 변환 결과 값이 자동적으로 DMA 도착 주소 값으로 전달된다.
• HAL_ADCEx_MultiModeStop_DMA()을 사용하여 ADC 주변장치(master)를 비활성화하고 변환을 정지한다.
• HAL_ADC_Stop_IT()을 사용하여 ADC 주변장치(slave)를 비활성화하고 변환을 정지한다.

9.2.3 주요 함수의 상세 설명

9.2.3.1 ADC 구동용 함수

(1) 초기화(Initialization) 및 초기화 해제(de-initialization)용 함수

HAL_ADC_Init (ADC_HandleTypeDef * hadc)

파라미터 hadc의 설정값에 따라 ADC와 Regular 그룹을 초기화한다.

[파라미터]
- hadc : ADC handle

[반환 값] HAL status

HAL_ADC_DeInit (ADC_HandleTypeDef * hadc)

ADC MSP와 ADC 주변장치를 해제한다.

[파라미터]
- hadc : ADC handle

[반환 값] HAL status

(2) 입출력용 함수

HAL_ADC_Start (ADC_HandleTypeDef * hadc)

ADC를 활성화하고 레귤러 그룹의 변환을 시작한다.

[파라미터]
- hadc : ADC handle

[반환 값] HAL status

HAL_ADC_Stop (ADC_HandleTypeDef * hadc)

ADC를 비활성화하고 변환을 정지한다.

[파라미터]
- hadc : ADC handle

[반환 값] HAL status

HAL_ADC_PollForConversion (ADC_HandleTypeDef * hadc, uint32_t Timeout)

레귤러 그룹의 변환이 완료될 때까지 기다린다.

[파라미터]
- hadc : ADC handle
- Timeout : 타임 아웃 시간(단위는 msec)

[반환 값] HAL status

HAL_ADC_Start_IT (ADC_HandleTypeDef * hadc)

ADC를 활성화하고 레귤러 그룹의 변환을 시작한다. 그리고 관련 인터럽트를 인에이블시킨다.

[파라미터]
- hadc : ADC handle

[반환 값] 없음

HAL_ADC_Stop_IT (ADC_HandleTypeDef * hadc)

ADC를 비활성화하고 레귤러 그룹의 변환을 정지한다. 그리고 관련 인터럽트를 디스에이블시킨다.

[파라미터]
- hadc : ADC handle

[반환 값] 없음

HAL_ADC_Start_DMA (ADC_HandleTypeDef * hadc, uint32_t* pData, uint32_t Length)

ADC를 활성화하고 레귤러 그룹의 변환을 시작한다. 그리고 DMA를 인에이블하고 변환 결과를 DMA를 통해 전달한다.

[파라미터]
- hadc : ADC handle
- pData : 해당 데이터
- Length : 데이터 크기

[반환 값] 없음

HAL_ADC_Stop_DMA (ADC_HandleTypeDef * hadc)

ADC를 비활성화하고 레귤러 그룹의 변환을 정지한다. 그리고 DMA를 디스에이블한다.

[파라미터]
- hadc : ADC handle

[반환 값] 없음

HAL_ADC_GetValue (ADC_HandleTypeDef * hadc)

레귤러 그룹의 ADC 변환 결과 값을 읽어온다.

[파라미터]
- hadc : ADC handle

[반환 값] ADC 변환 결과 값

HAL_ADC_IRQHandler (ADC_HandleTypeDef * hadc)

ADC 인터럽트의 처리를 위한 인터럽트 핸들러 함수

[파라미터]
- hadc : ADC handle

[반환 값] 없음

HAL_ADC_ConvCpltCallback (ADC_HandleTypeDef * hadc)

DC가 Non blocking 모드로 동작할 경우 변환이 완료되면 호출되는 callback 함수

[파라미터]
- hadc : ADC handle

[반환 값] 없음

(3) 주변장치 제어 함수

HAL_ADC_ConfigChannel (ADC_HandleTypeDef * hadc, ADC_ChannelConfTypeDef * sConfig)

파라미터 sConfig에 설정된 값으로 ADC 채널의 동작조건을 설정한다.

[파라미터]
- hadc : ADC handle
- sConfig : 레귤러 그룹을 위한 ADC 채널 구조체

[반환 값] HAL status

(4) 주변장치 상태 함수

HAL_ADC_GetState (ADC_HandleTypeDef * hadc)

ADC의 동작상태 값을 반환한다.

[파라미터]
- hadc : ADC handle

[반환 값] HAL state

HAL_ADC_GetError (ADC_HandleTypeDef * hadc)

ADC의 에러 상태를 반환한다.

[파라미터]
- hadc : ADC handle

[반환 값] ADC 에러 코드

9.2.3.2 ADC 구동용 매크로(macro) 및 정의(define)

ADC와 관련된 매크로 및 정의는 다음과 같다.

- ADC 변환 그룹

```
ADC_REGULAR_GROUP
ADC_INJECTED_GROUP
ADC_REGULAR_INJECTED_GROUP
```

• ADC 에러 코드

```
HAL_ADC_ERROR_NONE
HAL_ADC_ERROR_INTERNAL
HAL_ADC_ERROR_OVR
HAL_ADC_ERROR_DMA
```

• ADC 매크로

```
__HAL_ADC_ENABLE
__HAL_ADC_DISABLE
__HAL_ADC_ENABLE_IT
__HAL_ADC_DISABLE_IT
__HAL_ADC_GET_IT_SOURCE
__HAL_ADC_GET_FLAG
__HAL_ADC_CLEAR_FLAG
__HAL_ADC_RESET_HANDLE_STATE
```

9.3 ADC 응용 예제

9.3.0 ADC 예제 관련 회로도

[ADC 관련 회로도 : Nucleo-F103 확장보드 및 Nucleo-F429 확장보드]
실습보드내에 설치된 가변저항(VR1)의 회로도는 〈그림 9-3-1〉과 같다.

- Nucleo-F103 확장보드 : 가변저항(VR1)은 포트 A의 1번 핀(PA1)에 연결됨
- Nucleo-F429 확장보드 : 가변저항(VR1)은 포트 C의 0번 핀(PC0)에 연결됨

그런데 PA1(ADC123_IN1)는 ADC1, ADC2, ADC3의 채널 1의 입력 핀으로도 사용할 수 있고, PC0(ADC12_IN10)는 ADC1, ADC2의 채널 10의 입력 핀으로도 사용할 수 있다. 그리고 가변저항(VR1)을 회전시키면 핀에 입력되는 전압이 0V~3.3V의 범위 내에서 변하게 된다. 따라서 가변 저항을 조절하면 ADC로 입력되는 전압의 값을 변화시킬 수 있다.

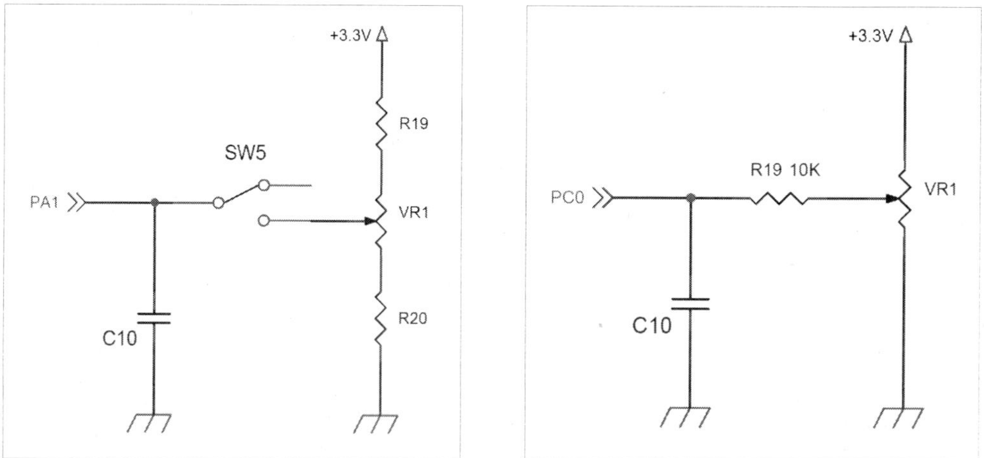

(a) Nucleo-F103 확장보드 (b) Nucleo-F429 확장보드

△ **그림 9-3-1** 실습보드의 가변저항(VR1)의 회로도

9.3.1 ADC 예제 1 : ADC 출력 값에 따른 LED의 On/Off 주기 변경(폴링 방식)

9.3.1.1 예제 설명

[ADC 예제 1 : Nucleo-F103 확장보드 및 Nucleo-F429 확장보드] 실습보드 내의 가변 저항(VR1)을 조절하여 ADC1로 입력되는 전압의 값을 변화시킨다. 그러면 ADC1의 출력 값이 변하게 되며, 이에 따라된 LED1~8의 On/Off 주기를 변화시킨다. 따라서 가변저항(VR1)을 움직이면 LED1~8의 On/Off 주기가 바뀌게 된다.

이 예제는 인터럽트 방식이 아니라 폴링(poliing) 방식으로 ADC1을 동작시킨다. 따라서 사용자 프로그램내에서 HAL_ADC_Start() 함수를 이용하여 ADC1을 동작시키면(즉, AD 변환을 시작하면), 이 AD 변환이 완료될 때까지 프로그램은 다른 동작을 수행하지 않고 대기한다. 이 대기하는 동작은 HAL_ADC_PollForConversion() 함수를 이용하여 이루어진다.

9.3.1.2 소스코드 작성

1) Nucleo-F103 확장보드의 경우

Nucleo-F103 확장보드를 이용하는 경우는 다음과 같이 소스 코드를 작성한다.

- 폴더 명 : [Examples_Nucleo F103] - [ADC] - [ADC 1_F103] - [MDK-ARM]
- 위의 폴더에 있는 [Project.uvprojx] 파일을 더블클릭하여 실행한다.

2) Nucleo-F429 확장보드의 경우

Nucleo-F429 확장보드를 이용하는 경우는 다음과 같이 소스 코드를 작성한다.

- 폴더 명 : [Examples_Nucleo F429] - [ADC] - [ADC 1_F429] - [MDK-ARM]
- 위의 폴더에 있는 [Project.uvprojx] 파일을 더블클릭하여 실행한다.

3) 파일이 열리면 [Example/User] 폴더 내의 [main.c] 파일을 더블클릭하여 연 후에 아래와 같이 소스 코드를 작성한다.

[main.c]

```
#include "main.h"
#include "Nucleo_F103.h"              // Nucleo-F103 확장보드용 헤더 파일
//#include "Nucleo_F429.h"            // Nucleo-F429 확장보드용 헤더 파일

// -- <1> AdcHandler, Adc_sConfig 변수를 외부정의 변수로 선언
extern ADC_HandleTypeDef              AdcHandler;
extern ADC_ChannelConfTypeDef         Adc_sConfig;
int adc_value;
int delay_time = 0;

// ------------------------------------------------------------------------------ //

int main(void)
{
    HAL_Init();
    SystemClock_Config();
    LED_Config();

    // -- <2> ADC의 초기설정용 함수를 호출
    ADC1_Polling_Config();
    // -- <3> 폴링으로 ADC값 입력받기
    while (1)
    {
                // -- <4> 설정된 Adc_sConfig와 AdcHandler를 이용하여 ADC를 초기화 함
                HAL_ADC_ConfigChannel(&AdcHandler, &Adc_sConfig);

                // -- <5> ADC를 동작시킴
                HAL_ADC_Start(&AdcHandler);

                // -- <6> 변환이 완료될 때까지 대기
                HAL_ADC_PollForConversion(&AdcHandler, 10);

                // -- <7> ADC 변환 결과 값을 저장
                adc_value = HAL_ADC_GetValue(&AdcHandler)* 6000;

                // -- <8> 변환 결과 값을 지연함수로 구현하여 LED On/Off 제어
                HAL_GPIO_WritePin (GPIOExt, GPIO_PIN_All, GPIO_PIN_SET);
                for(delay_time=0; delay_time<adc_value; delay_time++);
                HAL_GPIO_WritePin (GPIOExt, GPIO_PIN_All, GPIO_PIN_RESET);

                // -- <9> for문을 이용하여 delay시간을 0~1,000,000까지 구현
                for(delay_time=0; delay_time<1000000; delay_time++);
    }
}
```

9.3.1.3 소스코드 설명

* 소스 코드의 설명에 붙어있는 번호는 (예 : 〈1〉, 〈2〉 등)은 앞 절의 소스 코드내에 붙어 있는 번호와 동일하다.

[main.c]

<1> ADC의 초기화를 위하여 구조체 ADC_HandleTypeDef 형의 변수 AdcHandler와 ADC_ChannelConfTypeDef형의 변수 Adc_sConfig를 외부정의 변수로 선언한다. 이 변수들은 <Nucleo_F103.c> / <Nucleo_F429.c>에 선언되어 있다.

<2> ADC1_Polling_Config() 함수 : ADC1을 Polling 방식으로 동작하도록 설정해주는 함수이다. 이 함수는 각각 <Nucleo_F103.c> / <Nucleo_F429.c>에 정의되어 있다. [14.3절. 예제 소스코드 추가 설명 : Nucleo_F103.c 및 Nucleo_F429.c]을 참고하기 바란다.
** 이 함수에는 ADC의 초기 동작을 설정하는 소스코드가 있다. 이 소스코드는 ADC의 이해를 위해서 매우 중요한 코드이므로 반드시 찾아서 살펴보기 바란다.

<3> while(1) { } 부분은 항상 참(True)이다. 그러므로 이 부분은 무한 루프로 동작하며 폴링 방식으로 ADC 변환을 한다.

<4> HAL_ADC_ConfigChannel() 함수 : Adc_sConfig에 설정된 값으로 ADC 채널의 동작조건을 설정한다.

<5> HAL_ADC_Start() 함수 : ADC를 활성화하고 변환을 시작한다.

<6> HAL_ADC_PollForConversion() 함수 : 변환이 완료될 때까지 대기한다. 최대 대기시간(timeout 시간)은 10msec이다.

<7> HAL_ADC_GetValue() : 변환 결과 값을 받아 변수 adc_value에 저장한다.

<8> 변환 결과 값(adc_value) 만큼 LED를 On한 후에 Off한다.

<9> 시간지연을 위한 for 문이다.

9.3.1.4 프로그램 실행

소스 코드 작성이 완료되면 작성된 프로그램을 컴파일한 후에 실습 보드로 다운로드하여 프로그램을 실행한다. 실습 보드와 PC의 연결 방법, 예제 프로그램의 컴파일, 다운로드 방법 등은 [4.2절, 예제 프로그램의 실행 : 실습 보드]를 참조하기 바란다.

프로그램 실행시의 동작은 앞의 '예제 설명'에서 설명한 것과 동일하다.

참고

혹시 컴파일이나 다운로드가 에러 없이 성공했는데도 프로그램이 실행이 되지 않는 경우는 다음과 같이 하여본다.
① 실습 보드 내의 [리셋] 스위치를 눌러본다.
② 실습보드와 PC를 연결하는 USB 케이블을 뺐다가 다시 연결해본다.
③ 그래도 프로그램이 실행되지 않거나, 실행되어도 정상 동작을 하지 않으면 작성한 소스 코드가 틀리게 작성되었을 가능성이 크므로 소스 코드를 확인해 보기 바란다.

9.3.2 ADC 예제 2 : ADC 출력 값에 따른 LED의 On/Off 주기 변경(인터럽트 방식)

9.3.2.1 예제 설명

[ADC 예제 1 : Nucleo-F103 확장보드 및 Nucleo-F429 확장보드] 실습보드 내의 가변 저항(VR1)을 조절하여 ADC로 입력되는 전압의 값을 변화시키면 LED의 On/Off 주기가 변경된다. 즉, ADC의 출력 값이 작아지면 주기가 빨라지고 반대의 경우는 느려진다.

이 예제는 ADC 변환이 완료되면 발생하는 인터럽트를 이용한다. 따라서 인터럽트 핸들러 루틴에서 LED를 On/Off하는 프로그램을 작성한다. ADC는 ADC1을 사용하며 연속변환 모드로 설정하고, 변환 채널은 1개를 사용한다.

9.3.2.2 소스코드 작성

1) Nucleo-F103 확장보드의 경우

Nucleo-F103 확장보드를 이용하는 경우는 다음과 같이 소스 코드를 작성한다.

- 폴더 명 : [Examples_Nucleo F103] - [ADC] - [ADC 2_F103] - [MDK-ARM]
- 위의 폴더에 있는 [Project.uvprojx] 파일을 더블클릭하여 실행한다.

2) Nucleo-F429 확장보드의 경우

Nucleo-F429 확장보드를 이용하는 경우는 다음과 같이 소스 코드를 작성한다.

- 폴더 명 : [Examples_Nucleo F429] - [ADC] - [ADC 2_F429] - [MDK-ARM]
- 위의 폴더에 있는 [Project.uvprojx] 파일을 더블클릭하여 실행한다.

3) 파일이 열리면 [Example/User] 폴더 내의 [main.c] 파일을 더블클릭하여 연 후에 아래와 같이 소스 코드를 작성한다.

[main.c]

```
#include "main.h"
#include "Nucleo_F103.h"                // Nucleo-F103 확장보드용 헤더 파일
//#include "Nucleo_F429.h"              // Nucleo-F429 확장보드용 헤더 파일

// -- <1> AdcHandler, Adc_sConfig 변수를 외부정의 변수로 선언
extern ADC_HandleTypeDef                AdcHandler;
extern ADC_ChannelConfTypeDef           Adc_sConfig;

int adc_value;
int delay_time = 0;
// ----------------------------------------------------------------------------//

int main(void)
```

```
{
    HAL_Init();
    SystemClock_Config();
    LED_Config();

    // -- <2> ADC의 Interrupt용 초기설정 함수를 호출
    ADC1_Interrupt_Config();

    // -- <3> 무한루프를 돌며 계속 기다림
    while (1) { }
}

// ---------------------------------------------------------------------------------//
// -- <4> ADC 인터럽트 Callback 함수
void HAL_ADC_ConvCpltCallback(ADC_HandleTypeDef *AdcHandler)
{
    // ADC 변환 결과 값을 저장
    adc_value = HAL_ADC_GetValue(AdcHandler)* 6000;
    // 변환 결과 값을 지연함수로 구현하여 LED On/Off 제어
    HAL_GPIO_WritePin (GPIOExt, GPIO_PIN_All, GPIO_PIN_SET);
    for(delay_time=0; delay_time<adc_value; delay_time++);
    HAL_GPIO_WritePin (GPIOExt, GPIO_PIN_All, GPIO_PIN_RESET);

    // for문을 이용하여 delay시간을 0~1,000,000까지 구현
    for(delay_time=0;delay_time<1000000;delay_time++);
}
```

4) 타이머 인터럽트의 사용을 위해서는 인터럽트 발생시에 처리되어야하는 동작이 정의되어 있는 인터럽트 핸들러(handler) 함수의 작성이 필요하다. 인터럽트 핸들러 함수 작성은 Nucleo-F103 확장보드와 Nucleo-F429 확장보드의 두 가지 경우로 나누어서 설명한다.

4-1) Nucleo-F103 확장보드의 경우

인터럽트 핸들러 함수작성을 위해서 [Example/User] 폴더 내의 [stm32f1xx_it.c] 파일을 더블클릭하여 연 후에 아래와 같이 소스 코드를 작성한다.

[stm32f1xx_it.c]

```
#include "main.h"
#include "stm32f1xx_it.h"    //인터럽트 사용에 필요한 헤더파일

// -- <4> main.c에서 정의한 AdcHandler 변수를 외부정의변수로 선언
extern ADC_HandleTypeDef    AdcHandler;
```

```
// ---------------------------------------------------------------------------------//

void SysTick_Handler(void)
{
    HAL_IncTick();
}

// ---------------------------------------------------------------------------------//
// -- <5> 인터럽트가 발생하면 이를 처리하는 Handler 함수
void ADC1_IRQHandler(void)
{
    HAL_ADC_IRQHandler(&AdcHandler);
}
```

4-2) Nucleo-F429 확장보드의 경우

인터럽트 핸들러 함수 작성을 위해서 [Example/User] 폴더 내의 [stm32f4xx_it.c] 파일을 더블클릭하여 연 후에 아래와 같이 소스 코드를 작성한다.

[stm32f4xx_it.c]

```
#include "main.h"
#include "stm32f4xx_it.h"               // 인터럽트 사용에 필요한 헤더 파일

// -- <4> main.c에서 정의한 AdcHandler 변수를 외부정의변수로 선언
extern ADC_HandleTypeDef    AdcHandler;

// ------------------------------------------------------------------------------- //

void SysTick_Handler(void)
{
    HAL_IncTick();
}

// ------------------------------------------------------------------------------- //
// -- <5> 인터럽트가 발생하면 이를 처리하는 Handler 함수
void ADC_IRQHandler(void)
{
    HAL_ADC_IRQHandler(&AdcHandler);
}
```

9.3.2.3 소스코드 설명

* 소스 코드의 설명에 붙어있는 번호는 (예 : 〈1〉, 〈2〉 등)은 앞 절의 소스 코드내에 붙어 있는 번호와 동일하다.

[main.c]

<1> ADC의 초기화를 위하여 구조체 ADC_HandleTypeDef 형의 변수 AdcHandler와 ADC_ChannelConfTypeDef 형의 변수 Adc_sConfig를 외부변수로 선언한다. 이 변수들은 <Nucleo_F103.c> / <Nucleo_F429.c>에 선언되어 있다.

<2> ADC1_Interrupt_Config() 함수 : ADC1의 초기설정용 함수를 Interrupt 방식으로 동작하도록 설정해주는 함수이다. 이 함수는 각각 <Nucleo_F103.c> / <Nucleo_F429.c>에 정의되어 있다. [14.3절. 예제 소스코드 추가 설명 : Nucleo_F103.c 및 Nucleo_F429.c]을 참고하기 바란다.

** 이 함수에는 ADC의 초기 동작을 설정하는 소스코드가 있다. 이 소스코드는 ADC의 이해를 위해서 매우 중요한 코드이므로 반드시 찾아서 살펴보기 바란다.

<3> while(1) { } 부분은 항상 참(True)이다. 그러므로 이 부분은 무한 루프로 동작하며 아무런 일도 하지 않는다. ADC 변환이 완료되면 그 결과는 아래의 <4>번 함수에서 처리해 준다.

<4> HAL_ADC_ConvCpltCallback( ) 함수는 인터럽트가 발생하면 호출되는 Callback 함수이다. 따라서 인터럽트 발생 시에 처리하고 싶은 내용을 이 함수 내에 코딩하면 된다.

참고

인터럽트 핸들러 함수인 ADC_IRQHander() 함수내에서 HAL_ADC_IRQHandler() 함수를 호출하는데, 이 HAL_ADC_IRQHandler() 함수의 내부에서 HAL_ADC_ConvCpltCallback( ) 함수를 호출하는 구조로 되어 있다.

[stm32f1xx_it.c]

<4> : 'main.c' 에서 정의한 AdcHandler 변수를 외부정의 변수로 선언하였다. 이 변수는 ADC1_IRQHandler( ) 함수에서 사용한다.

<5> : ADC1_IRQHandler( ) 함수는 ADC 인터럽트가 발생하면 이를 처리하는 Handler 함수이다.

[stm32f4xx_it.c]

<4> : 'main.c' 에서 정의한 AdcHandler 변수를 외부정의 변수로 선언하였다. 이 변수는 ADC_IRQHandler( ) 함수에서 사용한다.

<5> : ADC_IRQHandler( ) 함수는 ADC 인터럽트가 발생하면 이를 처리하는 Handler 함수이다.

9.3.2.4 프로그램 실행

소스 코드 작성이 완료되면 작성된 프로그램을 컴파일한 후에 실습 보드로 다운로드하여 프로그램을 실행한다. 실습 보드와 PC의 연결 방법, 예제 프로그램의 컴파일, 다운로드 방법 등은 [4.2절, 예제 프로그램의 실행 : 실습 보드]를 참조하기 바란다.

프로그램 실행시의 동작은 앞의 '예제 설명'에서 설명한 것과 동일하다.

참고

혹시 컴파일이나 다운로드가 에러 없이 성공했는데도 프로그램이 실행이 되지 않는 경우는 다음과 같이 하여본다.

① 실습 보드 내의 [리셋] 스위치를 눌러본다.
② 실습보드와 PC를 연결하는 USB 케이블을 뺐다가 다시 연결해본다.
③ 그래도 프로그램이 실행되지 않거나, 실행되어도 정상 동작을 하지 않으면 작성한 소스 코드가 틀리게 작성되었을 가능성이 크므로 소스 코드를 확인해 보기 바란다.

10 DA 변환기를 이용한 LED 밝기 제어

10.1 DA 변환기의 구조 및 기능

10.1.1 DA 변환기의 구조

10.1.1.1 개요

DA 변환기(DAC : Digital to Analog Converter)는 입력되는 디지털 신호를 아날로그 전압 신호로 변환하는 출력하는 장치이다. Nucleo-F103 확장보드에 사용되는 STM32F103RB는 DAC가 내장되어 있지 않고, Nucleo-F429 확장보드에 사용되는 STM32F429ZI는 2개의 12 비트 DAC가 있다. DAC는 8비트 또는 12비트 모드로 동작이 가능하다. 그리고 보다 높은 해상도를 위해 별도의 기준입력을 VREF+ 핀으로 인가하는 것도 가능하다.

참고

> DA 변환기(Digital to Analog Converter)를 DAC라고 표기하기도 한다.

10.1.1.2 주요 특징

DA 변환기의 주요 특징은 다음과 같다.

- 2개(2 채널)의 12 비트 DAC 컨버터
  - DAC1 (DAC channel1) : 출력핀이 DAC_OUT1 (PA4)임
  - DAC2 (DAC channel2) : 출력핀이 DAC_OUT2 (PA5)임
- 12-bit모드에서 왼쪽 또는 오른쪽 데이터 정렬
- 다중 DAC 채널 독립 또는 동시 변환 가능
- 각 채널마다 DMA 가능
- 변환 시작을 위해 외부 트리거 신호를 사용 가능
- VREF+의 입력 전압도 사용 가능

10.1.1.3 DA 변환기의 구성

〈그림 10-1-1〉은 DA 변환기의 구성도를 나타낸다. 이 구성도의 아래쪽에 위치한 DACx (Digital-to-analog converterx)가 내부에서 입력되는 디지털 신호를 아날로그 값으로 변환해 주게 된다. 12비트의 디지털 입력값은 DHRx(Data Holding Register x)와 Control logicx 및 DORx(Data Outputng Register x) 레지스터를 통해 DAC로 전달된다. 변환된 아날로그 출력값은 출력핀(DAC_OUTx)를 통해 외부로 출력된다. 〈표 10-1-1〉은 외부 입출력 핀에 대한 설명이다.

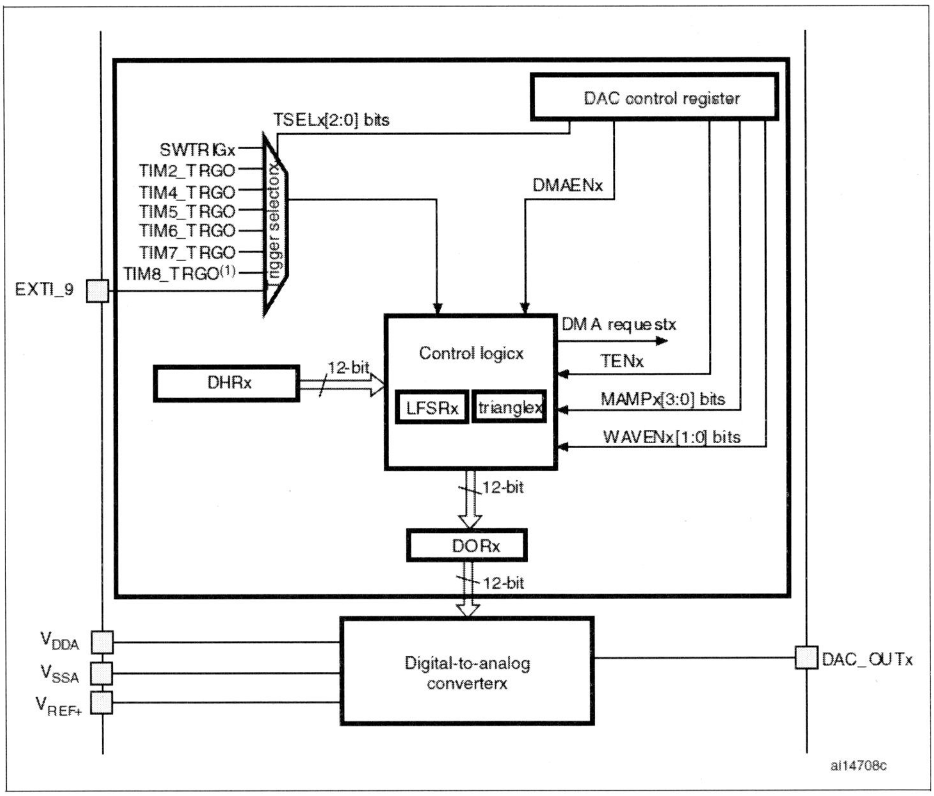

△ **그림 10-1-1** DA 변환기의 구성도

▼ **표 10-1-1** DA 변환기의 외부 입출력 핀

Name	Signal type	Remarks
V_{REF+}	Input, analog reference positive	The higher/positive reference voltage for the DAC, 2.4V ≤ V_{REF+} ≤ V_{DDA}(3.3V)
V_{DDA}	Input, analog supply	Analog power supply
V_{SSA}	Input, analog supply ground	Ground for analog power supply
DAC_OUTx	Analog output signal	DAC channelx analog output

10.1.2 주요 기능

10.1.2.1 DAC 데이터 포맷

a) 단일(single) DAC채널의 경우 입력 데이터의 포맷은 다음과 같은 3가지 방법이 가능하다.

- 8비트 오른쪽 정렬 : DAC_DHR8Rx [7:0] 비트에 데이터를 로드
  (데이터 저장은 DHRx[11:4] 비트에 됨)
- 12비트 왼쪽 정렬 : DAC_DHR12Lx [15:4] 비트에 데이터를 로드
  (데이터 저장은 DHRx[11:0] 비트에 됨)
- 12비트 오른쪽 정렬 : DAC_DHR12Rx [11:0] 비트에 데이터를 로드
  (데이터 저장은 DHRx[11:0] 비트에 됨)

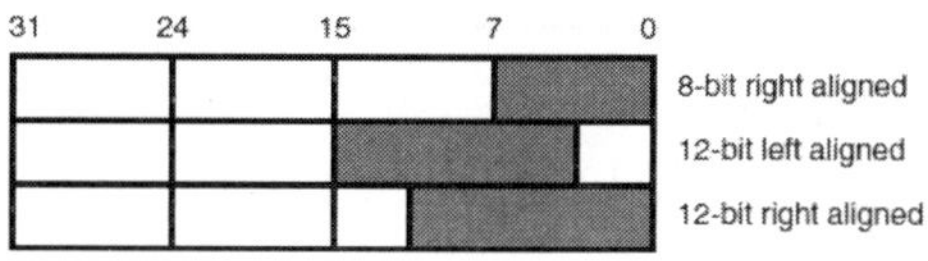

△ **그림 10-1-2** 단일(single) DAC채널의 경우 입력 데이터의 포맷

b) 듀얼(dual) DAC채널의 경우 입력 데이터의 포맷은 다음과 같은 3가지 방법이 가능하다.

- 8비트 오른쪽 정렬
  - 채널1 : DAC_DHR8RD [7:0] 비트에 데이터를 로드
    (데이터 저장은 DHR1[11:4] 비트)
  - 채널2 : DAC_DHR8RD [15:8] 비트에 데이터를 로드
    (데이터 저장은 DHR2[11:4] 비트)
- 12비트 왼쪽 정렬
  - 채널1 : DAC_DHR12LD[15:4] 비트에 데이터를 로드
    (데이터 저장은 DHR1[11:0] 비트)
  - 채널2 : DAC_DHR12LD[31:20] 비트에 데이터를 로드
    (데이터 저장은 DHR2[11:0] 비트)
- 12비트 오른쪽 정렬
  - 채널1 : DAC_DHR12LD[11:0] 비트에 데이터를 로드
    (데이터 저장은 DHR1[11:0] 비트)
  - 채널2 : DAC_DHR12LD[27:16] 비트에 데이터를 로드
    (데이터 저장은 DHR2[11:0] 비트)

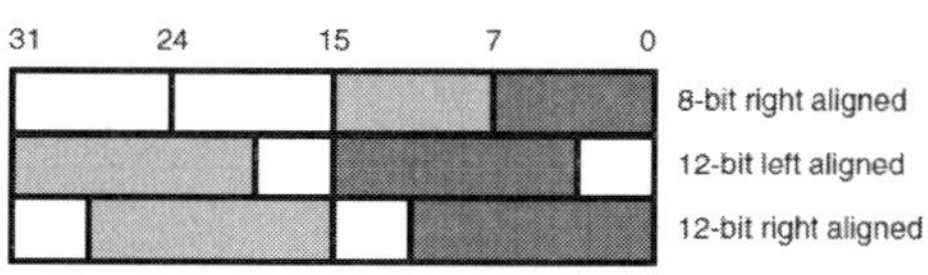

△ **그림 10-1-3** 듀얼(dual) DAC채널의 경우 입력 데이터의 포맷

10.1.2.2 DAC 변환

DAC_DORx 레지스터에 직접 데이터를 로딩하는 것은 허용되지 않으며 DAC_DHRx 레지스터(DAC_DHR8Rx, DAC_DHR12Lx,DAC_DHR12Rx, DAC_DHR8RD, DAC_DHR12LD 또는 DAC_DHR12LD)를 통해 하여야한다. DAC_DHRx 레지스터에 로드된 데이터는 1 APB1 클럭 사이클 후에 자동으로 DAC_DORx 레지스터로 전송된다. 데이터가 DAC_DORx 레지스터에 로드되면 AD 변환이 시작되며 $t_{SETTING}$ 시간 이후에 아날로그 출력 값이 나오게 된다.

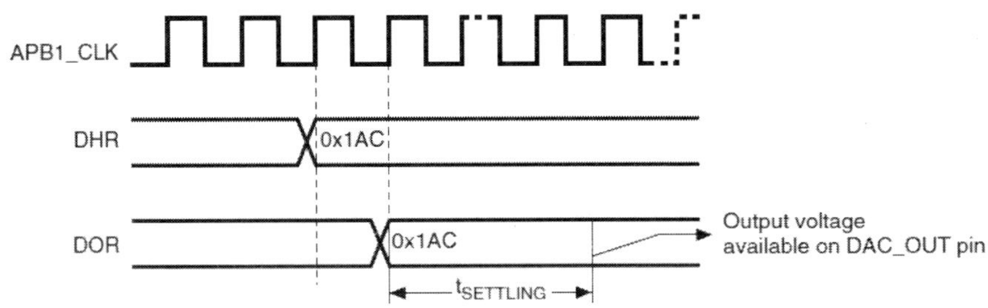

△ **그림 10-1-4** DAC 동작 시간도

10.1.2.3 DAC 출력 전압

DAC 출력 전압은 0 ~ V_{REF}+ 사이의 값을 가지며 다음과 결정된다.

$$DAC_{output} = V_{REF} \times \frac{DOR}{4095}$$

10.1.2.4 그 외의 기능

이 외에도 DAC는 여러 가지 기능을 가지는데 이에 대해 자세한 것은 STM32F10x의 레퍼런스 매뉴얼(RM0008)을 참고하기 바란다.

10.1.2.5 DAC의 특징

(1) DAC 채널

독립적이거나 동시(dual mode)에 사용이 가능한 12-bit DAC 컨버터 2개를 가지고 있다.

- DAC Channel1 with DAC_OUT1 (PA4)
- DAC Cchannel2 with DAC_OUT2 (PA5)

(2) DAC 트리거

'DAC_TRIGGER_NONE'을 적용하면 DAC는 non-trigger로 진행이 되고 DAC_OUT1 /DAC_OUT2는 DHRx 레지스터에 한번 쓰게 된다.

트리거를 사용할 경우는 DAC는 다음에 의해 트리거가 가능하다.

- 외부 이벤트 : DAC_TRIGGER_EXT_IT9 – EXTI Line 9 (any GPIOx_PIN_9 - input 모드)
- 타이머 TRGO : TIM2, TIM4, TIM6, TIM7
- 타이머 TRGO : TIM2, TIM4, TIM6, TIM7
- DAC_TRIGGER_SOFTWARE : 소프트웨어

(3) DAC 출력버퍼 모드 설정

각 DAC 채널은 출력 임피던스를 감소시키는 데 사용할 수 있는 출력 버퍼를 지원한다. 출력 버퍼를 활성화하려면 다음과 같이 설정해야 한다.

```
sConfig.DAC_OutputBuffer = DAC_OUTPUTBUFFER_ENABLE;
```

(4) DAC 연결 설정

각 DAC 채널은 내부적으로 연결하여 사용하는 것도 가능하다. 연결을 활성화하려면 다음과 같이 설정해야 한다.

```
sConfig.DAC_ConnectOnChipPeripheral = DAC_CHIPCONNECT_ENABLE;
```

(5) GPIO 설정

DAC 채널 중의 1개(예 : Channel1 – PA4)를 사용하고, 다른 것를 사용하지 않을(예 : Channel2 – PA5가 Analog로 설정되고 disable되어 있음) 경우, 채널1은 'coupling 효과'로 인해 채널2를 교란할 수 있다. 채널2가 On되면 커플링 효과는 바로 없어진다.

채널2(PA5)를 사용하지 않을 때 coupling 효과를 없애려면 다음과 같이 설정하면 된다 : PA5를 처음에는 INPUT PULL-UP 또는 INPUT PULL-DOWN으로 설정해둔다. 그리고 사용하기 바로 전에 (즉, 켜지기 바로 전에) ANALOG로 설정한다.

(6) DAC wave generation 속성

DAC 채널은 다음과 같은 wave를 생성할 수 있다.

- 노이즈 wave : HAL_DACEx_NoiseWaveGenerate() 함수를 이용하여 생성
- Triangle wave : HAL_DACEx_TriangleWaveGenerate() 함수를 이용하여 생성

(7) DAC 데이터 형

DAC 출력 데이터는 다음과 같은 포맷을 가질 수 있다.

- DAC_ALIGN_8B_R : 8-bit 오른쪽 정렬
- DAC_ALIGN_12B_L : 12-bit 왼쪽 정렬
- DAC_ALIGN_12B_R : 12-bit 오른쪽 정렬

(8) DAC 채널의 출력 전압 값

각 DAC 채널의 아날로그 출력 전압은 다음과 같이 계산할 수 있다.

DAC_OUTx = VREF+ * DOR/4095

- DOR : Data Output Register
- VREF+ : 입력 전압(디바이스 데이터시트 참고)

예) DAC_OUT1을 0.7V로 사용을 하려면

- VREF+ = 3.3V라고 하면,
  DAC_OUT1 = (3.3 * 868)/4095 = 0.7V
  따라서, DAC의 입력값(DOR) = 868로 하면 된다.

10.2 DA 변환기 관련 HAL 드라이버

10.2.1 DAC 설정용 구조체

10.2.1.1 구조체의 종류

DAC의 동작조건을 설정하기 위한 구조체는 다음과 같다.

DAC_HandleTypeDef

- DAC의 초기 설정을 위한 구조체

DAC_ChannelConfTypeDef

- DAC의 채널 설정을 위한 구조체

10.2.1.2 주요 구조체의 상세 설명

다음은 DAC 설정용 구조체에 대한 상세설명을 나타낸다.

DAC_HandleTypeDef

DAC의 초기 설정을 위한 구조체이며 stm32f1xx_hal_dac.h에 정의되어 있다.

[데이터 형]

• DAC_TypeDef *	Instance
• __IO HAL_DAC_StateTypeDef	State
• HAL_LockTypeDef	Lock
• DMA_HandleTypeDef *	DMA_Handle1
• DMA_HandleTypeDef *	DMA_Handle2
• __IO uint32_t	ErrorCode

[데이터 형의 설명]
- Instance : DAC 이름 (예 : DAC). 가능한 이름은 DAC 밖에 없다. (DAC 1, DAC 2 등은 없음)
- State : DAC 통신상태
- Lock : DAC locking object
- DMA_Handle 1 : DAC 채널 1을 가르키는 DMA 핸들
- DMA_Handle 2 : DAC 채널 2를 가르키는 DMA 핸들
- ErrorCode : DAC 에러 코드

DAC_ChannelConfTypeDef

DAC 채널의 초기 설정을 위한 구조체이며 stm32f1xx_hal_dac.h 에 정의되어 있다.

[데이터 형]
- uint32_t DAC_Trigger
- uint32_t DAC_OutputBuffer

[데이터 형의 설명]
- DAC_Trigger : 외부 트리거의 사용여부를 설정한다. 이 파라미터는 다음의 값을 가질 수 있다.
  - DAC_TRIGGER_NONE : DAC1_DHRxxxx 레지스터에 임의의 값이 로드되면 자동적으로 변환이 시작됨. 외부 트리거는 사용하지 않음
  - DAC_TRIGGER_T6_TRGO : TIM6_TRGO를 트리거의 외부 입력으로 사용
  - DAC_TRIGGER_T7_TRGO : TIM7_TRGO를 트리거의 외부 입력으로 사용
  - DAC_TRIGGER_T8_TRGO : TIM7_TRGO를 트리거의 외부 입력으로 사용
  - DAC_TRIGGER_T5_TRGO : TIM5_TRGO를 트리거의 외부 입력으로 사용
  - DAC_TRIGGER_T2_TRGO : TIM2_TRGO를 트리거의 외부 입력으로 사용
  - DAC_TRIGGER_T4_TRGO : TIM4_TRGO를 트리거의 외부 입력으로 사용
  - DAC_TRIGGER_EXT_IT9 : EXTI9를 트리거의 외부 입력으로 사용
  - DAC_TRIGGER_SOFTWARE : 소프트웨어 트리거를 사용
- DAC_OutputBuffer : DAC 채널 출력 버퍼의 인에이블/디스에이블 여부를 설정한다. 이 파라미터는 다음의 값을 가질 수 있다.
  - DAC_OUTPUTBUFFER_ENABLE
  - DAC_OUTPUTBUFFER_DISABLE

10.2.2 DAC 구동용 HAL 함수

10.2.2.1 DAC 구동용 HAL 함수의 종류

DAC를 구동하기 위한 HAL 함수는 다음과 같다.

(1) 초기화(Initialization) 및 초기화 해제(de-initialization)용 함수

DAC의 초기화 및 초기화 해제용 함수는 다음과 같다.

- HAL_DAC_Init(), HAL_DAC_DeInit()
  - DAC의 초기화, 초기화 해제

- HAL_DAC_MspInit(), HAL_DAC_MspDeInit()
  - DAC Msp의 초기화, 초기화 해제

(2) 입출력용 함수

입출력용 함수는 다음과 같다.

- **HAL_DAC_Start()/HAL_DAC_Stop()**
  - DAC변환 시작/변환 정지
- HAL_DAC_Start_DMA()/AL_DAC_Stop_DMA()
  - DAC변환 시작 및 DMA 사용/변환 정지 및 DMA 사용 정지
- **HAL_DAC_GetValue()**
  - DAC변환 결과 값을 반환

(3) 주변장치 제어 함수

- **HAL_DAC_ConfigChannel()**
  - 채널 설정
- **HAL_DAC_SetValue()**
  - 변환할 데이터 값을 설정

(4) 주변장치 상태 함수

- **HAL_DAC_GetState()**
  - DAC의 상태를 확인
- HAL_DAC_GetError()
  - DAC의 에러를 확인

10.2.2.2 구동용 함수의 사용 방법

DAC는 폴링 방식 또는 DMA 방식으로 사용할 수 있다. 아래는 폴링 방식의 사용 방법에 대해 설명했다.

a) HAL_DAC_Init()을 사용하여 DAC 클럭을 활성화 한다.
b) DAC_OUTx (DAC_OUT1 : PA4, DAC_OUT2 : PA5)을 아날로그 모드로 설정한다.
c) HAL_DAC_ConfigChannel()을 사용하여 DAC 채널을 설정한다.
d) HAL_DAC_Start()을 사용하여 DAC의 동작을 시작한다.
e) HAL_DAC_GetValue()을 사용하여 DAC의 변환완료된 결과 값을 읽는다.
f) HAL_DAC_Stop()을 사용하여 DAC 주변장치를 정지한다.

10.2.3 주요 함수의 상세 설명

10.2.3.1 DAC 구동용 함수

(1) 초기화(Initialization) 및 초기화 해제(de-initialization)용 함수

HAL_DAC_Init (DAC_HandleTypeDef * hdac)

파라미터 hadc의 설정 값에 따라 DAC를 초기화한다.

[파라미터]
- hdac : DAC handle

[반환 값] HAL status

HAL_DAC_DeInit (DAC_HandleTypeDef * hdac)

DAC의 초기화를 해제한다.

[파라미터]
- hdac : DAC handle

[반환 값] HAL status

(2) 입출력용 함수

HAL_DAC_Start (DAC_HandleTypeDef * hdac, uint32_t Channel)

DAC를 활성화하고 변환을 시작한다.

[파라미터]
- hdac : DAC handle
- Channel : DAC_CHANNEL_1(DAC 채널 1), DAC_CHANNEL_2(DAC 채널 2)

[반환 값] HAL status

HAL_DAC_Stop (DAC_HandleTypeDef * hdac, uint32_t Channel)

DAC를 비활성화하고 변환을 정지한다.

[파라미터]
- hdac : DAC handle
- Channel : DAC_CHANNEL_1(DAC 채널 1), DAC_CHANNEL_2(DAC 채널 2)

[반환 값] HAL status

HAL_DAC_GetValue (DAC_HandleTypeDef * hdac, uint32_t Channel)

선택된 DAC 채널의 최종 변환결과 값을 읽어온다.

[파라미터]
- hdac : DAC handle
- Channel : DAC_CHANNEL_1(DAC 채널 1), DAC_CHANNEL_2(DAC 채널 2)

[반환 값] DAC 채널의 변환완료 값

HAL_DAC_SetValue (DAC_HandleTypeDef * hdac, uint32_t Channel, uint32_t Alignment, uint32_t Data)

DAC 입력 값을 설정 함

[파라미터]
- hdac : DAC handle
- Channel : DAC_CHANNEL_1(DAC 채널 1), DAC_CHANNEL_2(DAC 채널 2)
- Alignment : DAC_ALIGN_8B_R - 8bit 오른쪽 정렬
  DAC_ALIGN_12B_L - 12bit 왼쪽 정렬
  DAC_ALIGN_12B_R - 12bit 오른쪽 정렬
- Data : DAC의 입력 값

[반환 값] HAL status

(3) 주변장치 제어 함수

HAL_DAC_ConfigChannel (DAC_HandleTypeDef * hdac, DAC_ChannelConfTypeDef *sConfig, uint32_t Channel

DAC 채널의 동작조건을 설정한다.

[파라미터]
- hdac : DAC handle
- sConfig : DAC 설정 구조체
- Channel : DAC_CHANNEL_1(DAC 채널 1), DAC_CHANNEL_2(DAC 채널 2)

[반환 값] HAL status

(4) 주변장치 상태 함수

HAL_DAC_GetState (DAC_HandleTypeDef * hdac)

DAC의 동작 상태를 읽어온다.

[파라미터]
- hdac : DAC handle

[반환 값] HAL status

HAL_DAC_GetError (DAC_HandleTypeDef * hdac)

DAC 에러 상태를 읽어온다.

[파라미터]
- hdac : DAC handle

[반환 값] HAL status

10.2.3.2 DAC 구동용 매크로(macro) 및 정의(define)

DAC와 관련된 매크로 및 정의는 다음과 같다.

• DAC 채널 선택

```
DAC_CHANNEL_1
DAC_CHANNEL_2
```

• DAC 데이터 정렬

```
DAC_ALIGN_12B_R
DAC_ALIGN_12B_L
DAC_ALIGN_8B_R
```

• DAC HAL 드라이버 매크로

```
__HAL_DAC_ENABLE        : DAC 주변장치 활성화
__HAL_DAC_DISABLE       : DAC 주변장치 비활성화
__HAL_DAC_CLEAR_FLAG    : DAC pending 플래그 초기화
__HAL_DAC_GET_FLAG      : DAC 플래그 상태 반환
```


10.3 DAC 응용 예제

10.3.0 DAC 예제 관련 회로도

[DAC 관련 회로도 : Nucleo-F429 확장보드] 〈그림 10-3-1〉는 Nucleo-F429 확장보드의 Analog Out핀(PA4 : DAC_OUT1)을 나타낸다. 그림을 보면 PA4는 포트 CN7의 9번 핀에 연결되어 있음을 알 수 있다.

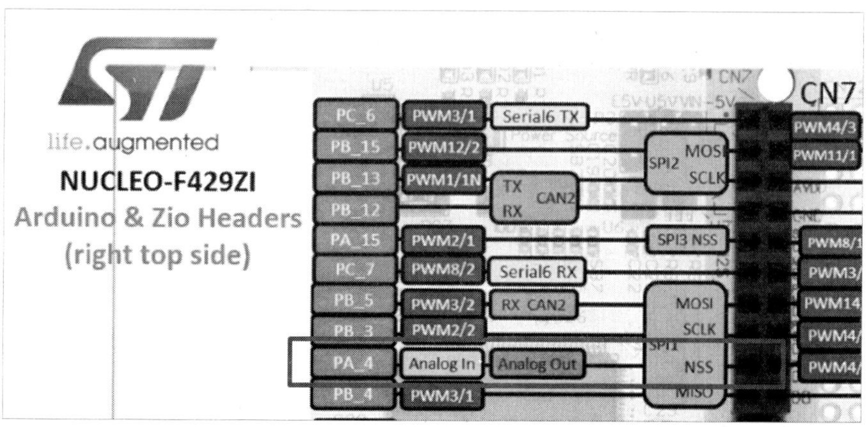

△ **그림 10-3-1** Nucleo-F429 확장보드 DAC 관련 회로도

[Nucleo-F429 확장보드 : 예제 수행을 위한 회로도] Analog Out 핀(PA4)을 이용하여 LED를 On/Off 하려면 LED를 CN7의 9번 핀에 〈그림 10-3-2〉와 같이 연결해 주어야 한다.

> **참고**
> Nucleo-F429 확장보드의 I/O 핀의 출력 전압은 3.3V이므로 LED 구동 시에 전압 강하용 저항을 추가로 설치하지 않아도 된다.

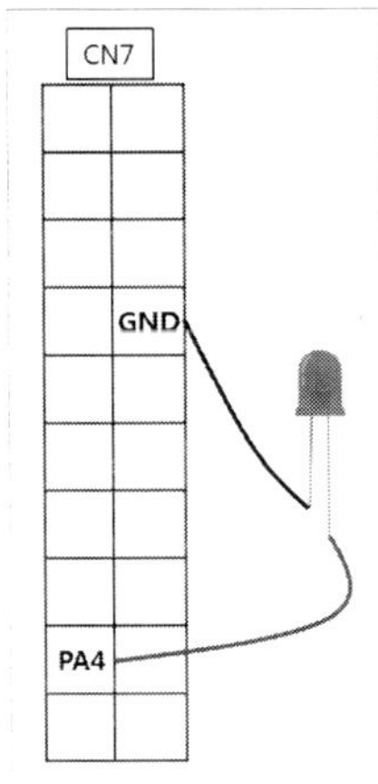

(a) LED 연결 회로도

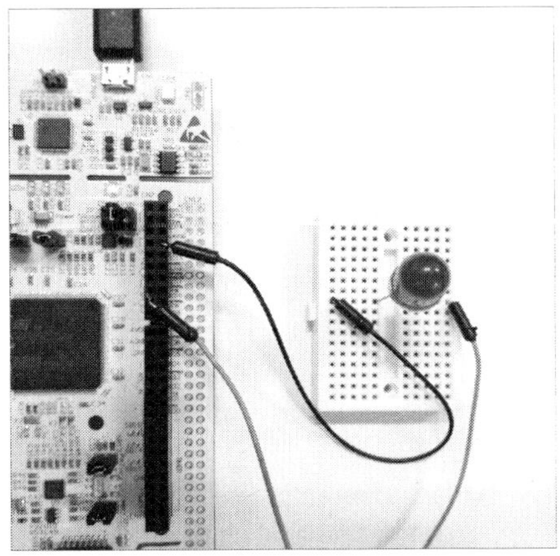

(b) CN7에 LED를 연결한 모습

△ **그림 10-3-2** DAC 예제 실행을 위한 LED 회로 구성

10.3.1 DAC 예제 1 : DAC 출력 값의 변화에 따른 LED 밝기 제어

10.3.1.1 과제 설명

[DAC 예제 1 : Nucleo-F429 확장보드] 프로그램 내에서 DAC 출력 값을 0x00 ~ 0xFF로 주기적으로 변화시킨다. 그러면 DAC의 출력 핀인 PA4의 출력 전압이 변동함으로, 연결되어 있는 LED의 밝기가 변화한다. 즉, DAC값이 주기적으로 변하면서 LED 밝기가 주기적으로 변화하는 것을 확인할 수 있다.

[DAC 예제 1 : Nucleo-F103 확장보드] Nucleo-64 보드(NUCLEO-F103RB)는 DAC가 없으므로 이 예제를 실행할 수 없다.

10.3.1.2 소스코드 작성

1) Nucleo-F429 확장보드의 경우

Nucleo-F429 확장보드를 이용하는 경우는 다음과 같이 소스 코드를 작성한다.

- 폴더 명 : [Examples_Nucleo F429] – [DAC] – [DAC 1_F429] – [MDK-ARM]
- 위의 폴더에 있는 [Project.uvprojx] 파일을 더블클릭하여 실행한다.

2) 파일이 열리면 [Example/User] 폴더 내의 [main.c] 파일을 더블클릭하여 연 후에 아래와 같이 소스 코드를 작성한다.

[main.c]

```
#include "main.h"
#include "Nucleo_F429.h"    // Nucleo-F429 확장보드용 헤더 파일

// -- <1> DacHandler, Dac_sConfig 변수를 외부정의 변수로 선언
extern DAC_HandleTypeDef              DacHandler;
extern DAC_ChannelConfTypeDef         Dac_sConfig;
int dac_value =  0;

// ---------------------------------------------------------------------------------- //

int main(void)
{
    HAL_Init();
    SystemClock_Config();
    LED_Config();
    // -- <2> DAC의 초기설정용 함수를 호출
    DAC_Config();
    LED_OnOff(GPIO_PIN_LedAll, 500);

    // -- <3> 무한 루프
    while (1)
    {
                        // -- <4> for문으로 DAC 설정 값(0x00 ~ 0xff)을 변경
                        for(dac_value = 0; dac_value<=255; dac_value++)
                        {
                        // -- <5> DAC Channel 1번에 구체적인 데이터 레지스터 값을 설정
                        HAL_DAC_SetValue(&DacHandler,  DAC_CHANNEL_1,  DAC_ALIGN_8B_R,
                        dac_value);

                        // -- <6> DAC를 활성화하고 변환을 시작
                        HAL_DAC_Start(&DacHandler, DAC_CHANNEL_1);

                        // -- <7> 5ms Delay 함수
                        HAL_Delay(5);
                        }
    }
}
```

10.3.1.3 소스코드 설명

* 소스 코드의 설명에 붙어있는 번호는 (예 : 〈1〉, 〈2〉 등)은 앞 절의 소스 코드내에 붙어 있는 번호와 동일하다.

[main.c]

<1> DAC의 초기화를 위하여 구조체 DAC_HandleTypeDef 형의 변수 DacHandler와 DAC_ChannelConfTypeDef형의 변수 Dac_sConfig를 외부정의 변수로 선언한다. 이 변수들은 <Nucleo_F103.c> / <Nucleo_F429.c>에 선언되어 있다.

<2> DAC_Config() 함수 : DAC의 초기 설정용 함수를 선언한다. 이 함수는 각각 <Nucleo_F103.c> / 정의되어 있다. [14.3절. 예제 소스코드 추가 설명 : Nucleo_F103.c 및 Nucleo_F429.c]을 참고하기 바란다.
** 이 함수에는 DAC의 초기 동작을 설정하는 소스코드가 있다. 이 소스코드는 DAC의 이해를 위해서 매우 중요한 코드이므로 반드시 찾아서 살펴보기 바린다.

<3> while(1)은 항상 참이므로 무한루프이다.

<4> for문으로 DAC 입력 값(dac_value)을 0x00 ~ 0xff로 변경한다.

<5> HAL_DAC_SetValue() 함수 : DAC Channel 1의 입력 값을 dac_value로 설정한다. 그리고 데이터 정렬은 8bit 오른쪽 정렬로 설정한다.

<6> HAL_DAC_Start() 함수 : DAC의 변환을 시작한다. 변환이 완료되면 결과값이 DAC_OUT1(PA4)으로 출력되어 LED의 밝기가 변환값에 따라 달라지게 된다.

<7> DAC 출력 값에 따라 변화하는 LED를 육안으로 확인하기 위해 5ms delay함수를 구현한다.

10.3.1.4 프로그램 실행

소스 코드 작성이 완료되면 작성된 프로그램을 컴파일한 후에 실습 보드로 다운로드하여 프로그램을 실행한다. 실습 보드와 PC의 연결 방법, 예제 프로그램의 컴파일, 다운로드 방법 등은 [4.2절, 예제 프로그램의 실행 : 실습 보드]를 참조하기 바란다.

프로그램 실행시의 동작은 앞의 '예제 설명'에서 설명한 것과 동일하다.

참고

혹시 컴파일이나 다운로드가 에러 없이 성공했는데도 프로그램이 실행이 되지 않는 경우는 다음과 같이 하여본다.
① 실습 보드 내의 [리셋] 스위치를 눌러본다.
② 실습보드와 PC를 연결하는 USB 케이블을 뺐다가 다시 연결해본다.
③ 그래도 프로그램이 실행되지 않거나, 실행되어도 정상 동작을 하지 않으면 작성한 소스 코드가 틀리게 작성되었을 가능성이 크므로 소스 코드를 확인해 보기 바란다.

제4부

프로그래밍 실습 : UART, USB, TCP/IP 통신

11 UART를 이용한 PC와의 통신

11.1 직렬 통신 및 UART

11.1.1 직렬 통신(Serial communication)

11.1.1.1 직렬(Serial) 통신과 병렬(Parallel) 통신

컴퓨터와 마이크로프로세서, 그리고 IC 칩들 사이에서 서로 데이터를 주고 받는것을 데이터 통신이라고 한다. 이런 데이터 통신 방식을 나누는 방법은 여러 가지가 있을 수가 있으나, 통신에 사용되는 라인의 수를 기준으로 구분하면 직렬 통신과 병렬 통신으로 나눌 수 있다.

〈그림 11-1-1〉은 두 가지 통신 방법의 예를 나타낸다. 직렬 통신은 1개의 라인만을 이용하여 1 클럭당 1개(1비트)의 데이터를 전송하고, 병렬 통신은 여러 개의 라인을 이용하여 1 클럭당 여러 개의 데이터(비트)를 전송하는 방식이다. 병렬 통신에서는 현재 8 비트 또는 16 비트의 데이터 전송 방법이 많이 사용되고 있다.

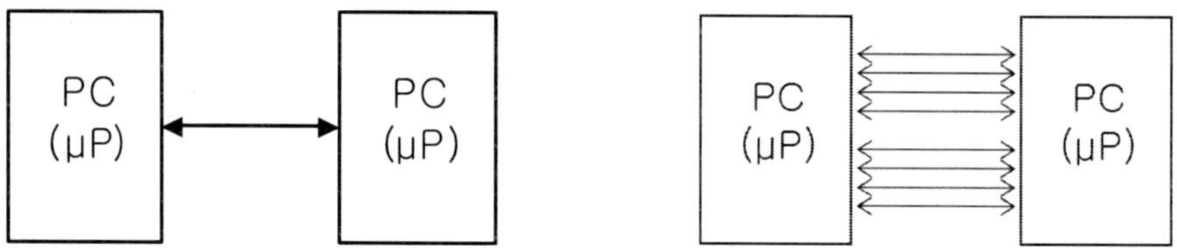

(a) 직렬 통신 (b) 병렬 통신(8비트 통신의 경우)

△ **그림 11-1-1** 직렬 통신과 병렬 통신의 예

> **참고**
> 8비트 병렬 통신의 경우 통신에 필요한 라인 수는 8개 또는 그 이상이다. 반면, 직렬 통신에 필요한 라인의 수는 데이터 선과 접지 선을 포함하여 일반적으로 2 ~ 3개이다.

직렬 통신을 이용할 경우 필요한 라인의 수가 작으므로 마이크로프로세서에 내장되는 통신 포트에 필요한 핀 수가 작아진다. 따라서 칩의 크기가 소형화되고 가격이 저렴해지는 장점이 있으므로, 많은 마이크로프로세서나 IC 칩은 외부와의 데이터 통신용으로 병렬 통신보다는 직렬 통신 방법을 많이 이용한다.

직렬 통신의 예로는 다음과 같은 것들이 있다.

- 모르스(Morse) 부호를 사용하는 통신(예 : 전보)
- RS-232C, RS-422, RS-485
- USB , TCP/IP(인터넷), CAN
- I^2C, SPI
- FireWire, PCI Express

병렬 통신은 1클럭 시간에 통신 라인 수만큼의 데이터 전송이 가능하므로(예 : 데이터 라인이 8개인 경우는 8비트의 데이터를 전송), 1개의 데이터만 보낼 수 있는 직렬 통신보다는 개념적으로 통신 속도가 빠르다. 하지만 최근에는 직렬 통신이 병렬 통신보다 훨씬 빠른 클럭의 사용이 가능해지면서, 오히려 직렬 통신의 속도가 빨라지는 경우도 발생하게 되었다. 직렬 통신에서 고주파수의 클럭의 사용이 가능한 이유는, 통신에 필요한 라인의 갯수가 병렬 통신보다 훨씬 적으므로 외부 노이즈의 차폐가 용이하고 크로스토크(crosstalk) 등의 전기적 특성이 유리하기 때문이다.

11.1.1.2 단방향 통신과 양방향 통신

통신은 데이터의 흐름 방법에 따라 한 방향으로만 통신이 가능한 단방향(Simplex) 통신과 쌍방의 통신이 가능한 양방향 통신으로 나눌 수 있다. 양방향 통신은 다시 반이중(Half-duplex) 방식과 전이중(Full-duplex) 방식으로 나눌 수 있다. 〈그림 11-1-2〉는 이들 통신 방식을 나타낸다.

단방향 통신은 데이터가 한 방향(A → B)으로만 전송되는 것이며, 그 예로는 라디오 방송, TV 방송 등이 있다. 반이중 방식의 통신은 데이터가 양 방향(A → B 또는 A ← B)으로 전송이 가능하나 동시에 양방향 통신은 불가능한 통신으로, 그 예로는 워키토키, RS-485 통신이 있다. 그리고 전이중 방식의 통신은 데이터를 동시에 양방향(A ↔ B)으로 전송이 가능한 통신으로, 그 예로는 전화, RS-232C 통신이 있다.

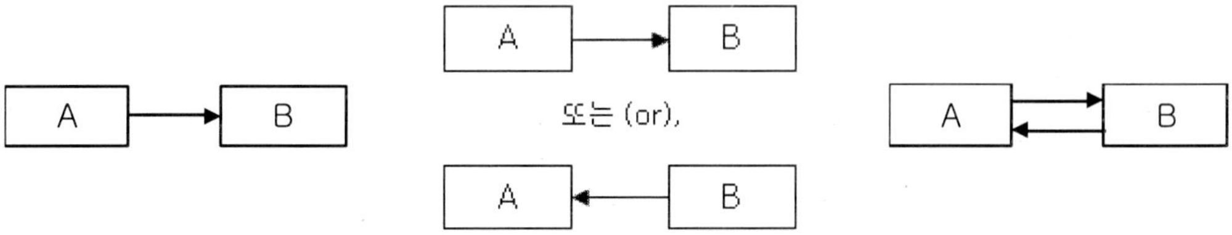

(a) 단방향 통신 (b) 반이중 통신 (c) 전이중 통신

△ **그림 11-1-2** 데이터의 흐름 방법에 따른 통신 방식

11.1.2 UART/USART

11.1.2.1 개요

두 장치(PC, 마이크로프로세서, 각종 기기 등)가 멀리 떨어져 있을 때 데이터를 직렬로 통신하는 경우가 많다. 그런데 마이크로프로세서 내에서 데이터는 8비트, 16비트, 32비트 등의 단위로 처리된다. 즉, 마이크로프로세서 내에서 데이터 버스는 병렬 통신방식을 사용하므로 직렬 통신 포트를 이용한 데이터 송신 시에는 병렬을 직렬로, 수신시에는 직렬을 병렬로 변환해주어야 한다.

UART(Universal Asynchronous Receiver/Transmitter : 범용 비동기 송수신기)는 데이터를 직렬로, 또는 병렬로 변환시켜주는 물리적 장치로써 PC, 마이크로프로세서와 주변장치들 간에 식렬(Serial) 포트를 이용한 통신에 주로 사용된다. 요즘 대부분의 MCU는 UART를 내장하고 있는 경우가 많다.

UART는 기본적으로 비동기 통신 방식을 사용한다. 그런데 최근의 UART는 비동기뿐만 아니라 동기 통신도 가능한 기능을 가지는 것들이 많아졌는데 이러한 장치를 USART(Universal Synchronous and Asynchronous Receiver/Transmitter : 범용 동기/비동기 송수신기)라고 부른다.

참고

UART는 [juart : 유아트] 라고 읽는다.

참고 **비동기(Asynchronous) 통신 vs. 동기(Synchronous) 통신**

- 비동기 통신 : 두 장치 사이에 데이터가 전송될 때 수신부의 클럭이 송신부의 클럭에 동기되지 않는 방식이다.
- 동기 통신 : 두 장치 사이에 데이터가 전송될 때 수신부의 클럭이 송신부의 클럭에 동기되는 방식이다. 동기를 위해서 별도의 클럭 단자를 이용해서 송신부의 클럭을 수신부에 공급하는 방법을 많이 이용한다.

11.1.2.2 UART의 일반적인 구조

(1) 개요

〈그림 11-1-3〉은 UART의 일반적인 구조를 나타낸다. UART를 이용한 데이터의 송수신은 다음과 같이 이루어진다.

① 송신 : 송신 데이터 레지스터(Transmit Data Register)는 전송할 데이터를 데이터 버스를 통해 받아 저장한다. 이 데이터는 송신 쉬프트 레지스터(Transmit Shift Register)로 전달된다. 여기까지 데이터는 워드 또는 바이트 단위로 전달된다. 송신 쉬프트 레지스터는 데이터를 비트 단위로 TX 단자를 통해 외부로 내보낸다.

② 수신 : 수신될 데이터는 외부에서 RX 단자를 통해 수신 쉬프트 레지스터(Receive Shift Register)로 들어오게 된다. 수신 쉬프트 레지스터는 비트 단위로 수신된 데이터를 모아서 워드 또는 바이트 단위로 만들어 수신 데이터 레지스터(Receive Data Register)

로 전달한다. 수신 데이터 레지스터에 저장된 데이터는 데이터 버스를 통해 칩의 내부로 전달된다.

송수신 제어부(Transmit/Receive Control)는 송신, 수신 과정을 제어해 주는 역할을 하며 클럭 제어부(Clock Control)는 송신, 수신에 필요한 클럭을 만들어 내거나 제어하는 역할을 한다.

참고

> TX는 Transmit(송신) 또는 Transmitter(송신기)를 가르키는 말이며, RX는 Receive(수신) 또는 Receiver(수신기)를 가르키는 말이다.

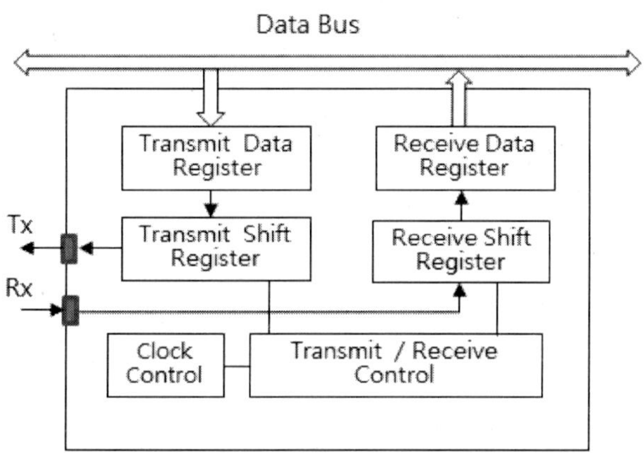

△ **그림 11-1-3** UART의 일반적인 구조

(2) 데이터 프레임(Data Frame)의 구성

UART의 데이터 송수신은 프레임(Frame) 단위로 이루어진다. 1 프레임의 데이터는 일반적으로 다음과 같이 구성되며 〈그림 11-1-4〉는 이를 나타낸다.

- 1비트의 시작(start) 비트
- 5 ~ 8비트의 데이터(data) 비트
- 1비트의 패리티(parity) 비트(옵션 요소 임)
- 1 ~ 2비트의 정지(stop) 비트

Start	Data 0	Data 1	Data 2	Data 3	Data 4	Data 5	Data 6	Data 7	Parity (option)	Stop
1 bit	← 5 ~ 8 bit →								1 bit	1~2 bit

△ **그림 11-1-4** 데이터 프레임의 구성

(3) 데이터 전송을 위한 클럭의 조건

비동기 통신에서는 송신부와 수신부의 클럭이 동기되지 않으므로 송신부와 수신부는 서로 별개의 클럭으로 동작하게 된다. 따라서 송신부의 클럭과 수신부의 클럭은 서로 일치해야 하며, 실제 구현 시에는 1 프레임 송수신시에 양쪽 클럭의 주파수 차이가 10% 이내여야 한다. 이 조건은 UART가 처음으로 등장할 무렵에 많이 사용되던 기계식 텔레프린터(teleprinter)를 기준으로 설정된 것으로 최근의 전자기기에서는 이 조건이 쉽게 만족된다.

(4) 보 레이트(Baud Rate)

보 레이트는 데이터의 전송 속도를 나타내는 말이다. 1보(baud)는 1초에 전자적인 상태가 1번 변화하는 것을 말한다. 따라서 보 레이트가 1이면 1초에 1비트의 데이터가 전송된다. 최근에는 전송 속도를 나타내기 위해 더 정확한 용어인 bps(bits per second)를 사용한다.

일반적으로 많이 사용되는 클럭 발생용 크리스탈의 주파수와 보 레이트는 다음과 같다.

- 18.432MHz : 300, 600, 1200, 2400, 4800, 9600, 19200
- 22.118400MHz : 300, 600, 1200, 1800, 2400, 4800, 9600, 14400, 19200, 38400, 57600, 115200
- 16MHz : 125000, 500000
- 24MHz : 4800

11.2 USART의 구조 및 기능

11.2.1 USART의 구조

11.2.1.1 STM32F1 시리즈의 USART 개요

앞 절에서는 직렬 통신의 기본 및 일반적인 UART의 구성에 대하여 살펴보았다. 이 절에서는 우리가 학습할 STM32F1 시리즈의 USART에 대하여 알아보기로 한다.

> **참고**
>
> STM32F1 시리즈에 장착된 직렬 통신용 주변 장치의 명칭은 USART이다. 그리고 이 USART를 이용하면 UART 통신 및 USART 통신이 모두 가능하다.

STM32F10x의 USART의 주요 특징은 다음과 같다.

- 2 ~ 5개의 USART를 가짐
  - USART1 : 고속의 APB2 버스에 연결
  - USART2 ~ USART5 : 저속의 APB1 버스에 연결

참고

> 이 책의 실습 보드에서 사용하는 STM32F103C8은 3개(USART1 ~ USART3), STM32F108VC는 5개(USART1 ~ USART5)의 USART를 가진다.

- 전이중(Full-duplex) 방식의 동기, 비동기 통신이 가능
- 4.5 MBits/s까지의 보레이트 구현이 가능
- 데이터의 워드 길이를 8비트 또는 9비트로 설정 가능
- 1비트 또는 2비트의 정지(Stop) 비트의 설정 가능
- 다음의 전송 상태 플래그의 검출이 가능
  - 수신 버퍼 가득 참 (Receive Buffer Full)
  - 송신 버퍼 비어있음 (Transmit Buffer Empty)
  - 송신 완료 (End of Transmission)
- 패리티(Parity)제어 가능
  - 패리티 비트 송신, 수신 데이터의 패리티 검사
- 4개의 에러 검출 플래그가 있음
  - 오버런 에러, 노이즈 에러, 프레임 에러, 패리티 에러
- 10개의 인터럽트 소스와 대응되는 플래그 발생
  - 송신 데이터 레지스터 비어있음
  - 송신 완료
  - 수신 데이터 레지스터 가득참
  - 아이들 라인(Idle line) 받음
  - 오버런(Overrun) 에러
  - 프레임(Frame) 에러
  - 노이즈(Noise) 에러
  - 패리티(Parity) 에러
  - CTS 변화
  - LIN (Local Interconnection Network) 브레이크 검출
- 스마트 카드 프로토콜 지원
- IrDA (Infrared Data Association) 지원

11.2.1.2 STM32F427/429 시리즈의 USART 개요

STM32F427/429 시리즈의 USART의 주요 특징은 다음과 같다.

- 4개의 USART와 4개의 UART를 가진다.
  - USART : USART1, USART2, USART3, USART6
  - UART : UART4, UART5, UART7, UART8
- 최대 전송 속도 : 11.25 Mbit/s. (USART1, USART6의 경우)
  5.62 bit/s (다른 USART/UART의 경우)
- 그 외의 주요 특징은 STM32F1시리즈와 유사하다.

11.2.1.3 USART의 구조도

〈그림 11-2-1〉은 USART의 구조도를 나타낸다. 외부와의 통신에 사용되는 핀은 RX와 TX이다. RX 핀은 외부의 데이터를 입력받기 위한 핀이고 TX 핀은 외부로 데이터를 출력하는 핀이다. 데이터는 이 핀을 통하여 프레임 단위로 송수신된다. RX는 싱글 와이어(single-wire) 모드나 스마트카드 모드에서 데이터 송수신용 핀으로도 사용되며, 이 경우 USART의 입력 핀으로는 SW_RX 핀이 사용된다. CK 핀은 동기화 전송시에 필요한 클럭을 출력하는 핀이다. IRDA_IN, IRDA_OUT은 각각 IrDA 데이터 입력, 출력용 핀이며 nCTS(Clear To Send), nRTS(Request To Send)도 IrDA 데이터 통신에 사용되는 핀이다.

USART의 내부 구성을 살펴보면 일반적인 UART의 구성과 비슷하며 주요 구성 요소로는 다음과 같은 것들이 있다.

- 송수신 요소 : 송신 데이터 레지스터(Transmit Data Register : TDR)
  - 송신 쉬프트 레지스터(Transmit Shift Register)
  - 수신 데이터 레지스터(Receive Data Register : RDR)
  - 수신 쉬프트 레지스터(Receive Shift Register)
- 제어 요소 : 송신 제어기(Transmit Control)
  - 수신 제어기(Receive Control)
  - 클럭 제어기(CK Control)
  - USART 인터럽트 제어기(USART Interrupt Control)
  - 그 외 각종 레지스터(GTPR, CR1~CR3, SR, UASRT_BRR 등)

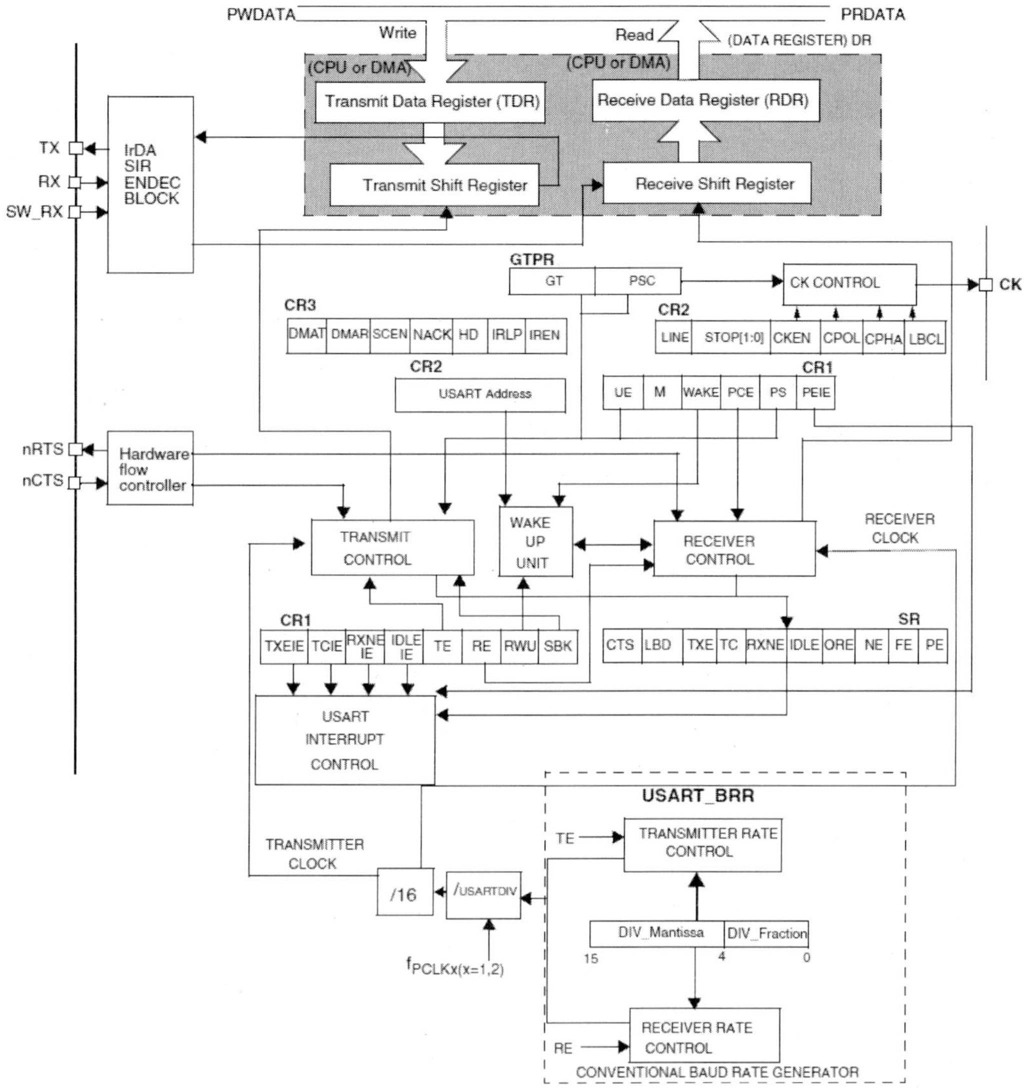

USARTDIV = DIV_Mantissa + (DIV_Fraction / 16)

△ 그림 11-2-1 USART의 구조도

11.2.2 주요 기능

11.2.2.1 데이터 프레임의 구성

〈그림 11-2-2〉는 데이터 프레임(또는 워드)의 구성을 나타낸다. 1개의 데이터 프레임은 다음과 같이 구성된다.

- 시작(start) 비트 : 1비트
- 데이터(data) 비트 : 8 ~ 9비트
- 정지(stop) 비트 : 0.5 ~ 2비트

시작(start) 비트는 로우(low) 값을, 정지(stop) 비트는 하이(high) 값을 가진다. 데이터 비트의 길이는 8비트 또는 9비트로 설정할 수 있으며, 이는 USART_CR1 레지스터의 M 비트의 설정 값에 따라 결정된다. 데이터 비트의 제일 마지막은 패리티 비트가 될 수도 있다.

시작 비트를 포함한 모든 비트가 하이(high)인 프레임을 아이들(idle) 프레임이라고 하고, 모든 비트가 로우(low)인 프레임을 브레이크(break) 프레임이라고 한다.

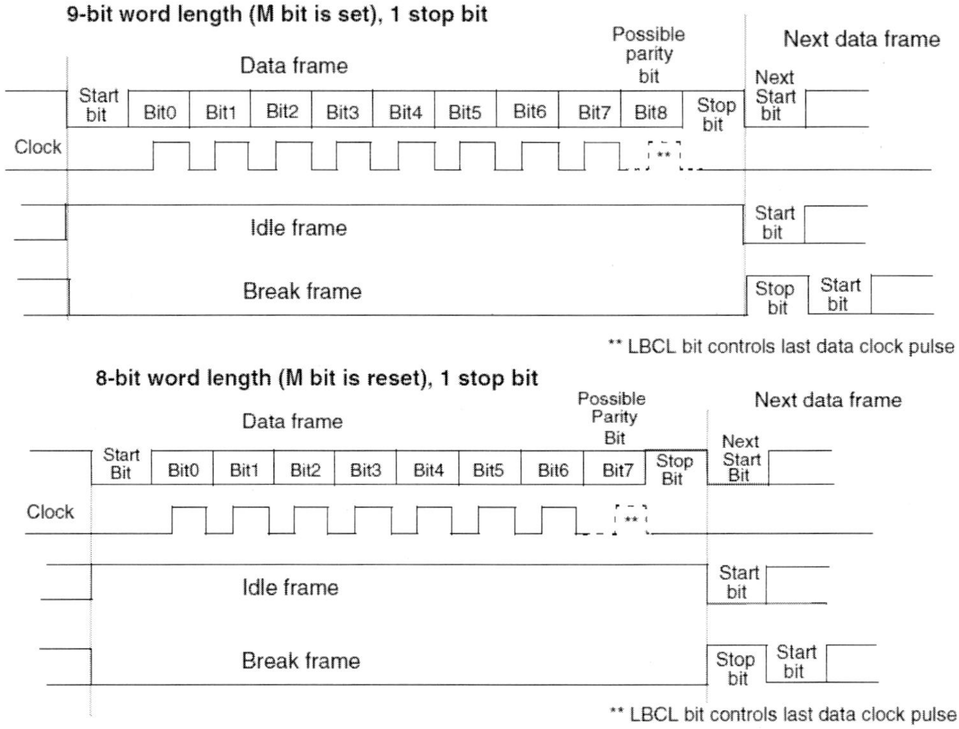

△ 그림 11-2-2 데이터 프레임의 구성

11.2.2.2 문자 송신 및 수신

USART는 데이터 송신시에 하위 비트부터 TX 핀을 통해 송신하며 수신시에도 하위 비트부터 RX 핀을 통해 수신한다. 수신시에는 노이즈를 제거하고 정확한 데이터의 수신을 위해 오버 샘플링(over sampling) 방법을 이용한다.

정지 비트는 송수신 모드에 따라 달라지며 다음의 값이 사용된다.

- 1비트의 정지 비 : 디폴트 값
- 2비트의 정지 비트 : 싱글 와이어 및 모뎀 모드의 USART 통신
- 0.5비트의 정지 비트 : 스마트카드 모드의 데이터 수신시
- 1.5비트의 정지 비트 : 스마트카드 모드의 데이터 송신시

11.2.2.3 동기 모드

USART_CR2 레지스터의 CLKEN 비트를 설정하면 USART는 동기 모드로 동작한다. 〈그림 11-2-3〉은 동기 송신 모드의 사용 예를 보여준다. 이 모드로 송신시에는 TX가 클럭 CK와 동기되며 나머지는 비동기 모드와 동일하게 동작한다. 수신은 오버 샘플링없이 CK와 동기되어 수신된다.

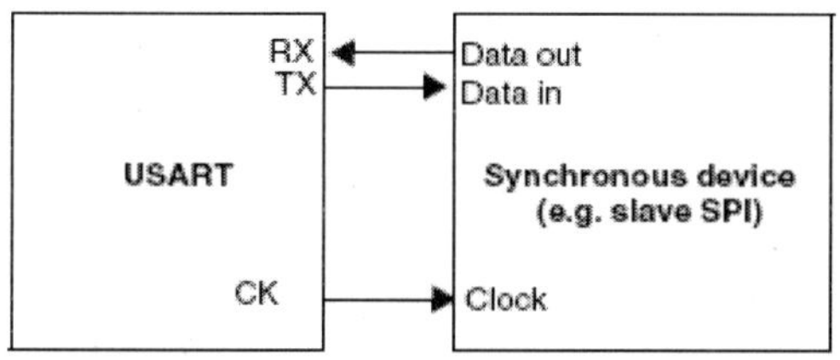

△ **그림 11-2-3** 동기 송신 모드의 사용 예

11.3 UART 관련 HAL 드라이버

여기에서는 STM32F시리즈의 USART에서 비동기 통신을 수행하는 UART 관련 HAL 드라이버에 대하여 알아보기로 한다. 참고로 동기 통신을 하려면 별도의 USART용 HAL 드라이버를 사용하여야하는데 이에 대한 자세한 사항은 ST사의 [STM32F1xx HAL 드라이버 User manual] 또는 [STM32F4xx HAL 드라이버 User manual]내의 [HAL USART Generic Driver] 부분을 참고하기 바란다.

11.3.1 UART 설정용 구조체

11.3.1.1 구조체의 종류

UART의 동작조건을 설정하기 위한 구조체는 다음과 같다.

UART_InitTypeDef
- UART 동작조건 설정을 위한 구조체

UART_HandleTypeDef
- UART 설정을 위한 구조체

11.3.1.2 주요 구조체의 상세 설명

다음은 UART 설정용 구조체중에서 중요한 구조체에 대한 상세설명을 나타낸다. 나머지 구조체에 대한 자세한 설명은 ST사의 [HAL 드라이버 User Manual]을 참조하기 바란다.

UART_InitTypeDef

UART의 동작조건을 설정하기 위한 구조체이며 stm32f1xx_hal_uart.h에 정의되어 있다.

[데이터 형]

- uint32_t BaudRate
- uint32_t WordLength
- uint32_t StopBits
- uint32_t Parity
- uint32_t Mode
- uint32_t HwFlowCtl
- uint32_t OverSampling

[데이터 형의 설명]

- BaudRate : UART 통신 보 레이트를 설정한다. 보 레이트는 다음의 식을 이용하여 계산한다.
  - IntegerDivider = ((PCLKx)/(16 * (huart->Init.BaudRate)))
  - FractionalDivider = ((IntegerDivider - ((uint32_t) IntegerDivider)) * 16) + 0.5
- WordLength : 송수신 할 데이터 비트의 크기를 지정
  - UART_WORDLENGTH_8B
  - UART_WORDLENGTH_9B
- StopBits : stop 비트의 크기를 지정
  - UART_STOPBITS_1
  - UART_STOPBITS_2
- Parity : parity 모드 지정
  - UART_PARITY_NONE
  - UART_PARITY_EVEN
  - UART_PARITY_ODD

참고 패리티가 활성화되면 계산된 패리티가 전송 데이터의 MSB 위치로 들어가게 된다. (9th bit : word length를 9 data bits로 설정 시 삽입, 8th bit : word length를 8 data bits로 설정 시 삽입)

- Mode : 송수신 모드를 활성화 또는 비활성화로 지정
  - UART_MODE_RX
  - UART_MODE_TX
  - UART_MODE_TX_RX
- HwFlowCtl : hardware flow control 모드를 활성화 또는 비활성화로 지정
  - UART_HWCONTROL_NONE
  - UART_HWCONTROL_RTS
  - UART_HWCONTROL_CTS
  - UART_HWCONTROL_RTS_CTS
- OverSampling : Oversampling을 활성화 또는 비활성화로 지정. STM32F1xx 시리즈 디바이스는 적용되지 않으며 OverSampling은 항상 16으로 설정되어야 한다.
  - UART_OVERSAMPLING_1

UART_HandleTypeDef

UART 설정을 위한 구조체이며 stm32f1xx_hal_uart.h에 정의되어 있다.

[데이터 형]

• USART_TypeDef *	Instance
• UART_InitTypeDef	Init
• uint8_t *	pTxBuffPtr
• uint16_t	TxXferSize
• uint16_t	TxXferCount
• uint8_t *	pRxBuffPtr
• uint16_t	RxXferSize
• uint16_t	RxXferCount
• DMA_HandleTypeDef *	hdmatx
• DMA_HandleTypeDef *	hdmarx
• HAL_LockTypeDef	Lock
• __IO HAL_UART_StateTypeDef	State
• __IO uint32_t	ErrorCode

[데이터 형의 설명]

• Instance	: UART 레지스터 base address
• Init	: UART 통신 파라미터
• pTxBuffPtr	: UART Tx 버퍼
• TxXferSize	: UART Tx 크기
• TxXferCount	: UART Tx 카운터
• pRxBuffPtr	: UART Rx 버퍼
• RxXferSize	: UART Rx 크기
• RxXferCount	: UART Rx 카운터
• hdmatx	: UART Tx DMA 핸들러 파라미터
• hdmarx	: UART Rx DMA 핸들러 파라미터
• Lock	: Locking object
• State	: UART 통신 상태
• ErrorCode	: UART 에러 코드

11.3.2 UART 구동용 HAL 함수

11.3.2.1 UART 구동용 HAL 함수의 종류

UART를 구동하기 위한 HAL 함수는 다음과 같다.

(1) 초기화 및 설정용 함수

UART의 초기화 및 설정용 함수는 다음과 같다.

- **HAL_UART_Init()**, HAL_UART_DeInit()
  - UART의 초기화, 초기화 해제
- HAL_UART_MspInit(), HAL_UART_MspDeInit()

– UART Msp의 초기화, 초기화 해제

참고

UART는 비동기 통신이므로, 위의 함수들에서 다음 파라미터만 설정되면 된다.
- Baud Rate
- Word Length
- Stop Bit
- Parity
- Hardware flow control
- Receiver/transmitter modes

(2) 입출력용 함수

입출력용 함수는 다음과 같다.

- **HAL_UART_Transmit( )**
  – 블로킹 모드로 데이터 송신
- **HAL_UART_Receive( )**
  – 블로킹 모드로 데이터 수신
- **HAL_UART_Transmit_IT( )**
  – 비 블로킹 모드로 데이터 송신
- **HAL_UART_Receive_IT( )**
  – 비 블로킹 모드로 데이터 수신
- HAL_UART_Transmit_DMA( )
  – DMA를 사용하여 비 블로킹 모드로 데이터 송신
- HAL_UART_Receive_DMA( )
  – DMA를 사용하여 비 블로킹 모드로 데이터 수신
- **HAL_UART_IRQHandler( )**
  – UART 인터럽트 처리 핸들러 함수

중요 콜백 함수(Callback function)

콜백 함수는 다음과 같으며 이들은 반드시 사용자 프로그램에서 작성되어야 한다.
- HAL_UART_TxCpltCallback( )
- HAL_UART_RxCpltCallback( )

참고

데이터 전송에는 다음의 2가지 모드가 있다.
- 블로킹 모드(Blocking mode) 또는 폴링 모드 : 통신은 폴링 모드로 이루어진다.
- 비 블로킹 모드(Non blocking mode) : 통신은 인터럽트나 DMA로 이루어진다. 데이터 처리가 완료되면 UART IRQ(인터럽트 모드인 경우)나 DMA IRQ(DMA 모드인 경우)가 발생한다. 그리고 HAL_UART_TxCpltCallback(), HAL_UART_RxCpltCallback() 또는 HAL_USART_TxRxCpltCallback() 콜백 함수가 호출된다. 통신 에러가 발생한 경우는 HAL_UART_ErrorCallback() 콜백 함수가 호출된다.

참고

> 반이중 통신(Half duplex)의 경우 송신과 수신을 병렬로 하는 것은 금지되어 있으며 UART 상태 값 중에서 HAL_UART_STATE_BUSY_TX_RX는 사용할 수 없다.

(3) 주변장치 상태 함수

run-time 중에 주변장치의 상태를 확인할 수 있는 함수이다.

- HAL_UART_GetState()
  - run-time 중 UART 주변장치 상태 확인
- HAL_UART_GetError()
  - 통신 시 일어날 수 있는 run-time 에러 확인

11.3.2.2 구동용 함수의 사용 방법

(1) 사용방법 개요

a) 클럭을 활성화한다.

- __HAL_RCC_USARTx_CLK_ENABLE() 함수를 이용하여 사용할 USARTx의 클럭을 활성화시킨다.
- __HAL_RCC_GPIOx_CLK_ENABLE() 함수를 이용하여 USART 핀으로 사용할 GPIO의 클럭을 활성화한다.

b) UART로 사용할 GPIO 핀을 대체 기능(Alternate function) 모드로 하고 UART 핀으로 사용하도록 설정한 다음 HAL_GPIO_Init() 함수를 이용하여 초기화한다.

c) UART_HandleTypeDef 구조체 변수를 이용하여 UART를 설정하고 HAL_UART_Init() 함수를 이용하여 동작조건을 설정한다.

d) 통신 모드에 따라 다음의 함수를 이용하여 데이터를 송수신한다.

- Blocking 모드
  - HAL_UART_Transmit(), HAL_UART_Receive()
- Non Blocking 모드(인터럽트)
  - HAL_UART_Transmit_IT(), HAL_UART_Receive_IT()
  - HAL_UART_IRQHandler()
- DMA 모드
  - HAL_UART_Transmit_DMA(), HAL_UART_Receive_DMA()

e) UART에서 인터럽트를 발생시키는 경우는 다음과 같이 처리한다.

- HAL_NVIC_SetPriority() 함수를 이용하여 해당 인터럽트의 우선 순위를 설정하고 HAL_EnableIRQ() 함수를 이용하여 인터럽트를 활성화시킨다.
- 해당 인터럽트의 ISR(Interrupt Service Routine)을 작성한다. (stm32f1xx_it.c에서 작성)
  - ISR의 예 : USART2_IRQHandler()

- 해당 인터럽트의 콜백 함수를 작성한다. 인터럽트의 발생시에 처리해야 할 내용을 여기에 작성하면 된다.
  - 콜백 함수의 예 : HAL_UART_RxCpltCallback(), HAL_UART_TxCpltCallback()

(2) 동작 모드

동작 모드는 다음과 같이 3가지 종류가 있다.

a) 폴링(Polling) 모드 입출력

- HAL_UART_Transmit() 함수를 이용하여 블로킹 모드에서 데이터를 송신한다.
- HAL_UART_Receive() 함수를 이용하여 블로킹 모드에서 데이터를 수신한다.

b) 인터럽트 모드 입출력

- HAL_UART_Transmit_IT() 함수를 이용하여 비 블로킹 모드에서 데이터를 송신한다. 송신이 끝나면 HAL_UART_TxCpltCallback() 콜백 함수가 호출된다. 그러므로 송신 완료시 수행되어야 하는 작업의 코드를 이 콜백 함수 내에 작성하면 된다.
- HAL_UART_Receive_IT() 함수를 이용하여 비 블로킹 모드에서 데이터를 수신한다. 수신이 끝나면 HAL_UART_RxCpltCallback() 콜백 함수가 호출된다. 그러므로 수신 완료시 수행되어야 하는 작업의 코드를 이 콜백 함수 내에 작성하면 된다.
- 송수신 에러가 발생하면 HAL_UART_ErrorCallback() 콜백 함수가 호출된다. 그러므로 에러 발생 시 수행되어야 하는 작업의 코드를 이 콜백 함수 내에 작성하면 된다.

c) DMA 모드 입출력

- HAL_UART_Transmit_DMA() 함수를 이용하여 비 블로킹 모드에서 데이터를 송신한다.
  - half transfer 송신이 완료되면 끝나면 HAL_UART_TxHalfCpltCallback() 콜백 함수가 호출된다.
  - 송신이 완료되면 끝나면 HAL_UART_TxCpltCallback() 콜백 함수가 호출된다. 사용자는 송신완료시 수행해야 하는 작업의 코드를 이 콜백 함수 내에 작성하면 된다.
- HAL_UART_Receive_DMA() 함수를 이용하여 비 블로킹 모드에서 데이터를 수신한다.
  - half transfer수신이 완료되면 끝나면 HAL_UART_RxCpltCallback() 콜백 함수가 호출된다.
  - 수신이 완료되면 끝나면 HAL_UART_RxCpltCallback() 콜백 함수가 호출된다. 사용자는 수신완료시 수행해야 하는 작업의 코드를 이 콜백 함수 내에 작성하면 된다.
- 송수신 에러가 발생하면 HAL_UART_ErrorCallback() 콜백 함수가 호출된다. 사용자는 에러 발생 시 수행해야 하는 작업의 코드를 이 콜백 함수 내에 작성하면 된다.

11.3.3 주요 함수의 상세 설명

11.3.3.1 UART 구동용 함수

(1) 초기화 및 설정용 함수

HAL_UART_Init (UART_HandleTypeDef * huart)

UART_InitTypeDef에 명시된 파라미터에 따라 UART 모드를 초기화한다.

[파라미터]
- huart : UART handle

[반환 값] HAL status

HAL_UART_DeInit (UART_HandleTypeDef * huart)

UART 주변장치를 해제한다.

[파라미터]
- huart : UART handle

[반환 값] HAL status

(2) 입출력용 함수

HAL_UART_Receive (UART_HandleTypeDef* huart, uint8_t* pData, uint16_t Size, uint32_t Timeout)

데이터를 블로킹 모드로 수신한다.

[파라미터]
- huart : UART handle
- pData : 데이터 버퍼
- Size : 입력받을 데이터의 크기
- Timeout : 지연시간

[반환 값] HAL status

HAL_UART_Receive_IT (UART_HandleTypeDef * huart, uint8_t * pData, uint16_t Size)

데이터를 비 블로킹 모드로 수신한다.

[파라미터]
- huart : UART handle
- pData : 데이터 버퍼
- Size : 입력받을 데이터의 크기

[반환 값] HAL status

HAL_UART_Transmit (UART_HandleTypeDef * huart, uint8_t * pData, uint16_t Size, uint32_t Timeout)

데이터를 블로킹 모드로 송신한다.

[파라미터]
- **huart** : UART handle
- **pData** : 데이터 버퍼
- **Size** : 입력받을 데이터의 크기
- **Timeout** : 지연 시간

[반환 값] HAL status

HAL_UART_Transmit_IT (UART_HandleTypeDef * huart, uint8_t * pData, uint16_t Size)

데이터를 비 블로킹 모드로 송신한다.

[파라미터]
- **huart** : UART handle
- **pData** : 데이터 버퍼
- **Size** : 입력받을 데이터의 크기

[반환 값] HAL status

HAL_UART_Transmit_DMA (UART_HandleTypeDef * huart, uint32_t* pData, uint32_t Size)

데이터를 비 블로킹 모드로 DMA를 통해 송신한다.

[파라미터]
- **huart** : UART handle
- **pData** : 해당 데이터
- **Size** : 데이터 크기

[반환 값] 없음

HAL_UART_Receive_DMA (UART_HandleTypeDef * huart, uint32_t* pData, uint32_t Size)

데이터를 비 블로킹 모드로 DMA를 통해 수신한다.

[파라미터]
- **huart** : UART handle
- **pData** : 해당 데이터
- **Size** : 데이터 크기

[반환 값] 없음

HAL_UART_IRQHandler (UART_HandleTypeDef * huart)

UART 인터럽트를 요청한다.

[파라미터]
- **huart** : UART handle

[반환 값] 없음

HAL_UART_TxCpltCallback (UART_HandleTypeDef * huart)

송신완료시 호출되는 callback 함수이다.

[파라미터]
- huart : UART handle

[반환 값] 없음

HAL_UART_RxCpltCallback (UART_HandleTypeDef * huart)

수신완료시 호출되는 callback 함수이다.

[파라미터]
- huart : UART handle

[반환 값] 없음

(3) 주변장치 상태 함수

HAL_UART_GetState (UART_HandleTypeDef * huart)

UART의 동작 상태를 읽어온다.

[파라미터]
- huart : UART handle

[반환 값] HAL state

HAL_UART_GetError (UART_HandleTypeDef * huart)

UART의 에러 상태를 읽어온다.

[파라미터]
- huart : UART handle

[반환 값] ART 에러 코드

11.3.3.2 UART 구동용 구동용 매크로(macro) 및 정의(define)

UART와 관련된 주요 매크로 및 정의는 다음과 같다.

- UART 에러 코드

```
HAL_UART_ERROR_NONE
HAL_UART_ERROR_PE
HAL_UART_ERROR_NE
HAL_UART_ERROR_FE
HAL_UART_ERROR_ORE
HAL_UART_ERROR_DMA
```

• UART 매크로

```
__HAL_UART_RESET_HANDLE_STATE
__HAL_UART_GET_FLAG
__HAL_UART_CLEAR_FLAG
__HAL_UART_CLEAR_PEFLAG
__HAL_UART_CLEAR_FEFLAG
__HAL_UART_CLEAR_NEFLAG
__HAL_UART_ENABLE_IT
__HAL_UART_DISABLE_IT
__HAL_UART_GET_IT_SOURCE
__HAL_UART_ENABLE
__HAL_UART_DISABLE
```

• UART 인터럽트 정의

```
UART_IT_PE
UART_IT_TXE
UART_IT_TC
UART_IT_RXNE
UART_IT_IDLE
UART_IT_LBD
UART_IT_CTS
UART_IT_ERR
```

• UART 상태

```
UART_STATE_DISABLE
UART_STATE_ENABLE
```

11.4 UART 활용 예제

11.4.0 UART 예제 관련 회로도

11.4.0.1 Nucleo-F103 확장보드

(1) UART 관련 회로도

Nucleo-F103 확장보드에서는 UART 통신을 위해 내장된 MCU인 STM32F103RB의 USART2를 사용하며, USART2_TX 핀은 PA2이고, USART2_RX 핀은 PA3이다. USART2는 ST-LINK의 MCU(STM32F103C8)와 연결되어 있으므로 이를 이용하면 PC와 UART 통신이 가능하다.

> **참고**
>
> Nucleo-F103 확장보드의 MCU는 STM32F103RB(64핀)이다. 그리고 ST-LINK도 디버거 기능을 수행하여야 하므로 별도의 MCU(STM32F103C8, 48핀)가 내장되어 있으며, 여기에는 디버거 기능을 할 수 있도록 관련 프로그램이 미리 내장되어 있다.

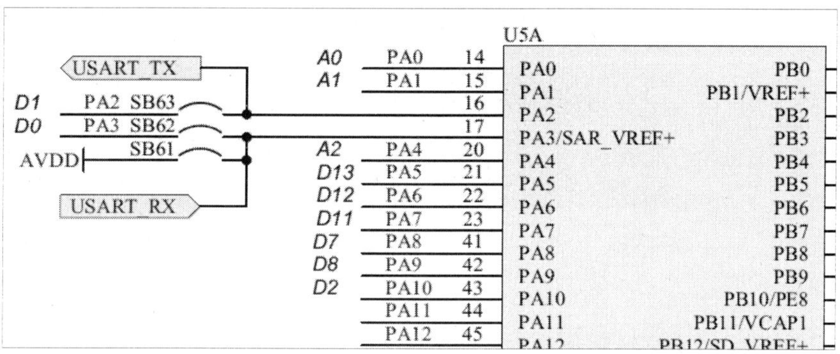

(a) Nucleo-64 보드의 MCU(STM32F103RB)의 USART2 관련 회로

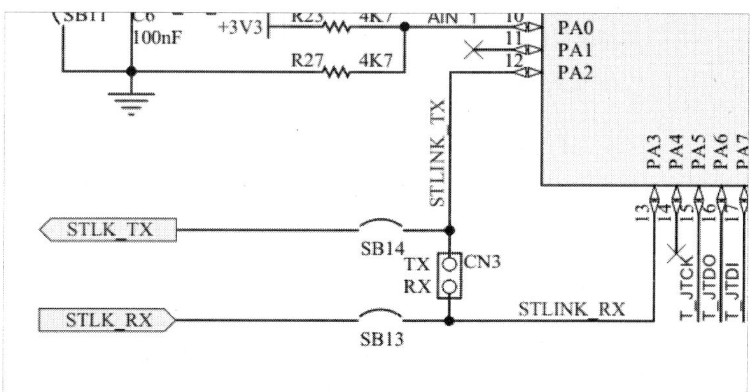

(b) ST-LINK의 MCU(STM32F103C8)의 USART2 관련 회로

△ **그림 11-4-1** Nucleo-64 보드의 USART2 관련 회로

(2) 예제 실행을 위한 PC와 실습 보드의 연결

UART 예제 실행을 위해서 PC와 별도의 추가적인 케이블 연결은 필요없다. [4.2절. 예제 프로그램의 실행]이나, [6장. GPIO] 등의 예제 실행시와 연결 방법이 동일하다. 즉, 〈그림 11-4-2〉와 같이 PC와 Nucleo-F103 확장보드의 USB 포트를 USB 케이블로 연결하기만 하면 된다.

이 경우 PC와 Nucleo-F103 확장보드는 물리적으로는 USB 케이블로 연결되었지만, PC에서는 Nucleo-F103 확장보드(정확히는 ST-LINK)를 가상 COM 포트로 인식한다. 따라서 PC나 Nucleo-F103 확장보드 양쪽 모두에서 UART 통신 프로그램으로 상호 통신이 가능하다.

△ **그림 11-4-2** PC와 Nucleo-F103 확장보드의 연결

11.4.0.2 Nucleo-F429 확장보드

(1) UART 관련 회로도

Nucleo-F429 확장보드에서는 UART 통신을 위해 내장된 MCU인 STM32F429ZI의 USART3를 사용하며, USART3_TX 핀은 PD8이고, USART3_RX 핀은 PD9이다. USART3는 ST-LINK의 MCU(STM32F103C8)와 연결되어 있으므로 이를 이용하면 PC와 UART 통신이 가능하다.

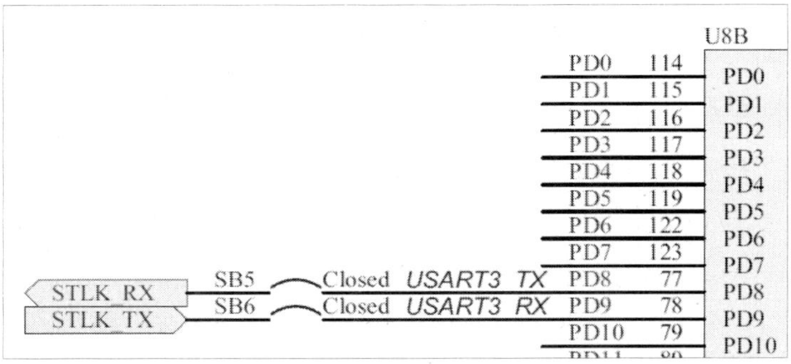

(a) Nucleo-144 보드의 MCU(STM32F429ZI)의 USART3 관련 회로

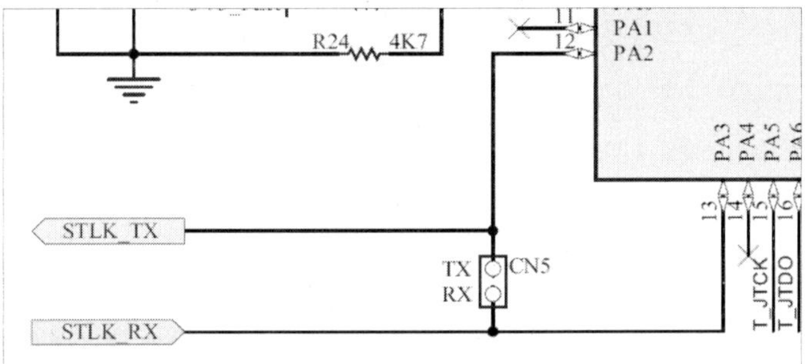

(a) ST-LINK의 MCU(STM32F103C8)의 USART3 관련 회로

△ **그림 11-4-3** Nucleo-144 보드의 USART3 관련 회로

(2) 예제 실행을 위한 PC와 실습 보드의 연결

PC와 Nucleo-F429 확장보드는 물리적으로는 USB 케이블로 연결되었지만, PC에서는 Nucleo-F429 확장보드(정확히는 ST-LINK)를 가상 COM 포트로 인식한다. 따라서 PC나 Nucleo-F429 확장보드 양쪽 모두에서 UART 통신 프로그램으로 상호 통신이 가능하다.

△ **그림 11-4-4** PC와 Nucleo-F429 확장보드의 연결

11.4.1 UART 예제 1 : UART를 이용하여 PC에 메시지 보내기

11.4.1.1 과제 설명

[UART 예제 1 : Nucleo-F103 확장보드 및 Nucleo-F429 확장보드] 이 예제는 UART를 이용하여 실습 보드에서 PC로 메시지를 보내는 예제이다. UART의 TX, RX 핀을 이용하여 PC와 UART 통신을 한다. UART는 보 레이트 9600, 데이터 비트 8bit, 정지 비트 1bit, 패리티 없음, 흐름제어 없음으로 설정한다. PC에서는 하이퍼터미널 프로그램을 이용하여 통신을 한다.

11.4.1.2 소스코드 작성

1) Nucleo-F103 확장보드의 경우

Nucleo-F103 확장보드를 이용하는 경우는 다음과 같이 소스 코드를 작성한다.

- 폴더 명 : [Examples_Nucleo F103] - [UART] - [UART 1_F103] - [MDK-ARM]
- 위의 폴더에 있는 [Project.uvprojx] 파일을 더블클릭하여 실행한다.

2) Nucleo-F429 확장보드의 경우

Nucleo-F429 확장보드를 이용하는 경우는 다음과 같이 소스 코드를 작성한다.

- 폴더 명 : [Examples_Nucleo F429] - [UART] - [UART 1_F429] - [MDK-ARM]
- 위의 폴더에 있는 [Project.uvprojx] 파일을 더블클릭하여 실행한다.

3) 파일이 열리면 [Example/User] 폴더 내의 [main.c] 파일을 더블클릭하여 연 후에 아래와 같이 소스 코드를 작성한다.

[main.c]

```
#include "main.h"
#include "Nucleo_F103.h"              // Nucleo-F103 확장보드용 헤더 파일
// #include "Nucleo_F429.h"           // Nucleo-F429 확장보드용 헤더 파일

// -- <1> UartHandle 변수를 외부정의 변수로 선언
extern UART_HandleTypeDef UartHandle;

// -- <2> UART 통신을 위한 정의
#define TxBufferSize   (countof(TxBuffer) - 1)       // 송신 버퍼 사이즈 정의
#define RxBufferSize   0xFF                          // 수신 버퍼 사이즈를 0xFF로 정의
#define countof(a)     (sizeof(a) / sizeof(*(a)))    // 데이터 사이즈

// -- <3> UART 통신용 변수 선언
uint8_t TxBuffer[] = "\n\rUART Example 1 (Transmission  Success !!)\n\r\n\r";
uint8_t RxBuffer[RxBufferSize];

// ---------------------------------------------------------------------------- //
```

```
int main(void)
{
   HAL_Init();
   SystemClock_Config();
   LED_Config();

   // -- <4> UART의 초기설정용 함수를 호출
   UART2_Config();          // Nucleo-F103 확장보드 사용 시 함수 호출
   // UART3_Config();       // Nucleo-F429 확장보드 사용 시 함수 호출

   LED_OnOff(GPIO_PIN_LedAll, 500);

   // -- <5> TxBuffer에 저장되어 있는 내용을 PC로 보낸다.
   HAL_UART_Transmit(&UartHandle, (uint8_t*)TxBuffer, TxBufferSize , 0xFFFF);

   // -- <6> 무한 루프
   while (1) { }
}
```


4) 타이머 인터럽트의 사용을 위해서는 인터럽트 발생시에 처리되어야하는 동작이 정의되어 있는 인터럽트 핸들러(handler) 함수의 작성이 필요하다. 인터럽트 핸들러 함수 작성은 Nucleo-F103 확장보드와 Nucleo-F429 확장보드의 두 가지 경우로 나누어서 설명한다.

4-1) Nucleo-F103 확장보드의 경우

인터럽트 핸들러 함수 작성을 위해서 [Example/User] 폴더 내의 [stm32f1xx_it.c] 파일을 더블클릭하여 연 후에 아래와 같이 소스 코드를 작성한다.

[stm32f1xx_it.c]

```
#include "main.h"
#include "stm32f1xx_it.h"                 // 인터럽트 사용에 필요한 헤더 파일

// -- <1> UART 인터럽트 ISR을 위한 UartHandle 변수를 외부정의 변수로 선언
extern UART_HandleTypeDef   UartHandle;

// -------------------------------------------------------------------------------- //

void SysTick_Handler(void)
{
    HAL_IncTick();
}
// -------------------------------------------------------------------------------- //
```

```
void EXTI15_10_IRQHandler(void)
{
    HAL_GPIO_EXTI_IRQHandler(GPIO_PIN_10);
    HAL_GPIO_EXTI_IRQHandler(GPIO_PIN_13);
}
// ------------------------------------------------------------------------------ //

void EXTI4_IRQHandler(void)
{
    HAL_GPIO_EXTI_IRQHandler(GPIO_PIN_4);
}

// ------------------------------------------------------------------------------ //

void EXTI9_5_IRQHandler(void)
{
    HAL_GPIO_EXTI_IRQHandler(GPIO_PIN_5);
    HAL_GPIO_EXTI_IRQHandler(GPIO_PIN_8);
}

// ------------------------------------------------------------------------------ //
// -- <2> UART 인터럽트 Callback 함수
void USART2_IRQHandler(void)
{
    // -- <2-1> UART 인터럽트 Callback 함수
    HAL_UART_IRQHandler(&UartHandle);
}
```

4-2) Nucleo-F429 확장보드의 경우

인터럽트 핸들러 함수 작성을 위해서 [Example/User] 폴더 내의 [stm32f4xx_it.c] 파일을 더블클릭하여 연 후에 아래와 같이 소스 코드를 작성한다.

[stm32f4xx_it.c]

```
#include "main.h"
#include "stm32f4xx_it.h"                // 인터럽트 사용에 필요한 헤더 파일

// -- <1> UART 인터럽트 ISR을 위한 UartHandle 변수를 외부정의 변수로 선언
extern UART_HandleTypeDef   UartHandle;

// ------------------------------------------------------------------------------ //
void SysTick_Handler(void)
{
    HAL_IncTick();
}
```

```
// ------------------------------------------------------------------------ //
void EXTI0_IRQHandler(void)
{
    HAL_GPIO_EXTI_IRQHandler(GPIO_PIN_0);
}
// ------------------------------------------------------------------------ //

void EXTI1_IRQHandler(void)
{
    HAL_GPIO_EXTI_IRQHandler(GPIO_PIN_1);
}

// ------------------------------------------------------------------------ //

void EXTI2_IRQHandler(void)
{
    HAL_GPIO_EXTI_IRQHandler(GPIO_PIN_2);
}

// ------------------------------------------------------------------------ //

void EXTI3_IRQHandler(void)
{
    HAL_GPIO_EXTI_IRQHandler(GPIO_PIN_3);
}

// ------------------------------------------------------------------------ //

void EXTI15_10_IRQHandler(void)
{
    HAL_GPIO_EXTI_IRQHandler(GPIO_PIN_13);
}

// ------------------------------------------------------------------------ //
// -- <2> UART 인터럽트 Callback 함수
void USART3_IRQHandler(void)
{
    // -- <2-1> UART 인터럽트 Callback 함수
    HAL_UART_IRQHandler(&UartHandle);
}
```

11.4.1.3 소스 코드 설명

* 소스 코드의 설명에 붙어있는 번호는 (예 : 〈1〉, 〈2〉 등)은 앞 절의 소스 코드내에 붙어 있는 번호와 동일하다.

[main.c]

<1> UART의 초기화를 위하여 구조체 Uart_HandleTypeDef 형의 변수 UartHandle를 외부변수로 선언한다. 이 변수는 <Nucleo_F103.c> / <Nucleo_F429.c>에 선언되어 있다.

<2> UART 통신을 위한 송신, 수신 버퍼의 사이즈를 정의 한다.

```
#define TxBufferSize (countof(TxBuffer) - 1)          // 송신 버퍼 사이즈 정의
#define RxBufferSize 0xFF                             // 수신 버퍼 사이즈를 0xFF로 정의
#define countof(a)      (sizeof(a) / sizeof(*(a)))    // 데이터 사이즈
```

<3> UART 통신의 송신용 변수 TxBuffer[]와 수신용 변수 RxBuffer[]를 선언한다. 본 예제는 수신만 하므로 송신용 변수 TxBuffer[]는 사용되지 않는다.

```
uint8_t TxBuffer[] = "\n\rUART Example 1 (Transmission  Success !!)\n\r\n\r";
uint8_t RxBuffer[RxBufferSize];
```

<4> UART2_Config( ) 함수 : Nucleo-F103 확장보드는 UART2를 이용하여 통신을 한다. 이 함수는 UART2의 초기설정을 위한 것이다.

UART3_Config( ) 함수 : Nucleo-F429 확장보드는 UART3를 이용하여 통신을 한다. 이 함수는 UART3의 초기설정을 위한 것이다.

이 함수들은 각각 <Nucleo_F103.c> / <Nucleo_F429.c>에 정의되어 있다. [14.3절. 예제 소스코드 추가 설명 : Nucleo_F103.c 및 Nucleo_F429.c]을 참고하기 바란다.

** 이 함수에는 UART의 초기 동작을 설정하는 소스코드가 있다. 이 소스코드는 UART의 이해를 위해서 매우 중요한 코드이므로 반드시 찾아서 살펴보기 바란다.

<5> HAL_UART_Transmit() 함수 : TxBuffer에 저장되어 있는 내용을 UART를 통해 송신한다. 타임아웃 시간은 0xFF이다. .

<6> 프로그램은 아무런 작업 없이 무한 루프로 동작한다.

[stm32f1xx_it.c], [stm32f4xx_it.c]

<1> 구조체 Uart_HandleTypeDef 형의 변수 UartHandle를 외부변수로 선언한다. 이 변수는 USART2_IRQHandler( ) / USART3_IRQHandler( ) 함수에서 사용한다.

<2> UART2 / UART3 인터럽트가 발생하면 이를 처리하는 callback 함수이다.

<2-1> UART에서 발생한 여러 가지 인터럽트를 처리하는 Handler 함수이다. 이 함수의 내부에서는 발생된 UART 인터럽트의 종류에 맞는 콜백함수를 다시 호출해준다.

11.4.1.4 프로그램 실행

1) PC에서 하이퍼터미널 프로그램을 실행한다. 하이퍼터미널은 실습보드와 동일하게 보 레이트 9600, 데이터 비트 8bit, 정지 비트 1bit, 패리티 없음, 흐름제어 없음으로 설정한다.
2) 위에서 작성한 소스 코드를 컴파일하고 실습보드로 다운로드한 후에 프로그램을 실행한다.
3) 하이퍼터미널 창에서 "UART Example 1 (Transmission Success !!)" 초기메시지를 확인할 수 있다. 〈그림 11-4-5〉는 예제의 실행 화면을 보여준다.

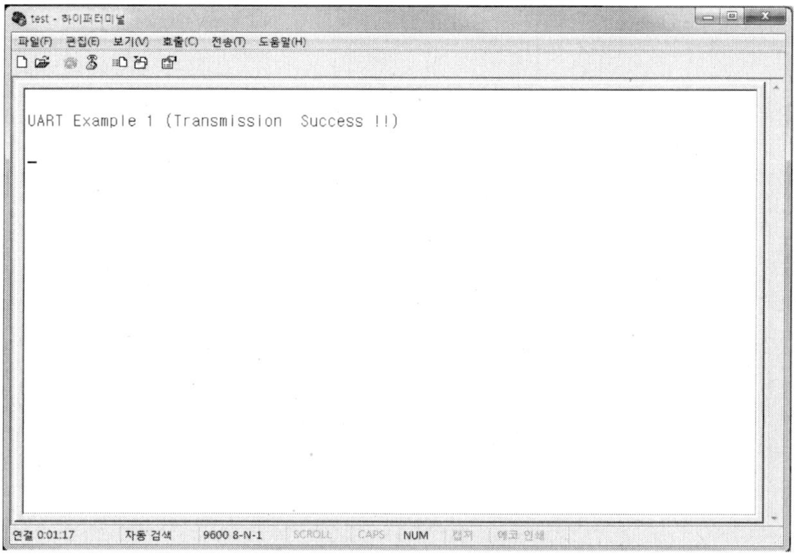

△ **그림 11-4-5** 예제 1의 실행 결과

11.4.1.5 [참고] PC에서 하이퍼터미널을 설정하는 방법은 다음과 같다.

1) 다음의 폴더에서 하이퍼터미널 프로그램(hypertrm.exe)을 실행한다.

- 폴더 명 : [Utilities_2] – [hypertrm]
  - 위 폴더의 'hypertrm'을 더블클릭하여 실행한다.

2) 그러면 다음과 같은 화면이 나온다. 이 다음의 화면에서 연결할 [이름] (예 : test)를 입력하고 [확인]을 클릭한다.

3) [연결에 사용할 모뎀]을 설정한다. COM 포트 번호는 각자의 PC에서 ST-Link가 설치된 COM 포트 번호로 선택하면 된다. (다음 그림의 경우는 [COM3]을 선택). 그리고 [확인]을 클릭한다.

참고

ST-LINK가 설치된 COM 포트는 PC의 장치관리자에서 확인할 수 있다. 보다 자세한 것은 [4.2.1.2장 PC와 실습 보드의 연결 확인]을 참고하기 바란다.

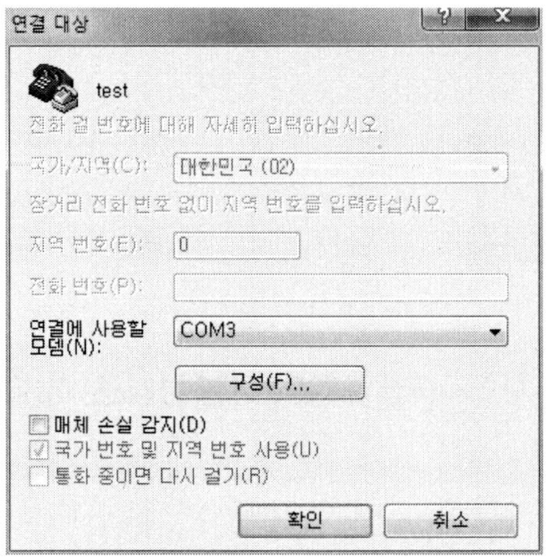

4) 포트 설정을 한다. 설정 정보는 다음 그림과 같이 설정하면 된다. 그리고 [확인]을 클릭한다.

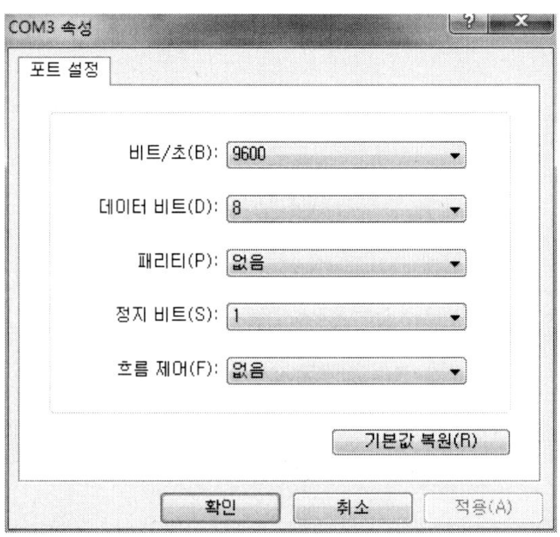

5) 그러면 그림과 같은 하이퍼터미널 창이 나온다. 이 창이 나오면 통신할 준비가 완료되었다.

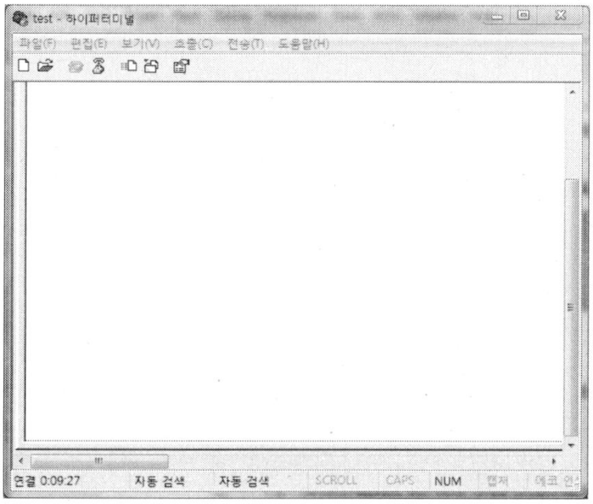

참고 PC에서 보내는 문자도 하이퍼터미널에 표시하도록 설정하는 방법

PC에서 보내는 문자는 하이퍼터미널에는 표시되지 않는다. 그러나 때로는 PC에서 보내는 문자를 하이퍼터미널에 표시하면 편리한 경우가 있다. 이 경우는 다음과 같이 설정하면 된다.

1) 메뉴의 [파일] - [속성]을 선택한다.

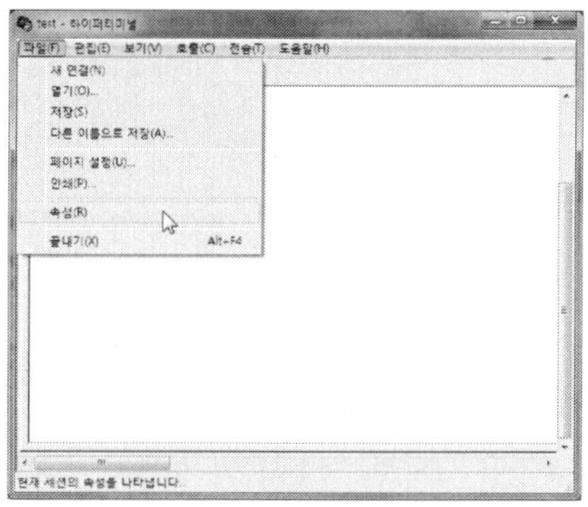

2) 나오는 속성 창에서 [설정]을 클릭한다.

3) 설정창에서 [ASCII 설정(A)..]을 클릭한다.

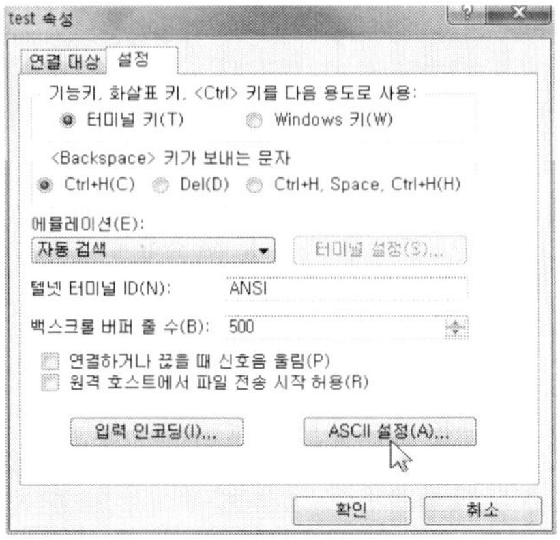

4) ASCII 설정 창에서 [입력된 문자를 터미널 창에 표시(E)]를 선택한다.

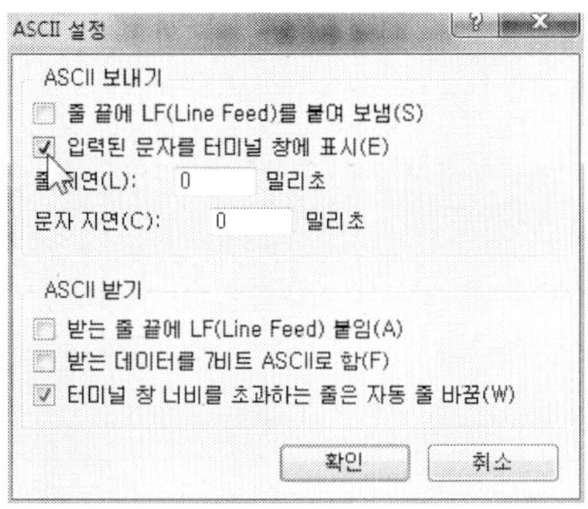

5) 그리고 하이퍼터미널 창이 나올때까지 계속 [확인]을 클릭한다. 그러면 설정이 완료된다.

11.4.2 UART 예제 2 : 스위치를 누르면 PC로 메시지 보내기

11.4.2.1 예제 설명

[UART 예제 2 : Nucleo-F103 확장보드 및 Nucleo-F429 확장보드] 이 예제는 사용자가 스위치를 누르면 UART를 통하여 PC로 대응되는 메시지를 보내는 예제이다. 스위치 SW가 눌러지면 대응하는 외부 인터럽트를 발생시키고, 인터럽트 서비스 루틴에서는 해당 EXTI에 대응하는 메시지를 PC로 보낸다. UART는 보 레이트 9600, 데이터 비트 8bit, 정지 비트 1bit, 패리티 없음, 흐름제어 없음으로 설정한다. PC에서는 하이퍼터미널 프로그램을 이용하여 통신을 한다.

11.4.2.2 소스코드 작성

1) Nucleo-F103 확장보드의 경우

Nucleo-F103 확장보드를 이용하는 경우는 다음과 같이 소스 코드를 작성한다.

- 폴더 명 : [Examples_Nucleo F103] - [UART] - [UART 2_F103] - [MDK-ARM]
- 위의 폴더에 있는 [Project.uvprojx] 파일을 더블클릭하여 실행한다.

2) Nucleo-F429 확장보드의 경우

Nucleo-F429 확장보드를 이용하는 경우는 다음과 같이 소스 코드를 작성한다.

- 폴더 명 : [Examples_Nucleo F429] - [UART] - [UART 2_F429] - [MDK-ARM]
- 위의 폴더에 있는 [Project.uvprojx] 파일을 더블클릭하여 실행한다.

3) 파일이 열리면 [Example/User] 폴더 내의 [main.c] 파일을 더블클릭하여 연 후에 아래와 같이 소스 코드를 작성한다.

[main.c]

```
#include "main.h"
#include "Nucleo_F103.h"              // Nucleo-F103 확장보드용 헤더 파일
// #include "Nucleo_F429.h"           // Nucleo-F429 확장보드용 헤더 파일

// UartHandle 변수를 외부정의 변수로 선언
extern UART_HandleTypeDefUartHandle;

// -- UART 통신을 위한 정의
#define TxBufferSize      (countof(TxBuffer) - 1)
#define TxBufferSize_2    (countof(TxBuffer_2) - 1)
#define TxBufferSize_3    (countof(TxBuffer_3) - 1)
#define TxBufferSize_4    (countof(TxBuffer_4) - 1)
#define TxBufferSize_5    (countof(TxBuffer_5) - 1)
#define RxBufferSize      0xFF
#define countof(a)        (sizeof(a) / sizeof(*(a)))

// UART 통신용 변수 선언
uint8_t TxBuffer[]   = "\n\rUART Example 2 (Transmission  Success !!)\n\r\n\r";
uint8_t TxBuffer_2[] = "\n\r Button1 is pressed !! \n\r";
uint8_t TxBuffer_3[] = "\n\r Button2 is pressed !! \n\r";
uint8_t TxBuffer_4[] = "\n\r Button3 is pressed !! \n\r";
uint8_t TxBuffer_5[] = "\n\r Button4 is pressed !! \n\r";
uint8_t RxBuffer[RxBufferSize];
int main(void)
{
   HAL_Init();
   SystemClock_Config();
```

```
    SwEXTI_Config();
    LED_Config();
    // UART의 초기설정용 함수를 호출
    UART2_Config();         // Nucleo-F103 확장보드 사용 시 함수 호출
    // UART3_Config();      // Nucleo-F429 확장보드 사용 시 함수 호출

    LED_OnOff(GPIO_PIN_LedAll, 500);

    // TxBuffer에 저장되어 있는 내용을 PC로 보낸다.
    HAL_UART_Transmit(&UartHandle, (uint8_t*)TxBuffer, TxBufferSize, 0xFFFF);

    while (1) {  }
}

// -------------------------------------------------------------------------------- //
// -- <1> SW의 EXTI 입력 처리용 callback 함수
void HAL_GPIO_EXTI_Callback(uint16_t GPIO_Pin)
{
    // -- <2> Nucleo-64 보드의 SW(B1), SW1 ~ SW4를 누르면 해당 메시지를 PC로 송신한다.
    if ( GPIO_Pin == GPIO_PIN_Nucleo_Sw)
        HAL_UART_Transmit(&UartHandle, (uint8_t*)TxBuffer_2, TxBufferSize_2 , 0xFFFF);
    if ( GPIO_Pin == GPIO_PIN_Sw1)
        HAL_UART_Transmit(&UartHandle, (uint8_t*)TxBuffer_2, TxBufferSize_2 , 0xFFFF);
    if ( GPIO_Pin == GPIO_PIN_Sw2)
        HAL_UART_Transmit(&UartHandle, (uint8_t*)TxBuffer_3, TxBufferSize_3 , 0xFFFF);
    if ( GPIO_Pin == GPIO_PIN_Sw3)
        HAL_UART_Transmit(&UartHandle, (uint8_t*)TxBuffer_4, TxBufferSize_4 , 0xFFFF);
    if ( GPIO_Pin == GPIO_PIN_Sw4)
        HAL_UART_Transmit(&UartHandle, (uint8_t*)TxBuffer_5, TxBufferSize_5 , 0xFFFF);
}
```

4) UART 인터럽트 핸들러 함수는 앞의 [UART 예제 1]과 동일하다.

[stm32f1xx_it.c]

```
UART 예제 1의 < stm32F1xx_it.c >와 동일함
```

[stm32f4xx_it.c]

```
UART 예제 1의 < stm32F4xx_it.c >와 동일함
```

11.4.2.3 소스 코드 설명

* 소스 코드의 설명에 붙어있는 번호는 (예 : 〈1〉, 〈2〉 등)은 앞 절의 소스 코드내에 붙어 있는 번호와 동일하다.

[main.c]

```
<1> SW의 EXTI 입력 처리용 callback 함수이다.
<2> SW를 누르면 해당 메시지를 PC로 송신한다.
        B1(User Button, 파란색)을 누르면 "Button1 is pressed !! " 메시지가 전송된다.
        SW1을 누르면 "Button1 is pressed !! " 메시지가 전송된다.
        SW2를 누르면 "Button2 is pressed !! " 메시지가 전송된다.
        SW3을 누르면 "Button3 is pressed !! " 메시지가 전송된다.
        SW4를 누르면 "Button4 is pressed !! " 메시지가 전송된다.
```

11.4.2.4 프로그램 실행

1) PC에서 하이퍼터미널 프로그램을 실행한다. 하이퍼터미널은 실습보드와 동일하게 보 레이트 9600, 데이터 비트 8bit, 정지 비트 1bit, 패리티 없음, 흐름제어 없음으로 설정한다.

2) 위에서 작성한 소스 코드를 컴파일하고 실습보드로 다운로드한 후에 프로그램을 실행한다.

3) 하이퍼터미널 창에서 "UART Example 2 (Transmission Success !!)"라는 메시지를 확인할 수 있다.

4) B1, SW1~SW4를 누르면 각각 이에 대응되는 메시지가 하이퍼터미널 창에 나타나는 것을 알 수 있다. 〈그림 11-4-6〉은 예제의 실행 화면을 보여준다.

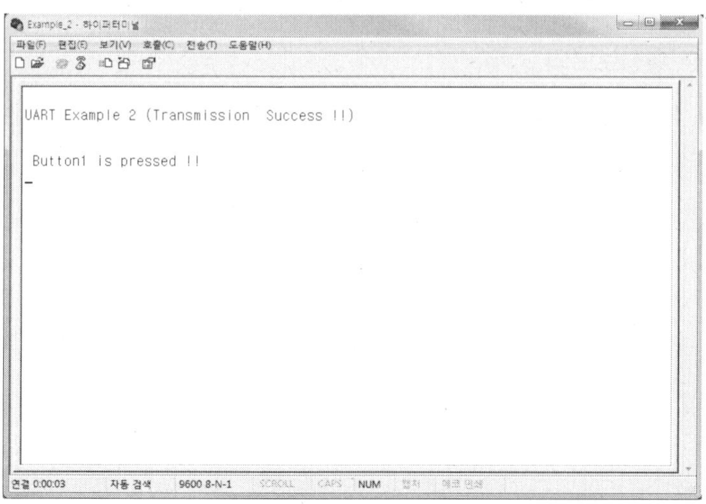

△ 그림 11-4-6 예제 2의 실행 결과

11.4.3 UART 예제 3 : UART를 이용하여 PC와 통신하기(폴링 방식)

11.4.3.1 예제 설명

[UART 예제 3 : **Nucleo-F103 확장보드 및 Nucleo-F429 확장보드**] PC에서 실습보드로 메시지를 보내고, 실습보드는 받은 메시지를 다시 PC로 보내는 예제이다. 실습보드는 UART의 TX, RX 핀을 이용하여 PC와 UART 통신을 한다. UART는 보 레이트 9600, 데이터 비트 8bit, 정지 비트 1bit, 패리티 없음, 흐름제어 없음으로 설정한다. PC에서는 하이퍼터미널 프로그램을 이용하여 통신을 한다.

이 예제는 UART 통신과 관련된 인터럽트를 사용하지 않는 폴링 방식으로 동작한다.

예제 동작 순서

1) 실습 보드에서 프로그램이 실행되거나 리셋 스위치를 누르면 다음의 메시지가 PC의 하이퍼터미널로 전송된다.

UART Example 3 (Transmission Sucess!!)

2) PC의 하이퍼터미널 프로그램에서 키보드를 이용하여 1개의 문자를 실습 보드로 보내면, 실습 보드는 받은 문자를 그대로 다시 PC로 전송한다.

11.4.3.2 소스코드 작성

1) Nucleo-F103 확장보드의 경우

Nucleo-F103 확장보드를 이용하는 경우는 다음과 같이 소스 코드를 작성한다.

- 폴더 명 : [Examples_Nucleo F103] - [UART] - [UART 3_F103] - [MDK-ARM]
- 위의 폴더에 있는 [Project.uvprojx] 파일을 더블클릭하여 실행한다.

2) Nucleo-F429 확장보드의 경우

Nucleo-F429 확장보드를 이용하는 경우는 다음과 같이 소스 코드를 작성한다.

- 폴더 명 : [Examples_Nucleo F429] - [UART] - [UART 3_F429] - [MDK-ARM]
- 위의 폴더에 있는 [Project.uvprojx] 파일을 더블클릭하여 실행한다.

3) 파일이 열리면 [Example/User] 폴더 내의 [main.c] 파일을 더블클릭하여 연 후에 아래와 같이 소스 코드를 작성한다.

[main.c]

```
#include "main.h"
#include "Nucleo_F103.h"              // Nucleo-F103 확장보드용 헤더 파일
// #include "Nucleo_F429.h"           // Nucleo-F429 확장보드용 헤더 파일

// UartHandle 변수를 외부정의 변수로 선언
extern UART_HandleTypeDefUartHandle;

// UART 통신을 위한 정의
#define TxBufferSize      (countof(TxBuffer) - 1)
#define RxBufferSize      0xFF
#define countof(a)        (sizeof(a) / sizeof(*(a)))

// UART 통신용 변수 선언
uint8_t TxBuffer[] = "\n\rUART Example 3 (Transmission  Success !!)\n\r\n\r";
uint8_t RxBuffer[RxBufferSize];

//-----------------------------------------------------------------------------------
//

int main(void)
{
   HAL_Init();
   SystemClock_Config();
   LED_Config();

   // UART의 초기설정용 함수를 호출
   UART2_Config();         // Nucleo-F103 확장보드 사용 시 함수 호출
   // UART3_Config();      // Nucleo-F429 확장보드 사용 시 함수 호출

   LED_OnOff(GPIO_PIN_LedAll, 500);

   // -- <1> TxBuffer에 저장되어 있는 내용을 PC로 보낸다.
   HAL_UART_Transmit(&UartHandle, (uint8_t*)TxBuffer, TxBufferSize, 0xFFFF);

   // -- <2> PC에서 데이터를 받아 그대로 PC로 전송(echo) 한다.
   while (1)  {
     // -- <3> PC로부터 받은 데이터를 RxBuffer에 저장한다.
     if(HAL_UART_Receive(&UartHandle, (uint8_t*)RxBuffer,1, 5000)== HAL_OK)
     {
        // --<4> RxBuffer를 PC로 다시 보낸다.
        HAL_UART_Transmit(&UartHandle, (uint8_t*)RxBuffer, 1, 5000);
     }
   }
}
```

4) UART 인터럽트 핸들러 함수는 앞의 UART 예제 1과 동일하다.

[stm32f1xx_it.c]

```
UART 예제 1의 < stm32f1xx_it.c >와 동일함
```

[stm32f4xx_it.c]

```
UART 예제 1의 < stm32f4xx_it.c >와 동일함
```

11.4.3.3 소스 코드 설명

* 소스 코드의 설명에 붙어있는 번호는 (예 : 〈1〉, 〈2〉 등)은 앞 절의 소스 코드내에 붙어 있는 번호와 동일하다.

[main.c]

```
<1> : TxBuffer에 저장되어 있는 내용을 PC로 보낸다.
<2> : PC에서 데이터를 받아 그대로 PC로 전송(echo)하는 무한루프이다.
<3> : PC로부터 받은 데이터를 RxBuffer에 담는다.
<4> : RxBuffer에 저장되어 있는 내용을 PC로 다시 보낸다.
```

11.4.3.4 프로그램 실행

1) PC에서 하이퍼터미널 프로그램을 실행한다. 하이퍼터미널은 실습보드와 동일하게 보 레이트 9600, 데이터 비트 8bit, 정지 비트 1bit, 패리티 없음, 흐름제어 없음으로 설정한다.

2) 위에서 작성한 소스 코드를 컴파일하고 실습보드로 다운로드한 후에 프로그램을 실행한다.

3) 하이퍼터미널 창에서 초기 메시지를 확인한 후 'A'를 입력하면 실습보드가 메시지를 입력을 받고 다시 PC로 메시지를 보낸다. 〈그림 11-4-7〉는 예제의 실행 화면을 보여준다. 화면에 나타나는 'A'라는 메시지는 하이퍼터미널 상에서 내가 직접 입력한 것이 아니라, "PC → 실습보드 → PC"의 경로로 UART 통신을 한 결과 값임을 유의하자.

참고

PC에서 보내는 문자도 하이퍼터미널 상에 표시되도록 설정하면(11.4.1.6절. 하이퍼터미널 설정법 참고), 화면에 나타나는 값이 'A' 대신 'AA'로 표시되는 것을 볼 수 있다.

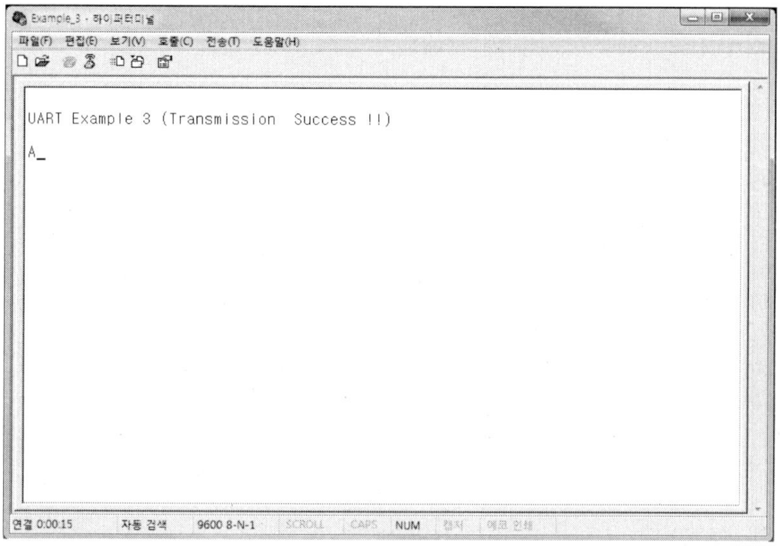

△ **그림 11-4-7** 예제 3의 실행 결과

11.4.4 UART 예제 4 : UART를 이용하여 PC와 통신하기(인터럽트 방식)

11.4.4.1 예제 설명

[UART 예제 4 : Nucleo-F103 확장보드 및 Nucleo-F429 확장보드] UART를 이용하여 PC에서 실습 보드로 메시지를 보내고 실습 보드가 다시 PC로 메시지를 보내는 예제이다. 예제 3번과 다른 점은 인터럽트를 이용하여 UART 통신을 하는 방법을 사용한다. UART의 TX, RX 핀을 이용하여 PC와 UART 통신을 한다. UART은 보 레이트 9600, 데이터 비트 8bit, 정지 비트 1bit, 패리티 없음, 흐름제어 없음으로 설정한다. PC에서는 하이퍼터미널 프로그램을 이용하여 통신을 한다.

이 예제는 UART 통신과 관련된 인터럽트를 사용하는 인터럽트 방식으로 동작한다.

11.4.4.2 소스코드 작성

1) Nucleo-F103 확장보드의 경우

Nucleo-F103 확장보드를 이용하는 경우는 다음과 같이 소스 코드를 작성한다.

- 폴더 명 : [Examples_Nucleo F103] - [UART] - [UART 4_F103] - [MDK-ARM]
- 위의 폴더에 있는 [Project.uvprojx] 파일을 더블클릭하여 실행한다.

2) Nucleo-F429 확장보드의 경우

Nucleo-F429 확장보드를 이용하는 경우는 다음과 같이 소스 코드를 작성한다.

- 폴더 명 : [Examples_Nucleo F429] - [UART] - [UART 4_F429] - [MDK-ARM]
- 위의 폴더에 있는 [Project.uvprojx] 파일을 더블클릭하여 실행한다.

3) 파일이 열리면 [Example/User] 폴더 내의 [main.c] 파일을 더블클릭하여 연 후에 아래와 같이 소스 코드를 작성한다.

[main.c]

```
#include "main.h"
#include "Nucleo_F103.h"              // Nucleo-F103 확장보드용 헤더 파일
// #include "Nucleo_F429.h"           // Nucleo-F429 확장보드용 헤더 파일

// UartHandle 변수를 외부정의 변수로 선언
extern UART_HandleTypeDef  UartHandle;

// UART 통신용 변수 선언
#define TxBufferSize          (countof(TxBuffer) - 1)
#define TxBufferSize_3        (countof(TxBuffer_3) - 1)
#define RxBufferSize          0xFF
#define countof(a)            (sizeof(a) / sizeof(*(a)))

// UART 통신을 위한 정의
uint8_t TxBuffer[] = "\n\rUART Example 4 (Transmission  Success !!)\n\r\n\r";
uint8_t TxBuffer_3[] = "\n\r A Message from HAL_UART_TxCpltCallback() !!\n\r\n\r";
uint8_t RxBuffer[RxBufferSize];

// -------------------------------------------------------------------------------- //

int main(void)
{
  HAL_Init();
  SystemClock_Config();
  LED_Config();
  UART2_Config();         // Nucleo-F103 확장보드 사용 시 함수 호출
  // UART3_Config();      // Nucleo-F429 확장보드 사용 시 함수 호출

  // TxBuffer에 저장되어 있는 내용을 PC로 보낸다.
  HAL_UART_Transmit(&UartHandle, (uint8_t*)TxBuffer, TxBufferSize , 0xFFFF);

  while (1)
  {
    // -- <1> PC로부터 데이터를 수신할 때 인터럽트로 구현
    HAL_UART_Receive_IT(&UartHandle, (uint8_t*)RxBuffer,1);
  }

}

// -------------------------------------------------------------------------------- //
// -- <2> Interrupt 모드 송신이 완료되면 호출되는 callback 함수
```

```
void HAL_UART_TxCpltCallback(UART_HandleTypeDef *UartHandler)
{
   // -- <3> 송신(INT 모드)이 완료되면 TxBuffer_3에 저장된 메시지를 PC로 송신
   HAL_UART_Transmit(UartHandler, (uint8_t*)TxBuffer_3, TxBufferSize_3 , 0xFFFF);
}

// ------------------------------------------------------------------------------ //
// -- <4> Interrupt 모드 수신이 완료되면 호출되는 callback 함수
void HAL_UART_RxCpltCallback(UART_HandleTypeDef *UartHandler)
{
   /* -- <5> 수신(INT 모드)이 완료되면 수신된 데이터(RxBuffer)를 그대로 송신 */
   HAL_UART_Transmit_IT(UartHandler, (uint8_t*)RxBuffer, 1);
}
```

4) UART 인터럽트 핸들러 함수는 앞의 UART 예제 1과 동일하다.

[stm32f1xx_it.c]

```
UART 예제 1의 < stm32f1xx_it.c >와 동일함
```

[stm32f4xx_it.c]

```
UART 예제 1의 < stm32f4xx_it.c >와 동일함
```

11.4.4.3 소스 코드 설명

[main.c]

<1> HAL_UART_Receive_IT() 함수 : PC로부터 데이터를 수신할 때 버퍼 사이즈는 1이며 Interrupt 모드로 구현이 된다.
<2> Interrupt 모드 송신이 완료되면 호출되는 callback 함수이다.
<3> 송신(INT 모드)이 완료되면 TxBuffer_3에 저장된 메시지를 PC로 송신한다.
<4> Interrupt 모드 수신이 완료되면 호출되는 callback 함수이다.
<5> HAL_UART_Transmit_IT() 함수 : 수신(INT 모드)이 완료되면 수신된 데이터(RxBuffer)를 그대로 송신한다. 송신할 때 버퍼 사이즈는 1이며 Interrupt모드로 구현이 된다.

11.4.4.4 프로그램 실행

1) PC에서 하이퍼터미널 프로그램을 실행한다. 하이퍼터미널은 실습보드와 동일하게 보 레이트 9600, 데이터 비트 8bit, 정지 비트 1bit, 패리티 없음, 흐름제어 없음으로 설정한다.

2) 위에서 작성한 소스 코드를 컴파일하고 실습보드로 다운로드한 후에 프로그램을 실행한다.

3) 하이퍼터미널 창에서 초기메시지를 확인한 후 'A'를 입력하면 실습보드가 메시지를 입력을 받고 송신 인터럽트를 발생하여 해당 메시지를 송신한다. 〈그림 11-4-8〉는 예제의 실행 화면을 보여준다.

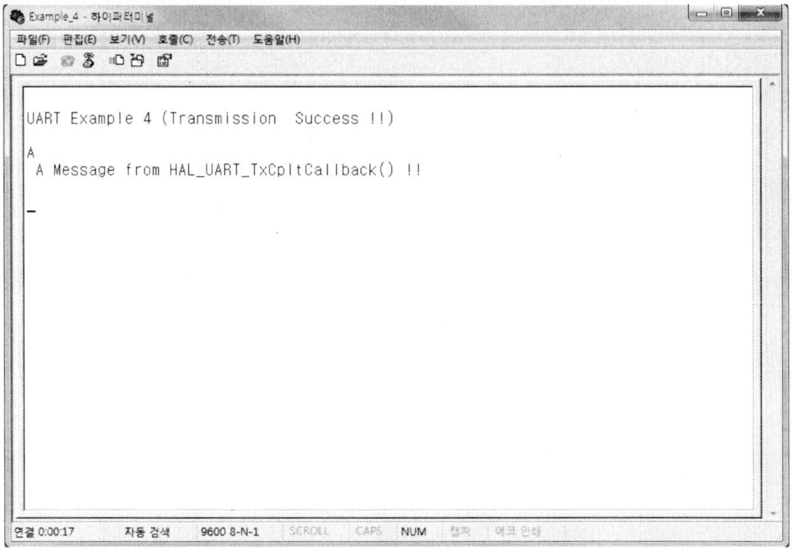

△ **그림 11-4-8** 예제 4의 실행 결과

12 USB를 이용한 PC와의 통신

12.1 USB 통신의 개요

12.1.1 USB의 개요

12.1.1.1 USB(Universal Serial Bus)의 탄생

초기의 PC인 IBM-PC에는 PC와 모뎀, 프린터 등의 주변 장치와의 통신을 위해서 센트로닉스(Centronics) 병렬포트(일명 프린터 포트)나 RS-232C 직렬포트를 사용하였는데 이 통신 방식은 오랫동안 아주 유용하게 사용되어 왔다.

그러나 1990년대 이후 PC의 성능이 향상되고 용도가 확장되면서 통신을 해야 할 주변 장치의 종류와 숫자가 급속히 늘어나게 되었다. 그러나 프린터 포트나 RS-232C 직렬포트를 이용한 통신 방식은 통신 속도가 느리고 확장 능력이 제한된다는 단점 때문에, 보다 빠르고 확장성이 좋은 새로운 통신 방식이 요구되었다.

이러한 배경 하에서 1994년 7개 회사(Compaq, DEC, IBM, Intel, Microsoft, NEC, Nortel)가 주축이 되어 PC와 주변 장치와의 새로운 직렬 통신 방법을 개발하기 시작하였으며 이 결과 탄생한 것이 USB이다.

USB(Universal Serial Bus)는 하나의 호스트(host)와 여러개의 디바이스(device) 간의 직렬 통신을 위한 규격으로써, 주로 PC가 호스트로 되며 마우스, 키보드, 프린터 등의 각종 주변 장치가 디바이스로 되어 통신을 하게된다.

12.1.1.2 USB의 발전 과정

USB는 1996년 USB 1.0이 최초로 발표된 이후 계속 발전을 거듭하여 현재는 USB 3.0까지 발표되었으며 그 대략적인 발전 과정은 다음과 같다.

- USB 1.0 : 1996년에 발표되었으며 데이터 전송 속도는 1.5Mbps와 12Mbps이다. 그러나 이 버전은 기능이 제한적이고 지원되는 주변기기가 거의 없어 별로 많이 사용되지 않았다.
- USB 1.1 : 1988년에 발표되었으며 데이터 전송 속도는 1.5Mbps(Low Speed라고 부른다)와 12Mbps(Full Speed라고 부른다)이다. 이 버전은 이전의 버전에 비해 기능과 신뢰성이 향상되었다. 한편 비슷한 시기에 발표된 마이크로소프트사의 윈도우98에서 USB

1.1을 본격적으로 지원하기 시작하였으며, 이후 마우스, 키보드 등에서 USB의 사용이 급속히 확대되었다.

- USB 2.0 : 2000년에 발표되었으며 데이터 전송 속도는 480Mbps(High Speed라고 부른다)까지 지원한다.
- USB OTG(On-The-Go)는 2006년에 발표되었다.
- USB 3.0 : 2008년에 발표되었으며 2010년부터 제품화되기 시작했다. 데이터 전송 속도는 5Gbps(Super Speed라고 부른다)까지 지원한다.
- USB 3.1 : 2013년에 발표되었으며 데이터 전송 속도는 10Gbps(Super Speed+라고 부른다)이다.

다음의 표는 USB의 버진별 명칭 및 진송 속도를 정리한 것이다.

▼ **표 12-1-1** USB의 버전별 속도

버 전	Speed 명칭(약어)	전송 속도
USB 1.1	Low Speed(LS) Full Speed(FS)	LS : 1.5Mbps HS : 12Mbps
USB 2.0	High Speed(HS)까지	HS : 420Mbps
USB 3.0	Super Speed(SS)까지	SS : 5 Gbps

12.1.1.3 USB 커넥터의 종류

〈그림 12-1-1〉은 USB의 커넥터의 종류와 많이 사용되는 USB 케이블의 종류를 나타낸다. 커넥터에는 Type A, Type B와 Mini-A, Mini-B 그리고 Micro-A, Micro-B 타입이 있다.

△ **그림 12-1-1** USB 커넥터의 종류 (출처 : http://www.l-com.com)

12.1.1.4 USB의 특징 및 장점

USB는 다음과 같은 특징을 가지고 있다

- 하나의 호스트에 최대 127개까지의 디바이스의 연결이 가능하며 최대 연결 가능 거리는 5m이다.
- 플러그 앤 플레이(Plug and play) 방식을 지원하므로 디바이스를 USB 포트에 부착하면 자동으로 디바이스를 인식하여 사용이 편리하다.
- 핫 플러그 인(Hot Plug In) 방식을 지원하므로 동작 중에도 전원의 온/오프 없이 USB 디바이스의 장/탈착이 가능하다.
- USB 버스에는 전원 라인이 포함되어 있으므로 호스트가 디바이스로 5V 전원을 최대 500mA까지 공급이 가능하다.

USB가 가지고 있는 여러가지 장단점을 정리하면 다음의 표와 같다.

▼ **표 12-1-2** USB의 장점과 단점

장 점	단 점
• 사용하기가 쉽다 – 여러 디바이스(마우스, 키보드, 프린터 등)에 사용이 가능 – 자동으로 디바이스를 인식하여 동작함(plug & paly) – 디바이스가 동작 중에도 장/탈착이 가능(hot plug in) • 전송 속도가 빠름(RS232C, 패러렐 포트 대비) • 1개의 호스트에 127개의 디바이스까지 연결이 가능	• 전송 가능 거리가 짧다(5m) • 1대 1 통신 방식이므로 1대 n 통신(broadcasting)이 불가능함 • host-device 통신 방식임(host-host나 device-device 통신이 불가능. OTG는 이 문제를 부분적으로 해결함) • 전송 속도가 느림(이더넷, IEEE1394 대비) • 통신 방식이 복잡(UART 대비)

12.1.2 USB 통신 시스템

12.1.2.1 USB 통신 시스템의 구성

〈그림 12-1-2〉는 PC에 마우스와 키보드가 부착된 간단한 USB 통신 시스템을 나타내는데, 이 시스템의 구성을 USB 통신의 측면에서 바라보면 〈그림 12-1-3〉과 같이 표현할 수 있다.

△ **그림 12-1-2** 간단한 USB 통신의 예 : PC와 마우스 및 키보드

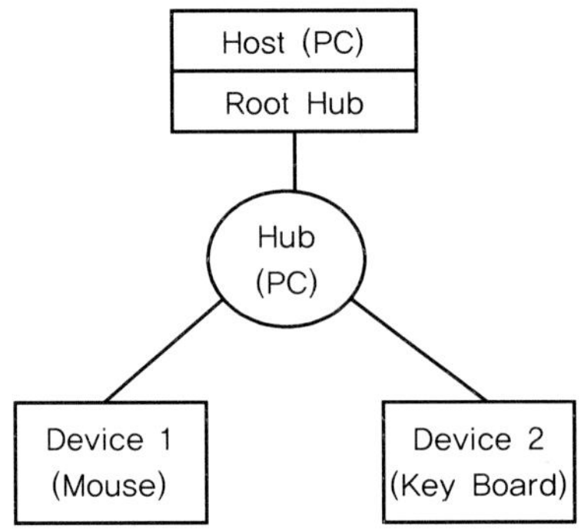

△ **그림 12-1-3** 간단한 USB 통신 시스템의 구성

이 시스템에서 통신을 주관하는 호스트(host)는 PC가 되며 호스트 아래에는 루트 허브(root hub)가 있다. 이 루트 허브 아래에는 다시 허브가 있으며 여기에 PC와 통신을 하는 디바이스(device)인 마우스와 키보드가 연결되어 있다. 루트 허브는 PC 내에 존재하는 허브이다.

위의 그림과 같이 USB 통신은 기본적으로 호스트와 디바이스 간의 통신 구조를 가진다. 호스트는 모든 통신을 주관하며 전체 USB 통신 시스템에서 오직 하나만 존재할 수 있으며 주로 PC가 호스트가 된다. 디바이스는 호스트와 연결되어 통신을 하는 장치로써 통신 시스템 내에 여러 개가 존재할 수 있으며 주로 PC와 연결되는 주변 기기들이 된다.

12.1.2.2 호스트와 디바이스 간 통신의 개요

앞 절에서 USB 통신은 기본적으로 호스트와 디바이스 간의 통신 구조를 가진다고 했는데 이번 절에서는 이 통신 구조를 좀 더 자세히 살펴보기로 한다.

(1) 데이터의 흐름

〈그림 12-1-4〉는 USB의 호스트와 디바이스 간의 통신의 논리적인 구성도를 나타낸다. 이 그림을 보면 호스트 내의 클라이언트 소프트웨어는 파이프를 통해서 디바이스 내의 엔드포인트와 연결되어 서로 데이터를 주고받게 된다.

- 엔드포인트(Endpoint) : 디바이스가 호스트와 데이터를 주고받는 논리적인 포트이다. 이 포트는 실제로는 존재하지 않는 가상의 포트이며, 물리적으로는 디바이스 내의 데이터 버퍼가 엔드포인트의 역할을 수행한다.

참고

> 하나의 디바이스는 여러 개의 엔드포인트를 가질 수 있으며, 각 엔드포인트는 독립적인 번호를 가진다(예 : Endpoint0, Endpoint1 등). 하나의 엔드포인트는 한 방향으로만 전송이 가능하기 때문에 양방향 통신을 위해서는 적어도 2개의 엔드포인트가 필요하다.

- 파이프(Pipe) : 호스트 내의 버퍼와 디바이스 내의 엔드포인트를 연결하는 논리적인 전송로이다. 파이프도 실제로는 존재하지 않는 가상의 전송로이며, 물리적으로는 USB 케이블이 이 역할을 수행한다.

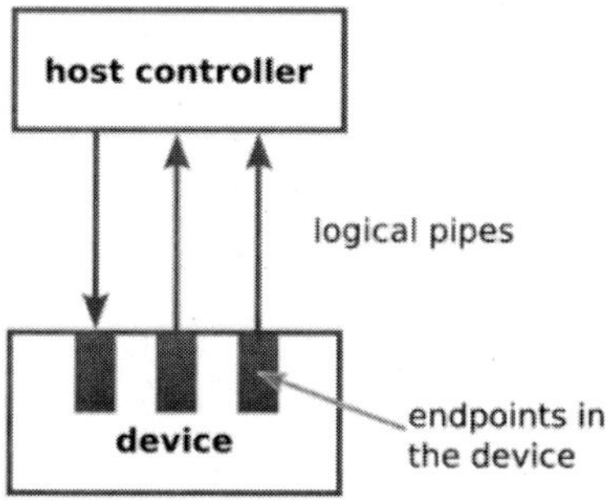

참고

〈그림 12-1-1〉는 논리적인 통신 흐름을 나타내는 것이며 실제 물리적인 통신로를 나타낸 것은 아니다.

△ **그림 12-1-4** 호스트-디바이스 간 통신의 구성도 (출처 : wikipedia)

(2) 버스 이뉴머레이션(Bus enumeration)

마우스(디바이스)를 PC(호스트)에 연결하면 PC의 운영체제인 윈도우즈는 자동적으로 마우스를 인식하고 사용자가 이를 사용할 수 있도록 해준다. 이와 같이 USB 디바이스를 호스트에 연결하면 호스트는 디바이스를 인식하고 이 디바이스를 사용하기 위해 필요한 초기화 작업을 자동으로 수행하는데, 이 과정을 버스 이뉴머레이션(Bus enumeration)이라고 한다.

버스 이뉴머레이션 과정을 PC의 경우로 예를 들어 좀 더 자세히 살펴보면 다음과 같다.

① USB 디바이스를 PC(호스트)에 꽂는다.

② PC는 새로운 디바이스가 인식되면 이 디바이스에 새로운 주소를 부여한다.

③ PC는 디바이스로부터 초기화에 필요한 데이터를 읽는다. 이 데이터는 디바이스 내에 프로그램으로 저장되어 있는데, 이를 디스크립터(Descriptor)라고 한다.

④ PC는 디스크립터의 정보에 따라 대응되는 디바이스 드라이버를 로딩하고 디바이스로부터 보다 구체적인 설정사항(Configuration)을 읽어온다.

12.1.2.3 데이터의 전송 방식

USB의 데이터 전송 방식에는 인터럽트 전송, 벌크 전송, 등시성 전송, 제어 전송과 같은 4가지 방식이 있다.

한편 호스트와 디바이스 간의 전송은 엔드포인트를 통해서 실행되는데 각각의 엔드포인트는 서로 독립적인 전송방식을 사용하는 것이 가능하다. 따라서 하나의 USB 디바이스가 여러 개의 엔드포인트를 가지는 경우는 각 엔드포인트 별로 서로 다른 전송 방식을 사용하는 것도 가능하다.

(1) 인터럽트(Interrupt) 전송

디바이스가 소량의 데이터를 주기적으로 보내는 경우에 사용되는 전송 방법이다. 전송의 주기나 데이터의 크기는 환경 설정(Configuration)에 저장되어 있으므로 호스트는 이 정보를 토대로 전송을 스케줄링한다. 인터럽트 전송 방식을 사용하는 예는 마우스, 조이스틱, 키보드 등이다.

(2) 벌크(Bulk) 전송

프린터나 스캐너 등의 데이터 전송과 같이 데이터 전달 시간은 별로 중요하지는 않으나, 많은 양의 데이터를 정확하게 전송할 필요한 있는 경우에 사용되는 방식이다. 전송되는 데이터의 내용을 보증하기 위해 수신된 데이터에 대한 오류 검출을 하드웨어 레벨에서 실시하며, 오류가 발견된 경우에는 재전송을 받는다. 벌크 전송 방식을 사용하는 예는 프린터, 스캐너 등이다.

(3) 등시성(Isochronous) 전송

음성 데이터나 영상신호와 같이 일정한 속도의 전송이 필요한 경우에 사용되는 전송 방식이다. 등시성 전송의 경우 오류를 검출하지 않고, 오류가 발생해도 동일 데이터를 재전송하지는 않는다. 등시성 전송 방식을 사용하는 예는 음성 데이터의 스피커 출력 등이다.

(4) 제어(Control) 전송

USB 디바이스를 제어하는데 사용되는 전송 방법이다. 호스트와 디바이스 간의 환경 설정, 명령 전송, 통신 상태를 읽어 들이기 위해 사용되는 전송 방법이다. 제어 전송 방식을 사용하는 예는 버스 이뉴머레이션 과정이다.

다음의 〈표 12-1-3〉는 USB 데이터 전송 방식을 정리한 것이다.

▼ 표 12-1-3 USB 데이터 전송 모드

항 목	인터럽트 전송	벌크(Bulk) 전송	등시성 전송 (Isochronous)	제어(Control) 전송
주요용도	정기적 소용량 데이터(마우스, 키보드 등)	부정기적인 대용량 데이터(프린터, 스캐너 등)	실시간 음성/영상 (스피커 출력 등)	USB 디바이스 제어용
전송 속도	1.5/12Mbps	12Mbps	12Mbps	1.5/12Mbps
전송 시간 (1 프레임당)	1 ~ 255ms	–	1ms	–
1 패킷당 전송량 (Byte)	1 ~ 8(Low) 1 ~ 64(Full)	8/16/32/64	1 ~ 1023	1 ~ 8(Low) 1 ~ 64(Full)
파이프 종류	스트림	스트림	스트림	메시지
에러시 재전송	Yes	Yes	No	Yes

12.1.2.4 디스크립터(Descriptor)

USB 디바이스를 호스트에 연결하면 호스트는 디바이스가 연결된 것을 인식한 후에 디바이스에 대해 초기화를 위한 정보를 요구한다. 그러면 디바이스는 초기화를 위한 자신의 정보를 PC에 전달하게 된다(버스 이뉴머레이션 과정). 이 과정에 필요한 데이터를 가지고 있는 디바이스 내의 소스코드를 디스크립터라고 한다.

디스크립터에는 디바이스의 여러 가지 특징들이 정의되어 있으므로 호스트는 이 정보를 기초로 어떤 디바이스가 연결되었는지를 알 수 있게 된다. 또한 그 디바이스로 데이터를 보내고자 할 때 사용할 데이터의 전송 방식을 결정할 수 있게 된다.

〈그림 12-1-5〉는 디스크립터의 구조와 종류를 나타내며, 구체적으로는 다음과 같은 것들이 있다.

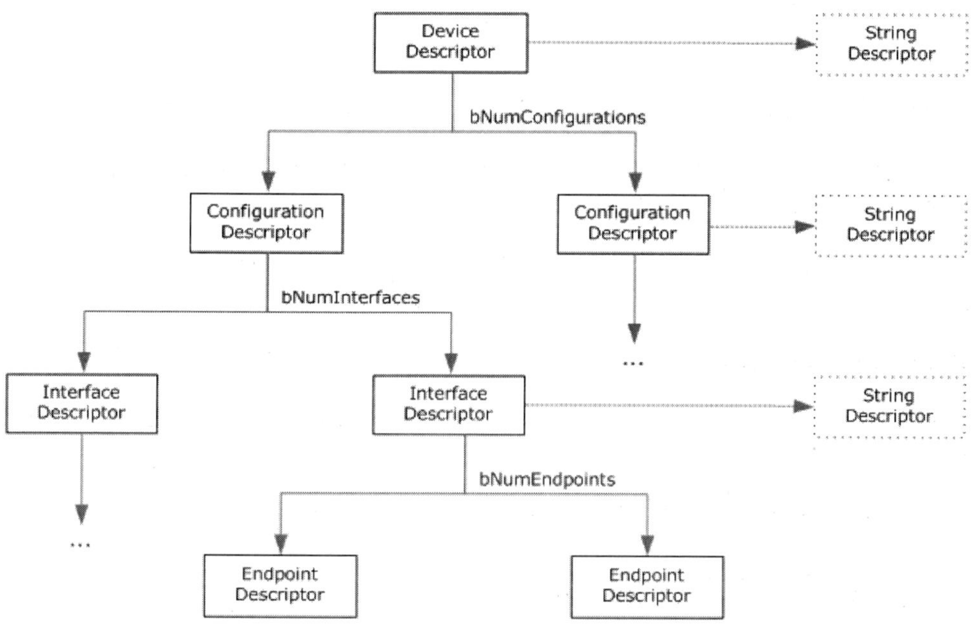

△ **그림 12-1-5** USB 디스크립터의 구조

(1) 디바이스 디스크립터(Device descriptor)

디바이스 디스크립터는 USB 디바이스에 대한 일반적인 정보를 가지고 있다. 하나의 디바이스는 오직 하나의 디바이스 디스크립터만을 가질 수 있으며 여기에는 그 디바이스에서 지원하는 USB Revision, Product ID와 Vendor ID가 명시된다. 그리고 그 디바이스가 가질 수 있는 환경설정이 가능한 디스크립터의 수를 명시하고 얼마나 많은 환경설정 디스크립터로 분기할 수 있는지를 나타낸다.

(2) 환경설정 디스크립터(Configuration descriptor)

이 디스크립터는 디바이스의 환경설정에 대한 정보를 가지고 있으며 그 내용은 해당 디바이스의 전원 소모량, 외부 전원의 필요 여부 등이다. 하나의 디바이스는 여러 개의 서로 다른 환경설정 디스크립터를 가질 수 있다.

하지만 디바이스가 호스트와 연결이 될 때 호스트는 디바이스 디스크립터를 읽고 어떤 환경설정 디스크립터를 사용할 것인지를 결정한다. 따라서 하나의 디바이스가 동시에 두 가지 이상의 환경설정을 하는 것은 불가능하다.

(3) 인터페이스 디스크립터(Interface descriptor)

엔드포인트의 인터페이스를 기능별로 구분하여 모은 것을 말한다. 예를 들어 어떤 디바이스 내에 여러 개의 엔드포인트가 있다면 그 중 입력에 관련된 엔드포인트만 모아서 하나의 인터페이스로 구성할 수 있다. 하나의 환경설정 디스크립터는 여러 개의 인터페이스 디스크립터를 가질 수 있다.

(4) 엔드포인트 디스크립터(Endpoint descriptor)

엔드포인트의 대역폭(bandwidth) 등을 설명하는 디스크립트이다. 호스트는 이 디스크립트가 가진 정보로 디바이스가 어떠한 엔드포인트를 가지고 있는지를 알 수 있다. 한편 Endpoint0은 항상 디바이스의 제어를 위한 제어 전송용으로 사용되므로 디스크립터를 가지지 않는다.

(5) 문자열 디스크립터(String descriptor)

이 디스크립트는 사람이 읽을 수 있는 유니코드 포맷(unicode format)으로 된 문자열을 가진다. 여기에는 제조사나 디바이스 이름 혹은 시리얼 넘버 등이 기록된다. 문자열 디스크립터는 옵션(optional) 요소로써 반드시 있어야 하는 것은 아니다.

12.1.3 디바이스 클래스(Device class)

12.1.3.1 디바이스 클래스의 종류

USB의 디바이스는 매우 다양하며 여러 종류가 있다. 따라서 비슷한 특징을 가진 디바이스들끼리 묶어서 몇 개의 클래스로 디바이스를 구분하는데, 이를 디바이스 클래스라고 한다. 디바이스 클래스를 이용하면 디바이스 드라이버, 펌웨어(firmware) 등을 표준화하여 공통적인 방법으로 개발하는 것이 가능하므로 효율적이다. 그리고 PC나 CPU의 운영체제(OS)나 펌웨어가 특정 디바이스 클래스를 지원한다면, 그 클래스에 속한 디바이스는 별도의 드라이버가 없어도 구동이 가능하다.

STM32F MCU에서 지원하는 디바이스 클래스로는 다음과 같은 것들이 있다.

- Human Interface Device(HID) 클래스 : 마우스, 키보드

• Mass Storage 클래스 : USB 메모리
• Device Firmware Upgrade(DFU) 클래스 : 디바이스(MCU)의 펌웨어 업그레이드 용
• Audio device : 음향 재생
• Communication Device Class(CDC) : 가상 COM 포트와 UART를 이용한 통신

12.1.3.2 HID 클래스

HID는 Human Interface Device(휴먼 인터페이스 장치)의 약자이다. 주로 사람과 직접 작용하는 장치를 가르키며 마우스, 키보드, 조이스틱, 스위치, 버튼 등이 있다. 이 디바이스는 모두 HID 클래스의 표준 스펙을 준수한다. 따라서 이 디바이스를 PC에 꽂으면 PC는 자동적으로 HID로 인식한다.

HID 클래스 디바이스의 주요 특징은 다음과 같다.

• 데이터의 통신에 리포트(Report)라고 하는 구조체를 이용
• 호스트와 디바이스는 제어 전송과 인터럽트 전송을 이용하여 통신
• 최소한 1개의 인터럽트 인 엔드포인트(In endpoint)와 1개의 인터럽트 아웃 엔드포인트(Out endpoint)를 가짐
• 데이터 전송 속도는 1.5MBps(Low speed)와 12MBps(Full speed)임

참고 윈도우즈 PC에서 HID 클래스를 이용한 통신 방법

윈도우즈를 OS로 사용하는 PC에서 HID 클래스를 이용한 통신 방법은 다음과 같다.

1. 수신 : ReadFile( )을 이용한다.
   • 윈도우 HID 드라이버는 호스트 컨트롤러가 입력 리포트를 주기적으로 요청하도록 만들고 받은 리포트를 버퍼에 저장함
   • ReadFile( )은 버퍼에서 1개 또는 여러 개의 리포트를 가져온다. 버퍼가 비어있으면 ReadFile( )은 리포트가 도착할 때까지 기다린다.

[참고] ReadFile( )은 디바이스가 리포트를 보내게 만들지는 않고 단지 버퍼에 있는 리포트를 읽어오기만 한다.

2. 송신 : WriteFile( )을 이용한다.
   • WriteFile( )은 HID에게 출력 리포트를 보낸다.

3. 리포트를 주고 받기 위한 윈도우즈 OS의 API 함수는 다음과 같은 것들이 있다.

▼ **표 12-1-4** 윈도우즈 OS에서 HID 클래스용 API 함수

API 함수 명	기 능
HidD_GetFeature( )	특성 리포트를 읽어옴
HidD_GetInputReport( )	제어 전송을 이용하여 입력 리포트를 읽음
HidD_SetFeature( )	특성 리포트를 보냄
HidD_SetOutputReport( )	제어 전송을 이용하여 출력 리포트를 보냄
ReadFile( )	인터럽트 전송을 이용하여 입력 리포트를 읽음
WriteFile( )	출력 리포트를 보냄. 가능하면 인터럽트 전송을 이용하고 그렇지 않으면 제어 전송을 이용

12.2 USB의 구성 및 기능

12.2.1 STM32F1의 USB의 특징

STM32F 시리즈에 내장된 USB 주변장치는 MCU의 모델별로 구성이나 성능이 다소 다르다. 범용적으로 많이 사용되는 STM32F103(본 교재에서 사용하는 모델)과 STM32F107의 USB 주변장치는 다음과 같다.

- STM32F103 : 1개의 USB FS(12Mbps) 디바이스를 가짐
  USB는 APB1 버스에 연결됨
- STM32F427/429 : 2개의 USB 주변장치가 있으며 다음과 같다.
  - 1개의 USB FS(12Mbps) device/host/OTG 주변장치
  - 1개의 USB OTG high-speed (up to 480 Mb/s) device/host/OTG 주변장치

다음 그림은 STM32F427/429의 USB FS 디바이스의 구성도를 나타낸다. USB에 대해 보다 자세한 내용은 [ST사의 STM32F1시리즈 Reference Manual(23장. USB, 28장. USB OTG)] 또는 [STM32F4시리즈 Reference Manual(34장. USB OTG_FS, 35장. USB OTG_HS)]을 참고하기 바란다.

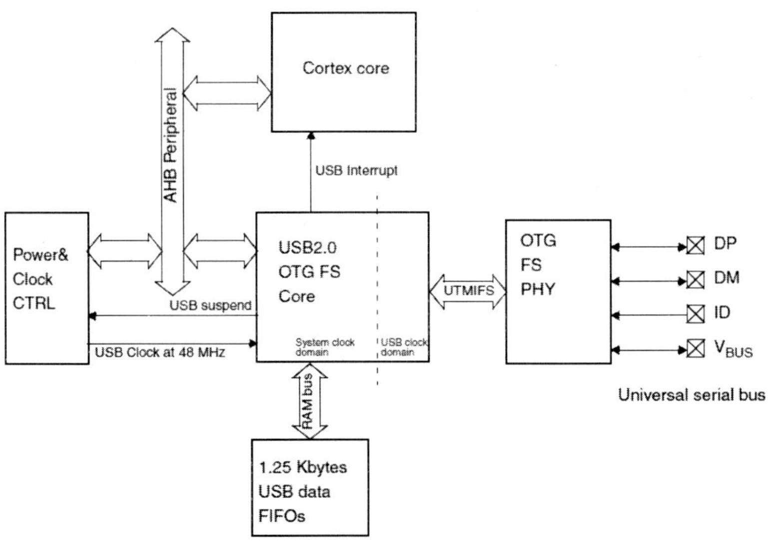

△ **그림 12-2-1** STM32F427/429의 USB FS 주변장치의 구성도

12.3 STM32Cube USB 디바이스 라이브러리

12.3.1 STM32Cube USB 디바이스 라이브러리의 구성

12.3.1.1 STM32Cube의 USB 라이브러리

STM32Cube는 USB 호스트(host) 라이브러리와 USB 디바이스(device) 라이브러리를 제공한다. 이 책에서는 USB 디바이스 라이브러리에 대해서만 알아보기로 한다. 호스트 기능에 대해 관심이 있는 사람은 [ST사의 STM32Cube USB host library User manual]을 참조하기 바란다.

참고

> USB 호스트/디바이스 라이브러리는 STM32Cube의 미들웨어(middleware)에 포함되어 있다. 이 미들웨어에는 이외에도 다음이 포함되어 있다 : TCP/IP, USB, Graphics, FAT file system, RTOS

USB 디바이스 라이브러리는 모든 STM32 MCU에서 사용이 가능하며 다음의 클래스를 지원한다.

- HID(Human Interface Device) 클래스
- Mass storage 클래스
- Device Firmware Upgrade(DFU) 클래스
- Audio 클래스
- Communication Device 클래스(CDC)

12.3.1.2 USB 디바이스 라이브러리의 구성

USB 디바이스 라이브러리는 USB 디바이스 코어와 USB 디바이스 클래스 드라이버로 나누어지며 각각의 구성은 다음과 같다(그림 12-3-1).

1) USB Device core : 외부의 호스트와 USB 디바이스 간의 통신을 위한 작업(low level I/O, 콜백 프로세스 등)을 수행하며 다음의 모듈이 있다.
   - core 모듈 : USB 디바이스 라이브러리와 콜백 함수의 처리 등을 위한 API 함수로 구성됨
   - USB Requests 모듈 : USB request를 처리
   - I/O requests 모듈 : low level의 I/O request를 처리
   - Log and debug module : 로그와 디버그 관련 작업을 처리
2) USB Device class driver : USB 디바이스의 여러 클래스(HID, MSC, DFU 등)의 구동을 위한 드라이버 파일이 있다.

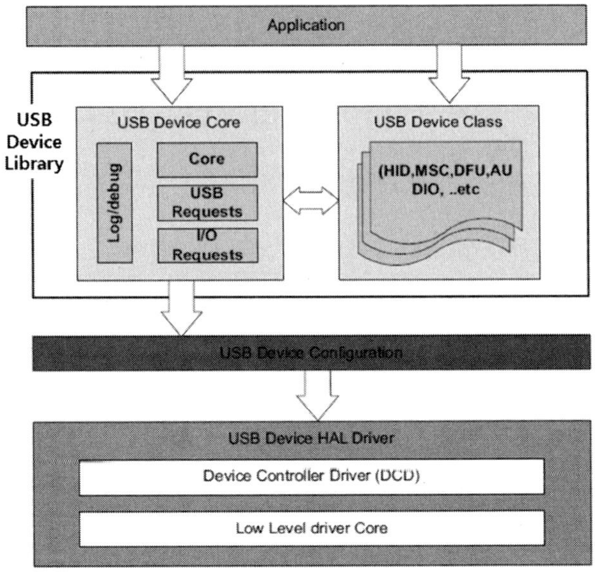

△ **그림 12-3-1** USB 디바이스 라이브러리의 구성

12.3.1.3 USB 디바이스 라이브러리의 소스파일 구성

STM32CubeF1 펌웨어에서 USB 디바이스 라이브러리의 폴더 위치와 소스파일 구성은 다음 그림과 같다. 이 그림을 보면 폴더의 위치는 [Middlewares] - [ST] - [STM3232_USB_Device Library] 이며, 내부적으로 [Class], [Core] 등의 하위 폴더가 있음을 알 수 있다. STM32CubeF4 펌웨어도 구성이 이와 비슷하다.

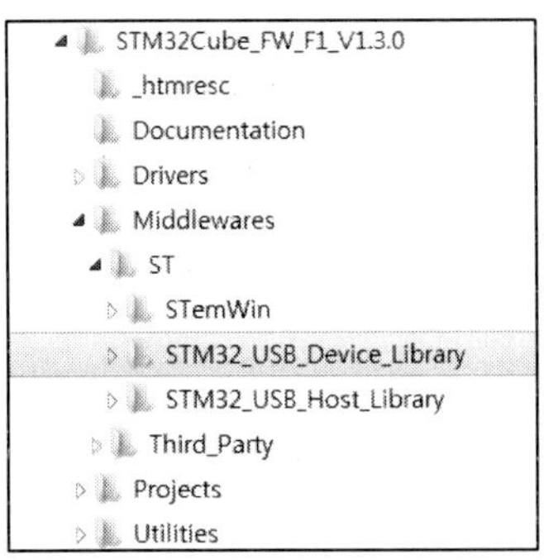

(a) USB 디바이스 라이브러리 폴더의 위치

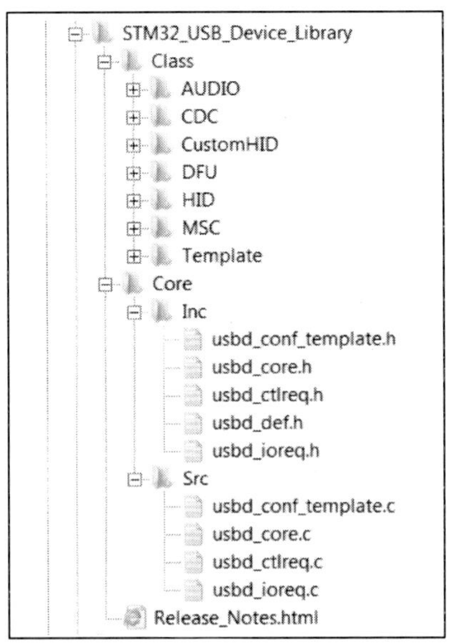

(b) USB 디바이스 라이브러리의 소스파일 구성

△ **그림 12-3-2** USB 디바이스 라이브러리의 파일 구성

12.3.2 USB 디바이스 관련 구조체

12.3.2.1 공통

다음은 USB 디바이스의 모든 클래스에서 공통으로 사용되는 구조체이다.

PCD_HandleTypeDef

PCD(USB Peripheral Controller Driver) 핸들링을 위한 구조체이며, stm32f1xx_hal_pcd.h에 다음과 같이 정의되어 있다.

```
typedef struct
{
  PCD_TypeDef           *Instance;     /*!< Register base address              */
  PCD_InitTypeDef        Init;         /*!< PCD required parameters            */
  __IO uint8_t           USB_Address;  /*!< USB Address : not used by USB OTG FS */
  PCD_EPTypeDef          IN_ep[15];    /*!< IN endpoint parameters             */
  PCD_EPTypeDef          OUT_ep[15];   /*!< OUT endpoint parameters            */
  HAL_LockTypeDef        Lock;         /*!< PCD peripheral status              */
  __IO PCD_StateTypeDef  State;        /*!< PCD communication state            */
  uint32_t               Setup[12];    /*!< Setup packet buffer               */
  void                  *pData;        /*!< Pointer to upper stack Handler     */
} PCD_HandleTypeDef;
```

USBD_ClassTypeDef

USB 디바이스 클래스의 함수를 다루기 위한 구조체이며, usbd_def.h에 다음과 같이 정의되어 있다.

```
typedef struct _Device_cb
{
  uint8_t  (*Init)             (struct _USBD_HandleTypeDef *pdev, uint8_t cfgidx);
  uint8_t  (*DeInit)           (struct _USBD_HandleTypeDef *pdev, uint8_t cfgidx);
 /* Control Endpoints*/
  uint8_t  (*Setup)           (struct _USBD_HandleTypeDef *pdev, USBD_SetupReqTypedef *req);
  uint8_t  (*EP0_TxSent)       (struct _USBD_HandleTypeDef *pdev);
  uint8_t  (*EP0_RxReady)      (struct _USBD_HandleTypeDef *pdev);
  /* Class Specific Endpoints*/
  uint8_t  (*DataIn)           (struct _USBD_HandleTypeDef *pdev, uint8_t epnum);
  uint8_t  (*DataOut)          (struct _USBD_HandleTypeDef *pdev, uint8_t epnum);
  uint8_t  (*SOF)              (struct _USBD_HandleTypeDef *pdev);
  uint8_t  (*IsoINIncomplete)  (struct _USBD_HandleTypeDef *pdev, uint8_t epnum);
  uint8_t  (*IsoOUTIncomplete) (struct _USBD_HandleTypeDef *pdev, uint8_t epnum);

  uint8_t  *(*GetHSConfigDescriptor)(uint16_t *length);
  uint8_t  *(*GetFSConfigDescriptor)(uint16_t *length);
  uint8_t  *(*GetOtherSpeedConfigDescriptor)(uint16_t *length);
```

```
  uint8_t  *(*GetDeviceQualifierDescriptor)(uint16_t *length);
#if (USBD_SUPPORT_USER_STRING == 1)
  uint8_t *(*GetUsrStrDescriptor)(struct _USBD_HandleTypeDef *pdev ,uint8_t index,  uint16_t
*length);
#endif

} USBD_ClassTypeDef;
```

USBD_DescriptorsTypedef

USB 디바이스의 디스크립터를 얻기 위한 콜백 함수를 정의한 구조체이며, usbd_def.h에 다음과 같이 정의되어 있다.

```
typedef struct
{
  uint8_t  *(*GetDeviceDescriptor)( USBD_SpeedTypeDef speed , uint16_t *length);
  uint8_t  *(*GetLangIDStrDescriptor)( USBD_SpeedTypeDef speed , uint16_t *length);
  uint8_t *(*GetManufacturerStrDescriptor)( USBD_SpeedTypeDef speed , uint16_t *length);
  uint8_t  *(*GetProductStrDescriptor)( USBD_SpeedTypeDef speed , uint16_t *length);
  uint8_t  *(*GetSerialStrDescriptor)( USBD_SpeedTypeDef speed , uint16_t *length);
  uint8_t *(*GetConfigurationStrDescriptor)( USBD_SpeedTypeDef speed , uint16_t *length);
  uint8_t  *(*GetInterfaceStrDescriptor)( USBD_SpeedTypeDef speed , uint16_t *length);
   } USBD_DescriptorsTypeDef;
```

각 콜백 함수의 기능은 다음과 같다.

- GetDeviceDescriptor : device descriptor의 설정 값을 얻음
- GetLangIDStrDescriptor : Language ID string descriptor의 설정 값을 얻음
- GetManufacturerStrDescriptor : manufacturer string descriptor의 설정 값을 얻음
- GetProductStrDescriptor : product string descriptor의 설정 값을 얻음
- GetSerialStrDescriptor : serial number string descriptor의 설정 값을 얻음
- GetConfigurationStrDescriptor : configuration string descriptor의 설정 값을 얻음
- GetInterfaceStrDescriptor : interface string descriptor의 설정 값을 얻음

USBD_HandleTypedef

USB Device를 핸들링하기 위한 구조체이며, usbd_def.h에 다음과 같이 정의되어 있다.

```
typedef struct _USBD_HandleTypeDef
{
   uint8_t           id;
   uint32_t          dev_config;
   uint32_t          dev_default_config;
   uint32_t          dev_config_status;
   USBD_SpeedTypeDef          dev_speed;
```

```
    USBD_EndpointTypeDef      ep_in[15];
    USBD_EndpointTypeDef      ep_out[15];
    uint32_t           ep0_state;
    uint32_t           ep0_data_len;
    uint8_t            dev_state;
    uint8_t            dev_old_state;
    uint8_t            dev_address;
    uint8_t            dev_connection_status;
    uint8_t            dev_test_mode;
    uint32_t           dev_remote_wakeup;
    USBD_SetupReqTypedef      request;
    USBD_DescriptorsTypeDef   *pDesc;
    USBD_ClassTypeDef         *pClass;
    void               *pClassData;
    void               *pUserData;
    void               *pData;
} USBD_HandleTypeDef;
```

USBD_StatusTypeDef

USB 디바이스의 상태를 표현하기 위한 열거형 구조체이며, usbd_def.h에 다음과 같이 정의되어 있다.

```
typedef enum {
    USBD_OK   = 0,
    USBD_BUSY,
    USBD_FAIL,
} USBD_StatusTypeDef;
```

각 상태의 의미는 다음과 같다.

- USBD_OK : 작업이 성공적으로 완료됨
- USBD_BUSY : 작업이 아직 완료되지 않음
- USBD_FAIL : low level 에러나 프로토콜 에러로 인해 작업이 실패함

12.3.2.2 HID 클래스용 구조체

HID 클래스에서 사용되는 구조체는 다음과 같은 것들이 있다.

HID_Desc

HID Descriptor를 다루기 위한 USBD_DescriptorsTypeDef형 구조체 변수이며, usbd_desc.c에 다음과 같이 정의되어 있다.

```
USBD_DescriptorsTypeDef HID_Desc =
  {
```

```
    USBD_HID_DeviceDescriptor,
    USBD_HID_LangIDStrDescriptor,
    USBD_HID_ManufacturerStrDescriptor,
    USBD_HID_ProductStrDescriptor,
    USBD_HID_SerialStrDescriptor,
    USBD_HID_ConfigStrDescriptor,
    USBD_HID_InterfaceStrDescriptor,
};
```

USBD_HID_CLASS

HID 클래스의 함수를 다루기 위한 USBD_ClassTypeDef형 구조체 변수이며, usbd_hid.c에 다음과 같이 정의되어 있다.

```
USBD_ClassTypeDef  USBD_HID =
{
    USBD_HID_Init,
    USBD_HID_DeInit,
    USBD_HID_Setup,
    NULL, /*EP0_TxSent*/
    NULL, /*EP0_RxReady*/
    USBD_HID_DataIn, /*DataIn*/
    NULL, /*DataOut*/
    NULL, /*SOF */
    NULL,
    NULL,
    USBD_HID_GetCfgDesc,
    USBD_HID_GetCfgDesc,
    USBD_HID_GetCfgDesc,
    USBD_HID_GetDeviceQualifierDesc,
};
```

12.3.2.3 CDC 클래스용 구조체

CDC 클래스에서 사용되는 구조체는 다음과 같은 것들이 있다.

USBD_CDC_CLASS

CDC 클래스의 함수를 다루기 위한 변수이다. 이 변수는 USBD_ClassTypeDef형 구조체 변수이며 usbd_cdc.h와 usbd_cdc.c에 다음과 같이 정의되어 있다.

```
extern USBD_ClassTypeDef   USBD_CDC;
#define USBD_CDC_CLASS     &USBD_CDC
USBD_ClassTypeDef  USBD_CDC =
{
```

```
    USBD_CDC_Init,
    USBD_CDC_DeInit,
    USBD_CDC_Setup,
    NULL,                /* EP0_TxSent, */
    USBD_CDC_EP0_RxReady,
    USBD_CDC_DataIn,
    USBD_CDC_DataOut,
    NULL,
    NULL,
    NULL,
    USBD_CDC_GetHSCfgDesc,
    USBD_CDC_GetFSCfgDesc,
    USBD_CDC_GetOtherSpeedCfgDesc,
    USBD_CDC_GetDeviceQualifierDescriptor,
};
```

USBD_CDC_fops

CDC Low level의 하드웨어 interface 조건을 설정해주기 위한 변수이다. 이 변수는 USBD_CDC_ItfTypeDef형 구조체 변수이며 usbd_cdc_interface.c에 다음과 같이 정의되어 있다.

```
USBD_CDC_ItfTypeDef  USBD_CDC_fops =
  {
    CDC_Itf_Init,
    CDC_Itf_DeInit,
    CDC_Itf_Control,
    CDC_Itf_Receive
  };
```

참고

USBD_CDC_ItfTypeDef은 USBD_CDC.h에 다음과 같이 정의되어 있다.

```
typedef struct _USBD_CDC_Itf
{
    int8_t (* Init)          (void);
    int8_t (* DeInit)        (void);
    int8_t (* Control)       (uint8_t, uint8_t * , uint16_t);
    int8_t (* Receive)       (uint8_t *, uint32_t *);
} USBD_CDC_ItfTypeDef;
```

USBD_CDC_HandleTypeDef

USBD의 CDC를 핸들하기 위한 구조체이며, usbd_CDC.h에 다음과 같이 정의되어 있다.

```
typedef struct
{
  uint32_t      data[CDC_DATA_HS_MAX_PACKET_SIZE/4];      /* Force 32bits alignment */
  uint8_t       CmdOpCode;
  uint8_t       CmdLength;
  uint8_t       *RxBuffer;
  uint8_t       *TxBuffer;
  uint32_t      RxLength;
  uint32_t      TxLength;

  __IO uint32_t  TxState;
  __IO uint32_t  RxState;
} USBD_CDC_HandleTypeDef;
```

VCP_Desc

VCP Descriptor를 다루기 위한 변수이다. 이 변수는 USBD_DescriptorsTypeDef형 구조체 변수이며 usbd_desc.c에 다음과 같이 정의되어 있다.

```
USBD_DescriptorsTypeDef VCP_Desc = {
    USBD_VCP_DeviceDescriptor,
    USBD_VCP_LangIDStrDescriptor,
    USBD_VCP_ManufacturerStrDescriptor,
    USBD_VCP_ProductStrDescriptor,
    USBD_VCP_SerialStrDescriptor,
    USBD_VCP_ConfigStrDescriptor,
    USBD_VCP_InterfaceStrDescriptor,
};
```

12.3.3 USB 디바이스 관련 함수

12.3.3.1 공통

다음은 USB 디바이스의 모든 클래스에서 공통으로 사용되는 함수이다.

USBD_Init (USBD_HandleTypeDef *pdev, USBD_DescriptorsTypeDef *pdesc, uint8_t id)

device stack을 초기화하고 class driver를 로드한다.

[파라미터]
- pdev : 초기화할 디바이스 핸들(device instance)
- pdesc : 초기화할 디스크립터 객체(Descriptor structure address)
- id : Low level core index

[반환 값] USBD 상태(status)

USBD_RegisterClass (USBD_HandleTypeDef *pdev, USBD_ClassTypeDef *pclass)

class driver를 Device Core에 링크한다.

[파라미터]
- pdev : 디바이스 핸들(device instance)
- pclass : 클래스 핸들(Class handle)

[반환 값] USBD 상태(status)

USBD_Start (USBD_HandleTypeDef *pdev)

USB Device Core를 시작한다.

[파라미터]
- pdev : 디바이스 핸들(device instance)
- pclass : 클래스 핸들(Class handle)

[반환 값] USBD 상태(status)

12.3.3.2 HID 클래스

다음은 HID 클래스에서 사용되는 함수이다.

USBD_HID_Init (USBD_HandleTypeDef *pdev, uint8_t cfgidx)

HID interface를 초기화한다.

[파라미터]
- pdev : 디바이스 핸들(device instance)
- cfgidx : Configuration index

[반환 값] 상태(status)

USBD_HID_Setup (USBD_HandleTypeDef *pdev, USBD_SetupReqTypedef *req)

HID specific request를 핸들한다.

[파라미터]
- pdev : 디바이스 핸들 (device instance)
- req : usb requests

[반환 값] 상태(status)

USBD_HID_GetPollingInterval (USBD_HandleTypeDef *pdev)

endpoint descriptor의 polling interval 값을 받아온다.

[파라미터]
- pdev : 디바이스 핸들(device instance)

[반환 값] polling interval

USBD_HID_SendReport (USBD_HandleTypeDef *pdev, uint8_t *report, uint16_t len)

HID Report를 보낸다(send).

[파라미터]
- pdev : 디바이스 핸들(device instance)
- report : report (buf)를 가리키는 포인터
- len : 보내는 데이터의 길이

[반환 값] 상태(status)

OTG_FS_IRQHandler(void)

USB-On-The-Go FS의 global interrupt request를 핸들한다.

[파라미터] 없음
[반환 값] 없음

OTG_FS_WKUP_IRQHandler(void)

USB OTG FS의 Wakeup IRQ Handler를 핸들한다.

[파라미터] 없음
[반환 값] 없음

12.3.3.3 CDC 클래스

다음은 CDC 클래스에서 사용되는 함수이다.

USBD_CDC_DataOut (USBD_HandleTypeDef *pdev, uint8_t epnum)

USB host(PC)로부터 받은 데이터를 처리하는(Data received on non-control Out endpoint) 함수이며 usbc_cdc.c에 정의됨

[파라미터]
- pdev : 디바이스 핸들(device instance)
- epnum : endpoint number

[반환 값] 상태(status)

USBD_CDC_ReceivePacket (USBD_HandleTypeDef *pdev)

데이터를 받을 수 있도록 OUT Endpoint를 준비한다.

[파라미터]
- pdev : 디바이스 핸들(device instance)

[반환 값] 상태(status)

USBD_CDC_RegisterInterface (USBD_HandleTypeDef *pdev, USBD_CDC_ItfTypeDef *fops)

CDC Interface Class를 디바이스 코어에 로드한다.

[파라미터]
- pdev : 디바이스 핸들(device instance)
- fops : CD Interface callback

[반환 값] 상태(status)

USBD_CDC_SetRxBuffer (USBD_HandleTypeDef *pdev, uint8_t *pbuff)

USBD_CDC_SetRxBuffer

[파라미터]
- pdev : 디바이스 핸들(device instance)
- pbuff : Rx Buffer

[반환 값] 상태(status)

USBD_CDC_SetTxBuffer (USBD_HandleTypeDef *pdev, uint8_t *pbuff, uint16_t length)

USBD_CDC_SetTxBuffer

[파라미터]
- pdev : 디바이스 핸들 (device instance)
- pbuff : Tx Buffer

[반환 값] 상태(status)

USBD_CDC_TransmitPacket (USBD_HandleTypeDef *pdev)

USBD_CDC_DataOut. Data received on non-control Out endpoint

[파라미터]
- pdev : 디바이스 핸들(device instance)
- epnum : endpoint number

[반환 값] 상태(status)

12.4 USB 활용 예제

12.4.0 USB 예제 관련 회로도

12.4.0.1 PC와 실습보드의 연결 : Nucleo-F429 확장보드

USB 예제 수행을 위해서는 실습보드에 기존의 USB 케이블 연결에 추가하여 USB 케이블만 추가로 연결하면 된다. <그림12-4-1>는 실습보드에 기존의 USB 케이블과 USB 케이블을 연결한 모습을 보여준다.

참고

실습에 필요한 USB 케이블은 두 군데 모두 USB Micro B 타입 케이블을 사용하면 된다. USB Micro B 타입 케이블은 안드로이드 스마트 폰의 접속용으로 사용하는 USB 케이블과 동일한 것이므로 이것을 그대로 사용하여도 무방하다. 단 안드로이드 스마트 폰의 접속용 케이블 중에서 데이터 통신이 안되고 충전만 가능한 것은 프로그램의 다운로드를 할 수없으므로 사용이 불가하다.

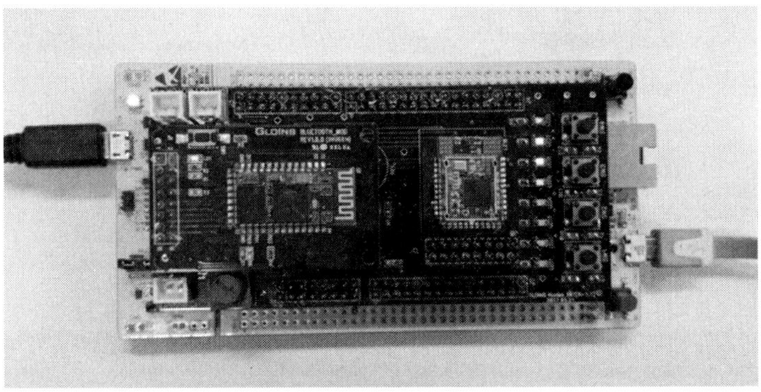

△ 그림 12-4-1 Nucleo-F429 확장보드에 USB 케이블(2개)을 연결한 모습

참고

Nucleo-F429 보드에 USB 케이블1과 USB 케이블2에 대한 설명 추가

12.4.0.2 PC와 실습보드의 연결 : Nucleo-F103 확장보드

Nucleo-F103 확장보드는 통신용 USB 포트가 외부로 나와있지 않다. 따라서 USB 통신 예제를 실행할 수 없다.

참고

1. Nucleo-F103 확장보드의 상단 ST-LINK 쪽에 장착된 USB 포트는 실제로는 UART 통신을 위하여 사용된다. 따라서 이 포트로는 USB 통신을 할 수 없다.
2. Nucleo-F103 확장보드에서 USB 통신을 하려면 아두이노 커넥터 CN8과 CN9를 이용하여 별도의 쉴드(shield) 보드를 제작하여야 한다.

12.4.1 USB 예제 1 : HID 클래스를 이용한 마우스 제어

12.4.1.1 예제 설명

[USB 예제 1 : Nucleo-F429 확장보드]

이 프로그램에서는 실습보드가 HID 클래스를 이용하여 PC와 USB 통신을 한다. 따라서 PC에서는 실습보드를 HID 디바이스인 마우스로 인식을 한다. 그러므로 실습보드를 이용하여 PC의 마우스 커서를 제어할 수 있다.

이 프로그램에서는 실습보드의 SW1~4를 누르면 PC에서는 마우스 커서가 상하좌우로 움직이고, 실습보드에서는 미리 정해진 LED가 toggle되는 동작을 한다. 참고로 Nucleo-144 보드의 SW(B1)을 누르면 SW1을 누른것과 동일하게 동작한다.

예제 동작 순서

1) 예제 프로그램을 컴파일하고 다운로드하여 실습 보드에서 프로그램을 실행한다.
2) 실습보드에서 Nucleo-144 보드의 SW(B1), SW1~4를 누르면 다음과 같이 동작한다.

SW(Key) 명	PC의 마우스 커서 움직임	실습 보드
B1 (User Button)	커서가 왼쪽(←)으로 이동	LED1의 점등상태가 Toggle됨
SW1	커서가 왼쪽(←)으로 이동	LED1의 점등상태가 Toggle됨
SW2	커서가 위로 이동	LED2의 점등상태가 Toggle됨
SW3	커서가 아래로 이동	LED3의 점등상태가 Toggle됨
SW4	커서가 오른쪽(→)으로 이동	LED4의 점등상태가 Toggle됨

참고

SW를 한번씩 누를 때마다 마우스 커서는 일정한 간격(CURSOR_STEP = 5)만큼 이동한다.

12.4.1.2 소스코드 작성 : Nucleo-F429 확장보드

1) 폴더 명 : [Examples_Nucleo F429] - [USB] - [USB Examples] - [USB Device] - [HID_Standalone] - [MDK-ARM]
   - 위의 폴더에 있는 [Project.uvprojx] 파일을 더블클릭하여 연다.
2) 이 프로젝트의 폴더의 구조 및 주요 소스파일은 다음 그림과 같다.

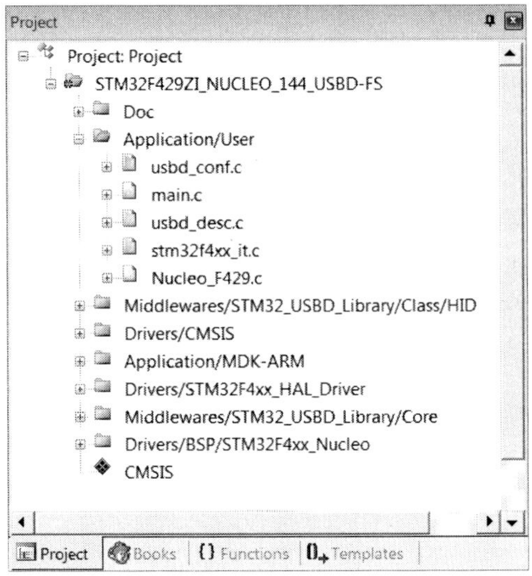

△ **그림 12-4-2** USB 예제의 소스코드의 구성

참고

네이버 카페 "CortexWorld" (http://cafe.naver.com/CortexWorld)에서 다운받은 예제에는 모든 소스코드가 다 작성이 되어 있으므로, 별도의 추가 작성없이 예제의 컴파일 및 실행이 가능하다.

3) 파일이 열리면 [Application/User] 폴더 내의 [main.c] 파일을 더블클릭하여 연 후에 아래와 같이 소스 코드를 작성한다.

[main.c]

```
#include "main.h"
#include "Nucleo_F429.h"                // Nucleo-F429 확장보드용 헤더 파일

// --<1> USB 디바이스를 핸들하기 위한 구조체 변수를 선언
USBD_HandleTypeDef  USBD_Device;        // USB Device용 핸들
uint32_t            Joy_Key = 0;        // 보드의 스위치 입력용 변수

// ---------------------------------------------------------------------------

int main(void)
{
    HAL_Init();
    SystemClock_Config();
    LED_Config();
    Sw_Config();

    LED_OnOff(GPIO_PIN_LedAll, 1000);
    /* -- <2>  USB 디바이스를 초기화 : Device stack을 초기화하고 class driver를 로드함 */
    //   - USBD_Device, HID_Desc를 초기화 함
```

```
    //   - HID_Desc는 USBD_HIDDescriptorsTypeDef 구조체형 변수임
    USBD_Init(&USBD_Device, &HID_Desc, 0);

    /* -- <3> class 드라이버를 device core에 링크함 */
      USBD_RegisterClass(&USBD_Device, USBD_HID_CLASS);

    /* -- <4> USB Device 동작을 시작함 */
      USBD_Start(&USBD_Device);

    /* -- <5> Infinite loop */
      while (1) {

        // -- <5-1> Nucleo SW가 눌러지는 경우
        if (HAL_GPIO_ReadPin(GPIOSwNucleo, GPIO_PIN_Nucleo_Sw ) == SET) {
            HAL_GPIO_TogglePin(GPIOExt, GPIO_PIN_Led1 );          // LED1 반전
            Joy_Key = JOY_LEFT;                                    // 마우스 왼쪽으로  설정
        }
        // -- <5-2> Key1 이 눌러지는 경우
        else if (HAL_GPIO_ReadPin(GPIOSw1, GPIO_PIN_Sw1 ) == RESET) {
                HAL_GPIO_TogglePin(GPIOExt, GPIO_PIN_Led1 );      // LED1 반전
                Joy_Key = JOY_LEFT;                                // 마우스 왼쪽으로  설정
            }
        // -- <5-3> Key2 이 눌러지는 경우
        else if (HAL_GPIO_ReadPin(GPIOSw2, GPIO_PIN_Sw2 ) ==  RESET)  {
                HAL_GPIO_TogglePin(GPIOExt, GPIO_PIN_Led2);       // LED2 반전
                Joy_Key = JOY_UP;                                  // 마우스 위쪽으로 설정
            }
        // -- <5-5> Key3 이 눌러지는 경우
        else if ( HAL_GPIO_ReadPin(GPIOSw3, GPIO_PIN_Sw3 ) == RESET)   {
                 HAL_GPIO_TogglePin(GPIOExt, GPIO_PIN_Led3  );    // LED3 반전
                 Joy_Key = JOY_DOWN;                               // 마우스 아래쪽으로  설정
            }
        // -- <5-6> Key4 이 눌러지는 경우
        else if (HAL_GPIO_ReadPin(GPIOSw4, GPIO_PIN_Sw4 ) == RESET)  {
                HAL_GPIO_TogglePin(GPIOExt, GPIO_PIN_Led4  );     // LED4 반전
                Joy_Key = JOY_RIGHT;                               // 마우스 오른쪽으로 설정
            }
            // -- <5-6>Key가 눌러지지 않은 경우
            else
            //   Joy_Key = JOY_NONE;
      }
}
// ---------------------------------------------------------------------------
/* -- <6> LED 8을 Toggle로 계속 ON/OFF 하는 함수
 *      -- 프로그램이 동작하면 LED8은 계속 ON/OFF 한다.
 */
```

```
void Toggle_LED(void)
{
   static uint32_t ticks;

   if (ticks++ == 100) {
          // -- <6-1> tick = 100일때 (즉, 100msec 간격으로) LED 8을 toggle 시킴
          HAL_GPIO_TogglePin(GPIOExt, GPIO_PIN_Led8);
          ticks = 0;
  }
}
```

4) [Application/User] 폴더 내의 [stm32f4xx_it.c] 파일을 더블클릭하여 연 후에 아래와 같이 소스 코드를 작성한다.

중요 이 파일의 소스코드는 제법 길다. 그러나 소스코드의 모든 부분을 다 이해할 필요는 없으며, 주석이 되어있는 부분을 위주로 살펴보고 이해하면 된다.

[stm32f4xx_it.c]

```
#include "main.h"
#include "Nucleo_F429.h"
#include "stm32f4xx_it.h"

// -- <1> Key를 누를때 Mouse 커서의 이동량을 5 로 정의함
#define CURSOR_STEP         5

extern void Toggle_Leds(void);
extern USBD_HandleTypeDef    USBD_Device;
extern PCD_HandleTypeDef     hpcd;
extern uint32_t              Joy_Key;

// -- <2> 마우스의 이동량을 저장하는 변수
uint8_t                      HID_Buffer[4];

static void GetMoveData(uint8_t *pbuf);

// ------------------------------------------------------------------------------- //
void SysTick_Handler(void)
{
     static __IO uint32_t counter=0;
     HAL_IncTick();

     // -- <3> HID 클래스의 폴링시간 설정값(10ms)이 되면
     if ( counter++ == USBD_HID_GetPollingInterval(&USBD_Device) )  {
          // -- <3-1> 마우스의 이동량(HID_Buffer)을 받아온다
```

```
        GetMoveData(HID_Buffer);

        // -- <3-2> 마우스의 이동량(HID_Buffer)이 0이 아니면
        if ( (HID_Buffer[1] != 0) || (HID_Buffer[2] != 0) ) {
                // -- <3-3> HID_Buffer 값을 PC로 보냄.
                USBD_HID_SendReport(&USBD_Device, HID_Buffer, 4);
        }
        counter =0;
    }

   // -- <4> LED를 Toggle 시킴
   Toggle_LED();

}

/******************************************************************************/
/*                 STM32F4xx Peripherals Interrupt Handlers                   */
/******************************************************************************/

 // This function handles USB-On-The-Go FS global interrupt request.
void OTG_FS_IRQHandler(void)
{
    HAL_PCD_IRQHandler(&hpcd);
}

// This function handles USB OTG FS Wakeup IRQ Handler.
void OTG_FS_WKUP_IRQHandler(void)
{
   if((&hpcd)->Init.low_power_enable)  {
   /* Reset SLEEPDEEP bit of Cortex System Control Register */
   SCB->SCR &= (uint32_t)~((uint32_t)(SCB_SCR_SLEEPDEEP_Msk | SCB_SCR_SLEEPONEXIT_Msk));

   //  -- <5>  System clock을 설정
   // Configures system clock after wake-up from STOP */
   SystemClock_Config();
     /* ungate PHY clock */
     __HAL_PCD_UNGATE_PHYCLOCK((&hpcd));
   }

     /* Clear EXTI pending Bit*/
   __HAL_USB_OTG_FS_WAKEUP_EXTI_CLEAR_FLAG();
}

// ---------------------------------------------------------------------------- //
// -- <6> Mouse의 이동량 pbuf 를 설정하는 함수

static void GetMoveData(uint8_t *pbuf)
```

```
{
    int8_t  x = 0, y = 0 ;

    // -- <6-1> 눌러진 Key의 종류에 따라 대응되는 x, y 값을 설정함
    switch( Joy_Key )      {
            case JOY_LEFT:
                x -= CURSOR_STEP;                   //마우스 커서를  왼쪽으로 5  이동
            break;

            case JOY_RIGHT:
                x += CURSOR_STEP;                   //마우스 커서를 오른쪽으로 5  이동
            break;

            case JOY_UP:
                y -= CURSOR_STEP;                   //마우스 커서를 위로 5  이동
            break;

            case JOY_DOWN:
                y += CURSOR_STEP;                   //마우스 커서를 아래로 5 이동
            break;

            case JOY_NONE:
            break;
    }

    // -- <6-2> pbuf의 값을 설정함
    //          pbuf[1] : x 방향(오른쪽, 왼쪽)으로 이동할 값
    //          pbuf[2] : y 방향(위, 아래)으로 이동할 값
    pbuf[0] = 0;
    pbuf[1] = x;
    pbuf[2] = y;
    pbuf[3] = 0;

}

// ------------------------------------------------------------------------- //

void EXTI0_IRQHandler(void)
{
    HAL_GPIO_EXTI_IRQHandler(GPIO_PIN_0);
}

// ------------------------------------------------------------------------- //

void EXTI1_IRQHandler(void)
{
    HAL_GPIO_EXTI_IRQHandler(GPIO_PIN_1);
```

```
}

// ------------------------------------------------------------------------------- //

void EXTI2_IRQHandler(void)
{
    HAL_GPIO_EXTI_IRQHandler(GPIO_PIN_2);
}

// ------------------------------------------------------------------------------- //

void EXTI3_IRQHandler(void)
{
    HAL_GPIO_EXTI_IRQHandler(GPIO_PIN_3);
}

// ------------------------------------------------------------------------------- //

void EXTI15_10_IRQHandler(void)
{
    HAL_GPIO_EXTI_IRQHandler(GPIO_PIN_13);
}
```

5) [Application/User] 폴더 내의 [usbd_desc.c] 파일을 더블클릭하여 연 후에 아래의 소스 코드를 살펴본다. 이 파일에는 USB 디스크립터의 설정에 대한 내용이 들어있다. 이 파일은 사용자가 수정할 필요는 없으므로 부담없이 그냥 살펴보도록 하자.

중요 HID 클래스를 이용하는 다른 예제를 만들 경우, 이 파일은 별도로 수정할 필요는 없으며, 그대로 사용하면 된다.

[usbd_desc.c]

```
/* Includes ------------------------------------------------------------------*/
#include "usbd_core.h"
#include "usbd_desc.h"
#include "usbd_conf.h"

/* Private typedef -----------------------------------------------------------*/
/* Private define ------------------------------------------------------------*/
#define USBD_VI                          0x0483
#define USBD_PID                         0x5710
#define USBD_LANGID_STRING               0x409
#define USBD_MANUFACTURER_STRING         "STMicroelectronics"
#define USBD_PRODUCT_HS_STRING           "HID Joystick in HS Mode"
```

```
#define USBD_PRODUCT_FS_STRING        "HID Joystick in FS Mode"
#define USBD_CONFIGURATION_HS_STRING  "HID Config"
#define USBD_INTERFACE_HS_STRING      "HID Interface"
#define USBD_CONFIGURATION_FS_STRING  "HID Config"
#define USBD_INTERFACE_FS_STRING      "HID Interface"

/* Private macro -------------------------------------------------------------*/
/* Private function prototypes -----------------------------------------------*/
uint8_t *USBD_HID_DeviceDescriptor(USBD_SpeedTypeDef speed, uint16_t *length);
uint8_t *USBD_HID_LangIDStrDescriptor(USBD_SpeedTypeDef speed, uint16_t *length);
uint8_t *USBD_HID_ManufacturerStrDescriptor (USBD_SpeedTypeDef speed, uint16_t *length);
uint8_t *USBD_HID_ProductStrDescriptor (USBD_SpeedTypeDef speed, uint16_t *length);
uint8_t *USBD_HID_SerialStrDescriptor(USBD_SpeedTypeDef speed, uint16_t *length);
uint8_t *USBD_HID_ConfigStrDescriptor(USBD_SpeedTypeDef speed, uint16_t *length);
uint8_t *USBD_HID_InterfaceStrDescriptor(USBD_SpeedTypeDef speed, uint16_t *length);
#ifdef USB_SUPPORT_USER_STRING_DESC
uint8_t *USBD_HID_USRStringDesc (USBD_SpeedTypeDef speed, uint8_t idx, uint16_t *length);
#endif /* USB_SUPPORT_USER_STRING_DESC */

/* Private variables ---------------------------------------------------------*/
USBD_DescriptorsTypeDef HID_Desc = {
  USBD_HID_DeviceDescriptor,
  USBD_HID_LangIDStrDescriptor,
  USBD_HID_ManufacturerStrDescriptor,
  USBD_HID_ProductStrDescriptor,
  USBD_HID_SerialStrDescriptor,
  USBD_HID_ConfigStrDescriptor,
  USBD_HID_InterfaceStrDescriptor,
};

/* USB Standard Device Descriptor */
#if defined ( __ICCARM__ ) /*!< IAR Compiler */
  #pragma data_alignment=4
#endif
__ALIGN_BEGIN   uint8_t USBD_DeviceDesc[USB_LEN_DEV_DESC] __ALIGN_END = {
  0x12,                          // 디스크립터 길이
  USB_DESC_TYPE_DEVICE,          // 디스크립터 타입
  0x00,                          // USB 버전(하위 바이트)
  0x02,                          // USB 버전(상위 바이트)
  0x00,                          // 디바이스 클래스
  0x00,                          // 디바이스 서브 클래스
  0x00,                          // 디바이스 프로토콜
  USB_MAX_EP0_SIZE,              // 엔드포인트 0번의 최대 패킷 사이즈
  LOBYTE(USBD_VID),              // 제조업체 ID(하위 바이트)
  HIBYTE(USBD_VID),              // 제조업체 ID(상위 바이트)
  LOBYTE(USBD_PID),              // 제품 ID(하위 바이트)
  HIBYTE(USBD_PID),              // 제품 ID(상위 바이트)
```

```
  0x00,                          // 디바이스 버전(하위바이트)
  0x02,                          // 디바이스 버전(상위바이트)
  USBD_IDX_MFC_STR,              // 제조업체 문자열 디스크립터
  USBD_IDX_PRODUCT_STR,          // 제품 문자열 디스크립터
  USBD_IDX_SERIAL_STR,           // 일련 번호 문자열 디스크립터
  USBD_MAX_NUM_CONFIGURATION     // Configuration 수량
}; /* USB_DeviceDescriptor */

// ---------------------------------------------------------------------------

.. 이하 생략 ..
```

6) [Application/User] 폴더 내의 [usbd_conf.c] 파일을 더블클릭하여 연 후에 아래의 소스 코드를 살펴본다. 이 파일에는 USB 포트의 설정 및 콜백함수 구현에 대한 내용이 들어있다.

중요 HID 클래스를 이용하는 다른 예제를 만들 경우, 이 파일은 별도로 수정할 필요는 없으며, 그대로 사용하면 된다.

참고

혹시 본 교재에서 사용하는 Nucleo-F429 확장보드가 아닌 다른 실습보드에서 이 소스코드를 사용하려면 HAL_PCD_MspInit( )함수에서 VUBS, USB ID, USB DM, USB DP 포트의 번호를 해당 실습보드에 맞게 변경해 주어야 한다.

[usbd_conf.c]

```
#include "main.h"

/* Private typedef -----------------------------------------------------------*/
/* Private define ------------------------------------------------------------*/
/* Private macro -------------------------------------------------------------*/
/* Private variables ---------------------------------------------------------*/
PCD_HandleTypeDef hpcd;

/* Private function prototypes -----------------------------------------------*/
static void SystemClockConfig_STOP(void);

/* Private functions ---------------------------------------------------------*/

/*******************************************************************************
                   PCD BSP Routines
*******************************************************************************/

/**
  * @brief  Initializes the PCD MSP.
```

```
  * @param  hpcd : PCD handle
  * @retval None

  * Nucleo-F429 확장보드에서 USB 신호선은 MCU에 다음과 같이 연결되어 있다.
     - VBUS : PA9
     - USB ID : PA10
     - USB DM : PA11
     - USB DP : PA12
  * 다른 실습보드에서 USB의 구현을 위해서는 VUBS, USB ID,
  * USB DM, USB DP 포트의 번호를 해당 실습보드에 맞게 변경해 주어야 한다.
*/

void HAL_PCD_MspInit(PCD_HandleTypeDef *hpcd)
{
  GPIO_InitTypeDef  GPIO_InitStruct;

  /* Configure USB FS GPIOs */
  __HAL_RCC_GPIOA_CLK_ENABLE();

  /* Configure DM DP Pins */
  GPIO_InitStruct.Pin = (GPIO_PIN_11 | GPIO_PIN_12);
  GPIO_InitStruct.Mode = GPIO_MODE_AF_PP;
  GPIO_InitStruct.Pull = GPIO_NOPULL;
  GPIO_InitStruct.Speed = GPIO_SPEED_HIGH;
  GPIO_InitStruct.Alternate = GPIO_AF10_OTG_FS;
  HAL_GPIO_Init(GPIOA, &GPIO_InitStruct);

  /* Configure VBUS Pin */
  GPIO_InitStruct.Pin = GPIO_PIN_9;
  GPIO_InitStruct.Mode = GPIO_MODE_INPUT;
  GPIO_InitStruct.Pull = GPIO_NOPULL;
  HAL_GPIO_Init(GPIOA, &GPIO_InitStruct);

  /* Configure ID pin */
  GPIO_InitStruct.Pin = GPIO_PIN_10;
  GPIO_InitStruct.Mode = GPIO_MODE_AF_OD;
  GPIO_InitStruct.Pull = GPIO_PULLUP;
  GPIO_InitStruct.Alternate = GPIO_AF10_OTG_FS;
  HAL_GPIO_Init(GPIOA, &GPIO_InitStruct);

  /* Enable USB FS Clocks */
  __HAL_RCC_USB_OTG_FS_CLK_ENABLE();

  /* Set USBFS Interrupt priority */
  HAL_NVIC_SetPriority(OTG_FS_IRQn, 5, 0);
  /* Enable USBFS Interrupt */
```

```
  HAL_NVIC_EnableIRQ(OTG_FS_IRQn);

  if(hpcd->Init.low_power_enable == 1)
  {
    /* Enable EXTI Line 18 for USB wakeup*/
    __HAL_USB_OTG_FS_WAKEUP_EXTI_CLEAR_FLAG();
    __HAL_USB_OTG_FS_WAKEUP_EXTI_ENABLE_RISING_EDGE();
    __HAL_USB_OTG_FS_WAKEUP_EXTI_ENABLE_IT();

    /* Set EXTI Wakeup Interrupt priority*/
    HAL_NVIC_SetPriority(OTG_FS_WKUP_IRQn, 0, 0);

    /* Enable EXTI Interrupt */
    HAL_NVIC_EnableIRQ(OTG_FS_WKUP_IRQn);
  }
}

.. 이하 생략 ..
```


12.4.1.3 소스코드 설명

- 소스 코드의 설명에 붙어있는 번호는 (예 : 〈1〉, 〈2〉 등)은 앞 절의 소스 코드내에 붙어 있는 번호와 동일하다.

[main.c]

<1> USB 디바이스를 핸들하기 위하여 구조체 USBD_HandleTypeDef 형의 변수 USBD_Device를 선언한다.

<2> USBD_Init(&USBD_Device, &HID_Desc, 0)
- USB 디바이스를 초기화하는 함수로써, Device stack을 초기화하고 class driver를 로드한다.
- 이 함수는 STM32Cube USB 디바이스 라이브러리가 제공하는 함수이다.
- 이 함수의 인자인 HID_Desc는 usbd_desc.c에 다음과 같이 정의된 구조체이다.

```
USBD_DescriptorsTypeDef  HID_Desc = {
USBD_HID_DeviceDescriptor,
USBD_HID_LangIDStrDescriptor,
USBD_HID_ManufacturerStrDescriptor,
USBD_HID_ProductStrDescriptor,
USBD_HID_SerialStrDescriptor,
USBD_HID_ConfigStrDescriptor,
USBD_HID_InterfaceStrDescriptor,
};
```

<3> USBD_RegisterClass(&USBD_Device, USBD_HID_CLASS)
- class 드라이버를 device core에 링크하는 함수이다.
- 여기서는 USBD_HID_CLASS를 인자로 사용하므로 HID 클래스 드라이버를 링크하게 된다.
- 이 함수는 STM32Cube USB 디바이스 라이브러리가 제공하는 함수이다.

<4> USBD_Start(&USBD_Device)
- USB Device의 동작을 시작하는 함수이다.
- 이 함수는 STM32Cube USB 디바이스 라이브러리가 제공하는 함수이다.

<5> 무한 루프로 다음의 동작을 계속한다.
<5-1> SW(B1) 이 눌러지면 : LED1 을 toggle하고 Joy_Key = JOY_LEFT 로 설정
<5-2> Key1 이 눌러지면 : LED1 을 toggle하고 Joy_Key = JOY_LEFT 로 설정
<5-3> Key2 이 눌러지면 : LED2 을 toggle하고 Joy_Key = JOY_UP 로 설정
<5-4> Key3 이 눌러지면 : LED3 을 toggle하고 Joy_Key = JOY_DOWN 로 설정
<5-5> Key4 이 눌러지면 : LED4 을 toggle하고 Joy_Key = JOY_RIGHT 로 설정
<5-6> Key가 안 눌러지면 : Joy_Key = JOY_NONE 로 설정

<6> Toggle_LED() 함수 : LED8이 Toggle로 계속 ON/OFF 하는 함수이다. 프로그램이 동작하면 SysTick_Handler() 함수에서 매 1msec 마다 이 함수를 호출한다.
<6-1> Toggle_LED() 함수가 호출될 때마다 ticks의 값은 1씩 증가한다. 그리고 ticks = 100 일때 (즉, 100msec 간격으로) LED 8을 toggle 시킨다. 따라서 LED8은 100msec 간격으로 계속 toggle 된다.

[stm32f4xx_it.c]

<1> Key를 누를때 Mouse 커서의 이동량 CURSOR_STEP을 5 로 정의한다.
<2> 마우스의 이동량을 저장하는 변수 HID_Buffer[]를 선언한다.
<3> counter 값 = HID 클래스의 폴링시간 설정 값(10)이 되면 이 조건은 만족된다. counter 값은 1msec 마다 1씩 증가한다. 따라서 10msec가 되면 이 조건이 만족된다.
참고 USBD_HID_GetPollingInterval(&USBD_Device) : HID 클래스의 폴링시간 설정 값을 얻어온다. 폴링시간 설정 값은 10으로 미리 정의되어 있다.
<3-1> GetMoveData() 함수 : 마우스의 이동량(HID_Buffer[ ] 값)을 받아온다.
<3-2> 마우스의 x 방향 이동량(HID_Buffer[1])이나, y 방향 이동량(HID_Buffer[2])이 0이 아니면 이 조건은 만족된다.
<3-3> USBD_HID_SendReport(&USBD_Device, HID_Buffer, 4)
- 4byte의 HID_Buffer 값을 Host(PC)로 보내는 함수이다.
- 이 함수는 STM32Cube USB 디바이스 라이브러리가 제공하는 함수이다.
<4> Toggle_LED() 함수 : LED를 Toggle 시키는 함수이다.
<5> SystemClock_Config()
- 실습 보드의 System clock을 설정하는 함수이다.
<6> GetMoveData() 함수
- Mouse의 이동량 pbuf 를 설정하는 함수이다.
<6-1> 눌러진 Key의 종류에 따라 대응되는 x, y 값을 설정한다.
Joy_Key = JOY_LEFT 이면 x -= CURSOR_STEP (마우스 커서를 왼쪽으로 5 이동)
Joy_Key = JOY_RIGHT 이면 x += CURSOR_STEP (마우스 커서를 오른으로 5 이동)
Joy_Key = JOY_UP 이면 y -= CURSOR_STEP (마우스 커서를 위로 5 이동)
Joy_Key = JOY_RDOWN 이면 y += CURSOR_STEP (마우스 커서를 아래로 5 이동)
<6-2> pbuf의 값을 설정한다.
- pbuf[1] : x 방향(오른쪽, 왼쪽)으로 이동할 값이고
- pbuf[2] : y 방향(위, 아래)으로 이동할 값이다.

12.4.1.4 프로그램 실행

1) 실습보드로 프로그램을 다운로드하여 실행한다.
2) 프로그램이 정상적으로 동작하면 LED8이 100msec 간격으로 계속 ON/OFF 된다.
3) 그리고 SW를 누르면 다음과 같이 동작한다.
   - B1 : 실습보드의 LED1이 반전되고, PC의 마우스 커서가 왼쪽으로 이동한다.
   - SW1 : 실습보드의 LED1이 반전되고, PC의 마우스 커서가 왼쪽으로 이동한다.
   - SW2 : 실습보드의 LED2가 반전되고, PC의 마우스 커서가 위로 이동한다.
   - SW3 : 실습보드의 LED3이 반전되고, PC의 마우스 커서가 아래로 이동한다.
   - SW4 : 실습보드의 LED4가 반전되고, PC의 마우스 커서가 오른쪽으로 이동한다.

참고

본 예제를 실행하면 실습보드는 PC에서 HID 마우스로 인식된다. 다음 그림은 본 예제를 실행한 후에 (a) 실습보드와 PC를 연결하는 USB 케이블을 뺀 경우와, (b) USB 케이블을 연결한 경우를 나타낸다. (a)의 경우 마우스가 1개로 인식이 되지만, (b)일 때는 실습보드가 HID 규격 마우스로 인식되어 마우스가 총 2개임을 알 수 있다.

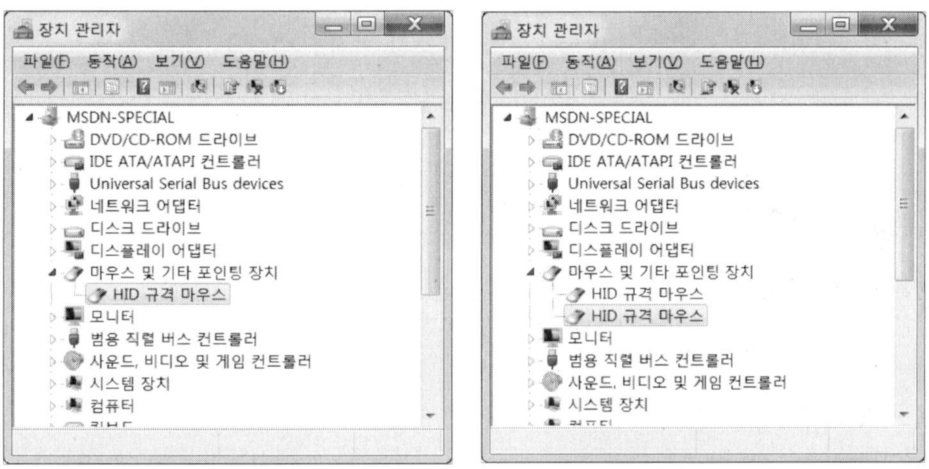

(a) 실습 보드와 PC를 연결하지 않은 경우 (b) 실습 보드와 PC를 USB 케이블로 연결한 경우

△ **그림 12-4-3** 실습보드가 PC에서 HID 마우스로 인식되는 예

12.4.2 USB 예제 2 : CDC 클래스를 이용한 통신

12.4.2.1 예제 설명

[USB 예제 2 : Nucleo-F429 확장보드] 이 프로그램은 실습보드가 CDC 클래스를 이용하여 PC와 통신을 한다. 따라서 PC에서는 실습보드를 COM 포트로 인식을 한다. 이 프로그램은 다음과 같이 동작한다.

– PC에서 하이퍼터미널을 이용하여 문자를 전송하면 실습보드는 이에 대응하는 동작을

하며 전송된 문자를 그대로 PC로 다시 보낸다.
- 실습보드에서 Nucleo-144 보드의 SW(B1), 또는 SW1~4를 누르면 미리 저장된 메시지를 PC로 전송한다.

[구체적인 동작 내용]

1) 실습 보드에서 프로그램이 실행되면 LED는 다음과 같이 동작한다.
   - LED1 ~ LED4 : OFF
   - LED5 : 점멸(On/Off)
   - LED6 ~ LED7 : 항상 ON
   - LED8 : 점멸(On/Off)

2) PC → 실습 보느로 통신시

PC에서 보내는 문자	실습 보드에서의 응답
1	LED1이 Toggle(On면 Off로, Off이면 On으로) 된다. 그리고 PC에서 받은 메시지를 다시 PC로 보낸다(echo back).
2	LED1이 Toggle(On면 Off로, Off이면 On으로) 된다. 그리고 PC에서 받은 메시지를 다시 PC로 보낸다(echo back).
3	LED1이 Toggle(On면 Off로, Off이면 On으로) 된다. 그리고 PC에서 받은 메시지를 다시 PC로 보낸다(echo back).
4	LED1이 Toggle(On면 Off로, Off이면 On으로) 된다. 그리고 PC에서 받은 메시지를 다시 PC로 보낸다(echo back).
그 외의 문자	PC에서 받은 메시지를 다시 PC로 보낸다(echo back).

3) 실습 보드(Server) → PC (Client)로 통신시

실습 보드에서의 동작	PC에 나타나는 메시지
SW(B1)을 누른다	"SW1 is pressed !"
SW1을 누른다	"SW1 is pressed !"
SW2를 누른다	"SW2 is pressed !"
SW3을 누른다	"SW3 is pressed !"
SW4를 누른다	"SW4 is pressed !"

예제 동작 순서

1) CDC 통신을 위해서는 PC에 Virtual COM Port driver 프로그램을 설치하여야 한다. 설치하는 방법은 뒤의 [12.4.2.5절, Virtual COM Port driver 설치]를 참조하기 바란다.
2) 예제 프로그램을 컴파일하고 다운로드하여 실습보드에서 프로그램을 실행한다. 이 프로그램을 실행하면 PC의 장치관리자에서 "STMicrolectronics Virtual COM Port(COMx)"라는 이름의 가상 COM port가 새롭게 인식된다.

아래의 그림은 COM5로 인식된 예를 보여준다. 인식된 COM 포트번호는 실습보드에서 통신 프로그램 작성시에 필요하므로 잘 기억하도록 한다.

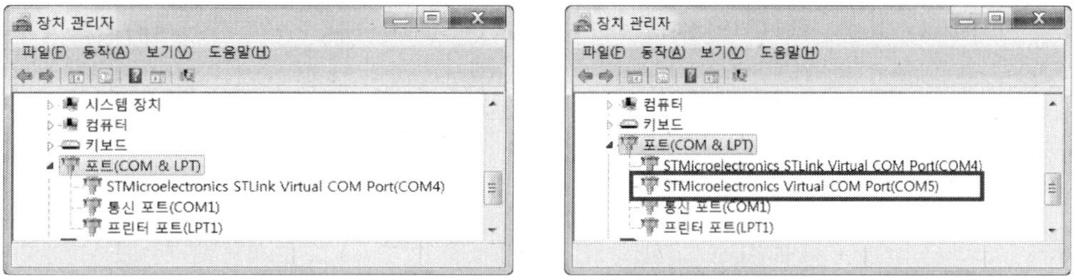

(a) 실습 보드에서 프로그램 실행 전　　　　(b) 프로그램 실행 후

△ **그림 12-4-4** PC의 장치관리자 화면

3) 제공된 PC용 하이퍼터미널 프로그램을 PC에서 실행한다.
하이퍼터미널의 설정은 다음과 같다.

- COM 포트 번호 : 위의 (2)에서 확인한 COM 포트 번호를 사용
- BaudRate = 115200 baud
- Word Length = 8 Bits
- Parity = No parity
- Stop Bit = One Stop bit
- Hardware flow control = disabled

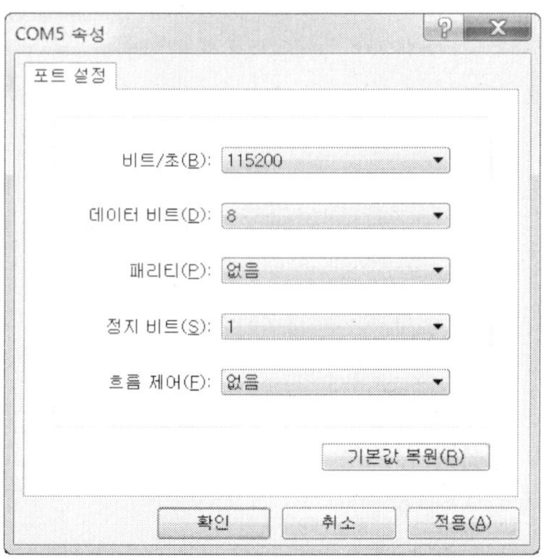

△ **그림 12-4-5** 하이퍼터미널의 설정

4) PC의 하이퍼터미널에서 "1"을 입력한다.

- 그러면 실습보드에서는 LED1이 Toggle(On면 Off로, Off이면 On으로) 된다.

- 그리고 입력된 문자는 PC → 실습보드로 전송된 후에 다시 실습보드 → PC로 전송된다. 따라서 PC의 하이퍼터미널에서는 전송한 문자가 그대로 echo back되어 나타난다.
- 아래의 그림은 하이퍼터미널의 실행화면을 보여준다. 마치 하이퍼터미널의 화면에 입력한 문자가 그대로 보이는 것 같지만 실제로는 "PC에서 문자 입력 → 실습보드로 전송 → 실습보드에서 echo → PC 화면"에 보이는 과정을 거치는 것임을 유의하자.

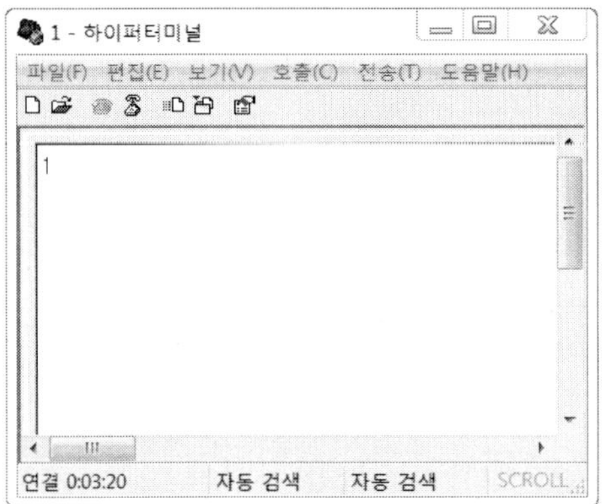

△ **그림 12-4-6** 하이퍼터미널의 실행 화면(1)

5) 계속하여 PC의 하이퍼터미널에서 "2", "3", "4"를 차례로 입력한다.
- 그러면 실습보드에서는 LED2, 3 4가 Toggle(On면 Off로, Off이면 On으로) 된다.
- 그리고 입력된 문자는 PC → 실습보드로 전송된 후에 다시 실습보드 → PC로 전송된다. 따라서 PC의 하이퍼터미널에서는 전송한 문자가 그대로 echo back되어 나타난다.
- 아래의 그림은 하이퍼터미널의 실행화면을 보여준다.

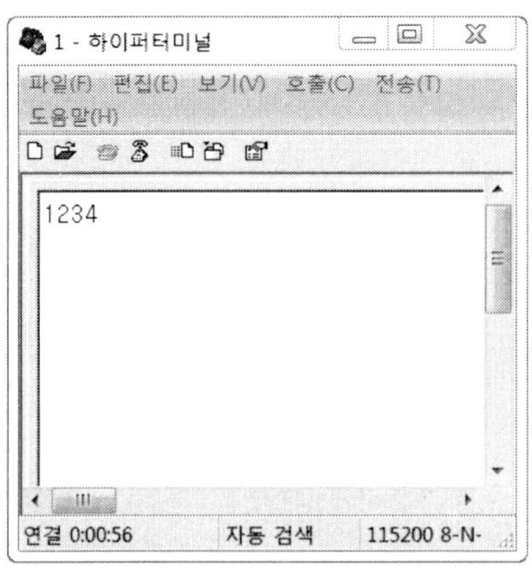

△ **그림 12-4-7** 하이퍼터미널의 실행 화면(2)

6) PC의 하이퍼터미널에서 아무 문자나 입력한다.

- 그러면 입력된 문자는 PC → 실습 보드로 전송된 후에 다시 실습 보드 → PC로 전송된다. 따라서 PC에서는 전송한 문자가 그대로 echo back되어 나타난다.
- 다음의 그림은 하이퍼터미널의 실행화면을 보여준다.

(a) "H"를 입력한 경우 (b) 계속하여 "H" + "i, How are you?"라고 입력한 경우

△ **그림 12-4-8** 하이퍼터미널의 실행 화면(3)

7) 실습보드에서 SW1을 누른다.

- 그러면 PC의 하이퍼터미널에 "SW1 is pressed !!"라는 메시지가 출력된다.
- 이어서 SW2, SW3, SW4 등을 누르면 각각 "SW2 is pressed !!" 등의 메시지가 출력된다.

△ **그림 12-4-9** 하이퍼터미널의 실행 화면 : 실습보드에서 Key를 누른 경우

8) 실습 보드에서 Key1을 누른다.
   - 그러면 PC의 하이퍼터미널에 “SW1 is pressed !!”라는 메시지가 출력된다.
   - 이어서 Key2, Key3, Key4 등을 누르면 각각 “SW2 is pressed !!” 등의 메시지가 출력된다.

△ **그림 12-4-9** 하이퍼터미널의 실행 화면 : 실습 보드에서 Key를 누른 경우

12.4.2.2 소스코드 작성 : Nucleo-F429 확장보드

1) 폴더 명 : [Examples_Nucleo F429] – [USB] – [USB Examples] – [USB Device] – [CDC_Communication] – [MDK-ARM]
   - 위의 폴더에 있는 [Project.uvprojx] 파일을 더블클릭하여 연다. 이 예제의 소스코드의 구성은 다음 그림과 같다.

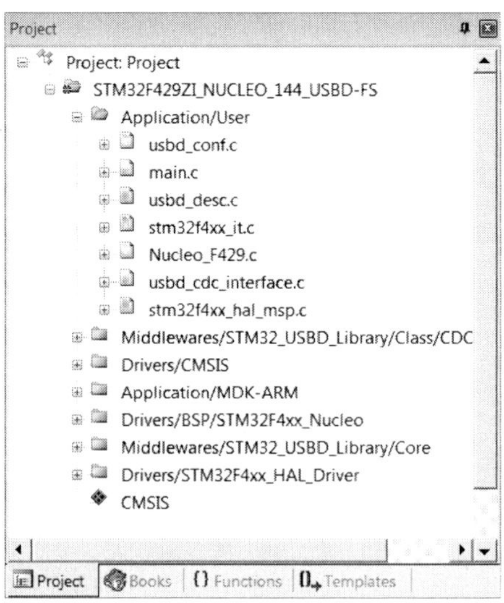

△ **그림 12-4-10** 예제의 소스코드의 구성

참고

네이버 카페 CortexWorld (http://cafe.naver.com/CortexWorld)에서 다운받은 예제에는 모든 소스코드가 다 작성이 되어 있으므로 소스코드의 추가 작성없이 예제의 컴파일 및 실행이 가능하다.

2) [Application/User] 폴더의 [main.c]를 더블클릭하여 열고 다음과 같이 작성한다.

[main.c]

```
#include "main.h"
#include "Nucleo_F429.h"

/* Private typedef -----------------------------------------------------------*/
/* Private define ------------------------------------------------------------*/
/* Private macro -------------------------------------------------------------*/
/* Private variables ---------------------------------------------------------*/
// --<1> USB 디바이스를 핸들하기 위한 구조체 변수를 선언
USBD_HandleTypeDef  USBD_Device;

/* Private functions ---------------------------------------------------------*/

/**
  * @brief  Main program
  * @param  None
  * @retval None
  */
int main(void)
{
     HAL_Init();
     SystemClock_Config();
     LED_Config();
     SwEXTI_Config();

     LED_OnOff(GPIO_PIN_LedAll, 1000);

   /* -- <2> Device stack을 초기화하고 class driver를 로드함 */
   //       - USBD_Device, VCP_Desc를 초기화 함
   //       - VCP_Desc는 USBD_DescriptorsTypeDef 구조체형 변수임
   USBD_Init(&USBD_Device, &VCP_Desc, 0);

   /* -- <3> class 드라이버를 device core에 링크함 */
   USBD_RegisterClass(&USBD_Device, USBD_CDC_CLASS);

   /* -- <4> CDC Interface Class를 등록 -> CDC_Itf_Init() 함수가 실행됨 */
   //       -  USBD_CDC_fops 구조체 내에 CDC_Itf_Init() 함수가 있음
   USBD_CDC_RegisterInterface(&USBD_Device, &USBD_CDC_fops);
   /* -- <5> USB Device 동작을 시작함 */
```

```
    USBD_Start(&USBD_Device);

    /* -- <6> Run Application (Interrupt mode) */
    while (1)
    { }
}

/* -------------------------------------------------------------------*/
/* -- <7> LED를 깜빡여 주는 함수
           프로그램이 수행되는 중에는 계속 LED를 깜빡여 준다.
       - LED 6, 7 : 계속 On 되어 있음
       - LED 5, 8 : On/Off를 반복함
 */

void Toggle_Leds(void)
{
    static uint32_t ticks;
    if (ticks++ == 100)  {
    // -- <7-1> 100msec 간격마다 아래의 작업이 반복됨
        HAL_GPIO_TogglePin(GPIOExt, GPIO_PIN_Led5);
        HAL_GPIO_WritePin   (GPIOExt, GPIO_PIN_Led6, GPIO_PIN_SET );
        HAL_GPIO_WritePin   (GPIOExt, GPIO_PIN_Led7, GPIO_PIN_SET );
        HAL_GPIO_TogglePin(GPIOExt, GPIO_PIN_Led8);
        ticks = 0;
    }
}
```

3) [main.h] 파일을 연 후에 다음과 같이 소스코드를 작성한다.

[main.h]

```
/* Define to prevent recursive inclusion -----------------*/
#ifndef __MAIN_H
#define __MAIN_H

// -- <1> 프로그램의 수행에 필요한 헤더 파일을 인클루드 함
#include "stm32f4xx_hal.h"
#include "stm32f4xx_nucleo_144.h"
#include "usbd_core.h"
#include "usbd_desc.h"
#include "usbd_cdc.h"
#include "usbd_cdc_interface.h"
// -- <2> LED를 Toggle하는 함수를 선언
void Toggle_Leds(void);

#endif /* __MAIN_H */
```

4) [Application/User] 폴더의 [stm32f4xx_it.c] 를 더블클릭하여 열고 다음과 같이 작성한다.

[stm32f4xx_it.c]

```
#include "main.h"
#include "stm32f4xx_it.h"

extern PCD_HandleTypeDef hpcd;

/******************************************************************************/
/*            Cortex-M3 Processor Exceptions Handlers                         */
/******************************************************************************/

void SysTick_Handler(void)
{
   HAL_IncTick();
   // -- <1> LED를 깜박여 준다
   Toggle_Leds();
}

/******************************************************************************/
/*                 STM32F4xx Peripherals Interrupt Handlers                   */
/******************************************************************************/

 //  This function handles USB-On-The-Go FS global interrupt request.
void OTG_FS_IRQHandler(void)
{
    HAL_PCD_IRQHandler(&hpcd);
}

// ----------------------------------------------------------------------------
// -- <2> SW를 누르면 발생하는 EXTI의 핸들러 함수

void EXTI0_IRQHandler(void)
{
    HAL_GPIO_EXTI_IRQHandler(GPIO_PIN_0);
}
// ------------------------------------------------------------------------- //

void EXTI1_IRQHandler(void)
{
    HAL_GPIO_EXTI_IRQHandler(GPIO_PIN_1);
}
// ------------------------------------------------------------------------- //
```

```
void EXTI2_IRQHandler(void)
{
    HAL_GPIO_EXTI_IRQHandler(GPIO_PIN_2);
}

// ------------------------------------------------------------------------------- //

void EXTI3_IRQHandler(void)
{
    HAL_GPIO_EXTI_IRQHandler(GPIO_PIN_3);
}

// ------------------------------------------------------------------------------- //

void EXTI15_10_IRQHandler(void)
{
    HAL_GPIO_EXTI_IRQHandler(GPIO_PIN_13);
}
```

5) [Application/User] 폴더의 [usbd_cdc_interface.c] 를 더블클릭하여 열고 다음과 같이 작성한다.

중요 이 파일의 소스코드는 제법 길다. 그러나 소스코드의 모든 부분을 다 이해할 필요는 없으며, 주석이 되어있는 부분을 위주로 살펴보고 이해하면 된다.

[usbd_cdc_interface.c]

```
#include "main.h"
#include "Nucleo_F429.h"
#include <stdio.h>
#include <string.h>

#define APP_RX_DATA_SIZE    2048
#define APP_TX_DATA_SIZE    2048
/* Private variables ---------------------------------------------------------*/

// -- <1> PC, 다른 MCU와의 UART(COM) 통신을 위한 설정값
USBD_CDC_LineCodingTypeDef  LineCoding =
  {
    115200, /* baud rate*/
    0x00,   /* stop bits-1*/
    0x00,   /* parity - none*/
    0x08    /* nb. of bits 8*/
  };
```

```
// -- <2> USB, UART의 송신, 수신 데이터용 변수
// -- <2-1>  Received Data over USB are stored in this buffer
uint8_t          UserRxBuffer[APP_RX_DATA_SIZE];
// -- <2-2> Received Data over UART (CDC interface) are stored in this buffer */
uint8_t          UserTxBuffer[APP_TX_DATA_SIZE];
uint8_t          UserTxBuffer2[APP_TX_DATA_SIZE];
uint8_t          UserTxBuffer3[APP_TX_DATA_SIZE];

uint32_t BuffLength;
extern USBD_HandleTypeDef  USBD_Device;

/* Private function prototypes -----------------------------------------------*/
static int8_t    CDC_Itf_Init (void);
static int8_t    CDC_Itf_DeInit (void);
static int8_t    CDC_Itf_Control (uint8_t cmd, uint8_t* pbuf, uint16_t length);
static int8_t    CDC_Itf_Receive (uint8_t* pbuf, uint32_t *Len);

void My_Send_Data( uint8_t* UserTxBuffer2, int len );

USBD_CDC_ItfTypeDef USBD_CDC_fops =
{
    CDC_Itf_Init,
    CDC_Itf_DeInit,
    CDC_Itf_Control,
    CDC_Itf_Receive
};

/*---------------------------------------------------------------------------*/
// -- <3>  CDC_Itf_Init : Initializes the low layer CDC interface
//         - 이 함수는 수정할 필요없이 그대로 사용하면 됨
/**
  * @param  None
  * @retval Result of the operation : USBD_OK if all operations are OK else USBD_FAIL
  */
/*---------------------------------------------------------------------------*/
static int8_t CDC_Itf_Init(void)
{

   // -- <3-1>  실제 통신에 사용할 Buffer (UserTxBuffer, UserRxBuffer)를 설정
   // hcdc->TxBuffer = UserTxBuffer 로 설정
   USBD_CDC_SetTxBuffer(&USBD_Device, UserTxBuffer, 0);
   // hcdc->RxBuffer = UserRxBuffer 로 설정"
    USBD_CDC_SetRxBuffer(&USBD_Device, UserRxBuffer);
  return (USBD_OK);
}
```

```
/*---------------------------------------------------------------------------*/
/**
  * @brief  CDC_Itf_DeInit
  *         DeInitializes the CDC media low layer
  * @param  None
  * @retval Result of the operation : USBD_OK if all operations are OK else USBD_FAIL
  */
static int8_t CDC_Itf_DeInit(void)
{
  return (USBD_OK);
}

/*---------------------------------------------------------------------------*/
/**
  * @brief  CDC_Itf_Control
  *         Manage the CDC class requests
  * @param  Cmd : Command code
  * @param  Buf : Buffer containing command data (request parameters)
  * @param  Len : Number of data to be sent (in bytes)
  * @retval Result of the operation : USBD_OK if all operations are OK else USBD_FAIL
  */
static int8_t CDC_Itf_Control (uint8_t cmd, uint8_t* pbuf, uint16_t length)
{
     switch (cmd)  {
       case CDC_SEND_ENCAPSULATED_COMMAND:
       /* Add your code here */
       break;

       case CDC_GET_ENCAPSULATED_RESPONSE:
       /* Add your code here */
       break;

      case CDC_SET_COMM_FEATURE:
       /* Add your code here */
       break;
      case CDC_GET_COMM_FEATURE:
       /* Add your code here */
       break;

      case CDC_CLEAR_COMM_FEATURE:
       /* Add your code here */
       break;
      case CDC_SET_LINE_CODING:
       // LineCoding.bitrate = (uint32_t) (pbuf[0] | (pbuf[1] << 8) |\
       // (pbuf[2] << 16) | (pbuf[3] << 24) );
       LineCoding.bitrate
```

```
          = (uint32_t) (pbuf[0] | (pbuf[1] << 8) | (pbuf[2] << 16) | (pbuf[3] << 24) );
        LineCoding.format     = pbuf[4];
        LineCoding.paritytype = pbuf[5];
        LineCoding.datatype   = pbuf[6];

        /* Set the new configuration */
        //ComPort_Config();
        break;

       case CDC_GET_LINE_CODING:
        pbuf[0] = (uint8_t)(LineCoding.bitrate);
        pbuf[1] = (uint8_t)(LineCoding.bitrate >> 8);
        pbuf[2] = (uint8_t)(LineCoding.bitrate >> 16);
        pbuf[3] = (uint8_t)(LineCoding.bitrate >> 24);
        pbuf[4] = LineCoding.format;
        pbuf[5] = LineCoding.paritytype;
        pbuf[6] = LineCoding.datatype;
        break;

       case CDC_SET_CONTROL_LINE_STATE:
        /* Add your code here */
        break;

       case CDC_SEND_BREAK:
         /* Add your code here */
        break;

       default:
        break;
   }

   return (USBD_OK);
}
/*---------------------------------------------------------------------------*/
//  -- <4>  CDC_Itf_Receive()
//         - USB host(PC)로 부터 받은 데이터를 처리하는 함수
//           USB host로 부터 데이터가 수신되면 USBD_CDC_DataOut() 함수내에서 이 함수를 호출함
//         - 이 함수는 필요시 변경하여 사용하면 됨
/**
  * CDC_Itf_DataRx
  * Data received over USB OUT endpoint are sent over CDC interface
  * through this function.
  *  Buf     : Buffer of data to be transmitted
  *  Len     : Number of data received (in bytes)
  *  retval  : Result of the operation : USBD_OK if all operations are OK else USBD_FAIL
  */
```

```
static int8_t CDC_Itf_Receive(uint8_t* Buf, uint32_t *Len)
{
   char cp;           // 1글자만 받음
   // -- <4-1> 받은 데이터의 첫번째 문자를 cp에 대입
   cp = Buf[0];

   // -- <4-2> 받은 데이터가 1~4이면 해당되는 LED를 Toggle함
   if (cp == '1') {
       HAL_GPIO_TogglePin(GPIONucleo, GPIO_PIN_Led1);
       HAL_GPIO_TogglePin(GPIOExt, GPIO_PIN_Led1);
   }
   if (cp == '2') {
       HAL_GPIO_TogglePin(GPIOExt, GPIO_PIN_Led2);
   }
   if (cp == '3') {
       HAL_GPIO_TogglePin(GPIOExt, GPIO_PIN_Led3);
   }
   if (cp == '4') {
       HAL_GPIO_TogglePin(GPIOExt, GPIO_PIN_Led4);
   }

   // -- <4-3> 받은 데이터를 UserTxBuffer3에 대입한 후에 My_Send_Data() 함수를 호출함
   *UserTxBuffer3 = *Buf;
   My_Send_Data( UserTxBuffer3, strlen(UserTxBuffer3));
   //USBD_CDC_SetTxBuffer(&USBD_Device, UserTxBuffer3, strlen(UserTxBuffer3) );
   //USBD_CDC_TransmitPacket(&USBD_Device) ;

   // --  <4-4> 데이터의 송신이 끝나면 USBD_CDC_ReceivePacket() 함수를 호출한다.
   //          이 함수는 host에 수신된 데이터 처리가 끝났음을 통보하고 다음 데이터 송신을 준비한다.
   /* Initiate next USB packet transfer  */
   // prepare OUT Endpoint for reception
   USBD_CDC_ReceivePacket(&USBD_Device);
   return (USBD_OK);
}

// ----------------------------------------------------------------------
// -- <5> GPIO의 EXTI 가 발생하면 (즉, Key가 눌러지면) 호출되는 함수
//
// ----------------------------------------------------------------------

void HAL_GPIO_EXTI_Callback(uint16_t GPIO_Pin)
{
  // -- <5-1> 눌러지는 Key 값에 따라  대응하는 문자를 UserTxBuffer2에 대입
    if (GPIO_Pin == GPIO_PIN_Nucleo_Sw)  {
      sprintf( (char*) UserTxBuffer2,  "\n\r SW1 is pressed !!  \n\r ");
  }
```

```
  if (GPIO_Pin == GPIO_PIN_Sw1)  {
     sprintf( (char*) UserTxBuffer2,  "\n\r SW1 is pressed !!  \n\r ");
  }
  if (GPIO_Pin == GPIO_PIN_Sw2)  {
     sprintf( (char*) UserTxBuffer2,  "\n\r SW2 is pressed !!  \n\r ");
  }
  if (GPIO_Pin == GPIO_PIN_Sw3)  {
     sprintf( (char*) UserTxBuffer2,  "\n\r SW3 is pressed !!  \n\r ");
  }
  if (GPIO_Pin == GPIO_PIN_Sw4)  {
     sprintf( (char*) UserTxBuffer2,  "\n\r SW4 is pressed !!  \n\r ");
  }

  // -- <5-2>  My_Send_Data() 함수를 호출함
  My_Send_Data( UserTxBuffer2, strlen(UserTxBuffer2));

  // -- <5-3> Key의 chattering 현상을 방지하기 위해 시간지연을 준다
  for (int i=0; i<=100000; i++) ;
}

// ----------------------------------------------------------------------
// -- <6> USB host(PC)로 데이터를 전송하는 함수
//
//   UserTxBuffer2    : Buffer of data to be transmitted
//   len              : 전송할 데이터의 길이
// ----------------------------------------------------------------------

void My_Send_Data(uint8_t* UserTxBuffer2, int len )
{
   // -- <6-1> TxBuffer에 전송할 data를 대입함
   USBD_CDC_SetTxBuffer(&USBD_Device, UserTxBuffer2, len);
   // -- <6-2> data를 전송함
   USBD_CDC_TransmitPacket(&USBD_Device);
}
```

12.4.2.3 소스코드 설명

- 소스코드의 설명에 붙어있는 번호는 (예 : 〈1〉, 〈2〉 등)은 앞 절의 소스코드 내에 붙어 있는 번호와 동일하다.

[main.c]

<1> USB 디바이스를 핸들하기 위하여 구조체 USBD_HandleTypeDef 형의 변수 USBD_Device를 선언한다.

<2> USBD_Init(&USBD_Device, &VCP_Desc, 0)

- USB 디바이스를 초기화하는 함수로써, Device stack을 초기화하고 class driver를 로드한다.
- 이 함수는 STM32Cube USB 디바이스 라이브러리가 제공하는 함수이다.
- 이 함수의 인자인 VCP_Desc는 usbd_desc.c 내에서 다음과 같이 정의된 구조체이다.

```
USBD_DescriptorsTypeDef VCP_Desc = {
        USBD_VCP_DeviceDescriptor,
        USBD_VCP_LangIDStrDescriptor,
        USBD_VCP_ManufacturerStrDescriptor,
        USBD_VCP_ProductStrDescriptor,
        USBD_VCP_SerialStrDescriptor,
        USBD_VCP_ConfigStrDescriptor,
        USBD_VCP_InterfaceStrDescriptor,
    };
```

<3> USBD_RegisterClass(&USBD_Device, USBD_CDC_CLASS)

- class 드라이버를 device core에 링크하는 함수이다.
- 여기서는 USBD_CDC_CLASS를 인자로 사용하므로 HID 클래스 드라이버를 링크하게 된다.
- 이 함수는 STM32Cube USB 디바이스 라이브러리가 제공하는 함수이다.

<4> USBD_CDC_RegisterInterface(&USBD_Device, &USBD_CDC_fops)

- CDC Interface Class를 등록하는 함수이다. 이 함수를 호출하면 내부에서 CDC_Itf_Init() 함수가 실행된다.
- 이 함수는 STM32Cube USB 디바이스 라이브러리가 제공하는 함수이다.
- 이 함수의 인자인 USBD_CDC_fops는 usbd_cdc_intecface.c 내에서 다음과 같이 정의된 구조체이다.

```
USBD_CDC_ItfTypeDef   USBD_CDC_fops =
{
        CDC_Itf_Init,
        CDC_Itf_DeInit,
        CDC_Itf_Control,
        CDC_Itf_Receive
};
```

참고 CDC_Itf_Init() 함수는 CDC의 law layer inteface를 초기화하는 함수이다.

<5> USBD_Start(&USBD_Device)

- USB Device의 동작을 시작하는 함수이다.
- 이 함수는 STM32Cube USB 디바이스 라이브러리가 제공하는 함수이다.

<6> 메인함수는 아무런 하는 일없이 무한 루프로 동작한다.

[main.h]

<1> 프로그램의 수행에 필요한 헤더 파일을 인클루드한다. 필요한 헤더 파일은 다음과 같다.

```
#include "stm32f4xx_hal.h"
#include "stm32f4xx_nucleo_144.h"
#include "usbd_core.h"
#include "usbd_desc.h"
#include "usbd_cdc.h"
#include "usbd_cdc_interface.h"
```

<2> LED를 Toggle하는 함수 Toggle_Leds() 를 선언한다. 이 함수는 main.c에서 정의된다.

[stm32f4xx_it.c]

<1> Toggle_Leds() 함수 : LED를 Toggle 시키는 함수이다.
<2> SW를 누르면 발생하는 EXTI의 핸들러 함수를 정의한다. 이 부분은 [7장. EXTI]와 동일하다.

[usbd_cdc_interface.c]

<1> PC 및 다른 MCU와의 UART(COM) 통신을 위한 설정값을 다음과 같이 정한다.

```
USBD_CDC_LineCodingTypeDef      LineCoding =
{
        115200, /* baud rate*/
        0x00,   /* stop bits-1*/
        0x00,   /* parity - none*/
        0x08    /* nb. of bits 8*/
};
```

<2> USB, UART의 송신, 수신 데이터용 변수를 선언한다.
<2-1> UserRxBuffer[APP_RX_DATA_SIZE] : USB를 통하여 Host(PC)에서 받은 데이터
<2-2> UserTxBuffer[APP_TX_DATA_SIZE]

<3> CDC_Itf_Init() 함수
- CDC의 law layer inteface를 초기화하는 함수이다.
- 이 함수는 STM32Cube USB 디바이스 라이브러리가 제공하는 함수이다.
- 이 책에서 사용하는 실습보드를 이용할 경우 이 함수는 수정할 필요없이 그대로 사용하면 된다.

<3-1> USBD_CDC_SetTxBuffer(&USBD_Device, UserTxBuffer, 0)
USBD_CDC_SetRxBuffer(&USBD_Device, UserRxBuffer)
- 실제 통신에 사용할 Buffer (UserTxBuffer, UserRxBuffer)를 설정하는 함수이다.
- 송신용 버퍼(hcdc->TxBuffer)는 UserTxBuffer 로 설정하고, 수신용 버퍼(hcdc->RxBuffer)는 UserRxBuffer 로 설정한다.
- 이 함수는 STM32Cube USB 디바이스 라이브러리가 제공하는 함수이다.

<4> CDC_Itf_Receive() 함수
- USB host(PC)로 부터 받은 데이터를 처리하는 함수이다.
- USB host로 부터 데이터가 수신되면 USBD_CDC_DataOut() 함수 내에서 이 함수를 호출한다.

- 이 함수는 사용자가 필요에 따라 수정하여 사용하면 된다.

<4-1> 받은 데이터의 첫번째 문자를 cp에 대입한다.

<4-2> 받은 데이터가 1~4이면 해당되는 LED를 Toggle함

<4-3> 받은 데이터를 UserTxBuffer3에 대입한 후에 My_Send_Data() 함수를 호출함

<4-4> 데이터의 송신이 끝나면 USBD_CDC_ReceivePacket() 함수를 호출한다.

- 이 함수는 host에 수신된 데이터 처리가 끝났음을 통보하고 다음 데이터 송신을 준비한다.

참고 USBD_CDC_DataOut() 함수

- USB host(PC)로 부터 받은 데이터를 처리하는 함수이다.
- 이 함수는 STM32Cube USB 디바이스 라이브러리가 제공하는 함수이다.
- 이 함수는 usbc_cdc.c에 다음과 같이 정의되어 있다.

```
/**
  * @brief  USBD_CDC_DataOut
  *         - USB host(PC)로 부터 받은 데이터를 처리하는 함수
            ( Data received on non-control Out endpoint)
            - usbc_cdc.c에 정의됨
  * @param  pdev : device instance
  * @param  epnum : endpoint number
  * @retval status
  */
static uint8_t  USBD_CDC_DataOut (USBD_HandleTypeDef *pdev, uint8_t epnum)
{
  USBD_CDC_HandleTypeDef   *hcdc = (USBD_CDC_HandleTypeDef*) pdev->pClassData;

  /* Get the received data length */
  hcdc->RxLength = USBD_LL_GetRxDataSize (pdev, epnum);

  /* USB data will be immediately processed, this allow next USB traffic being
  NAKed till the end of the application Xfer */

  // -- <1> USB host (PC)로부터 데이터가 수신되면
  if(pdev->pClassData != NULL)  {
  // -- <2>  CDC_Itf_Receive() 함수를 호출한다
  ((USBD_CDC_ItfTypeDef *)pdev->pUserData)->Receive(hcdc->RxBuffer,
   &hcdc->RxLength);

    return USBD_OK;
  }
  else  {
    return USBD_FAIL;
  }
}
```

<5> HAL_GPIO_EXTI_Callback() 함수

- GPIO의 EXTI 가 발생하면 (즉, SW가 눌러지면) 호출되는 함수이다.

<5-1> 눌러지는 SW 값에 따라 대응하는 문자를 UserTxBuffer2에 대입한다.

<5-2> My_Send_Data() 함수를 호출한다.
<5-3> Key의 chattering 현상을 방지하기 위해 시간지연을 준다.

<6> My_Send_Data(uint8_t* UserTxBuffer2, int len)
- USB host(PC)로 데이터를 전송하는 함수이다.
- UserTxBuffer2 : Buffer of data to be transmitted
  len : 전송할 데이터의 길이

<6-1> USBD_CDC_SetTxBuffer(&USBD_Device, UserTxBuffer2, len)
- TxBuffer에 전송할 data를 대입하는 함수이다.
- 이 함수는 STM32Cube USB 디바이스 라이브러리가 제공하는 함수이다.

<6-2> USBD_CDC_TransmitPacket(&USBD_Device)
- data를 전송하는 함수이다.
- 이 함수는 STM32Cube USB 디바이스 라이브러리가 제공하는 함수이다.

12.4.2.4 프로그램 실행

1) 실습보드로 프로그램을 다운로드하여 실행한다.
2) 프로그램이 정상적으로 동작하면 LED 5, 8이 계속 점멸한다. 그리고 LED 6, 7은 계속 On되어 있다.
3) 그리고 앞 절의 [12.4.2.1 예제 설명]에서와 같은 동작을 한다.

12.4.2.5 Virtual COM Port driver 설치

USB CDC 클래스를 이용하는 경우 PC에서는 실습보드를 COM 포트로 인식하고 통신을 한다. 실습보드를 COM 포트로 인식하기 위해서는 PC에 Virtual COM Port driver를 설치하여야 한다. 이 프로그램을 설치하는 방법은 다음과 같다.

1) 해당 드라이버는 아래의 폴더에서 찾을 수 있으며 압축을 풀어 다운로드를 한다.
   – 폴더 명 : [Utilities_2] – [Virtual COM Port Driver] – [en.stsw-stm32102]
2) 풀어진 파일 중에서 “VCP_V1.4.0_Setup.exe”를 실행한다.

(a) 설치 시작 화면

(b) 설치 중간에 폴더정보를 나타내는 화면

2) VCP_V1.4.0을 설치한 폴더로 이동한다. 설치 폴더는 위의 그림에 나와있다. 위의 그림을 예를 들면 [C:₩Program Files (x86)₩STMicroelectronics₩Software₩Virtual comport driver]이다.

3) PC의 OS 버전에 맞는 폴더([Win7] , 또는r [Win8]) 를 선택한다.
그리고, 32-bits OS 버전이면 : dpinst_x86.exe을 실행하고,
64-bits OS 버전이면 : dpinst_amd64.exe을 실행한다.

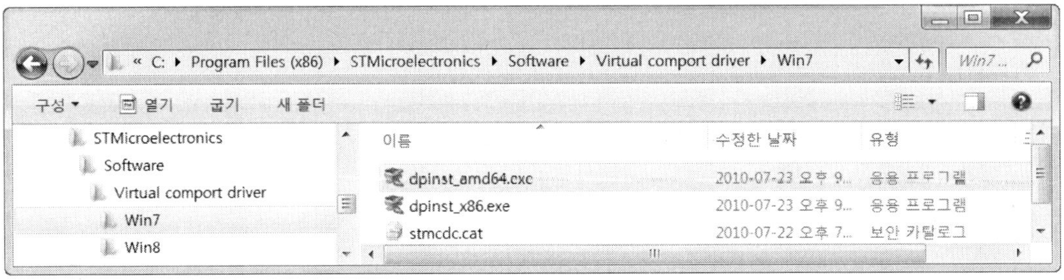

4) 화면상의 지시에 따라 설치한다.

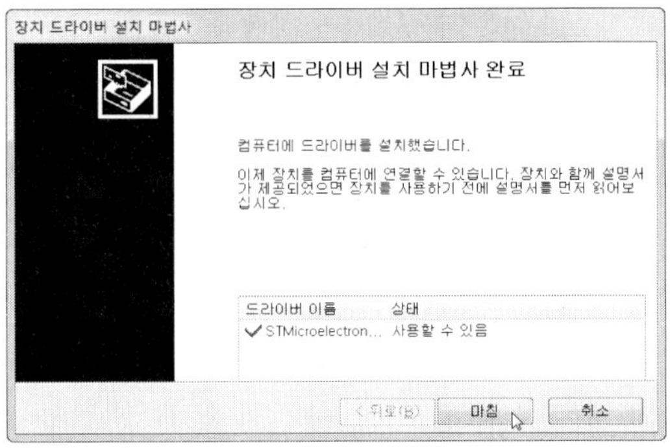

5) 이제 설치가 완료되었다. USB를 PC에 연결을 한 뒤 소스프로그램을 다운로드를 하면 장치관리자에서 포트를 확인 할 수 있다.

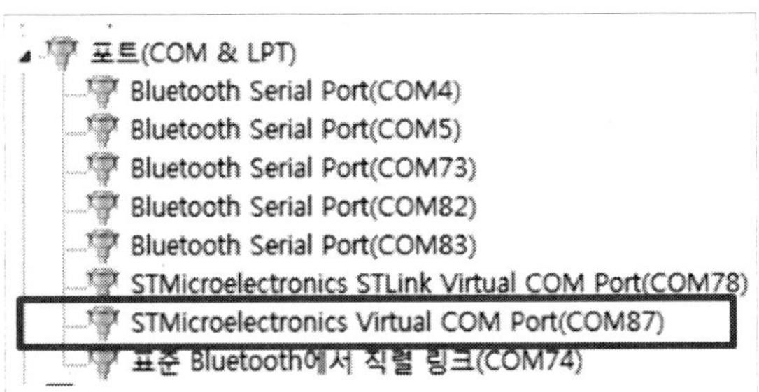

참고

사용하고 있는 PC의 OS 버전 및 32비트/64비트 OS 여부는 제어판 → 시스템 및 보안 → 시스템에서 찾아볼 수 있다(윈도우 7의 경우).

12.4.3 USB 예제 3 : CDC 클래스를 이용한 USB-to-RS232 bridge 보드

12.4.3.1 예제 설명

[USB 예제 3 : Nucleo-F429 확장보드] 이 프로그램은 CDC 클래스를 이용하여 PC와 통신을 하는 프로그램이며 실습보드가 USB-to-RS232 bridge 보드의 역할을 수행하는 예제이다. 따라서 PC에서는 실습보드를 COM 포트로 인식을 한다. 이 프로그램은 다음과 같이 동작한다.

- PC에서 하이퍼터미널을 이용하여 문자를 전송하면 실습보드는 이에 대응하는 동작을 하며 전송된 문자를 그대로 PC로 다시 보낸다.
- 구체적인 동작 내용은 다음과 같다.

PC에서 보내는 문자	실습 보드에서의 응답
1	LED1이 Toggle(On면 Off로, Off이면 On으로) 된다. 그리고 PC에서 받은 메시지를 다시 PC로 보낸다(echo back)
2	LED1이 Toggle(On면 Off로, Off이면 On으로) 된다. 그리고 PC에서 받은 메시지를 다시 PC로 보낸다(echo back)
3	LED1이 Toggle(On면 Off로, Off이면 On으로) 된다. 그리고 PC에서 받은 메시지를 다시 PC로 보낸다(echo back)
4	LED1이 Toggle(On면 Off로, Off이면 On으로) 된다. 그리고 PC에서 받은 메시지를 다시 PC로 보낸다(echo back)
그 외의 문자	PC에서 받은 메시지를 다시 PC로 보낸다(echo back)

참고 USB-to-RS232 bridge 보드

> 요즘 대부분의 PC는 COM 포트가 없고 USB 포트만 장착되어 있다. 이런 PC는 UART(RS232C)만 있는 MCU와는 통신을 할 수 없다. 따라서 이런 PC와 MCU가 통신을 하기위해서는 USB를 RS232C로 변환시켜 주는 USB-to-RS232 bridge 보드가 필요하다. AVR ATmega MCU의 프로그램 다운을 위해 사용하는 USB 동글이 USB-to-RS232 bridge 보드의 대표적인 예이다.

[Nucleo-F429 확장보드 : 예제 수행을 위한 회로도]

실습보드 1개로 USB-to-RS232 bridge 보드의 동작을 테스트하기 위해서 실습보드의 UART Tx 핀과 UART Rx 핀을 서로 연결하여야 한다. 본 예제에서는 USART3를 사용하므로 USART3 Tx 핀(PC10)과 USART3 Rx 핀(PC11)을 서로 연결하여야 한다.

이를 위해서는 〈그림 12-4-11〉과 같이 Nucleo-F429 보드의 외부 확장용 커넥터 CN8의 6번 핀(PC10)과 8번핀(PC11)을 점퍼선으로 서로 연결하여 주어야 한다.

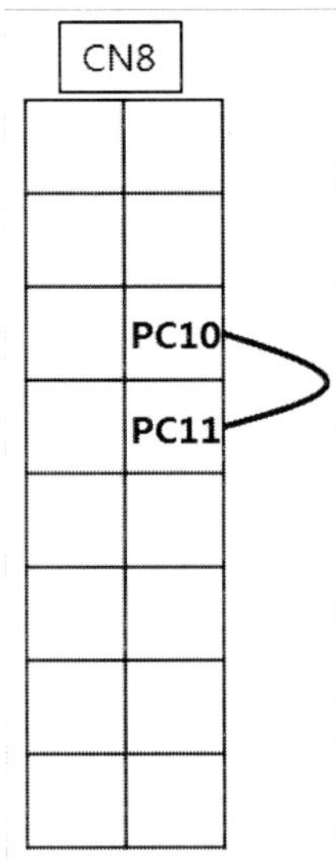

(a) 연결 회로도

(b) 연결된 Nucleo-F429 확장보드

△ **그림 12-4-11** USART3 Tx와 USART3 Rx의 연결

예제 동작 순서

1) CDC 통신을 위해서는 PC에 Virtual COM Port driver를 설치하여야 한다. 설치하는 방법은 앞에 있는 [12.4.2.5절, Virtual COM Port driver 설치]를 참조하기 바란다
2) 예제 프로그램을 컴파일하고 다운로드하여 실습보드에서 프로그램을 실행한다. 이 프로그램을 실행하면 PC의 장치관리자에서 "STMicrolectronics Virtual COM Port(COMx)"라는 이름의 가상 COM port가 새롭게 인식된다.

3) 제공된 PC용 하이퍼터미널 프로그램을 PC에서 실행한다.
   하이퍼터미널의 설정은 다음과 같다.
   - COM 포트 번호 : 위의 (2)에서 확인한 COM 포트 번호를 사용
   - BaudRate = 115200 baud
   - Word Length = 8 Bits
   - Parity = No parity
   - Stop Bit = One Stop bit
   - Hardware flow control disabled
4) PC의 하이퍼터미널에서 “1”을 입력한다.
   - 그러면 실습보드에서는 LED1이 Toggle(On면 Off로, Off이면 On으로) 된다.
   - “PC → 실습보드(MCU의 USB 포트) → 실습보드(USART2 Tx 핀)” 로 전송된 후에 다시 “실습보드(USART2 Tx 핀) → 실습보드(MCU의 USB 포트) → PC”로 전송된다. 따라서 PC의 하이퍼터미널에서는 전송한 문자가 그대로 echo back되어 나타난다.
   - 아래의 그림은 하이퍼터미널의 실행화면을 보여준다. 마치 하이퍼터미널의 화면에 입력한 문자가 그대로 보이는 것 같지만 실제로는 “PC에서 문자 입력실습보드(MCU의 USB 포트) → 실습보드(USART2 Tx 핀) → 실습보드(USART2 Tx 핀) → 실습보드(MCU의 USB 포트)→ PC 화면”에 보이는 과정을 거치는 것임을 유의하자.

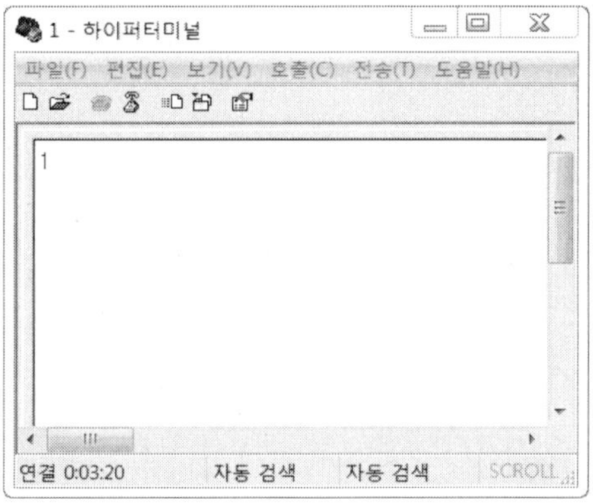

△ **그림 12-4-12** 하이퍼터미널의 실행 화면(1)

5) 계속하여 PC의 하이퍼터미널에서 “2”, “3”, “4”를 차례로 입력한다.
   - 그러면 실습 보드에서는 LED2, 3 4가 Toggle(On면 Off로, Off이면 On으로) 된다.
   - 그리고 입력된 문자는 PC → 실습 보드(MCU의 USB 포트) → 실습 보드(USART2 Tx 핀)로 전송된 후에 다시 실습 보드(USART2 Tx 핀) → 실습 보드(MCU의 USB 포트) → PC로 전송된다. 따라서 PC의 하이퍼터미널에서는 전송한 문자가 그대로 echo back되어 나타난다.

• 다음의 그림은 하이퍼터미널의 실행화면을 보여준다.

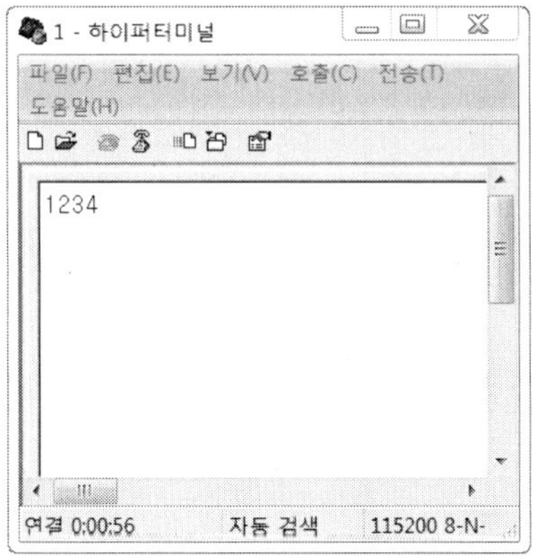

△ **그림 12-4-13** 하이퍼터미널의 실행 화면(2)

6) PC의 하이퍼터미널에서 아무 문자나 입력한다.

• 그러면 입력된 문자는 PC → 실습 보드(MCU의 USB 포트) → 실습 보드(USART2 Tx 핀)로 전송된 후에 다시 실습 보드(USART2 Tx 핀) → 실습 보드(MCU의 USB 포트) → PC로 전송된다. 따라서 PC에서는 전송한 문자가 그대로 echo back되어 나타난다.

• 아래의 그림은 하이퍼터미널의 실행화면을 보여준다.

(a) "H"를 입력한 경우　　(b) 계속하여 "H" + "i, How are you?"라고 입력한 경우

△ **그림 12-4-14** 하이퍼터미널의 실행 화면(3)

참고

<USB 예제 3>의 실행화면은 앞의 <USB 예제 2>와 거의 유사하다. 그러나 프로그램이 동작되는 방법은 서로 다름을 유의하자.

12.4.3.2 소스 코드 작성 : Nucleo-F429 확장보드

1) 폴더 명 : [Examples_Nucleo F429] - [USB] - [USB Examples] - [USB Device] - [CDC_USB2RS232] - [MDK-ARM]
   - 위의 폴더에 있는 [Project.uvprojx] 파일을 더블클릭하여 연다.

참고

> 네이버 카페 CortexWorld (http://cafe.naver.com/CortexWorld)에서 다운받은 예제에는 모든 소스코드가 다 작성이 되어 있으므로 소스코드의 추가 작성없이 예제의 컴파일 및 실행이 가능하다.

2) 이 예제의 main.c는 [USB 예제 2]의 [main.c]와 동일하므로 [예제 2]를 참고하기 바란다.

[main.c]

```
USB 예제 2의 < main.c >와 동일함
```

3) [Application/User] 폴더의 [stm32f4xx_it.c] 를 더블클릭하여 열고 다음과 같이 작성한다.

[stm32f4xx_it.c]

```
#include "main.h"
#include "stm32f4xx_it.h"

extern PCD_HandleTypeDef hpcd;

//  -- <1> UART와 TIM 의 핸들링을 위한 변수 선언
//  <1-1> UART handler declared in "usbd_cdc_interface.c" file */
extern UART_HandleTypeDef    UartHandler;
//  <1-2> TIM handler declared in "usbd_cdc_interface.c" file */
extern TIM_HandleTypeDef TimHandler;

/******************************************************************************/
/*            Cortex-M3 Processor Exceptions Handlers                         */
/******************************************************************************/
void SysTick_Handler(void)
{
  HAL_IncTick();
  // -- <1> LED를 깜박여 준다
  Toggle_Leds();
}

/******************************************************************************/
/*              STM32F4xx Peripherals Interrupt Handlers                      */
/******************************************************************************/
```

제 4 부 프로그래밍 실습 : UART, USB, TCP/IP 통신

```
// This function handles USB-On-The-Go FS global interrupt request.
void OTG_FS_IRQHandler(void)
{
  HAL_PCD_IRQHandler(&hpcd);
}

// ---------------------------------------------------------------------------
// ---------------------------------------------------------------------------
// -- <2> USARTx_DMA_TX 인터럽트 핸들러 함수
//

void USARTx_DMA_TX_IRQHandler(void)
{
  HAL_DMA_IRQHandler(UartHandler.hdmatx);
}

// ---------------------------------------------------------------------------
// -- <3> USARTx 인터럽트 핸들러 함수
//

void USARTx_IRQHandler(void)
{
  HAL_UART_IRQHandler(&UartHandler);
}

// ---------------------------------------------------------------------------
// -- <4> TIMx 인터럽트 핸들러 함수
//

void TIMx_IRQHandler(void)
{
  HAL_TIM_IRQHandler(&TimHandler);
}

// ---------------------------------------------------------------------------
void EXTI0_IRQHandler(void)
{
   HAL_GPIO_EXTI_IRQHandler(GPIO_PIN_0);
}
// ------------------------------------------------------------------------------ //

void EXTI1_IRQHandler(void)
{
   HAL_GPIO_EXTI_IRQHandler(GPIO_PIN_1);
}
```

```
// ---------------------------------------------------------------------------- //

void EXTI2_IRQHandler(void)
{
   HAL_GPIO_EXTI_IRQHandler(GPIO_PIN_2);
}

// ---------------------------------------------------------------------------- //

void EXTI3_IRQHandler(void)
{
   HAL_GPIO_EXTI_IRQHandler(GPIO_PIN_3);
}

// ---------------------------------------------------------------------------- //

void EXTI15_10_IRQHandler(void)
{
   HAL_GPIO_EXTI_IRQHandler(GPIO_PIN_13);
}
```

4) [Application/User] 폴더의 [usbd_cdc_interface.c] 를 더블클릭하여 열고 다음과 같이 작성한다.
이 파일의 소스코드는 정말 길다. 그러나 [USB 예제 2]의 [usbd_cdc_interface.c] 파일과 유사한 부분이 많으므로 실제 이해하여야할 부분은 그렇게 많지는 않다.

참고

이 파일도 소스코드의 모든 부분을 다 이해할 필요는 없으며, 주석이 되어있는 부분을 위주로 살펴보고 이해하면 된다.

[usbd_cdc_interface.c]

```
#include "main.h"
#include "Nucleo_F429.h"
#include <stdio.h>
#include <string.h>

#define APP_RX_DATA_SIZE  2048
#define APP_TX_DATA_SIZE  2048

/* Private variables ---------------------------------------------------------*/

// -- <1> PC, 다른 MCU와의 UART(COM) 통신을 위한 설정값
USBD_CDC_LineCodingTypeDef  LineCoding =
  {
     115200, /* baud rate*/
     0x00,   /* stop bits-1*/
     0x00,   /* parity - none*/
     0x08    /* nb. of bits 8*/
  };
// -- <2> USB, UART의 송신, 수신 데이터용 변수
// -- <2-1>  Received Data over USB are stored in this buffer
uint8_t  UserRxBuffer[APP_RX_DATA_SIZE];
/* Received Data over USB are stored in this buffer */
// -- <2-2> Received Data over UART (CDC interface) are stored in this buffer */
uint8_t  UserTxBuffer[APP_TX_DATA_SIZE];
/* Received Data over UART (CDC interface) are stored in this buffer */
uint32_t BuffLength;

// -- <2-3> UART의 수신 버퍼용 변수
uint32_t UserTxBufPtrIn = 0;          /* Increment this pointer or roll it back to
                                         start address when data are received over USART */
uint32_t UserTxBufPtrOut = 0; /* Increment this pointer or roll it back to
                                 start address when data are sent over USB */

/* USB handler declaration */
extern USBD_HandleTypeDef  USBD_Device;

// -- <2-4> UART 핸들링용 변수
UART_HandleTypeDef  UartHandler;
// -- <2-5> TIM 핸들링용 변수
TIM_HandleTypeDef   TimHandler;
/* Private function prototypes -----------------------------------------------*/
static int8_t    CDC_Itf_Init (void);
static int8_t    CDC_Itf_DeInit (void);
static int8_t    CDC_Itf_Control (uint8_t cmd, uint8_t* pbuf, uint16_t length);
static int8_t    CDC_Itf_Receive (uint8_t* pbuf, uint32_t *Len);
```

```
static void Error_Handler(void);

//   -- <2-6> UART, TIM 동작조건 설정용 함수
static void ComPort_Config(void);
static void TIM_Config(void);

USBD_CDC_ItfTypeDef USBD_CDC_fops =
{
    CDC_Itf_Init,
    CDC_Itf_DeInit,
    CDC_Itf_Control,
    CDC_Itf_Receive
};

/*---------------------------------------------------------------------------*/
// -- <3>  CDC_Itf_Init : Initializes the low layer CDC interface
//          - 이 함수는 수정할 필요없이 그대로 사용하면 됨
/**
  * @param  None
  * @retval Result of the operation : USBD_OK if all operations are OK else USBD_FAIL
  */
/*---------------------------------------------------------------------------*/

static int8_t CDC_Itf_Init(void)
{
  /* -- <3-1>  Configure the UART peripheral */
  /* Put the USART peripheral in the Asynchronous mode (UART Mode) */
  /* USART configured as follow:
      - Word Length  = 8 Bits
      - Stop Bit     = One Stop bit
      - Parity       = No parity
      - BaudRate     = 115200 baud
      - Hardware flow control disabled (RTS and CTS signals) */
  UartHandler.Instance              = USARTx;
  UartHandler.Init.BaudRate         = 115200;
  UartHandler.Init.WordLength       = UART_WORDLENGTH_8B;
  UartHandler.Init.StopBits         = UART_STOPBITS_1;
  UartHandler.Init.Parity           = UART_PARITY_NONE;
  UartHandler.Init.HwFlowCtl        = UART_HWCONTROL_NONE;
  UartHandler.Init.Mode             = UART_MODE_TX_RX;
  if(HAL_UART_Init(&UartHandler) != HAL_OK)  {
    /* Initialization Error */
    Error_Handler();
  }

  /* -- <3-2>  Put UART peripheral in IT reception process  */
```

```
  /* Any data received will be stored in "UserTxBuffer" buffer  */
  if(HAL_UART_Receive_IT(&UartHandler, (uint8_t *)UserTxBuffer, 1) != HAL_OK)  {
     /* Transfer error in reception process */
     Error_Handler();
  }

  /* -- <3-3> Configure the TIM Base generation  */
  TIM_Config();

  /* -- <3-4> Start the TIM Base generation in interrupt mode */
  /* Start Channel1 */
  if(HAL_TIM_Base_Start_IT(&TimHandler) != HAL_OK)  {
     /* Starting Error */
     Error_Handler();
  }

  // -- <3-5>  실제 통신에 사용할 Buffer (UserTxBuffer, UserRxBuffer)를 설정
  USBD_CDC_SetTxBuffer(&USBD_Device, UserTxBuffer, 0);
  // hcdc->TxBuffer = UserTxBuffer 로 설정
  USBD_CDC_SetRxBuffer(&USBD_Device, UserRxBuffer);
  // hcdc->RxBuffer = UserRxBuffer   "

  return (USBD_OK);
}

/*---------------------------------------------------------------------------*/
/**
  * @brief  CDC_Itf_DeInit
  *         DeInitializes the CDC media low layer
  * @param  None
  * @retval Result of the operation : USBD_OK if all operations are OK else USBD_FAIL
  */
static int8_t CDC_Itf_DeInit(void)
{
  /* DeInitialize the UART peripheral */
  if(HAL_UART_DeInit(&UartHandler) != HAL_OK)  {
     /* Initialization Error */
     Error_Handler();
  }
  return (USBD_OK);
}
/*---------------------------------------------------------------------------*/
/**
  * @brief  CDC_Itf_Control
  *         Manage the CDC class requests
  * @param  Cmd : Command code
  * @param  Buf : Buffer containing command data (request parameters)
```

```
  * @param  Len : Number of data to be sent (in bytes)
  * @retval Result of the operation : USBD_OK if all operations are OK else USBD_FAIL
  */
static int8_t CDC_Itf_Control (uint8_t cmd, uint8_t* pbuf, uint16_t length)
{
  switch (cmd) {
       case CDC_SEND_ENCAPSULATED_COMMAND:
        /* Add your code here */
        break;

       case CDC_GET_ENCAPSULATED_RESPONSE:
        /* Add your code here */
        break;

       case CDC_SET_COMM_FEATURE:
        /* Add your code here */
        break;

       case CDC_GET_COMM_FEATURE:
        /* Add your code here */
        break;

       case CDC_CLEAR_COMM_FEATURE:
        /* Add your code here */
        break;

       case CDC_SET_LINE_CODING:
          LineCoding.bitrate    = (uint32_t) (pbuf[0] | (pbuf[1] << 8) |\(pbuf[2] << 16) |
                                  (pbuf[3] << 24) );
          LineCoding.format     = pbuf[4];
          LineCoding.paritytype = pbuf[5];
          LineCoding.datatype   = pbuf[6];

        /* Set the new configuration */
        ComPort_Config();
       break;

       case CDC_GET_LINE_CODING:
          pbuf[0] = (uint8_t)(LineCoding.bitrate);
          pbuf[1] = (uint8_t)(LineCoding.bitrate >> 8);
          pbuf[2] = (uint8_t)(LineCoding.bitrate >> 16);
          pbuf[3] = (uint8_t)(LineCoding.bitrate >> 24);
          pbuf[4] = LineCoding.format;
          pbuf[5] = LineCoding.paritytype;
          pbuf[6] = LineCoding.datatype;
       break;
```

```
      case CDC_SET_CONTROL_LINE_STATE:
       /* Add your code here */
      break;

      case CDC_SEND_BREAK:
        /* Add your code here */
      break;

      default:
      break;
  }

  return (USBD_OK);
}
/*-----------------------------------------------------------------------------*/
//  -- <4>  CDC_Itf_Receive()
//          - USB host(PC)로 부터 받은 데이터를 처리하는 함수
//                USB host로 부터 데이터가 수신되면 USBD_CDC_DataOut() 함수내에서 이 함수를 호출함
//          - 이 함수는 필요시 변경하여 사용하면 됨
/**
  * CDC_Itf_DataRx
  *        Data received over USB OUT endpoint are sent over CDC interface
  *        through this function.
  *  Buf     : Buffer of data to be transmitted
  *  Len     : Number of data received (in bytes)
  *  retval  : Result of the operation : USBD_OK if all operations are OK else USBD_FAIL
  */

static int8_t CDC_Itf_Receive(uint8_t* Buf, uint32_t *Len)
{
   char cp;
   cp = Buf[0];

   // -- <4-1> 받은 데이터(Buf)를 UART로 송신함
   HAL_UART_Transmit_DMA(&UartHandler, Buf, *Len);

   // -- <4-2> 받은 데이터가 1~4이면 해당되는 LED를 Toggle함
   if (cp == '1') {
       HAL_GPIO_TogglePin(GPIONucleo, GPIO_PIN_Led1);
       HAL_GPIO_TogglePin(GPIOExt, GPIO_PIN_Led1);
   }
   if (cp == '2') {
       HAL_GPIO_TogglePin(GPIOExt, GPIO_PIN_Led2);
   }
   if (cp == '3') {
       HAL_GPIO_TogglePin(GPIOExt, GPIO_PIN_Led3);
   }
```

```
    if (cp == '4') {
        HAL_GPIO_TogglePin(GPIOExt, GPIO_PIN_Led4);
    }

    return (USBD_OK);
}

/*---------------------------------------------------------------------------*/
// -- <5> HAL_UART_TxCpltCallback() : UART 송신완료 콜백함수 ( usbd_cdc_interface.c )
/**
  * @brief  Tx Transfer completed callback
  * @param  huart : UART handle
  * @retval None
  */
void HAL_UART_TxCpltCallback(UART_HandleTypeDef *huart)
{
    // -- <5-1> 데이터의 송신이 끝나면 USBD_CDC_ReceivePacket() 함수를 호출한다.
    //          이 함수는 host에 수신된 데이터 처리가 끝났음을 통보하고 다음 데이터 송신을 준비한다(?).
    /* Initiate next USB packet transfer once UART completes transfer
       (transmitting data over Tx line) */
    // prepare OUT Endpoint for reception
    USBD_CDC_ReceivePacket(&USBD_Device);
}

/*---------------------------------------------------------------------------*/
//
//   여기서 부터는 PC로 데이터를 송신하는 부분임
//
/*---------------------------------------------------------------------------*/

// -- <송신 1> UART (COM 포트) 초기 설정 함수

/* @brief  ComPort_Config
  *         Configure the COM Port with the parameters received from host.
  * @note   When a configuration is not supported, a default value is used.
  */
static void ComPort_Config(void)
{
  if(HAL_UART_DeInit(&UartHandler) != HAL_OK) {
      /* Initialization Error */
      Error_Handler();
  }
  /* set the Stop bit */
  switch (LineCoding.format)  {
     case 0 :          UartHandler.Init.StopBits = UART_STOPBITS_1;           break;
```

제4부 프로그래밍 실습 : UART, USB, TCP/IP 통신

```
    case 2:         UartHandler.Init.StopBits = UART_STOPBITS_2;            break;
    default :       UartHandler.Init.StopBits = UART_STOPBITS_1;            break;
  }

  /* set the parity bit*/
  switch (LineCoding.paritytype)  {
    case 0:         UartHandler.Init.Parity = UART_PARITY_NONE;             break;
    case 1:         UartHandler.Init.Parity = UART_PARITY_ODD;
break;
    case 2:         UartHandler.Init.Parity = UART_PARITY_EVEN;             break;
    default :       UartHandler.Init.Parity = UART_PARITY_NONE;             break;
  }

  /*set the data type : only 8bits and 9bits is supported */
  switch (LineCoding.datatype)  {
    case 0x07:
    /* With this configuration a parity (Even or Odd) must be set */
    UartHandler.Init.WordLength = UART_WORDLENGTH_8B;
    break;
    case 0x08:
    if(UartHandler.Init.Parity == UART_PARITY_NONE)      {
      UartHandler.Init.WordLength = UART_WORDLENGTH_8B;
    }
    else {
      UartHandler.Init.WordLength = UART_WORDLENGTH_9B;
    }
    break;
    default :
    UartHandler.Init.WordLength = UART_WORDLENGTH_8B;
    break;
  }

  UartHandler.Init.BaudRate    = LineCoding.bitrate;
  UartHandler.Init.HwFlowCtl   = UART_HWCONTROL_NONE;
  UartHandler.Init.Mode        = UART_MODE_TX_RX;

  // -- <1-1> 위에서 지정된 값으로 UART를 설정함
  if(HAL_UART_Init(&UartHandler) != HAL_OK)  {
    /* Initialization Error */
    Error_Handler();
  }
  // -- <1-2> UART 수신을 시작함
  //                   데이터가 수신되면 UserTxBuffer에 저장함
  /* Start reception : provide the buffer pointer with offset and the buffer size */
  HAL_UART_Receive_IT(&UartHandler, (uint8_t *)(UserTxBuffer + UserTxBufPtrIn), 1);
}
```

```
void HAL_UART_ErrorCallback(UART_HandleTypeDef *UartHandle)
{
  /* Transfer error occured in reception and/or transmission process */
  Error_Handler();
}

static void Error_Handler(void)
{
  /* Add your own code here */
}

/*-------------------------------------------------------------------------*/
// -- <송신 2> Timer 초기 설정 함수

static void TIM_Config(void)
{
  /* Set TIMx instance */
  TimHandler.Instance = TIMx;

  /* Initialize TIM3 peripheral as follow:
       + Period = 10000 - 1
       + Prescaler = ((SystemCoreClock/2)/10000) - 1
       + ClockDivision = 0
       + Counter direction = Up
  */
   // CDC_POLLING_INTERVAL = 5 ms로 define 됨
  TimHandler.Init.Period              = (CDC_POLLING_INTERVAL*1000) - 1;
  TimHandler.Init.Prescaler           = 84-1;
  TimHandler.Init.ClockDivision       = 0;
  TimHandler.Init.CounterMode         = TIM_COUNTERMODE_UP;
  if(HAL_TIM_Base_Init(&TimHandler) ! = HAL_OK)
  {
    /* Initialization Error */
    Error_Handler();
  }
}

/*-------------------------------------------------------------------------*/
// -- <송신 3> UART 수신이 완료되면 호출되는 콜백함수
/**
  * @brief  Rx Transfer completed callback
  * @param  huart : UART handle
  * @retval None
  */
void HAL_UART_RxCpltCallback(UART_HandleTypeDef *huart)
{
```

```
  // -- <3-1> 수신 버퍼(UserTxBuffer)의 인덱스를 1만큼 증가시킴
  /* Increment Index for buffer writing */
  UserTxBufPtrIn++;

  /* To avoid buffer overflow */
  if(UserTxBufPtrIn == APP_RX_DATA_SIZE)  {
    UserTxBufPtrIn = 0;
  }

  // -- <3-2> 다시 UART 수신을 시작함
  //              데이터가 수신되면 UserTxBuffer에 저장함
  /* Start another reception : provide the buffer pointer with offset and the buffer size */
  HAL_UART_Receive_IT(huart, (uint8_t *)(UserTxBuffer + UserTxBufPtrIn), 1);

}

/*-----------------------------------------------------------------------*/
// -- <송신 4> 일정한 시간마다 호출되는 Timer 콜백함수
/**
  * @brief  TIM period elapsed callback
  * @param  htim : TIM handle
  * @retval None
  */
void HAL_TIM_PeriodElapsedCallback(TIM_HandleTypeDef *htim)
{
  uint32_t buffptr;
  uint32_t buffsize;

  if(UserTxBufPtrOut != UserTxBufPtrIn)  {
     if(UserTxBufPtrOut > UserTxBufPtrIn) {
       // Rollback
         buffsize = APP_RX_DATA_SIZE - UserTxBufPtrOut;
     }
     else {
         buffsize = UserTxBufPtrIn - UserTxBufPtrOut;
     }

     buffptr = UserTxBufPtrOut;

     // -- <4-1> UserTxBuffer를 USB의 TxBuffer로 설정
     USBD_CDC_SetTxBuffer(&USBD_Device, (uint8_t*)&UserTxBuffer[buffptr], buffsize);
     // -- <4-2> USB 포트로 데이터(TxBuffer)를 내보냄
     if(USBD_CDC_TransmitPacket(&USBD_Device) == USBD_OK) {
         UserTxBufPtrOut += buffsize;
         if (UserTxBufPtrOut == APP_RX_DATA_SIZE)  {
                 UserTxBufPtrOut = 0;
       }
```

```
        }
    }
}
```

12.4.3.3 소스코드 설명

1) main.c
   - [예제 2]와 동일하므로 이것을 참고하기 바란다.
2) stm32f4xx_it.c

```
<1> UART와 TIM의 핸들링을 위한 변수를 선언한다.
<2> USARTx_DMA_TX_IRQHandler() : USARTx_DMA_TX 인터럽트 핸들러 함수이다.
<3> USARTx_IRQHandler() : USARTx 인터럽트 핸들러 함수이다.
<4> TIMx_IRQHandler() : TIMx 인터럽트 핸들러 함수이다.
```

3) usbd_cdc_interface.c

```
<1> PC, 다른 MCU와의 UART(COM) 통신을 위한 설정값을 정한다.
<2> USB, UART의 송신, 수신 데이터용 변수, 함수를 선언한다.
<3>  CDC_Itf_Init( ) 함수 :  low layer CDC interface를 초기화 한다.
        - 이 함수는 사용자가 수정할 필요없이 그대로 사용하면 된다.

<4>  CDC_Itf_Receive() 함수 : USB host(PC)로 부터 받은 데이터를 처리하는 함수
  - USB host로 부터 데이터가 수신되면 USBD_CDC_DataOut() 함수내에서 이 함수를 호출함
  - 이 함수는 필요하면 사용자가 내용을 변경하여 사용하면 된다.
<4-1> HAL_UART_Transmit_DMA() : 받은 데이터(Buf)를 UART로 송신함
<4-2> 받은 데이터가 1~4이면 해당되는 LED를 Toggle함

<5> HAL_UART_TxCpltCallback() : UART 송신완료 콜백함수이다.

<송신 1> ComPort_Config() : UART (COM 포트) 초기 설정 함수
<송신 2> TIM_Config() : Timer 초기 설정 함수
<송신 3> HAL_UART_RxCpltCallback() : UART 수신이 완료되면 호출되는 콜백함수
<송신 4> HAL_TIM_PeriodElapsedCallback() : 일정한 시간마다 호출되는 Timer 콜백함수
```

12.4.3.4 프로그램 실행

1) 실습보드로 프로그램을 다운로드한다.
2) 정상적으로 동작하면 LED 5, 8이 계속 점멸한다. 그리고 LED 6, 7은 계속 On 되어있다.
3) 그리고 [12.4.3.1 예제 설명]에서와 같은 동작을 한다.

13 이더넷 포트를 이용한 TCP/IP 통신

13.1 TCP/IP 통신의 개요

13.1.1 인터넷(Internet) : 컴퓨터 네트워크

인터넷은 컴퓨터 간의 통신을 위한 세계적인 컴퓨터 네트워크 시스템이다. 인터넷의 시초는 1969년 미국 국방성 산하의 ARPA(Advanced Research Projects Agency)에서 관련 연구소, 기업 그리고 관련기관 간의 미니컴퓨터를 연결한 ARPANET이라고 할 수 있다. 이후 ARPANET은 일반에 공개되어 널리 사용되게 되었으며, 1983년 네트워크 프로토콜로 TCP/IP를 채택하게 되었다.

1986년 미국 국립과학재단(NSF : National Science Foundation)에서 시작한 네트워크인 NSFNET가 기존 ARPANET의 사용자를 흡수하며 미국 내의 대표적인 컴퓨터 네트워크가 되었다. 이후 이것이 발전하여 세계 각국의 수많은 네트워크를 연결하게 되었으며, 전 세계적인 컴퓨터 네트워크인 인터넷으로 발전하였다. 현재 대부분의 인터넷은 TCP/IP 프로토콜을 이용해 정보를 주고받는다.

PC 또는 마이크로컨트롤러를 인터넷에 연결하기 위해서는 인터넷 포트가 있어야 하며 주로 다음과 같은 방법을 이용하여 연결한다.

- 유선의 경우 랜카드나 MCU 보드에 장착된 인터넷 포트를 통하여 연결
- 무선의 경우 주로 Wi-Fi(와이파이)를 이용하여 연결

〈그림 13-1-1〉은 PC에 장착되어 있는 인터넷 포트를 보여준다.

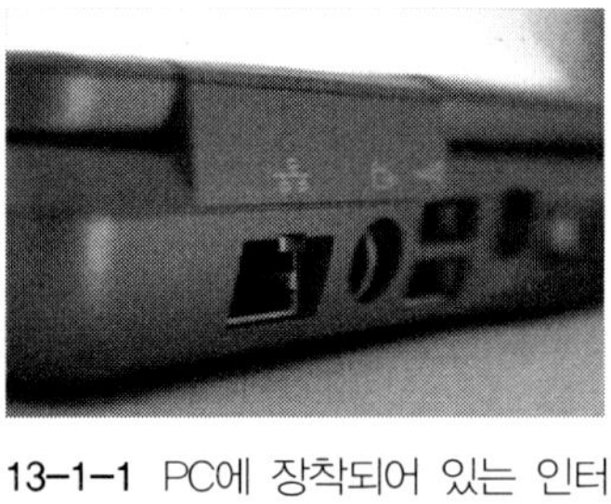

△ **그림 13-1-1** PC에 장착되어 있는 인터넷 포트

참고 LAN(Local Area Network : **근거리 통신망)**

가까운 거리 내에 있는 비교적 작은 수의 컴퓨터(예를 들면 학교의 강의실, 회사의 사무실 등)를 연결하는 네트워크이다. 이에 비해 인터넷은 전 세계의 수많은 컴퓨터들을 연결하는 네트워크이다(그림 13-1-2 참조). 회사나 학교의 대부분의 컴퓨터들은 먼저 LAN으로 연결되며, 이 LAN이 다시 인터넷에 연결되는 구성으로 네트워크에 연결되어 있다. 예를 들면 학교의 한 강의실 내의 컴퓨터들은 서로 LAN으로 연결되어 있으며, 이 LAN이 다시 인터넷 사업자(ISP : Internet Service Provider)가 공급하는 인터넷 망에 연결되는 구조로 되어있다. 그러나 가정이나 소형 사무실에 있는 1 ~ 2대의 컴퓨터들은 LAN 연결 없이 바로 인터넷 망으로 연결되는 경우가 많다.

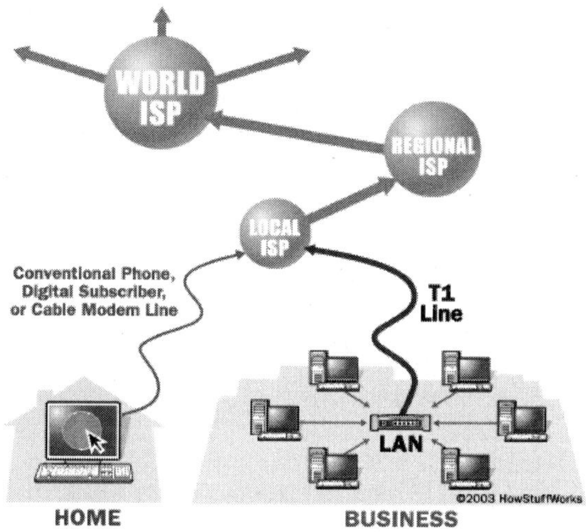

△ **그림 13-1-2** 인터넷과 LAN(자료 출처 : HowStufworks)

13.1.2 OSI 7계층 모델

OSI(Open Systems Interconnection) 모델은 1980년대 초반 ISO(Internaltional Standard Organization : 국제표준화기구)에서 표준화된 통신 시스템 구조를 정의하기 위해 제안한 표준 모델로, 통신 시스템을 기능에 따라 7개의 계층(layer)으로 나누어 구성한 개방형 모델이다. 〈표 4-9-1〉은 OSI 7계층 모델을 나타낸다. 이들을 간단히 살펴보면 다음과 같다.

▼ **표 13-1-1** OSI 7계층 참조 모델

층	계층 명
7층	Application Layer(응용 계층)
6층	Presentation Layer(표현 계층)
5층	Session Layer(세션 계층)
4층	Transport Layer(전송 계층)
3층	Network Layer(네트워크 계층)
2층	Data Link Layer(데이터 링크 계층)
1층	Physical Layer(물리 계층)

- 7층 : Application Layer(응용 계층)
  - 여러 가지 응용 서비스를 제공한다.
- 6층 : Presentation Layer(표현 계층)
  - 응용 계층(7층)에서 받은 정보는 통신에 적당한 형태로 변환하고, 세션 계층(5층)에서 받은 정보는 응용 계층에 맞게 변환하는 계층이다.
- 5층 : Session Layer(세션 계층)
  - 통신을 관리하기 위한 방법을 제공하는 계층으로, 동시 송수신 방식(duplex), 반이중 방식(half-duplex), 전이중 방식(full duplex) 등의 통신을 한다.
- 4층 : Transport Layer(전송 계층)
  - 통신을 하는 두 사용자들이 신뢰성 있는 데이터를 주고받을 수 있도록 해 주는 계층이다. 전송 계층은 완전힌 메시지 전달을 위해 흐름제어, 오류제어, 메시지 전달 등의 기능을 수행한다. 따라서 5 ~ 7층의 상위 계층들은 데이터 전달의 유효성이나 효율성을 고려하지 않아도 된다.
- 3층 : Network Layer(네트워크 계층)
  - 데이터 전송 시에 네트워크 상의 여러 개의 노드를 거쳐 데이터를 전송할 수 있도록 전송 경로배정, 중계 등의 기능을 수행하는 계층이다.
- 2층 : Data Link Layer(데이터 링크 계층)
  - 통신 시 상대와의 신뢰성 있는 데이터 전송을 보장하기 위해 데이터 전달, 오류 검증 등에 대한 세부 사항을 정의한 층이다.
- 1층 : Physical Layer(물리 계층)
  - 실제 통신에 필요한 장치를 연결하기 위해 필요한 전기적, 물리적 세부 사항을 정의한 층이다. 예를 들어 핀의 배치나 전압, 전선의 사양 등이 이 계층에 포함된다.

참고

> 위의 7계층이 이해가 잘 되지 않는 경우는 물리층(1 ~ 2층), 프로토콜층(3 ~ 4층), 어플리케이션층(5 ~ 7층)으로 이해하면 편하다. 실제로 인터넷 통신에 사용되는 랜카드에는 1 ~ 2층이 탑재되어 있고, TCP/IP 프로토콜에는 3 ~ 4층이, 웹브라우저 등에는 5 ~ 7층이 탑재되어 있다.

13.1.3 TCP/IP(Transport Control Protocol/Internet Protocol)

13.1.3.1 개요

TCP/IP는 현재 대부분의 인터넷에서 사용되는 통신 프로토콜이다. TCP/IP는 데이터 통신 네트워크용 프로토콜로 1970년대 초반부터 개발되기 시작하였으며 현재 인터넷에서 사용되는 TCP/IP v4는 1970년대 말에 등장하였다.

1980년대에 컴퓨터 네트워크의 급속한 발전에 따라 관련 업계에서는 신뢰성있는 네트워크 통신 서비스를 긴급하게 필요로 하였다. 한편 1980년대 초반에 OSI 7층 모델이 제안되었으나 이 모델을 준수하면서도 신뢰성이 확보된 상용화된 프로토콜 패키지는 없는 실정이었다. 따라서 컴퓨터 업계에서는 네트워크 프로토콜로 TCP/IP를 채택하였으며, 이후 TCP/IP가 인터넷의 대표적인 통신 프로토콜이 되었다.

13.1.3.2 TCP/IP의 구성

TCP/IP는 4개의 계층(데이터 링크 계층, 네트워크 계층, 전송 계층 그리고 응용 계층)으로 구성되어 있다. 각 계층별로 지원되는 대표적인 통신 프로토콜은 다음과 같으며 다음의 그림은 이를 나타낸다.

- 응용 계층(Application layer) : 웹서비스에 사용되는 HTTP를 비롯하여, 멀리 떨어져 있는 원격지의 컴퓨터에 로그온할 수 있게 해주는 Telnet 그리고 파일전송에 사용되는 FTP와 메일 전송에 사용되는 SMTP 등
- 전송 계층(Transport layer) : 대표적인 프로토콜은 TCP와 UDP임
- 인터넷 계층(Internet layer) : 대표적인 프로토콜은 IP임
- 네트워크 인터페이스 계층(Network interface layer) : 대표적인 프로토콜은 이더넷임

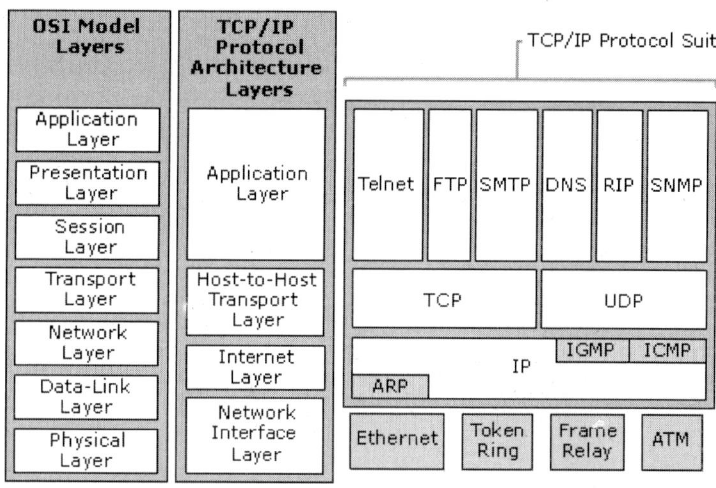

△ **그림 13-1-3** TCP/IP의 각 계층별 통신 프로토콜의 구성 (출처 : https://technet.microsoft.com)

13.1.3.3 TCP/IP와 OSI 7계층의 비교

TCP/IP는 4개의 계층(데이터 링크 계층, 네트워크 계층, 전송 계층 그리고 응용 계층으로 구성된다. 따라서 OSI 7계층과는 차이가 있으나 서로 연관성이 있다. 다음의 표는 OSI 모델과 비교한 TCP/IP의 구성과 TCP/IP의 구현 예를 나타낸다.

▼ 표 13-1-2 TCP/IP 모델의 구성과 구현 예

OSI 7계층 모델	TCP/IP 모델	구현 예
Application Layer	Application Layer (응용 계층)	HTTP, e-mail(SMTP, POP), Telnet, FTP, NetBIOS, News(NNTP)
Presentation Layer		
Session Layer		
Transport Layer	Transport Layer (전송 계층)	TCP, UDP
Network Layer	Internet Layer(또는 Network Layer) (인터넷 계층)	IP(IPv4, IPv6)
Data Link Layer	Network interface layer (또는 Data Link Layer) (네트워크 계층)	Ethernet(랜 카드)
Physical Layer		

13.1.3.4 TCP/IP에서 통신의 흐름

다음의 그림은 TCP/IP 프로토콜을 이용한 컴퓨터 인터넷을 사용하는 예를 나타낸다. 통신은 다음의 순서로 이루어진다.

1) 호스트에서 사용자가 웹 브라우저를 구동하며 데이터를 전송함(Application Layer)
2) 데이터는 Transport Layer → Network Layer → Data Link Layer를 거쳐 전달됨
3) 데이터는 네트워크 전송선(예 : 이더넷)을 타고 타겟 웹서버의 Data Link Layer까지 전송됨
4) 웹서버에서 데이터는 Data Link Layer → Network Layer → Transport Layer → Application Layer로 전달됨

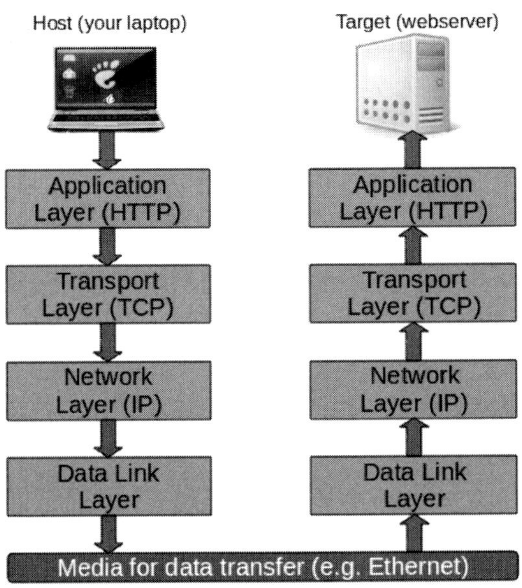

△ 그림 13-1-4 TCP/IP 통신의 흐름 (출처 : http://www.thegeekstuff.com/)

참고

> HTTP(HyperText Transfer Protocol)는 WWW 상에서 정보를 주고받을 수 있는 프로토콜이다. 주로 HTML 문서를 주고받는 데에 쓰인다. TCP와 UDP를 사용하며, 80번 포트를 사용한다.

TCP/IP 통신의 각 단계에서는 전송할 데이터의 앞에 각 Layer의 제어정보를 포함하는 헤더가 다음과 같이 추가되는 캡슐화 과정을 거친다.

1) User Data가 발생한다.
2) Application Layer에서는 User Data의 앞에 Application 헤더를 추가한다.
3) Transport Layer에서는 이 데이터의 앞에 TCP 헤더를 추가한다.
4) Network Layer에서는 이 데이터의 앞에 IP 헤더를 추가한다.
5) Data Link Layer에서는 이 데이터의 앞에 Ethernet 헤더를 추가한다.

이와 같이 통신의 각 단계에서 데이터에 헤더가 추가되어 다음 단계로 전달되는 것을 캡슐화(encapsulation)된다고 한다. 다음의 그림은 데이터의 캡슐화 과정을 나타낸다.

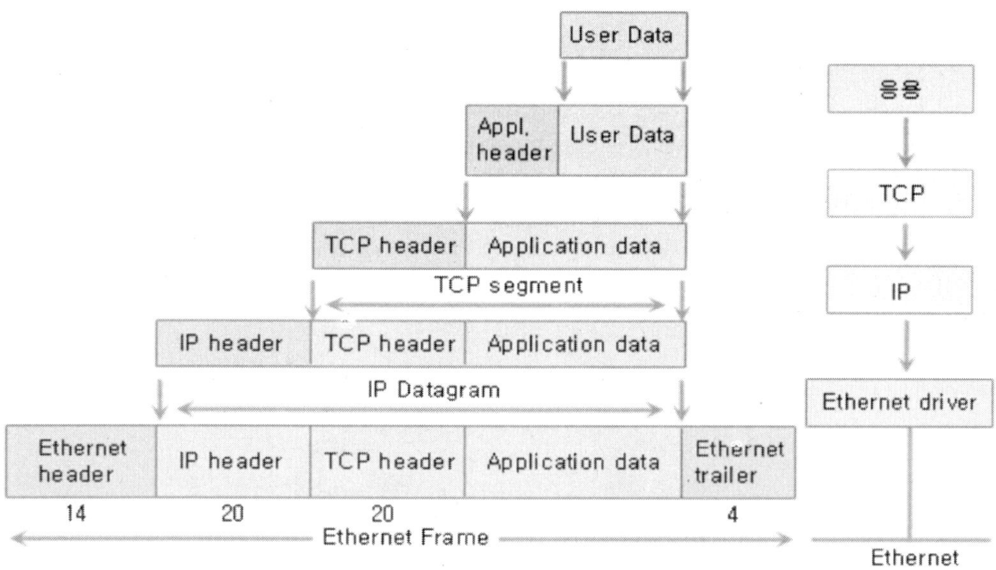

△ **그림 13-1-5** TCP/IP 통신에서 데이터의 흐름 및 캡슐화 (출처 : http://redreans.tistory.com/106)

13.1.4 TCP(Transport Control Protocol)

13.1.4.1 개요

TCP는 전송계층의 프로토콜이며

프로세스(process)와 프로세스 간의 통신을 담당하는 역할을 한다. TCP에서 데이터의 전송 단위는 세그먼트(메시지, 패킷)이며, TCP는 종단간의 흐름 제어, 오차 제어 등의 기능이 있어서 신뢰성이 있는 통신을 제공한다.

참고

> 여기서 프로세스(process)는 컴퓨터나 CPU 상에서 실행되는 하나의 프로그램이라고 생각하면 된다. 예를 들면, [13.4절, 이더넷 응용 예제]에서 사용하는 PC용 소켓통신 프로그램"이나, Cortex-M용 예제 프로그램이 각각 PC와 Cortex-M에서 실행된다면, 이것들이 각각 프로세스가 된다.

13.1.4.2 TCP를 이용한 통신 과정

(1) TCP 연결 설정

TCP의 연결 설정을 위해서는 먼저 서버가 포트가 열려있는 리슨(Listen) 상태이어야 한다. 연결 과정은 다음과 같다.

① 클라이언트가 리슨 상태인 서버의 IP로 TCP 연결 요청을 위해 SYN(SYNchronous idle) 신호를 보낸다.

② 서버가 SYN 신호를 받은 후에 TCP 연결이 가능하면 포트를 SYM_RCV 상태로 설정한다. 그리고 클라이언트의 IP로 통신이 가능하다는 의미의 SYN + ACK(ACKnowledge) 신호를 보낸다.

③ 클라이언트는 SYN + ACK 신호를 받으면 포트를 ESTABILSHED 상태로 설정한다. 그리고 데이터 전송을 시작하겠다는 의미의 ACK 신호를 서버로 다시 보낸다.

④ 서버는 ACK 신호를 받으면 포트를 ESTABILSHED 상태로 설정한다. 이렇게 되면 서버와 클라이언트는 TCP 연결이 완료되었다.

다음의 그림은 TCP 연결 설정 과정을 나타낸다. 이 과정은 서버와 클라이언트가 3번의 통신을 수행하므로 “3-way hand shake”라고 부른다.

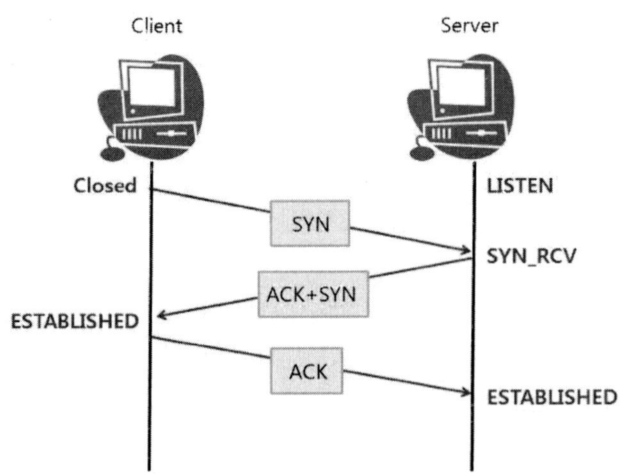

△ 그림 13-1-6 TCP의 연결 설정 과정 (출처 : http://hyeonstorage.tistory.com/286)

(2) TCP의 데이터 세그먼트의 구성

TCP의 통신은 세그먼트 단위로 이루어지는데 TCP 세그먼트는 다음과 같이 구성된다.

$$\text{TCP 세그먼트} = \text{TCP 헤더} + \text{TCP 데이터}$$

- TCP 헤더 : 발신지 포트 주소(16비트), 목적지 포트 주소(16비트) 등 TCP 통신 제어에 필요한 데이터를 포함
- TCP 데이터 : 전송할 데이터

다음 그림은 TCP의 통신에 사용되는 데이터 세그먼트의 구성을 나타낸다.

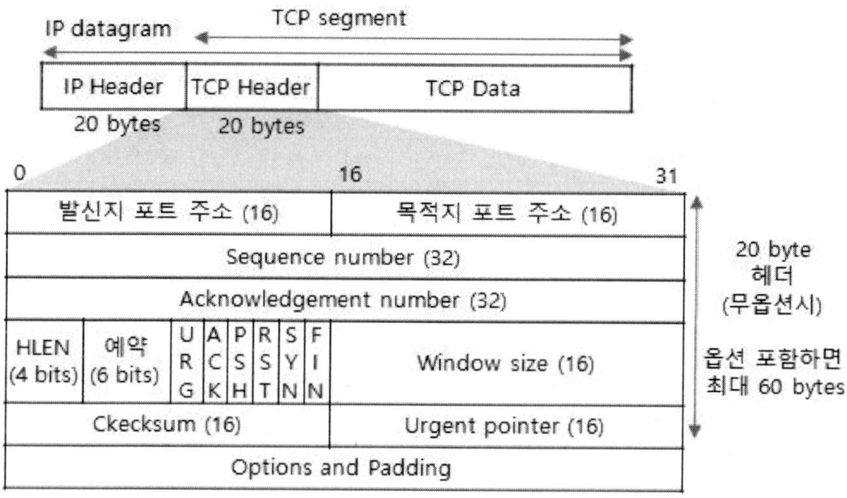

△ **그림 13-1-7** TCP 데이터 세그먼트의 구성 (출처 : http://ktword.co.kr)

(3) TCP 재전송

TCP 통신에서는 데이터를 보낸 후에 상대방에서 송신 확인 신호가 오지않는 데이터는 통신상의 오류가 발생했다고 보고 그 데이터를 다시 전송한다. 이러한 TCP 재전송을 위해서 재전송 큐와 재전송 타이머를 사용한다.

TCP 세그먼트가 전송될 때마다 그 복사본을 재전송 큐에 저장하고 재전송 타이머를 작동시킨다. 재전송 타이머 만료전에 확인 응답이 오지않으면 재전송 큐에 있는 세그먼트를 다시 전송한다.

13.1.4.3 TCP 포트

TCP/IP 통신을 할때 PC나 MCU에서 사용자가 실행하는 프로그램들(예 : 웹 브라우저, 사용자가 작성한 TCP/IP 통신 프로그램 등)은 최상위층인 응용계층에서 동작하게 된다. 그런데 응용계층에서는 여러 개의 프로그램(또는 프로세스)이 동시에 실행되고 있을 수도 있다.

이런 경우 전송계층에서는 이런 여러 개의 프로세스들을 식별하기 위해 포트(port)라는 개

념을 사용한다. 즉, 통신을 위한 모든 응용 프로세스는 서로를 식별할 수 있는 프로세스 식별자를 가지게 되는데, TCP/IP에서는 포트를 이용하여 프로세스를 구별한다.

TCP/IP 통신에서 포트 번호는, 들어오는 트래픽을 컴퓨터 내에서 실행되고 있는 적절한 프로그램에 분배시키기 위해 할당되는 숫자를 말한다. 이것은 물리적인 플러그나 소켓이 아니며, 다만 "논리적인 접속장소"이다.

포트 번호는 16비트로 표현되며 따라서 0 ~ 65,535의 값을 가질 수 있다. 이 중에서 1 ~ 1023까지는 잘 알려진 포트(well-known port)라고 하며 특정한 응용 프로세스에서 사용하도록 지정되어 있다. 예를 들면 웹 프로토콜인 HTTP는 80번 포트를 사용하며 다음의 표는 그 대표적인 예를 나타낸다. 따라서 새로운 서버를 만든다면 이 범위를 벗어난 1,024 ~ 65,535번의 포트를 사용하는 것이 좋다.

▼ **표 13-1-3** 잘 알려진 포트(well-known port) 번호의 예

포트 번호	Service
20, 21	FTP
23	TELNET
25	SMTP
80	HTTP

다른 프로세스들은 매번 접속할 때마다 포트번호가 동적으로 부여된다. 그리고 서버 프로그램이 처음 시작되면 지정된 포트번호로 바인드된다. 그러면 이 서버를 사용하려는 모든 클라이언트 프로그램들은 이 포트번호로 접속해야 한다.

다음의 그림은 IP 주소 203.252.53.41을 가지는 서버의 포트 23(Telnet 프로그램용 포트)으로 IP주소 203.252.53.47을 가지는 PC의 클라이언트 프로그램(포트 1626)이 접속하여 통신하는 예를 나타낸다.

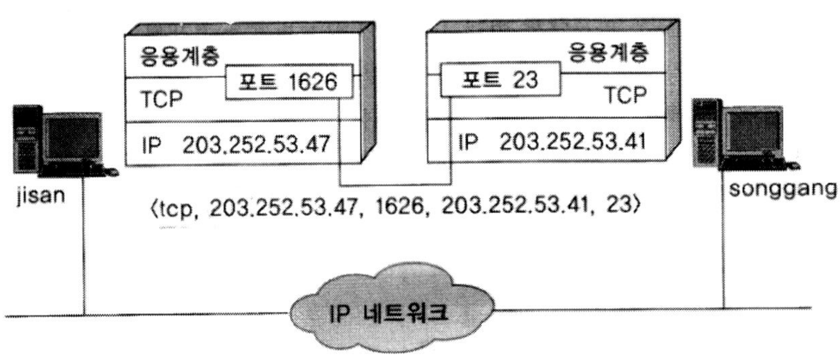

△ **그림 13-1-8** TCP/IP 전송과 포트 (출처 : 데이터 통신과 컴퓨터 네트워킹, 한빛, 강문식 저)

참고 UDP(User Datagram Protocol)

UDP도 전송 계층 프로토콜로써 TCP와 유사한 구조를 가지나 좀 더 간단한 프로토콜이다. 그러나 UDP는 하나의 장치에서 다른 장치로 데이터를 보낼 때 수신 쪽에서 받았다는 응답을 하지 않으므로 수신 쪽의 응답을 받는 TCP에 비해서 데이터 전송의 신뢰성이 떨어진다. 따라서 UDP는 높은 신뢰성이 요구되지 않는 작업이나, 다량의 메시지를 처리해야 하는 작업에 적합하다.

13.1.5 IP(Internet Protocol)

13.1.5.1 개요

IP(Internet Protocol)는 네트워크 계층의 프로토콜이며 패킷 전송을 위한 주소 정의, 전송 경로 관리를 담당한다. 인터넷 내의 노드를 고유하게 지정하기 위해 IP 주소를 사용하며 패킷은 IP 주소를 기반으로 목적지까지 전달된다. 데이터 전송의 에러제어 기능은 수행하지 않으므로 전송의 신뢰성은 보장되지 않는다. 따라서 패킷 전송에 대한 신뢰성은 TCP와 같은 상위계층에서 제공되어야 한다.

IP는 인터넷상의 연결된 기기의 고유 주소이며, 전 세계적으로 인터넷에 연결된 모든 통신 장치는 서로 다른 값을 가진다. 인터넷에 연결된 PC의 경우 IP 값은 랜카드와 1:1로 대응된다.

IP는 IPv4와 IPv6이 있다. IPv4는 32비트(4바이트)의 숫자로 구성된 주소이며, 주소의 표시는 1바이트 단위로 십진수로 표시하며 점(.)으로 구분한다. 예를 들면 104.245.123.24과 같은 식으로 표기한다. IPv4는 약 43억(2^{32})개의 주소 생성이 가능하다.

IPv6는 128비트(16바이트)의 숫자로 구성된 주소이다. 주소의 표시는 2바이트 단위로 16진수로 표시하며 콜론(:)으로 구분한다. 예를 들면 ABCD:1234:5678:1234:5678:ABCD : 1234:5678과 같은 식으로 되어있다. IPv6는 43억×43억(2^{64})개의 주소 생성이 가능하다.

참고 도메인(Domain) 주소

컴퓨터는 IP를 인식하지만 사람이 IP 값을 외우기는 무척 불편하다. 그래서 도메인 주소라는 것을 사용한다. 예를 들어 구글의 홈 페이지의 경우 www.google.com으로 쓰면 사람이 훨씬 알기 쉬워진다. 컴퓨터는 도메인이 입력되어 들어오면, 그 도메인에 대응하는 IP로 변환해서 사용하는데 이런 서비스를 DNS(Domain Name Service)라고 한다.

참고 도메인 주소와 IP

어떤 도메인 주소에 대응되는 IP를 알아보려면 커맨드 창에서 ping 명령어를 이용하면 된다.

1. 윈도우의 시작 - 실행 - 입력창에서 'cmd'를 입력 후 엔터키를 친다.
2. 나타나는 명령창에서 'ping google.com'의 형식으로 입력 후 엔터키를 친다.
3. 그러면 다음 그림과 같이 IP를 알 수 있다. 이 그림에서 google.com의 IP는 58.123. 102.217로 표시되어 있다.

제 4 부 프로그래밍 실습 : UART, USB, TCP/IP 통신

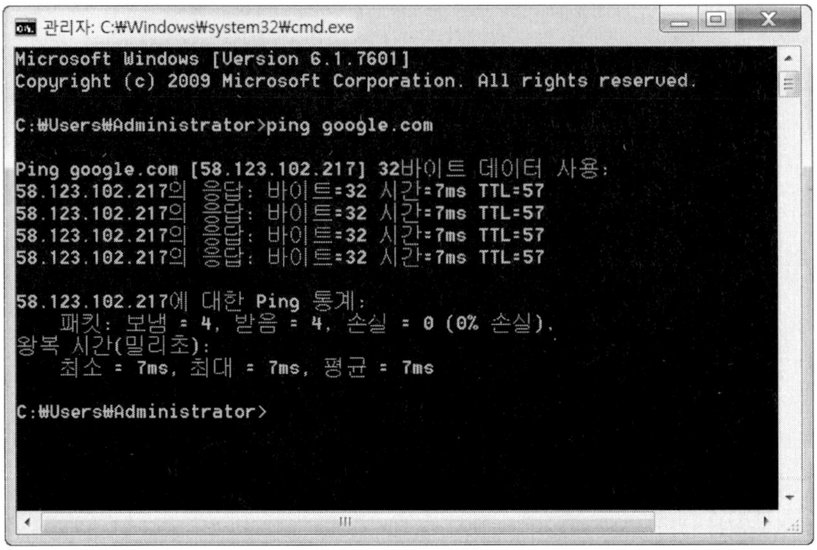

△ **그림 13-1-9** 도메인 주소에 대응되는 IP를 알아보기

13.1.6 이더넷(Ethernet)

13.1.6.1 이더넷의 개요

(1) 개요

이더넷(Ethernet)은 컴퓨터 네트워크에서 가장 하위 계층인 물리적인 네트워크의 연결 및 데이터 전송을 위한 기술로 인터넷을 구성하는 LAN에서 많이 사용되는 기술이다. '이더넷'이라는 이름은 한때 빛의 매질로 생각하였던 에테르(ether)에서 유래되었다.

이더넷은 1973년경 제록스(Xerox)사의 연구원이었던 로버트 메칼프(Robert Metcalfe)가 근거리 통신을 위해 개발한 물리적인 통신 기술이다. 당시 ALOHA network에 사용하기 위하여 개발되었는데, 첫 데이타 전송 실험에서의 전송속도는 2.94Mbps였다고 한다.

TCP/IP 모델에서는 네트워크 계층을, OSI 7층 모델에서는 물리층에 해당하는 1 ~ 2층의 역할을 담당하는 대표적인 통신 규격으로, 물리 계층(1층)에서는 신호와 배선을, 데이터 링크 계층(2층)에서는 MAC(Media Access Control) 패킷과 프로토콜의 형식을 정의한다.

1982년 Xerox, Intel, DEC에 의해 Ethernet Ver.2 표준(DIX 표준)이 제정되고, 이를 토대로 1983년 IEEE(Institute of Electrical and Electronics Engineers) 802.3 표준안으로 결정되었다. 따라서 오늘날의 이더넷 기술은 대부분 IEEE 802.3 규약으로 표준화되어 있다.

오늘날 "이더넷"이라는 용어는 IEEE 802.3을 포함하여 이더넷 규격을 만족하는 모든 CSMA/CD(Carrier Sense Multiple Address/Collision Detect) 방식의 LAN을 지칭하는 용어로 사용된다.

(2) 이더넷의 데이터 통신 방법

네트워크 상에 여러 개의 PC가 연결되어 있는 경우, 통신을 위해서는 각 PC 내에 설치된 랜 카드가 서로 다른 주소를 가져야 한다. 따라서 랜 카드들은 각각 고유한 주소가 붙어있으며, 이 주소를 MAC(Media Access Control) 주소 혹은 물리적 주소라고 한다.

네트워크에 연결된 각 기기들은 48비트 길이의 고유한 MAC 주소를 가진다. 이더넷에서는 이 MAC 주소를 이용하여 상호간에 데이터를 주고받는다. 데이터를 전송하기 위해 CSMA/CD 라는 프로토콜을 사용하며, 전송속도는 현재 10 ~ 1000Mbps까지 다양하게 존재한다.

전송 매체로는 주로 UTP 케이블을 사용하며, 각 기기를 상호 연결시키는 데에는 허브, 스위치, 리피터 등의 장치를 이용한다.

참고

1. 랜 카드(LAN Card) : 랜 카드는 이더넷 카드라고도 하며, OSI 7층 모델에서 물리층에 해당하는 1 ~ 2층을 구현한 하드웨어이다.
2. MAC(Media Access Control) : 맥(MAC)이라고 읽으며, OSI 7층 모델에서 2층(데이터 링크)의 구현을 위한 표준이다. MAC에는 데이터 프레임의 형식, 송수신 방법, 오류 검출방법 등이 규정되어 있다. MAC은 IEEE-802.3의 표준을 준수한다.
3. MAC(Media Access Control) 주소 : MAC 주소는 총 48비트 크기를 가지며 랜 카드마다 고유한 값을 가진다. 이 주소는 '28비트 + 28비트'로 나눌 수 있다. 이때 앞의 28비트는 이더넷 카드를 제조한 업체의 고유한 값을, 뒤의 28비트는 고유한 제품 번호를 나타낸다.

(3) 이더넷의 전송 속도

이더넷은 전송 속도와 매체의 종류에 따라 다음과 같이 나눌 수 있다. 현재 가장 많이 사용되는 전송속도는 10/100Mbps이다.

- 10BASE-T : 10Mbps를 지원하는 이더넷
- 100BASE-TX : 100Mbps를 지원하는 이더넷
- 100BASE-FX : 광케이블을 이용해 100Mbps를 지원하는 이더넷
- 1000BASE-T : 1Gbps를 지원하는 이더넷
- 1000BASE-SX : 멀티모드 광케이블을 이용해 1Gbps를 지원하는 이더넷
- 1000BASE-LX : 멀티모드 광케이블로는 550m, 싱글모드 광케이블로는 10km까지 지원

참고 1Mbps

1Mbit per second의 약자로 1초당 1Mbit의 데이터 전송이 가능하다.

이더넷의 종류에 따라 케이블 규격도 다양해진다. 현재 10/100Mbps 속도를 지원하고 가장 많이 사용되는 케이블은 UTP(Unshield Twisted Pair) 케이블이다. 이 케이블의 양쪽 끝에는 RJ-45 커넥터를 사용하며, 핀의 순서에 따라서 다이렉트 혹은 크로스 케이블을 구성해 사용한다.

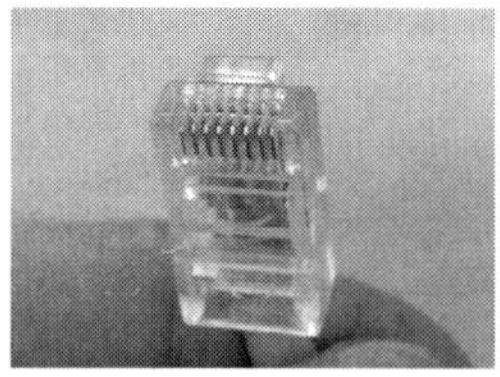

△ 그림 13-1-10 RJ-45 커넥터 및 UTP 케이블의 모습

13.1.6.2 [참고] 이더넷의 데이터 패킷의 구조

(1) IEEE 802 LAN 표준의 계층구조

IEEE 802 LAN 표준의 계층구조는 다음과 같다.

- 물리계층(PHY : PHYsical layer) : 통신의 전기, 기계적인 특성에 대한 표준, 예를 들면 통신선의 형태, 신호의 형태 등
- 데이터 링크 계층(DLL : Data Link Layer) : 오류없이 패킷을 전송하는 기능을 수행하는 계층. MAC 부계층과 LLC 부계층으로 구성됨
  - MAC(Medium Access Control) : 공유 미디어에 대한 접근의 조정 기능을 담당
  - LLC(Logical Link Control) : 공유 미디어에 대한 접근을 감독하는 기능을 담당

참고 Ethernet과 IEEE 802.3의 비교

Ethernet과 IEEE 802.3은 모두 CSMA/CD 방식을 사용하며, broadcast network이라는 공통점이 있다. Ethernet과 IEEE 802.3의 차이는 매우 작은데, Ethernet은 OSI reference model에서 Layer 1과 Layer 2에 해당하지만, IEEE 802.3은 Layer 1과 Layer 2 중 MAC(Medium Access Control) Layer만 정의하고, Layer 2 중 LLC(Logical Link Control) Layer는 정의하지 않는다.

(2) 이더넷의 데이터 패킷의 구조

IEEE 802.3에 정의된 이더넷의 데이터 패킷의 구조는 다음 그림과 같다.

Layer	Preamble	Start of frame delimiter	MAC destination	MAC source	802.1Q tag (optional)	Ethertype (Ethernet II) or length (IEEE 802.3)	Payload	Frame check sequence (32-bit CRC)	Interpacket gap
	7 bytes	1 bytes	6 bytes	6 bytes	(4 bytes)	2 bytes	46(42)[b]–1500 octets	4 bytes	12 bytes
Layer 2 Ethernet frame			← 64–1518(1522) octets →						
Layer 1 Ethernet packet	← 72–1526(1530) octets →								

△ 그림 13-1-11 IEEE 802.3 이더넷 패킷(packet)과 프레임(frame)의 구성 (출처 : wikipedia)

위의 그림에 나타난 이더넷 데이터 패킷의 구성을 자세히 살펴보면 다음과 같다.

- 이더넷 패킷 : Preamble(프리앰블) ~ FCS(Frame Check Sequence)까지의 데이터를 말한다.

- 이더넷 프레임 : MAC Destination ~ FCS(Frame Check Sequence)까지의 데이터를 말한다.
  - Preamble(프리앰블, 7byte) : 이더넷 프레임의 시작을 알리는 것으로 비트 동기를 위해 56비트(7byte) 동안 1과 0이 교대로 있다. (10101...)
  - SFD(start frame delimiter, 1 byte) : 프레임의 동기화를 위한 바이트로 '10101011' 이다. 이것은 2개의 "1" bit로 끝난다.

참고

> 프리앰블과 SFD를 합친 데이터는 다음과 같다 : 10101010 10101010 10101010 10101010 10101010 10101010 10101010 10101011
> 그리고 octet은 LSB(least-significant bit)가 처음 전송되므로 위의 데이터에 대응되는 16진수는 0x55 0x55 0x55 0x55 0x55 0x55 0x55 0xD5이다.

- MAC Destination Address(목적지 주소, 6 byte) : 패킷을 수신하는 목적지의 MAC 주소
- MAC Source Address(송신자 주소, 6 byte) : 패킷을 송신자의 MAC 주소
- IEEE 802.1Q tag(optional, 4 byte) : 가상 LAN(VLAN : virtual LAN) 멤버쉽과 IEEE 802.1p priority를 나타낸다.
- Ethertype 또는 Length(2 byte)
  - 이 값이 1536 이상인 경우 : Ethertype으로 해석되며 Ethernet frame의 data 영역에 있는 packet이 어떤 프로토콜의 것인지(ip, ipx 등)를 식별한다.
  - 이 값이 1500 이하인 경우 : Length로 해석되며 IEEE 802.3인 경우 header와 data의 크기를 byte 단위로 표시한다.
- Payload(Data, 46–1500 byte) : 전송할 내용이 담긴 데이터이다. 여기에는 상위계층의 프로토콜로부터 캡슐화된 데이터가 들어있다.
- FCS(Frame Check Sequence, 4 byte) : 전송 에러를 검출하기 위한 것으로 이 값은 CRC(Cyclic Redundancy Check) 방법을 사용해서 계산되어 송신측에서 보낸다. 수신측에서 CRC를 체크하여 전송시의 에러 발생여부를 검사한다.

13.1.7 TCP/IP 통신

13.1.7.1 서버(Server)와 클라이언트(Client)

TCP/IP도 서버–클라이언트 방식을 사용하여 통신한다. 네트워크 상에서 통신을 하는 시스템의 경우는 안정적이고 성공적인 통신을 위해 서버–클라이언트 방식을 많이 사용한다. 이 방식에서는 하나의 기기가 서버 역할을 하고 다른 기기가 클라이언트로 동작을 하며 통신을 하게 된다.

예를 들어 서로 다른 컴퓨터에서 실행되는 두 개의 프로세스(프로그램)가 서로 통신을 하려고 하는 경우 하나의 프로세스(서버)가 먼저 실행하여 대기하고, 다른 프로세스(클라이언트)가 나중에 접속하여 통신을 하는 방식이다.

△ **그림 13-1-12** 서버-클라이언트 방식의 통신

참고 서버-클라이언트 방식을 사용하지 않을 경우

서버-글라이언트 방식을 사용하지 않을 경우 서로 다른 검퓨터에서 실행되는 두 개의 프로세스(프로그램)가 서로 통신을 하려면 서로 동시에 접속을 해야하는데 실제 서로 다른 두 개의 컴퓨터가 정확히 같은 시간에 접속하는 것은 대단히 어렵다.

13.1.7.2 소켓(Socket)

(1) 소켓(Socket)의 개요

컴퓨터 통신에서 소켓은 네트워크로 연결되어 있는 컴퓨터의 통신의 접점에 위치한 통신 객체다. 네트워크 통신을 위한 프로그램들은 소켓을 생성하고, 이 소켓을 통해서 서로 데이터를 교환한다.

TCP 통신에서 소켓은 응용 프로세스가 TCP/IP 프로토콜을 이용하여 다른 컴퓨터와 통신할 수 있도록 해주는 소프트웨어적인 인터페이스이며 응용계층과 전송계층의 중간에 위치한다. 소켓은 일종의 데이터 타입으로 파일 디스크립터, 또는 핸들과 유사한 개념이다. 소켓을 만들고 설정하는 과정을 끝내면 운영체제의 통신 관련 정보를 참조해 TCP 통신을 쉽게 할 수 있는 데이터 타입이다.

소켓을 사용할 경우 응용 프로그램은 자신의 소켓이 상대편의 소켓과 연결된 것으로 생각하고 데이터를 주고받는 작업을 하도록 프로그래밍하면 된다. 따라서 응용 프로그램에서 볼 때는 통신 종단점으로의 개념도 가지고 있다.

아래의 그림은 TCP 소켓의 개념을 나타낸다.

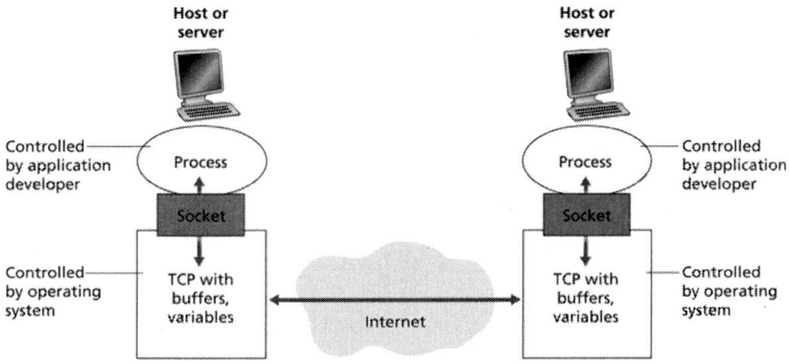

△ **그림 13-1-13** TCP 소켓의 개념 (출처 : http://mscancer22.tripod.com/applicationlayer/id37.html)

소켓은 전송 데이터, IP 헤더, TCP 헤더, 포트 번호 등으로 구성된다. 소켓을 생성한다는 것은 시스템 내부적으로 통신에 필요한 리소스를 할당하는 것을 의미한다. 소켓은 윈도우에서는 API로, 유닉스에서는 시스템 콜(System Call)로 제공된다.

인터넷 소켓은 다음과 같은 요소들로 구성되어 있다.

- 인터넷 프로토콜(TCP, UDP, raw IP)
- 로컬 IP 주소
- 로컬 포트
- 원격 IP 주소

참고

1. 소켓을 인터넷 소켓(Internet socket) 또는 네트웍 소켓(network socket)이라고도 부른다.
2. 윈속(Winsock) : MS 윈도우에서 사용할 목적으로 만들어진 소켓 프로그램을 윈속이라고 한다.

(2) 소켓 함수

윈도우나 리눅스 등의 OS는 TCP/IP 소켓 통신을 위한 함수를 제공한다. 다음의 표는 윈도우 주요 소켓 통신용 함수를 나타낸다.

▼ **표 13-1-3** 윈도우의 주요 소켓 함수의 예

함수명	설 명
socket()	소켓을 생성하는 함수
bind()	socket() 함수에서 생성된 소켓 지시자와 주소를 바인딩함
listen()	클라이언트에서의 접속 요청이 오기를 기다리는 함수
connect()	클라이언트에서 서버로 접속을 요청하는 함수
recv()	데이터를 수신하는 함수
send()	데이터를 송신하는 함수
close()	소켓을 종료하고 TCP 연결을 마침

참고

> 리눅스의 경우 데이터 수신은 read(), 송신은 write() 함수를 이용한다. 그 외의 주요 함수는 윈도우와 이름이 동일하다.

(3) 소켓 통신 프로그래밍

소켓을 이용하여 TCP/IP 통신을 할 경우 서버와 클라이언트의 기본적인 통신 순서는 다음 그림과 같다.

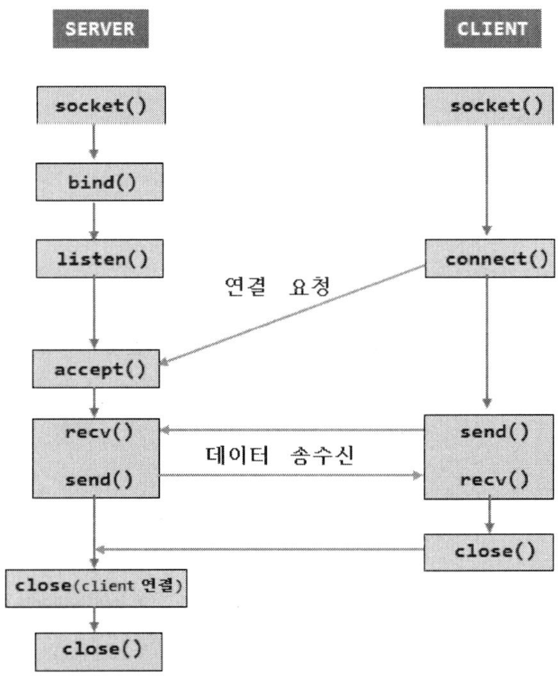

△ **그림 13-1-14** TCP/IP 통신의 기본적인 통신 순서

서버-클라이언트 통신 방식에서는 서버가 클라이언트로부터 접속 요청이 들어오기를 기다리고 있어야 한다. 따라서 서버에서 먼저 프로그램이 실행되어야 한다.

1) 서버와 클라이언트의 접속

① 서버에서 : socket() 함수를 호출하여 통신용 소켓을 생성하고 → bind() 함수를 호출하여 생성된 소켓에 주소를 바인딩하고 → listen() 함수를 호출하여 클라이언트로부터 접속 요청이 들어오기를 기다린다.

② 클라이언트에서 : socket() 함수를 호출하여 통신용 소켓을 생성하고 → connect() 함수를 호출하여 서버로 접속을 요청한다.

③ 서버에서 : 접속 요청이 들어오면 accept() 함수에서 접속을 허용한다. 그러면 이제 서버와 클라이언트의 접속이 완료되었으며 서로 통신이 가능하다.

2) 서버 – 클라이언트의 상호 통신

서버/클라이언트에서 : 서버/클라이언트 어느쪽이던지 데이터를 보내려면 send() 함수를 호출하여 데이터를 전송한다. 그러면 상대방에서는 recv() 함수로 전송된 데이터를 수신하며 상호 통신이 이루어 진다.

3) 접속해제 및 통신 종료

① 클라이언트에서 : close() 함수를 이용하여 TCP 연결을 종료한다.
② 서버에서 : close 요청이 들어온 클라이언트와의 접속을 종료한다.
③ 서버에서 : 서버의 TCP 연결을 종료하려면 close() 함수를 호출한다.

13.2 STM32F429의 이더넷 구성 및 기능

13.2.1 마이크로컨트롤러에서 이더넷의 구현

이더넷의 구현을 위해서는 OSI 7층 모델에서의 물리층인 1~2층의 데이터 링크층(MAC)과 물리층(PHY)의 구현이 필요하다.

많은 MCU에서 이더넷의 MAC의 구현은 MCU 내부에 구성되어 있다. 그러나 이더넷 PHY는 MCU 내에는 포함되어 있지 않고, 외부에서 구성해주는 경우가 대부분이다. MAC은 디지털 회로로 비교적 간단하게 구현할 수 있는 반면 PHY는 전기적인 신호의 변환이 필요하므로 다수의 아날로그 회로가 필요하다. 따라서 MCU 내부보다는 외부에서 별도의 칩을 사용하여 구현하는 편이 성능이 좋고 경제적이다.

그러나 MAC과 PHY가 함께 구현된 칩도 있으며, Freescale사의 MC9S12NE64 칩이 그예이다.

참고

1. PHY(PHYsical layer) : 파이(PHY)라고 읽으며 OSI 7층 모델의 1층인 Physical Layer를 줄인 말이다.
2. MII(Media Independent Interface) : MAC과 PHY 사이의 인터페이스 규격이며, 이 규격은 IEEE-802.3의 표준을 준수한다.

다음 그림은 PC보다 간단한 하드웨어 구성을 가지는 마이크로컨트롤러에서의 이더넷 구현의 한 예를 보여준다.

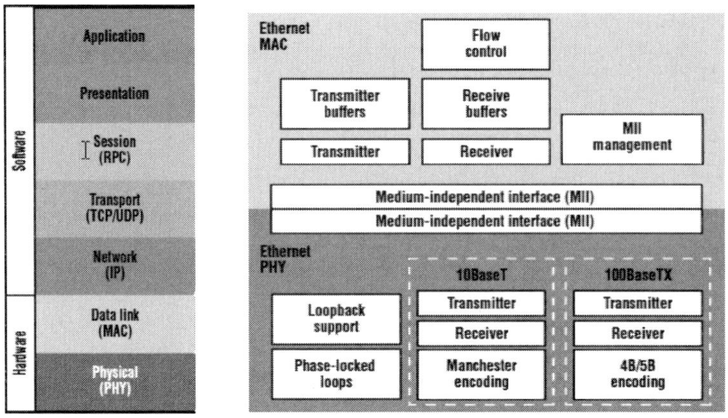

△ **그림 13-2-1** 마이크로컨트롤러에서 이더넷의 구현의 예(Freescale사의 자료)

13.2.2 STM32F427/429의 이더넷 구성

STM32F427/429의 이더넷 주변장치의 특징은 다음과 같다 :

- IEEE 802.3-2002 for Ethernet MAC 규격을 준수함
- 10, 100 Mbit/s 의 전송속도를 지원
- 전용 DMA 컨트롤러와 전용 RAM 사용으로 고속의 데이터 전송이 가능

다음 그림은 STM32F427/429의 이더넷 주변장치의 구성을 나타낸다.

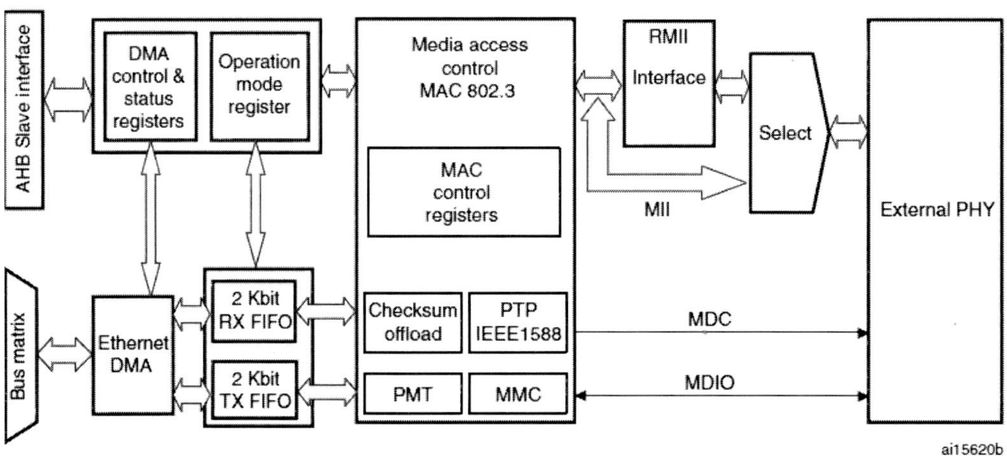

△ **그림 13-2-2** STM32F427/429의 이더넷 주변장치의 구성

STM32F427/429는 IEEE-802.3-2002를 준수하는 MAC(media access controller)과 MII(media-independentinterfacel), 그리고 RMII(reduced media-independent interface)를 가지고 있다. 그리고 STM32F429를 실제 LAN 케이블과 접속하기 위해서는 물리계층을

구성해주는 PHY(physical interface device) 칩을 MCU의 외부에 별도로 장착(위의 그림에는 External PHY로 표시됨)하여야 한다.

13.3 LwIP : 임베디드 시스템용 TCP/IP 스택

13.3.1 LwIP(lightweight IP) 개요

13.3.1.1 개요

lwIP(lightweight IP)는 임베디드 시스템용으로 개발된 경량화된 TCP/IP 프로그램이다. lwIP는 무료이며 소스가 공개된인 TCP/IP 스택이며, 스웨덴의 Adam Dunkels가 처음 개발하였으며 지금은 비영리 단체인 개발자들의 그룹(http://savannah.nongnu.org/projects/lwip/)에서 관리하고 있다. lwIP의 주요 특징은 TCP/IP의 기능을 구현하면서도 리소스(메모리)의 사용을 최소화 한 것이다. 따라서 임베디드 시스템용으로 적합하며 많은 MCU 칩에서 TCP/IP의 구현을 위해 사용되고 있다.

참고

> lightweight IP를 lwIP 또는 LwIP라고 표기한다.

13.3.1.2 LwIP가 지원하는 프로토콜

LwIP는 다음의 프로토콜을 지원한다.

- Link layer : PPP(Point-to-Point Protocol)
  ARP(Address Resolution Protocol) – 이더넷용 프로토콜
- Nework layer : IP(Internet Protocol) – IPv4, IPv6를 지원
  ICMP(Internet Control Message Protocol)
  IGMP(Internet Group Management Protocol)
- Transport layer : TCP(Transmission Control Protocol)
  UDP(User Datagram Protocol)
- Application layer : DNS(Domain names resolver)
  SNMP(Simple Network Management Protocol)
  DHCP(Dynamic Host Configuration Protocol)

13.3.1.3 LwIP의 API 종류

LwIP는 다음과 같은 3가지의 API(application programming interfacess) 함수를 가지고 있다.

- Raw API : 네이티브(native) LwIP API이다. Raw API는 콜백(callback) 함수를 이용하

여 동작되는 방식으로 사용한다. 이 API를 이용하며 코드 크기가 가장 작게되며 동작 속도가 가장 빨라진다. 그러나 다른 API에 비해 프로그램의 개발이 어려운 단점이 있다.

- Netconn API : 하이 레벨(high-level)의 API이며, 이를 사용하려면 RTOS(real-time operating system)가 필요하다. Netconn API는 멀티쓰레드 방식의 동작이 가능하다.
- BSD Socket API : 버클리 방식(Berkeley-like)의 소켓(Socket) API이다. 이 API는 Netconn API를 기반으로 개발된 것이다.

13.3.1.4 STM32CubeF1의 lwIP 폴더 구성

STM32CubeF1에서 LwIP 스택 파일은 [Middlewares] – [Third_Party] – [LwIP] 폴더에 있으며 그 구성은 다음 그림과 같다.

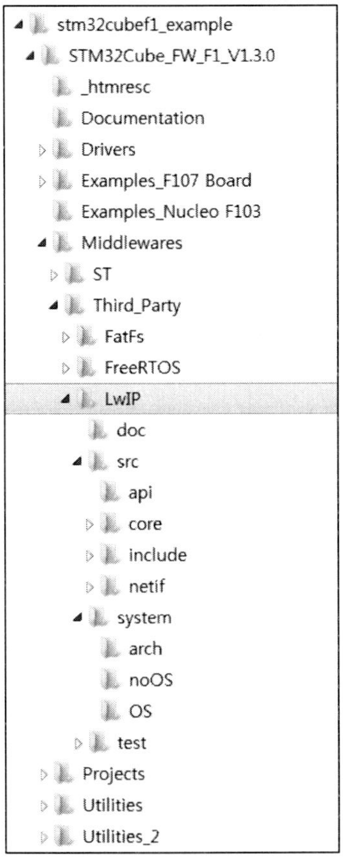

△ **그림 13-3-1** STM32CubeF4의 lwIP 폴더 구성

LwIP 폴더 내의 각 서브 폴더의 내용은 다음과 같다.

- doc : LwIP 관련 각종 도큐먼트(documentation)가 있음
- src : LwIP 스택의 소스 파일이 있음
  - api : Netconn API와 Socket API 파일

- core : LwIP 코어 파일
- include : LwIP의 인클루드 파일
- netif : Network interface 파일

• system : LwIP port를 하드웨어로 구현한 파일(주로 헤더파일)이 있음

- arch : STM32 architecture port 파일(used data types,...)
- noOS : Standalone mode에서 LwIP port hardware를 구현
- OS : operating system을 이용하여 LwIP port hardware를 구현

13.3.1.5 LwIP 내의 통신관련 기본 파일

LwIP는 TCP/IP 모델을 구현한 것이므로 다음 그림과 같은 4개의 계층구조를 가진다. 이 4개의 계층구조를 구현하는 기본적인 파일은 다음과 같다.

• 데이터 링크 계층(link layer) : Middlewares/LwIP/Core 폴더 내의 tcp.c, udp.c
• 네트워크 계층(internet layer 또는 network layer) : Middlewares/LwIP/Core/IPv4 폴더 내의 ip.c
• 전송 계층(transport layer) : Middlewares/LwIP/Core 폴더 내의 tcp.c, udp.c
• 응용 계층(application layer) : Middlewares/LwIP/Core 폴더 내의 dhcp.c, dns.c 등

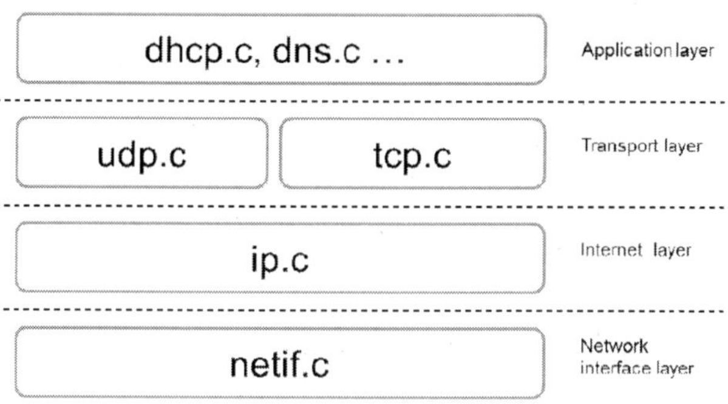

△ **그림 13-3-2** LwIP의 기본적인 파일 구성

13.3.2 LwIP 구동용 API 함수의 종류

LwIP 구동용 API 함수에는 Raw API, Netconn API 그리고 Socket API의 3가지가 있으며 각각의 함수들은 다음과 같다.

13.2.2.1 Raw API 함수

Raw API는 네이티브(native) LwIP API를 기반으로 한다. 이 API는 콜백 방식으로 구현된다. 따라서 응용프로그램을 시작할 때 사용자가 각각의 코어 이벤트(TCP_Sent, TCP_error 등)에 사용할 콜백 함수를 등록해주어야 한다. LwIP core layer는 어떤 이벤트가 발생하면

이에 대응하는 콜백 함수를 호출한다. Raw API 함수에는 TCP용 Raw API 함수와 UDP용 Raw API 함수가 있는데 〈표 13-3-1〉과 〈표 13-3-2〉는 각 함수의 종류를 나타낸다.

▼ 표 13-3-1 TCP Raw API 함수의 종류

API funcitions		Description
TCP connection setup	tcp_new	Creates a new TCP PCB (protocol control block).
	tcp_bind	Binds a TCP PCB to a local IP address and port.
	tcp_listen	Starts the listening process on the TCP PCB
	tcp_accept	Assigns a callback function that will be called when new TCP connection arrives.
	tcp_accepted	Informs the LwIP stack that an incoming TCP connects to a remote TCP host
	tcp_connect	Connects to a remote TCP host.
Sending TCP data	tcp_write	Queues up data to be sent.
	tcp_sent	Assigns a callback function that will be called when data are acknowledged by the remote host.
	tcp_output	Forces queued data to be sent.
Receiving TCP	tcp_recv	Sets the callback function that will be called when new data arrives.
	tcp_recved	Must be called when the application has processed the incoming data packed (for TCP window management).
Application polling	tcp_poll	Assigns a callback functions that will be called periodically. It can be used by the application to check if there are remaining application data that needs to be sent of if there are connections that need to be closed.
Closing and aborting connections	tcp_close	Closes a TCP connection with a remote host.
	tcp_err	Assigns a callback function for handling connections aborted by the LwIP due to errors(such as memory shortage errors).
	tcp_about	Aborts a TCP connection.

▼ 표 13-3-2 UDP Raw API 함수의 종류

API functions	Description
udp_new	Creates a new UDP PCB.
udp_remove	Removes and de-allocates a UDP PCB.
udp_bind	Binds a UDP PCB with a local IP address and port.
udp_connect	Sets up a UDP PCB remote IP address and port.
udp_disconnect	Removes a UDP PCB remote IP and port.
udp_send	Sends UDP data.
udp_recv	Specifies a callback function which is called when a datagram is received

13.2.2.2 Netconn API 함수

Netconn API는 blocking open-read-write-close paradigm에 근거하여 만들어진 하이 레벨의 순차적(sequential) API이다. 따라서 이의 사용을 위해서는 RTOS가 필요하며, 이 API가 제대로 동작하려면 멀티쓰레드가 되는 동작 모드에서 사용되어야 한다. 다음의 표는 Netconn API 함수의 종류를 나타낸다.

▼ 표 13-3-3 Netconn API 함수의 종류

API functions	Description
netconn_new	Creates a new connection.
netconn_delete	Deletes an existion connection.
netconn_bind	Binds a connection to a local IP address and port.
netconn_connect	Connects to a remote IP address and port.
netconn_send	Sends data to the currently connected remote IP/port (not applicable for TCP connections).
netconn_recv	Receives data from a netconn.
netconn_listen	Sets a TCP connection to a listening mode.
netconn_accept	Accepts an incoming connection on a listening TCP connection.
netconn_write	Sends data on a connected TCP netconn.
netconn_close	Closes a TCP connection without deleting it.

13.2.2.3 Socket API 함수

LwIP는 표준 BSD socket API도 제공한다. 이 API는 Netconn API를 기반으로 구현된 순차적 API이다. 다음의 표는 Socket API 함수의 종류를 나타낸다.

▼ 표 13-3-4 Socket API 함수의 종류

API functions	Description
socket	Creates a new socket.
bind	Binds a socket to an IP address and port.
listen	Listens for socket connections.
connect	Connects a socket to a remote host IP address and port.
accetp	Accepts a new connection on a socket.
read	Reads data from a socket.
write	Write data on a socket.
close	Closes a socket (socket is deleted).

13.3.3 LwIP 구동용 구조체 및 함수

본 교재에서는 Raw API를 이용한 TCP/IP 통신을 한다. 따라서 LwIP 구조체 및 함수 중에서 Raw API를 이용한 통신에 관련된 구조체 및 함수에 대하여 보다 상세히 알아보기로 한다.

13.3.3.1 LwIP 구동용 구조체

netif

LwIP 네트워크 인터페이스용 데이터를 처리하기 위한 구조체이며, Middlewares/LwIP/Core/netif.h에 다음과 같이 정의되어 있다.

```
struct netif {
  /** pointer to next in linked list */
  struct netif *next;

  /** IP address configuration in network byte order */
  ip_addr_t ip_addr;
  ip_addr_t netmask;
  ip_addr_t gw;

  netif_input_fn input;
  netif_output_fn output;
  netif_linkoutput_fn linkoutput;

  .. 이하 생략 ..
};
```

tcp_pcb

TCP protocol control block을 정의한 구조체이며, Middlewares/LwIP/Core/tcp.h에 다음과 같이 정의되어 있다.

```
struct tcp_pcb {
/** common PCB members */
  IP_PCB;
/** protocol specific PCB members */
  TCP_PCB_COMMON(struct tcp_pcb);
/* ports are in host byte order */
  u16_t remote_port;

  .. 중간 생략 ..

  /* Timers */
  u8_t polltmr, pollinterval;
  u8_t last_timer;
  u32_t tmr;
```

```
  /* receiver variables */
  u32_t rcv_nxt;   /* next seqno expected */
  u16_t rcv_wnd;   /* receiver window available */
  u16_t rcv_ann_wnd; /* receiver window to announce */
  u32_t rcv_ann_right_edge; /* announced right edge of window */

  .. 이하 생략 ..

};
```

echoclient

클라이언트 프로그램에서 호출되는 콜백 함수로 접속에 대한 정보를 전달하기 위한 구조체이다. tcp_echoclient.c에 다음과 같이 정의되어 있다.

```
struct  echoclient {
    enum echoclient_states  state;    /* connection status */
    struct tcp_pcb          *pcb;      /* pointer on the current tcp_pcb */
    struct pbuf             *p_tx;    /* pointer on pbuf to be transmitted */
};
```

tcp_echoserver_struct

서버 프로그램에서 호출되는 콜백 함수로 접속에 대한 정보를 전달하기 위한 구조체이다. tcp_echosever.c에 다음과 같이 정의되어 있다.

```
struct tcp_echoserver_struct {
  u8_t              state;          /* current connection state */
  struct tcp_pcb    *pcb;           /* pointer on the current tcp_pcb */
  struct pbuf       *p;             /* pointer on the received/to be transmitted pbuf */
};
```

13.3.3.2 LwIP 구동용 함수

(1) [Ethernet 예제 1(13.3.2절)]과 [Ethernet 예제 2(13.3.3절)]의 main.c에서 사용하는 함수

lwip_init(void)

LwIP 스택을 초기화하는 함수이며, Middlewares/LwIP/Core/init.c에 정의되어 있다.

Netif_Config(void)

Network interface 관련 사항(IP, net mask, gate way 등)을 설정하는 함수이며, 해당 예제의 main.c에 정의되어 있다. 실습 보드의 IP 주소도 이 함수에서 설정해준다.

제 4 부 프로그래밍 실습 : UART, USB, TCP/IP 통신

User_notification(struct netif *netif)

이더넷과 LwIP의 초기화 성공 여부를 LED로 표시해주는 함수이며, 해당 예제의 main.c에 정의되어 있다.

tcp_echoserver_init()

TCP 서버를 초기화하는 함수이며, 해당 예제의 tcp_echoserver.c에 정의되어 있다. 이 함수에서는 Server의 IP를 binding하고 listening을 시작한다.

tcp_echoclient_connect(void)

Sever(PC)에 접속하는 함수이며, 해당 예제 내의 tcp_echoclient.c에 정의되어 있다.

ethernetif_input(struct netif *netif)

이더넷 버퍼에서 수신된 데이터 패킷을 읽어서 LwIP로 전달해준다. 이 함수는 인터페이스에서 패킷이 읽을 준비가 된 후에 사용하여야 한다.

sys_check_timeouts(void)

timeout을 처리하는 함수이다. 사용자 프로그램의 main() 함수에서 반드시 이 함수를 주기적으로 호출하여야 한다.

(2) [Ethernet 예제 1(13.3.2절)]의 tcp_echoclient.c에서 사용하는 함수

tcp_new(), tcp_connect(), tcp_recv(), tcp_sent(), tcp_poll() 등

이 함수는 Law API 함수이므로 자세한 것은 다음의 '(4) Law API 함수' 부분을 참고하기 바란다.

IP4_ADDR(ipaddr, a,b,c,d)

IP 주소를 설정해주는 함수이며, Middlewares/LwIP/Core/IPv4/ip_addr.h에 매크로로 정의되어 있다. 이 함수는 IP 주소를 ipaddr = a.b.c.d로 설정해준다.

tcp_connect(struct tcp_pcb *pcb, ip_addr_t *ipaddr, u16_t port, tcp_connected_fn connected)

클라이언트가 서버로 접속을 요청하는 함수이다. 이 함수는 Law API 함수이므로 자세한 것은 Law API 함수 부분을 참고하기 바란다.

tcp_echoclient_connected(void *arg, struct tcp_pcb *tpcb, err_t err)

이 함수는 서버와의 TCP connection이 완료되면 호출되는 콜백 함수이다.

tcp_echoclient_recv(void *arg, struct tcp_pcb *tpcb, struct pbuf *p, err_t err)

이 함수는 데이터 수신이 완료되면 호출되는 콜백 함수이다.

tcp_echoclient_send(struct tcp_pcb *tpcb, struct echoclient * es)

이 함수는 데이터를 송신하는 함수이다.

[파라미터]
- tpcb : tcp_pcb connection 형의 포인터
- es : echo_state structure 형의 포인터
- 반환 값 : 없음
- 이 함수의 핵심 코드는 다음과 같다.

```
/* get pointer on pbuf from es structure */
ptr = es->p;
/* enqueue data for transmission */
wr_err = tcp_write(tpcb, ptr->payload, ptr->len, 1);
```

tcp_echoclient_sent(void *arg, struct tcp_pcb *tpcb, u16_t len)

이 함수는 데이터 송신이 완료되면 호출되는 콜백 함수이다.

tcp_echoclient_poll(void *arg, struct tcp_pcb *tpcb)

이 함수는 폴링시 호출되는 콜백 함수이다.

tcp_echoclient_connection_close(struct tcp_pcb *tpcb, struct echoclient * es)

이 함수는 클라이언트에서 TCP connection을 close할 때 사용하는 함수이다.

(3) [Ethernet 예제 2(13.3.3절)]의 tcp_echoserver.c에서 사용하는 함수

tcp_new(), tcp_bind(), tcp_listen(), tcp_accept() 등

이 함수는 Law API 함수이므로 자세한 것은 다음의 '(4) Law API 함수' 부분을 참고하기 바란다.

tcp_echoserver_accept(void *arg, struct tcp_pcb *newpcb, err_t err)

이 함수는 새로운 tcp connection이 accept되면 호출되는 콜백 함수이다.

tcp_echoserver_recv(void *arg, struct tcp_pcb *tpcb, struct pbuf *p, err_t err)

이 함수는 데이터 수신이 완료되면 호출되는 콜백 함수이다.

tcp_echoserver_send(struct tcp_pcb *tpcb, struct tcp_echoserver_struct *es)

데이터를 송신하는 함수이다.

tcp_echoserver_sent(void *arg, struct tcp_pcb *tpcb, u16_t len)

이 함수는 데이터 송신이 완료되면 호출되는 콜백 함수이다.

tcp_echoserver_poll(void *arg, struct tcp_pcb *tpcb)

이 함수는 폴링시 호출되는 콜백 함수이다.

tcp_echoserver_connection_close(struct tcp_pcb *tpcb, struct tcp_echoserver_ struct *es)

이 함수는 서버에서 TCP connection을 close할 때 사용하는 함수이다.

(4) Law API 함수

4-1) TCP 연결 설정용 함수

tcp_new (void)

TCP 연결을 위해 새로운 TCP PCB(Protocol Control Block)를 만드는 함수이다.

tcp_bind (struct tcp_pcb *pcb, struct ip_addr *ipaddr, u16_t port)

TCP PCB(pcb)에 IP 주소(ip_addr)와 포트(port)를 바인딩하는 함수이다.

tcp_listen(struct tcp_pcb *pcb)

TCP PCB에서 리슨(listen) 작업을 시작하는 함수이다.

tcp_connect(struct tcp_pcb *pcb, ip_addr_t *ipaddr, u16_t port, tcp_connected_fn connected)

클라이언트에서 서버로 접속을 요청하는 함수이며, 접속이 완료되면 이 함수의 파라미터에 지정된 "connected" 함수가 호출된다.

[파라미터]

- pcb : the tcp_pcb used to establish the connection
- ipaddr : the remote ip address to connect to

```
• port : the remote tcp port to connect to
• connected : callback function to call when connected (or on error)
• return ERR_VAL : if invalid arguments are given
                   ERR_OK if connect request has been sent
                   other err_t values if connect request couldn't be sent
```

tcp_accept (struct tcp_pcb *pcb, err_t (*accept)(void *arg, struct tcp_pcb *newpcb, err_t err))

새로운 TCP 연결이 도착하면 호출될 콜백 함수를 지정하는 함수이다.

tcp_accepted (struct tcp_pcb *pcb)

lwIP 스택에게 TCP 연결 요청이 수락되었음을 알려주는 함수이다.

4-2) TCP 데이터 송신용 함수

tcp_write (struct tcp_pcb *pcb, void *dataptr, u16_t len, u8_t apiflags)

송신할 데이터를 큐에 넣는(Queues up data to be sent) 함수이다.

tcp_sent (struct tcp_pcb *pcb, err_t (*sent)(void *arg, struct tcp_pcb *tpcb, u16_t len))

데이터 송신후 원격 호스트가 ACK(acknowledge) 신호를 보내면 호출될 콜백 함수를 지정하는 함수이다.

tcp_output (struct tcp_pcb *pcb)

송신할 데이터를 큐에서 내보내는(Forced queued data to be sent) 함수이다.

4-3) TCP 데이터 수신용 함수

tcp_recv (struct tcp_pcb *pcb, err_t (*recv)(void *arg, struct tcp_pcb *tpcb, struct pbuf *p, err_t err))

새로운 데이터가 도착했을 때 호출될 콜백 함수를 지정하는 함수이다.

tcp_recved (struct tcp_pcb *pcb, u16_t len)

TCP 윈도우 관리(TCP window management)를 위한 함수로써, 응용 프로그램(application)에서 수신된 데이터를 처리완료한 후에는 반드시 이 함수를 호출하여야 한다.

4-4) 응용 프로그램(application) 폴링용 함수

tcp_poll (struct tcp_pcb *pcb, err_t (*poll)(void *arg, struct tcp_pcb *tpcb), u8_t interval)

주기적으로 호출될 콜백함수를 지정한다. 이 함수는 유저프로그램에서 송신될 데이터 중에 남은 것이 있는지와 종료되어야할 연결이 있는지를 체크하는 용도로 사용된다.

4-5) TCP 연결 종료용 함수 중단 및 Close

tcp_close (struct tcp_pcb *pcb)

원격 호스트와의 TCP 연결을 종료하는 함수이다.

tcp_err (struct tcp_pcb *pcb, void (*err)(void *arg, err_t err))

오류(예 : 메모리 부족 오류 등)로 인해 LwIP가 연결을 강제 종료할 경우 호출될 콜백 함수를 지정하는 함수이다.

tcp_abort (struct tcp_pcb * pcb)

TCP 연결을 강제로 종료하는 함수이다.

4-6) UDP 관련 Raw API 함수

UDP Raw API 관련 함수는 다음과 같다.

udp_new (void)

새로운 UDP PCB를 생성한다.

udp_remove (struct udp_pcb *pcb)

UDP PCB를 제거하고 취소하는 함수이다.

udp_bind (struct udp_pcb * pcb, struct ip_addr * ipaddr, u16_t port)

로컬 IP 주소와 포트를 가진 UDP PCB를 바인딩하는 함수이다.

udp_connect (struct udp_pcb *pcb, struct ip_addr *ipaddr, u16_t port)

UDP PCB 원격의 IP 주소와 포트를 설정하는 함수이다.

udp_disconnect (struct udp_pcb *pcb)

UDP PCB 원격 IP 및 포트를 제거하는 함수이다.

udp_send (struct udp_pcb * pcb, struct pbuf * p)

UDP 데이터를 보내는 함수이다.

udp_recv (struct udp_pcb *pcb, void (*recv)(void *arg, struct udp_pcb *upcb, struct pbuf *p, struct ip_addr *addr, u16_t port), void *recv_arg)

데이터가 수신되었을 때 호출되는 콜백 함수를 지정하는 함수이다.

13.3.4 Raw API를 이용한 단독 수행(stnandalone) 모드의 동작 순서

Raw API를 이용한 단독 수행(stnandalone) 모드의 TCP/IP 통신 프로그램의 동작 순서는 다음과 같다.

1) 사용자 프로그램(응용 계층)에서 패킷(데이터)이 수신되었는지를 계속 폴링한다.
2) 패킷이 수신되면 이더넷 드라이버 버퍼에서 LwIP 버퍼로 전달(복사)된다. 전달을 최대한 빠르게 하기위해서 LwIP 버퍼(pbufs)는 버퍼 풀(PBUF_POOL) 내에서 지정되어야 한다.
3) 전달된 패킷은 LwIP 스택에서 처리된다. 패킷의 종류에 따라 응용 계층에 통보가 될 수도 있고, 안될 수도 있다.
4) LwIP와 응용 계층은 콜백 함수를 이용하여 상호 정보 교환(communicate)을 한다. 콜백 함수는 정보 교환 작업이 시작되기 전에 지정되어 있어야 한다.

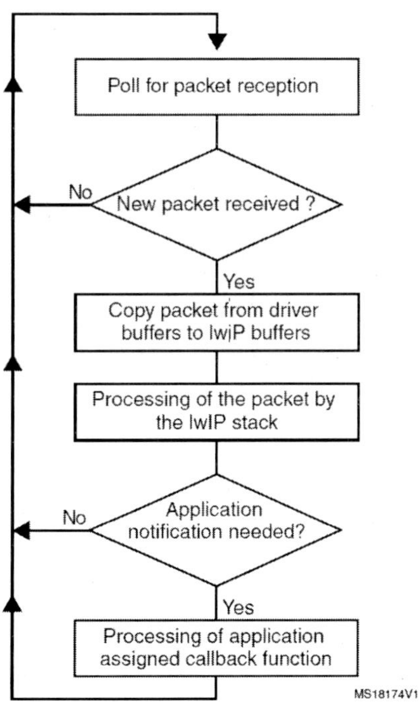

△ **그림 13-3-3** Raw API를 이용한 단독 수행(stnandalone) 모드의 동작 순서

TCP 통신을 시작하기 전에 다음의 콜백 함수들이 반드시 지정되어 있어야 한다.

- TCP_accept() : 새로운 TCP 연결 요청이 수락되면 호출되는 콜백 함수
- TCP_recv() : 데이터가 수신되면 호출되는 콜백 함수
- TCP_sent() : 데이터 송신이 완료되면(즉, 원격 호스트에서 acknowledge 신호가 오면) 호출되는 콜백 함수
- TCP_err() : TCP 에러가 발생하여 연결이 강제 종료되는 경우 호출되는 콜백 함수
- TCP_poll() : 사용자 프로그램에서 데이터 수신여부를 폴링하기 위해 주기적(매 1초 또는 2초)으로 호출하는 콜백 함수

13.4 Ethernet 응용 예제

13.4.0 Ethernet 예제 관련 회로도

13.4.0.1 PC와 실습보드의 연결 : Nucleo-F429 확장보드

(1) 실습 보드에 이더넷 케이블을 연결

이더넷 예제 수행을 위해서는 실습보드에 이더넷 케이블만 추가로 연결하면 된다. 〈그림 13-4-1〉는 실습보드에 이더넷 케이블과 USB 케이블을 연결한 모습을 보여준다.

참고

실습에 필요한 이더넷 케이블은 인터넷 접속용으로 사용하는 일반적인 이더넷 케이블을 그대로 사용하면 된다.

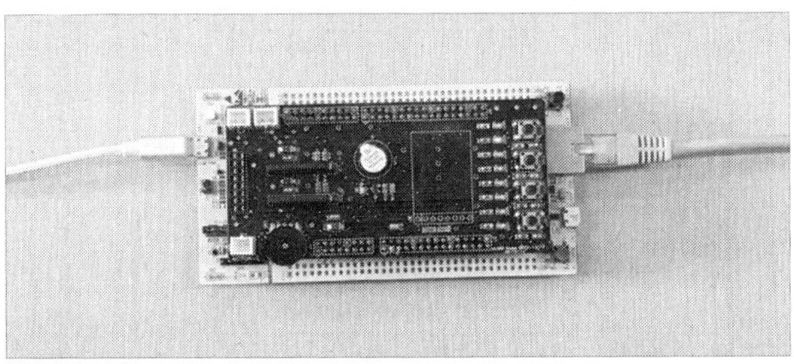

△ **그림 13-4-1** Nucleo-F429 확장보드에 이더넷 케이블과 USB 케이블을 연결한 모습

(2) PC에 이더넷 케이블을 연결

이더넷 케이블의 다른 쪽 끝을 PC에 연결한다. 만일 PC에 기존의 이더넷 케이블(LAN 케이블)이 연결되어 있다면 이것을 빼고 실습용 이더넷 케이블을 연결한다.

참고

이렇게 되면 PC는 실습보드와 연결이 되어있다. 따라서 PC에서 인터넷 접속은 되지 않는다.

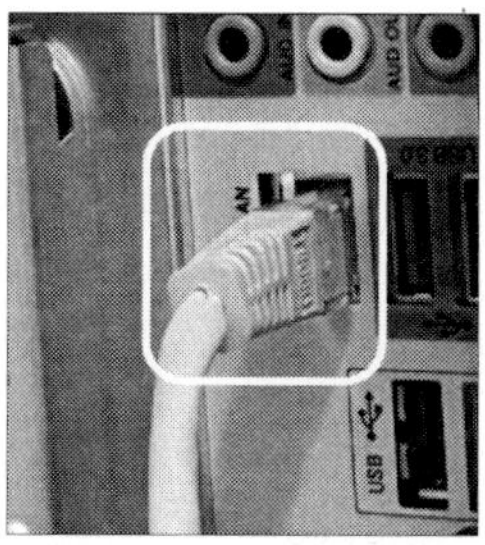

△ **그림 13-4-2** PC에 이더넷 케이블을 연결

참고

PC가 공유기에 연결(유선, 또는 무선)된 경우는 실습보드를 공유기에 연결하여도 서로 이더넷 통신이 가능하며, 따라서 제공되는 예제의 수행도 가능하다. 그러나 이 경우는 공유기가 PC와 실습보드의 IP를 임의로 지정할 가능성이 있으므로 다음과 같이 설정을 해주어야 한다.
- PC와 실습보드의 IP를 각각 예제에서 사용하는 IP로 설정을 해준다.
- 또는, 공유기가 지정한 PC와 실습보드의 IP에 맞도록 PC와 실습보드의 통신 프로그램내의 IP 설정을 변경해 준다.

13.4.0.2 예제 수행을 위한 PC와 실습보드의 연결 : Nucleo-F103 확장보드

Nucleo-F103 확장보드는 이더넷 포트가 없다. 따라서 TCP/IP 통신 예제를 실행할 수 없다.

13.4.1 Ethernet 예제 1 : TCP/IP 통신 - 클라이언트 프로그램

13.4.1.1 예제 설명

[Ethernet 예제 1 : Nucleo-F429 확장보드] 이 예제는 PC가 서버로, 실습 보드는 클라이언트로 동작하며 서로 TCP/IP 통신을 한다. IP의 설정 및 통신내용은 다음과 같다.

(1) 사용하는 IP 및 Port 번호

- Server : PC (IP : 192.168.0.2, Port : 7000)
- Client : Nucleo-F429 확장보드 (IP : 192.168.0.10)

(2) 실습 보드 (Client) → PC (Server)로 최초 접속시

실습 보드에서의 동작	PC에 나타나는 메시지
없음 (보드가 리셋되면 자동으로 서버로 접속함)	서버 접속 허용 [실습 보드의 IP] : Client is connected !

(3) PC(Server) → 실습 보드(Client)로 통신시

PC에서 보내는 메시지	실습 보드에서의 응답
〈L10〉	LED1이 Off 된다. 그리고 "LED1 is OFF"라는 메시지를 PC로 보낸다
〈L11〉	LED1이 On 된다. 그리고 "LED1 is ON !!"라는 메시지를 PC로 보낸다
〈L20〉	LED2가 Off 된다. 그리고 "LED2 is OFF"라는 메시지를 PC로 보낸다
〈L21〉	LED2가 On 된다. 그리고 "LED2 is ON !!"라는 메시지를 PC로 보낸다
〈L30〉	LED3이 Off 된다. 그리고 "LED3 is OFF"라는 메시지를 PC로 보낸다
〈L31〉	LED3이 On 된다. 그리고 "LED3 is ON !!"라는 메시지를 PC로 보낸다
〈L40〉	LED4가 Off 된다. 그리고 "LED4 is OFF"라는 메시지를 PC로 보낸다
〈L41〉	LED4가 On 된다. 그리고 "LED4 is ON !!"라는 메시지를 PC로 보낸다
그 외의 메시지	응답 없음

(4) 실습 보드(Client) → PC(Server)로 통신시

실습 보드에서의 동작	PC에 나타나는 메시지
B1을 누른다	" SW 1 pressed !"
SW1을 누른다	" SW 1 pressed !"
SW2를 누른다	" SW 2 pressed !"
SW3을 누른다	" SW 3 pressed !"
SW4를 누른다	" SW 4 pressed !"

13.4.1.2 예제 동작 순서

1) 사용하는 PC의 IP 주소를 192.168.0.2로 설정한다. PC의 IP 주소를 수동으로 설정하는 방법은 뒷 편의 [13.4.1.6절. PC의 IP 주소를 설정하는 방법]을 참고하기 바란다.

2) 제공된 PC용 TCP/IP 서버 프로그램을 PC에서 실행한다. PC용 TCP/IP 프로그램에 대한 자세한 설명은 뒷 편의 [13.4.1.8절. PC용 TCP/IP 소켓통신 프로그램]을 참고하기 바란다.

- PC용 TCP/IP 프로그램 폴더 명 :
  [Examples_Nucleo F429] – [TCP,IP] – [PC_Examples] – [PC 프로그램_소켓 통신 _VS2008]
  – 위 폴더의 'ChattingServer_2.exe' 파일을 더블클릭하여 실행한다.

이 프로그램의 실행 화면은 다음과 같다.

참고

서버-클라이언트 통신 방식에서는 서버에서 먼저 통신 프로그램을 실행하여 클라이언트의 접속을 기다려야 한다.

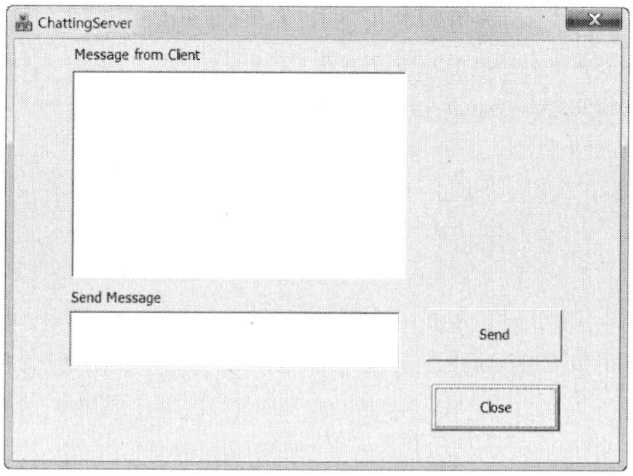

△ **그림 13-4-3** 서버 프로그램(PC)의 실행 화면 : 초기 화면

3) 예제 프로그램을 컴파일 후에 다운로드하여 실습 보드에서 프로그램을 실행한다. 이 프로그램은 다운로드되거나 보드가 리셋되면 자동으로 서버로 접속하도록 프로그램 되어있다. 그리고 서버는 접속요청을 받으면 이를 수락하여 접속을 완료한다.

다음의 그림은 클라이언트(실습 보드)에서 접속이 완료된 화면을 보여준다. 이제 서버와 클라이언트의 접속이 완료되었으며 서로 TCP/IP 통신이 가능하다.

참고

이 화면에서 [192.168.0.10]은 접속된 클라이언트의 IP를 나타낸다. 만일 실습 보드의 IP를 다르게 설정하면 이 값은 다르게 나타난다.

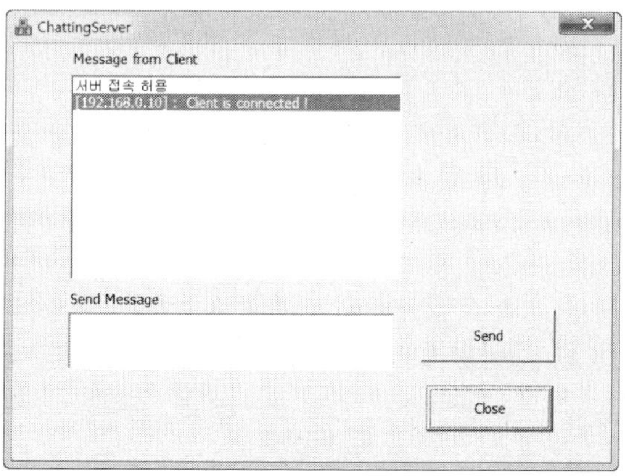

△ **그림 13-4-4** 서버 프로그램(PC)의 실행 화면 : 클라이언트(실습보드)에서 접속 완료된 경우

4) PC(Server) → 실습 보드(Client)로 통신 : PC에서 PC에서 〈L11〉를 보내는 경우

- 통신 전의 화면 : [Send Message] 입력칸에 "〈L11〉"를 입력하고 [Send] 키를 누른다.
- 통신 후의 화면 : "LED1 is ON !!"이라는 메시지가 출력된다. 이 메시지는 실습 보드에서 보낸 것이다. 그리고 실습 보드에서는 LED1이 ON된다.

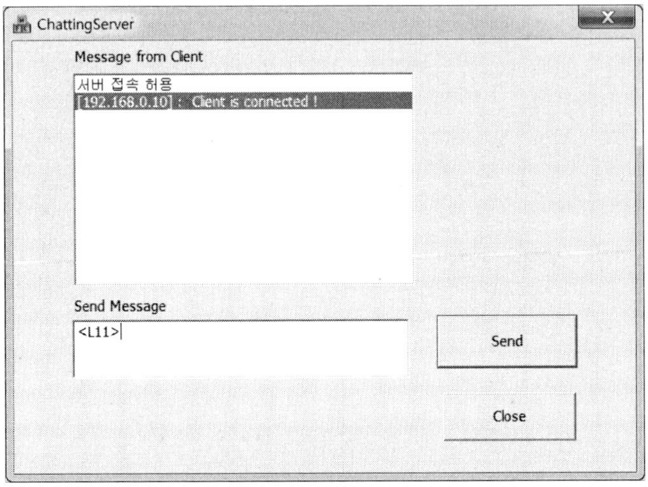

(a) 통신 전의 화면

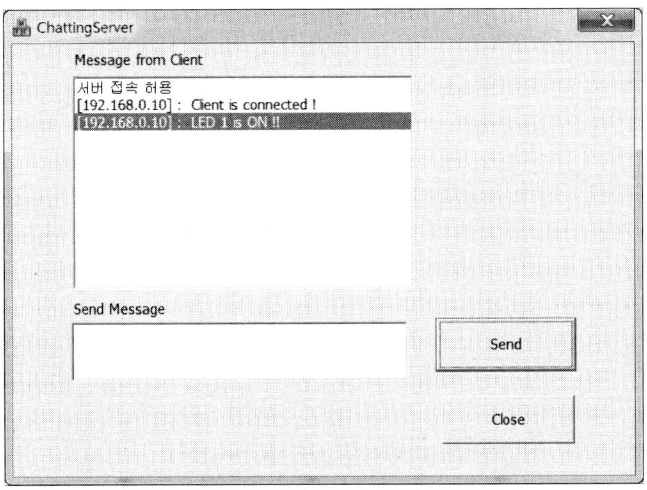

(b) 통신 후의 화면

△ **그림 13-4-5** 서버 프로그램(PC)의 실행 화면 : PC (Server) → 실습보드 (Client)로 통신

5) 실습 보드(Client) → PC(Server)로 통신 : 실습 보드에서 SW2를 누른 경우

(a) 통신 전의 화면 : 위의 화면과 동일하다.

(b) 통신 후의 화면 : "SW2 pressed !" 라는 메시지가 출력된다. 이 메시지는 실습보드에서 보낸 것이다.

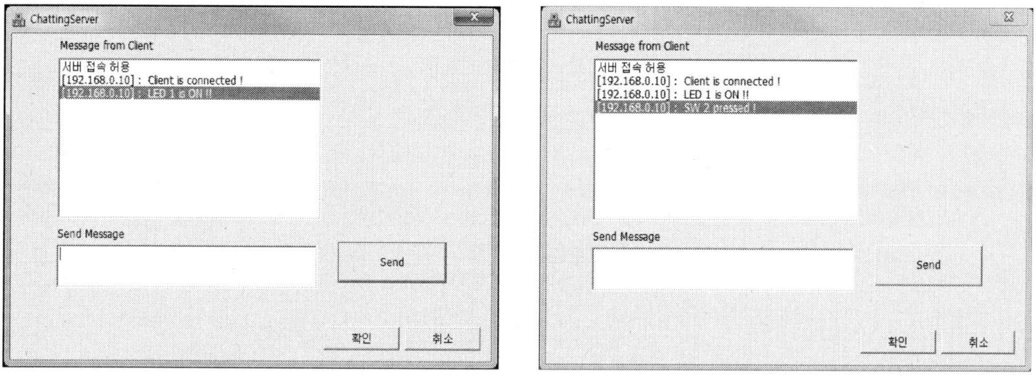

△ **그림 13-4-6** 서버 프로그램(PC)의 실행 화면 : 실습보드 (Client) → PC (Server)로 통신

13.4.1.3 소스 코드 작성 : Nucleo-F429 확장보드

1) 폴더 명 : [Examples_Nucleo F429] - [TCP,IP] - [LwIP_TCP_Client] - [MDK-ARM]
   - 위의 폴더의 'Project.uvprojx' 파일을 더블클릭하여 실행한다.

2) 이 프로젝트의 폴더의 구조 및 주요 소스파일은 다음 그림과 같다.

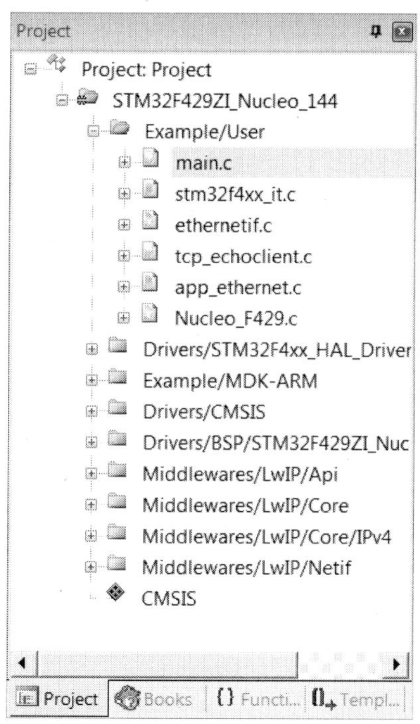

이 중에서 이 예제에서 작성(또는 수정)해야하는 파일은 다음과 같으며 나머지 소스코드는 별도의 변경없이 그대로 사용하면 된다.

- main.h
- main.c
- tcp_echoclient.c

참고

네이버 카페 "CortexWorld" (http://cafe.naver.com/CortexWorld)에서 다운받은 예제에는 모든 소스코드가 다 작성이 되어 있으므로, 별도의 추가 작성없이 예제의 컴파일 및 실행이 가능하다.

3) Example/User 폴더 내의 [main.h] 및 [main.c] 파일을 더블클릭하여 연 후에 아래와 같이 소스 코드를 작성한다.

[main.h]

```
// Define to prevent recursive inclusion ----
#ifndef __MAIN_H
#define __MAIN_H

#include "stm32f4xx_hal.h"
#include "stm32f4xx_nucleo_144.h"

// -- <1> Server(PC)의 IP 주소 및 Port 번호를 정의
#define DEST_IP_ADDR0   192
#define DEST_IP_ADDR1   168
#define DEST_IP_ADDR2   0
#define DEST_IP_ADDR3   2

#define DEST_PORT       7000

// -- <2> Client(Nucleo-F429 확장보드)의 IP 주소를 정의
#define IP_ADDR0   192
#define IP_ADDR1   168
#define IP_ADDR2   0
#define IP_ADDR3   10

// -- <3> NETMASK의 IP 주소를 정의 --
#define NETMASK_ADDR0   255
#define NETMASK_ADDR1   255
#define NETMASK_ADDR2   255
#define NETMASK_ADDR3   0

// -- <4> Gateway의 IP 주소를 정의
#define GW_ADDR0   192
#define GW_ADDR1   168
#define GW_ADDR2   0
```

```
#define GW_ADDR3   1

#endif /* __MAIN_H */
```

참고 [main.h] 파일은 프로젝트 폴더 창에서 [main.c] 파일을 클릭하면 다음 그림과 같이 찾을 수 있다.

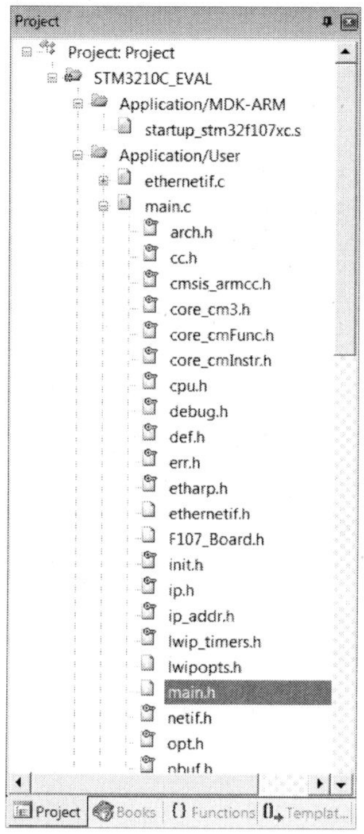

[main.c]

```
// -- <1> 필요한 헤더 파일을 인클루드 --
#include "main.h"
#include "Nucleo_F429.h"
#include "lwip/opt.h"
#include "lwip/init.h"
#include "lwip/netif.h"
#include "lwip/lwip_timers.h"
#include "netif/etharp.h"
#include "ethernetif.h"
#include "app_ethernet.h"
#include "tcp_echoclient.h"

// -- <2> 변수, 함수의 선언
```

```
struct netif gnetif;
static void Netif_Config(void);

int main(void)
{
    // -- <3> 시스템 초기화를 위한 함수
    HAL_Init();
    SystemClock_Config();
    LED_Config();
    SwEXTI_Config();

    // -- <4> Initilaize the LwIP stack
    lwip_init();

    // -- <5> Network interface를 설정하는 함수
    Netif_Config();

    // -- <6> Notify user about the network interface status
    User_notification(&gnetif);

    // -- <7> server(PC)에 접속함
    tcp_echoclient_connect();

    // -- <8> 무한 루프를 시작함
    while (1)
    {
        // -- <9> Read a received packet from the Ethernet buffers
        //                  and send it to the lwIP for handling --
        ethernetif_input(&gnetif);

        // -- <10> timeouts을 처리하는 함수 --
        sys_check_timeouts();
    }
}

// ---------------------------------------------------------------------- //
//
//  -- <11>  Network interface를 설정하는 함수
//
// ---------------------------------------------------------------------- //

static void Netif_Config(void)
{
    // -- <11> IP를 핸들링하기 위한 변수 --
    struct ip4_addr ipaddr;             // ip 주소
    struct ip4_addr netmask;            // netmask 주소
    struct ip4_addr gw;                 // gate way 주소
```

```
    // -- <11-2> 주어진 값으로 ip, netmask, gate way 주소를 format에 맞게 만드는 함수 --
    IP4_ADDR(&ipaddr, IP_ADDR0, IP_ADDR1, IP_ADDR2, IP_ADDR3);
    IP4_ADDR(&netmask, NETMASK_ADDR0, NETMASK_ADDR1 , NETMASK_ADDR2, NETMASK_ADDR3);
    IP4_ADDR(&gw, GW_ADDR0, GW_ADDR1, GW_ADDR2, GW_ADDR3);

    // -- <11-3> 네트워크 인터페이스를 구현하는 부분 --
    /* add the network interface */
    netif_add(&gnetif, &ipaddr, &netmask, &gw, NULL, &ethernetif_init, &ethernet_input);
    /*  Registers the default network interface */
    netif_set_default(&gnetif);

    if (netif_is_link_up(&gnetif))  {
      /* When the netif is fully configured this function must be called */
      netif_set_up(&gnetif);
    }
    else  {
      /* When the netif link is down this function must be called */
      netif_set_down(&gnetif);
    }
}

// ------------------------------------------------------------------------- //
//
//    --<12> Network interface의 설정 결과를 LED로 표시하는 함수
//
//      param  netif   : the network interface
//
// ------------------------------------------------------------------------- //

void User_notification(struct netif *netif)
{
    // -- <12-1> 이더넷과 LwIP의 초기화에 성공하면 : LED7을 ON함
    if (netif_is_up(netif))  {
      /* Turn On LED 7 to indicate ETH and LwIP init success*/
      HAL_GPIO_WritePin(GPIONucleo, GPIO_PIN_0, GPIO_PIN_SET);
      HAL_GPIO_WritePin(GPIOExt, GPIO_PIN_Led7, GPIO_PIN_SET);
    }

   // -- <12-2> 초기화에 실패하면 : LED8을 ON함
    else  {
      /* Turn On LED 8 to indicate ETH and LwIP init error */
      HAL_GPIO_WritePin(GPIONucleo, GPIO_PIN_7, GPIO_PIN_SET);
      HAL_GPIO_WritePin(GPIOExt, GPIO_PIN_Led8, GPIO_PIN_SET);
    }
}
```

4) Example/User 폴더 내의 [tcp_echoclient.c] 파일을 더블클릭하여 연 후에 아래와 같이 소스 코드를 작성한다.

중요 이 파일의 소스코드는 제법 길다. 그러나 소스코드의 모든 부분을 다 이해할 필요는 없으며, 주석이 되어있는 부분을 위주로 살펴보고 이해하면 된다.

참고

이 파일의 소스코드가 긴 이유는, LwIP의 Raw API를 사용하므로 LwIP 스택의 TCP/IP 통신용 펌웨어와 관련된 동작의 일부를 이 파일에서 처리하기 때문이다. LwIP 중에서 BSD Socket API를 사용하면 소스코드가 훨씬 간단해지지만, 이것을 사용하려면 RTOS(Real Time OS)가 필요하다. 한편, 상용화된 유료의 컴파일러(예 : MDK-Professional)를 사용하면 OS가 없어도 TCP/IP 통신 프로그램을 간단히 구현할 수 있다.

[tcp_echoclient.c]

```
// -- <1> 필요한 헤더 파일을 인클루드
#include "main.h"
#include "Nucleo_F429.h"
#include "lwip/debug.h"
#include "lwip/stats.h"
#include "lwip/tcp.h"
#include "lwip/memp.h"

#include <stdio.h>
#include <string.h>

#if LWIP_TCP

// -- <2> 변수, 함수의 선언
struct tcp_pcb   *echoclient_pcb;
u8_t             data[100];

// ECHO protocol states
enum  echoclient_states
{
    ES_NOT_CONNECTED = 0,
    ES_CONNECTED,
    ES_RECEIVED,
    ES_CLOSING,
};

// structure to be passed as argument to the tcp callbacks
struct  echoclient
{
    enum echoclient_states  state;    /* connection status */
```

```
    struct tcp_pcb          *pcb;     /* pointer on the current tcp_pcb */
    struct pbuf             *p_tx;    /* pointer on pbuf to be transmitted */
};

// -- <3> 함수의 선언
static err_t tcp_echoclient_recv(void *arg, struct tcp_pcb *tpcb, struct pbuf *p, err_t err);
static void tcp_echoclient_connection_close(struct tcp_pcb *tpcb, struct echoclient * es);
static err_t tcp_echoclient_poll(void *arg, struct tcp_pcb *tpcb);
static err_t tcp_echoclient_sent(void *arg, struct tcp_pcb *tpcb, u16_t len);
static void tcp_echoclient_send(struct tcp_pcb *tpcb, struct echoclient * es);
static err_t tcp_echoclient_connected(void *arg, struct tcp_pcb *tpcb, err_t err);

void tcp_echoclient_connect(void);

void key_send(int key_number);
void message_send_client(struct tcp_pcb *tpcb2, int number);

// ------------------------------------------------------------------------
// -- <4> Server에 접속(TCP connect)하는 함수
//          - 이 함수는 변경할 필요없이 그대로 사용하면 된다.
//
// ------------------------------------------------------------------------

void tcp_echoclient_connect(void)
{
    struct ip4_addr DestIPaddr;

    // -- <4-1> create new tcp pcb
    echoclient_pcb = tcp_new();

    if (echoclient_pcb != NULL)  {
      // -- <4-2> 접속할 server의 IP를 지정함 -
      IP4_ADDR( &DestIPaddr, DEST_IP_ADDR0, DEST_IP_ADDR1, DEST_IP_ADDR2, DEST_IP_ADDR3
);
      // -- <4-3> 지정된 IP(&DestIPaddr), 포트(DEST_PORT)에 접속함
      tcp_connect(echoclient_pcb, &DestIPaddr, DEST_PORT, tcp_echoclient_connected);

    }
    else  {
      /* deallocate the pcb */
      memp_free(MEMP_TCP_PCB, echoclient_pcb);
      #ifdef SERIAL_DEBUG
      printf("\n\r can not create tcp pcb");
      #endif
    }
}
```

```
// ---------------------------------------------------------------------------------
//  -- <5> 서버에 TCP connection이 완료되면 호출되는 콜백 함수
//         - 이 함수는 변경할 필요없이 그대로 사용하면 된다.
/**
  * Function called when TCP connection established
  * param tpcb     : pointer on the connection contol block
  * param err      : when connection correctly established err should be ERR_OK
  * retval err_t   : returned error
  */
// ---------------------------------------------------------------------------------

static err_t tcp_echoclient_connected(void *arg, struct tcp_pcb *tpcb, err_t err)
{
    // --<5-1> echoclient형 구조체 변수 es를 선언함
    struct echoclient *es = NULL;

    if (err == ERR_OK)  {
        /* allocate structure es to maintain tcp connection informations */
        es = (struct echoclient *)mem_malloc(sizeof(struct echoclient));

        if (es != NULL) {
              es->state = ES_CONNECTED;
              es->pcb = tpcb;

              // -- <5-2> 접속완료시에 송신할 데이터를 pbuf (es->p_tx)에 넣는다
               sprintf((char*)data, " Client is connected ! ");

              /* allocate pbuf */
              es->p_tx = pbuf_alloc(PBUF_TRANSPORT, strlen((char*)data) , PBUF_POOL);

              if (es->p_tx)  {
                 /* pass newly allocated es structure as argument to tpcb */
                 tcp_arg(tpcb, es);
                 // -- <5-3> 데이터 송신이 완료되면 호출될 콜백함수를 지정
                 tcp_recv(tpcb, tcp_echoclient_recv);
                 // -- <5-4> 데이터 수신이 완료되면 호출될 콜백함수를 지정
                 tcp_sent(tpcb, tcp_echoclient_sent);
                 // -- <5-5> polling시 호출될 콜백함수를 지정

                 //   - 이 콜백함수는 주기적으로 호출되어야 한다.
                 //   - 이 콜백함수에서는 송신할 데이터 중에서 아직 미송신된 것이 있는지와
                 //     close되어야 할 coneccction이 있는지를 체크한다.
                 tcp_poll(tpcb, tcp_echoclient_poll, 1);

                 // pbuf에 있는 데이터를 서버로 송신함
                 /* copy data to pbuf */
```

```
                pbuf_take(es->p_tx, (char*)data, strlen((char*)data));
                /* send data */
                tcp_echoclient_send(tpcb,es);

                return ERR_OK;
                }
        }
        else   {
                /* close connection */
                tcp_echoclient_connection_close(tpcb, es);
                /* return memory allocation error */
                return ERR_MEM;
        }
    }
    else  {
        /* close connection */
        tcp_echoclient_connection_close(tpcb, es);
    }
    return err;
}

// -----------------------------------------------------------------------------------
//  -- <6> 데이터 수신이 완료되면 호출되는 콜백 함수

/**
  * param arg     : argument to be passed to receive callback
  * param tpcb    : tcp connection control block
  * param err     : receive error code
  * retval err_t  : retuned error
  */
// -----------------------------------------------------------------------------------

static err_t  tcp_echoclient_recv(void *arg, struct tcp_pcb *tpcb, struct pbuf *p, err_t
err)
{
    char * cp;
    // -- <6-1> 수신받은 데이터를 cp에 대입

    cp  = p->payload;

    // -- <6-2> cp == <L10>이면 LED1을 Off하고 대응되는 메시지를 서버로 보낸다.
    //      이하 비슷한 작업을 수행한다.
    if(strcmp(cp,"<L10>") == 0) {
      HAL_GPIO_WritePin(GPIONucleo, GPIO_PIN_Led1, GPIO_PIN_RESET);
      HAL_GPIO_WritePin(GPIOExt, GPIO_PIN_Led1, GPIO_PIN_RESET);
```

```
        message_send_client(tpcb, 10);
    }
    else if(strcmp(cp,"<L11>") == 0) {
        HAL_GPIO_WritePin(GPIONucleo, GPIO_PIN_Led1, GPIO_PIN_SET);
        HAL_GPIO_WritePin(GPIOExt, GPIO_PIN_Led1, GPIO_PIN_SET);
        message_send_client(tpcb, 11);
    }
     else if(strcmp(cp,"<L20>") == 0) {
        HAL_GPIO_WritePin(GPIONucleo, GPIO_PIN_7, GPIO_PIN_RESET);
        HAL_GPIO_WritePin(GPIOExt, GPIO_PIN_Led2, GPIO_PIN_RESET);
        message_send_client(tpcb, 20);
     }
    else if(strcmp(cp,"<L21>") == 0) {
        HAL_GPIO_WritePin(GPIONucleo, GPIO_PIN_7, GPIO_PIN_SET);
        HAL_GPIO_WritePin(GPIOExt, GPIO_PIN_Led2, GPIO_PIN_SET);
        message_send_client(tpcb, 21);
    }
    else if(strcmp(cp,"<L30>") == 0)  {
        HAL_GPIO_WritePin(GPIOExt, GPIO_PIN_Led3, GPIO_PIN_RESET);
        message_send_client(tpcb, 30);
    }
    else if(strcmp(cp,"<L31>") == 0)  {
        HAL_GPIO_WritePin(GPIOExt, GPIO_PIN_Led3, GPIO_PIN_SET);
        message_send_client(tpcb, 31);
    }
    else if(strcmp(cp,"<L40>") == 0)  {
        HAL_GPIO_WritePin(GPIOExt, GPIO_PIN_Led4,GPIO_PIN_RESET);
        message_send_client(tpcb, 40);
    }
    else if(strcmp(cp,"<L41>") == 0)  {
        HAL_GPIO_WritePin(GPIOExt, GPIO_PIN_Led4, GPIO_PIN_SET);
        message_send_client(tpcb, 41);
    }

    // Free the p buffer
    pbuf_free(p);

    return ERR_OK;
}

// ---------------------------------------------------------------------------------
//  -- <7> 데이터를 송신하는 함수

//          - 이 함수는 변경할 필요없이 그대로 사용하면 된다.
/**
  * param  tpcb    : tcp control block
```

```
  * param  es      : pointer on structure of type echoclient containing info on data
  *          to be sent
  * retval   None
  */
// ------------------------------------------------------------------------------------

static void tcp_echoclient_send(struct tcp_pcb *tpcb, struct echoclient * es)
{
    struct pbuf *ptr;
    err_t wr_err = ERR_OK;
    while ((wr_err == ERR_OK) &&
        (es->p_tx != NULL) &&
        (es->p_tx->len <= tcp_sndbuf(tpcb)))
    {
      /* get pointer on pbuf from es structure */
      ptr = es->p_tx;
      /* enqueue data for transmission */
      wr_err = tcp_write(tpcb, ptr->payload, ptr->len, 1);

      if (wr_err == ERR_OK){
        /* continue with next pbuf in chain (if any) */
        es->p_tx = ptr->next;
        if(es->p_tx != NULL)  {
        /* increment reference count for es->p */
        pbuf_ref(es->p_tx);
        }
              /* free pbuf:will free pbufs up to es->p (because es->p has a reference count
        >0) */
        pbuf_free(ptr);
      }
      else if(wr_err == ERR_MEM)   {
        /* we are low on memory, try later, defer to poll */
        es->p_tx = ptr;
      }

      else  {
      /* other problem ?? */
      }
    }
}

// ------------------------------------------------------------------------------------
//  -- <8> 데이터 송신이 완료되면 호출되는 콜백 함수
//        - 이 함수는 변경할 필요없이 그대로 사용하면 된다.
/**
  *  This function implements the tcp_sent LwIP callback (called when ACK
```

```
 *        is received from remote host for sent data)
 * param        arg          : pointer on argument passed to callback
 * param        tcp_pcb      : tcp connection control block
 * param        len          : length of data sent
 * retval       err_t        : returned error code
 */
// ---------------------------------------------------------------------------------

static err_t tcp_echoclient_sent(void *arg, struct tcp_pcb *tpcb, u16_t len)
{
    struct echoclient *es;

    LWIP_UNUSED_ARG(len);

    es = (struct echoclient *)arg;

    if(es->p_tx != NULL)
    {
      /* still got pbufs to send */
      tcp_echoclient_send(tpcb, es);
    }

    return ERR_OK;
}

// ---------------------------------------------------------------------------------
//  -- <9> 폴링시 호출되는 콜백 함수
//         - 이 함수는 변경할 필요없이 그대로 사용하면 된다.
/**
 *  This function implements the tcp_poll callback function
 * param        arg        : pointer on argument passed to callback
 * param        tpcb       : tcp connection control block
 * retval       err_t      : error code
 */
// ---------------------------------------------------------------------------------

static err_t tcp_echoclient_poll(void *arg, struct tcp_pcb *tpcb)
{
    err_t ret_err;
    struct echoclient *es;

    es = (struct echoclient*)arg;
    if (es != NULL)
    {
      if (es->p_tx != NULL)
      {
```

```
        /* there is a remaining pbuf (chain) , try to send data */
        tcp_echoclient_send(tpcb, es);
      }
      else
      {
        /* no remaining pbuf (chain)  */
        if(es->state == ES_CLOSING)
        {
                /* close tcp connection */
                tcp_echoclient_connection_close(tpcb, es);
        }
      }
      ret_err = ERR_OK;
    }
    else
    {
      /* nothing to be done */
      tcp_abort(tpcb);
      ret_err = ERR_ABRT;
    }
    return ret_err;
}

// ------------------------------------------------------------------------------------------
//  -- <10> tcp connection을 close할 때 사용하는 함수
//          - 이 함수는 변경할 필요없이 그대로 사용하면 된다.
/**
  *  This function is used to close the tcp connection with server
  * param tpcb     : tcp connection control block
  * param es       : pointer on echoclient structure
  * retval         None
  */
// ------------------------------------------------------------------------------------------

static void tcp_echoclient_connection_close(struct tcp_pcb *tpcb, struct echoclient * es )
{
    /* remove callbacks */
    tcp_recv(tpcb, NULL);
    tcp_sent(tpcb, NULL);
    tcp_poll(tpcb, NULL,0);

    if (es != NULL) {
      mem_free(es);
    }
```

제4부 프로그래밍 실습 : UART, USB, TCP/IP 통신

```
    /* close tcp connection */
    tcp_close(tpcb);
}

#endif /* LWIP_TCP */

// ---------------------------------------------------------------------
//  -- <11> F107 Board(Client)에서  PC(Server)로 메시지를 전송하는 함수
//
// ---------------------------------------------------------------------

void message_send_client(struct tcp_pcb *tpcb, int number)
{
        struct echoclient *es = NULL;

        /* allocate structure es to maintain tcp connection informations */
        es = (struct echoclient *)mem_malloc(sizeof(struct echoclient));
        es->pcb = tpcb;

        switch(number) {
          // --  <11-1> number의 값에 따라 대응되는 메시지를 data에 저장.
          case 10 :  sprintf((char*)data, " LED 1 is OFF");
                     break;
          case 11 :  sprintf((char*)data, " LED 1 is ON !!");
                     break;
          case 20 :  sprintf((char*)data, " LED 2 is OFF");
                     break;
          case 21 :  sprintf((char*)data, " LED 2 is ON !!");
                     break;
          case 30 :  sprintf((char*)data, " LED 3 is OFF");
                     break;
          case 31 :  sprintf((char*)data, " LED 3 is ON !!");
                     break;
          case 40 :  sprintf((char*)data, " LED 4 is OFF");
                     break;
          case 41 :  sprintf((char*)data, " LED 4 is ON !!");
                     break;
          case 99 :  sprintf((char*)data, " Connected ! ");
                     break;
        }
        // -- <11-2> 데이터를 보냄 : - server의 message_send() 와 비슷한 방법을 사용
        // 송신할 데이터를 es->p_tx (pbuf)에 넣는다   (allocate pbuf )
        es->p_tx = pbuf_alloc(PBUF_TRANSPORT, strlen((char*)data) , PBUF_POOL);

        if (es->p_tx) {
                     // copy data to pbuf
```

```
                pbuf_take(es->p_tx, (char*)data, strlen((char*)data));
                // send data
                tcp_echoclient_send(tpcb, es);
        }
}

// ------------------------------------------------------------------------
//  -- <12> SW가 눌러지면 대응되는 메시지를 Client --> Server로 전송하는 함수
//
// ------------------------------------------------------------------------

void key_send(int key_number)
{
        struct echoclient *es = NULL;

        /* allocate structure es to maintain tcp connection informations */
        es = (struct echoclient *) mem_malloc( sizeof(struct echoclient) );

        if (es != NULL)    {
          es->pcb = echoclient_pcb;

          switch(key_number) {
          // --  <12-1> key_number의 값에 따라 대응되는 메시지를 data에 저장.
          case 1 :   sprintf((char*)data, " SW 1 pressed !");       break;
          case 2 :   sprintf((char*)data, " SW 2 pressed !");       break;
          case 3 :   sprintf((char*)data, " SW 3 pressed !");       break;
          case 4 :   sprintf((char*)data, " SW 4 pressed !");       break;
          }

          // -- <12-2> 데이터를 보냄
          // 송신할 데이터를 es->p_tx (pbuf)에 넣는다             /* allocate pbuf */
          es->p_tx = pbuf_alloc(PBUF_TRANSPORT, strlen((char*)data) , PBUF_POOL);

          if (es->p_tx) {
                      /* copy data to pbuf */
                      pbuf_take(es->p_tx, (char*)data, strlen((char*)data));
                      /* send data */
                      tcp_echoclient_send(echoclient_pcb, es);
          }
        }
}

// ------------------------------------------------------------------------
// -- <13> GPIO의 EXTI 가 발생하면 (즉, SW가 눌러지면) 호출되는 함수
//
// ------------------------------------------------------------------------
```

```
void HAL_GPIO_EXTI_Callback(uint16_t GPIO_Pin)
{
        // -- <13-1> 눌러지는 SW 값에 따라 key_send( ) 함수를 호출함
        if (GPIO_Pin == GPIO_PIN_Nucleo_Sw)  {
          key_send(1);
        }
        if (GPIO_Pin == GPIO_PIN_Sw1)  {
          key_send(1);
        }
        if (GPIO_Pin == GPIO_PIN_Sw2)  {
          key_send(2);
        }
        if (GPIO_Pin == GPIO_PIN_Sw3)  {
          key_send(3);
        }
        if (GPIO_Pin == GPIO_PIN_Sw4)  {
          key_send(4);
        }

        // -- <13-2> SW의 chattering 현상을 방지하기 위해 시간지연을 준다
        for (int i=0; i<=100000; i++) ;
}
```

13.4.1.4 소스코드 설명

* 소스 코드의 설명에 붙어있는 번호는 (예 : 〈1〉, 〈2〉 등)은 앞 절의 소스 코드내에 붙어 있는 번호와 동일하다.

[main.h]

<1> Server(PC)의 IP 주소 및 Port 번호를 정의한다.
- IP 주소는 앞 절에서 설정한 값(192.168.0.2)과 같게 설정하여야 한다.
- Port 번호는 7000으로 설정한다. (PC에서 동작하는 서버 프로그램의 소스코드에 Port 7000에서 입력을 받도록 설정되어 있음)

<2> Client(Nucleo-F429 확장보드)의 IP 주소를 정의한다.
- IP 주소는 앞 절에서 설명한 값(192.168.0.10)으로 설정한다.
- 실습보드는 클라이언트로 동작하므로 Port 번호는 필요없다.

[참고] 실습보드의 IP 주소는 꼭 192.168.0.10 으로 설정할 필요는 없다. Sever와 Gateway의 IP를 제외한 값인 192.168.0.xxx (xxx = 3 ~ 255) 로 설정하면 된다.

<3> NETMASK의 IP 주소를 정의한다. 이 값은 255.255.255.0 로 설정하면 된다.
<4> Gateway의 IP 주소를 정의한다. 이 값은 192.168.0.1 로 설정하면 된다.

[main.c]

<1> 필요한 헤더 파일을 인클루드한다. lwIP와 관련된 여러 개의 헤더 파일이 필요하다.
<2> 프로그램의 수행에 필요한 변수, 함수를 선언한다.
<3> 시스템 초기화를 위한 함수이다. 이 함수는 앞 절의 예제와 동일하다.

<4> lwip_init()
- LwIP 스택의 초기화를 위한 함수이다.
- 이 함수는 STM32Cube의 LwIP 폴더에서 제공되는 함수이며 init.c에 정의되어 있다.

<5> Netif_Config()
- Network interface를 설정하는 함수이다.
- 이 함수는 사용자가 작성하는 함수이며 main.c 내에 정의되어 있다.

<6> User_notification(&gnetif)
- network interface 의 설정 결과를 알려주는 함수
- 이 함수는 사용자가 작성하는 함수이며 main.c 내에 정의되어 있다.

<7> tcp_echoclient_connect()
- server(PC)에 접속하는 함수이다.
- 이 함수는 사용자가 작성하는 함수이며 tcp_echoclient.c에 정의되어 있다.

<8> 프로그램은 무한 루프로 수행된다.
<9> ethernetif_input(&gnetif)
- 이더넷 버퍼에서 수신된 패킷(packet)을 읽어서 LwIP로 전달하는 함수이다.
- 이 함수는 STM32Cube의 LwIP 폴더에서 제공되는 함수이며 etnernetif.c에 정의되어 있다.

<10> sys_check_timeouts()
- 통신에서 발생할 수 있는 timeout을 처리하는 함수이다. 정상적인 통신 수행을 위해서는 사용자 프로그램에서 이 함수를 주기적으로 호출하여야 한다.
- 이 함수는 STM32Cube의 LwIP 폴더에서 제공되는 함수이며 lwip_timers.c에 정의되어 있다.

<11> Netif_Config()
- Network interface를 설정하는 함수

<11-1> IP를 핸들링하기 위한 변수를 선언한다.
<11-2> 주어진 값으로 ip, netmask, gate way 주소를 format에 맞게 만드는 함수
- 이 함수는 STM32Cube의 LwIP 폴더에서 제공되는 함수이다.

<11-3> 네트워크 인터페이스를 구현하는 부분이다.

<12> User_notification()
- Network interface의 설정 결과를 LED로 표시하는 함수

<12-1> 이더넷과 LwIP의 초기화에 성공하면 : LED7을 ON함
<12-2> 초기화에 실패하면 : LED8을 ON함

[tcp_echoclient.c]

<1> 필요한 헤더 파일을 인클루드한다. lwIP와 관련된 여러개의 헤더 파일이 필요하다.
<2>, <3> 프로그램의 수행에 필요한 변수, 함수를 선언한다.

<4> tcp_echoclient_connect()

- Server에 접속(TCP connect)하는 함수
- 이 함수는 사용자가 변경할 필요없이 그대로 사용하면 된다.

<4-1> echoclient_pcb = tcp_new()
- 새로운 tcp pcb를 만든다.

<4-2> IP4_ADDR(&DestIPaddr, DEST_IP_ADDR0, DEST_IP_ADDR1, DEST_IP_ADDR2, DEST_IP_ADDR3)
- 접속할 server의 IP를 지정한다.

<4-3> tcp_connect(echoclient_pcb, &DestIPaddr, DEST_PORT, tcp_echoclient_connected)
- 지정된 IP(&DestIPaddr), 포트(DEST_PORT)에 접속함
- 이 함수는 STM32Cube의 LwIP 폴더에서 제공되는 함수이다.

<5> tcp_echoclient_connected()
- 서버에 TCP connection이 완료되면 호출되는 콜백 함수
- 이 함수는 사용자가 변경할 필요없이 그대로 사용하면 된다.

<5-1> echoclient형 구조체 변수 es를 선언함

<5-2> 접속완료시에 송신할 데이터를 pbuf (es->p_tx)에 넣는다

<5-3> tcp_recv(tpcb, tcp_echoclient_recv)
- 데이터 송신이 완료되면 호출될 콜백함수를 지정한다.
- 이 함수는 STM32Cube의 LwIP 폴더에서 제공되는 함수이다.

<5-4> tcp_sent(tpcb, tcp_echoclient_sent)
- 데이터 수신이 완료되면 호출될 콜백함수를 지정한다.
- 이 함수는 STM32Cube의 LwIP 폴더에서 제공되는 함수이다.

<5-5> tcp_poll(tpcb, tcp_echoclient_poll, 1)
- polling시 호출될 콜백함수를 지정한다.
- 이 콜백함수는 주기적으로 호출되어야 한다.
- 이 콜백함수에서는 송신할 데이터 중에서 아직 미송신된 것이 있는지와 close되어야 할 conecction이 있는지를 체크한다.
- 이 함수는 STM32Cube의 LwIP 폴더에서 제공되는 함수이다.

<6> tcp_echoclient_recv()
- 데이터 수신이 완료되면 호출되는 콜백 함수

<6-1> 수신받은 데이터를 cp에 대입한다.

<6-2> cp == <L10>이면 LED1을 Off하고 대응되는 메시지를 서버로 보낸다. 이하의 코드는 비슷한 작업을 수행한다.

<7> tcp_echoclient_send()
- 데이터를 송신하는 함수
- 이 함수는 사용자가 변경할 필요없이 그대로 사용하면 된다.

<8> tcp_echoclient_sent()
- 데이터 송신이 완료되면 호출되는 콜백 함수
- 이 함수는 사용자가 변경할 필요없이 그대로 사용하면 된다.

<9> tcp_echoclient_poll()
- 폴링시에 호출되는 콜백 함수
- 이 함수는 사용자가 변경할 필요없이 그대로 사용하면 된다.

```
<10> tcp_echoclient_connection_close()
   - tcp connection을 close할 때 사용하는 함수
   - 이 함수는 사용자가 변경할 필요없이 그대로 사용하면 된다.

<11> message_send_client()
   - Nucleo-F429 확장보드(Client)에서  PC(Server)로 메시지를 전송하는 함수
<11-1> number의 값에 따라 대응되는 메시지를 data에 저장한다.
<11-2> 데이터를 보낸다. 예제 1의 server의 message_send() 와 비슷한 방법을 사용한다.

<12> key_send()
   - SW가 눌러지면 대응되는 메시지를 Client --> Server로 전송하는 함수
<12-1> key_number의 값에 따라 대응되는 메시지를 data에 저장.
<12-2> 데이터를 보냄

<13> HAL_GPIO_EXTI_Callback)
   - GPIO의 EXTI 가 발생하면 (즉, SW가 눌러지면) 호출되는 함수
<13-1> 눌러지는 SW 값에 따라 key_send( ) 함수를 호출함
<13-2> SW의 chattering 현상을 방지하기 위해 시간지연을 준다
```

13.4.1.5 프로그램 실행

[13.4.1.1 예제 설명] 과 [13.4.1.2 예제 동작 순서] 와 동일하므로 앞 절을 참고하기 바란다. 프로그램 다운로드 후에 LED의 동작상태는 다음과 같음을 유의하자.

- 이더넷과 LwIP의 초기화에 성공하면 : LED7이 ON됨
- 이더넷과 LwIP의 초기화에 실패하면 : LED8이 ON됨

13.4.2 Ethernet 예제 2 : TCP/IP 통신 – 서버 프로그램

13.4.2.1 예제 설명

[Ethernet 예제 2 : Nucleo-F429 확장보드] 이 예제는 실습 보드가 서버로, PC는 클라이언트로 동작하며 서로 TCP/IP 통신을 한다. IP의 설정 및 통신내용은 다음과 같다.

(1) 사용하는 IP 및 Port 번호

– Server : Nucleo-F429 확장보드 (IP : 192.168.0.10, Port : 7000)
– Client : PC (IP : 192.168.0.2)

(2) PC (Client) → 실습보드 (Server)로 통신시

PC에서 보내는 메시지	실습 보드에서의 응답
〈L10〉	LED1이 Off 된다. 그리고 "LED1 is OFF"라는 메시지를 PC로 보낸다 (단, 최초 통신시에는 PC에서 보낸 메시지도 함께 전송된다.)

PC에서 보내는 메시지	실습 보드에서의 응답
〈L11〉	LED1이 On 된다. 그리고 "LED1 is ON !!"라는 메시지를 PC로 보낸다 (단, 최초 통신시에는 PC에서 보낸 메시지도 함께 전송된다.)
〈L20〉	LED2가 Off 된다. 그리고 "LED2 is OFF"라는 메시지를 PC로 보낸다 (단, 최초 통신시에는 PC에서 보낸 메시지도 함께 전송된다.)
〈L21〉	LED2가 On 된다. 그리고 "LED2 is ON !!"라는 메시지를 PC로 보낸다 (단, 최초 통신시에는 PC에서 보낸 메시지도 함께 전송된다.)
〈L30〉	LED3이 Off 된다. 그리고 "LED3 is OFF"라는 메시지를 PC로 보낸다 (단, 최초 통신시에는 PC에서 보낸 메시지도 함께 전송된다.)
〈L31〉	LED3이 On 된다. 그리고 "LED3 is ON !!"라는 메시지를 PC로 보낸다 (단, 최초 통신시에는 PC에서 보낸 메시지도 함께 전송된다.)
〈L40〉	LED4가 Off 된다. 그리고 "LED4 is OFF"라는 메시지를 PC로 보낸다 (단, 최초 통신시에는 PC에서 보낸 메시지도 함께 전송된다.)
〈L41〉	LED4가 On 된다. 그리고 "LED4 is ON !!"라는 메시지를 PC로 보낸다 (단, 최초 통신시에는 PC에서 보낸 메시지도 함께 전송된다.)
그 외의 메시지	PC에서 받은 메시지를 다시 PC로 보낸다(echo back) (단, 최초 통신시에는 "Connected !"라는 메시지도 함께 전송된다.)

(3) 실습 보드(Server) → PC(Client)로 통신시

실습 보드에서의 동작	PC에 나타나는 메시지
B1를 누른다	" SW 1 pressed !"
SW1을 누른다	" SW 1 pressed !"
SW2를 누른다	" SW 2 pressed !"
SW3을 누른다	" SW 3 pressed !"
SW4를 누른다	" SW 4 pressed !"

13.4.2.2 예제 동작 순서

1) 사용하는 PC의 IP 주소를 192.168.0.2로 설정한다. PC의 IP 주소를 수동으로 설정하는 방법은 [13.4.1.5 PC의 IP 주소를 설정하는 방법]을 참고하기 바란다.
2) 예제 프로그램을 컴파일 후에 다운로드하여 실습보드에서 프로그램을 실행한다. 이 프로그램은 서버 프로그램이다. 따라서 프로그램 실행 후에 실습보드는 클라이언트에서 접속 요청이 오기를 기다린다.

3) 제공된 PC용 클라이언트 프로그램을 PC에서 실행하여 서버(실습보드)에 접속한다.

(a) PC용 TCP/IP 프로그램 폴더 명 :

[Examples_Nucleo F429] – [TCP,IP] – [PC_Examples] – [PC 프로그램_소켓 통신_VS2008]

– 위 폴더의 'ChattingClient.exe' 파일을 더블클릭하여 실행한다.

(b) 이 프로그램의 실행 화면은 다음과 같다. 여기에서 [Connect to Server] 버튼을 누른다.

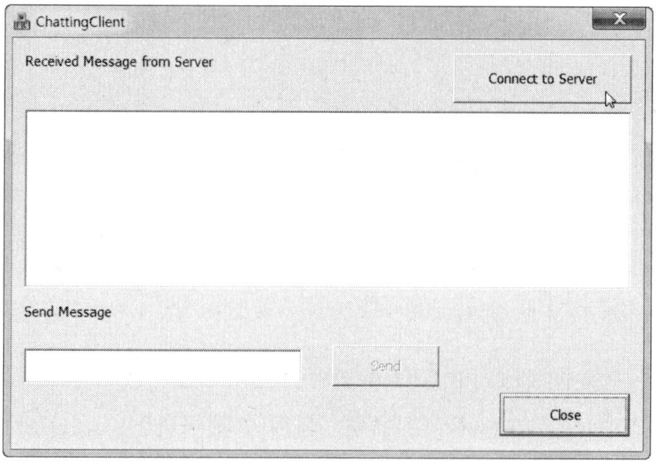

△ **그림 13-4-7** 클라이언트 프로그램(PC)의 실행 화면

(c) 그러면 서버로의 접속 화면이 나타난다. 서버의 디폴트 IP Address는 192.168.0.10으로 설정되어있다. 여기에서 [Connect] 버튼을 누른다.

참고

혹시 서버의 IP Address를 변경할 필요가 있으면 이 화면에서 직접 입력하면 된다.

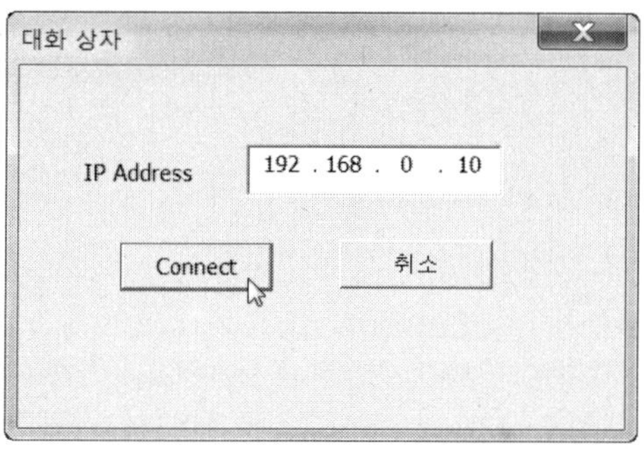

△ **그림 13-4-8** 클라이언트 프로그램(PC)의 실행 화면 : 서버로의 접속 화면

(d) 접속이 완료되면 다음과 같은 화면이 나타난다. 앞의 [그림 13-4-7]의 화면과 비슷하지만 [Connect to Server] 버튼이 비활성화 되어있음을 알 수 있다.

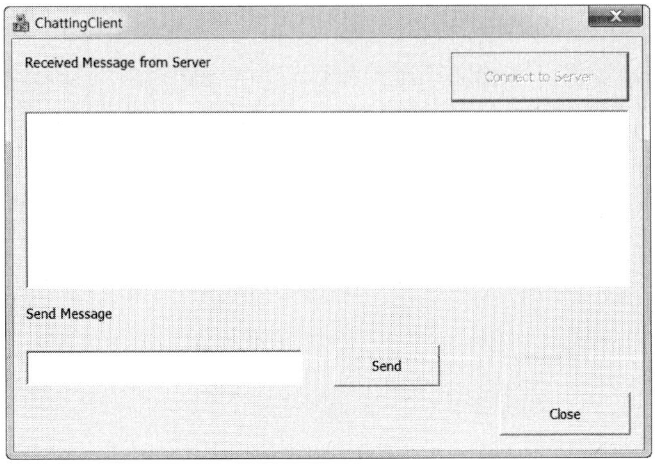

△ **그림 13-4-9** 클라이언트 프로그램(PC)의 실행 화면 : 서버 접속 완료

4) 이제 서버와 클라이언트간의 접속이 완료되었으며 상호간의 TCP/IP 통신이 가능하다.
5) PC(Client) → 실습 보드(Server)로 통신 : 임의의 데이터(Hi, how are you?)를 보내는 경우
   - 통신 전의 화면 : [Send Message] 입력칸에 "Hi, how are you?"를 입력하고 [Send] 키를 누른다.
   - 통신 후의 화면 : 최초의 통신인 경우는 "Connected !"라는 메시지와 함께 보낸 데이터 "Hi, how are you?"가 실습 보드에서 echo back되어 PC 화면에 나타남을 알 수 있다.

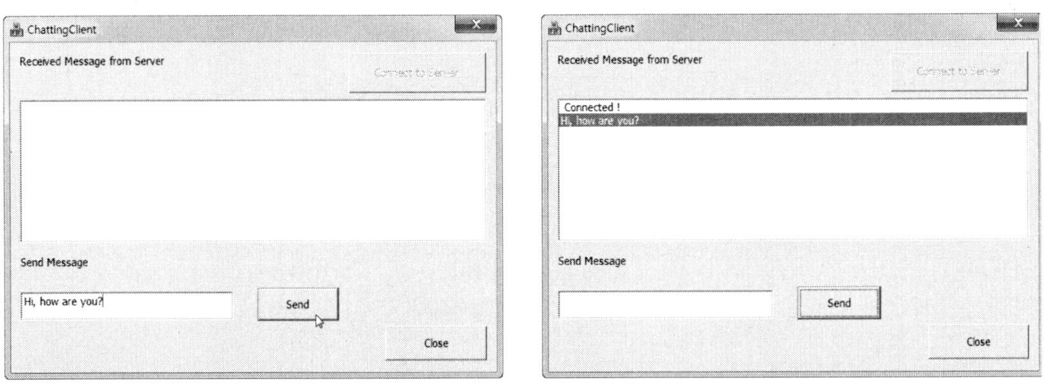

(a) PC(Client)에서 메시지를 보냄

(b) 실습 보드(Server)에서의 응답

△ **그림 13-4-10** PC(Client) → 실습 보드(Server)로 통신

6) PC (Client) → 실습보드 (Server)로 통신 : 〈L11〉를 보내는 경우

(a) 통신 전의 화면 : [Send Message] 입력칸에 "〈L11〉"를 입력하고 [Send] 키를 누른다.

(b) 통신 후의 화면 : "LED1 is ON !!" 이라는 메시지가 출력된다. 이 메시지는 실습보드에서 보낸 것이다. 그리고 실습보드에서는 LED1이 ON된다.

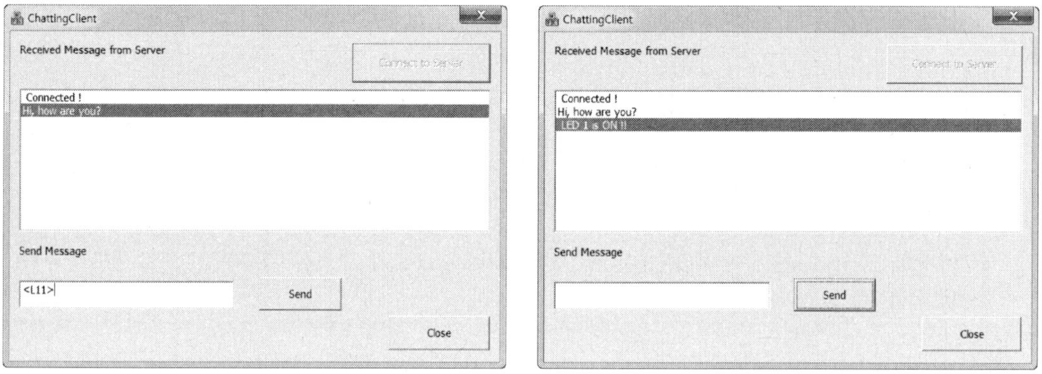

(a) PC(Client)에서 메시지를 보냄　　　(b) 실습 보드(Server)에서의 응답

△ **그림 13-4-11** PC(Client) → 실습 보드(Server)로 통신(2)

7) 실습보드 (Server) → PC (Client)로 통신 : 실습보드에서 Key2를 누른 경우

(a) 통신 전의 화면 : 위의 화면과 동일하다.

(b) 통신 후의 화면 : "Key2 pressed !" 라는 메시지가 출력된다. 이 메시지는 실습보드에서 보낸 것이다.

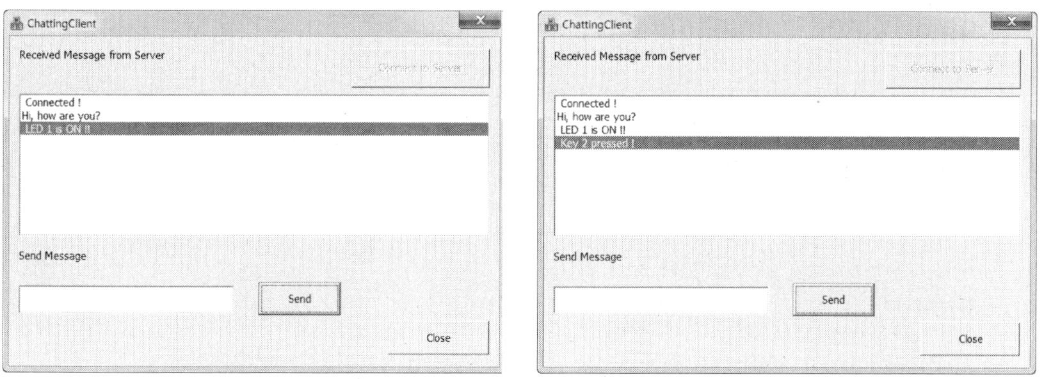

(a) 실습 보드와 통신 전의 화면　　　(b) 실습 보드와 통신 후의 화면

△ **그림 13-4-12** 실습 보드(Server) → PC(Client)로 통신

참고 **이 예제를 실행할 때는 다음의 순서로 통신을 하여야 한다.**

① PC (Client)에서 실습보드(Server)로 간의 접속을 요청한다. (위의 (3), (4)번 과정)
② PC (Client) → 실습보드(Server)로 통신(위의 (5), 또는 (6)번 과정)을 먼저 한다. 이 과정을 거치면 통신을 위한 접속이 완료된다.
③ 그 이후에는 PC (Client) ↔ 실습보드(Server) 간의 임의의 방향의 통신이 가능하다.

13.4.2.3 소스 코드 작성 : Nucleo-F429 확장보드

1) 폴더 명 : [Examples_Nucleo F429] - [TCP,IP] - [LwIP_TCP_Server] - [MDK-ARM]
   - 위의 폴더의 'Project.uvprojx' 파일을 더블클릭하여 실행한다.

2) 이 프로젝트의 폴더의 구조 및 주요 소스파일 중에서 본 예제에서 작성(또는 수정)해야하는 파일은 다음과 같으며 나머지 소스코드는 별도의 변경없이 그대로 사용하면 된다.
   - main.h
   - main.c
   - tcp_echoserver.c

참고

> 네이버 카페 "CortexWorld"에서 다운받은 예제에는 모든 소스코드가 다 작성이 되어 있으므로 별도의 추가 작성없이 컴파일 및 실행이 가능하다.

3) Example/User 폴더 내의 [main.h] 및 [main.c] 파일을 더블클릭하여 연 후에 아래와 같이 소스 코드를 작성한다.

[main.h]

```
/* Define to prevent recursive inclusion -------------------------------------*/
#ifndef __MAIN_H
#define __MAIN_H

#ifdef __cplusplus
 extern "C" {
#endif

/* Includes ------------------------------------------------------------------*/
#include "stm32f4xx_hal.h"
#include "stm32f4xx_nucleo_144.h"

// -- <1> Server의 IP 주소 및 Port 번호를 정의 --
#define IP_ADDR0   192
#define IP_ADDR1   168
#define IP_ADDR2   0
#define IP_ADDR3   10

#define PORT       7000

// -- <2> NETMASK의 IP 주소를 정의 --
#define NETMASK_ADDR0   255
#define NETMASK_ADDR1   255
#define NETMASK_ADDR2   255
#define NETMASK_ADDR3   0
```

```
// -- <3> Gateway의 IP 주소를 정의
#define GW_ADDR0   192
#define GW_ADDR1   168
#define GW_ADDR2   0
#define GW_ADDR3   1

#ifdef __cplusplus
}
#endif

#endif /* __MAIN_H */
```

[main.c]

```
// -- <1> 필요한 헤더 파일을 인클루드
#include "main.h"
#include "Nucleo_F429.h"
#include "lwip/opt.h"
#include "lwip/init.h"
#include "lwip/netif.h"
#include "lwip/lwip_timers.h"
#include "netif/etharp.h"
#include "ethernetif.h"
#include "app_ethernet.h"
#include "tcp_echoserver.h"

// -- <2> 변수, 함수의 선언
struct netif gnetif;

/* Private function prototypes -----------------------------------------------*/
static void Netif_Config(void);

// ----------------------------------------------------------------------------

int main(void)
{
    // -- <3> 시스템 초기화를 위한 함수
    HAL_Init();
    SystemClock_Config();
    LED_Config();
    SwEXTI_Config();

    // -- <4> Initilaize the LwIP stack
    lwip_init();

    // -- <5> Configure the Network interface
```

```
    Netif_Config();

    // -- <6> Notify user about the network interface status
    User_notification(&gnetif);

    // -- <7>  TCP 서버를 초기화함
    tcp_echoserver_init();

    // -- <8> 무한 루프를 시작함
    while (1) {
        // -- <9> Read a received packet from the Ethernet buffers
        //                    and send it to the lwIP for handling --
        ethernetif_input(&gnetif);
        // -- <10> timcouts을 치리히는 함수 --
        sys_check_timeouts();
    }
}

// ---------------------------------------------------------------------------
//   -- <11> Network interface를 설정하는 함수
//
// ---------------------------------------------------------------------------

static void Netif_Config(void)
{
     struct ip4_addr ipaddr;                      // ip 주소
     struct ip4_addr netmask;                     // netmask 주소
     struct ip4_addr gw;                          // gate way 주소

     IP4_ADDR(&ipaddr, IP_ADDR0, IP_ADDR1, IP_ADDR2, IP_ADDR3);
     IP4_ADDR(&netmask, NETMASK_ADDR0, NETMASK_ADDR1 , NETMASK_ADDR2, NETMASK_ADDR3);
     IP4_ADDR(&gw, GW_ADDR0, GW_ADDR1, GW_ADDR2, GW_ADDR3);
     /* add the network interface */
     netif_add(&gnetif, &ipaddr, &netmask, &gw, NULL, &ethernetif_init, &ethernet_input);
     /*  Registers the default network interface */
     netif_set_default(&gnetif);

     if (netif_is_link_up(&gnetif))  {
       /* When the netif is fully configured this function must be called */
       netif_set_up(&gnetif);
     }
     else  {
       /* When the netif link is down this function must be called */
       netif_set_down(&gnetif);
     }
}
```

```
// ---------------------------------------------------------------------
//   -- <12> Network interface의 설정 결과를 나타내는 함수
//
//      param  netif  : the network interface
//
// ---------------------------------------------------------------------

void User_notification(struct netif *netif)
{
        //  이더넷과 LwIP의 초기화에 성공하면 : LED7을 ON함
        if (netif_is_up(netif))  {
          /* Turn On LED 7 to indicate ETH and LwIP init success*/
          HAL_GPIO_WritePin(GPIONucleo, GPIO_PIN_0, GPIO_PIN_SET);
          HAL_GPIO_WritePin(GPIOExt, GPIO_PIN_Led7, GPIO_PIN_SET);
        }

        //  초기화에 실패하면 : LED8을 ON함
        else  {
          /* Turn On LED 8 to indicate ETH and LwIP init error */
          HAL_GPIO_WritePin(GPIONucleo, GPIO_PIN_7, GPIO_PIN_SET);
          HAL_GPIO_WritePin(GPIOExt, GPIO_PIN_Led8, GPIO_PIN_SET);
        }
}
```

4) Example/User 폴더 내의 [tcp_echoserver.c] 파일을 더블클릭하여 연 후에 아래와 같이 소스 코드를 작성한다.

중요 이 파일의 소스코드도 매우 길다. 그러나 소스코드가 앞의 [예제 1]의 tcp_echoclient.c]와 유사한 부분도 많으며, 소스코드의 모든 부분을 다 이해할 필요는 없이 주석이 되어있는 부분을 위주로 살펴보고 이해하면 된다.

참고

이 파일의 소스코드가 긴 이유는, LwIP의 Raw API를 사용하므로 LwIP 스택의 TCP/IP 통신용 펌웨어와 관련된 동작의 일부를 이 파일에서 처리하기 때문이다. LwIP 중에서 BSD Socket API를 사용하면 소스코드가 훨씬 간단해지지만, 이것을 사용하려면 RTOS(Real Time OS)가 필요하다. 한편, 상용화된 유료의 컴파일러(예 : MDK-Professional)를 사용하면 OS가 없어도 TCP/IP 통신 프로그램을 간단히 구현할 수 있다.

[tcp_echoserver.c]

```
// -- <1> 필요한 헤더 파일을 인클루드
#include "main.h"
#include "Nucleo_F429.h"

#include "lwip/debug.h"
#include "lwip/stats.h"
#include "lwip/tcp.h"
#include <stdio.h>
#include <string.h>

#if LWIP_TCP

// -- <2> 변수, 함수의 선언
static struct tcp_pcb    *tcp_echoserver_pcb;
static struct tcp_pcb    *tpcb_this;
u8_t                     data[100];

/* ECHO protocol states */
enum tcp_echoserver_states
{
    ES_NONE = 0,
    ES_ACCEPTED,
    ES_RECEIVED,
    ES_CLOSING
};

/* structure for maintaing connection infos to be passed as argument
   to LwIP callbacks*/
struct tcp_echoserver_struct
{
    u8_t            state;          /* current connection state */
    struct tcp_pcb  *pcb;           /* pointer on the current tcp_pcb */
    struct pbuf     *p;             /* pointer on the received/to be transmitted pbuf */
};

// -- <3> 함수의 선언

static err_t tcp_echoserver_accept(void *arg, struct tcp_pcb *newpcb, err_t err);
static err_t tcp_echoserver_recv(void *arg, struct tcp_pcb *tpcb, struct pbuf *p, err_t err);
static void tcp_echoserver_error(void *arg, err_t err);
static err_t tcp_echoserver_poll(void *arg, struct tcp_pcb *tpcb);
static err_t tcp_echoserver_sent(void *arg, struct tcp_pcb *tpcb, u16_t len);
static void tcp_echoserver_send(struct tcp_pcb *tpcb, struct tcp_echoserver_struct *es);
static void tcp_echoserver_connection_close(struct tcp_pcb *tpcb, struct tcp_echoserver_
struct *es);
```

```
void message_send(struct tcp_pcb *tpcb2, int number);
// ---------------------------------------------------------------------------
// -- <4> TCP 서버를 초기화함
//        Server의 IP를 binding하고 listening을 시작
//
// ---------------------------------------------------------------------------
void tcp_echoserver_init(void)
{
  // -- <4-1> create new tcp pcb
  tcp_echoserver_pcb = tcp_new();

  if (tcp_echoserver_pcb != NULL)  {
     err_t  err;
     // -- <4-2> 위에서 만든 tcp_echo_pcb에  접속될 client의 IP ( IP_ADDR_ANY)와
     //             Port (PORT)를 bind 함
     err = tcp_bind(tcp_echoserver_pcb, IP_ADDR_ANY, PORT);

     if (err == ERR_OK) {
          // -- <4-3> listening(client에서 접속 요청 수신을 대기)을 시작
          tcp_echoserver_pcb = tcp_listen(tcp_echoserver_pcb);
          // -- <4-4> 새로운 tcp connection이 accept될때 호출될 콜백 함수를 지정
          tcp_accept(tcp_echoserver_pcb, tcp_echoserver_accept);
     }
     else {
          /* deallocate the pcb */
          memp_free(MEMP_TCP_PCB, tcp_echoserver_pcb);
     }
  }
}

// ---------------------------------------------------------------------------
//    -- <5> 새로운 tcp connection이 accept될때 호출될 콜백 함수
//         - 이 함수는 변경할 필요없이 그대로 사용하면 된다.
//
/* param  arg          : not used
   param  newpcb       : pointer on tcp_pcb struct for the newly created tcp connection
   param  err          : not used
   retval   err_t      : error status
  */
// ---------------------------------------------------------------------------

static err_t tcp_echoserver_accept(void *arg, struct tcp_pcb *newpcb, err_t err)
{
  err_t   ret_err;
  // --<5-1> tcp_echoserver_struct형 구조체 변수 es를 선언함
  struct tcp_echoserver_struct          *es;
```

```
  LWIP_UNUSED_ARG(arg);
  LWIP_UNUSED_ARG(err);

  /* set priority for the newly accepted tcp connection newpcb */
  tcp_setprio(newpcb, TCP_PRIO_MIN);

  /* allocate structure es to maintain tcp connection informations */
  es = (struct tcp_echoserver_struct *)mem_malloc(sizeof(struct tcp_echoserver_struct));

  if (es != NULL)  {
    es->state = ES_ACCEPTED;
    es->pcb = newpcb;
    es->p = NULL;

    /* pass newly allocated es structure as argument to newpcb */
    tcp_arg(newpcb, es);

    tcp_sent(newpcb, tcp_echoserver_sent);

    // -- <5-2> 데이터 송신이 완료되면 호출될 콜백함수를 지정
    tcp_recv(newpcb, tcp_echoserver_recv);

    /* initialize lwip tcp_err callback function for newpcb  */
    tcp_err(newpcb, tcp_echoserver_error);

    // -- <5-3> polling시 호출될 콜백함수를 지정
    //                - 이 콜백함수는 주기적으로 호출되어야 한다.
    //                - 이 콜백함수에서는 송신할 데이터 중에서 아직 미송신된 것이 있는지와
    //                  close되어야 할 conecction이 있는지를 체크한다.
    tcp_poll(newpcb, tcp_echoserver_poll, 1);

    /* send data */
    tcp_echoserver_send(newpcb,es);

    ret_err = ERR_OK;
  }

  else  {
    /*  close tcp connection */
    tcp_echoserver_connection_close(newpcb, es);
    /* return memory error */
    ret_err = ERR_MEM;
  }
  return ret_err;
}
```

```
// ---------------------------------------------------------------------------------
// -- <6> 데이터 수신이 완료되면 호출되는 콜백 함수
/**
  * param arg       : pointer on a argument for the tcp_pcb connection
  * param tpcb      : pointer on the tcp_pcb connection
  * param pbuf      : pointer on the received pbuf
  * param err       : error information regarding the reveived pbuf
  * retval err_     t : error code
  */
// ---------------------------------------------------------------------------------

static err_t  tcp_echoserver_recv(void *arg, struct tcp_pcb *tpcb, struct pbuf *p, err_t
err)
{
  struct tcp_echoserver_struct *es;
  err_t  ret_err;
  char   *cp;

  LWIP_ASSERT("arg != NULL",arg != NULL);

  es = (struct tcp_echoserver_struct *)arg;

  /* if we receive an empty tcp frame from client => close connection */
  if (p == NULL)  {
    /* remote host closed connection */
    es->state = ES_CLOSING;
    if(es->p == NULL) {
         /* we're done sending, close connection */
         tcp_echoserver_connection_close(tpcb, es);
    }
    else {
        /* we're not done yet */
        /* acknowledge received packet */
        tcp_sent(tpcb, tcp_echoserver_sent);

        /* send remaining data*/
        tcp_echoserver_send(tpcb, es);
    }
    ret_err = ERR_OK;
  }

  /* else : a non empty frame was received from client but for some reason err != ERR_OK */
  else if(err != ERR_OK)  {
    /* free received pbuf*/
    if (p != NULL)  {
        es->p = NULL;
        pbuf_free(p);
```

제 4 부 프로그래밍 실습 : UART, USB, TCP/IP 통신

```
    }
    ret_err = err;
  }

  // -- <6-1> 통신이 accept되고 데이터가 최초로 수신(es->state == ES_ACCEPTED)되는 경우
  else if(es->state == ES_ACCEPTED)  {

      // -- my code 추가 : ST의 orignal  소스코드에는 없는 부분임 -----
      // -- <6-1-1> 수신된 데이터(p->payload)를 cp에 대입
      cp  = p->payload;

      //  -- <6-1-2> : <L11> 형식의 데이터가 수신될 경우
      //                        - 대응하는 LED를 On/Off 하고, 메시지를 송신함
      if(strcmp(cp,"<L10>") == 0) {
        HAL_GPIO_WritePin(GPIONucleo, GPIO_PIN_Led1, GPIO_PIN_RESET);
        HAL_GPIO_WritePin(GPIOExt, GPIO_PIN_Led1, GPIO_PIN_RESET);
        message_send(tpcb, 10);
      }
      else if(strcmp(cp,"<L11>") == 0) {
        HAL_GPIO_WritePin(GPIONucleo, GPIO_PIN_Led1, GPIO_PIN_SET);
        HAL_GPIO_WritePin(GPIOExt, GPIO_PIN_Led1, GPIO_PIN_SET);
        message_send(tpcb, 11);
      }
      else if(strcmp(cp,"<L20>") == 0)         {
        HAL_GPIO_WritePin(GPIONucleo, GPIO_PIN_7, GPIO_PIN_RESET);
        HAL_GPIO_WritePin(GPIOExt, GPIO_PIN_Led2, GPIO_PIN_RESET);
        message_send(tpcb, 20);
      }
      else if(strcmp(cp,"<L21>") == 0)         {
        HAL_GPIO_WritePin(GPIONucleo, GPIO_PIN_7, GPIO_PIN_SET);
        HAL_GPIO_WritePin(GPIOExt, GPIO_PIN_Led2, GPIO_PIN_SET);
        message_send(tpcb, 21);
      }
      else if(strcmp(cp,"<L30>") == 0)         {
        HAL_GPIO_WritePin(GPIOExt, GPIO_PIN_Led3, GPIO_PIN_RESET);
        message_send(tpcb, 30);
      }
      else if(strcmp(cp,"<L31>") == 0)         {
        HAL_GPIO_WritePin(GPIOExt, GPIO_PIN_Led3, GPIO_PIN_SET);
        message_send(tpcb, 31);
      }
      else if(strcmp(cp,"<L40>") == 0)         {
        HAL_GPIO_WritePin(GPIOExt, GPIO_PIN_Led4, GPIO_PIN_RESET);
        message_send(tpcb, 40);
      }
      else if(strcmp(cp,"<L41>") == 0)         {
        HAL_GPIO_WritePin(GPIOExt, GPIO_PIN_Led4, GPIO_PIN_SET);
```

```
        message_send(tpcb, 41);
      }

      // -- <6-1-3> : <L11> 형식이 아닌 데이터가 수신될 경우
      //                   - 99번 메시지를 송신함
      else {
        message_send(tpcb, 99);
      }
      //  -- 끝 : my code 추가 --


      // -- <6-1-4> ES_ACCEPTED 상태에서 필요한 처리를 함
      /* first data chunk in p->payload */
      es->state = ES_RECEIVED;
      /* store reference to incoming pbuf (chain) */
      es->p = p;

      /* initialize LwIP tcp_sent callback function */
      tcp_sent(tpcb, tcp_echoserver_sent);
      /* send back the received data (echo) */
      //tcp_echoserver_send(tpcb, es);
      ret_err = ERR_OK;
  }
   // -- <6-2> 데이터가 수신(es->state == ES_RECEIVED)되는 경우
  else if (es->state == ES_RECEIVED)  {
    /* more data received from client and previous data has been already sent*/
    if(es->p == NULL)    {

      // -- my code 추가 : ST의 orignal  소스코드에는 없는 부분임 -----

      // -- <6-2-1> 수신된 데이터(p->payload)를 cp에 대입
      cp  = p->payload;

      //  -- <6-2-2> : <L11> 형식의 데이터가 수신될 경우
      //                 - 대응하는 LED를 On/Off 하고, 메시지를 송신함
      if(strcmp(cp,"<L10>") == 0) {
        HAL_GPIO_WritePin(GPIONucleo, GPIO_PIN_Led1, GPIO_PIN_RESET);
        HAL_GPIO_WritePin(GPIOExt, GPIO_PIN_Led1, GPIO_PIN_RESET);
        message_send(tpcb, 10);
      }
      else if(strcmp(cp,"<L11>") == 0) {
        HAL_GPIO_WritePin(GPIONucleo, GPIO_PIN_Led1, GPIO_PIN_SET);
        HAL_GPIO_WritePin(GPIOExt, GPIO_PIN_Led1, GPIO_PIN_SET);
        message_send(tpcb, 11);
      }
      else if(strcmp(cp,"<L20>") == 0)          {
        HAL_GPIO_WritePin(GPIONucleo, GPIO_PIN_7, GPIO_PIN_RESET);
```

```
        HAL_GPIO_WritePin(GPIOExt, GPIO_PIN_Led2, GPIO_PIN_RESET);
        message_send(tpcb, 20);
      }
      else if(strcmp(cp,"<L21>") == 0)          {
        HAL_GPIO_WritePin(GPIONucleo, GPIO_PIN_7, GPIO_PIN_SET);
        HAL_GPIO_WritePin(GPIOExt, GPIO_PIN_Led2, GPIO_PIN_SET);
        message_send(tpcb, 21);
      }
      else if(strcmp(cp,"<L30>") == 0)          {
        HAL_GPIO_WritePin(GPIOExt, GPIO_PIN_Led3, GPIO_PIN_RESET);
        message_send(tpcb, 30);
      }
      else if(strcmp(cp,"<L31>") == 0)          {
        HAL_GPIO_WritePin(GPIOExt, GPIO_PIN_Led3, GPIO_PIN_SET);
        message_send(tpcb, 31);
      }
      else if(strcmp(cp,"<L40>") == 0)          {
        HAL_GPIO_WritePin(GPIOExt, GPIO_PIN_Led4, GPIO_PIN_RESET);
        message_send(tpcb, 40);
      }
      else if(strcmp(cp,"<L41>") == 0)          {
        HAL_GPIO_WritePin(GPIOExt, GPIO_PIN_Led4, GPIO_PIN_SET);
        message_send(tpcb, 41);
      }

      // -- <6-1-3> : <L11> 형식이 아닌 데이터가 수신될 경우
      // - 수신된 데이터를 그대로 echo back 함
      else {
        /* send back received data */
         es->p = p;
        tcp_echoserver_send(tpcb, es);
      }
      //  -- 끝 :  my code 추가 --
      // ST예제에는 있으나 여기서는 사용하지 않음
      //            - 받은 데이터를 echo back 함
      // es->p = p;
      // tcp_echoserver_send(tpcb, es);
    }

    else {
        struct pbuf *ptr;
        /* chain pbufs to the end of what we recv'ed previously  */
        ptr = es->p;
        pbuf_chain(ptr,p);
    }
    ret_err = ERR_OK;
  }
```

```
  /* data received when connection already closed */
  else {
    /* Acknowledge data reception */
    tcp_recved(tpcb, p->tot_len);

    /* free pbuf and do nothing */
    es->p = NULL;
    pbuf_free(p);
    ret_err = ERR_OK;
  }
  return ret_err;
}

// ---------------------------------------------------------------------------
//  -- <7> 데이터를 송신하는 함수
//          - 이 함수는 변경할 필요없이 그대로 사용하면 된다.
/**
* brief : This function is used to send data for tcp connection
  * param  tpcb   : pointer on the tcp_pcb connection
  * param  es     : pointer on echo_state structure
  * retval None
  */
// ---------------------------------------------------------------------------

static void tcp_echoserver_send(struct tcp_pcb *tpcb, struct tcp_echoserver_struct *es)
{
  struct pbuf *ptr;
  err_t wr_err = ERR_OK;

  while ((wr_err == ERR_OK) &&
         (es->p != NULL) &&
         (es->p->len <= tcp_sndbuf(tpcb)))
  {

    /* get pointer on pbuf from es structure */
    ptr = es->p;

    /* enqueue data for transmission */
    wr_err = tcp_write(tpcb, ptr->payload, ptr->len, 1);

    if (wr_err == ERR_OK)
    {
      u16_t plen;

      plen = ptr->len;
```

```
      /* continue with next pbuf in chain (if any) */
      es->p = ptr->next;

      if(es->p != NULL)
      {
        /* increment reference count for es->p */
        pbuf_ref(es->p);
      }
      /* free pbuf : will free pbufs up to es->p (because es->p has a reference count > 0) */
      pbuf_free(ptr);

      /* Update tcp window size to be advertized : should be called when received
      data (with the amount plen) has been processed by the application layer */
      tcp_recved(tpcb, plen);
    }
    else if(wr_err == ERR_MEM)
    {
      /* we are low on memory, try later / harder, defer to poll */
      es->p = ptr;
    }
    else
    {
      /* other problem ?? */
    }
  }
}

// ---------------------------------------------------------------------------
//  -- <8> 데이터 송신이 완료되면 호출되는 콜백 함수
//         - 이 함수는 변경할 필요없이 그대로 사용하면 된다.
/**
  * This function implements the tcp_sent LwIP callback (called when ACK
  *         is received from remote host for sent data)
  * param          arg : pointer on argument passed to callback
  * param          tcp_pcb : tcp connection control block
  * param          len     : length of data sent
  * retval         err_t   : returned error code
  */
// ---------------------------------------------------------------------------

static err_t tcp_echoserver_sent(void *arg, struct tcp_pcb *tpcb, u16_t len)
{
  struct tcp_echoserver_struct *es;

  LWIP_UNUSED_ARG(len);

  es = (struct tcp_echoserver_struct *)arg;
```

```
  if(es->p != NULL)
  {
    /* still got pbufs to send */
    tcp_echoserver_send(tpcb, es);
  }
  else
  {
    /* if no more data to send and client closed connection*/
    if(es->state == ES_CLOSING)
      tcp_echoserver_connection_close(tpcb, es);
  }
  return ERR_OK;
}

// -------------------------------------------------------------
//  -- <9> 폴링시 호출되는 콜백 함수
//        - 이 함수는 변경할 필요없이 그대로 사용하면 된다.
/**
  *  This function implements the tcp_poll LwIP callback function
  * param           arg     : pointer on argument passed to callback
  * param           tpcb    : pointer on the tcp_pcb for the current tcp connection
  * retval          err_t   : error code
  */
// -------------------------------------------------------------

static err_t tcp_echoserver_poll(void *arg, struct tcp_pcb *tpcb)
{
  err_t ret_err;
  struct tcp_echoserver_struct *es;

  es = (struct tcp_echoserver_struct *)arg;
   if (es != NULL)  {
     if (es->p != NULL)    {
          /* there is a remaining pbuf (chain) , try to send data */
          tcp_echoserver_send(tpcb, es);
     }
     else  {
          /* no remaining pbuf (chain)  */
          if(es->state == ES_CLOSING)  {
           /*  close tcp connection */
           tcp_echoserver_connection_close(tpcb, es);
          }
     }
     ret_err = ERR_OK;
  }
```

```
  else  {
     /* nothing to be done */
     tcp_abort(tpcb);
     ret_err = ERR_ABRT;
  }
  return ret_err;
}

// ---------------------------------------------------------------------------------
// -- <10> tcp connection을 close할 때 사용하는 함수
//         - 이 함수는 변경할 필요없이 그대로 사용하면 된다.
/**
  *  This functions closes the tcp connection
  * param        tcp_pcb  : pointer on the tcp connection
  * param        es       : pointer on echo_state structure
  * retval       None
  */
// ---------------------------------------------------------------------------------

static void tcp_echoserver_connection_close(struct tcp_pcb *tpcb, struct tcp_echoserver_struct
*es)
{
  /* remove all callbacks */
  tcp_arg(tpcb, NULL);
  tcp_sent(tpcb, NULL);
  tcp_recv(tpcb, NULL);
  tcp_err(tpcb, NULL);
  tcp_poll(tpcb, NULL, 0);

  /* delete es structure */
  if (es != NULL)
  {
    mem_free(es);
  }
  /* close tcp connection */
  tcp_close(tpcb);
}

// ---------------------------------------------------------------------------------
// -- <11> tcp connection error 발생시 호출되는 콜백함수
//         - 이 함수는 변경할 필요없이 그대로 사용하면 된다.
/**
  *  This function implements the tcp_err callback function (called
  *        when a fatal tcp_connection error occurs.
  * param        arg : pointer on argument parameter
  * param        err : not used
  * retval       None
```

```
  */
// ---------------------------------------------------------------------------

static void tcp_echoserver_error(void *arg, err_t err)
{
  struct tcp_echoserver_struct *es;

  LWIP_UNUSED_ARG(err);

  es = (struct tcp_echoserver_struct *)arg;
  if (es != NULL)
  {
    /*  free es structure */
    mem_free(es);
  }
}

#endif /* LWIP_TCP */

// -----------------------------------------------------------------------
//  -- <12>  Nucleo-F429 확장보드(Server)에서  PC(Client)로 메시지를 전송하는 함수
//
// -----------------------------------------------------------------------

void message_send(struct tcp_pcb *tpcb2, int number)
{
     struct tcp_echoserver_struct *es2;

     es2 = (struct tcp_echoserver_struct *)mem_malloc(sizeof(struct tcp_echoserver_struct));
     tpcb_this = tpcb2;
          switch(number) {
          // --  <12-1> number의 값에 따라 대응되는 메시지를 data에 저장.
          case 1 :   sprintf((char*)data, " SW 1 pressed !");
                     break;
          case 2 :   sprintf((char*)data, " SW 2 pressed !");
                     break;
          case 3 :   sprintf((char*)data, " SW 3 pressed !");
                     break;
          case 4 :   sprintf((char*)data, " SW 4 pressed !");
                     break;

          case 10 :  sprintf((char*)data, " LED 1 is OFF");
                     break;
          case 11 :  sprintf((char*)data, " LED 1 is ON !!");
                     break;
          case 20 :  sprintf((char*)data, " LED 2 is OFF");
                             break;
```

```
        case 21 :  sprintf((char*)data, " LED 2 is ON !!");
                   break;
        case 30 :  sprintf((char*)data, " LED 3 is OFF");
                   break;
        case 31 :  sprintf((char*)data, " LED 3 is ON !!");
                   break;
        case 40 :  sprintf((char*)data, " LED 4 is OFF");
                   break;
        case 41 :  sprintf((char*)data, " LED 4 is ON !!");
                   break;
        case 99 :  sprintf((char*)data, " Connected ! ");
                   break;
    }

    // -- <12-2> 데이터를 보냄 : - server의 message_send() 와 비슷한 방법을 사용
    // 송신할 데이터를 es->p_tx (pbuf)에 넣는다        (allocate pbuf )
    es2->p = pbuf_alloc(PBUF_TRANSPORT, strlen((char*)data) , PBUF_POOL);
        if (es2->p) {
                // copy data to pbuf
                pbuf_take(es2->p, (char*)data, strlen((char*)data));
                // send data
                tcp_echoserver_send(tpcb2, es2);
    }
}
// -------------------------------------------------------------------------
// -- <13> GPIO의 EXTI 가 발생하면 (즉, SW가 눌러지면) 호출되는 함수
//
// -------------------------------------------------------------------------
void HAL_GPIO_EXTI_Callback(uint16_t GPIO_Pin)
{
  // -- <13-1> 눌러지는 SW 값에 따라 message_send( ) 함수를 호출함
    if (GPIO_Pin == GPIO_PIN_Nucleo_Sw)  {
    message_send(tpcb_this, 1);
  }
  if (GPIO_Pin == GPIO_PIN_Sw1)  {
    message_send(tpcb_this, 1);
  }
  if (GPIO_Pin == GPIO_PIN_Sw2)  {
    message_send(tpcb_this, 2);
  }
  if (GPIO_Pin == GPIO_PIN_Sw3)  {
    message_send(tpcb_this, 3);
  }
  if (GPIO_Pin == GPIO_PIN_Sw4)  {
    message_send(tpcb_this, 4);
  }
```

```
    // -- <13-2> SW의 chattering 현상을 방지하기 위해 시간지연을 준다
    for (int i=0; i<=100000; i++);
}
```

13.4.2.4 소스코드 설명

* 소스 코드의 설명에 붙어있는 번호는 (예 : 〈1〉, 〈2〉 등)은 앞 절의 소스 코드내에 붙어 있는 번호와 동일하다.

[main.h]

<1> Server(Nucleo-F429 확장보드)의 IP 주소 및 Port 번호를 정의한다.
- IP 주소는 앞 절에서 설정한 값(192.168.0.2)과 같게 설정하여야 한다.
- Port 번호는 7000으로 설정한다. (PC에서 동작하는 클라이언트 프로그램의 소스코드에는 Port 7000으로 접속하도록 설정되어 있음)

<2> NETMASK의 IP 주소를 정의한다. 이 값은 255.255.255.0 로 설정하면 된다.

<3> Gateway의 IP 주소를 정의한다. 이 값은 192.168.0.1 로 설정하면 된다.

참고 클라이언트(PC)의 IP 주소는 설정할 필요가 없다. 서버는 클라이언트와 접속하기 위해서 클라이언트의 IP 주소를 필요로 하지는 않는다.

[main.c]

<1> 필요한 헤더 파일을 인클루드한다. lwIP와 관련된 여러개의 헤더 파일이 필요하다.

<2> 프로그램의 수행에 필요한 변수, 함수를 선언한다.

<3> 시스템 초기화를 위한 함수이다. 이 함수는 앞 절의 예제와 동일하다.

<4> lwip_init()
- LwIP 스택의 초기화를 위한 함수이다.
- 이 함수는 STM32Cube의 LwIP 폴더에서 제공되는 함수이며 init.c에 정의되어 있다.

<5> Netif_Config()
- Network interface를 설정하는 함수이다.
- 이 함수는 사용자가 작성하는 함수이며 main.c 내에 정의되어 있다.

<6> User_notification(&gnetif)
- network interface 의 설정 결과를 알려주는 함수
- 이 함수는 사용자가 작성하는 함수이며 main.c 내에 정의되어 있다.

<7> tcp_echoserver_init()
- server(PC)에 접속하는 함수이다.
- 이 함수는 사용자가 작성하는 함수이며 tcp_echoclient.c에 정의되어 있다.

<8> 프로그램은 무한 루프로 수행된다.

<9> ethernetif_input(&gnetif)
- 이더넷 버퍼에서 수신된 패킷(packet)을 읽어서 LwIP로 전달하는 함수이다.
- 이 함수는 STM32Cube의 LwIP 폴더에서 제공되는 함수이며 etnernetif.c에 정의되어 있다.

<10> sys_check_timeouts()
- 통신에서 발생할 수 있는 timeout을 처리하는 함수이다. 정상적인 통신 수행을 위해서는 사용자 프로그램에서 이 함수를 주기적으로 호출하여야 한다.

- 이 함수는 STM32Cube의 LwIP 폴더에서 제공되는 함수이며 lwip_timers.c에 정의되어 있다.

<11> Netif_Config()
- Network interface를 설정하는 함수

<12> User_notification()
- Network interface의 설정 결과를 LED로 표시하는 함수
- 이더넷과 LwIP의 초기화에 성공하면 : LED7을 ON함
- 초기화에 실패하면 : LED8을 ON함

[tcp_echoserver.c]

<1> 필요한 헤더 파일을 인클루드한다. lwIP와 관련된 여러개의 헤더 파일이 필요하다.
<2>, <3> 프로그램의 수행에 필요한 변수, 함수를 선언한다.

<4> tcp_echoserver_init()
- TCP 서버를 초기화하는 함수로써 Server의 IP를 binding하고 listening을 시작한다.
- 이 함수는 사용자가 변경할 필요없이 그대로 사용하면 된다.

<4-1> tcp_echoserver_pcb = tcp_new()
- 새로운 tcp pcb를 만든다.

<4-2> tcp_bind(tcp_echoserver_pcb, IP_ADDR_ANY, PORT)
- 위에서 만든 tcp_echo_pcb에 접속될 client의 IP (IP_ADDR_ANY)와 Port (PORT)를 bind 함

<4-3> tcp_listen(tcp_echoserver_pcb)
- listening(client에서 접속 요청 수신을 대기)을 시작
- 이 함수는 STM32Cube의 LwIP 폴더에서 제공되는 함수이다.

<4-4> tcp_accept(tcp_echoserver_pcb, tcp_echoserver_accept)
- 새로운 tcp connection이 accept될때 호출될 콜백 함수를 지정한다.
- 이 함수는 STM32Cube의 LwIP 폴더에서 제공되는 함수이다.

<5> tcp_echoserver_accept()
- 새로운 tcp connection이 accept될때 호출될 콜백 함수
- 이 함수는 사용자가 변경할 필요없이 그대로 사용하면 된다.

<5-1> tcp_echoserver_struct형 구조체 변수 es를 선언함

<5-2> tcp_recv(tpcb, tcp_echoserver_recv)
- 데이터 송신이 완료되면 호출될 콜백함수를 지정한다.
- 이 함수는 STM32Cube의 LwIP 폴더에서 제공되는 함수이다.

<5-3> tcp_poll(tpcb, tcp_echoserver_poll, 1)
- polling시 호출될 콜백함수를 지정한다.
- 이 콜백함수는 주기적으로 호출되어야 한다.
- 이 콜백함수에서는 송신할 데이터 중에서 아직 미송신된 것이 있는지와 close되어야 할 connection이 있는지를 체크한다.
- 이 함수는 STM32Cube의 LwIP 폴더에서 제공되는 함수이다.

<6> tcp_echoserver_recv()
- 데이터 수신이 완료되면 호출되는 콜백 함수

<6-1> 통신이 accept되고 데이터가 최초로 수신(es->state == ES_ACCEPTED)되는 경우
<6-1-1> 수신받은 데이터를 cp에 대입한다.
<6-1-2> cp == <L10>이면 LED1을 Off하고 대응되는 메시지를 서버로 보낸다. 이하의 코드는 비슷한 작업을 수행한다.
<6-1-3> “<L11>” 형식이 아닌 데이터가 수신될 경우 99번 메시지를 송신함

<6-1-4> ES_ACCEPTED 상태에서 필요한 처리를 함

<6-2> 데이터가 수신(es->state == ES_RECEIVED)되는 경우
<6-2-1> 수신된 데이터(p->payload)를 cp에 대입
<6-2-2> cp == <L10>이면 LED1을 Off하고 대응되는 메시지를 서버로 보낸다. 이하의 코드는 비슷한 작업을 수행한다.
<6-2-3> "<L11>" 형식이 아닌 데이터가 수신될 경우, 수신된 데이터를 그대로 echo back 함

<7> tcp_echoserver_send()
- 데이터를 송신하는 함수
- 이 함수는 사용자가 변경할 필요없이 그대로 사용하면 된다.

<8> tcp_echoserver_sent()
- 데이터 송신이 완료되면 호출되는 콜백 함수
- 이 함수는 사용자가 변경할 필요없이 그대로 사용하면 된다.

<9> tcp_echoserver_poll()
- 폴링시에 호출되는 콜백 함수
- 이 함수는 사용자가 변경할 필요없이 그대로 사용하면 된다.

<10> tcp_echoserver_connection_close()
- tcp connection을 close할 때 사용하는 함수
- 이 함수는 사용자가 변경할 필요없이 그대로 사용하면 된다.

<11> tcp_echoserver_error()
- tcp connection error 발생시에 호출되는 콜백함수
- 이 함수는 사용자가 변경할 필요없이 그대로 사용하면 된다.

<12> message_send()
- Nucleo-F429 확장보드 (Server)에서 PC (Client)로 메시지를 전송하는 함수
<12-1> number의 값에 따라 대응되는 메시지를 data에 저장한다.
<11-2> 데이터를 보낸다. 예제 1의 server의 message_send()와 비슷한 방법을 사용한다.

<13> HAL_GPIO_EXTI_Callback)
- GPIO의 EXTI 가 발생하면 (즉, SW가 눌러지면) 호출되는 함수
<13-1> 눌러지는 SW 값에 따라 message_send( ) 함수를 호출함
<13-2> SW의 chattering 현상을 방지하기 위해 시간지연을 준다

13.4.2.5 프로그램 실행

[13.4.2.1 예제 설명] 과 [13.4.2.2 예제 동작 순서] 와 동일하므로 앞 절을 참고하기 바란다.

13.4.3 [참고] TCP/IP 통신을 위한 PC의 설정

13.4.3.1 [참고] PC에서 IP를 수동으로 설정하는 방법

본 예제를 수행하려면 PC의 IP를 수동으로 192.168.0.2 로 설정하여야 하는데, 그 방법은 다음과 같다.

> **참고**
>
> 아래 설명은 Window7 기준이며, Window의 버전이 다를 경우도 이와 방법은 비슷하다.

1) [윈도우 시작] – [제어판] – [네트워크 및 인터넷] – [네트워크 및 공유 센터] 창에서 [어댑터 설정 변경] 버튼을 누른다.

2) 그러면 네트워크 연결 창이 나오는데 여기에서 [로컬 영역 연결]을 선택한 후, 마우스 오른쪽 버튼을 눌러 [속성]을 선택한다.

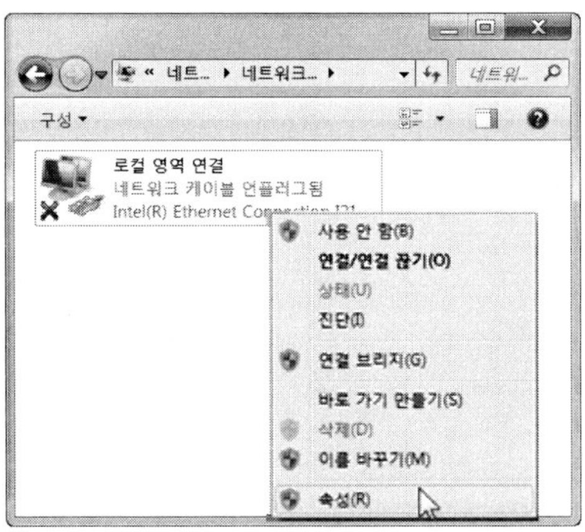

3) 네트워크 연결 속성 창이 나오면 [Internet Protocol Version 4 (TCP/IPv4)]를 선택한 후 [속성] 버튼을 클릭한다.

4) 그러면 기존의 TCP/IP 설정 정보가 다음과 같이 나온다. 그러면 이 설정 정보를 반드시 기억해두기 바란다(화면 캡처, 핸폰으로 사진 찍기, 손으로 기록 등등).

중요 실습을 위해서 PC에서 IP를 수동으로 설정하면 인터넷에 접속할 수 없게된다. 따라서 예제 실행을 완료한 후에 다시 인터넷에 접속하려면 기존의 TCP/IP 설정 정보로 다시 복원을 해주어야 한다. 그렇지 않으면 PC가 인터넷에 접속이 되지 않는다.

---

① PC가 고정 IP를 사용하는 경우(IP 주소를 수동으로 설정)는 다음의 화면이 나온다.

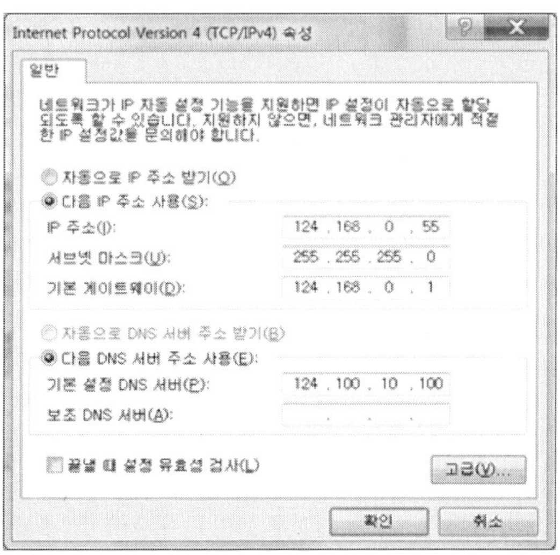

② PC가 유동 IP를 사용하는 경우(IP 주소를 자동으로 받기)는 다음의 화면이 나온다.

5) TCP/IP 설정 정보화면에서 아래와 같이 정보를 입력한 후, [확인] 버튼을 누른다.

① [다음 IP 주소 사용(S)] 버튼을 선택하고 아래와 같이 입력한다.

- IP : 192.192.0.2
- 서브넷 마스크 : 255. 255. 255. 0
- 기본 게이트웨이 : 192. 168. 0. 1

② [다음 DNS 서버 주소 사용(E)] 버튼을 선택하고 아래와 같이 입력한다.

- DNS 서버 : 공백(기입하지 말 것)

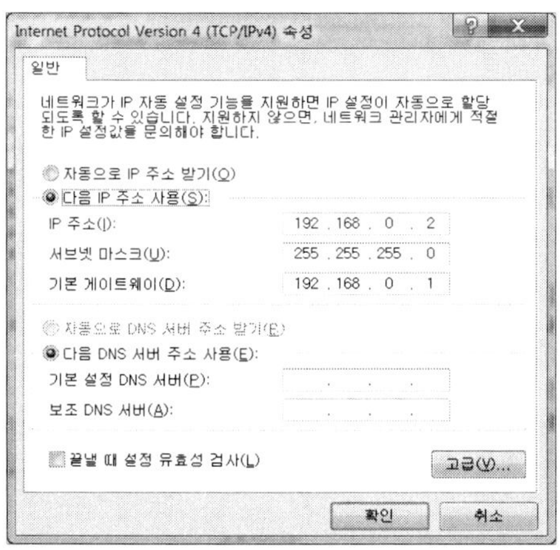

6) 설정을 마쳤다면, 순서 3)의 그림이 다시 나온다. 여기서 [닫기] 버튼을 누른다. 그러면 설정이 완료되었다.

7) 예제 실행을 완료한 후에 다시 인터넷에 접속하려면 PC의 인터넷 포트에 외부 인터넷 접속용 이더넷 케이블을 다시 연결한 후에, (4)번에서 기록해 두었던 기존의 TCP/IP 설정 정보로 반드시 다시 복원을 해주어야 한다. 그렇지 않으면 PC가 인터넷에 접속이 되지 않는다.

13.4.3.2 [참고] PC에서 실습보드의 연결상태를 확인하는 방법

PC의 커맨드 창을 이용하면 위에서 설정한 PC의 IP, 그리고 PC와 실습보드의 연결상태를 확인할 수 있으며, 그 방법은 다음과 같다.

1) 다음과 같은 방법으로 윈도우의 command 창을 실행한다.

- [윈도우 시작] 버튼을 클릭하면 아래의 창이 뜬다.

2) 왼쪽 하단의 입력창에 “cmd”라고 입력한 후 키보드의 [Enter]를 누른다.

3) 그러면 다음과 같이 cmd 창이 나타난다.

참고

cmd는 command의 약자이다.

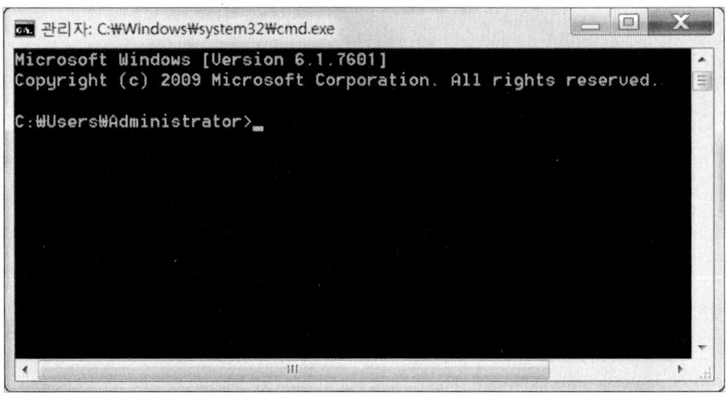

4) 이 창에서 ipconfig 를 키보드로 타이핑하여 입력한 후에 [Enter] 키를 누른다.

참고

ipconfig는 ip의 configuration을 표시하라는 명령어이다.

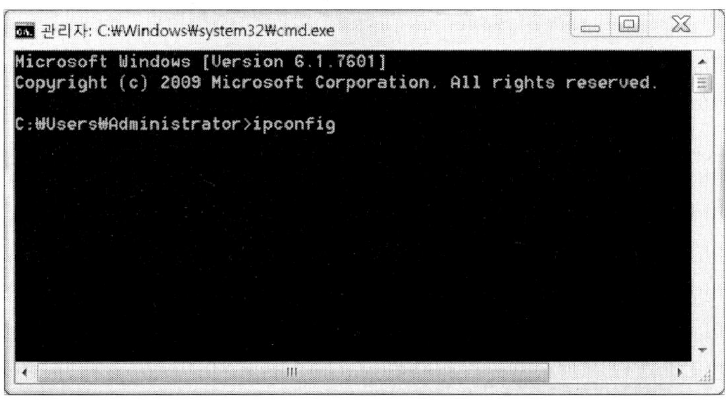

5) 그러면 다음 화면과 같은 정보가 화면에 표시된다. 여기에서 [IPv4 주소]라고 표시되는 부분이 PC의 IP 이다. 이 그림의 경우 PC의 IP는 192.168.0.2 임을 알 수 있다.

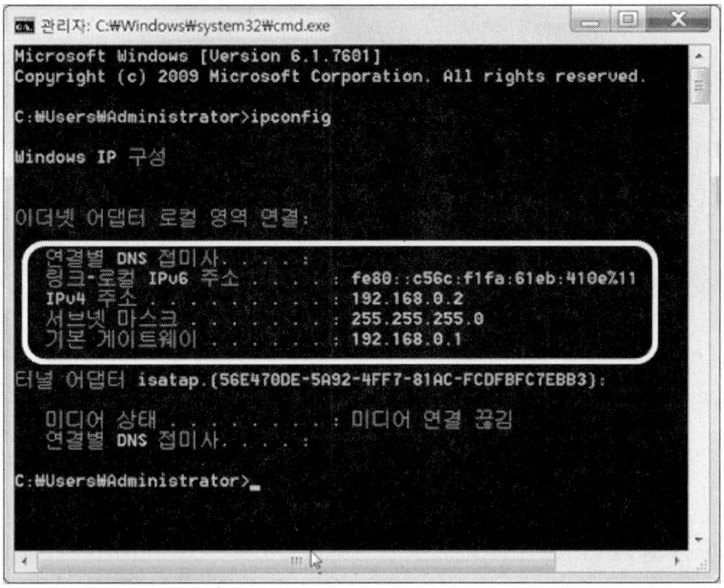

6) PC와 실습보드의 연결상태는 다음과 같이 확인할 수 있다 :

- 커맨드 창에서 ping 192.168.0.10 을 입력하고 [Enter] 키를 누른다.
- 그러면 그러면 다음 화면과 같은 정보가 화면에 표시된다. 이 정보를 보면 실습보드(IP가 192.168.0.10)와 연결되었음을 알 수 있다.

참고

ping 192.168.0.10 는 IP 192.168.0.10과의 연결상태를 체크하는 명령어이다.

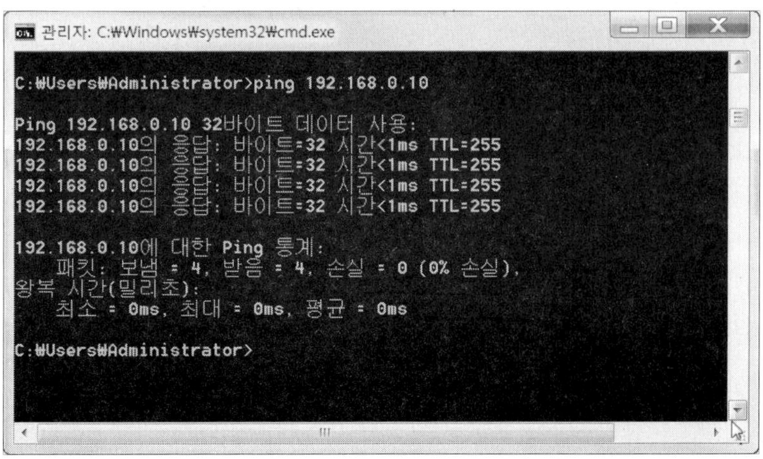

7) [참고] 만일 위에서 ping 196.168.0.10 (잘못된 IP 주소임)라고 입력하고 [Enter] 키를 누른다 화면과 같은 정보가 나온다. 즉, IP 196.168.0.10과는 연결이 되지 않음을 알 수 있다.

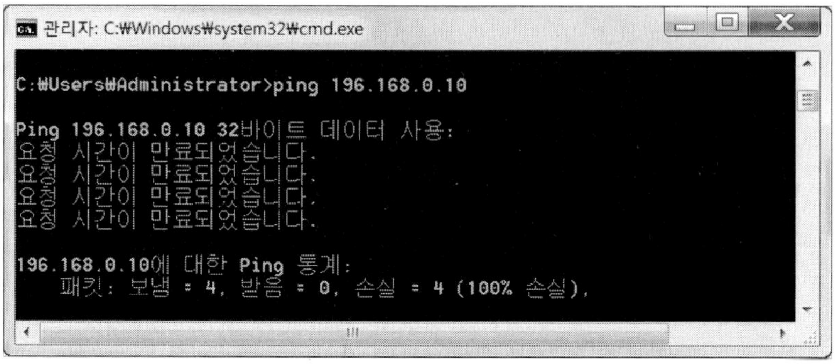

13.4.3.3 [참고] PC용 TCP/IP 소켓통신 프로그램

본 예제에는 PC에 동작하는 TCP/IP 소켓통신 프로그램이 포함되어 있으며 아래는 이에 대한 설명이다.

1) PC용 TCP/IP 프로그램 폴더 명:
[Examples_Nucleo F429] – [TCP,IP] – [PC_Examples] – [PC 프로그램_소켓 통신_VS2008]

2) 이 폴더 안에는 다음과 같은 파일들이 있으며 그 내용은 다음과 같다.

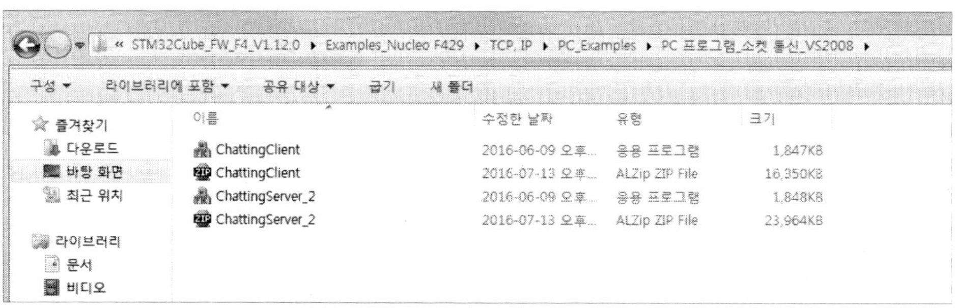

- ChattingClient.exe : PC용 소켓통신 프로그램(PC가 클라이언트가 됨)
- ChattingServer_2.exe : PC용 소켓통신 프로그램(PC가 서버가 됨)
- ChattingClient.zip : 클라이언트 소켓통신 프로그램의 소스코드(Visual Studio 2008에서 작성됨)
- ChattingServer_2.zip : 서버 소켓통신 프로그램의 소스코드(Visual Studio 2008에서 작성됨)

참고

아래의 2개의 소스코드는 위의 2개의 실행파일의 소스코드이다.

3) 이 TCP/IP 소켓 통신 프로그램은 필자가 작성한 것이며, 윈도우 소켓을 이용한 일반적인 소켓통신 프로그램이다. 따라서 Nucleo-F429 확장보드와의 통신뿐만 아니라, 범용적인 소켓 통신용으로 사용이 가능하다. 따라서 이 프로그램을 이용하면 “PC – PC”, “PC – 스마트 폰”, “PC - MCU” 등 어떤 매체와의 TCP/IP 통신에도 범용적으로 사용이 가능하다.

14 예제 소스코드의 추가 설명

이 책의 [6장. GPIO를 이용한 입출력] ~ [13장. 이더넷 포트를 이용한 TCP/IP 통신]에서는 여러개의 예제 파일을 이용하여 실험실습을 진행하였다. 그런데 각각의 예제 파일이 있는 프로젝트 폴더에는 [main.c] 이외에도 많은 소스코드 파일이 있는데 그 중에서 아래의 파일에 대하여 자세히 알아보기로 한다.

- main.h
- Nucleo-F103.h, 또는 Nucleo-F429.h
- Nucleo-F103.c, 또는 Nucleo-F429.c

참고

이 파일들은 Nucleo-F103 확장보드 (또는 Nucleo-F429 확장보드)를 이용하는 본 교재의 모든 예제 프로그램에서 공통으로 사용되는 파일이다.

참고

Nucleo-F103.c / Nucleo-F429.c 와 stm32f1xx_it.c / stm32f4xx_it.c의 위치
- 이 파일들은 아래 그림과 같이 프로젝트 폴더에서 [Example/User] 폴더 아래에 있다.

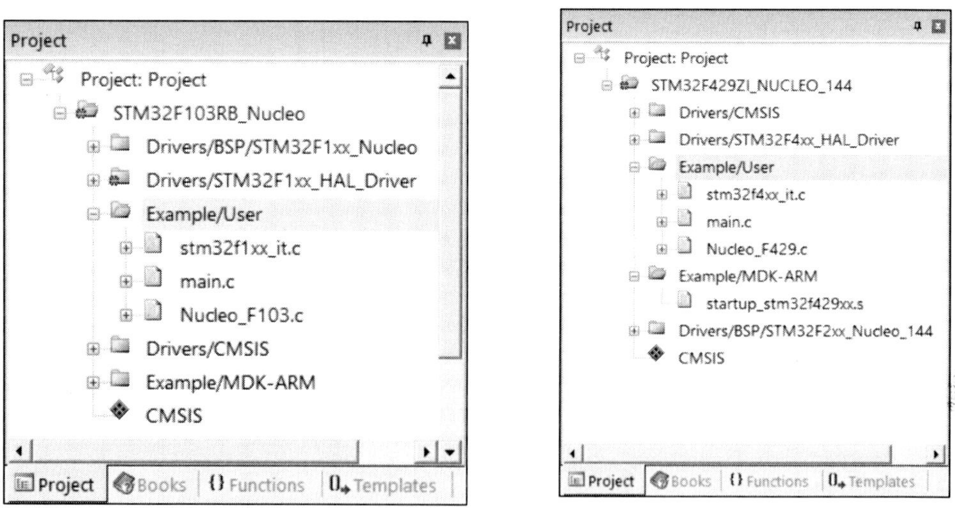

(a) Nucleo-F103 확장보드 (b) Nucleo-F429 확장보드

△ **그림 14-1** Nucleo-F103.c / Nucleo-F429.c 와 stm32f1xx_it.c / stm32f4xx_it.c의 위치

14.1 main.h

main.h 헤더파일은 main.c와 Nucleo_F103.c (또는 Nucleo_F429.c)에서 인클루드하는 파일이며, 그 내용은 다음과 같다.

1) Nucleo-F103 확장보드의 경우

[main.c]

```
/* Define to prevent recursive inclusion ---------------------------------*/
#ifndef __MAIN_H
#define __MAIN_H

// -- <1> 프로그램의 실행에 필요한 헤더파일을 인클루드
#include "stm32f1xx_hal.h"
#include "stm32f1xx_nucleo.h"

#endif /* __MAIN_H */
```

2) Nucleo-F429 확장보드의 경우

[main.h]

```
/* Define to prevent recursive inclusion ---------------------------------*/
#ifndef __MAIN_H
#define __MAIN_H

// -- <1> 프로그램의 실행에 필요한 헤더파일을 인클루드
#include "stm32f4xx_hal.h"
#include "stm32f4xx_nucleo.h"

#endif /* __MAIN_H */
```

3) 소스 코드 설명

〈1〉 프로그램의 실행에 필요한 헤더파일을 인클루드한다. 인클루드하는 파일은 다음과 같으며, 이 파일은 모두 HAL 라이브러리에서 제공하는 파일이다.

- Nucleo-F103 확장보드의 경우

```
#include "stm32f1xx_hal.h"
#include "stm32f1xx_nucleo.h"
```

- Nucleo-F429 확장보드의 경우

```
#include "stm32f4xx_hal.h"
#include "stm32f4xx_nucleo.h"
```

4) **참고** **main.h 파일은 다음과 같은 방법으로 찾을 수 있다.**

[방법 1]

① Keil MDK의 소스코드 입력창에서 커서를 [#include "main.h"] 코드가 있는 행에 위치시키고 마우스의 오른쪽 버튼을 클릭한다.

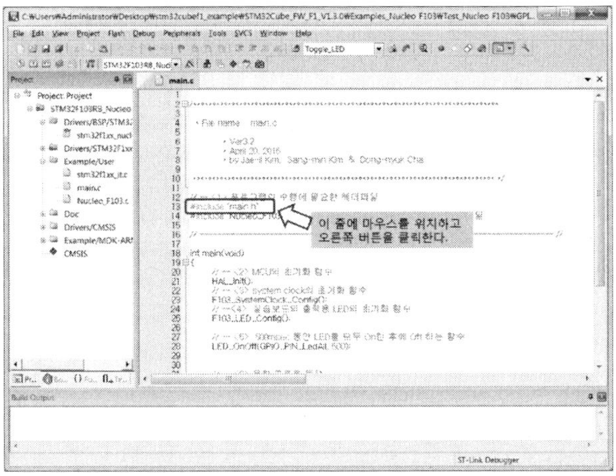

② 아래 그림과 같은 창이 나온다. 여기에서 [Open document "main.h"] 항목을 찾아 마우스 왼쪽 버튼을 클릭한다. 그러면 편집창이 열리면서 main.h 파일을 작성할 수 있다.

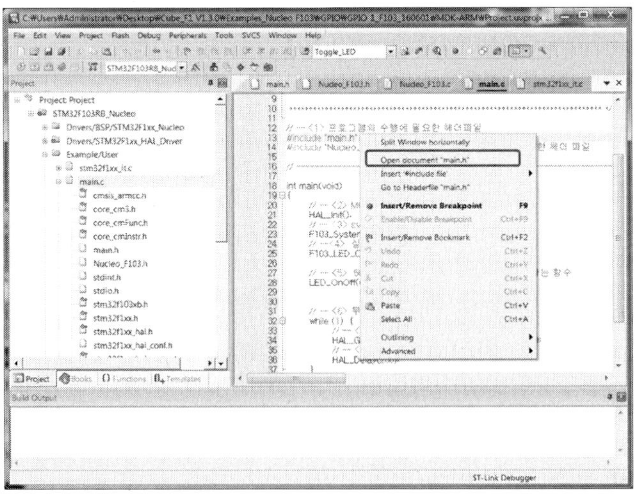

[방법 2]

① 오른쪽 [Project] 창에서 [main.c] 파일이 있는 곳의 왼쪽의 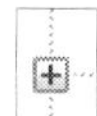 을 누른다.

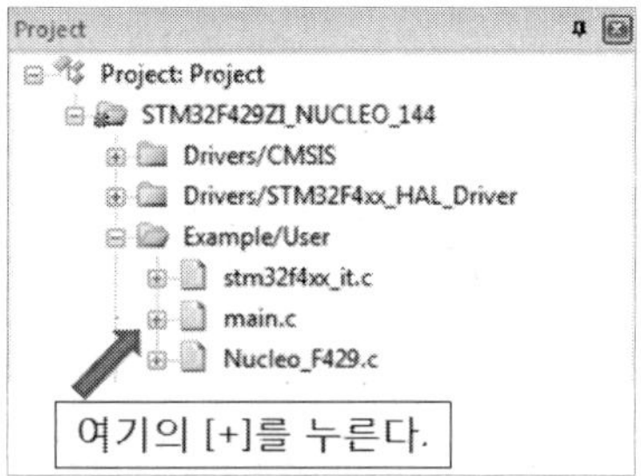

② 그러면 아래의 그림과 같이 [main.c] 파일의 메뉴가 확장되면서 [main.h]가 나온다. 이것을 더블 클릭하면 편집창이 열리면서 main.h 파일을 작성할 수 있다.

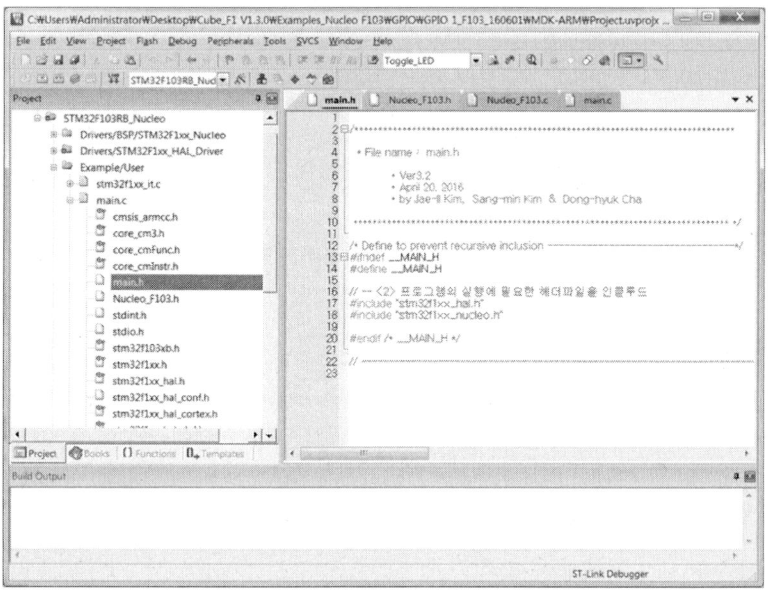

14.2 Nucleo_F103.h 및 Nucleo_F429.h

이 파일은 main.c와 Nucleo_F103.c(또는 Nucleo_F429.c)에서 인클루드하는 하는 파일이며, Nucleo-F103 확장보드(또는 Nucleo-F429 확장보드)의 사용을 위해 필요한 내용을 정의, 선언한 헤더파일이다.

1) Nucleo-F103 확장보드의 경우

[Nucleo_F103.h]

```
// -- Nucleo_F103 확장보드의 사용에 필요한 내용을 정의, 선언한 헤더 파일

// -- <1> Nucleo_F103 확장보드의 LED의 포트, 핀 번호를 정의
#define GPIOLedNucleo        GPIOA
#define GPIOLedExt           GPIOC
#define GPIO_PIN_Led1        GPIO_PIN_0
#define GPIO_PIN_Led2        GPIO_PIN_1
#define GPIO_PIN_Led3        GPIO_PIN_2
#define GPIO_PIN_Led4        GPIO_PIN_3
#define GPIO_PIN_Led5        GPIO_PIN_4
#define GPIO_PIN_Led6        GPIO_PIN_5
#define GPIO_PIN_Led7        GPIO_PIN_6
#define GPIO_PIN_Led8        GPIO_PIN_7
#define GPIO_PIN_LedAll      GPIO_PIN_0 | GPIO_PIN_1 | GPIO_PIN_2 | GPIO_PIN_3 | GPIO_PIN_4
                             | GPIO_PIN_5 | GPIO_PIN_6 | GPIO_PIN_7

// -- <2> Nucleo_F103 확장보드의 Switch의  포트, 핀 번호를 정의
#define GPIOSwNucleo         GPIOC
#define GPIOSw1              GPIOA
#define GPIOSw2              GPIOB
#define GPIOSw3              GPIOB
#define GPIOSw4              GPIOB
#define GPIO_PIN_Nucleo_Sw   GPIO_PIN_13
#define GPIO_PIN_Sw1         GPIO_PIN_8
#define GPIO_PIN_Sw2         GPIO_PIN_4
#define GPIO_PIN_Sw3         GPIO_PIN_5
#define GPIO_PIN_Sw4         GPIO_PIN_10
#define TIMER2               TIM2

// -- <3> Nucleo_F103.c 에서 사용하는 함수의 선언
void SystemClock_Config(void);
void LED_Config(void);
void LED_OnOff(int, int);
void Sw_Config(void);
void SwEXTI_Config(void);
void TIM2_Config(int prescaler_value, int period_value);
void TIM3_Config(int prescaler_value, int period_value);
void TIM_OC_Config(int pulse_value);
void TIM_PWM_Poll_Config(int pwm_value);
void TIM_PWM_IT_Config(int pwm_value);
```

```
void UART2_Config(void);
void UART2_Config(void);
void ADC1_Polling_Config(void);
void ADC1_Interrupt_Config(void);
void DAC_Config(void);
```

2) Nucleo-F429 확장보드의 경우

[Nucleo_F429.h]

```
// Nucleo_F429 Board의 사용에 필요한 내용을 정의, 선언한 헤더파일

// <1> Nucleo-F429 확장보드의 LED의 포트, 핀 번호를 정의
#define GPIONucleo              GPIOB
#define GPIOExt                 GPIOD
#define GPIO_PIN_Led1           GPIO_PIN_0
#define GPIO_PIN_Led2           GPIO_PIN_1
#define GPIO_PIN_Led3           GPIO_PIN_2
#define GPIO_PIN_Led4           GPIO_PIN_3
#define GPIO_PIN_Led5           GPIO_PIN_4
#define GPIO_PIN_Led6           GPIO_PIN_5
#define GPIO_PIN_Led7           GPIO_PIN_6
#define GPIO_PIN_Led8           GPIO_PIN_7
#define GPIO_PIN_LedAll         GPIO_PIN_0 | GPIO_PIN_1 | GPIO_PIN_2 | GPIO_PIN_3 |
                                GPIO_PIN_4 | GPIO_PIN_5 | GPIO_PIN_6 | GPIO_PIN_7

// -- <2> Nucleo-F429 확장보드의 Switch의 포트, 핀 번호를 정의
#define GPIOSwNucleo            GPIOC
#define GPIOSw1                 GPIOG
#define GPIOSw2                 GPIOG
#define GPIOSw3                 GPIOG
#define GPIOSw4                 GPIOG
#define GPIO_PIN_Nucleo_Sw      GPIO_PIN_13
#define GPIO_PIN_Sw1            GPIO_PIN_0
#define GPIO_PIN_Sw2            GPIO_PIN_1
#define GPIO_PIN_Sw3            GPIO_PIN_2
#define GPIO_PIN_Sw4            GPIO_PIN_3

// -- <3> Nucleo_F429.c에서 사용하는 함수의 선언
void SystemClock_Config(void);
void LED_Config(void);
void Sw_Config(void);
void SwEXTI_Config(void);
void TIM2_Config(int prescaler_value, int period_value);
void TIM3_Config(int prescaler_value, int period_value);
void TIM_OC_Config(int pulse_value);
```

제 4 부 프로그래밍 실습 : UART, USB, TCP/IP 통신

```
void TIM_PWM_Poll_Config(int pwm_value);
void TIM_PWM_IT_Config(int pwm_value);
void UART3_Config(void);
void ADC1_Polling_Config(void);
void ADC1_Interrupt_Config(void);
void DAC_Config(void);
void LED_OnOff(int, int);
```

3) 소스 코드 설명

〈1〉 Nucleo_F103 확장보드 (또는 Nucleo-F429 확장보드)에 있는 LED의 포트 번호 및 핀 번호를 정의한다. 이 내용은 [6.3.0절, GPIO 예제 관련 회로도]에 설명된 것과 동일하게 정의되어 있다.

〈2〉 Nucleo_F103 확장보드 (또는 Nucleo-F429 확장보드)에 있는 Switch의 포트, 핀 번호를 정의한다. 이 내용은 [6.3.0절, GPIO 예제 관련 회로도]에 설명된 것과 동일하게 정의되어 있다.

〈3〉 Nucleo_F103.c (또는 Nucleo_F429.c)에서 사용하는 함수를 선언한 부분이다.

참고

이 헤더파일의 소스코드 중에 나타나 있는 GPIO_Pin_0, GPIO_Pin_1, GPIO_Pin_2... 등은 ST사에서 제공하는 HAL 라이브러리 내에 있는 헤더 파일인 [stm32f10x_gpio.h] 에 정의되어 있다.

14.3 Nucleo_F103.c 및 Nucleo_F429.c

이 파일은 Nucleo-F103 확장보드(또는 Nucleo-F429 확장보드)의 주변장치의 사용을 위한 함수들이 정의되어 있는 파일이다. 이 파일은 다소 내용이 많으나 처음부터 모든 소스코드를 다 이해할 필요는 없으며, 해당되는 주변장치를 학습할 때, 이 주변장치에 대한 내용을 하나씩 살펴보고 이해해나가면 된다.

14.3.1 Nucleo-F103 확장보드의 경우

Nucleo_F103.c 파일의 소스코드는 다음과 같다.

[Nucleo_F103.c]

```
// -- Nucleo_F103 보드의 사용에 필요한 함수를 구현한 파일

// -- <1> 프로그램의 실행에 필요한 헤더파일을 인클루드
#include "main.h"
#include "Nucleo_F103.h"

// -- <2> 주변장치 초기화용 구조체
GPIO_InitTypeDef          GPIO_Init_Struct;     // GPIO의 초기화용 구조체 변수
TIM_HandleTypeDef         TimHandle;            // 타이머의 초기화용 구조체 변수
TIM_OC_InitTypeDef        TIM_OCInit;           // 타이머 Channel(OC)의 초기화용 구조체 변수
UART_HandleTypeDef        UartHandle;           // UART의 초기화용 구조체 변수
ADC_HandleTypeDef         AdcHandler;           // ADC의 초기화용 구조체 변수
ADC_ChannelConfTypeDef    Adc_sConfig;          // ADC Channel의 초기화용 구조체 변수

// ------------------------------------------------------------------------------- //
// -- <3> Nucleo_F103 보드와 확장 I/O 보드의 출력용 LED의 초기설정을 함

void LED_Config(void)
{
    // -- Nucleo 보드의 LED(LD2)용 GPIO (PA5)설정
    // -- <3-1> GPIOA의 클럭을 enable
    __HAL_RCC_GPIOA_CLK_ENABLE();

    // -- <3-2> LED의 동작 조건을 설정
    GPIO_Init_Struct.Pin    = GPIO_PIN_5;                  // GPIO에서 사용할 PIN 설정
    GPIO_Init_Struct.Mode   = GPIO_MODE_OUTPUT_PP;         // Output Push-Pull 모드
    GPIO_Init_Struct.Pull   = GPIO_PULLUP;                 // Pull Up 모드
    GPIO_Init_Struct.Speed = GPIO_SPEED_FREQ_HIGH;         // 동작속도를 HIGH로

    // -- <3-3> GPIO_Init_Struct에 설정된 조건으로 GPIO를 초기화함
    HAL_GPIO_Init(GPIOA, &GPIO_Init_Struct);

    // -- 확장 I/O 보드의 LED(PC0 ~ PC7)용 GPIO 설정
    // -- <3-4> GPIOC의 클럭을 enable
    __HAL_RCC_GPIOC_CLK_ENABLE();
    // -- <3-5> LED1~8의 동작 조건을 설정
    GPIO_Init_Struct.Pin = GPIO_PIN_0 | GPIO_PIN_1 | GPIO_PIN_2 | GPIO_PIN_3 |
                           GPIO_PIN_4 | GPIO_PIN_5 | GPIO_PIN_6 | GPIO_PIN_7;
                                                           // GPIO에서 사용할 PIN 설정
    GPIO_Init_Struct.Mode   = GPIO_MODE_OUTPUT_PP;         // Output Push-Pull 모드
    GPIO_Init_Struct.Pull   = GPIO_PULLUP;                 // Pull Up 모드
    GPIO_Init_Struct.Speed = GPIO_SPEED_FREQ_HIGH;         // 동작속도를 HIGH로

    // -- <3-6> GPIO_Init_Struct에 설정된 조건으로 GPIO를 초기화함
    HAL_GPIO_Init(GPIOC, &GPIO_Init_Struct);
```

```
}

// ------------------------------------------------------------------------------- //
// -- <4> Nucleo_F103 보드와 확장 I/O 보드의  LED를 ON시키고 일정 시간후에 다시 OFF 시키는 함수

void LED_OnOff(int led, int interval)
{
    // -- <4-1> Nucleo_F103 보드와 확장 I/O 보드의  LED를  ON 함
    HAL_GPIO_WritePin(GPIOLedNucleo, led, GPIO_PIN_SET );
    HAL_GPIO_WritePin(GPIOLedExt, led, GPIO_PIN_SET );

    // -- <4-2> interval (msec) 시간만큼 시간 지연을 함
    HAL_Delay(interval);

    // -- <4-3> Nucleo_F103 보드와 확장 I/O 보드의  LED를  OFF 함
    HAL_GPIO_WritePin(GPIOLedNucleo, led, GPIO_PIN_RESET );
    HAL_GPIO_WritePin(GPIOLedExt, led, GPIO_PIN_RESET );
}

// ------------------------------------------------------------------------------- //
// -- <5> Nucleo_F103 보드와 확장 I/O 보드의  입력용 Switch의 초기설정을 함
//          * 이 함수에서는 SW를 GPIO 입력으로 받도록 설정한다.

void Sw_Config(void)
{
    // -- Nucleo 보드의 Switch(B1)용 GPIO(PC13) 설정
    // -- <5-1> GPIOC의 클럭을 enable
    __HAL_RCC_GPIOC_CLK_ENABLE();

    // -- <5-2> SW1의 동작 조건을 GPIO 입력으로 설정
    GPIO_Init_Struct.Pin    = GPIO_PIN_13;              // GPIO에서 사용할 PIN 설정
    GPIO_Init_Struct.Mode   = GPIO_MODE_INPUT;          // Input Floating 모드
    GPIO_Init_Struct.Pull   = GPIO_PULLUP;              // Pull Up 모드
    GPIO_Init_Struct.Speed = GPIO_SPEED_FREQ_HIGH;      // 동작속도를 HIGH로

    // -- <5-3> GPIOC를 GPIO_Init_Struct에 설정된 조건으로 초기화함
    HAL_GPIO_Init(GPIOC, &GPIO_Init_Struct);

    // -- 확장 I/O 보드의  SW1용 GPIO (PA8)의 초기설정
    // -- <5-4> GPIOA의 클럭을 enable
    __HAL_RCC_GPIOA_CLK_ENABLE();

    // -- <5-5> SW1의 동작 조건을 GPIO 입력으로 설정
    GPIO_Init_Struct.Pin    = GPIO_PIN_8;               // GPIO에서 사용할 PIN 설정
    GPIO_Init_Struct.Mode   = GPIO_MODE_INPUT;          // Input Floating 모드
    GPIO_Init_Struct.Pull   = GPIO_PULLUP;              // Pull Up 모드
    GPIO_Init_Struct.Speed = GPIO_SPEED_FREQ_HIGH;      // 동작속도를 HIGH로
```

```
    // -- <5-6> GPIOA를 GPIO_Init_Struct에 설정된 조건으로 초기화함
    HAL_GPIO_Init(GPIOA, &GPIO_Init_Struct);

    // -- 확장 I/O 보드의  SW2, SW3, SW4용 GPIO (PB4, PB5, PB10)의 초기설정
    // -- <5-7> GPIOB의 클럭을 enable
    __HAL_RCC_GPIOB_CLK_ENABLE();

    // -- <5-8> SW의 동작 조건을 GPIO 입력으로 설정
    GPIO_Init_Struct.Pin    = GPIO_PIN_4 | GPIO_PIN_5 | GPIO_PIN_10;
                                   // GPIO에서 사용할 PIN 설정
    GPIO_Init_Struct.Mode  = GPIO_MODE_INPUT;              // Input Floating 모드
    GPIO_Init_Struct.Pull  = GPIO_NOPULL;                  // Pull Up / Pull Down 비활성화
    GPIO_Init_Struct.Speed = GPIO_SPEED_FREQ_HIGH;         // 동작속도를 HIGH로

    // -- <5-9> GPIOB를 GPIO_Init_Struct에 설정된 조건으로 초기화함
    HAL_GPIO_Init(GPIOB, &GPIO_Init_Struct);
}

// ---------------------------------------------------------------------------- //
// -- <6>  Nucleo_F103 보드와 확장 I/O 보드의  입력용 Switch의 초기설정을 함
//         * 이 함수에서는 SW를 누르면 EXTI 인터럽트가 발생하도록 설정한다.
void SwEXTI_Config(void)
{
    // -- Nucleo 보드의 Switch(B1)용 GPIO(PC13) 설정
    // -- <6-1> GPIOC의 클럭을 enable
    __HAL_RCC_GPIOC_CLK_ENABLE();

    // -- <6-2> SW1의 동작 조건을 EXTI 발생으로 설정
    GPIO_Init_Struct.Pin    = GPIO_PIN_13;                 // GPIO에서 사용할 PIN 설정
    GPIO_Init_Struct.Mode  = GPIO_MODE_IT_FALLING;         // Falling Edge에서 인터럽트 발생
    GPIO_Init_Struct.Pull  = GPIO_NOPULL;                  // Pull Up / Pull Down 비활성화
    GPIO_Init_Struct.Speed = GPIO_SPEED_FREQ_HIGH;         // 동작속도를 HIGH로

    // -- <6-3> GPIOC를 GPIO_Init_Struct에 설정된 조건으로 초기화함
    HAL_GPIO_Init(GPIOC, &GPIO_Init_Struct);

    // -- 확장 I/O 보드의 SW1용 GPIO (PA8)의 초기설정
    // -- <6-4> GPIOA의 클럭을 enable
    __HAL_RCC_GPIOA_CLK_ENABLE();

    // -- <6-5> SW1의 동작 조건을 EXTI 발생으로 설정
    GPIO_Init_Struct.Pin    = GPIO_PIN_8;                  // GPIO에서 사용할 PIN 설정
    GPIO_Init_Struct.Mode  = GPIO_MODE_IT_FALLING;         // Falling Edge에서 인터럽트 발생
    GPIO_Init_Struct.Pull  = GPIO_NOPULL;                  // Pull Up / Pull Down 비활성화
    GPIO_Init_Struct.Speed = GPIO_SPEED_FREQ_HIGH;         // 동작속도를 HIGH로
    // -- <6-6> GPIOA를 GPIO_Init_Struct에 설정된 조건으로 초기화함
    HAL_GPIO_Init(GPIOA, &GPIO_Init_Struct);
```

```
    // -- 확장 I/O 보드의 SW2, SW3, SW4용 GPIO (PB4, PB5, PB10)의 초기설정
    // -- <6-7> GPIOB의 클럭을 enable
    __HAL_RCC_GPIOB_CLK_ENABLE();

    // -- <6-8> SW2~4의 동작 조건을 EXTI 발생으로 설정
    GPIO_Init_Struct.Pin    = GPIO_PIN_4 | GPIO_PIN_5 | GPIO_PIN_10;
                                            // GPIO에서 사용할 PIN 설정
    GPIO_Init_Struct.Mode   = GPIO_MODE_IT_FALLING;        // Falling Edge에서 인터럽트 발생
    GPIO_Init_Struct.Pull   = GPIO_NOPULL;                 // Pull Up / Pull Down 비활성화
    GPIO_Init_Struct.Speed = GPIO_SPEED_FREQ_HIGH;        // 동작속도를 HIGH로

    // -- <6-9> GPIOB를 GPIO_Init_Struct에 설정된 조건으로 초기화함
    HAL_GPIO_Init(GPIOB, &GPIO_Init_Struct);
      // -- <6-10> SW1~SW4 및, B1의 EXTI에 대한 인터럽트의 우선순위를 설정하고, 인터럽트를 enable함
    HAL_NVIC_SetPriority(EXTI9_5_IRQn, 0, 0);   //  EXTI 의 priority를 설정
    HAL_NVIC_EnableIRQ(EXTI9_5_IRQn);           //  EXTI 인터럽트를 enable

    HAL_NVIC_SetPriority(EXTI4_IRQn, 0, 0);     //  EXTI 의 priority를 설정
    HAL_NVIC_EnableIRQ(EXTI4_IRQn);             //  EXTI 인터럽트를 enable

    HAL_NVIC_SetPriority(EXTI15_10_IRQn, 0, 0); //  EXTI 의 priority를 설정
    HAL_NVIC_EnableIRQ(EXTI15_10_IRQn);         //  EXTI 인터럽트를 enable
}

// ---------------------------------------------------------------------------- //
// -- <7> Timer2의 초기설정을 위한 함수
//        * TIM2를 Up couting 모드로 동작시킨다.
//        * Timer 인터럽트의 발생 주기는 인자 prescaler_value와 period_value 값에 의해 결정된다.
//        * prescaler_value = 와 period_value 값에 의해 결정된다.

void TIM2_Config(int prescaler_value, int period_value)
{
    // -- <7-1> TIM2의 clock을 enable
    __HAL_RCC_TIM2_CLK_ENABLE();

    // -- <7-2> TIM의 동작 조건 설정
    TimHandle.Instance               = TIM2;               // TIM2 사용
    TimHandle.Init.CounterMode       = TIM_COUNTERMODE_UP; // Up Counter 모드로 설정
    TimHandle.Init.Prescaler         = prescaler_value;    // Prescaler 값  = presclaer
                                                              value 로 설정
    TimHandle.Init.Period   = period_value;
                        // 업데이트 이벤트 발생시 Auto-Reload 레지스터 값 = period value 로 설정
    TimHandle.Init.ClockDivision     = 0;        // Clock Division 설정
    //TimHandle.Init.RepetitionCounter = 0;      // Repetition Counter 값을 설정 (TIM1에만 설
                                                    정이 필요함)
```

```
    // -- <7-3> TIM2를 TimHandle에 설정된 값으로 초기화하고 TIM를 동작
    HAL_TIM_Base_Init(&TimHandle);
    HAL_TIM_Base_Start_IT(&TimHandle);
    // -- <7-4> 타이머 인터럽트 우선순위 설정 및 ENABLE
    HAL_NVIC_SetPriority(TIM2_IRQn, 0, 0);      // 별도로 설정하지 않으면 디폴트로 설정됨
    HAL_NVIC_EnableIRQ(TIM2_IRQn);
}

// ---------------------------------------------------------------------------- //
// -- <8> Timer3의 초기설정을 위한 함수
//        * TIM3를 Down couting 모드로 동작시킨다.
//        * Timer 인터럽트의 발생 주기는 인자 prescaler_value와 period_value 값에 의해 결정된다.

void TIM3_Config(int prescaler_value, int period_value)
{
    // -- <8-1> TIM3의 clock을 enable
    __HAL_RCC_TIM3_CLK_ENABLE();

    // -- <8-2> TIM의 동작 조건 설정
    TimHandle.Instance = TIM3;                              // TIM3 사용
    TimHandle.Init.CounterMode = TIM_COUNTERMODE_DOWN;   // Down Counter 모드 설정
    TimHandle.Init.Prescaler = prescaler_value;// Prescaler 값  = presclaer value 로 설정
    TimHandle.Init.Period = period_value;
                        // 업데이트 이벤트 발생시 Auto-Reload 레지스터 값 = period value 로 설정
    TimHandle.Init.ClockDivision = 0;              // Clock Division 설정
    //TimHandle.Init.RepetitionCounter = 0;      // Repetition Counter 값을  설정 (TIM1에만 설
                                                    정이 필요함)

    // -- <8-3> TIM3를 TimHandle에 설정된 값으로 초기화하고 TIM를 동작
    HAL_TIM_Base_Init(&TimHandle);
    HAL_TIM_Base_Start_IT(&TimHandle);

    // -- <8-4> 타이머 인터럽트 우선순위 설정 및 ENABLE
    HAL_NVIC_SetPriority(TIM3_IRQn, 0, 0);      // 별도로 설정하지 않으면 디폴트로 설정됨
    HAL_NVIC_EnableIRQ(TIM3_IRQn);
}

// ---------------------------------------------------------------------------- //
// -- <9> Timer의 Output Compare 동작 초기설정을 위한 함수
    //    인자로 전달받는 pulse_value는 Timer의 CCR Capture/Compare Register(CCR)의 설정값이 된다.
    //    따라서 Timer의 CNT 값 = pulse_value일때 OC 인터럽트가 발생한다.
void TIM_OC_Config(int pulse_value)
{
    // -- <9-1> TIM의 OC 동작조건 설정
    TIM_OCInit.OCMode       = TIM_OCMODE_TIMING; // Output Compare 동작모드 설정
    TIM_OCInit.Pulse        = pulse_value;       // Capture/Compare Register(CCR)의 설정값
```

```
    TIM_OCInit.OCPolarity   = TIM_OCPOLARITY_HIGH;  // OC 출력을 High로 설정
    TIM_OCInit.OCFastMode   = TIM_OCFAST_DISABLE;   // TIM Output Compare Fast를 Disable

    // -- <9-2> TIM OC를 TimHandle에 설정된 값으로 초기화함
    HAL_TIM_OC_Init(&TimHandle);

    // -- <9-3> TIM OC의 Channel을 TIM_OCInit에 설정된 값으로 초기화함
    HAL_TIM_OC_ConfigChannel(&TimHandle, &TIM_OCInit, TIM_CHANNEL_1);
    HAL_TIM_OC_ConfigChannel(&TimHandle, &TIM_OCInit, TIM_CHANNEL_2);

    // -- <9-4> TIM OC를 동작함
    HAL_TIM_OC_Start_IT(&TimHandle,TIM_CHANNEL_1);
    HAL_TIM_OC_Start_IT(&TimHandle,TIM_CHANNEL_2);
}

// ------------------------------------------------------------------------------------------ //
// -- <10> Timer의 PWM 동작 초기설정을 위한 함수

void TIM_PWM_IT_Config(int pwm_value)
{
    // -- <10-1> TIM의 OC 동작조건설정
    TIM_OCInit.OCMode       = TIM_OCMODE_PWM1;
    TIM_OCInit.Pulse        = pwm_value;
    TIM_OCInit.OCPolarity   = TIM_OCPOLARITY_HIGH;

    // -- <10-2> TIM PWM를 TimHandle에 설정된 값으로 초기화 함
    HAL_TIM_PWM_Init(&TimHandle);

    // -- <10-3> TIM PWM의 Channel을 TIM_OCInit에 설정된 값으로 초기화 함
    HAL_TIM_PWM_ConfigChannel(&TimHandle, &TIM_OCInit, TIM_CHANNEL_1);
    // -- <10-4> TIM PWM를 동작함
    HAL_TIM_PWM_Start_IT(&TimHandle,TIM_CHANNEL_1);
}

// ------------------------------------------------------------------------------------------ //
// -- <11> Timer의 PWM 동작 초기설정을 위한 함수
void TIM_PWM_Poll_Config(int pwm_value)
{

    // -- <111> TIM의 OC 동작조건설정
    TIM_OCInit.OCMode       = TIM_OCMODE_PWM1;
    TIM_OCInit.Pulse        = pwm_value;
    TIM_OCInit.OCPolarity   = TIM_OCPOLARITY_HIGH;

    // -- <11-2> TIM PWM를 TimHandle에 설정된 값으로 초기화 함
    HAL_TIM_PWM_Init(&TimHandle);
```

```
    // -- <11-3> TIM PWM의 Channel을 TIM_OCInit에 설정된 값으로 초기화 함
    HAL_TIM_PWM_ConfigChannel(&TimHandle, &TIM_OCInit, TIM_CHANNEL_1);

    // -- <11-4> TIM PWM를 동작함
    HAL_TIM_PWM_Start(&TimHandle,TIM_CHANNEL_1);
}

// ---------------------------------------------------------------------------- //
// -- <12> UART의 초기설정을 위한 함수

void UART2_Config(void)
{
   // -- <12-1> UART의 클럭을 활성화
   __HAL_RCC_GPIOA_CLK_ENABLE();
   __HAL_RCC_USART2_CLK_ENABLE();

   // -- <12-2> GPIO A포트 8번 핀을 UART Tx로 설정
   GPIO_Init_Struct.Pin       = GPIO_PIN_2;
   GPIO_Init_Struct.Mode      = GPIO_MODE_AF_PP;
   GPIO_Init_Struct.Pull      = GPIO_PULLUP;
   GPIO_Init_Struct.Speed     = GPIO_SPEED_FREQ_HIGH;
   HAL_GPIO_Init(GPIOA, &GPIO_Init_Struct);

   // -- <12-3> GPIO A포트 3번 핀을 UART Rx로 설정
   GPIO_Init_Struct.Pin       = GPIO_PIN_3;
   GPIO_Init_Struct.Mode      = GPIO_MODE_INPUT;
   GPIO_Init_Struct.Pull      = GPIO_NOPULL;
   GPIO_Init_Struct.Speed     = GPIO_SPEED_FREQ_HIGH;
   HAL_GPIO_Init(GPIOA, &GPIO_Init_Struct);

   // -- <12-4> UART의 동작 조건 설정
   UartHandle.Instance          = USART2;
   UartHandle.Init.BaudRate     = 9600;
   UartHandle.Init.WordLength = UART_WORDLENGTH_8B;
   UartHandle.Init.StopBits     = UART_STOPBITS_1;
   UartHandle.Init.Parity       = UART_PARITY_NONE;
   UartHandle.Init.HwFlowCtl    = UART_HWCONTROL_NONE;
   UartHandle.Init.Mode         = UART_MODE_TX_RX;

   // -- <12-5> UART를 UartHandle에 설정된 값으로 초기화 함
   HAL_UART_Init(&UartHandle);

   // -- <12-6> UART 인터럽트 우선순위 설정 및 활성화
   HAL_NVIC_SetPriority(USART2_IRQn, 0, 0);
   HAL_NVIC_EnableIRQ(USART2_IRQn);
}
```

```
// ------------------------------------------------------------------------------- //
// -- <13> ADC의 Polling용 초기설정을 위한 함수

void ADC1_Polling_Config(void)
{
   // -- <13-1> ADC의 clock을 활성화
   __HAL_RCC_GPIOA_CLK_ENABLE();
   __HAL_RCC_ADC1_CLK_ENABLE();

   GPIO_Init_Struct.Mode    = GPIO_MODE_ANALOG;
   GPIO_Init_Struct.Pin     = GPIO_PIN_1;
    GPIO_Init_Struct.Pull   = GPIO_NOPULL;
   HAL_GPIO_Init(GPIOA, &GPIO_Init_Struct);

   // -- <13-2> ADC의 동작 조건 설정
    AdcHandler.Instance                   = ADC1;
    AdcHandler.Init.ScanConvMode          = DISABLE;
    AdcHandler.Init.ContinuousConvMode    = ENABLE;
    AdcHandler.Init.ExternalTrigConv      = ADC_SOFTWARE_START;
    AdcHandler.Init.DataAlign             = ADC_DATAALIGN_RIGHT;
    AdcHandler.Init.NbrOfConversion       = 1;

   // -- <13-3> ADC를 AdcHandler에 설정된 값으로 초기화 함
   HAL_ADC_Init(&AdcHandler);

     // -- <13-4> ADC Calibration을 시작
   HAL_ADCEx_Calibration_Start(&AdcHandler);

   // -- <13-5> ADC Channel동작조건 설정
   Adc_sConfig.Channel      = ADC_CHANNEL_1;
   Adc_sConfig.Rank         = 1;
   Adc_sConfig.SamplingTime  = ADC_SAMPLETIME_13CYCLES_5;

    // -- <13-6> 설정된 sConfig와 AdcHandler를 연관지어 초기화 함
    HAL_ADC_ConfigChannel(&AdcHandler, &Adc_sConfig);

    // -- <13-7> ADC를 동작시킴
    HAL_ADC_Start(&AdcHandler);

    // -- <13-8> 변환이 완료될 때까지 대기
    HAL_ADC_PollForConversion(&AdcHandler, 10);
}

// ------------------------------------------------------------------------------- //
// -- <14> ADC의  Interrupt용 초기설정을 위한 함수
void ADC1_Interrupt_Config(void)
{
```

```
    // -- <14-1> ADC의 clock을 활성화
    __HAL_RCC_GPIOA_CLK_ENABLE();
    __HAL_RCC_ADC1_CLK_ENABLE();

    GPIO_Init_Struct.Mode     = GPIO_MODE_ANALOG;
    GPIO_Init_Struct.Pin      = GPIO_PIN_1;
     GPIO_Init_Struct.Pull    = GPIO_NOPULL;
    HAL_GPIO_Init(GPIOA, &GPIO_Init_Struct);

    // -- <14-2> ADC의 동작 조건 설정
     AdcHandler.Instance                   = ADC1;
     AdcHandler.Init.ScanConvMode          = DISABLE;
     AdcHandler.Init.ContinuousConvMode = ENABLE;
     AdcHandler.Init.ExternalTrigConv      = ADC_SOFTWARE_START;
     AdcHandler.Init.DataAlign             = ADC_DATAALIGN_RIGHT;
     AdcHandler.Init.NbrOfConversion       = 1;

    // -- <14-3> ADC를 AdcHandler에 설정된 값으로 초기화 함
    HAL_ADC_Init(&AdcHandler);

     // -- <14-4> ADC Calibration을 시작
    HAL_ADCEx_Calibration_Start(&AdcHandler);

    // -- <14-5> ADC Channel동작조건 설정
    Adc_sConfig.Channel       = ADC_CHANNEL_1;
    Adc_sConfig.Rank          = 1;
    Adc_sConfig.SamplingTime = ADC_SAMPLETIME_13CYCLES_5;

     // -- <14-6> 설정된 sConfig와 AdcHandler를 연관지어 초기화 함
     HAL_ADC_ConfigChannel(&AdcHandler, &Adc_sConfig);

     // -- <14-7> ADC를 동작시킴
     HAL_ADC_Start_IT(&AdcHandler);

    // -- <14-8> ADC 인터럽트 우선순위 설정 및 활성화
    HAL_NVIC_SetPriority(ADC1_IRQn, 0, 0);
    HAL_NVIC_EnableIRQ(ADC1_IRQn);
}

// ---------------------------------------------------------------------------- //
// -- <15> Nucleo-F103 보드에 장착된 MCU인 STM32F103은 DAC가 없다.
//             따라서 DAC의 초기설정을 위한 함수인 "void DAC_Config(void)"는 없다.

// ---------------------------------------------------------------------------- //
// --  <16>  System Clock 을 설정해주는 함수
/*         - 클럭은 다음과 같이 설정된다.
```

제 4 부 프로그래밍 실습 : UART, USB, TCP/IP 통신

```
 *          System Clock source        = PLL (HSI)
 *          SYSCLK(Hz)                 = 64,000,000
 *          HCLK(Hz)                   = 64,000,000
 *          AHB Prescaler              = 1
 *          APB1 Prescaler             = 2
 *          APB2 Prescaler             = 1
 *          PLLMUL                     = 16
 *          Flash Latency(WS)          = 2
 */

// ------------------------------------------------------------------------------- //

void  SystemClock_Config(void)
{
      RCC_ClkInitTypeDef clkinitstruct = {0};
      RCC_OscInitTypeDef oscinitstruct = {0};

      /* Configure PLL ------------------------------------------------------*/
      /* PLL configuration : PLLCLK = (HSI / 2) * PLLMUL = (8 / 2) * 16 = 64 MHz */
      /* PREDIV1 configuration : PREDIV1CLK = PLLCLK / HSEPredivValue = 64 / 1 = 64 MHz */
      /* Enable HSI and activate PLL with HSi_DIV2 as source */
      oscinitstruct.OscillatorType      = RCC_OSCILLATORTYPE_HSI;
      oscinitstruct.HSEState            = RCC_HSE_OFF;
      oscinitstruct.LSEState            = RCC_LSE_OFF;
      oscinitstruct.HSIState            = RCC_HSI_ON;
      oscinitstruct.HSICalibrationValue = RCC_HSICALIBRATION_DEFAULT;
      oscinitstruct.HSEPredivValue      = RCC_HSE_PREDIV_DIV1;
      oscinitstruct.PLL.PLLState        = RCC_PLL_ON;
      oscinitstruct.PLL.PLLSource       = RCC_PLLSOURCE_HSI_DIV2;
      oscinitstruct.PLL.PLLMUL          = RCC_PLL_MUL16;

      if (HAL_RCC_OscConfig(&oscinitstruct)!= HAL_OK)   {
              /* Initialization Error */
              while(1);
      }

      /* Select PLL as system clock source and configure the HCLK, PCLK1 and PCLK2
        clocks dividers */
      clkinitstruct.ClockType = (RCC_CLOCKTYPE_SYSCLK | RCC_CLOCKTYPE_HCLK | RCC_CLOCKTYPE_
      PCLK1 | RCC_CLOCKTYPE_PCLK2);
      clkinitstruct.SYSCLKSource = RCC_SYSCLKSOURCE_PLLCLK;
      clkinitstruct.AHBCLKDivider = RCC_SYSCLK_DIV1;
      clkinitstruct.APB2CLKDivider = RCC_HCLK_DIV1;
      clkinitstruct.APB1CLKDivider = RCC_HCLK_DIV2;
      if (HAL_RCC_ClockConfig(&clkinitstruct, FLASH_LATENCY_2)!= HAL_OK)   {
              /* Initialization Error */
              while(1);
```

```
        }
}

// ---------------------------------------------------------------------------- //
// -- <17> Clock 설정시 에러가 발생하면 처리해주는 함수
/**
  * @brief  Reports the name of the source file and the source line number
  *         where the assert_param error has occurred.
  * @param  file : pointer to the source file name
  * @param  line : assert_param error line source number
  * @retval None
  */

#ifdef  USE_FULL_ASSERT
void assert_failed(uint8_t *file, uint32_t line)
{
  /* User can add his own implementation to report the file name and line number,
     ex : printf("Wrong parameters value : file %s on line %d\r\n", file, line) */

        /* Infinite loop */
        while (1)
        {
        }
}
#endif
```


14.3.2 Nucleo-F429 확장보드의 경우

Nucleo_F429.c 파일의 소스코드는 다음과 같다.

[Nucleo_F429.c]

```
// --  Nucleo_F429 보드의 사용에 필요한 함수를 구현한 파일

// -- <1> 프로그램의 실행에 필요한 헤더파일을 인클루드
#include "main.h"
#include "Nucleo_F429.h"

// -- <2> 주변장치 초기화용 구조체
GPIO_InitTypeDef          GPIO_Init_Struct;       // GPIO의 초기화용 구조체 변수
TIM_HandleTypeDef         TimHandle;              // 타이머의 초기화용 구조체 변수
TIM_OC_InitTypeDef        TIM_OCInit;             // 타이머 Channel(OC)의 초기화용 구조체 변수
UART_HandleTypeDef        UartHandle;             // UART의 초기화용 구조체 변수
ADC_HandleTypeDef         AdcHandler;             // ADC의 초기화용 구조체 변수
ADC_ChannelConfTypeDef    Adc_sConfig;            // ADC Channel의 초기화용 구조체 변수
```

```
DAC_HandleTypeDef         DacHandler;              // DAC의 초기화용 구조체 변수
DAC_ChannelConfTypeDef    Dac_sConfig;             // DAC Channel의 초기화용 구조체 변수

// ---------------------------------------------------------------------------------- //
// -- <3> Nucleo_F429 보드와 확장 I/O 보드의  출력용 LED의 초기설정을 함

void LED_Config(void)
{
    // -- Nucleo 보드의 LED(LD1, LD2)용 GPIO (PB0, PB7)설정
    // -- <3-1> GPIOB의 클럭을 enable
    __HAL_RCC_GPIOB_CLK_ENABLE();

    // -- <3-2> LED의 동작 조건을 설정
    GPIO_Init_Struct.Pin    = GPIO_PIN_0 | GPIO_PIN_7;     // GPIO에서 사용할 PIN 설정
    GPIO_Init_Struct.Mode   = GPIO_MODE_OUTPUT_PP;         // Output Push-Pull 모드
    GPIO_Init_Struct.Pull   = GPIO_PULLUP;                 // Pull Up 모드
    GPIO_Init_Struct.Speed = GPIO_SPEED_FREQ_HIGH;         // 동작속도를 HIGH로

    // -- <3-3> GPIO_Init_Struct에 설정된 조건으로 GPIO를 초기화함
    HAL_GPIO_Init(GPIOB, &GPIO_Init_Struct);

    // -- 확장 I/O 보드의 LED(PD0 ~ PD7)용 GPIO 설정
    // -- <3-4> GPIOD의 클럭을 enable
    __HAL_RCC_GPIOD_CLK_ENABLE();

    // -- <3-5> LED1~8의 동작 조건을 설정
    GPIO_Init_Struct.Pin    = GPIO_PIN_0 | GPIO_PIN_1 | GPIO_PIN_2 | GPIO_PIN_3 |
                              GPIO_PIN_4 | GPIO_PIN_5 | GPIO_PIN_6 | GPIO_PIN_7;
                                      // GPIO에서 사용할 PIN 설정
    GPIO_Init_Struct.Mode   = GPIO_MODE_OUTPUT_PP;         // Output Push-Pull 모드
    GPIO_Init_Struct.Pull   = GPIO_PULLUP;                 // Pull Up 모드
    GPIO_Init_Struct.Speed = GPIO_SPEED_FREQ_HIGH;         // 동작속도를 HIGH로

    // -- <3-6> GPIO_Init_Struct에 설정된 조건으로 GPIO를 초기화함
    HAL_GPIO_Init(GPIOD, &GPIO_Init_Struct);
}

// ---------------------------------------------------------------------------------- //
// -- <4> Nucleo_F429 보드와 확장 I/O 보드의  LED를 ON시키고 일정 시간후에 다시 OFF 시키는 함수

void LED_OnOff(int led, int interval)
{
    // -- <4-1> Nucleo_F429 보드와 확장 I/O 보드의  LED를 ON 함
    HAL_GPIO_WritePin(GPIOLedNucleo, led, GPIO_PIN_SET );
    HAL_GPIO_WritePin(GPIOLedExt, led, GPIO_PIN_SET );
```

```
    // -- <4-2> interval (msec) 시간만큼 시간 지연을 함
    HAL_Delay(interval);

    // -- <4-3> Nucleo_F429 보드와 확장 I/O 보드의  LED를 OFF 함
    HAL_GPIO_WritePin(GPIOLedNucleo, led, GPIO_PIN_RESET );
    HAL_GPIO_WritePin(GPIOLedExt, led, GPIO_PIN_RESET );
}


// ------------------------------------------------------------------------------ //
// -- <5> Nucleo_F429 보드와 확장 I/O 보드의  입력용 Switch의 초기설정을 함
//        * 이 함수에서는 SW를 GPIO 입력으로 받도록 설정한다.

void Sw_Config(void)
{
    // -- Nucleo 보드의 Switch(B1)용 GPIO(PC13) 설정
    // -- <5-1> GPIOC의 클럭을 enable
    __HAL_RCC_GPIOC_CLK_ENABLE();

    // -- <5-2> SW1의 동작 조건을 GPIO 입력으로 설정
    GPIO_Init_Struct.Pin   = GPIO_PIN_13;                // GPIO에서 사용할 PIN 설정
    GPIO_Init_Struct.Mode  = GPIO_MODE_INPUT;            // Input Floating 모드
    GPIO_Init_Struct.Pull  = GPIO_PULLDOWN;              // Pull Down 모드
    GPIO_Init_Struct.Speed = GPIO_SPEED_FREQ_HIGH;       // 동작속도를 HIGH로

    // -- <5-3> GPIOC를 GPIO_Init_Struct에 설정된 조건으로 초기화함
    HAL_GPIO_Init(GPIOC, &GPIO_Init_Struct);

    // -- 확장 I/O 보드의 Switch용 GPIO (PG0, PG1, PG2, PG3)의 초기설정

    // -- <5-4> GPIOG의 클럭을 enable
    __HAL_RCC_GPIOG_CLK_ENABLE();

    // -- <5-5>  SW1 ~ SW4용 동작 조건을 GPIO 입력으로 설정
    GPIO_Init_Struct.Pin   = GPIO_PIN_0 | GPIO_PIN_1 | GPIO_PIN_2 | GPIO_PIN_3;
                                                         // GPIO에서 사용할 PIN 설정
    GPIO_Init_Struct.Mode  = GPIO_MODE_INPUT;            // Input Floating 모드
    GPIO_Init_Struct.Pull  = GPIO_PULLUP;                // Pull Up 모드
    GPIO_Init_Struct.Speed = GPIO_SPEED_FREQ_HIGH;       // 동작속도를 HIGH로

    // -- <5-6> GPIOG를 GPIO_Init_Struct에 설정된 조건으로 초기화함
    HAL_GPIO_Init(GPIOG, &GPIO_Init_Struct);
}

// ------------------------------------------------------------------------------ //
// -- <6> Nucleo_F429 보드의  Switch의 GPIO (PG0, PG1, PG2, PG3)의 초기설정을 함
//        * 이 함수는 SW를 누르면 EXTI가 발생하도록 설정한다.
```

```
void SwEXTI_Config(void)
{
    // -- Nucleo Board Switch (PC13)설정
    // -- <6-1> GPIOC의 클럭을 enable
    __HAL_RCC_GPIOC_CLK_ENABLE();

    // -- <6-2> SW1의 동작 조건을 GPIO 입력으로 설정
    GPIO_Init_Struct.Pin            = GPIO_PIN_13;          // GPIO에서 사용할 PIN 설정
    GPIO_Init_Struct.Mode           = GPIO_MODE_IT_FALLING; // Input Floating 모드
    GPIO_Init_Struct.Pull           = GPIO_NOPULL;          // Pull Up / Pull Down 비활성화
    GPIO_Init_Struct.Speed = GPIO_SPEED_FREQ_HIGH;          // 동작속도를 HIGH로

    // -- <6-3> GPIOC를 GPIO_Init_Struct에 설정된 조건으로 초기화함
    HAL_GPIO_Init(GPIOC, &GPIO_Init_Struct);

    // -- 확장 IO Board Switch (PG0, PG1, PG2, PG3)의 초기설정
    // -- <6-4> GPIOG의 클럭을 enable
    __HAL_RCC_GPIOG_CLK_ENABLE();
    // -- <6-5>  SW1 ~ SW4용 동작 조건을 GPIO 입력으로 설정
    GPIO_Init_Struct.Pin    = GPIO_PIN_0 | GPIO_PIN_1 | GPIO_PIN_2 | GPIO_PIN_3;
                                                    // GPIO에서 사용할 PIN 설정
    GPIO_Init_Struct.Mode   = GPIO_MODE_IT_FALLING; // Falling edge에서 Interrupt 발생
    GPIO_Init_Struct.Pull   = GPIO_NOPULL;          // Pull Up / Pull Down 비활성화
    GPIO_Init_Struct.Speed  = GPIO_SPEED_FREQ_HIGH; // 동작속도를 HIGH로

    // -- <6-6>  Nucleo SW, SW1 ~ SW4를 GPIO_Init_Struct에 설정된 조건으로 초기화함
    HAL_GPIO_Init(GPIOG, &GPIO_Init_Struct);

    // -- <6-7> SW1 ~ SW4의 EXTI에 대한 인터럽트의 우선순위를 설정하고, 인터럽트를 enable함
    HAL_NVIC_SetPriority(EXTI0_IRQn, 0, 0);         // EXTI 의 priority를 설정
    HAL_NVIC_EnableIRQ(EXTI0_IRQn);                 // EXTI 인터럽트를 enable

    HAL_NVIC_SetPriority(EXTI1_IRQn, 0, 0);         // EXTI 의 priority를 설정
    HAL_NVIC_EnableIRQ(EXTI1_IRQn);                 // EXTI 인터럽트를 enable

    HAL_NVIC_SetPriority(EXTI2_IRQn, 0, 0);         // EXTI 의 priority를 설정
    HAL_NVIC_EnableIRQ(EXTI2_IRQn);                 // EXTI 인터럽트를 enable

    HAL_NVIC_SetPriority(EXTI3_IRQn, 0, 0);         // EXTI 의 priority를 설정
    HAL_NVIC_EnableIRQ(EXTI3_IRQn);                 // EXTI 인터럽트를 enable

    HAL_NVIC_SetPriority(EXTI15_10_IRQn, 0, 0);     // EXTI 의 priority를 설정
    HAL_NVIC_EnableIRQ(EXTI15_10_IRQn);             // EXTI 인터럽트를 enable
}

// ------------------------------------------------------------------------------- //
```

```
// -- <7> Timer의 초기설정을 위한 함수
//        * TIM2를 Up couting 모드로 동작시켜 1초에 1번씩 발생하도록 주파수를 1 Hz로 설정한다.

void TIM2_Config(int prescaler_value, int period_value)
{

    // -- <7-1> TIM2의 clock을 enable
    __HAL_RCC_TIM2_CLK_ENABLE();

        // -- <7-2> TIM의 동작 조건 설정 (인터럽트가 1초에 1번씩 발생하도록 주파수를 1 Hz로 설정)
    TimHandle.Instance           = TIM2;                    // TIM2 사용
    TimHandle.Init.CounterMode = TIM_COUNTERMODE_UP;      // Up Counter 모드 설정
    TimHandle.Init.Prescaler    = prescaler_value;         // Prescaler =8999로 설정
    TimHandle.Init.Period       = period_value; // 업데이트 이벤트 발생시 Auto-Reload 레지스터
                                                   = 9999로 설정
    TimHandle.Init.ClockDivision = 0;             // Clock Division 설정
    //TimHandle.Init.RepetitionCounter = 0;       // Repetition Counter 값을  설정 (TIM1만 해당)

    // -- <7-3> TIM2를 TimHandle에 설정된 값으로 초기화하고 TIM를 동작함
    HAL_TIM_Base_Init(&TimHandle);
    HAL_TIM_Base_Start_IT(&TimHandle);

    // -- <7-4> 타이머 인터럽트 우선순위 설정 및 ENABLE
    HAL_NVIC_SetPriority(TIM2_IRQn, 0, 0);       // 별도로 설정하지 않으면 디폴트로 설정됨
}

// --------------------------------------------------------------------------------- //
// -- <7> Timer의 초기설정을 위한 함수
//        * TIM3를 Down couting 모드로 동작시켜 1초에 1번씩 발생하도록 주파수를 1 Hz로 설정한다.

void TIM3_Config(int prescaler_value, int period_value)
{

    // -- <8-1> TIM2의 clock을 enable
    __HAL_RCC_TIM3_CLK_ENABLE();

    // -- <8-2> TIM의 동작 조건 설정 (인터럽트가 1초에 1번씩 발생하도록 주파수를 1 Hz로 설정)
    TimHandle.Instance            = TIM3;                   // TIM3 사용
    TimHandle.Init.CounterMode  = TIM_COUNTERMODE_DOWN;  // Down Counter 모드 설정
    TimHandle.Init.Prescaler     = prescaler_value;        // Prescaler =6399로 설정
    TimHandle.Init.Period        = period_value;           // 업데이트 이벤트 발생시 Auto
                                                              -Reload 레지스터 = 9999로 설정
    TimHandle.Init.ClockDivision= 0;              // Clock Division 설정
    //TimHandle.Init.RepetitionCounter = 0;       // Repetition Counter 값을  설정 (TIM1만 해당)

    // -- <8-3> TIM3를 TimHandle에 설정된 값으로 초기화하고 TIM를 동작
```

```
    HAL_TIM_Base_Init(&TimHandle);
    HAL_TIM_Base_Start_IT(&TimHandle);

    // -- <8-4> 타이머 인터럽트 우선순위 설정 및 ENABLE
    HAL_NVIC_SetPriority(TIM3_IRQn, 0, 0);      // 별도로 설정하지 않으면 디폴트로 설정됨
    HAL_NVIC_EnableIRQ(TIM3_IRQn);
}

// ------------------------------------------------------------------------------- //
// -- <9> Timer의 Output Compare 동작 초기설정을 위한 함수

void TIM_OC_Config(int pulse_value)
{

    // -- <9-1> TIM의 OC 동작조건 설정
    TIM_OCInit.OCMode      = TIM_OCMODE_TIMING;   // Output Compare 동작모드 설정
    TIM_OCInit.Pulse       = pulse_value;         // Capture/Compare Register(CCR)의 설정값
    TIM_OCInit.OCPolarity = TIM_OCPOLARITY_HIGH; // OC 출력을 High로 설정
    TIM_OCInit.OCFastMode = TIM_OCFAST_DISABLE;  // TIM Output Compare Fast를 Disable

    // -- <9-2> TIM OC를 TimHandle에 설정된 값으로 초기화함
    HAL_TIM_OC_Init(&TimHandle);

    // -- <9-3> TIM OC의 Channel을 TIM_OCInit에 설정된 값으로 초기화함
    HAL_TIM_OC_ConfigChannel(&TimHandle, &TIM_OCInit, TIM_CHANNEL_1);
    HAL_TIM_OC_ConfigChannel(&TimHandle, &TIM_OCInit, TIM_CHANNEL_2);

    // -- <9-4> TIM OC를 동작함
    HAL_TIM_OC_Start_IT(&TimHandle,TIM_CHANNEL_1);
    HAL_TIM_OC_Start_IT(&TimHandle,TIM_CHANNEL_2);
}

// ------------------------------------------------------------------------------- //
// -- <10> Timer의 PWM 동작 초기설정을 위한 함수
//          - 이 함수는 PWM을 동작하고 인터럽트를 발생시킨다.

void TIM_PWM_IT_Config(int pwm_value)
{

    // -- <10-1> TIM의 OC 동작조건설정
    TIM_OCInit.OCMode       = TIM_OCMODE_PWM1;
    TIM_OCInit.Pulse        = pwm_value;
    TIM_OCInit.OCPolarity   = TIM_OCPOLARITY_HIGH;

    // -- <10-2> TIM PWM를 TimHandle에 설정된 값으로 초기화 함
    HAL_TIM_PWM_Init(&TimHandle);

    // -- <10-3> TIM PWM의 Channel을 TIM_OCInit에 설정된 값으로 초기화 함
```

```
    HAL_TIM_PWM_ConfigChannel(&TimHandle, &TIM_OCInit, TIM_CHANNEL_1);

    // -- <10-4> TIM PWM를 동작함
    HAL_TIM_PWM_Start_IT(&TimHandle,TIM_CHANNEL_1);
}

// ---------------------------------------------------------------------------- //
// -- <11> Timer의 PWM 동작 초기설정을 위한 함수
//          - 이 함수는 PWM을 동작하고 MCU의 I/O 핀을 통해 직접 PWM 신호를 출력시킨다.

void TIM_PWM_Poll_Config(int pwm_value)
{

    // -- <11-1> TIM의 OC 동작조건설정
    TIM_OCInit.OCMode        = TIM_OCMODE_PWM1;
    TIM_OCInit.Pulse         = pwm_value;
    TIM_OCInit.OCPolarity    = TIM_OCPOLARITY_HIGH;

    // -- <11-2> TIM PWM를 TimHandle에 설정된 값으로 초기화 함
    HAL_TIM_PWM_Init(&TimHandle);
    // -- <11-3> TIM PWM의 Channel을 TIM_OCInit에 설정된 값으로 초기화 함
    HAL_TIM_PWM_ConfigChannel(&TimHandle, &TIM_OCInit, TIM_CHANNEL_1);
    // -- <11-4> TIM PWM를 동작함
    HAL_TIM_PWM_Start(&TimHandle,TIM_CHANNEL_1);
}

// ---------------------------------------------------------------------------- //
// -- <12> UART의 초기설정을 위한 함수
void UART3_Config(void)
{
  // -- <12-1> UART의 클럭을 활성화
  __HAL_RCC_GPIOD_CLK_ENABLE();
  __HAL_RCC_USART3_CLK_ENABLE();

  // -- <12-2> GPIO D포트 8번 핀을 UART Tx로 설정
  GPIO_Init_Struct.Pin         = GPIO_PIN_8;
  GPIO_Init_Struct.Mode        = GPIO_MODE_AF_PP;
  GPIO_Init_Struct.Pull        = GPIO_PULLUP;
  GPIO_Init_Struct.Speed       = GPIO_SPEED_FREQ_HIGH;
  GPIO_Init_Struct.Alternate = GPIO_AF7_USART3;
  HAL_GPIO_Init(GPIOD, &GPIO_Init_Struct);

  // -- <12-3> GPIO D포트 3번 핀을 UART Rx로 설정
  GPIO_Init_Struct.Pin         = GPIO_PIN_9;
  GPIO_Init_Struct.Alternate = GPIO_AF7_USART3;
  HAL_GPIO_Init(GPIOD, &GPIO_Init_Struct);
```

```
    // -- <12-4> UART의 동작 조건 설정
    UartHandle.Instance        = USART3;
    UartHandle.Init.BaudRate   = 9600;
    UartHandle.Init.WordLength = UART_WORDLENGTH_8B;
    UartHandle.Init.StopBits   = UART_STOPBITS_1;
    UartHandle.Init.Parity     = UART_PARITY_NONE;
    UartHandle.Init.HwFlowCtl  = UART_HWCONTROL_NONE;
    UartHandle.Init.Mode       = UART_MODE_TX_RX;

    // -- <12-5> UART 구성정보를 UartHandle에 설정된 값으로 초기화 함
    HAL_UART_Init(&UartHandle);

    // -- <12-6> UART 인터럽트 우선순위 설정 및 활성화
    HAL_NVIC_SetPriority(USART3_IRQn, 0, 0);
    HAL_NVIC_EnableIRQ(USART3_IRQn);
}

// ---------------------------------------------------------------------------- //
// -- <13> ADC의 Polling용 초기설정을 위한 함수

void ADC1_Polling_Config(void)
{
    // -- <13-1> ADC의 clock을 활성화
    __HAL_RCC_GPIOC_CLK_ENABLE();
    __HAL_RCC_ADC1_CLK_ENABLE();

    GPIO_Init_Struct.Mode    = GPIO_MODE_ANALOG;
    GPIO_Init_Struct.Pin     = GPIO_PIN_0;
      GPIO_Init_Struct.Pull  = GPIO_NOPULL;
    HAL_GPIO_Init(GPIOC, &GPIO_Init_Struct);

    // -- <13-2> ADC의 동작 조건 설정
     AdcHandler.Instance                  = ADC1;                  // ADC 1 설정
     AdcHandler.Init.ScanConvMode         = DISABLE;               // Scan 모드 비활성화
     AdcHandler.Init.ContinuousConvMode = ENABLE;                  // 연속 모드 활성화
     AdcHandler.Init.ExternalTrigConv     = ADC_SOFTWARE_START;    // 외부 트리거 off
     AdcHandler.Init.DataAlign            = ADC_DATAALIGN_RIGHT;   // 데이터 정렬은 Right로
     AdcHandler.Init.NbrOfConversion      = 1;                     // ADC 변환 개수 설정

    // -- <13-3> ADC를 AdcHandler에 설정된 값으로 초기화 함
    HAL_ADC_Init(&AdcHandler);

    // -- <13-4> ADC Channel동작조건 설정
    Adc_sConfig.Channel      = ADC_CHANNEL_10;             // ADC 채널 10번 설정
    Adc_sConfig.Rank         = 1;                          // ADC 채널 순위 설정
    Adc_sConfig.SamplingTime = ADC_SAMPLETIME_3CYCLES;     // ADC 샘플링 타임 설정
```

```
    // -- <13-5> 설정된 sConfig와 AdcHandler값으로 초기화 함
    HAL_ADC_ConfigChannel(&AdcHandler, &Adc_sConfig);
    // -- <13-6> ADC를 동작시킴
    HAL_ADC_Start(&AdcHandler);

    // -- <13-7> 변환이 완료될 때까지 대기
    HAL_ADC_PollForConversion(&AdcHandler, 10);
}

// ------------------------------------------------------------------------------- //
// -- <14> ADC의 Interrupt용 초기설정을 위한 함수

void ADC1_Interrupt_Config(void)
{
   // -- <14-1> ADC의 clock을 활성화
   __HAL_RCC_GPIOC_CLK_ENABLE();
   __HAL_RCC_ADC1_CLK_ENABLE();

   GPIO_Init_Struct.Mode    = GPIO_MODE_ANALOG;
   GPIO_Init_Struct.Pin     = GPIO_PIN_0;
    GPIO_Init_Struct.Pull   = GPIO_NOPULL;
   HAL_GPIO_Init(GPIOC, &GPIO_Init_Struct);

   // -- <14-2> ADC의 동작 조건 설정
    AdcHandler.Instance                   = ADC1;                   // ADC 1 설정
    AdcHandler.Init.ScanConvMode          = DISABLE;                // Scan 모드 비활성화
    AdcHandler.Init.ContinuousConvMode = ENABLE;                    // 연속 모드 활성화
    AdcHandler.Init.ExternalTrigConv     = ADC_SOFTWARE_START;      // 외부 트리거 off
    AdcHandler.Init.DataAlign             = ADC_DATAALIGN_RIGHT;    // 데이터 정렬은 Right로
    AdcHandler.Init.NbrOfConversion      = 1;                       // ADC 변환 개수 설정

   // -- <14-3> ADC를 AdcHandler에 설정된 값으로 초기화 함
   HAL_ADC_Init(&AdcHandler);

   // -- <14-4> ADC Channel동작조건 설정
   Adc_sConfig.Channel      = ADC_CHANNEL_10;
   Adc_sConfig.Rank         = 1;
   Adc_sConfig.SamplingTime = ADC_SAMPLETIME_3CYCLES;

    // -- <14-5> 설정된 sConfig와 AdcHandler를 연관지어 초기화 함
    HAL_ADC_ConfigChannel(&AdcHandler, &Adc_sConfig);

    // -- <14-6> ADC를 인터럽트 모드로 동작시킴
    HAL_ADC_Start_IT(&AdcHandler);

   // -- <14-7> ADC 인터럽트 우선순위 설정 및 활성화
```

```
    HAL_NVIC_SetPriority(ADC_IRQn, 0, 0);
    HAL_NVIC_EnableIRQ(ADC_IRQn);
}

// ---------------------------------------------------------------------------------- //
// -- <15> DAC의 초기설정을 위한 함수
void DAC_Config(void)
{
    // -- <15-1> DAC의 clock 및 LED 핀 clock을 활성화
    __HAL_RCC_DAC_CLK_ENABLE();
    __HAL_RCC_GPIOA_CLK_ENABLE();

    // -- <15-2> 추가 LED 동작 조건을 설정
    GPIO_Init_Struct.Pin   = GPIO_PIN_4;
    GPIO_Init_Struct.Mode = GPIO_MODE_ANALOG;
    GPIO_Init_Struct.Pull = GPIO_NOPULL;

    // -- <15-3> GPIOA를 GPIO_Init_Struct에 설정된 조건으로 초기화함
    HAL_GPIO_Init(GPIOA, &GPIO_Init_Struct);

    // -- <15-4> DAC의 동작 조건 설정
    DacHandler.Instance             = DAC;
    Dac_sConfig.DAC_Trigger         = DAC_TRIGGER_NONE;
    Dac_sConfig.DAC_OutputBuffer  = DAC_OUTPUTBUFFER_DISABLE;

    // -- <15-5> DacHandler에 설정된 값으로 초기화 함
    HAL_DAC_Init(&DacHandler);

    // -- <15-6> DAC의 Channel 1을 sConfig에 설정된 값으로 초기화 함
    HAL_DAC_ConfigChannel(&DacHandler, &Dac_sConfig, DAC_CHANNEL_1);

    // -- <15-7> DAC Channel 1번에 구체적인 데이터 레지스터 값을 설정
    HAL_DAC_SetValue(&DacHandler, DAC_CHANNEL_1, DAC_ALIGN_8B_R, 0xff);

    // -- <15-8> DAC를 활성화하고 변환을 시작
    HAL_DAC_Start(&DacHandler, DAC_CHANNEL_1);

}
// ---------------------------------------------------------------------------------- //
//   --  <16>  System Clock 을 설정해주는 함수
/*          - 클럭은 다음과 같이 설정된다.

  *          System Clock source            = PLL (HSE)
  *          SYSCLK(Hz)                     = 180000000
  *          HCLK(Hz)                       = 180000000
  *          AHB Prescaler                  = 1
  *          APB1 Prescaler                 = 4
```

```
 *          APB2 Prescaler                = 2
 *          HSE Frequency(Hz)             = 8000000
 *          PLL_M                         = 8
 *          PLL_N                         = 360
 *          PLL_P                         = 2
 *          PLL_Q                         = 7
 *          VDD(V)                        = 3.3
 *          Main regulator output voltage  = Scale1 mode
 *          Flash Latency(WS)              = 5
 */

// ------------------------------------------------------------------------- //

void SystemClock_Config(void)
{
  RCC_ClkInitTypeDef RCC_ClkInitStruct;
  RCC_OscInitTypeDef RCC_OscInitStruct;

  /* Enable Power Control clock */
  __HAL_RCC_PWR_CLK_ENABLE();

  /* The voltage scaling allows optimizing the power consumption when the device is
     clocked below the maximum system frequency, to update the voltage scaling value
     regarding system frequency refer to product datasheet.  */
  __HAL_PWR_VOLTAGESCALING_CONFIG(PWR_REGULATOR_VOLTAGE_SCALE1);

  /* Enable HSE Oscillator and activate PLL with HSE as source */
  RCC_OscInitStruct.OscillatorType = RCC_OSCILLATORTYPE_HSE;
  RCC_OscInitStruct.HSEState = RCC_HSE_BYPASS;
  RCC_OscInitStruct.PLL.PLLState = RCC_PLL_ON;
  RCC_OscInitStruct.PLL.PLLSource = RCC_PLLSOURCE_HSE;
  RCC_OscInitStruct.PLL.PLLM = 8;
  RCC_OscInitStruct.PLL.PLLN = 360;
  RCC_OscInitStruct.PLL.PLLP = RCC_PLLP_DIV2;
  RCC_OscInitStruct.PLL.PLLQ = 7;
  if(HAL_RCC_OscConfig(&RCC_OscInitStruct) != HAL_OK)
  {
  }

  if(HAL_PWREx_EnableOverDrive() != HAL_OK)
  {
  }

  /* Select PLL as system clock source and configure the HCLK, PCLK1 and PCLK2
     clocks dividers */
  RCC_ClkInitStruct.ClockType = (RCC_CLOCKTYPE_SYSCLK | RCC_CLOCKTYPE_HCLK |
                                 RCC_CLOCKTYPE_PCLK1 | RCC_CLOCKTYPE_PCLK2);
```

```
  RCC_ClkInitStruct.SYSCLKSource = RCC_SYSCLKSOURCE_PLLCLK;
  RCC_ClkInitStruct.AHBCLKDivider = RCC_SYSCLK_DIV1;
  RCC_ClkInitStruct.APB1CLKDivider = RCC_HCLK_DIV4;
  RCC_ClkInitStruct.APB2CLKDivider = RCC_HCLK_DIV2;
  if(HAL_RCC_ClockConfig(&RCC_ClkInitStruct, FLASH_LATENCY_5) != HAL_OK)
  {
  }

}

// ------------------------------------------------------------------------------ //
//   -- <17> Clock 설정시 에러가 발생하면 처리해주는 함수

/**
  * @brief  Reports the name of the source file and the source line number
  *         where the assert_param error has occurred.
  * @param  file : pointer to the source file name
  * @param  line : assert_param error line source number
  * @retval None
  */
#ifdef  USE_FULL_ASSERT
void assert_failed(uint8_t* file, uint32_t line)
{
   while (1)  {
   }
}
#endif
```

14.3.3 소스 코드 설명

* 소스 코드의 주석에 붙어있는 번호는 (예 : 〈1〉, 〈2〉 등)은 앞 절의 소스 코드내에 붙어있는 번호와 동일하다.

* 소스 코드의 주석에 붙어있는 번호의 순서는 Nucleo-F103 확장보드와 Nucleo-F429 확장보드가 모두 동일하다.

(1) 헤더파일 인클루드

- 프로그램의 수행에 필요한 헤더파일을 인클루드한다. 필요한 헤더 파일은 다음과 같다.

```
- Nucleo_F103 확장보드   : "main.h"와 "Nucleo_F103.h"
- Nucleo_F429 확장보드   : "main.h"와 "Nucleo_F429.h"
```

(2) 주변장치의 초기화에 사용할 구조체 변수의 선언

- 주변장치의 초기화에 사용할 구조체 변수들을 선언하는 부분이다. 여기에서는 앞으로의 예제 사용에 필요한 모든 주변장치의 구조체 변수들을 선언해 두었다.

(3) LED_Config() 함수

- 이 함수는 실습보드의 LED가 사용하는 GPIO를 초기화하기 위한 함수이다.

(3-1) ~ (3-3) 이 부분은 Nucleo_F103 보드 (또는 Nucleo_F429 보드)내의 LED가 사용하는 GPIO를 초기화하는 부분이다.

(3-1) __HAL_RCC_GPIOA_CLK_ENABLE() 함수 : LED용 GPIO의 클럭을 enable한다. Nucleo_F103 확장보드의 경우는 GPIOA를 사용하고, Nucleo-F429 확장보드의 경우는 GPIOB를 사용한다. 이 함수는 HAL 라이브러리에서 제공하는 함수이다.

(3-2) LED의 동작 조건을 설정하기 위해 구조체 변수 GPIO_Init의 멤버인 GPIO_Init.Pin, GPIO_Init.Mode, GPIO_Init.Pull, GPIO_Init.Speed 의 값을 설정한다. 모든 LED는 동작조건이 동일하게 Output Push-Pull 모드, Pull Up 사용, 동작속도를 HIGH로 설정한다. 다음은 Nucleo_F103 보드의 경우 설정용 소스코드의 예이다.

```
- GPIO_Init_Struct.Pin    = GPIO_PIN_5;              // GPIO에서 사용할 PIN 설정
- GPIO_Init_Struct.Mode   = GPIO_MODE_OUTPUT_PP;     // Output Push-Pull 모드
- GPIO_Init_Struct.Pull   = GPIO_PULLUP;             // Pull Up 사용
- GPIO_Init_Struct.Speed  = GPIO_SPEED_FREQ_HIGH;    // 동작속도를 HIGH로
```

(3-3) HAL_GPIO_Init() 함수 : GPIO를 위에서 설정된 동작조건으로 초기화하기 위해 이 함수를 호출한다. 이 함수는 HAL 라이브러리에서 제공하는 함수이다.

(3-4) ~ (3-6) 이 부분은 Nucleo_F103용 I/O 보드(또는 Nucleo-F429용 I/O 보드)내의 LED가 사용하는 GPIO를 초기화하는 부분이다. 소스 코드의 내용은 위의 (3-1) ~ (3-3)과 유사하므로 이를 참조하기 바란다.

(4) LED_OnOff() 함수

- 이 함수는 interval (msec) 시간만큼 LED를 모두 ON 한 후 Off 시킨다.

(4-1) HAL_GPIO_WritePin(GPIOLedNucleo, led, GPIO_PIN_SET) 와 HAL_GPIO_WritePin(GPIOLedExt, led, GPIO_PIN_SET) : 지정된 포트(GPIOLedNucleo, GPIOLedExt)의 핀(led)을 Set 한다. 따라서 변수 led의 값에 해당하는 LED가 ON 된다. 이 함수는 HAL 라이브러리에서 제공하는 함수이다.

(4-2) HAL_Delay() 함수 : 일정한 시간만큼 시간지연을 하는 함수이다. 시간 지연의 값은 인자로 주어지는 interval (msec) 값이 된다. 이 함수는 HAL 라이브러리에서 제공하는 함수이다.

(4-3) HAL_GPIO_WritePin(GPIOLedNucleo, led, GPIO_PIN_RESET)와 HAL_GPIO_WritePin (GPIOLedExt, led, GPIO_PIN_RESET) : 지정된 포트(GPIOLedNucleo, GPIOLedExt)의 핀(led)을 Reset 한다. 따라서 변수 led의 값에 해당하는 LED가 OFF 된다. 이 함수는 HAL 라이브러리에서 제공하는 함수이다.

(5) Sw_Config() 함수

• 이 함수는 실습보드의 Switch의 입력를 GPIO로 받기위해 GPIO를 초기화하는 함수이다.

참고

> 이 함수는 SW가 눌려졌는지의 여부를 GPIO 입력으로 받는 함수이다.

(5-1) ~ (5-3) 이 부분은 Nucleo F103 보드(또는 Nucleo_F429 보드)내의 SW(B1)가 사용하는 GPIO를 초기화하는 부분이다.

(5-1) __HAL_RCC_GPIOC_CLK_ENABLE() 함수 : SW용 GPIO의 클럭을 enable한다. 이 함수는 HAL 라이브러리에서 제공하는 함수이다.

(5-2) SW의 동작 조건을 설정하기 위해 구조체 변수 GPIO_Init의 멤버인 GPIO_Init.Pin, GPIO_Init.Mode, GPIO_Init.Pull, GPIO_Init.Speed 의 값을 설정한다. 모든 SW는 동작조건이 동일하게 Input Floating 모드, Pull Up / Pull Down 비활성화, 동작속도를 HIGH로 설정한다. 다음은 Nucleo_F103 보드의 경우 설정용 소스코드의 예이다.

```
- GPIO_Init_Struct.Pin    = GPIO_PIN_13;             // GPIO에서 사용할 PIN 설정
- GPIO_Init_Struct.Mode   = GPIO_MODE_INPUT;         // Input Floating 모드
- GPIO_Init_Struct.Pull   = GPIO_PULLUP;             // Pull Up / Pull Down 비활성화
- GPIO_Init_Struct.Speed  = GPIO_SPEED_FREQ_HIGH;    // 동작속도를 HIGH로
```

(5-3) HAL_GPIO_Init() 함수 : GPIO를 위에서 설정된 동작조건으로 초기화하기 위해 이 함수를 호출한다. 이 함수는 HAL 라이브러리에서 제공하는 함수이다.

(5-4) ~ (5-9) : 이 부분은 확장 I/O 보드내의 SW1~SW4가 사용하는 GPIO를 초기화하는 부분이다. 위의 (5-1)~(5-3)와 유사한 내용이므로 설명을 생략한다.

(6) SwEXTI_Config() 함수

• 이 함수는 실습보드의 Switch의 입력를 EXTI로 받기위해 GPIO를 초기화하는 함수이다.

참고

> 이 함수는 SW가 눌러지면 EXTI가 발생하도록 설정한다.

(6-1) ~ (6-3) 이 부분은 Nucleo_F103 보드(또는 Nucleo_F429 보드)내의 SW(B1)가 사용하는 GPIO를 초기화하는 부분이다.

(6-1) __HAL_RCC_GPIOC_CLK_ENABLE() 함수 : SW용 GPIO의 클럭을 enable한다. 이

함수는 HAL 라이브러리에서 제공하는 함수이다.

(6–2) SW의 동작 조건을 설정하기 위해 구조체 변수 GPIO_Init의 멤버인 GPIO_Init.Pin, GPIO_Init.Mode, GPIO_Init.Pull, GPIO_Init.Speed 의 값을 설정한다. 모든 SW는 동작조건이 동일하게 Input Floating 모드, Pull Up / Pull Down 비활성화, 동작속도를 HIGH로 설정한다. 다음은 Nucleo_F103 보드의 경우 설정용 소스코드의 예이다.

```
- GPIO_Init_Struct.Pin    = GPIO_PIN_13;            // GPIO에서 사용할 PIN 설정
- GPIO_Init_Struct.Mode   = GPIO_MODE_IT_FALLING;   // Falling Edge에서 인터럽트 발생
- GPIO_Init_Struct.Pull   = GPIO_NOPULL;            // Pull Up / Pull Down 비활성화
- GPIO_Init_Struct.Speed  = GPIO_SPEED_FREQ_HIGH;   // 동작속도를 HIGH로
```

(6–3) HAL_GPIO_Init() 함수 : GPIO를 위에서 설정된 동작조건으로 초기화하기 위해 이 함수를 호출한다. 이 함수는 HAL 라이브러리에서 제공하는 함수이다.

(6–4) ~(6–9) : 이 부분은 확장 I/O 보드내의 SW1~SW4가 사용하는 GPIO를 초기화하는 부분이다. 위의 (6–1)~(6–3)와 유사한 내용이므로 설명을 생략한다.

(6–10) SW1~SW4 및, B1의 EXTI에 대한 인터럽트의 우선순위를 설정하고, 인터럽트를 enable하기 위해 다음의 2개의 함수를 호출한다. SW1~SW4 및, B1가 발생시키는 EXTI 번호에 따라 이 함수들을 여러번 호출할 수도 있다.

```
- HAL_NVIC_SetPriority( );         // EXTI 의 priority를 설정
- HAL_NVIC_EnableIRQ( );           // EXTI 인터럽트를 enable
```

(7) TIM2_Config() 함수

이 함수는 General Purpose Timer인 TIM2의 동작 조건을 설정하기 위한 함수이다.

(7–1) TIM2의 clock을 enable

(7–2) TIM의 동작 조건 설정

```
- TimHandle.Instance = TIM2;                          // TIM2 사용
- TimHandle.Init.CounterMode = TIM_COUNTERMODE_UP; // Up Counter 모드로 설정
- TimHandle.Init.Prescaler = prescaler_value;       // Prescaler 값 = presclaer value로 설정
- TimHandle.Init.Period = period_value;             // 업데이트 이벤트 발생시 Auto-Reload 레지스
                                                      터 값 = period value 로 설정
- TimHandle.Init.ClockDivision = 0;                // Clock Division 설정
```

(7–3) TIM2를 TimHandle에 설정된 값으로 초기화하고 TIM를 동작

```
- HAL_TIM_Base_Init(&TimHandle);
- HAL_TIM_Base_Start_IT(&TimHandle);
```

(7-4) 타이머 인터럽트 우선순위 설정 및 ENABLE

```
- HAL_NVIC_SetPriority(TIM2_IRQn, 0, 0);      // 별도로 설정하지 않으면 디폴트로 설정됨
- HAL_NVIC_EnableIRQ(TIM2_IRQn);
```

(8) TIM3_Config() 함수

이 함수는 General Purpose Timer인 TIM3의 동작 조건을 설정하기 위한 함수이다. 소스 코드의 설명은 위의 "(7) TIM2_Config() 함수"와 유사하므로 이를 참고하기 바란다.

참고

TIM2는 Up Counter로, TIM3는 Down Counter로 설정되어 있으므로 참고하기 바란다.

(9) TIM_OC_Config() 함수

이 함수는 Timer인 Output Compare의 동작 조건을 설정하기 위한 함수이다.

(9-1) TIM의 OC의 동작 조건을 설정

```
- TIM_OCInit.OCMode = TIM_OCMODE_TIMING;      // Output Compare 동작모드 설정
- TIM_OCInit.Pulse = pulse_value;             // Capture/Compare Register(CCR)의 설정값
- TIM_OCInit.OCPolarity = TIM_OCPOLARITY_HIGH;          // OC 출력을 High로 설정
- TIM_OCInit.OCFastMode = TIM_OCFAST_DISABLE;           // TIM Output Compare Fast를
Disable
```

(9-2) TIM OC를 TimHandle에 설정된 값으로 초기화함

```
- HAL_TIM_OC_Init(&TimHandle);
```

(9-3) TIM OC의 Channel을 TIM_OCInit에 설정된 값으로 초기화함

```
- HAL_TIM_OC_ConfigChannel(&TimHandle, &TIM_OCInit, TIM_CHANNEL_1);
- HAL_TIM_OC_ConfigChannel(&TimHandle, &TIM_OCInit, TIM_CHANNEL_2);
```

(9-4) TIM OC를 동작함

```
- HAL_TIM_OC_Start_IT(&TimHandle,TIM_CHANNEL_1);
- HAL_TIM_OC_Start_IT(&TimHandle,TIM_CHANNEL_2);
```

(10) TIM_PWM_IT_Config() 함수

- 이 함수는 Timer의 PWM 동작 초기설정을 위한 함수이다. 이 함수는 PWM을 동작하고 인터럽트를 발생시킨다.

(10-1) TIM의 OC 동작 조건을 설정

```
- TIM_OCInit.OCMode = TIM_OCMODE_PWM1;
- TIM_OCInit.Pulse = pwm_value;
- TIM_OCInit.OCPolarity = TIM_OCPOLARITY_HIGH;
```

(10-2) TIM PWM를 TimHandle에 설정된 값으로 초기화 함

```
- HAL_TIM_PWM_Init(&TimHandle);
```

(10-3) TIM PWM의 Channel을 TIM_OCInit에 설정된 값으로 초기화 함

```
- HAL_TIM_PWM_ConfigChannel(&TimHandle, &TIM_OCInit, TIM_CHANNEL_1);
```

(10-4) TIM PWM를 동작함

```
- HAL_TIM_PWM_Start_IT(&TimHandle,TIM_CHANNEL_1);
```

(11) TIM_PWM_Poll_Config() 함수

- 이 함수는 Timer의 PWM 동작 초기설정을 위한 함수이다. 이 함수는 PWM을 동작하고 MCU의 I/O 핀을 통해 PWM 신호를 직접 출력시킨다.

(11-1) TIM의 OC 동작조건설정

```
- TIM_OCInit.OCMode = TIM_OCMODE_PWM1;
- TIM_OCInit.Pulse = pwm_value;
- TIM_OCInit.OCPolarity = TIM_OCPOLARITY_HIGH;
```

(11-2) TIM PWM를 TimHandle에 설정된 값으로 초기화 함

```
- HAL_TIM_PWM_Init(&TimHandle);
```

(11-3) TIM PWM의 Channel을 TIM_OCInit에 설정된 값으로 초기화 함

```
- HAL_TIM_PWM_ConfigChannel(&TimHandle, &TIM_OCInit, TIM_CHANNEL_1);
```

(11-4) TIM PWM를 동작함

```
- HAL_TIM_PWM_Start(&TimHandle,TIM_CHANNEL_1);
```

(12) UART2_Config() 함수 / UART3_Config() 함수

- 이 함수는 UART2 또는 UART3의 초기설정을 하는 함수이다.

(12-1) UART의 클럭을 활성화한다.
(12-2) GPIO A (또는 D) 포트 8번 핀을 UART Tx로 설정
(12-3) GPIO A (또는 D)포트 3번 핀을 UART Rx로 설정
(12-4) UART의 동작 조건 설정
(12-5) UART를 UartHandle에 설정된 값으로 초기화 함
(12-6) UART 인터럽트 우선순위 설정 및 활성화

(13) ADC1_Polling_Config() 함수

- 이 함수는 ADC를 polling 방식으로 동작하도록 초기설성을 하는 함수이다.

(13-1) ADC의 clock을 enable 시킨다.
(13-2) ADC의 동작조건을 다음과 같이 설정한다.

```
- AdcHandler.Instance                  = ADC1;                 // ADC 1 설정
- AdcHandler.Init.ScanConvMode         = DISABLE;              // Scan 모드 비활성화
- AdcHandler.Init.ContinuousConvMode = ENABLE;                 // 연속 모드 활성화
- AdcHandler.Init.ExternalTrigConv     = ADC_SOFTWARE_START;   // 외부 트리거 off
- AdcHandler.Init.DataAlign            = ADC_DATAALIGN_RIGHT; // 데이터 정렬은 Right로
- AdcHandler.Init.NbrOfConversion      = 1;                    // ADC 변환 개수 설정
```

(13-4) ADC 채널의 동작조건을 다음과 같이 설정한다.

```
- Adc_sConfig.Channel                = ADC_CHANNEL_10;           // ADC 채널 10번 설정
- Adc_sConfig.Rank                   = 1;                        // ADC 채널 순위 설정
- Adc_sConfig.SamplingTime           = ADC_SAMPLETIME_3CYCLES;   // ADC 샘플링 타임 설정
```

(13-5) ADC를 설정된 sConfig와 AdcHandler값으로 초기화 함
(13-6) ADC를 동작시킨다.
(13-7) 변환이 완료될 때까지 대기한다.

(14) ADC1_Interrupt_Config() 함수

- 이 함수는 ADC를 interrupt 방식으로 동작하도록 초기설정을 위한 함수이다.

(14-1) ADC의 clock을 enable 시킨다.
(14-2) ADC의 동작조건을 다음과 같이 설정한다.

```
- AdcHandler.Instance            = ADC1;              // ADC 1 설정
- AdcHandler.Init.ScanConvMode = DISABLE;             // Scan 모드 비활성화
- AdcHandler.Init.ContinuousConvMode = ENABLE;        // 연속 모드 활성화
```

```
- AdcHandler.Init.ExternalTrigConv = ADC_SOFTWARE_START;     // 외부 트리거 off
- AdcHandler.Init.DataAlign        = ADC_DATAALIGN_RIGHT;    // 데이터 정렬은 Right로
- AdcHandler.Init.NbrOfConversion  = 1;                      // ADC 변환 개수 설정
```

(14-3) ADC를 AdcHandler에 설정된 값으로 초기화 함

(14-4) ADC 채널의 동작조건을 다음과 같이 설정한다.

```
- Adc_sConfig.Channel        = ADC_CHANNEL_10;          // ADC 채널 10번 설정
- Adc_sConfig.Rank           = 1;                       // ADC 채널 순위 설정
- Adc_sConfig.SamplingTime   = ADC_SAMPLETIME_3CYCLES;  // ADC 샘플링 타임 설정
```

(14-5) ADC를 설정된 sConfig와 AdcHandler값으로 초기화 함

(14-6) ADC를 인터럽트 모드로 동작시킨다.

(14-7) ADC 인터럽트의 우선순위 설정 및 활성화

(15) DAC_Config() 함수

• 이 함수는 DAC의 동작을 위한 초기설정 함수이다.

(15-1) DAC의 clock 및 DAC_OUT1(PA4)용 GPIO의 clock을 활성화 시킨다.

(15-2) PA4핀을 DAC_OUT1으로 동작하도록 설정한다. 동작조건은 Analog 모드, No Pull로 설정한다.

```
- GPIO_Init_Struct.Pin     = GPIO_PIN_4;           // GPIO에서 사용할 PIN 설정
- GPIO_Init_Struct.Mode    = GPIO_MODE_ANALOG;     // Analog 모드
- GPIO_Init_Struct.Pull    = GPIO_NOPULL;          // No Pull 사용
```

(15-3) HAL_GPIO_Init() : GPIO를 위에서 설정된 동작조건으로 초기화한다.

(15-4) DAC의 동작 조건을 다음과 같이 설정한다.

```
- DacHandler.Instance          = DAC;                          // DAC 설정
- sConfig.DAC_Trigger          = DAC_TRIGGER_NONE;             // 외부 트리거를 비활성화
- sConfig.DAC_OutputBuffer     = DAC_OUTPUTBUFFER_DISABLE;     // 출력 버퍼를 비활성화
```

(15-5) HAL_DAC_Init() : 설정된 동작조건으로 DAC를 초기화한다.

(15-6) HAL_DAC_ConfigChannel() : DAC의 Channel 1을 sConfig에 설정된 값으로 초기화 함

(15-7) DAC Channel 1번에 구체적인 데이터 레지스터 값을 설정

(15-8) DAC를 활성화하고 변환을 시작

(16) SystemClock_Config() 함수

이 함수는 System Clock을 설정해주기 위한 함수이다. 이 함수는 소스코드를 다 이해할 필요는 없으며, 사용하는 MCU가 변경되지 않는 이 함수의 소스코드를 변경할 필요없이 그대로 사용하면 된다.

이 책에서는 실습보드 별로 사용하는 MCU가 다르므로 설정조건도 달라지게 되며, 다음과 같이 설정한다.

- Nucleo-F103 확장보드 : 클럭 소스를 PLL(HSI)로 사용, SYSCLK = 64MHz로 생성
- Nucleo-F429 확장보드 : 클럭 소스를 PLL(HSE)로 사용, SYSCLK = 180MHz로 생성

(17) assert_failed() 함수

이 함수는 System Clock 설정시 에러가 발생하면 처리해주는 함수이다. 에러 발생시에 처리해야할 내용을 이 함수내에 사용자가 작성해 넣을 수 있도록 되어있다. 이 책에서는 별도의 내용을 작성하지 않고 무한루프를 돌게 되어있다.

14.4 데이터 형 int8_t, int16_t 등의 정의

HAL 라이브러리에서는 정확한 8비트 데이터형, 16비트 데이터형 등의 구현을 위하여 int8_t, int16_t 등의 데이터 형을 [stdint.h] 파일 내에 따로 정의해 두고 있다. 아래의 소스코드는 [stdint.h] 파일에서 이와 관련된 부분의 소스코드를 보여준다.

[stdint.h]

```
...
(윗 부분 생략)
...

    /* exact-width signed integer types */
 typedef   signed char      int8_t;
 typedef   signed short     int int16_t;
 typedef   signed           int int32_t;
 typedef   signed           __INT64 int64_t;

    /* exact-width unsigned integer types */
 typedef unsigned char      uint8_t;
 typedef unsigned short     int uint16_t;
 typedef unsigned           int uint32_t;
 typedef unsigned           __INT64 uint64_t;

...
(아래 생략)
...
```

위의 소스 코드를 보면 HAL 라이브러리에서 사용하는 데이터 형은 다음과 같다.

```
signed char,            또는  int8_t             : 8비트 데이터형 (부호 있음)
signed short int,       또는 int16_t             : 16비트 데이터형 (부호 있음)
signed int,             또는 int32_t             : 32비트 데이터형 (부호 있음)
signed __INT64,         또는 int64_t             : 64비트 데이터형 (부호 있음)

unsigned char,          또는 uint8_t             : 부호없는  8비트 데이터형
unsigned short int,     또는 uint16_t            : 부호없는 16비트 데이터형
unsigned int,           또는 uint32_t            : 부호없는 32비트 데이터형
unsigned __INT64,       또는 uint64_t            : 부호없는 64비트 데이터형
```

부록

부록 1 Nucleo용 I/O 보드 없이 예제 프로그램을 실행하는 방법

이 책의 예제 프로그램은 Nucleo-F103 확장보드(NUCLEO-F103RB 보드 + Nucleo-64용 I/O 보드로 구성), 또는 Nucleo-F429 확장보드(NUCLEO-F429ZI 보드 + Nucleo-144용 I/O 보드로 구성)에서 동작한다. 만일 Nucleo-64(또는 144)용 I/O 보드가 없을 경우는 다음과 같이 하면 예제 프로그램의 실행이 가능하다.

부록 1.1 NUCLEO-F103RB 보드만 있고 Nucleo-64용 I/O 보드가 없을 경우

Nucleo-F103 확장보드는 NUCLEO-F103RB 보드와 Nucleo-64용 I/O 보드로 구성된다. 그런데 NUCLEO-F103RB 보드만 있고 Nucleo-64용 I/O 보드가 없을 경우는 NUCLEO-F103RB 보드의 외부 연결용 커넥터를 이용하여 아래의 회로도와 같이 배선을 하면, Nucleo-64용 I/O 보드가 없어도 이 책의 모든 예제 프로그램의 실행이 가능하다.

[연결용 회로도]

NUCLEO-F103RB 보드의 외부 연결용 커넥터(CN7, CN10)를 이용하여 LED 8개와 스위치 4개를 NUCLEO-F103RB 보드에 연결한다. 연결할 포트와 핀 번호는 다음과 같다.

- LED 1 ~ LED 8 : 각각 Port C의 0번 핀 ~ 7번 핀(PC0 ~ PC7)에 연결
- SW 1 ~ SW 4 : 각각 Port A의 8번 핀, Port B의 4번, 5번, 10번 핀(PA8, PB4, PB5, PB10)에 연결

참고

이 연결은 Nucleo-64용 I/O 보드의 회로도(그림 3-3-3(a))에 나타난 LED 1 ~ LED 8과 SW 1 ~ SW 4의 연결과 포트 및 핀 번호가 동일하다.

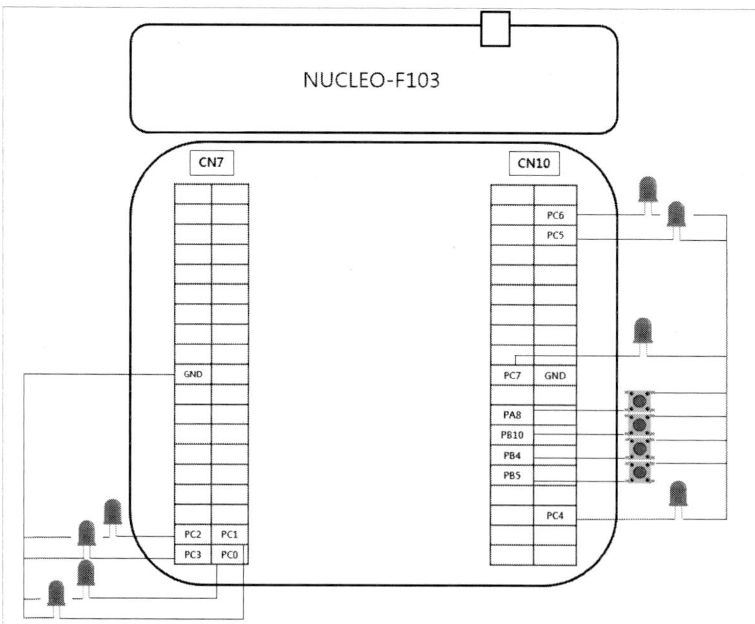

[회로도에 맞추어 배선을 한 모습]

다음 사진은 위의 회로도를 따라 브레드보드에 직접 배선을 한 모습을 나타낸다. 이 사진을 보면 NUCLEO-F103RB 보드와 브레드 보드만 이용하였음을 알 수 있다.

부록 1.2 NUCLEO-F429ZI 보드만 있고 Nucleo-144용 I/O 보드가 없을 경우

Nucleo-F429 확장보드는 NUCLEO-F429ZI 보드와 Nucleo-144용 I/O 보드로 구성된다. 만일 NUCLEO-F429ZI 보드만 있고 Nucleo-144용 I/O 보드가 없을 경우는 NUCLEO-F429ZI 보드의 외부 연결용 커넥터를 이용하여 다음과 같이 추가 배선을 하면 이 책의 모든 예제 프로그램의 실행이 가능하다.

[연결용 회로도]

NUCLEO-F429ZI 보드의 외부 연결용 커넥터(CN8)를 이용하여 LED 8개와 스위치 4개를 NUCLEO-F429ZI 보드에 연결한다. 연결할 포트와 핀 번호는 다음과 같다.

- LED 1 ~ LED 8 : 각각 Port D의 0번 핀 ~ 7번 핀(PD0 ~ PD7)에 연결
- SW 1 ~ SW 4 : 각각 Port G의 0번 핀 ~ 3번 핀(PG0 ~ PG3)에 연결

참고

> 이 연결은 Nucleo-144용 I/O 보드의 회로도(그림 3-4-3)에 나타난 LED 1 ~ LED 8과 SW 1 ~ SW 4의 연결과 포트 및 핀 번호가 동일하다.

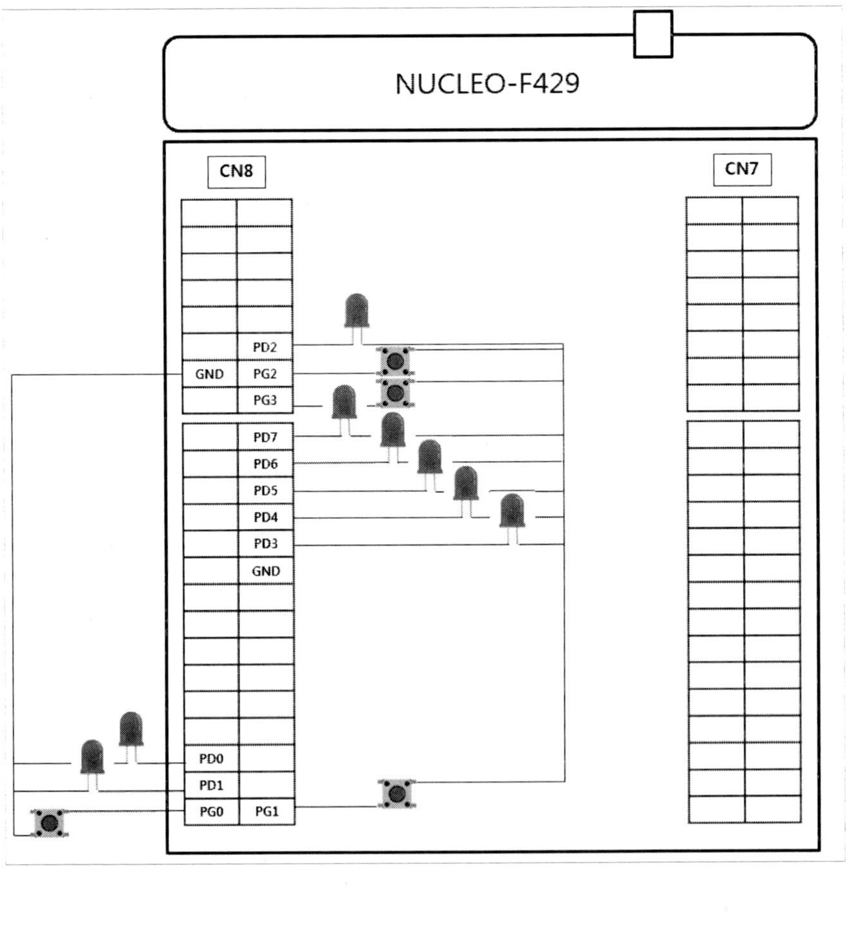

[연결 회로도에 맞추어 배선을 한 모습]

다음 사진은 위의 회로도를 따라 브레드보드에 직접 배선을 한 모습을 나타낸다. 이 사진을 보면 NUCLEO-F429ZI 보드와 브레드 보드만 이용하였음을 알 수 있다.

부록 2 STM32F103xx의 핀별 기능

다음은 STM32F103xx의 각 핀에 대한 정의를 나타낸 표이다. 이 표에는 각 패키지 형태에 따라 핀 번호 별로 핀 이름과 핀별로 리셋 된 후에 디폴트로 실행되는 주 기능(main function)과 대체 기능(alternate function)도 표시되어 있음을 알 수 있다.

Pinouts and pin description **STM32F103x8, STM32F103xB**

Table 5. Medium-density STM32F103xx pin definitions

Pins							Pin name	Type[1]	I / O Level[2]	Main function[3] (after reset)	Alternate functions[4]	
LFBGA100	UFBG100	LQFP48/UFQFPN48	TFBGA64	LQFP64	LQFP100	VFQFPN36					Default	Remap
A3	B2	-	-	-	1	-	PE2	I/O	FT	PE2	TRACECK	-
B3	A1	-	-	-	2	-	PE3	I/O	FT	PE3	TRACED0	-
C3	B1	-	-	-	3	-	PE4	I/O	FT	PE4	TRACED1	-
D3	C2	-	-	-	4	-	PE5	I/O	FT	PE5	TRACED2	-
E3	D2	-	-	-	5	-	PE6	I/O	FT	PE6	TRACED3	-
B2	E2	1	B2	1	6	-	V_{BAT}	S	-	V_{BAT}	-	-
A2	C1	2	A2	2	7	-	PC13-TAMPER-RTC[5]	I/O	-	PC13[6]	TAMPER-RTC	-
A1	D1	3	A1	3	8	-	PC14-OSC32_IN[5]	I/O	-	PC14[6]	OSC32_IN	-
B1	E1	4	B1	4	9	-	PC15-OSC32_OUT[5]	I/O	-	PC15[6]	OSC32_OUT	-
C2	F2	-	-	-	10	-	V_{SS_5}	S	-	V_{SS_5}	-	-
D2	G2	-	-	-	11	-	V_{DD_5}	S	-	V_{DD_5}	-	
C1	F1	5	C1	5	12	2	OSC_IN	I	-	OSC_IN	-	PD0[7]
D1	G1	6	D1	6	13	3	OSC_OUT	O	-	OSC_OUT		PD1[7]
E1	H2	7	E1	7	14	4	NRST	I/O	-	NRST	-	-
F1	H1	-	E3	8	15	-	PC0	I/O	-	PC0	ADC12_IN10	-
F2	J2	-	E2	9	16	-	PC1	I/O	-	PC1	ADC12_IN11	-
E2	J3	-	F2	10	17	-	PC2	I/O	-	PC2	ADC12_IN12	-
F3	K2	-	-[8]	11	18	-	PC3	I/O	-	PC3	ADC12_IN13	-
G1	J1	8	F1	12	19	5	V_{SSA}	S	-	V_{SSA}	-	-
H1	K1	-	-	-	20	-	V_{REF-}	S	-	V_{REF-}	-	-
J1	L1	-	G1[8]	-	21	-	V_{REF+}	S	-	V_{REF+}	-	-
K1	M1	9	H1	13	22	6	V_{DDA}	S	-	V_{DDA}	-	-

Table 5. Medium-density STM32F103xx pin definitions (continued)

Pins							Pin name	Type[1]	I / O Level[2]	Main function[3] (after reset)	Alternate functions[4]	
LFBGA100	UFBG100	LQFP48/UFQFPN48	TFBGA64	LQFP64	LQFP100	VFQFPN36					Default	Remap
G2	L2	10	G2	14	23	7	PA0-WKUP	I/O	-	PA0	WKUP/ USART2_CTS[9]/ ADC12_IN0/ TIM2_CH1_ ETR[9]	-
H2	M2	11	H2	15	24	8	PA1	I/O	-	PA1	USART2_RTS[9]/ ADC12_IN1/ TIM2_CH2[9]	-
J2	K3	12	F3	16	25	9	PA2	I/O	-	PA2	USART2_TX[9]/ ADC12_IN2/ TIM2_CH3[9]	-
K2	L3	13	G3	17	26	10	PA3	I/O	-	PA3	USART2_RX[9]/ ADC12_IN3/ TIM2_CH4[9]	-
E4	E3	-	C2	18	27	-	V_{SS_4}	S	-	V_{SS_4}	-	-
F4	H3	-	D2	19	28	-	V_{DD_4}	S	-	V_{DD_4}	-	-
G3	M3	14	H3	20	29	11	PA4	I/O	-	PA4	SPI1_NSS[9]/ USART2_CK[9]/ ADC12_IN4	-
H3	K4	15	F4	21	30	12	PA5	I/O	-	PA5	SPI1_SCK[9]/ ADC12_IN5	-
J3	L4	16	G4	22	31	13	PA6	I/O	-	PA6	SPI1_MISO[9]/ ADC12_IN6/ TIM3_CH1[9]	TIM1_BKIN
K3	M4	17	H4	23	32	14	PA7	I/O	-	PA7	SPI1_MOSI[9]/ ADC12_IN7/ TIM3_CH2[9]	TIM1_CH1N
G4	K5	-	H5	24	33		PC4	I/O	-	PC4	ADC12_IN14	-
H4	L5	-	H6	25	34		PC5	I/O	-	PC5	ADC12_IN15	-
J4	M5	18	F5	26	35	15	PB0	I/O	-	PB0	ADC12_IN8/ TIM3_CH3[9]	TIM1_CH2N
K4	M6	19	G5	27	36	16	PB1	I/O	-	PB1	ADC12_IN9/ TIM3_CH4[9]	TIM1_CH3N

부록

Table 5. Medium-density STM32F103xx pin definitions (continued)

Pins							Pin name	Type[1]	I / O Level[2]	Main function[3] (after reset)	Alternate functions[4]	
LFBGA100	UFBG100	LQFP48/UFQFPN48	TFBGA64	LQFP64	LQFP100	VFQFPN36					Default	Remap
G5	L6	20	G6	28	37	17	PB2	I/O	FT	PB2/BOOT1	-	-
H5	M7	-	-	-	38	-	PE7	I/O	FT	PE7	-	TIM1_ETR
J5	L7	-	-	-	39	-	PE8	I/O	FT	PE8	-	TIM1_CH1N
K5	M8	-	-	-	40	-	PE9	I/O	FT	PE9	-	TIM1_CH1
G6	L8	-	-	-	41	-	PE10	I/O	FT	PE10	-	TIM1_CH2N
H6	M9	-	-	-	42	-	PE11	I/O	FT	PE11	-	TIM1_CH2
J6	L9	-	-	-	43	-	PE12	I/O	FT	PE12	-	TIM1_CH3N
K6	M10	-	-	-	44	-	PE13	I/O	FT	PE13	-	TIM1_CH3
G7	M11	-	-	-	45	-	PE14	I/O	FT	PE14	-	TIM1_CH4
H7	M12	-	-	-	46	-	PE15	I/O	FT	PE15	-	TIM1_BKIN
J7	L10	21	G7	29	47	-	PB10	I/O	FT	PB10	I2C2_SCL/ USART3_TX[9]	TIM2_CH3
K7	L11	22	H7	30	48	-	PB11	I/O	FT	PB11	I2C2_SDA/ USART3_RX[9]	TIM2_CH4
E7	F12	23	D6	31	49	18	V_{SS_1}	S	-	V_{SS_1}	-	-
F7	G12	24	E6	32	50	19	V_{DD_1}	S	-	V_{DD_1}	-	-
K8	L12	25	H8	33	51	-	PB12	I/O	FT	PB12	SPI2_NSS/ I2C2_SMBAl/ USART3_CK[9]/ TIM1_BKIN[9]	-
J8	K12	26	G8	34	52	-	PB13	I/O	FT	PB13	SPI2_SCK/ USART3_CTS[9]/ TIM1_CH1N [9]	-
H8	K11	27	F8	35	53	-	PB14	I/O	FT	PB14	SPI2_MISO/ USART3_RTS[9] TIM1_CH2N [9]	-
G8	K10	28	F7	36	54	-	PB15	I/O	FT	PB15	SPI2_MOSI/ TIM1_CH3N[9]	-
K9	K9	-	-	-	55	-	PD8	I/O	FT	PD8	-	USART3_TX
J9	K8	-	-	-	56	-	PD9	I/O	FT	PD9	-	USART3_RX

Table 5. Medium-density STM32F103xx pin definitions (continued)

Pins							Pin name	Type[1]	I / O Level[2]	Main function[3] (after reset)	Alternate functions[4]	
LFBGA100	UFBGA100	LQFP48/UFQFPN48	TFBGA64	LQFP64	LQFP100	VFQFPN36					Default	Remap
H9	J12	-	-	-	57	-	PD10	I/O	FT	PD10	-	USART3_CK
G9	J11	-	-	-	58	-	PD11	I/O	FT	PD11	-	USART3_CTS
K10	J10	-	-	-	59	-	PD12	I/O	FT	PD12	-	TIM4_CH1 / USART3_RTS
J10	H12	-	-	-	60	-	PD13	I/O	FT	PD13	-	TIM4_CH2
H10	H11	-	-	-	61	-	PD14	I/O	FT	PD14	-	TIM4_CH3
G10	H10	-	-	-	62	-	PD15	I/O	FT	PD15	-	TIM4_CH4
F10	E12	-	F6	37	63	-	PC6	I/O	FT	PC6	-	TIM3_CH1
E10	E11		E7	38	64	-	PC7	I/O	FT	PC7	-	TIM3_CH2
F9	E10		E8	39	65	-	PC8	I/O	FT	PC8	-	TIM3_CH3
E9	D12	-	D8	40	66	-	PC9	I/O	FT	PC9	-	TIM3_CH4
D9	D11	29	D7	41	67	20	PA8	I/O	FT	PA8	USART1_CK/ TIM1_CH1[9]/ MCO	-
C9	D10	30	C7	42	68	21	PA9	I/O	FT	PA9	USART1_TX[9]/ TIM1_CH2[9]	-
D10	C12	31	C6	43	69	22	PA10	I/O	FT	PA10	USART1_RX[9]/ TIM1_CH3[9]	-
C10	B12	32	C8	44	70	23	PA11	I/O	FT	PA11	USART1_CTS/ CANRX[9]/ USBDM/ TIM1_CH4[9]	-
B10	A12	33	B8	45	71	24	PA12	I/O	FT	PA12	USART1_RTS/ CANTX[9] /USBDP TIM1_ETR[9]	-
A10	A11	34	A8	46	72	25	PA13	I/O	FT	JTMS/SWDIO	-	PA13
F8	C11	-	-	-	73	-	Not connected					-
E6	F11	35	D5	47	74	26	V_{SS_2}	S	-	V_{SS_2}	-	-
F6	G11	36	E5	48	75	27	V_{DD_2}	S	-	V_{DD_2}	-	-

Table 5. Medium-density STM32F103xx pin definitions (continued)

Pins							Pin name	Type[1]	I / O Level[2]	Main function[3] (after reset)	Alternate functions[4]	
LFBGA100	UFBGA100	LQFP48/UFQFPN48	TFBGA64	LQFP64	LQFP100	VFQFPN36					Default	Remap
A9	A10	37	A7	49	76	28	PA14	I/O	FT	JTCK/SWCLK	-	PA14
A8	A9	38	A6	50	77	29	PA15	I/O	FT	JTDI	-	TIM2_CH1_ ETR/ PA15 /SPI1_NSS
B9	B11	-	B7	51	78		PC10	I/O	FT	PC10	-	USART3_TX
B8	C10	-	B6	52	79		PC11	I/O	FT	PC11	-	USART3_RX
C8	B10	-	C5	53	80		PC12	I/O	FT	PC12	-	USART3_CK
-	C9	-	C1	-	81	2	PD0	I/O	FT	PD0	-	CANRX
-	B9	-	D1	-	82	3	PD1	I/O	FT	PD1	-	CANTX
B7	C8		B5	54	83	-	PD2	I/O	FT	PD2	TIM3_ETR	-
C7	B8	-	-	-	84	-	PD3	I/O	FT	PD3	-	USART2_CTS
D7	B7	-	-	-	85	-	PD4	I/O	FT	PD4	-	USART2_RTS
B6	A6	-	-	-	86	-	PD5	I/O	FT	PD5	-	USART2_TX
C6	B6	-	-	-	87	-	PD6	I/O	FT	PD6	-	USART2_RX
D6	A5	-	-	-	88	-	PD7	I/O	FT	PD7	-	USART2_CK
A7	A8	39	A5	55	89	30	PB3	I/O	FT	JTDO	-	TIM2_CH2 / PB3 TRACESWO SPI1_SCK
A6	A7	40	A4	56	90	31	PB4	I/O	FT	JNTRST	-	TIM3_CH1/ PB4/ SPI1_MISO
C5	C5	41	C4	57	91	32	PB5	I/O		PB5	I2C1_SMBAI	TIM3_CH2 / SPI1_MOSI
B5	B5	42	D3	58	92	33	PB6	I/O	FT	PB6	I2C1_SCL[9]/ TIM4_CH1[9]	USART1_TX
A5	B4	43	C3	59	93	34	PB7	I/O	FT	PB7	I2C1_SDA[9]/ TIM4_CH2[9]	USART1_RX
D5	A4	44	B4	60	94	35	BOOT0	I		BOOT0	-	-

Table 5. Medium-density STM32F103xx pin definitions (continued)

Pins							Pin name	Type(1)	I / O Level(2)	Main function(3) (after reset)	Alternate functions(4)	
LFBGA100	UFBG100	LQFP48/UFQFPN48	TFBGA64	LQFP64	LQFP100	VFQFPN36					Default	Remap
B4	A3	45	B3	61	95	-	PB8	I/O	FT	PB8	TIM4_CH3(9)	I2C1_SCL / CANRX
A4	B3	46	A3	62	96	-	PB9	I/O	FT	PB9	TIM4_CH4(9)	I2C1_SDA/ CANTX
D4	C3	-	-	-	97	-	PE0	I/O	FT	PE0	TIM4_ETR	-
C4	A2	-	-	-	98	-	PE1	I/O	FT	PE1	-	-
E5	D3	47	D4	63	99	36	V_{SS_3}	S	-	V_{SS_3}	-	-
F5	C4	48	E4	64	100	1	V_{DD_3}	S	-	V_{DD_3}	-	-

1. I = input, O = output, S = supply.
2. FT = 5 V tolerant.
3. Function availability depends on the chosen device. For devices having reduced peripheral counts, it is always the lower number of peripheral that is included. For example, if a device has only one SPI and two USARTs, they will be called SPI1 and USART1 & USART2, respectively. Refer to *Table 2 on page 10.*
4. If several peripherals share the same I/O pin, to avoid conflict between these alternate functions only one peripheral should be enabled at a time through the peripheral clock enable bit (in the corresponding RCC peripheral clock enable register).
5. PC13, PC14 and PC15 are supplied through the power switch. Since the switch only sinks a limited amount of current (3 mA), the use of GPIOs PC13 to PC15 in output mode is limited: the speed should not exceed 2 MHz with a maximum load of 30 pF and these IOs must not be used as a current source (e.g. to drive an LED).
6. Main function after the first backup domain power-up. Later on, it depends on the contents of the Backup registers even after reset (because these registers are not reset by the main reset). For details on how to manage these IOs, refer to the Battery backup domain and BKP register description sections in the STM32F10xxx reference manual, available from the STMicroelectronics website: *www.st.com.*
7. The pins number 2 and 3 in the VFQFPN36 package, 5 and 6 in the LQFP48, UFQFP48 and LQFP64 packages, and C1 and C2 in the TFBGA64 package are configured as OSC_IN/OSC_OUT after reset, however the functionality of PD0 and PD1 can be remapped by software on these pins. For the LQFP100 package, PD0 and PD1 are available by default, so there is no need for remapping. For more details, refer to the Alternate function I/O and debug configuration section in the STM32F10xxx reference manual.
The use of PD0 and PD1 in output mode is limited as they can only be used at 50 MHz in output mode.
8. Unlike in the LQFP64 package, there is no PC3 in the TFBGA64 package. The V_{REF+} functionality is provided instead.
9. This alternate function can be remapped by software to some other port pins (if available on the used package). For more details, refer to the Alternate function I/O and debug configuration section in the STM32F10xxx reference manual, available from the STMicroelectronics website: *www.st.com.*

부록 3 STM32F427 및 STM32F429의 핀별 기능

다음은 STM32F427xx 및 STM32F429xx의 각 핀에 대한 정의를 나타낸 표이다. 이 표에는 각 패키지 형태에 따라 핀 번호 별로 핀 이름과 핀별로 리셋 된 후에 디폴트로 실행되는 주 기능(main function)과 대체 기능(alternate function)도 표시되어 있음을 알 수 있다.

STM32F427xx STM32F429xx **Pinouts and pin description**

Table 10. STM32F427xx and STM32F429xx pin and ball definitions (continued)

Pin number								Pin name (function after reset)[(1)]	Pin type	I / O structure	Notes	Alternate functions	Additional functions
LQFP100	LQFP144	UFBGA169	UFBGA176	LQFP176	WLCSP143	LQFP208	TFBGA216						
4	4	D1	B2	4	D9	4	B1	PE5	I/O	FT	-	TRACED2, TIM9_CH1, SPI4_MISO, SAI1_SCK_A, FMC_A21, DCMI_D6, LCD_G0, EVENTOUT	-
5	5	D2	B3	5	E8	5	B2	PE6	I/O	FT	-	TRACED3, TIM9_CH2, SPI4_MOSI, SAI1_SD_A, FMC_A22, DCMI_D7, LCD_G1, EVENTOUT	-
-	-	-	-	-	-	-	G6	V_{SS}	S	-	-	-	-
-	-	-	-	-	-	-	F5	V_{DD}	S	-	-	-	-
6	6	E5	C1	6	C11	6	C1	V_{BAT}	S	-	-	-	-
-	-	NC (2)	D2	7	-	7	C2	PI8	I/O	FT	(3) (4)	EVENTOUT	TAMP_2
7	7	E4	D1	8	D10	8	D1	PC13	I/O	FT	(3) (4)	EVENTOUT	TAMP_1
8	8	E1	E1	9	D11	9	E1	PC14-OSC32_IN (PC14)	I/O	FT	(3) (4)	EVENTOUT	OSC32_IN (5)
9	9	F1	F1	10	E11	10	F1	PC15-OSC32_OUT (PC15)	I/O	FT	(3) (4)	EVENTOUT	OSC32_OUT(5)
-	-	-	-	-	-	-	G5	V_{DD}	S	-	-	-	-
-	-	E2	D3	11	-	11	E4	PI9	I/O	FT	-	CAN1_RX, FMC_D30, LCD_VSYNC, EVENTOUT	-
-	-	E3	E3	12	-	12	D5	PI10	I/O	FT	-	ETH_MII_RX_ER, FMC_D31, LCD_HSYNC, EVENTOUT	-
-	-	NC (2)	E4	13	-	13	F3	PI11	I/O	FT	-	OTG_HS_ULPI_DIR, EVENTOUT	-
-	-	F6	F2	14	E7	14	F2	V_{SS}	S	-	-	-	-
-	-	F4	F3	15	E10	15	F4	V_{DD}	S	-	-	-	-

Table 10. STM32F427xx and STM32F429xx pin and ball definitions (continued)

Pin number								Pin name (function after reset)(1)	Pin type	I / O structure	Notes	Alternate functions	Additional functions
LQFP100	LQFP144	UFBGA169	UFBGA176	LQFP176	WLCSP143	LQFP208	TFBGA216						
-	10	F2	E2	16	F11	16	D2	PF0	I/O	FT	-	I2C2_SDA, FMC_A0, EVENTOUT	-
-	11	F3	H3	17	E9	17	E2	PF1	I/O	FT	-	I2C2_SCL, FMC_A1, EVENTOUT	-
-	12	G5	H2	18	F10	18	G2	PF2	I/O	FT	-	I2C2_SMBA, FMC_A2, EVENTOUT	-
-	-	-	-	-	-	19	E3	PI12	I/O	FT	-	LCD_HSYNC, EVENTOUT	-
-	-	-	-	-	-	20	G3	PI13	I/O	FT	-	LCD_VSYNC, EVENTOUT	-
-	-	-	-	-	-	21	H3	PI14	I/O	FT		LCD_CLK, EVENTOUT	-
-	13	G4	J2	19	G11	22	H2	PF3	I/O	FT	(5)	FMC_A3, EVENTOUT	ADC3_IN9
-	14	G3	J3	20	F9	23	J2	PF4	I/O	FT	(5)	FMC_A4, EVENTOUT	ADC3_IN14
-	15	H3	K3	21	F8	24	K3	PF5	I/O	FT	(5)	FMC_A5, EVENTOUT	ADC3_IN15
10	16	G7	G2	22	H7	25	H6	V_{SS}	S	-	-	-	-
11	17	G8	G3	23	-	26	H5	V_{DD}	S	-	-	-	-
-	18	NC (2)	K2	24	G10	27	K2	PF6	I/O	FT	(5)	TIM10_CH1, SPI5_NSS, SAI1_SD_B, UART7_Rx, FMC_NIORD, EVENTOUT	ADC3_IN4
-	19	NC (2)	K1	25	F7	28	K1	PF7	I/O	FT	(5)	TIM11_CH1, SPI5_SCK, SAI1_MCLK_B, UART7_Tx, FMC_NREG, EVENTOUT	ADC3_IN5
-	20	NC (2)	L3	26	H11	29	L3	PF8	I/O	FT	(5)	SPI5_MISO, SAI1_SCK_B, TIM13_CH1, FMC_NIOWR, EVENTOUT	ADC3_IN6

Table 10. STM32F427xx and STM32F429xx pin and ball definitions (continued)

Pin number								Pin name (function after reset)(1)	Pin type	I / O structure	Notes	Alternate functions	Additional functions
LQFP100	LQFP144	UFBGA169	UFBGA176	LQFP176	WLCSP143	LQFP208	TFBGA216						
-	21	NC (2)	L2	27	G8	30	L2	PF9	I/O	FT	(5)	SPI5_MOSI, SAI1_FS_B, TIM14_CH1, FMC_CD, EVENTOUT	ADC3_IN7
-	22	H1	L1	28	G9	31	L1	PF10	I/O	FT	(5)	FMC_INTR, DCMI_D11, LCD_DE, EVENTOUT	ADC3_IN8
12	23	G2	G1	29	J11	32	G1	PH0-OSC_IN (PH0)	I/O	FT	-	EVENTOUT	OSC_IN(5)
13	24	G1	H1	30	H10	33	H1	PH1-OSC_OUT (PH1)	I/O	FT	-	EVENTOUT	OSC_OUT (5)
14	25	H2	J1	31	H9	34	J1	NRST	I/O	RST	-	-	-
15	26	G6	M2	32	H8	35	M2	PC0	I/O	FT	(5)	OTG_HS_ULPI_STP, FMC_SDNWE, EVENTOUT	ADC123_IN10
16	27	H5	M3	33	K11	36	M3	PC1	I/O	FT	(5)	ETH_MDC, EVENTOUT	ADC123_IN11
17	28	H6	M4	34	J10	37	M4	PC2	I/O	FT	(5)	SPI2_MISO, I2S2ext_SD, OTG_HS_ULPI_DIR, ETH_MII_TXD2, FMC_SDNE0, EVENTOUT	ADC123_IN12
18	29	H7	M5	35	J9	38	L4	PC3	I/O	FT	(5)	SPI2_MOSI/I2S2_SD, OTG_HS_ULPI_NXT, ETH_MII_TX_CLK, FMC_SDCKE0, EVENTOUT	ADC123_IN13
19	30	-	-	36	G7	39	J5	V_{DD}	S	-	-	-	-
-	-	-	-	-	-	-	J6	V_{SS}	S	-	-	-	-
20	31	J1	M1	37	K10	40	M1	V_{SSA}	S	-	-	-	-
-	-	J2	N1	-	-	-	N1	V_{REF-}	S	-	-	-	-
21	32	J3	P1	38	L11	41	P1	V_{REF+}	S	-	-	-	-

Table 10. STM32F427xx and STM32F429xx pin and ball definitions (continued)

Pin number								Pin name (function after reset)(1)	Pin type	I / O structure	Notes	Alternate functions	Additional functions
LQFP100	LQFP144	UFBGA169	UFBGA176	LQFP176	WLCSP143	LQFP208	TFBGA216						
22	33	J4	R1	39	L10	42	R1	V_{DDA}	S	-	-	-	-
23	34	J5	N3	40	K9	43	N3	PA0-WKUP (PA0)	I/O	FT	(6)	TIM2_CH1/TIM2_ETR, TIM5_CH1, TIM8_ETR, USART2_CTS, UART4_TX, ETH_MII_CRS, EVENTOUT	ADC123_ IN0/WKUP (5)
24	35	K1	N2	41	K8	44	N2	PA1	I/O	FT	(5)	TIM2_CH2, TIM5_CH2, USART2_RTS, UART4_RX, ETH_MII_RX_CLK/ETH _RMII_REF_CLK, EVENTOUT	ADC123_ IN1
25	36	K2	P2	42	L9	45	P2	PA2	I/O	FT	(5)	TIM2_CH3, TIM5_CH3, TIM9_CH1, USART2_TX, ETH_MDIO, EVENTOUT	ADC123_ IN2
-	-	L2	F4	43	-	46	K4	PH2	I/O	FT	-	ETH_MII_CRS, FMC_SDCKE0, LCD_R0, EVENTOUT	-
-	-	L1	G4	44	-	47	J4	PH3	I/O	FT	-	ETH_MII_COL, FMC_SDNE0, LCD_R1, EVENTOUT	-
-	-	M2	H4	45	-	48	H4	PH4	I/O	FT	-	I2C2_SCL, OTG_HS_ULPI_NXT, EVENTOUT	-
-	-	L3	J4	46	-	49	J3	PH5	I/O	FT	-	I2C2_SDA, SPI5_NSS, FMC_SDNWE, EVENTOUT	-
26	37	K3	R2	47	M11	50	R2	PA3	I/O	FT	(5)	TIM2_CH4, TIM5_CH4, TIM9_CH2, USART2_RX, OTG_HS_ULPI_D0, ETH_MII_COL, LCD_B5, EVENTOUT	ADC123_ IN3
27	38	-	-		-	51	K6	V_{SS}	S	-	-	-	-

Table 10. STM32F427xx and STM32F429xx pin and ball definitions (continued)

Pin number								Pin name (function after reset)(1)	Pin type	I / O structure	Notes	Alternate functions	Additional functions
LQFP100	LQFP144	UFBGA169	UFBGA176	LQFP176	WLCSP143	LQFP208	TFBGA216						
-	-	M1	L4	48	N11	-	L5	BYPASS_REG	I	FT	-	-	-
28	39	J11	K4	49	J8	52	K5	V_{DD}	S	-	-	-	-
29	40	N2	N4	50	M10	53	N4	PA4	I/O	TTa	(5)	SPI1_NSS, SPI3_NSS/I2S3_WS, USART2_CK, OTG_HS_SOF, DCMI_HSYNC, LCD_VSYNC, EVENTOUT	ADC12_IN4 /DAC_OUT1
30	41	M3	P4	51	M9	54	P4	PA5	I/O	TTa	(5)	TIM2_CH1/TIM2_ETR, TIM8_CH1N, SPI1_SCK, OTG_HS_ULPI_CK, EVENTOUT	ADC12_IN5/DAC_OUT2
31	42	N3	P3	52	N10	55	P3	PA6	I/O	FT	(5)	TIM1_BKIN, TIM3_CH1, TIM8_BKIN, SPI1_MISO, TIM13_CH1, DCMI_PIXCLK, LCD_G2, EVENTOUT	ADC12_IN6
32	43	K4	R3	53	L8	56	R3	PA7	I/O	FT	(5)	TIM1_CH1N, TIM3_CH2, TIM8_CH1N, SPI1_MOSI, TIM14_CH1, ETH_MII_RX_DV/ETH_RMII_CRS_DV, EVENTOUT	ADC12_IN7
33	44	L4	N5	54	M8	57	N5	PC4	I/O	FT	(5)	ETH_MII_RXD0/ETH_RMII_RXD0, EVENTOUT	ADC12_IN14
34	45	M4	P5	55	N9	58	P5	PC5	I/O	FT	(5)	ETH_MII_RXD1/ETH_RMII_RXD1, EVENTOUT	ADC12_IN15
-	-	-	-	-	J7	59	L7	V_{DD}	S	-	-	-	-
-	-	-	-	-	-	60	L6	VSS	S	-	-	-	-

Table 10. STM32F427xx and STM32F429xx pin and ball definitions (continued)

Pin number								Pin name (function after reset)(1)	Pin type	I / O structure	Notes	Alternate functions	Additional functions
LQFP100	LQFP144	UFBGA169	UFBGA176	LQFP176	WLCSP143	LQFP208	TFBGA216						
35	46	N4	R5	56	N8	61	R5	PB0	I/O	FT	(5)	TIM1_CH2N, TIM3_CH3, TIM8_CH2N, LCD_R3, OTG_HS_ULPI_D1, ETH_MII_RXD2, EVENTOUT	ADC12_ IN8
36	47	K5	R4	57	K7	62	R4	PB1	I/O	FT	(5)	TIM1_CH3N, TIM3_CH4, TIM8_CH3N, LCD_R6, OTG_HS_ULPI_D2, ETH_MII_RXD3, EVENTOUT	ADC12_ IN9
37	48	L5	M6	58	L7	63	M5	PB2-BOOT1 (PB2)	I/O	FT	-	EVENTOUT	-
-	-	-	-	-	-	64	G4	PI15	I/O	FT	-	LCD_R0, EVENTOUT	-
-	-	-	-	-	-	65	R6	PJ0	I/O	FT	-	LCD_R1, EVENTOUT	-
-	-	-	-	-	-	66	R7	PJ1	I/O	FT	-	LCD_R2, EVENTOUT	-
-	-	-	-	-	-	67	P7	PJ2	I/O	FT	-	LCD_R3, EVENTOUT	-
-	-	-	-	-	-	68	N8	PJ3	I/O	FT	-	LCD_R4, EVENTOUT	-
-	-	-	-	-	-	69	M9	PJ4	I/O	FT	-	LCD_R5, EVENTOUT	-
-	49	M5	R6	59	M7	70	P8	PF11	I/O	FT	-	SPI5_MOSI, FMC_SDNRAS, DCMI_D12, EVENTOUT	-
-	50	N5	P6	60	N7	71	M6	PF12	I/O	FT	-	FMC_A6, EVENTOUT	-
-	51	G9	M8	61	-	72	K7	V_{SS}	S		-	-	-
-	52	D10	N8	62	-	73	L8	V_{DD}	S		-	-	-
-	53	M6	N6	63	K6	74	N6	PF13	I/O	FT	-	FMC_A7, EVENTOUT	-
-	54	K7	R7	64	L6	75	P6	PF14	I/O	FT	-	FMC_A8, EVENTOUT	-
-	55	L7	P7	65	M6	76	M8	PF15	I/O	FT	-	FMC_A9, EVENTOUT	-
-	56	N6	N7	66	N6	77	N7	PG0	I/O	FT	-	FMC_A10, EVENTOUT	-
-	57	M7	M7	67	K5	78	M7	PG1	I/O	FT	-	FMC_A11, EVENTOUT	-

Table 10. STM32F427xx and STM32F429xx pin and ball definitions (continued)

Pin number								Pin name (function after reset)(1)	Pin type	I / O structure	Notes	Alternate functions	Additional functions
LQFP100	LQFP144	UFBGA169	UFBGA176	LQFP176	WLCSP143	LQFP208	TFBGA216						
38	58	N7	R8	68	L5	79	R8	PE7	I/O	FT	-	TIM1_ETR, UART7_Rx, FMC_D4, EVENTOUT	-
39	59	J8	P8	69	M5	80	N9	PE8	I/O	FT	-	TIM1_CH1N, UART7_Tx, FMC_D5, EVENTOUT	-
40	60	K8	P9	70	N5	81	P9	PE9	I/O	FT	-	TIM1_CH1, FMC_D6, EVENTOUT	-
-	61	J6	M9	71	H3	82	K8	V_{SS}	S		-		-
-	62	G10	N9	72	J5	83	L9	V_{DD}	S		-		-
41	63	L8	R9	73	J4	84	R9	PE10	I/O	FT	-	TIM1_CH2N, FMC_D7, EVENTOUT	-
42	64	M8	P10	74	K4	85	P10	PE11	I/O	FT	-	TIM1_CH2, SPI4_NSS, FMC_D8, LCD_G3, EVENTOUT	-
43	65	N8	R10	75	L4	86	R10	PE12	I/O	FT	-	TIM1_CH3N, SPI4_SCK, FMC_D9, LCD_B4, EVENTOUT	-
44	66	H9	N11	76	N4	87	R12	PE13	I/O	FT	-	TIM1_CH3, SPI4_MISO, FMC_D10, LCD_DE, EVENTOUT	-
45	67	J9	P11	77	M4	88	P11	PE14	I/O	FT	-	TIM1_CH4, SPI4_MOSI, FMC_D11, LCD_CLK, EVENTOUT	-
46	68	K9	R11	78	L3	89	R11	PE15	I/O	FT	-	TIM1_BKIN, FMC_D12, LCD_R7, EVENTOUT	-
47	69	L9	R12	79	M3	90	P12	PB10	I/O	FT	-	TIM2_CH3, I2C2_SCL, SPI2_SCK/I2S2_CK, USART3_TX, OTG_HS_ULPI_D3, ETH_MII_RX_ER, LCD_G4, EVENTOUT	-
48	70	M9	R13	80	N3	91	R13	PB11	I/O	FT	-	TIM2_CH4, I2C2_SDA, USART3_RX, OTG_HS_ULPI_D4, ETH_MII_TX_EN/ETH_RMII_TX_EN, LCD_G5, EVENTOUT	-

Table 10. STM32F427xx and STM32F429xx pin and ball definitions (continued)

Pin number								Pin name (function after reset)(1)	Pin type	I / O structure	Notes	Alternate functions	Additional functions
LQFP100	LQFP144	UFBGA169	UFBGA176	LQFP176	WLCSP143	LQFP208	TFBGA216						
49	71	N9	M10	81	N2	92	L11	V_{CAP_1}	S	-	-	-	-
-	-	-	-	-	H2	93	K9	V_{SS}	S	-	-	-	-
50	72	F8	N10	82	J6	94	L10	V_{DD}	S	-	-	-	-
-	-	-	-	-	-	95	M14	PJ5	I/O	-	-	LCD_R6, EVENTOUT	-
-	-	N10	M11	83	-	96	P13	PH6	I/O	FT	-	I2C2_SMBA, SPI5_SCK, TIM12_CH1, ETH_MII_RXD2, FMC_SDNE1, DCMI_D8, EVENTOUT	-
-	-	M10	N12	84	-	97	N13	PH7	I/O	FT	-	I2C3_SCL, SPI5_MISO, ETH_MII_RXD3, FMC_SDCKE1, DCMI_D9, EVENTOUT	-
-	-	L10	M12	85	-	98	P14	PH8	I/O	FT	-	I2C3_SDA, FMC_D16, DCMI_HSYNC, LCD_R2, EVENTOUT	-
-	-	K10	M13	86	-	99	N14	PH9	I/O	FT	-	I2C3_SMBA, TIM12_CH2, FMC_D17, DCMI_D0, LCD_R3, EVENTOUT	-
-	-	N11	L13	87	-	100	P15	PH10	I/O	FT	-	TIM5_CH1, FMC_D18, DCMI_D1, LCD_R4, EVENTOUT	-
-	-	M11	L12	88	-	101	N15	PH11	I/O	FT	-	TIM5_CH2, FMC_D19, DCMI_D2, LCD_R5, EVENTOUT	-
-	-	L11	K12	89	-	102	M15	PH12	I/O	FT	-	TIM5_CH3, FMC_D20, DCMI_D3, LCD_R6, EVENTOUT	-
-	-	E7	H12	90	-	-	K10	V_{SS}	S	-	-	-	-
-	-	H8	J12	91	-	103	K11	V_{DD}	S	-	-	-	-

Table 10. STM32F427xx and STM32F429xx pin and ball definitions (continued)

Pin number								Pin name (function after reset)(1)	Pin type	I / O structure	Notes	Alternate functions	Additional functions
LQFP100	LQFP144	UFBGA169	UFBGA176	LQFP176	WLCSP143	LQFP208	TFBGA216						
51	73	N12	P12	92	M2	104	L13	PB12	I/O	FT	-	TIM1_BKIN, I2C2_SMBA, SPI2_NSS/I2S2_WS, USART3_CK, CAN2_RX, OTG_HS_ULPI_D5, ETH_MII_TXD0/ETH_RMII_TXD0, OTG_HS_ID, EVENTOUT	-
52	74	M12	P13	93	N1	105	K14	PB13	I/O	FT	-	TIM1_CH1N, SPI2_SCK/I2S2_CK, USART3_CTS, CAN2_TX, OTG_HS_ULPI_D6, ETH_MII_TXD1/ETH_RMII_TXD1, EVENTOUT	OTG_HS_VBUS
53	75	M13	R14	94	K3	106	R14	PB14	I/O	FT	-	TIM1_CH2N, TIM8_CH2N, SPI2_MISO, I2S2ext_SD, USART3_RTS, TIM12_CH1, OTG_HS_DM, EVENTOUT	-
54	76	L13	R15	95	J3	107	R15	PB15	I/O	FT	-	RTC_REFIN, TIM1_CH3N, TIM8_CH3N, SPI2_MOSI/I2S2_SD, TIM12_CH2, OTG_HS_DP, EVENTOUT	-
55	77	L12	P15	96	L2	108	L15	PD8	I/O	FT	-	USART3_TX, FMC_D13, EVENTOUT	-
56	78	K13	P14	97	M1	109	L14	PD9	I/O	FT	-	USART3_RX, FMC_D14, EVENTOUT	-
57	79	K11	N15	98	H4	110	K15	PD10	I/O	FT	-	USART3_CK, FMC_D15, LCD_B3, EVENTOUT	-

Table 10. STM32F427xx and STM32F429xx pin and ball definitions (continued)

Pin number								Pin name (function after reset)(1)	Pin type	I / O structure	Notes	Alternate functions	Additional functions
LQFP100	LQFP144	UFBGA169	UFBGA176	LQFP176	WLCSP143	LQFP208	TFBGA216						
58	80	H10	N14	99	K2	111	N10	PD11	I/O	FT	-	USART3_CTS, FMC_A16, EVENTOUT	-
59	81	J13	N13	100	H6	112	M10	PD12	I/O	FT	-	TIM4_CH1, USART3_RTS, FMC_A17, EVENTOUT	-
60	82	K12	M15	101	H5	113	M11	PD13	I/O	FT	-	TIM4_CH2, FMC_A18, EVENTOUT	-
-	83	-	-	102	-	114	J10	V_{SS}	S		-	-	-
-	84	F7	J13	103	L1	115	J11	V_{DD}	S		-	-	-
61	85	H11	M14	104	J2	116	L12	PD14	I/O	FT	-	TIM4_CH3, FMC_D0, EVENTOUT	-
62	86	J12	L14	105	K1	117	K13	PD15	I/O	FT	-	TIM4_CH4, FMC_D1, EVENTOUT	-
-	-	-	-	-	-	118	K12	PJ6	I/O	FT	-	LCD_R7, EVENTOUT	-
-	-	-	-	-	-	119	J12	PJ7	I/O	FT	-	LCD_G0, EVENTOUT	-
-	-	-	-	-	-	120	H12	PJ8	I/O	FT	-	LCD_G1, EVENTOUT	-
-	-	-	-	-	-	121	J13	PJ9	I/O	FT	-	LCD_G2, EVENTOUT	-
-	-	-	-	-	-	122	H13	PJ10	I/O	FT	-	LCD_G3, EVENTOUT	-
-	-	-	-	-	-	123	G12	PJ11	I/O	FT	-	LCD_G4, EVENTOUT	-
-	-	-	-	-	-	124	H11	VDD	I/O	FT	-	-	-
-	-	-	-	-	-	125	H10	VSS	I/O	FT	-	-	-
-	-	-	-	-	-	126	G13	PK0	I/O	FT	-	LCD_G5, EVENTOUT	-
-	-	-	-	-	-	127	F12	PK1	I/O	FT	-	LCD_G6, EVENTOUT	-
-	-	-	-	-	-	128	F13	PK2	I/O	FT	-	LCD_G7, EVENTOUT	-
-	87	H13	L15	106	J1	129	M13	PG2	I/O	FT	-	FMC_A12, EVENTOUT	-
-	88	NC (2)	K15	107	G3	130	M12	PG3	I/O	FT	-	FMC_A13, EVENTOUT	-
-	89	H12	K14	108	G5	131	N12	PG4	I/O	FT	-	FMC_A14/FMC_BA0, EVENTOUT	-
-	90	G13	K13	109	G6	132	N11	PG5	I/O	FT	-	FMC_A15/FMC_BA1, EVENTOUT	-

Table 10. STM32F427xx and STM32F429xx pin and ball definitions (continued)

Pin number								Pin name (function after reset)(1)	Pin type	I / O structure	Notes	Alternate functions	Additional functions
LQFP100	LQFP144	UFBGA169	UFBGA176	LQFP176	WLCSP143	LQFP208	TFBGA216						
-	91	G11	J15	110	G4	133	J15	PG6	I/O	FT		FMC_INT2, DCMI_D12, LCD_R7, EVENTOUT	-
-	92	G12	J14	111	H1	134	J14	PG7	I/O	FT	-	USART6_CK, FMC_INT3, DCMI_D13, LCD_CLK, EVENTOUT	-
-	93	F13	H14	112	G2	135	H14	PG8	I/O	FT	-	SPI6_NSS, USART6_RTS, ETH_PPS_OUT, FMC_SDCLK, EVENTOUT	-
-	94	J7	G12	113	D2	136	G10	V_{SS}	S		-	-	-
-	95	E6	H13	114	G1	137	G11	V_{DD}	S		-	-	-
63	96	F9	H15	115	F2	138	H15	PC6	I/O	FT	-	TIM3_CH1, TIM8_CH1, I2S2_MCK, USART6_TX, SDIO_D6, DCMI_D0, LCD_HSYNC, EVENTOUT	-
64	97	F10	G15	116	F3	139	G15	PC7	I/O	FT	-	TIM3_CH2, TIM8_CH2, I2S3_MCK, USART6_RX, SDIO_D7, DCMI_D1, LCD_G6, EVENTOUT	-
65	98	F11	G14	117	E4	140	G14	PC8	I/O	FT	-	TIM3_CH3, TIM8_CH3, USART6_CK, SDIO_D0, DCMI_D2, EVENTOUT	-
66	99	F12	F14	118	E3	141	F14	PC9	I/O	FT	-	MCO2, TIM3_CH4, TIM8_CH4, I2C3_SDA, I2S_CKIN, SDIO_D1, DCMI_D3, EVENTOUT	-
67	100	E13	F15	119	F1	142	F15	PA8	I/O	FT	-	MCO1, TIM1_CH1, I2C3_SCL, USART1_CK, OTG_FS_SOF, LCD_R6, EVENTOUT	-

Table 10. STM32F427xx and STM32F429xx pin and ball definitions (continued)

Pin number								Pin name (function after reset)(1)	Pin type	I / O structure	Notes	Alternate functions	Additional functions
LQFP100	LQFP144	UFBGA169	UFBGA176	LQFP176	WLCSP143	LQFP208	TFBGA216						
68	101	E8	E15	120	E2	143	E15	PA9	I/O	FT	-	TIM1_CH2, I2C3_SMBA, USART1_TX, DCMI_D0, EVENTOUT	OTG_FS_VBUS
69	102	E9	D15	121	D5	144	D15	PA10	I/O	FT	-	TIM1_CH3, USART1_RX, OTG_FS_ID, DCMI_D1, EVENTOUT	-
70	103	E10	C15	122	D4	145	C15	PA11	I/O	FT	-	TIM1_CH4, USART1_CTS, CAN1_RX, LCD_R4, OTG_FS_DM, EVENTOUT	-
71	104	E11	B15	123	E1	146	B15	PA12	I/O	FT	-	TIM1_ETR, USART1_RTS, CAN1_TX, LCD_R5, OTG_FS_DP, EVENTOUT	-
72	105	E12	A15	124	D3	147	A15	PA13 (JTMS-SWDIO)	I/O	FT	-	JTMS-SWDIO, EVENTOUT	-
73	106	D12	F13	125	D1	148	E11	V_{CAP_2}	S		-	-	-
74	107	J10	F12	126	D2	149	F10	V_{SS}	S		-	-	-
75	108	H4	G13	127	C1	150	F11	V_{DD}	S		-	-	-
-	-	D13	E12	128	-	151	E12	PH13	I/O	FT	-	TIM8_CH1N, CAN1_TX, FMC_D21, LCD_G2, EVENTOUT	-
-	-	C13	E13	129	-	152	E13	PH14	I/O	FT	-	TIM8_CH2N, FMC_D22, DCMI_D4, LCD_G3, EVENTOUT	-
-	-	C12	D13	130	-	153	D13	PH15	I/O	FT	-	TIM8_CH3N, FMC_D23, DCMI_D11, LCD_G4, EVENTOUT	-
-	-	B13	E14	131	-	154	E14	PI0	I/O	FT	-	TIM5_CH4, SPI2_NSS/I2S2_WS(7), FMC_D24, DCMI_D13, LCD_G5, EVENTOUT	-

Table 10. STM32F427xx and STM32F429xx pin and ball definitions (continued)

Pin number								Pin name (function after reset)[1]	Pin type	I / O structure	Notes	Alternate functions	Additional functions
LQFP100	LQFP144	UFBGA169	UFBGA176	LQFP176	WLCSP143	LQFP208	TFBGA216						
-	-	C11	D14	132		155	D14	PI1	I/O	FT	-	SPI2_SCK/I2S2_CK[7], FMC_D25, DCMI_D8, LCD_G6, EVENTOUT	-
-	-	B12	C14	133	-	156	C14	PI2	I/O	FT	-	TIM8_CH4, SPI2_MISO, I2S2ext_SD, FMC_D26, DCMI_D9, LCD_G7, EVENTOUT	-
-	-	A12	C13	134	-	157	C13	PI3	I/O	FT	-	TIM8_ETR, SPI2_MOSI/I2S2_SD, FMC_D27, DCMI_D10, EVENTOUT	-
-	-	D11	D9	135	F5	-	F9	V_{SS}	S		-	-	-
-	-	D3	C9	136	A1	158	E10	V_{DD}	S		-	-	-
76	109	A11	A14	137	B1	159	A14	PA14 (JTCK-SWCLK)	I/O	FT	-	JTCK-SWCLK/ EVENTOUT	-
77	110	B11	A13	138	C2	160	A13	PA15 (JTDI)	I/O	FT	-	JTDI, TIM2_CH1/TIM2_ETR, SPI1_NSS, SPI3_NSS/I2S3_WS, EVENTOUT	-
78	111	C10	B14	139	A2	161	B14	PC10	I/O	FT	-	SPI3_SCK/I2S3_CK, USART3_TX, UART4_TX, SDIO_D2, DCMI_D8, LCD_R2, EVENTOUT	-
79	112	B10	B13	140	B2	162	B13	PC11	I/O	FT	-	I2S3ext_SD, SPI3_MISO, USART3_RX, UART4_RX, SDIO_D3, DCMI_D4, EVENTOUT	-
80	113	A10	A12	141	C3	163	A12	PC12	I/O	FT	-	SPI3_MOSI/I2S3_SD, USART3_CK, UART5_TX, SDIO_CK, DCMI_D9, EVENTOUT	-
81	114	D9	B12	142	B3	164	B12	PD0	I/O	FT	-	CAN1_RX, FMC_D2, EVENTOUT	-

Table 10. STM32F427xx and STM32F429xx pin and ball definitions (continued)

Pin number								Pin name (function after reset)(1)	Pin type	I / O structure	Notes	Alternate functions	Additional functions
LQFP100	LQFP144	UFBGA169	UFBGA176	LQFP176	WLCSP143	LQFP208	TFBGA216						
82	115	C9	C12	143	C4	165	C12	PD1	I/O	FT	-	CAN1_TX, FMC_D3, EVENTOUT	-
83	116	B9	D12	144	A3	166	D12	PD2	I/O	FT	-	TIM3_ETR, UART5_RX, SDIO_CMD, DCMI_D11, EVENTOUT	-
84	117	A9	D11	145	B4	167	C11	PD3	I/O	FT	-	SPI2_SCK/I2S2_CK, USART2_CTS, FMC_CLK, DCMI_D5, LCD_G7, EVENTOUT	-
85	118	D8	D10	146	B5	168	D11	PD4	I/O	FT	-	USART2_RTS, FMC_NOE, EVENTOUT	-
86	119	C8	C11	147	A4	169	C10	PD5	I/O	FT	-	USART2_TX, FMC_NWE, EVENTOUT	-
-	120	-	D8	148	-	170	F8	V_{SS}	S		-	-	-
-	121	D6	C8	149	C5	171	E9	V_{DD}	S		-	-	-
87	122	B8	B11	150	F4	172	B11	PD6	I/O	FT	-	SPI3_MOSI/I2S3_SD, SAI1_SD_A, USART2_RX, FMC_NWAIT, DCMI_D10, LCD_B2, EVENTOUT	-
88	123	A8	A11	151	A5	173	A11	PD7	I/O	FT	-	USART2_CK, FMC_NE1/FMC_NCE2, EVENTOUT	-
-	-	-	-	-	-	174	B10	PJ12	I/O	FT	-	LCD_B0, EVENTOUT	-
-	-	-	-	-	-	175	B9	PJ13	I/O	FT	-	LCD_B1, EVENTOUT	-
-	-	-	-	-	-	176	C9	PJ14	I/O	FT	-	LCD_B2, EVENTOUT	-
-	-	-	-	-	-	177	D10	PJ15	I/O	FT	-	LCD_B3, EVENTOUT	-
-	124	NC (2)	C10	152	E5	178	D9	PG9	I/O	FT	-	USART6_RX, FMC_NE2/FMC_NCE3, DCMI_VSYNC(8), EVENTOUT	-

Table 10. STM32F427xx and STM32F429xx pin and ball definitions (continued)

Pin number								Pin name (function after reset)(1)	Pin type	I / O structure	Notes	Alternate functions	Additional functions
LQFP100	LQFP144	UFBGA169	UFBGA176	LQFP176	WLCSP143	LQFP208	TFBGA216						
-	125	C7	B10	153	C6	179	C8	PG10	I/O	FT	-	LCD_G3, FMC_NCE4_1/FMC_NE3, DCMI_D2, LCD_B2, EVENTOUT	-
-	126	B7	B9	154	B6	180	B8	PG11	I/O	FT	-	ETH_MII_TX_EN/ETH_RMII_TX_EN, FMC_NCE4_2, DCMI_D3, LCD_B3, EVENTOUT	-
-	127	A7	B8	155	A6	181	C7	PG12	I/O	FT	-	SPI6_MISO, USART6_RTS, LCD_B4, FMC_NE4, LCD_B1, EVENTOUT	-
-	128	NC (2)	A8	156	D6	182	B3	PG13	I/O	FT	-	SPI6_SCK, USART6_CTS, ETH_MII_TXD0/ETH_RMII_TXD0, FMC_A24, EVENTOUT	-
-	129	NC (2)	A7	157	F6	183	A4	PG14	I/O	FT	-	SPI6_MOSI, USART6_TX, ETH_MII_TXD1/ETH_RMII_TXD1, FMC_A25, EVENTOUT	-
-	130	D7	D7	158	-	184	F7	V_{SS}	S		-	-	-
-	131	L6	C7	159	E6	185	E8	V_{DD}	S		-	-	-
-	-	-	-	-	-	186	D8	PK3	I/O	FT	-	LCD_B4, EVENTOUT	-
-	-	-	-	-	-	187	D7	PK4	I/O	FT	-	LCD_B5, EVENTOUT	-
-	-	-	-	-	-	188	C6	PK5	I/O	FT	-	LCD_B6, EVENTOUT	-
-	-	-	-	-	-	189	C5	PK6	I/O	FT	-	LCD_B7, EVENTOUT	-
-	-	-	-	-	-	190	C4	PK7	I/O	FT	-	LCD_DE, EVENTOUT	-
-	132	C6	B7	160	A7	191	B7	PG15	I/O	FT	-	USART6_CTS, FMC_SDNCAS, DCMI_D13, EVENTOUT	-

Table 10. STM32F427xx and STM32F429xx pin and ball definitions (continued)

Pin number								Pin name (function after reset)(1)	Pin type	I / O structure	Notes	Alternate functions	Additional functions
LQFP100	LQFP144	UFBGA169	UFBGA176	LQFP176	WLCSP143	LQFP208	TFBGA216						
89	133	B6	A10	161	B7	192	A10	PB3 (JTDO/TRACE SWO)	I/O	FT	-	JTDO/TRACESWO, TIM2_CH2, SPI1_SCK, SPI3_SCK/I2S3_CK, EVENTOUT	-
90	134	A6	A9	162	C7	193	A9	PB4 (NJTRST)	I/O	FT	-	NJTRST, TIM3_CH1, SPI1_MISO, SPI3_MISO, I2S3ext_SD, EVENTOUT	-
91	135	D5	A6	163	C8	194	A8	PB5	I/O	FT	-	TIM3_CH2, I2C1_SMBA, SPI1_MOSI, SPI3_MOSI/I2S3_SD, CAN2_RX, OTG_HS_ULPI_D7, ETH_PPS_OUT, FMC_SDCKE1, DCMI_D10, EVENTOUT	-
92	136	C5	B6	164	A8	195	B6	PB6	I/O	FT	-	TIM4_CH1, I2C1_SCL, USART1_TX, CAN2_TX, FMC_SDNE1, DCMI_D5, EVENTOUT	-
93	137	B5	B5	165	B8	196	B5	PB7	I/O	FT	-	TIM4_CH2, I2C1_SDA, USART1_RX, FMC_NL, DCMI_VSYNC, EVENTOUT	-
94	138	A5	D6	166	C9	197	E6	BOOT0	I	B	-		V_{PP}
95	139	D4	A5	167	A9	198	A7	PB8	I/O	FT	-	TIM4_CH3, TIM10_CH1, I2C1_SCL, CAN1_RX, ETH_MII_TXD3, SDIO_D4, DCMI_D6, LCD_B6, EVENTOUT	-

Table 10. STM32F427xx and STM32F429xx pin and ball definitions (continued)

Pin number								Pin name (function after reset)(1)	Pin type	I / O structure	Notes	Alternate functions	Additional functions
LQFP100	LQFP144	UFBGA169	UFBGA176	LQFP176	WLCSP143	LQFP208	TFBGA216						
96	140	C4	B4	168	B9	199	B4	PB9	I/O	FT	-	TIM4_CH4, TIM11_CH1, I2C1_SDA, SPI2_NSS/I2S2_WS, CAN1_TX, SDIO_D5, DCMI_D7, LCD_B7, EVENTOUT	-
97	141	B4	A4	169	B10	200	A6	PE0	I/O	FT	-	TIM4_ETR, UART8_RX, FMC_NBL0, DCMI_D2, EVENTOUT	-
98	142	A4	A3	170	A10	201	A5	PE1	I/O	FT	-	UART8_Tx, FMC_NBL1, DCMI_D3, EVENTOUT	-
99	-	F5	D5	-	-	202	F6	V_{SS}	S		-		-
-	143	C3	C6	171	A11	203	E5	PDR_ON	S		-		-
100	144	K6	C5	172	D7	204	E7	V_{DD}	S		-		-
-	-	B3	D4	173	-	205	C3	PI4	I/O	FT	-	TIM8_BKIN, FMC_NBL2, DCMI_D5, LCD_B4, EVENTOUT	-
-	-	A3	C4	174	-	206	D3	PI5	I/O	FT	-	TIM8_CH1, FMC_NBL3, DCMI_VSYNC, LCD_B5, EVENTOUT	-
-	-	A2	C3	175	-	207	D6	PI6	I/O	FT	-	TIM8_CH2, FMC_D28, DCMI_D6, LCD_B6, EVENTOUT	-
-	-	B1	C2	176	-	208	D4	PI7	I/O	FT	-	TIM8_CH3, FMC_D29, DCMI_D7, LCD_B7, EVENTOUT	-

1. Function availability depends on the chosen device.
2. NC (not-connected) pins are not bonded. They must be configured by software to output push-pull and forced to 0 in the output data register to avoid extra current consumption in low power modes.
3. PC13, PC14, PC15 and PI8 are supplied through the power switch. Since the switch only sinks a limited amount of current (3 mA), the use of GPIOs PC13 to PC15 and PI8 in output mode is limited:
- The speed should not exceed 2 MHz with a maximum load of 30 pF.
- These I/Os must not be used as a current source (e.g. to drive an LED).

4. Main function after the first backup domain power-up. Later on, it depends on the contents of the RTC registers even after reset (because these registers are not reset by the main reset). For details on how to manage these I/Os, refer to the RTC register description sections in the STM32F4xx reference manual, available from the STMicroelectronics website: *www.st.com*.
5. FT = 5 V tolerant except when in analog mode or oscillator mode (for PC14, PC15, PH0 and PH1).
6. If the device is delivered in an WLCSP143, UFBGA169, UFBGA176, LQFP176 or TFBGA216 package, and the BYPASS_REG pin is set to V_{DD} (Regulator OFF/internal reset ON mode), then PA0 is used as an internal Reset (active low).
7. PI0 and PI1 cannot be used for I2S2 full-duplex mode.
8. The DCMI_VSYNC alternate function on PG9 is only available on silicon revision 3.

참고문헌

1) Yiu, Joseph, "The Definitive Guide to ARM Cortex-M3 and Cortex-M4 Processors", Third Edition, 2013, Newnes 출판사

2) "ARM Cortex-M3 Technical Reference Manual" ARM사, ARM사 홈페이지(www.arm.com).

3) "ARM v7-M Architecture Reference Manual" ARM사, ARM사 홈페이지(www.arm.com).

4) "Getting Started Create Applications with MDK Version 5 for ARM Cortex-M Microcontrollers", ARM사, ARM사 홈페이지(www.arm.com).

5) "ARM CMSIS 관련 사이트", ARM사 홈페이지(www.arm.com).

http://www.arm.com/products/processors/cortex-m/cortex-microcontroller-software-interface-standard.php

6) "STM32F103x8, STM32F103xB Datasheet", ST사 홈페이지(www.st.com).

7) "STM32F427xx, STM32F429xx Datasheet", ST사 홈페이지(www.st.com).

8) STM32F1 시리즈 Reference manual, RM0008. "Reference manual : STM32F101xx, STM32F102xx, STM32F103xx, STM32F105xx and STM32F107xx advanced ARM-based 32-bit MCUs", ST사 홈페이지(www.st.com).

8) STM32F4 시리즈 Reference manual, RM0090. "Reference manual : STM32F405/415, STM32F407/417, STM32F427/437 and STM32F429/439 advanced ARM-based 32-bit MCUs", ST사 홈페이지(www.st.com).

9) STM32 Nucleo-64 board User Manual, "UM1724 User manual STM32 Nucleo-64 board", ST사 홈페이지(www.st.com).

9) STM32 Nucleo-144 board User Manual, "UM1974 User manual STM32 Nucleo-144 board", ST사 홈페이지(www.st.com).

10) HAL 라이브러리 매뉴얼, "UM1850, User manual : Description of STM32F1xx HAL drivers", ST사 홈페이지(www.st.com).

10) HAL 라이브러리 매뉴얼, "UM1725, User manual : Description of STM32F4xx HAL drivers", ST사 홈페이지(www.st.com).

11) STM32Cube USB device library User manual, "UM1734 User manual STM32Cube USB device library", ST사 홈페이지(www.st.com).

12) STM32Cube USB host library User manual, "UM1720 User manual STM32Cube USB host library", ST사 홈페이지(www.st.com).

13) "AN3966, Application note : LwIP TCP/IP stack demonstration for STM32F4x7 microcontrollers", ST사 홈페이지(www.st.com)

14) "UM1713 User manual Developing applications on STM32Cube with LwIP TCP/IP stack", ST사 홈페이지(www.st.com)

15) Adam Dunkels, "Design and Implementation of the lwIP TCP/IP Stack" Swedish Institute of Computer Science, Feb. 2001.

찾아보기

ㅇ

ㅈ

ㅊ

ㅍ

정가 39,000원

STM32F 시리즈를 이용한

ARM Cortex-M3/M4 구조와 응용[개정판]

2016년 8월 20일 초판 인쇄
2017년 8월 21일 개정판 발행
저　자 : 차동혁 · 김재일 · 김상민
발행자 : 우명찬 · 송　준
발행처 : 홍릉과학출판사
주　소 : 서울시 강북구 인수봉로 50길 10
01093
등　록 : 1976년 10월 21일 제5-66호
전　화 : (02) 999-2274~5, 903-7037
팩　스 : (02) 905-6729
e-mail: hongpub@hongpub.co.kr
http://www.hongpub.co.kr
ISBN: 979-11-5600-535-3

저자와의 협의하에 인지생략